Paul Schützenberger

Die Farbstoffe

mit besonderer Berücksichtigung ihrer Anwendung in der Färberei und Druckerei

Paul Schützenberger

Die Farbstoffe

mit besonderer Berücksichtigung ihrer Anwendung in der Färberei und Druckerei

ISBN/EAN: 9783741171710

Hergestellt in Europa, USA, Kanada, Australien, Japan

Cover: Foto ©Andreas Hilbeck / pixelio.de

Manufactured and distributed by brebook publishing software (www.brebook.com)

Paul Schützenberger

Die Farbstoffe

Die Farbstoffe

mit besonderer Berücksichtigung ihrer Anwendung

in der

Färberei und Druckerei

von

M. P. Schützenberger,

Dr. phil., Professor der Chemie an der Gewerbe-Schule zu Mühlhausen und
Fabricationschef am Collège de France.

Autorisirte deutsche Uebertragung.

Bearbeitet

von

Dr. Hermann Schröder.

Erster Band.
Mit einer Kupfertafel, 12 Holzschnitten und 10 Mustertafeln.

Berlin,
Verlag von Robert Oppenheim.
1868.

Vorrede des Uebersetzers.

Auf dem Gebiete der Färberei und Zeugdruckerei sind im Laufe der letzten Jahrzehnte sehr bedeutende und eingreifende Veränderungen eingetreten, welche eine völlige Umwälzung in jenen beiden Gewerben hervorgerufen haben. Dem dringenden Bedürfniß, alle Färbematerialien zu einem großen Ganzen zu vereinigen, wurde durch das Schützenberger'sche Werk abgeholfen, welches von den Franzosen bei seinem Erscheinen als das vorzüglichste dieser Art begrüßt wurde, und dem Verfasser eine goldene Medaille von der Mühlhauser Société industrielle eintrug. Die Mehrzahl der in dem Originalwerke enthaltenen Artikel sind theils in jener Gesellschaft vorgelesen und besprochen, theils auch im Verein mit bedeutenden Gelehrten, sowol Theoretikern wie Praktikern bearbeitet worden. Ich selbst habe mich bemüht, die deutsche Bearbeitung dem französischen Original möglichst gleichwerthig und vollständig zu machen, indem ich alle neueren Entdeckungen, welche bis zur jüngsten Zeit aufgetaucht sind, dem Werke eingefügt habe. Das Auffinden der weniger wichtigen Einzelheiten ist dem Leser durch möglichst genaue Angabe der Quellen erleichtert.

In Bezug auf die Anordnung des Gegenstandes bin ich im Allgemeinen dem französischen Original gefolgt und habe nur bei den Anilinfarbstoffen, welche hauptsächlich in den letzten Jahren vielfach untersucht sind, eine kleine Abweichung getroffen.

Da in dem Texte die verschiedenen Stoffe auf möglichst einfache chemische Prinzipien zurückgeführt sind, so wird es dem Praktiker, welcher weniger mit der Chemie vertraut ist und von dieser Wissenschaft nur so viel Kenntnisse besitzt, als er, um sein Fach rationell zu betreiben, gebraucht, nicht schwer werden, sich vollständig mit dem Gegenstande vertraut zu machen. Die neueren theoretischen Ansichten, welche dem Laien im Anfang wohl ungewöhnlich erscheinen mögen, lassen sich bei geringem Nachdenken vollkommen verstehen. Zur Vermeidung von Irrthümern sind meistentheils die älteren Bezeichnungen der verschiedenen Verbindungen den neueren Benennungen hinzugefügt.

Die dem Werke beigegebenen Zeugproben sind in der Kattundruckerei von Paraf Javal in Thann angefertigt worden.

Für die freundliche Unterstützung, welche mir Herr Dr. Liebermann in solchen Fällen, wo meine Erfahrung nicht ausreichte, hat angedeihen lassen, spreche ich demselben hiermit meinen wärmsten Dank aus.

Berlin, im December 1868.

Dr. H. Schröder.

Einleitung.

Seit Menschengedenken ist die Wissenschaft im Streben nach selbständiger Entwicklung thätig, die Geheimnisse der Natur zu erforschen und tiefer in dieselben einzubringen. Ist dieser Wissensdrang nicht durch entgegenstehende Hemmnisse behindert, so begnügt er sich nicht mit den errungenen Resultaten; auf diese gestützt, eilt er von Forschung zu Forschung, von Entdeckung zu Entdeckung.

Allein dieser rein geistige Genuß, welchen das Studium der Naturerscheinungen verschafft, ist nicht der einzige Vortheil wissenschaftlicher Untersuchungen. In demselben Maße, wie der Mensch dahin gelangt, die geheimen Kräfte, welche das Weltall regieren, zu erkennen, lernt er sie auch beherrschen und sie seinem Willen zur Erreichung bestimmter Zwecke unterwürfig machen; er befreit sich mehr und mehr von den drückenden Ketten, welche ihn fesselten, und strebt immer eifriger, das zu erreichen, was ihm der Verstand als endgiltiges Ziel vorgesteckt hat: Herr der Schöpfung zu werden.

Mit Recht kann man auf die schon erlangten großartigen Erfolge geistiger Arbeit stolz sein: auf Erfolge, welche es gestatten, mit Blitzesschnelle die Gedanken auf die weitesten Entfernungen mitzutheilen, in einem Augenblick das getreueste Abbild eines Gegenstandes auf dem Papiere festzuhalten; denn das sind, gleich den Entdeckungen auf dem Gebiete der reinen Wissenschaft, Errungenschaften des menschlichen Geistes und wichtige Zeugen seiner schöpferischen Kraft.

Keine andre Wissenschaft war bisher so fruchtbar an nützlichen Resultaten, wie die Chemie. Tausende arbeiten an ihrem Fortschritt, und wie die einzelnen Steine bei einem Bau sich zu einem harmonischen Ganzen verbinden, so ist jede Entdeckung, welche in unsern Laboratorien gemacht wird, ein Baustein zu dem Gebäude der Chemie. Dank sei jenen großen Männern, welche gegen das Ende des vorigen Jahrhunderts den felsenfesten Grundstein zu demselben legten!

Die Arzneikunde und die Mehrzahl der Gewerbe haben aus den Fortschritten der Chemie Nutzen gezogen; insbesondere aber sind Färberei und Druckerei ihr für die vorzüglichen Hilfsmittel, welche sie diesen beiden Gewerben dargeboten hat, den größten Dank schuldig. Das vorliegende Werk hat nun hauptsächlich die Bestimmung, darzulegen, in welcher Weise die Chemie bei dem Färben der Gespinnstfasern betheiligt ist, und hierbei werden wir sehen, daß die Praxis, wenn sie auch bisweilen der Theorie vorauseilt, an dieser doch weit häufiger eine liebe sichere Führerin hat.

In der folgenden Darlegung glauben wir die allgemeine Chemie als bekannt voraussetzen und unsere Aufmerksamkeit ausschließlich auf die Fragen richten zu dürfen, welche unsern Gegenstand direkt berühren. Denn wenn auch beim Studium einer Wissenschaft die praktische Anwendung nicht von der Theorie getrennt werden soll, so darf doch eine spezielle Abhandlung über ein bestimmtes Fach den Leser sehr wohl auf die nöthigen Vorkenntnisse verweisen. Es dürfte indessen nicht unnütz sein, auf einigen Seiten die wichtigsten Grundlehren der Wissenschaften, von denen wir in der Folge eine Nutzanwendung machen werden, auseinanderzusetzen.

Indem wir jene Vorgänge außer Acht lassen, die wir der besondern Kraft verdanken, welche die lebenden Wesen beseelt, können wir sagen, daß Alles, was auf unsere Sinne oder die Instrumente, vermittelst deren wir uns mit der Außenwelt in Beziehung setzen, einwirkt, durch zwei Ursachen hervorgerufen wird, nämlich erstens durch den Stoff, welcher das Wesen der wägbaren Körper ausmacht, und zweitens durch das oder die unwägbaren Fluida, welche die Erscheinungen der Wärme, der Elektrizität, des Magnetismus und des Lichtes veranlassen.

Die wägbare Materie zeigt sich uns in einer Unzahl von Erscheinungsformen mit unendlich verschiedenen Merkmalen, und jede durch bestimmte Eigenschaften charakterisirte Form ist ein bestimmter Körper.

Die Erfahrung hat nun gezeigt, daß die unzähligen Körper, welche sich in der Natur vorfinden, durch Zerlegung auf einige sechzig Grundstoffe (Elemente) zurückgeführt werden können, welche bisher jedem Versuche, sie in noch einfachere Stoffe zu zersetzen, auf das Hartnäckigste widerstanden haben. Ob sie wirklich einfach sind, können wir nicht mit Bestimmtheit behaupten; der Beweis hierfür ist ein negativer: sie sind noch nicht zersetzt, und wer weiß, ob nicht schon die nächste Zeit uns die Kunde von der Zersetzung des einen oder des anderen Körpers bringt, den wir bisher als ein Element ansahen.

Man theilte früher die Grundstoffe in Metalle und Metalloide (metallähnliche) ein, indem man dabei ausging von dem eigenthümlichen Glanz, welchen die Metalle besitzen, von ihrer Leitungsfähigkeit für Wärme und Elektrizität und besonders von dem Charakter der Verbindungen, welche sie eingehen; diese Eintheilung der Elemente ist indessen entschieden zu verwerfen, obwol sie unleugbar eine gewisse praktische Wichtigkeit hat und das Studium erleichtert; denn was den Glanz anbetrifft, so haben einige sogenannte Metalloide (Tellur, Arsen) vollständigen Metallglanz, während wir viele Metalle (z. B. Molybdän, Vanadin) nur als mattgraue Pulver kennen, die keinen Glanz haben und in diesem Falle auch Nichtleiter der Elektrizität sind; andrerseits nähern sich viele Metalle (z. B. Wismuth, Antimon, Domium) in Rücksicht auf ihre Verbindungen entschieden der andern Gruppe, während man den Wasserstoff wiederum als ein gasförmiges Metall ansehen kann. Eine bessere und zweckmäßigere Eintheilung der Elemente werden wir im weiteren Verlaufe geben.

Jedes Element besteht aus der Vereinigung unendlich kleiner Massentheilchen, welche sich jeder Größenbestimmung entziehen, durch mechanische Kräfte untheilbar und von unveränderlicher Größe sind; dies sind die Atome.

Diese kleinsten Theilchen eines Körpers berühren sich nicht unmittelbar, sondern stehen in gewissen Abständen von einander, sind also durch Zwischenräume getrennt, und zwar sind die Atome verschwindend klein im Vergleich zu den Abständen; sie sind im Gleichgewicht durch zwei sich gegenseitig aufhebende Kräfte: die eine, welche sie zu vereinigen strebt, ist die Kohäsion; die andere, abstoßend wirkend, leitet sich von der Wärme her (Repulsivkraft).

Wenn ein einfacher Körper für sich allein dem Einflusse imponderabler Agentien unterworfen ist, z. B. der Wärme, dem Licht, der Elektrizität, so kann er zwei Arten von Veränderungen in seinen wesentlichen Eigenschaften erleiden. Die einen sind vorübergehend und dauern nicht länger, als die verändernde Kraft einwirkt; die andern hingegen sind dauernd, wenigstens in gewissen Zeitgrenzen. Beide sind nur das Ergebniß einer Aenderung in der Lage der Atome, d. h. einer Vermehrung oder Verminderung der Abstände zwischen denselben; unter den ersteren sind besonders die Veränderungen hervorzuheben, welche durch die Wärme hervorgerufen werden. Bei

Bei den festen Körpern ist die Kohäsion sehr stark: sie bewahren ihre Gestalt schon durch sich selbst; bei den flüssigen ist diese Kraft nur gering, die kleinsten Theilchen sind ungemein leicht gegeneinander verschiebbar, woraus nothwendigerweise folgt, daß sie stets die Gestalt des Gefäßes annehmen müssen, worin sie sich befinden; sie müssen also stets von festen Wänden eingeschlossen werden. Bei den gasförmigen Körpern endlich überwiegt die Repulsivkraft die Attraktivkraft; ein jedes Theilchen sucht sich von dem Nebentheilchen zu entfernen. Eine luftförmige Masse hat fortwährend das Bestreben, einen größeren Raum einzunehmen, und da sie nicht die geringste Spur von Kohäsion hat, muß sie von allen Seiten abgesperrt sein, wenn sie ihr Volumen oder ihre Dichtigkeit nicht ändern soll; durch vermehrten äußeren Druck wird sie in einen kleineren Raum zusammengepreßt, durch verminderten in einen größeren Raum ausgedehnt; in jedem Falle aber müssen im Zustande des Gleichgewichts Druck und Expansivkraft einander gleich sein.

Die dauernden Veränderungen der Elemente, wenn man sie dem Einfluß der Wärme, des Lichts und der Elektrizität aussetzt, können nur deutlich erklärt werden, wenn man annimmt, daß diese einen stabilen Gleichgewichtszustand der Atome hervorbringen, welcher von dem vorher bestehenden verschieden ist. So verändert sich der gewöhnliche (weiße) Phosphor durch längeres Erhitzen auf 300° C. in rothen amorphen Phosphor; Sauerstoff wird durch den elektrischen Funken in Ozon übergeführt.

Wenn man die Atome zweier oder mehrer einfachen Körper unter passendem Einfluß der Wärme, der Elektrizität oder des Lichtes so nahe zusammenbringt, daß die Zwischenräume zwischen den einzelnen Theilchen sehr klein werden, so erhält man ein ganz eigenthümliches Phänomen. Die heterogenen Atome vereinigen sich auf eine innige, besondere Weise zur Bildung eines Körpers, der in den meisten Fällen in seinen Eigenthümlichkeiten durch nichts an die Körper erinnert, welche zu seiner Bildung beigetragen haben. Dieser Vorgang, welcher wohl von einer bloßen Mischung zu unterscheiden ist, heißt eine chemische Verbindung. Wenn wir z. B. die beiden Gase Chlor und Wasserstoff in diffusem Lichte zusammenbringen, so vereinigen sie sich nicht, sondern bleiben in einfacher Mengung; setzen wir hingegen das Gemisch den direkten Sonnenstrahlen aus, oder lassen wir den elektrischen Funken hindurchschlagen, so tritt sofort unter Explosion eine Verbindung der Bestandtheile ein, und wir erhalten einen neuen gasförmigen Körper, Chlorwasserstoff, welcher in seinen Eigenschaften von jedem der beiden Gase verschieden ist. — Kohlenoxyd vereinigt sich mit Chlor unter dem Einfluß des Sonnenlichts zu einer Verbindung (Carbonylchlorid, Phosgengas, COCl₂).

Wir müssen uns diesen Vorgang als eine durch mechanische Kräfte untheilbare Vereinigung der Theilchen denken, welche, wie die Atome eines einfachen Körpers, durch die Kohäsion einander genähert sind, jedoch durch den Einfluß gewisser Kräfte, welche man chemische nennt, in ihre einzelnen Bestandtheile zerlegt werden können; ein jedes Theilchen besteht also jetzt aus zusammengesetzten Atomen. In einem einfachen Körper muß man die Partikelchen als eine Zusammenlagerung von zwei oder mehren gleichartigen Theilchen annehmen, während die kleinste Menge eines zusammengesetzten Körpers, die im freien Zustande existiren kann, als die Vereinigung von zwei oder mehren gleichartigen Atomkomplexen zu betrachten ist. Man ist übereingekommen, um diese Begriffe festzustellen, „Molekül" die kleinste Menge eines Körpers im freien Zustande zu nennen, „Atom" hingegen die kleinste Menge eines Elements in einem Molekül seiner Verbindungen. Hieraus ergiebt sich auch, daß das Molekül eines einfachen Körpers aus zwei Atomen besteht.

Jeder einfache Körper hat sein bestimmtes Atomgewicht, das aber verschieden ist von dem jedes anderen Elementes. Diese Atomgewichte können jedoch nicht in absoluter Weise bestimmt werden, sondern ihr relativer Werth wird gemessen, indem eines derselben als Einheit angenommen wird; als diese Einheit ist jetzt allgemein das Atomgewicht des Wasserstoffs = 1 gesetzt (früher das des Sauerstoffs = 100). Die Atome der einfachen Körper bezeichnet man durch Symbole, die Anfangsbuchstaben ihrer lateinischen Namen.

Die nachfolgende Tabelle giebt die Namen der einfachen Körper, ihre Symbole und Atomgewichte, verglichen mit dem des Wasserstoffs.

Name.	Symbol.	Atomgewicht.
Aluminium	Al	27,3
Antimon (Stibium)	Sb	122
Arsenik	As	75
Baryum	Ba	137
Beryllium	Be	7 (9,33?)
Blei (Plumbum)	Pb	207
Bor	B	11

Name.	Symbol.	Atomgewicht.
Brom	Br	80
Cadmium	Cd	112
Cäsium	Cs	123,4
Calcium	Ca	40
Cerium	Ce	47,25
Chlor	Cl	35,5
Chrom	Cr	53,5
Didym	Di	?
Eisen (Ferrum)	Fe	56
Erbium	Er	79 (?)
Fluor	Fl	19
Gold (Aurum)	Au	197
Indium	In	74 (?)
Jod	J	127
Iridium	Ir	198
Kalium	K	39,1
Kobalt (Cobaltum)	Co	59
Kohlenstoff (Carbonicum)	C	12
Kupfer (Cuprum)	Cu	63,5
Lanthan	La	48
Lithium	Li	7
Magnesium	Mg	24
Mangan	Mn	55
Molybdän	Mo	92
Natrium	Na	23
Nickel	Ni	58
Niobium	Nb	49
Osmium	Os	199,2
Palladium	Pd	106,6
Phosphor	P	31
Platin	Pt	197,5
Quecksilber (Hydrargyrum)	Hg	200
Rhodium	Rh	104,4
Rubidium	Rb	85,5
Ruthenium	Ru	104,4
Sauerstoff (Oxygenium)	O	16
Schwefel (Sulfur)	S	32

Name.	Symbol.	Atomgewicht.
Selen	Se	79,5
Silicium	Si	28
Silber (Argentum)	Ag	108
Stickstoff (Nitrogenium)	N	14
Strontium	Sr	87,5
Tantal	Ta	68,08
Tellur	Te	129
Terbium	Tr	?
Thallium	Tl	408 (204?)
Thorium	Th	59,5
Titan	Ti	50
Uran	U	120
Vanadin	V	68,6
Wasserstoff (Hydrogenium)	H	1
Wismuth (Bismuthum)	Bi	208
Wolfram	W	184
Yttrium	Y	32
Zink	Zn	65,2
Zinn (Stannum)	Sn	118
Zirkonium	Zr	89,6

Die Vereinigung zweier oder mehrer Elemente kann offenbar nur nach ganzen Atomzahlen vor sich gehen. Die Körper vereinigen sich also nicht in allen Verhältnissen, sondern nur nach bestimmten numerischen Gesetzen. Nehmen wir z. B. eine Verbindung an, welche Kalium, Chlor und Sauerstoff enthält, so kann die qualitative und quantitative Zusammensetzung dieses Körpers abgekürzt vielleicht durch die Formel

$$K_x Cl_y O_z$$

dargestellt werden; x, y, z sind also ganze Faktoren, welche die Anzahl der Atome von Kalium, Chlor und Sauerstoff anzeigen, die mit einander in Verbindung getreten sind, um das zusammengesetzte Molekül zu bilden.

Gewöhnlich sind diese Faktoren sehr einfach und gleich den Zahlen 1, 2, 3, 4, 5, 6, 7, mit alleiniger Ausnahme der Verbindungen des Kohlenstoffs (der sogenannten organischen Verbindungen), wo sie einen sehr hohen Werth annehmen können. Wenn zwei Elemente oder zwei

Verbindungen sich in mehreren Verhältnissen vereinigen, so tritt ein Atom mit 1, 2, 3, 4, 5 Atomen des andern in Verbindung; oder auch zwei Atome des ersteren vereinigen sich mit 3, 5 ꝛc. Atomen des zweiten. Hieraus folgt das von Dalton im Jahre 1807 aufgefundene, für den ganzen Entwicklungsgang der Chemie so wichtig gewordene Gesetz der vielfachen Verbindungsverhältnisse (der multiplen Proportionen): Bei gleicher Menge des einen Körpers stehen die Mengen des andern in den verschiedenen Verbindungen in einem sehr einfachen Verhältniß, und wenn sich zwei einfache Körper in mehreren Verhältnissen mit einander verbinden, so sind die verschiedenen Verbindungen stets verschiedene Körper.

Z. B. 200 Theile Quecksilber + 35,5 Theile Chlor = Quecksilberchlorür
200 „ „ + 71,0 „ „ = Quecksilberchlorid

oder

35,5 Theile Chlor + 200 Theile Quecksilber = Quecksilberchlorür
35,5 „ „ + 100 „ „ = Quecksilberchlorid.

Die Chlormengen verhalten sich wie 1 : 2, die Quecksilbermengen wie 2 : 1.

56 Theile Eisen + 16 Theile Sauerstoff = Eisenoxydul
56 „ „ + 24 „ „ = Eisenoxyd

oder

16 Theile Sauerstoff + 56 Theile Eisen = Eisenoxydul
16 „ „ + 37⅓ „ „ = Eisenoxyd.

Die Sauerstoffmengen verhalten sich wie 2 : 3, die Eisenmengen wie 3 : 2.

Die bedeutende Analogie, welche in physikalischer Hinsicht unter den Gasen herrscht, — einfache und zusammengesetzte Gase (gasförmige Verbindungen) haben dieselben physikalischen Eigenschaften — führt zu der Annahme, daß in demselben Volumen bei gleichem Druck stets eine gleiche Anzahl Moleküle enthalten sind, woraus auch die große Einfachheit der volumetrischen Beziehungen bei der Verbindung der einfachen Gase folgt, indem diese Beziehungen auch die ihrer Atomzahlen sind. Gay-Lussac, welcher dieses höchst wichtige Gesetz entdeckt hat, zeigte, daß das Volumen des Gases oder des Dampfes, welches durch die Verbindung zweier oder mehrer einfachen Gase resultirt, stets zu der Summe der Volumina der einzelnen Körper in einer sehr einfachen Beziehung steht.

Das Gesetz der Aequivalente ist also eine direkte Folge der atomistischen Zusammensetzung der Körper; denn es ist offenbar, daß die Zahlen, welche anzeigen, in welchen Beziehungen die verschiedenen Elemente sich mit einem Atom Wasserstoff oder Sauerstoff vereinigen, indem sie die Verbindungsgewichte dieser Körper oder die Vielfachen dieser Atomgewichte sind, uns auch die Verbindungsverhältnisse dieser Elemente untereinander angeben müssen.

Denken wir uns ein zusammengesetztes Atom wie ein Gebäude, in welchem die Bausteine oder die einfachen Atome, welche die Verbindung ausmachen, in einer bestimmten Weise, von welcher die Eigenthümlichkeiten des Körpers abhängen, geordnet sind. In dieser atomistischen Anordnung, die durch irgend welche besondere Kräfte im Gleichgewichtszustande erhalten wird, kann man, ohne das Gleichgewicht zu stören, ja sogar, ohne selbst die allgemeinsten Eigenthümlichkeiten der Substanz zu ändern, ein oder mehrere Atome des einen Elements durch ein oder mehrere Atome eines andern, welches von der ursprünglichen Konstitution der Verbindung abweicht, ersetzen.

Wenden wir das eben Gesagte auf die Verbindung

$$KClO_3$$

(chlorsaures Kalium) an, so ist es möglich, ein Atom Brom oder ein Atom Jod an die Stelle des Chlors zu bringen, um die Verbindungen bromsaures Kalium $KBrO_3$ oder jodsaures Kalium KJO_3 zu erhalten. In jedem dieser Salze gelingt es uns, an Stelle des Kaliums ein Atom Natrium, Cäsium, Silber, Ammonium zu bringen. Einige Eigenthümlichkeiten werden allerdings hierdurch fortfallen und durch neue ersetzt werden; aber alle diese Derivate bewahren nichtsdestoweniger ein bestimmtes Ganzes von gemeinsamen Merkmalen, welche anzeigen, daß sie zu demselben Typus gehören. Das allgemeine Gesetz der Ersetzbarkeit der einzelnen Stoffe durch einander, welches im Anfang selbst von den bedeutendsten Chemikern auf das Lebhafteste bestritten wurde, und die daraus folgende Idee der Typen hat man hauptsächlich den scharfsinnigen Untersuchungen Dumas' zu verdanken. An der weiteren Entwickelung dieses wichtigen Theorems sind außerdem noch Laurent, Gerhardt, Williamson, Wurtz, Meyer und Andere thätig gewesen, und diesen genialen Männern verdankt die Chemie ihre raschen Fortschritte in der neueren Zeit.

Was diese Substitutionen anbetrifft, so sind die Atome der Elemente nicht alle in quantitativer Hinsicht äquivalent, oder mit andern Worten, es gelingt nicht immer, in einer Verbindung ein einfaches Element durch ein einziges Atom eines andern Elementes zu ersetzen.

Gehen wir vom Wasserstoff als Vergleichungspunkt aus, so können mehrere Fälle stattfinden.

Ein Atom eines Elements kann in Verbindung treten mit

    1) einem Atom Wasserstoff   4) vier Atomen Wasserstoff
    2) zwei Atomen   „   5) fünf   „   „
    3) drei   „   „   6) sechs „   „

Um diese Beziehungen auszudrücken, sagt man: ein einfacher Körper ist einwerthig (einatomig), wenn er die erste Bedingung erfüllt; er ist hingegen zwei-, drei-, vier-, fünf-, sechswerthig (-atomig) wenn er dem zweiten, dritten, vierten, fünften, sechsten Fall entspricht.

Ein Atom Sauerstoff ersetzt stets zwei Atome Wasserstoff, Chlor, Brom, Jod, oder umgekehrt können auch zwei Atome Wasserstoff, Chlor, Brom, Jod an die Stelle eines Atoms Sauerstoff treten. Der Sauerstoff ist also zweiwerthig. Der Grad der Werthigkeit zeigt sich übrigens noch durch andere Charaktere. So sind bei einem einwerthigen Element alle Verwandtschaftseinheiten gesättigt, wenn ein Atom dieses Körpers mit einem Atom Wasserstoff oder einem andern einwerthigen Element in Verbindung tritt. Hieraus entstehen also Verbindungen von der Formel

$$\overset{\text{I}}{R}\overset{\text{I}}{M}*).$$

Ein Atom eines zweiwerthigen Elementes vereinigt sich höchstens mit zwei Atomen eines einwerthigen Elementes und giebt gewöhnlich Verbindungen von der Formel

$$\overset{\text{I}}{R}_2\overset{\text{II}}{M}$$

Andere Elemente sind wiederum von der Art, daß ein Atom von ihnen sich stets mit drei Atomen der erstgenannten verbindet und dann Verbindungen liefert, welche durch die Formel

$$\overset{\text{I}}{R}_3\overset{\text{III}}{M}$$

dargestellt werden können. Natürlicherweise können auch hierin zwei

---

*) Man bezeichnet die Werthigkeit eines Elementes dadurch, daß man über sein Symbol die betreffende Zahl setzt, also ein einwerthiges Element mit $\overset{\text{I}}{E}$, ein zweiwerthiges mit $\overset{\text{II}}{E}$, ein dreiwerthiges mit $\overset{\text{III}}{E}$, ebenso $\overset{\text{IV}}{E}, \overset{\text{V}}{E}, \overset{\text{VI}}{E}$.

von den einwerthigen Atomen durch ein zweiwerthiges ersetzt werden, so daß wir die Formel erhalten:

$$\overset{\text{I}}{\text{R}}\,\overset{\text{II}}{\text{E}}\,\overset{\text{III}}{\text{M}}$$

oder endlich können zwei Atome des dreiwerthigen Elementes mit drei Atomen eines zweiwerthigen eine Verbindung eingehen, so daß wir bekommen:

$$\overset{\text{II}}{\text{R}}_3\,\overset{\text{III}}{\text{M}}_2$$

Im Allgemeinen also tritt ein Element von irgendwelcher Werthigkeit höchstens mit einer Anzahl einwerthiger Atome, welche seiner Werthigkeit gleich ist, in Verbindung.

Einer jeden der so gebildeten Kombinationsformen entsprechen bestimmte Charaktere, welche als die Vorbilder aller andern Verbindungen betrachtet werden können; man nennt sie daher typische Verbindungen, Typen.

Gerhardt war der Erste, welcher derartige Typen aufstellte, und zwar sind die von ihm aufgestellten die folgenden:

$\overset{\text{I}}{\text{H}}\text{Cl}$ = Chlorwasserstoff $\text{H}_3\overset{\text{III}}{\text{N}}$ = Ammoniak

$\text{H}_2\overset{\text{II}}{\text{O}}$ = Wasser $\text{H}_4\overset{\text{IV}}{\text{C}}$ = Sumpfgas.

Der Typus Chlorwasserstoff umfaßt alle Verbindungen, deren Molekül aus je einem Atom zweier einwerthigen Elemente besteht. Man kann ihn ebenso den Typus Chlor oder Wasserstoff nennen, weil ein Molekül dieser Körper = Cl Cl und H H ist.

Der Typus Wasser bezeichnet alle Verbindungen, deren Molekül aus einem Atom eines zweiwerthigen und entweder zwei Atomen eines einwerthigen oder einem Atom eines zweiwerthigen Elementes besteht.

Der Typus Ammoniak umfaßt alle Verbindungen, deren Molekül aus einem Atom eines dreiwerthigen und drei Atomen eines einwerthigen Elementes oder auch, anstatt der letzteren, einem Atom eines einwerthigen und einem Atom eines zweiwerthigen Elementes besteht, wie dies schon oben in der allgemeinen Auseinandersetzung angedeutet ist.

Der Typus Sumpfgas schließt alle Verbindungen ein, deren Molekül ein vierwerthiges Element enthält, mit dem vier einwerthige oder ein dreiwerthiges und ein einwerthiges Element u. s. w. verbunden sind.

Körper von demselben Typus haben nicht nothwendigerweise ähnliche physikalische Eigenschaften; wohl aber haben sie ähnliche chemische

Reaktionen. Spricht man also von einem Körper vom Typus Wasser, so heißt das: er ist durch Verbindung eines zweiwerthigen Elementes mit zwei Atomen eines einwerthigen Elementes hervorgegangen und besitzt im Allgemeinen die Eigenschaften der Körper dieser Gruppe.

Der Grad der Werthigkeit giebt den chemischen Verbindungen eines Elementes ein so bestimmtes Gepräge, daß eine Klassifikation nach diesem Gesichtspunkt den Vortheil hat, diejenigen Körper einander näher zu stellen, welche die meisten chemischen Analogien darbieten. Aus diesem Grunde sind wir auch der Ansicht, daß die frühere Eintheilung der Elemente in Metalle und Metalloide vollständig zu verwerfen und die eben angeführte Klassifikation der Grundstoffe vorzuziehen ist, wie dies auch schon von Prof. Rammelsberg in seinem „Grundriß der unorganischen Chemie, 1867", und in den Principes de chimie par Naquet, deutsch bearbeitet von Sell, 1868, geschehen ist.

Die nachfolgende, zuerst von Wurtz aufgestellte Tabelle ist nach diesen Grundsätzen gebildet.

Einwerthige Elemente.

Fluor
Chlor
Brom
Jod
Wasserstoff

Rubidium
Cäsium
Kalium
Natrium
Lithium
Silber

Zweiwerthige Elemente.

Sauerstoff
Schwefel
Selen
Tellur

Barium
Strontium
Calcium
Magnesium
Aluminium
Mangan
Eisen

Zink
Kobalt
Nickel
Kupfer
Blei
Chrom
Quecksilber
Kadmium
Uran

Dreiwerthige Elemente.

sind bisweilen auch fünfwerthig

Stickstoff
Phosphor
Arsenik
Bor

Antimon
Bismuth
Gold

Vierwerthige Elemente.

Kohlenstoff
Silicium

Zirkonium
Titan
Zinn
Platin
Palladium
Osmium
Iridium
Rhodium
Ruthenium

Fünfwerthige Elemente.   Sechswerthige Elemente.
   Tantal   Molybdän
   Niob   Wolfram
                               Vanadin.

(Die Werthigkeit einzelner Elemente ist indessen noch nicht mit Sicherheit entschieden.)

Wenn sich die Betrachtung über die Werthigkeit nur auf die Elemente erstreckte, so würde dieser noch gar nicht alle und doch so fruchtbare Begriff keine so bedeutende Wichtigkeit in der Wissenschaft erlangt haben; allein es giebt eine Menge von Atomkomplexen, welche, einmal gebildet, ohne sich zu verdoppeln, an die Stelle einfacher Körper in einer Verbindung treten und also wie wirkliche Elemente sich verhalten können. Man giebt diesen Gruppen den Namen der zusammengesetzten Radikale. Sie sind ein-, zwei- bis sechswerthig, wie die Elemente und die Verbindungen, in welche sie eintreten, und schließen sich ebenso den Typen HCl, H_2O ꝛc. vollständig an; so z. B. ist das Radikal C_2H_5 (Aethyl) einwerthig, es giebt also Verbindungen vom Typus Chlorwasserstoff: $C_2H_5.H$ (Aethylwasserstoff), und $C_2H_5.Cl$ (Chloräthyl), vom Typus Wasser: $(C_2H_5)_2O$ (Aethyläther) und $(C_2H_5).HO = \genfrac{}{}{0pt}{}{C_2H_5}{H}\}O$ Aethylalkohol, vom Typus Ammoniak: Triäthylamin $(C_2H_5)_3N$ ꝛc.

Das Aethylen ist zweiwerthig C_2H_4 und giebt $(C_2H_4)Cl_2$, Aethylenchlorid (Oel der holländischen Chemiker) ꝛc.

Wenn vielwerthige Radikale für zwei oder mehre einwerthige Atome in einem Typus eintreten, so geschieht dies sehr oft so, daß sie zwei oder mehrere Moleküle des einfachen Typus vereinigen und so zwei- und dreifach kondensirte Typen bilden. So z. B. leitet sich die englische Schwefelsäure vom Typus H_4O_2 (zwei Moleküle Wasser) ab durch Substitution des zweiwerthigen $\overset{\shortparallel}{SO_2}$ an die Stelle von H_2, und die Vereinigung dieser beiden Moleküle Wasser in ein einziges wird, wenn man annimmt, daß $\overset{\shortparallel}{SO_2}$ je ein Atom Wasserstoff in jedem Molekül ersetzt, auf folgende Weise ausgedrückt:

$$O\left\{\genfrac{}{}{0pt}{}{H}{H}\right. \quad O\left\{\genfrac{}{}{0pt}{}{H}{H}\right\}(\overset{\shortparallel}{SO_2}) = (\overset{\shortparallel}{SO_2})\left\{\genfrac{}{}{0pt}{}{H}{H}\right\}O_2 = (\overset{\shortparallel}{SO_2})\left\{\genfrac{}{}{0pt}{}{}{H_2}\right| O_2$$

2 Moleküle Wasser   1 Molekül Schwefelsäure.

Es kann sogar vorkommen, daß zwei einfache Typen auf diese Weise miteinander vereinigt sind und einen gemischten Typus geben. So kann das Radikal $(\overset{II}{SO_4})$ ein Atom Wasserstoff in einem Molekül Wasser und ein anderes Atom Wasserstoff in einem Molekül Chlorwasserstoff ersetzen:

$$(\overset{II}{SO_4}) \left\{ \begin{matrix} \overset{II}{II} \{O\} \\ HCl \end{matrix} \right\} = SO_4 \, HCl$$

Diese Erweiterung hat erlaubt, der allgemeinen Typentheorie eine Menge von Verbindungen unterzuordnen, welche ihr anfänglich sich nicht zu fügen schienen.

Man begreift unter dem Ausdruck „Reaktion" die dauernden Umwandlungen, welche die Körper erleiden, wenn sie der Einwirkung auf einander oder imponderabler Agentien ausgesetzt sind.

Die so verschiedenen Erscheinungen, welche man hierbei beobachtet, können alsdann sehr leicht auf eine kleine Anzahl zurückgeführt werden; diese sind:

1) Die allotropischen oder molekularen Modifikationen eines Elementes oder einer zusammengesetzten Verbindung.

Beispiele:

Umwandlung des gewöhnlichen Phosphors in rothen amorphen, die des letzteren in krystallisirten rothen Phosphor; des Sauerstoffs in Ozon durch den elektrischen Funken; der glasigen arsenigen Säure in die undurchsichtige krystallisirte; des gelben, spröden und undurchsichtigen Schwefels in weichen und durchsichtigen.

2) Die Vereinigung zweier oder mehrerer Elemente oder Verbindungen.

$$A_a + B_r + C_s = A_a B_r C_s$$

Beispiele:

Verbindung des Schwefels mit dem Sauerstoff, dem Chlor oder den Metallen. — Oxydation der Metalle. — Verbindung des Kohlenstoffs, des Stickstoffs und des Kaliums (Cyankalium).

3) Die Zerlegung eines Körpers in seine Elemente oder in Produkte von einfacherer Verbindung.

$$A_a B_r C_s = A_a + B_r + C_s$$

Beispiele:

Zerlegung des rothen Quecksilberoxyds durch die Wärme in Quecksilber und Sauerstoff. — Zerlegung des chlorsauren Kaliums in Sauerstoff und Chlorkalium

4) Die Substitution a) eines Elementes für ein anderes in einer Verbindung oder b) eines Radikals für ein Element oder c) eines Radikals für ein anderes Radikal.

$$A_2 B_2 C_2 + D_4 = A_2 B_2 D_4 + C_2$$

Beispiele:

Fällung des Kupfers durch Eisen aus einer Lösung von schwefelsaurem Kupfer. — Ersetzung des Jods durch Chlor in den Jodsalzen oder des Chlors durch Jod in den chlorsauren Salzen.

5) Die wechselseitige Einwirkung zweier Verbindungen mit gegenseitigem Austausch eines Elementes oder eines zusammengesetzten Radikals:

$$AB + DC = AD + BC.$$

Diese Form ist die gewöhnlichste, und in vielen Fällen kann man die vorhergehenden darauf zurückführen.

So kann oder muß vielmehr die direkte Vereinigung des Chlors mit dem Wasserstoff so angesehen werden:

$$Cl_2 + H_2 = HCl + HCl.$$

Ein Molekül Chlor vertauscht ein Atom Chlor gegen ein Atom Wasserstoff und umgekehrt.

Die Zersetzung des Cyanquecksilbers durch die Wärme kann man als ein Resultat der wechselseitigen Einwirkung zweier Moleküle dieses Salzes annehmen:

$$\overset{II}{Hg} Cy_2 + \overset{II}{Hg} Cy_2 = \overset{II}{Hg}_2 + Cy_4.$$

Schließlich: wenn Natrium auf Wasser einwirkt, so macht es den Wasserstoff desselben frei und bildet Natriumhydroxyd und Natriumwasserstoff; das Endresultat ist die Folge zweier doppelten Zersetzungen:

$$\begin{array}{l} \left. \begin{array}{l} H \\ H \end{array} \right| O + Na_2 = \left. \begin{array}{l} Na \\ H \end{array} \right| O + NaH \\ \left. \begin{array}{l} H \\ H \end{array} \right| O + HNa = \left. \begin{array}{l} Na \\ H \end{array} \right| O + HH \\ \hline 2 H_2 O + Na_2 = 2 (NaH) O + H_2 \end{array}$$

Die Verbindung NaH ist nur ein Uebergangsstadium und zersetzt sich in dem Maße, wie sie sich bildet.

Man sieht, daß diese Erklärungsweise der Vereinigung, Trennung und Ersetzung auf der Anschauung basirt, daß die Mehrzahl der Elemente und der freien Radikale Moleküle und nicht Atome sind.

Verbrennung oder **Oxydation** nennt man einen solchen chemischen Vorgang, bei dem freier Sauerstoff einwirkt oder der

Sauerstoff, welchen gewisse sauerstoffreiche, wenig beständige, sogenannte oxydirende Verbindungen liefern. Es erfolgt indessen nicht nur eine Oxydation, wenn der Sauerstoff zu einem Element oder einer Verbindung hinzutritt, sondern auch wenn dieser Körper den Zweck hat, ein Element oder eine Gruppe von Elementen wegzuschaffen, welche in einer Verbindung enthalten sind.

Die Oxydation ist eine direkte, wenn sie durch freien Sauerstoff hervorgerufen wird, eine indirekte, wenn sie nur durch den Einfluß des erst frei werdenden Sauerstoffs geschieht.

Durch Reduktion kann man die Entfernung des Sauerstoffs aus einer sauerstoffhaltigen Substanz erreichen; man reduzirt z. B. Metalloxyde durch Wasserstoff oder Kohle. Dieser Ausdruck wird indessen auch für den Fall angewendet, wo es sich um eine Fixirung des Wasserstoffs handelt.

Beispiel:
Reduktion des Indigblaus zu Indigweiß.

Wir haben soeben auf einigen Seiten in allgemeinen Umrissen die hauptsächlichsten Gesetze entwickelt, welche bei der Verbindung der Körper unter einander herrschen, indem wir die neueren Ideen, die durch den raschen Fortschritt der Chemie entstanden sind, zu Grunde legten. Es bleibt uns jetzt nur noch eine Aufgabe zu erfüllen übrig, nämlich anzudeuten, nach welchen Regeln die Namen der einzelnen Verbindungen gebildet werden müssen.

Die alte Nomenklatur, wie sie von Lavoisier, Guyton de Morveau, Berzelius geschaffen war, hat für die allgemeine Entwickelung der Chemie bedeutende Dienste geleistet; sie war in sehr glücklichen Weise den Ansichten, welche man damals von der Konstitution der Körper hatte, angepaßt, allein jetzt ist sie nicht mehr gänzlich mit der Theorie im Einklange. Da indessen noch keine neuere existirt, so müssen wir dieselbe mit dem oben Gesagten in Uebereinstimmung zu bringen suchen.

Die Elemente und die zusammengesetzten Radikale erhalten willkürliche Namen, welche, was die letzteren anbetrifft, häufig an die die Verbindung bildenden Elemente erinnern. Die Endungen yl, en, ium finden sehr häufig bei diesen Radikalen Anwendung.

Beispiele:
Carbonyl, Phosphoryl, Sulfuryl, Aethyl, Methyl, Aethylen, Butylen, Amylen, Ammonium, Arsenmethylium, Stibmethylium.

Die Kombinationen eines einfachen oder zusammengesetzten Radikals mit den Elementen Chlor, Brom, Jod endigen auf ür: Kupferchlorür, Eisenjodür ꝛc., die, welche mehr von diesen Stoffen enthalten, auf id: Eisenchlorid, Goldbromid, Quecksilberjodid ꝛc.; auch bei dem Schwefel wendet man diese Nomenklatur an, wiewol hierbei auch der Ausdruck Sulfuret gebraucht wird.

Die binären Verbindungen, deren eines Element Sauerstoff ist, werden Oxyde genannt; sind mehrere Oxydationsstufen vorhanden, so gebraucht man die Benennungen Suboxydul, Suboxyd, Oxydul, Superoxyd (Hyperoxyd); außer diesen Namen wendet man auch häufig die Bezeichnungen sub, sesqui, bi, tri u. s. w. an, welche hinter den Namen des Elementes gesetzt werden und den Grad der Oxydations-, Chloroder Schwefelungsstufe anzeigen; so kennen wir ein Eisensubsulfuret, Eisensulfuret, Eisensesquisulfuret, Eisenbisulfuret, d. h. Verbindungen des Eisens mit dem Schwefel, in welchen sich das Verhältniß des letzteren von der einen zur andern vergrößert.

Die Oxyde kann man allgemein von dem einfachen oder verdichteten Typus Wasser H_2O ableiten und zwar dadurch, daß das Metall sämmtlichen Wasserstoff ersetzt. Wenn nur die Hälfte des Wasserstoffs durch eine äquivalente Menge eines Radikals ersetzt wird, so erhält man die sogenannten Hydroxyde (allgemein $\overset{\text{\tiny I}}{M}HO$). Dieselben Bemerkungen können auch auf die Schwefelverbindungen M_2S und auf die Hydrosulfüre ($\overset{\text{\tiny I}}{M}H)\overset{\text{\tiny II}}{S}$, welche sich vom Typus H_2S ableiten, angewendet werden.

Die Verbindungen, welche im Stande sind, auf gewisse Oxyde oder Hydroxyde der Metalle, z. B. Kaliumoxyd oder Kaliumhydroxyd einzuwirken, heißen **Säuren**. Wenn sie löslich sind, so haben sie gewöhnlich einen sauren Geschmack und röthen das blaue Lackmuspigment. **Basen** nennt man diejenigen Metalloxyde, welche mit Säuren in Verbindung treten können; sind sie löslich, so haben sie einen alkalischen (laugenartigen) Geschmack und alkalische Reaktion (verwandeln das rothe Lackmuspigment in blaues).

Die bis jetzt bekannten Säuren können auf folgende Weise eingetheilt werden.

1) **Wasserstoffsäuren** oder Verbindungen nach dem einfachen oder verdichteten Typus Chlorwasserstoff, entstanden durch Eintritt eines Radikals an Stelle des Chlors. Ihren Namen erhalten sie nach dem Radikal, an dessen Namen das Wort

„Wasserstoffsäure" angehängt wird. Eingetheilt werden sie nach der Werthigkeit der Radikale.

Die hauptsächlichsten einwerthigen Wasserstoffsäuren sind: die Chlorwasserstoffsäure HCl, Bromwasserstoffsäure HBr, Jodwasserstoffsäure HJ, Fluorwasserstoffsäure HFl, Cyanwasserstoffsäure HCN (auch HCy).

Unter den zweiwerthigen Wasserstoffsäuren sind erwähnenswerth: die Schwefelwasserstoffsäure H_2S, die Tellur- H_2Te, die Selenwasserstoffsäure H_2Se und die Kieselfluorwasserstoffsäure $H_2(SiFl_6)$.

Die Reactionen dieser Körper auf die Oxyde oder die Hydroxyde der Metalle können durch folgende Gleichungen dargestellt werden:

$$2(\overset{I}{R}\overset{I}{H}) + M_2O = 2(RM) + H_2O \quad (2HCl + Ag_2O = 2AgCl + H_2O)$$

$$\overset{I}{R}H + (MH)O = RM + H_2O \quad (HCl + KHO = KCl + H_2O)$$

$$\overset{II}{R}H_2 + M_2O = \overset{II}{R}M_2 + H_2O \quad (H_2S + Ag_2O = Ag_2S + H_2O)$$

$$\overset{II}{R}H_2 + 2(MHO) = \overset{II}{R}M_2 + 2H_2O \quad (H_2S + 2KHO = K_2S + 2H_2O)$$

$$\overset{II}{R}H_2 + (MH)O = \overset{II}{R}MH + H_2O \quad (H_2S + KHO = KHS + H_2O)$$

$$\overset{II}{R}H_2 + (MH)O + (NH)O = \overset{II}{R}MN + 2H_2O \quad (H_2S + KHO + NaHO = KNaS + 2H_2O).$$

Die durch diese Reactionen entstehenden Derivate erhalten, wie man leicht sieht, die Benennung der binären Verbindungen nach der oben angeführten Weise. Es sind Chlorüre, Bromüre, Sulfurete, Sulfhydrüre, Fluorüre und Cyanüre; sie gehören demselben Typen an wie die Säuren, durch welche sie entstanden sind.

2) Oxysäuren oder Sauerstoffsäuren. Man theilt diese ein in Anhydride und Hydrate.

A. Anhydride der Sauerstoffsäuren. Sie lassen sich vom einfachen oder condensirten Typus Wasser H_2O ableiten durch Substitution eines Radikals an Stelle sämmtlichen Wasserstoffs.

Beispiele:

Radikal Acetyl (C_2H_3O) . . . . $\begin{Bmatrix} C_2H_3O \\ C_2H_3O \end{Bmatrix} O$

Essigsäureanhydrid oder wasserfreie Essigsäure.

Radikal Sulfuryl (SO_2) . . . . $\left.\begin{array}{l}SO_2\\SO_2\end{array}\right\}O_2$
Schwefelsäureanhydrid oder wasserfreie Schwefelsäure.

Radikal Benzoyl (C_7H_5O) . . . . $\left.\begin{array}{l}C_7H_5O\\C_7H_5O\end{array}\right\}O$
Benzoesäureanhydrid oder wasserfreie Benzoesäure.

Die Benennung der Säuren in der organischen Chemie ist in der deutschen Sprache etwas verwirrt. Man bezeichnet sie meist nach denjenigen Stoffen, in welchen sie sich von der Natur fertig gebildet vorfinden: Weinsäure, Citronensäure, Oralsäure (Sauerkleesäure) u. s. w., oder nach ihren Eigenthümlichkeiten: Purpursäure, Violursäure, Knallsäure u. s. w.

In der unorganischen Chemie hängt man ganz einfach an das Element, welches das Säureradikal bildet, das Wort „Säure" und außerdem bei denjenigen, bei welchen sämmtlicher Wasserstoff in dem Typus Wasser durch das Säureradikal ersetzt ist, das Wort „Anhydrid" oder setzt „wasserfrei" vor. Also:

Schwefelsäure-, Phosphorsäure-, Arsensäureanhydrid, oder:
Wasserfreie Schwefelsäure, -Phosphorsäure, -Arsensäure.

Wenn ein und dasselbe Element zwei zusammengesetzte Sauerstoffsäuren bildet, so bezeichnet man die sauerstoffärmere Verbindung durch die Adjektivform des Grundstoffnamens vor dem Worte „Säure"; z. B.

Wasserfreie Phosphorsäure P_2O_5
Wasserfreie phosphorige Säure P_2O_3

Kommen bei demselben Element noch mehr Säurestufen vor, so behilft man sich mit den Präpositionen unter und über.

So heißen die fünf Sauerstoffsäuren des Chlors:

Ueberchlorsäure Cl_2O_7
Chlorsäure Cl_2O_5
Unterchlorsäure Cl_2O_4
Chlorige Säure Cl_2O_3
Unterchlorige Säure Cl_2O.

Nach der Typentheorie würde man so schreiben:

$$\left.\begin{array}{l}\overset{\text{III}}{P}O\\\overset{\text{III}}{P}O\end{array}\right\}O_2 \qquad \left.\begin{array}{l}\overset{\text{III}}{P}\\\overset{\text{III}}{P}\end{array}\right\}O_3$$

$$\left.\begin{array}{l}(ClO_3)\\(ClO_3)\end{array}\right\}O \quad \left.\begin{array}{l}(ClO_2)\\(ClO_2)\end{array}\right\}O \quad \left.\begin{array}{l}(ClO_2)\\(ClO)\end{array}\right\}O \quad \left.\begin{array}{l}(ClO)\\(ClO)\end{array}\right\}O \quad \left.\begin{array}{l}Cl\\Cl\end{array}\right\}O$$

B. **Hydrate der Oxysäuren.** Sie leiten sich vom Typus Wasser H_2O ab durch Ersetzung eines Radikals an Stelle der Hälfte des Wasserstoffs.

Ihren Namen bilden sie auf die oben angeführte Weise, jedoch mit dem Unterschied, daß an Stelle von Anhydrid „Hydrat" tritt.

$$\text{Kieselsäurehydrat} \qquad \left.\begin{matrix}\overset{IV}{Si}\\H_4\end{matrix}\right\}O_4$$

$$\text{Phosphorsäurehydrat} \qquad \left.\begin{matrix}(\overset{III}{PO})\\H_3\end{matrix}\right\}O_3$$

$$\text{Schwefelsäurehydrat} \qquad \left.\begin{matrix}(\overset{II}{SO_2})\\H_2\end{matrix}\right\}O_4$$

$$\text{Salpetersäurehydrat}^1) \qquad \left.\begin{matrix}(\overset{I}{NO_2})\\H\end{matrix}\right\}O$$

Diese Säuren enthalten 1, 2, 3, 4 Atome Wasserstoff, je nachdem ihr Molekül 1, 2, 3, 4 Molekülen Wasser entspricht (eine Regel, welche nicht ohne Ausnahmen ist). Sie heißen danach mono-, di-, tri-, tetrahydrische Säuren (mono- und polyhydrische Säuren).

Das den Wasserstoff ersetzende Radikal ist demnach ein-, zwei-, drei-, vierwerthig.

Die Basen (Hydroxyde) sind gleichfalls vom Typus Wasser; man kann sie als ein Molekül Wasser ansehen, in welchem die Hälfte des Wasserstoffs durch ein einfaches elektropositives Radikal (Metall) ersetzt ist. Auch hierbei hat man nach der Anzahl der Wasserstoff-Atome mono-, di-, tri-, hexahydrische Basen, ganz wie bei den Säuren.

Z. B. Typus $(H_2O) = \left.\begin{matrix}H\\H\end{matrix}\right\}O$: Natriumhydroxyd $= \left.\begin{matrix}Na\\H\end{matrix}\right\}O$

Typus $2(H_2O) = \left.\begin{matrix}H_2\\H_2\end{matrix}\right\}O_2$: Baryumhydroxyd $= \left.\begin{matrix}\overset{II}{Ba}\\H_2\end{matrix}\right\}O_2$

Typus $3(H_2O) = \left.\begin{matrix}H_3\\H_3\end{matrix}\right\}O_3$: Wismuthhydroxyd $= \left.\begin{matrix}\overset{III}{Bi}\\H_3\end{matrix}\right\}O_3$

---

[1]) Die Salpetersäure ist die einzige Säure, bei welcher man von der angegebenen Nomenclatur abgewichen ist; eigentlich müßte man sie Stickstoffsäure nennen, wie dies auch von den französischen Chemikern geschieht (Acide azotique).

Einleitung.

$$\text{Typus } 4(H_2O) = \left.\begin{array}{l}H_4\\H_4\end{array}\right\}O_4 : \text{Palladiumhydroxyd} = \left.\begin{array}{l}\overset{IV}{Pd}\\H_4\end{array}\right\}O_4$$

$$\text{Typus } 6(H_2O) = \left.\begin{array}{l}H_6\\H_6\end{array}\right\}O_6 : \text{Eisenhydroxyd} = \left.\begin{array}{l}\overset{VI}{Fe}\\H_6\end{array}\right\}O_6$$

Wenn ein Säurehydrat auf eine Basis wirkt, so tritt das Säure-radikal an die Stelle des disponiblen Wasserstoffs der Basis (oder umgekehrt), und gleichzeitig bildet sich Wasser, indem der Wasserstoff sich mit dem Sauerstoff vereinigt. Der neu entstandene Körper heißt ein Salz.

Bei der Bildung der Salze ist das Verhältniß, in welchem Säure und Basis auf einander wirken, ein solches, daß beide gleichviel Wasserstoff enthalten; Sauerstoffsalze (Oxysalze) entstehen durch Vereinigung von Oxysäuren mit Oxybasen, Sulfosalze (Schwefelsalze) aus Sulfosäuren und Sulfobasen.

Die Einwirkung der Säuren auf die Basen wollen wir durch einige Beispiele darstellen:

monohydrisch und monohydrisch
$$\left.\begin{array}{l}(NO_2)\\H\end{array}\right\}O + \left.\begin{array}{l}\overset{I}{K}\\H\end{array}\right\}O = \left.\begin{array}{l}(NO_2)\\K\end{array}\right\}O + \left.\begin{array}{l}H\\H\end{array}\right\}O$$

dihydrisch und monohydrisch
$$\left.\begin{array}{l}(\overset{II}{SO_2})\\H_2\end{array}\right\}O_2 + 2\left.\begin{array}{l}\overset{I}{K}\\H\end{array}\right\}O = \left.\begin{array}{l}SO_2\\K_2\end{array}\right\}O_2 + 2H_2O \text{ ec.}$$

---

monohydrisch und bihydrisch
$$2\left.\begin{array}{l}NO_2\\H\end{array}\right\}O + \left.\begin{array}{l}\overset{II}{Ba}\\H_2\end{array}\right\}O_2 = \left.\begin{array}{l}(NO_2)_2\\Ba\end{array}\right\}O_3 + 2H_2O$$

monohydrisch und tetrahydrisch
$$4\left.\begin{array}{l}NO_2\\H\end{array}\right\}O + \left.\begin{array}{l}\overset{IV}{Pd}\\H_4\end{array}\right\}O_4 = \left.\begin{array}{l}(NO_2)_4\\Pd\end{array}\right\}O_4 + 4H_2O \text{ ec.}$$

---

trihydrisch und trihydrisch
$$\left.\begin{array}{l}\overset{III}{PO}\\H_3\end{array}\right\}O_3 + \left.\begin{array}{l}\overset{III}{Bi}\\H_3\end{array}\right\}O_3 = \left.\begin{array}{l}PO\\Bi\end{array}\right\}O_3 + 3H_2O$$

dihydrisch und trihydrisch
$$3\left.\begin{array}{l}SO_2\\H_2\end{array}\right\}O_2 + 2\left.\begin{array}{l}Bi\\H_3\end{array}\right\}O_3 = \left.\begin{array}{l}(SO_2)_3\\Bi_2\end{array}\right\}O_6 + 6H_2O$$

trihydrisch und bihydrisch
$$2\left.\begin{array}{l}PO\\H_3\end{array}\right\}O_3 + 3\left.\begin{array}{l}Ba\\H_2\end{array}\right\}O_2 = \left.\begin{array}{l}(PO)_2\\Ba_3\end{array}\right\}O_6 + 6H_2O \text{ ec.}$$

Was die Benennung der Salze anbetrifft, so ging man früher von der Voraussetzung aus, daß sie sich durch eine direkte Vereinigung der Säuren und Basen bildeten. Man glaubte, daß wenn z. B. Salpetersäure auf Kalihydrat (Kaliumhydroxyd) einwirkt, nach der alten Formel (wo O = 8) alle $NO_3 + KOHO$, von letzterem einfach das HO abgespalten würde und das Kali sich mit der Salpetersäure zu einem Salze von der Formel $KONO$, verbände, und nannte es demgemäß salpetersaures Kali; wie wir eben gesehen haben, enthält aber das Salz gar kein Kali, sondern nur Kalium, und wir werden in der Folge die Salze demgemäß benennen, also: salpetersaures Kalium, schwefelsaures Baryum u. s. w. Anstatt dieser Nomenklatur wendet man indessen auch eine andere an, die ebenfalls viel für sich hat, indem man die schwefelsauren, salpetersauren, phosphorsauren, chlorsauren u. s. w. Salze als Sulfate, Nitrate, Phosphate, Chlorate bezeichnet und diese Worte an die Namen der Elemente anhängt.

Ein Salz heißt ein **normales** (neutrales), wenn in der Säure sämmtlicher typische Wasserstoff durch das Basisradikal, oder in der Basis der typische Wasserstoff vollständig durch das Säureradikal ersetzt ist. Ist dies aber nicht der Fall, der also nur bei polyhydrischen Säuren, resp. Basen eintreten kann, so erhalten wir im ersten Fall saure, im zweiten Fall basische Salze. z. B.

$$\left.\begin{matrix}SO_2\\H_2\end{matrix}\right\}O_2 + \left.\begin{matrix}K\\H\end{matrix}\right\}O = \left.\begin{matrix}SO_2\\K\\H\end{matrix}\right\}O_2 + H_2O \text{ saures schwefelsaures Kalium;}$$

$$\left.\begin{matrix}NO_2\\H\end{matrix}\right\}O + \left.\begin{matrix}\overset{III}{Bi}\\H_2\end{matrix}\right\}O_3 = \left.\begin{matrix}(NO_2)\\\overset{III}{Bi}\\H_2\end{matrix}\right\}O_3 + H_2O$$

$$2\left.\begin{matrix}NO_2\\H\end{matrix}\right\}O + \left.\begin{matrix}\overset{III}{Bi}\\H_3\end{matrix}\right\}O_3 = \left.\begin{matrix}(NO_2)\\\overset{III}{Bi}\end{matrix}\right\}O_3 + 2H_2O$$

basisch salpetersaures Wismuth.

In den sauren Salzen kann der noch disponible Wasserstoff durch ein anderes Metall ersetzt werden, und man erhält dann Doppelsalze. z. B.

$$\left.\begin{matrix}\overset{II}{SO_2}\\K\\Na\end{matrix}\right\}O_2 \quad \text{Schwefelsaures Kalium-Natrium (Kaliumnatriumsulfat)}$$

Man kann auch sagen, daß dieser Vorgang durch Vereinigung zweier normaler Salzmoleküle stattfinde:

$$\left.\begin{matrix}SO_2\\K_2\end{matrix}\right\}O_2 + \left.\begin{matrix}SO_2\\Na_2\end{matrix}\right\}O_2 = 2\left(\left.\begin{matrix}SO_2\\Na\\K\end{matrix}\right\}O_2\right)$$

Einleitung.

Die Verbindungen zweier oder mehrerer Metalle mit einander heißen Legirungen. Man sagt: eine Legirung von Kupfer und Zinn, Blei und Wismuth. Unter Amalgam versteht man eine solche Legirung, deren einer Bestandtheil Quecksilber ist. Z. B. entsteht Natriumamalgam durch Erhitzen von Natrium mit Quecksilber.

Legirungen und Amalgame sind oft nur einfache Mischungen.

In der organischen Chemie, welche das Studium der so verschiedenen und komplizirten Verbindungen des Kohlenstoffs umfaßt, herrscht, wie schon oben erwähnt, die größte Unordnung in der Nomenklatur. Die Namen der einzelnen Verbindungen sind ohne bestimmte Regel und einzig und allein nach dem Willen des Entdeckers gebildet.

Man kennt indessen gegenwärtig eine große Anzahl von Substanzen, welche nach der Art und Weise ihrer Entstehung, nach ihrer Konstitution und ihrem Verhalten gewissen allgemeinen Gesetzen gehorchen; diese hat man gewissen feststehenden Regeln der Nomenklatur unterwerfen können.

Wir finden in erster Reihe die zahlreichen Radikale, von welchen man einige hat isoliren können. Die freien Radikale sind meistentheils Moleküle und durch die Aneinanderlagerung zweier Atome hervorgebracht. Sie werden vom Typus HH abgeleitet, indem an die Stelle der beiden typischen Wasserstoffe das Radikal tritt. Ihrem Charakter nach nähern sie sich den sogenannten Metallen:

$$\text{Methyl} \left. \begin{array}{l} CH_3 \\ CH_3 \end{array} \right\} \qquad \text{Aethyl} \left. \begin{array}{l} C_2H_5 \\ C_2H_5 \end{array} \right\}$$

Es sind dies die Alkoholradikale; die Säureradikale der unorganischen Chemie entsprechen folgenden Verbindungen:

$$\text{Acetyl } C_2H_3O \qquad \text{Benzoyl } C_7H_5O.$$

2) Ist nur die Hälfte des typischen Wasserstoffs durch ein Radikal ersetzt, so erhalten wir die Wasserstoffverbindungen:

$$\text{Aethylwasserstoff} \left. \begin{array}{l} C_2H_5 \\ H \end{array} \right\} \qquad \text{Benzoylwasserstoff} \left. \begin{array}{l} C_7H_5O \\ H \end{array} \right\}$$

Diese Wasserstoffverbindungen haben wenig analoge Fälle in der Mineralchemie. Man giebt letzteren insbesondere den Namen Aldehyd oder Wasserstoffverbindung des Säureradikales: Acetaldehyd, Benzoesäurealdehyd u. s. w.

3) Derivate vom einfachen oder kondensirten Typus Chlorwasserstoff oder den sekundären Typen Bromwasserstoff, Jodwasserstoff, Fluor-

wasserstoff, Cyanwasserstoff, durch Substitution eines organischen Radikals an Stelle des Wasserstoffs. Sie heißen Chlorüre, Bromüre, Jodüre (Chloride, Bromide) u. s. w., oder man setzt die Worte Chlor, Jod, Brom vor das Radikal; so sagt man z. B. Chloräthyl, Aethylenchlorid, Chloracetyl, Benzoyljodid. Wenn es sich um ein Alkoholradikal handelt, sagt man auch oft: chlorwasserstoffsaurer, jodwasserstoffsaurer Aether; z. B. chlorwasserstoffsaurer Methyläther.

4) Die Derivate vom Typus Wasser heißen primär, wenn nur die Hälfte Wasserstoff, sekundär, wenn er vollständig durch das Radikal ersetzt ist.

Die Kohlenwasserstoffradikale geben gewöhnlich neutrale primäre Derivate, welche man Alkohole nennt. Der Rest des Wasserstoffs kann leicht durch doppelte Zersetzung durch ein Säureradikal ersetzt werden, woraus dann ein zusammengesetzter Aether entsteht.

Beispiel:

$$\left.\begin{array}{c}CH_3\\H\end{array}\right\}O \quad \text{Methylalkohol}$$

$$\left.\begin{array}{c}CH_3\\C_2H_3O\end{array}\right\}O \quad \text{Essigsäure-Methyläther.}$$

Die Alkohole mit zweiwerthigem Radikal werden Glykole genannt.

$$\left.\begin{array}{c}(C_2\overset{\shortmid\shortmid}{H_2})\\H_2\end{array}\right\}O_2 \quad \text{Aethylenglykol.}$$

Ihre zusammengesetzten Aether sind von der Formel

$$\left.\begin{array}{c}C_2H_4\\R_2\end{array}\right\}O_2 \quad \text{oder} \quad \left.\begin{array}{c}C_2H_4\\R\,R'\end{array}\right\}O_2 \quad \text{oder} \quad \left.\begin{array}{c}C_2H_4\\R'R_a\end{array}\right\}O_2$$

z. B.

$$\left.\begin{array}{c}C_2H_4\\(C_2H_3O)_2\end{array}\right\}O_2 \quad (C_2H_3O)\left.\begin{array}{c}C_2H_4\\H\end{array}\right\}O_2 \quad \left.\begin{array}{c}C_2H_4\\C_2H_3O\\C_4H_7O\end{array}\right\}O_2$$

zweifach essigsaurer   einfach essigsaurer   butteressigsaurer
Aethylenäther   Aethylenäther   Aethylenäther.

Das Glycerin ist ein dreiwerthiger Alkohol. Die zusammengesetzten Aether des Glycerins werden Glyceride genannt und endigen bei den Säureradikalen mit höherem Kohlenstoffgehalt auf „in"; doch sagt man auch statt dessen: einfach, zweifach, dreifach essigsaurer Glycerinäther, Acetin, Diacetin, Triacetin; z. B.

$$\left.\begin{array}{c}\overset{\shortmid\shortmid\shortmid}{C_3H_5}\\H_3\end{array}\right\}O_3 \quad \text{Glycerin,} \quad \left.\begin{array}{c}C_3H_5\\C_{54}H_{105}O\\H_2\end{array}\right\} \text{Monostearin,}$$

Einleitung. 25

$(C_{14}H_{33}O_3)'''\begin{Bmatrix}C_3H_5\\III\end{Bmatrix}O_6$ Diſtearin, $(C_3H_{44}O_3)_2\begin{Bmatrix}C_3H_5\\III\end{Bmatrix}O_6$ Triſtearin.

Die vielatomigen Alkoholradikale geben gern zur Bildung gemiſchter Typen Veranlaſſung. Z. B.

$(C_3''H_5)\begin{Bmatrix}II\\II\\IICl\end{Bmatrix}O$ chlorwaſſerſtoffſaures Glykol

$(C_3'''H_5)\begin{Bmatrix}II_2\\III\\IICl\end{Bmatrix}O_2$ Monochlorhydrin

$(C_3'''H_5)\begin{Bmatrix}II\\II\\II_2Cl_2\end{Bmatrix}\begin{Bmatrix}IIO\end{Bmatrix}$ Dichlorhydrin.

Die ſekundären Derivate der Alkoholradikale werden **einfache Aether** oder auch wol **Oxyde** genannt. Z. B.

$\begin{Bmatrix}C_2H_5\\C_2H_5\end{Bmatrix}O$ Aethyläther (auch Aethyloxyd).

Die ſauerſtoffhaltigen Radikale erzeugen gewöhnlich **Säurehydrate** durch ihre primären Abkömmlinge und **waſſerfreie Säuren** durch ihre ſekundären Derivate. Z. B.

Benzoeſäure $\begin{Bmatrix}C_7H_5O\\II\end{Bmatrix}O$ und Benzoeſäureanhydrid $\begin{Bmatrix}C_7H_5O\\C_7H_5O\end{Bmatrix}O$.

Das Eigenthümliche dieſer Körper iſt die Leichtigkeit, mit welcher ſie die Hälfte des Radikals oder des Waſſerſtoffs, der die Stelle deſſelben vertritt, mit einem Metall oder Alkoholradikal vertauſchen können.

Die Säurehydrate mit mehrwerthigen Radikalen ſind am häufigſten polybaſiſch, d. h. ſie können ſämmtlichen disponiblen Waſſerſtoff gegen eine äquivalente Menge Metall erſetzen. Z. B.

$\begin{Bmatrix}C_4H_4O_4\\II_2\end{Bmatrix}O_2$ Weinſäure $\begin{Bmatrix}C_4H_4O_4\\K_2\end{Bmatrix}O_2$ weinſaures Kalium.

Aber eine Säure kann zugleich zweiwerthig und einbaſiſch ſein. So z. B. bildet die Glykolſäure nur mit 1 Aeq. Metall lösliche und kryſtalliſirbare Salze; man hat noch keine mit 2 Aeq. Säure darſtellen können.

$\begin{Bmatrix}C_2H_2O\\II_2\end{Bmatrix}O_2$ Glykolſäure $\begin{Bmatrix}C_2H_2O\\IIAg\end{Bmatrix}O_2$ glykolſaures Silber.

5) Indem die organischen Radikale an die Stelle des Wasserstoffs im Ammoniak treten, liefern sie je nach dem Grade der Substitution primäre, sekundäre oder tertiäre Stickstoffverbindungen.

Die Ammoniakverbindungen, welche ein Alkoholradikal enthalten, bewahren die Eigenthümlichkeiten des Ammoniaks, sich mit Wasserstoff oder Sauerstoffsäuren zu verbinden. Man nennt sie Amine. So sagt man Aethylamin $[N(C_2H_5)H_2]$, Diäthylamin $[N(C_2H_5)_2H]$, Triäthylamin $[N(C_2H_5)_3]$.

Die Amide sind neutrale Stickstoffverbindungen mit Säureradikalen: Acetamid $N\genfrac{}{}{0pt}{}{C_2H_3O}{H_2}$; Diacetamid $N\genfrac{}{}{0pt}{}{(C_2H_3O)_2}{H}$ und Triacetamid $N(C_2H_3O)_3$.

Die organischen Verbindungen, deren Konstitution genau bestimmt ist, werden also natürlicherweise nach ihren chemischen Funktionen eingetheilt.

Zwei oder mehrere Körper, welche dieselben Rollen spielen und zu demselben Typus gehören, heißen isolog; sie sind homolog, wenn ihre Formeln von einander nur um CH_2 oder ein Vielfaches davon differiren. So z. B. sind Aethyl- und Methylalkohol (C_2H_6O und CH_4O) homolog und isolog, während Essigsäure und Benzoesäure ($C_2H_4O_2$ und $C_7H_6O_2$) nur isolog sind.

Die organischen Verbindungen bildeten bis vor ungefähr zehn Jahren eine besondere Klasse in den Lehrbüchern; die lange angenommene Unmöglichkeit, sie künstlich aus ihren Elementen aufzubauen, hatte den Glauben aufkommen lassen, daß nur die sogenannte Lebenskraft im Stande wäre, sie hervorzubringen.

Dem Anschein nach gab es also ein unübersteigbares Hinderniß zwischen der unorganischen Chemie, wo Alles durch Synthese wie durch Analyse vor sich geht, und der organischen Chemie, wo die gewöhnlichen Affinitäten unzulänglich erschienen, die Vereinigung des Kohlenstoffs, Wasserstoffs, Sauerstoffs und Stickstoffs hervorzurufen.

In neuster Zeit ist man dahin gelangt, diese Hindernisse zu übersteigen. Dank der Anstrengungen Wöhler's und Berthelot's ist es gelungen, einzig und allein mit Hilfe chemischer Kräfte, eine große Anzahl von Substanzen, von denen man früher glaubte, daß sie alleinige Produkte der Thiere und Pflanzen wären, oder solche, welche sich von den unmittelbaren Bestandtheilen derselben durch bekannte Reaktionen ableiten, künstlich darzustellen.

Die Frage der organischen Synthese hat einen großen Werth, selbst vom Gesichtspunkte des industriellen Lebens. Der Fabrikant vermag von vornherein vorauszusehen, daß er in einem gegebenen Zeitraum im Stande sein wird, direkt die köstlichen Färbemittel sich zu verschaffen, die er jetzt wenigstens theilweise noch den Thieren und Pflanzen entnehmen muß.

Schon ist der Steinkohlentheer eine reiche Fundgrube von Farben geworden, welche durch die Schönheit ihrer Nüancen bemerkenswerth sind. Es ist offenbar, daß nach den erlangten Erfolgen die Industrie der Zeugdruckerei und Färberei wirklich in eine Zeit der Umformung und des Fortschritts eingetreten ist. Ihre Umwandlung ging aus einer Vereinfachung, dem sichersten Kennzeichen des wahren Fortschritts, hervor, und diesen Fortschritt hat sie nur der reinen Wissenschaft und den uneigennützigen Entdeckungen derselben zu verdanken.

In unsren bisherigen Betrachtungen haben wir die wechselseitigen Beziehungen der Körper dargelegt und zwar nach dem chemischen Gesichtspunkte der Vereinigungen und Zerlegungen, deren sie fähig sind, oder mit anderen Worten, die dauernden Veränderungen ihrer wesentlichen Eigenschaften. Die vorübergehenden Umwandlungen, welche sie durch die physikalischen Kräfte und die unwägbaren Agentien erleiden, gehören in das Gebiet der Physik.

Wir wollen hier nur von den Lichterscheinungen reden, die besonders in das Gebiet gehören, welches wir behandeln, um das Wesen dieser Erscheinungen und den Einfluß, welchen sie auf die materiellen Körper ausüben, besser bestimmen zu können.

Die Farben, welche dem Fabrikanten zu Gebote stehen und die er auf der Gespinnstfaser hervorbringt, sind keineswegs Quellen des Lichtes; sie erscheinen uns mit ihrer eigenthümlichen Nüance nur in Folge der besonderen Einwirkung auf die von der Sonne oder den Firsternen oder von einem künstlichen Licht ausgehenden Strahlen.

Der Lichteindruck, welcher auf der Netzhaut hervorgebracht und durch den optischen Nerv auf das Gehirn übertragen wird, wo er zur Empfindung gelangt, ist die Folge einer vibrirenden Bewegung, welche den Molekülen eines unwägbaren Mediums angehört, das im höchsten Grade dünnflüssig und überall, im ganzen Weltraum sowol wie in den zwischen den einzelnen Atomen der wägbaren Materie befindlichen Zwischenräumen, verbreitet ist.

Dieses Medium wird Aether genannt.

In Fig. 1 möge P ein Partikelchen des Aethers sein. Von dem Augenblicke an, wo dieses in Schwingung geräth, wird es eine

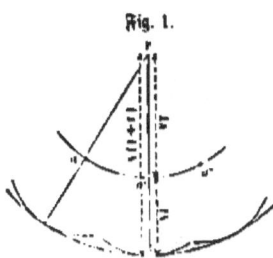

Fig. 1.

Lichtquelle. Diese vibrirende Bewegung (nicht das Molekül!) pflanzt sich, wenn nichts ihm hindernd entgegensteht, in konzentrischen Kugeln fort, deren Radien immer größer werden. Hieraus ergiebt sich, daß seine Intensität proportional den Oberflächen dieser Kugeln ist oder im Quadrat der Entfernung abnimmt. Die Schnelligkeit der Fortpflanzung dieser Bewegung ist sehr groß. Der Däne Olaf Römer hat die Geschwindigkeit durch die Beobachtung gefunden, daß der Eintritt des ersten Jupitermondes in den Schatten des Jupiters auf der Erde um 14 Sekunden später gesehen wird, wenn die Erde sich von dem Jupiter in grader Richtung entfernt. Da nun dieser Mond jedesmal nach $42\frac{1}{2}$ Stunden wieder in den Schatten des Jupiters tritt und die Erde in dieser Zeit 590000 Meilen zurücklegt, so braucht das Licht zum Durcheilen dieses Raumes 14 Sekunden; es legt also in einer Sekunde 42100 Meilen zurück. Wir wollen diese Geschwindigkeit mit V bezeichnen; da die Bewegung nun gleichförmig ist, wird sie am Ende der Zeit T, welche vom Anfang der ersten Schwingung von P gerechnet wird, alle Moleküle auf der Oberfläche einer Kugel mit dem Radius VT erreicht haben. Wir können uns nun jedes der Moleküle a, a', a'' als Mittelpunkte der Bewegung oder der Lichtquelle vorstellen, so daß nach einer neuen Zeit t die Bewegung sich auf die Moleküle übertragen hat, welche auf den Kugeln mit dem Radius Vt und den Mittelpunkten a, a', a'' oder einer einzigen Kugel mit dem Radius V(T+t) und dem Mittelpunkt P liegen. Es ist also gleichgültig bei der Untersuchung über die Verbreitung des Lichts, immer ein und denselben leuchtenden Punkt als Mittelpunkt zu betrachten oder ihn nach einem gegebenen Zeitraum durch mehrere abgeleitete Mittelpunkte zu ersetzen. (Gesetz von Huygens.)

Man sieht, daß von einem Punkt zum andern das Licht sich in einer graden Linie fortpflanzt, nämlich in dem Radius der Kugel, welcher von dem ursprünglichen leuchtenden Punkte ausgeht oder von dem abgeleiteten, welcher auf der Oberfläche der Kugel liegt; diese grade Linie nennt man einen Lichtstrahl.

Natur der Schwingungen. Das Aethermolekül führt gleichmäßige Bewegungen hin und zurück nach beiden Seiten seines Gleichgewichtszustandes aus und durchläuft in einer sehr kurzen Zeit eine krumme Linie von einer so geringen Dimension, daß sie unsern Mitteln, sie zu messen, vollständig entgeht. Die Ebene dieser krummen Linie ist senkrecht zu der Richtung, nach welcher das Licht sich fortpflanzt und folglich auch zum Lichtstrahl. Wenn also das Licht sich

Fig. 2.

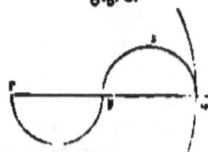

in den Molekülen, welche auf der graben Linie AB (Fig. 2) liegen, verbreitet, so werden diese Schwingungen nach den Linien a'aa" und b'bb" ausführen.

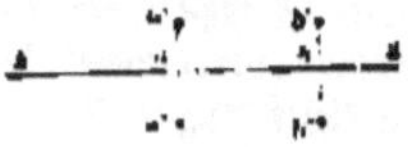

Angenommen, d sei die Dauer einer Schwingung (die Zeit, welche das Molekül a gebraucht, um von a nach a', von a' nach a, von a

Fig. 3.

nach a" und von a" nach a zu gelangen), so hat am Ende der Zeit d, berechnet vom Anfang der ersten Oscillation von P (Fig. 3) die Bewegung alle Moleküle einer Kugel mit dem Mittelpunkt P und dem Radius Vd erreicht; sie beginnen von Neuem ihre erste Schwingung, während P sie beendet hat, und je weiter sie von P entfernt sind, um so weniger haben sie sie vollendet. Ihre wirkliche Stellung im Vergleich zum Strahl kann durch die gekrümmte Linie Pxyza dargestellt werden.

Am Ende einer neuen Zeit d werden sich die Theilchen von P bis a wieder in derselben Stellung befinden, jedoch mit dem Unterschiede, daß sie ihre zweite Schwingung gänzlich oder theilweise ausgeführt haben; dieser Fall wird auch bei den Partikelchen zwischen a und a', wenn aa' gleich Pa, eingetreten sein, während diese ihre erste Schwingung zu machen im Begriff sind.

Wenn man die gekrümmte Linie ax'y'z'x' (Fig. 4) auf die erste Linie Pxyza legt, so werden sie sich decken. Es ist leicht einzusehen,

Fig. 4.

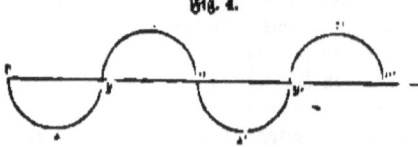

daß nach irgend einem Zeitraum der Lichtstrahl von P aus in Längenabschnitten gleich Pa getheilt sein kann, bei welchen die verschiedenen Moleküle in gleichen Abständen von der Seite nach P in demselben Zustande sich befinden. Es geht hieraus sofort hervor, daß die gekrümmte Linie nur in Zeitabschnitten, welche ganze Vielfache von d sind, die so aufgestellten Theilpunkte durchschneiden kann.

Man nennt die Länge P_a die **Wellenlänge** und bezeichnet sie mit $\lambda = V.d$. Die Oberflächen der aufeinanderfallenden Kugeln, auf welchen alle Aethertheilchen liegen, die sich in demselben Zustand und derselben Schwingungszahl befinden, sind **Wellen**.

Wenn die Lichtquelle sehr weit entfernt ist, so kann ein kleiner Theil einer Welle als eben angesehen werden. Sie verbreitet sich nach einer Richtung, welche senkrecht zu ihrer Ebene steht; es ist dies die Richtung des Lichtstrahles.

Alles, was wir bisher gesagt haben, hat indessen nur auf die Fortpflanzung des Lichtes in einem zusammenhängenden und homogenen Medium Beziehung. Wir wollen jetzt zwei homogene Medien, aber von ungleicher Dichtigkeit, betrachten, z. B. Luft und Wasser, welche durch eine ebene Oberfläche getrennt sind und von einem Lichtstrahl durchbrungen werden.

In dem Augenblicke, wo der Lichtstrahl aus der Luft in das Wasser tritt, erleidet das Licht auf seinem Wege zwei wichtige Veränderungen.

Theilweise wird der Lichtstrahl in das erste Mittel zurückgeworfen oder **reflektirt**, theilweise bringt er in das zweite ein, aber erst, nachdem er eine Ablenkung vom graden Wege, welche man **Brechung** nennt, erlitten hat. Diese beiden Erscheinungen gehorchen sehr strengen, aber sehr einfachen mathematischen Gesetzen.

1) Der einfallende Strahl (Richtung der einfallenden Lichtwelle), der reflektirte Lichtstrahl (Richtung der reflektirten Lichtwelle) und die Senkrechte, welche in dem Punkte, wo der Lichtstrahl die Ebene trifft, errichtet ist, liegen in einer Ebene, und außerdem sind die Winkel, welchen die beiden Strahlen mit der Senkrechten machen, einander gleich, oder mit andern Worten: der Einfallswinkel ist gleich dem Ausfallswinkel.

2) Der einfallende Strahl, der gebrochene Strahl (Richtung der gebrochenen Lichtwelle) und die Senkrechte, welche in dem Punkt errichtet ist, wo der gebrochene Strahl die Oberfläche des brechenden Mediums trifft, liegen gleichfalls in einer Ebene, die Winkel des einfallenden und gebrochenen Strahles sind nicht gleich; aber unter welchem Winkel auch das Einfallen des Strahles geschehen mag, immer ist das Verhältniß der Sinus dieser Winkel für dieselben beiden Medien ein konstantes. Dieses Verhältniß wird der **Brechungsexponent** genannt.

Die Richtungsveränderung des Lichtes in einem andern Medium ist eine direkte Folge der Veränderung der Geschwindigkeit, welche das

Licht erleidet, wenn es von einem Medium in ein anderes von verschiedener Dichtigkeit übergeht. Die Undulationstheorie läßt uns annehmen, daß, je größer die Dichtigkeit des Mediums ist, desto geringer die Schnelligkeit der Fortpflanzung sein muß. Die Wahrheit dieser Behauptung ist von Foucault durch einen ausgezeichneten Versuch dargethan; er hat direkt bewiesen, daß in dem Wasser die Geschwindigkeit des Lichtes eine geringere ist als in der Luft.

Dove stellt hierbei folgenden sehr hübschen Vergleich an, der in der That die Brechung des Lichtes sehr gut veranschaulicht; er sagt: „Denken wir, uns eine Schwadron Kavallerie reite im Trabe in schiefer Richtung auf einem festen Boden, der den Hufen der Pferde keinen Widerstand entgegenstellt, so wird die Richtung und die Geschwindigkeit beständig dieselbe sein. Am Ende dieses festen Bodens befinde sich ein beackertes Feld, so wird, sobald der erste Reiter dasselbe erreicht, das Pferd einen Widerstand finden, und seine Geschwindigkeit wird daher auch langsamer werden, während die übrigen Reiter in ihrem Tempo so lange beharren, bis sie das Feld erreicht haben, um dann ebenfalls langsamer zu reiten. Das Resultat wird also eine Schwenkung und Verlangsamung sein. Ebenso können wir uns den Vorgang bei der Brechung des Lichtes erklären."

Die folgenden geometrischen Betrachtungen zeigen uns, mit welcher Einfachheit die oben ausgesprochenen Gesetze sich von der Theorie ableiten lassen.

Fig. 5.

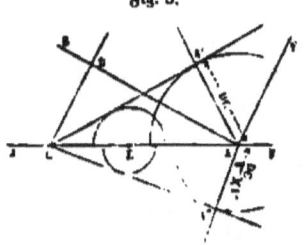

Es sei AB eine ebene Lichtwelle, welche in schräger Richtung auf die Grenzfläche von Wasser und Luft xy fällt. Wir wollen nun sehen, was in der Ebene des Blattes, welche die Welle und die Oberfläche nach AB und xy schneidet, vor sich geht. Zur größern Einfachheit wollen wir nur den Theil AD der Welle untersuchen, deren Thätigkeit sich auf die Linie AC, welche durch die Strahlen CD und AF begrenzt ist, überträgt.

V und V' seien die Geschwindigkeiten des Lichts in der Luft und im Wasser, V'<V. Nehmen wir jeden Punkt zwischen A und C als Mittelpunkt der Thätigkeit an und zwar in dem Maße, wie jeder an der Bewegung theilzunehmen beginnt. Wenn die Bewegung den Punkt C erreicht hat, d. h. am Ende der Zeit $\frac{DC}{V}$, von der Anfangsstellung der Welle AB gerechnet, so wird das Molekül A seine Bewegung der Kugeln mit den Radien $\frac{DC}{V} \cdot V = DC$ für das obere Medium (Luft) und $\frac{DC}{V} \cdot V'$ für das untere Medium (Wasser) mitgetheilt haben.

Die intermediären Punkte, z. B. E, werden ihre Bewegung auf Kugeln übertragen haben, deren Radien um so kleiner sind, je näher sie an C liegen.

Es ist leicht, geometrisch zu zeigen, daß die Linien, welche von C aus in der Ebene des Blattes gezogen sind und die Kugeln um A als Tangenten berühren, auch Tangenten an alle intermediären Kugeln sind. Was für die Ebene der Figur gilt, gilt auch für alle parallelen Schnitte; unsre Tangenten werden also zu Tangentialebenen, welche die reflektirte und die gebrochene Welle darstellen.

So ist die ursprüngliche Welle AD in der Zeit $\frac{DC}{V}$ in zwei andere verwandelt, deren eine CA' in das erste Medium zurückgeht, während die andere CA" sich in das Wasser verbreitet.

Die oben ausgesprochenen Gesetze können leicht durch einfache geometrische Betrachtungen abgeleitet werden, wie nun auch leicht einzusehen ist, daß der Brechungsexponent dem Verhältniß der Geschwindigkeiten $\frac{V}{V'}$ des Lichtes in Luft und Wasser gleich ist.

Die Brechungserscheinungen stellen sich uns in der Einfachheit, welche wir soeben angedeutet haben, dar, wenn das Licht das Resultat einer einzigen Art von Bewegung ist, welche durch eine bestimmte Schwingungsdauer charakterisirt wird; dies ist aber nicht der Fall bei dem Lichte, welches von den verschiedenen Lichtquellen, über welche wir verfügen, und hauptsächlich von der Sonne ausgeht. Dieses ist die Summe einer großen Anzahl von verschiedenen Lichtstrahlen, deren Hauptunterscheidungsmerkmal in der Dauer der Schwingung und folglich auch in der Wellenlänge besteht.

Einleitung.

Ein von der Sonne ausgehender Lichtstrahl besteht aus einer Menge von wellenförmigen Schwingungen mit verschiedener Wellenlänge, welche sich im Weltall mit gleichbleibender Schnelligkeit verbreiten, ohne sich gegenseitig zu behindern.

Eine jede dieser elementaren Schwingungen erleidet bei dem Uebergange von einem Medium in das andere eine eigenthümliche Aenderung in ihrer Schnelligkeit, und zwar werden die einzelnen Strahlen eine um so größere Ablenkung erfahren, je mehr ihre Geschwindigkeit verzögert wird, so daß also an Stelle eines einzigen Lichtbündels divergirende Strahlen erscheinen, welche in unserm Auge einen bestimmten Eindruck hervorbringen und, nach der Anordnung ihrer Ablenkung oder Brechung betrachtet, vom Roth durch Orange, Gelb, Grün, Hellblau und Dunkelblau zum Violet übergehen, während die einzelnen Farben in ihrer Vereinigung den Eindruck von Weiß hervorbrachten.

Dies gilt jedoch nur von den schief auffallenden Strahlen; denn sobald das Licht senkrecht zur Oberfläche des brechenden Körpers einfällt, findet keine Ablenkung für irgend einen Lichtstrahl statt.

Der Apparat, an welchem man am besten die Zusammensetzung des Lichtes studiren und nachweisen kann, heißt Prisma, eine gewöhnlich aus Glas hergestellte dreiseitige Säule mit glatt geschliffenen und polirten Seitenflächen.

Indem wir hierauf die Gesetze der Brechung anwenden, ist es leicht einzusehen, daß ein in schräger Richtung auf die Fläche a a'

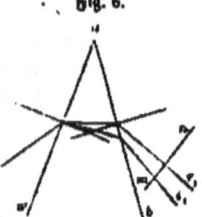
Fig. 6.

(Fig. 6) einfallender Lichtstrahl ein Mal bei seinem Uebertritt aus der Luft in das Glas und ein zweites Mal in derselben Weise bei seinem Austritt aus dem Glas in die Luft durch die Fläche a b abgelenkt wird; die zweite Ablenkung ist stärker als die erste. Ein zusammengesetzter Lichtstrahl wird durch das Prisma in ein Bündel von divergirenden, verschieden gefärbten Lichtstrahlen getheilt, und diese Divergenz wird durch die zweite Brechung noch vermehrt.

Denken wir uns ein Prisma, dessen eine Kante horizontal gestellt ist, und lassen wir auf dasselbe an Stelle eines einzigen Lichtstrahles ein schmales Bündel von Lichtstrahlen auffallen, wie man es sehr leicht erhalten kann, wenn man das Sonnenlicht durch einen schmalen vertikalen Spalt hindurchgehen läßt, so wird sich dasselbe bei seinem Austritt durch die Fläche ab in eine zusammenhängende Reihe von divergirenden Lichtstrahlen zertheilen, so daß ein Schirm von weißem Papier, in mn senkrecht zu ihrer Richtung aufgestellt, einen langen farbigen Streifen von der Länge des Spaltes mit den obengenannten Farben zeigt, und zwar nimmt Roth stets den obersten, Violet den untersten Platz ein.

Diese Erscheinung hat in der Optik den Namen Spektrum. Schneiden wir in den Schirm an irgend einer Stelle, wohin eine dieser Farben auffällt, eine schmale Spalte, so daß das entsprechende Licht hindurchgehen kann und sich von den übrigen trennt, so wird dasselbe bei seinem Durchgange durch ein zweites Prisma nach den allgemeinen Gesetzen der Brechung zwar abgelenkt werden, zerfällt aber nicht mehr in Lichtstrahlen von ungleicher Brechbarkeit. Dieses Licht ist also homogen und durch eine einzige vibraterische Bewegung hervorgebracht.

Die Dauer einer Schwingung und folglich auch die Länge ihrer entsprechenden Welle sind um so kleiner, je brechbarer das Licht ist.

Die folgende Tabelle giebt die Werthe für die Längen der Wellen und die Zahl der Schwingungen in einer Sekunde für die verschiedengefärbten Strahlen des Spektrums an.

Diese Messungen sind von Fresnel durch einen Versuch veranstaltet worden, dessen Beschreibung uns hier zu weit führen würde.

Farben	Wellenlänge in der Luft	Zahl der Schwingungen in einer Sekunde
	in Millimetern ausgedrückt.	in Billionen.
Violet	0,000423	735
Dunkelblau	0,000449	691
Hellblau	0,000475	653
Grün	0,000511	607
Gelb	0,000551	563
Orange	0,000583	532
Roth	0,000645	500

Das Sonnenspektrum, welches man durch das oben beschriebene Verfahren erhält, besteht also aus sieben sehr deutlichen Farben, welche das Auge leicht zu unterscheiden im Stande ist; aber der Theil des Lichtstreifens, welcher die Erscheinung des Violet zeigt und dessen Länge mit der Entfernung des Schirmes variirt, besteht in Wirklichkeit aus verschiedenen Arten von Violet, welche durch die größere oder geringere Brechbarkeit hervorgebracht sind und deren Nüancen nicht unterschieden werden können. Ebenso verhält es sich mit den übrigen Farben. Unser Auge ist indessen kein vollkommenes Instrument, und ebenso wie unser Ohr nicht zwei Töne, deren Vibrationsverhältniß der Einheit näher als $\frac{12}{13}$ liegt, zu unterscheiden vermag, kann unsere Netzhaut nicht zwei Lichtarten unterscheiden, deren Brechbarkeit oder deren Vibrationsdauer nahezu gleich ist.

Der violette Theil des Spektrums erscheint uns also wie ein fortlaufender Streifen mit unmerklichen Abstufungen, und er verliert sich ohne schroffen Uebergang in das Blau. Die Eintheilungen, welche wir in einem Spektrum machen können, sind demnach willkürlich, und die Zahl hängt von der Empfindlichkeit unserer Organe ab.

Es existirt indessen, um in dem Sonnenspektrum soviel Erkennungspunkte, als man nur wünschen kann, zu bestimmen, eine Methode von mathematischer Schärfe, welche von unserer mehr oder minder großen Fertigkeit, zwei benachbarte Farbennüancen zu unterscheiden, unabhängig ist. Diese Methode basirt auf der Beobachtung der dunklen Fraunhofer'schen Linien.

Wenn man das Spektrum eines feinen Spaltes, der durch das Sonnenlicht hell beleuchtet ist, mit einer guten Loupe betrachtet, so bemerkt man eine große Anzahl von vertikalen dunklen Linien (Fraunhofer hat deren 600 gezählt), welche sich ohne ein bestimmtes Gesetz der Vertheilung und Breite in allen Farben des Spektrums vorfinden. Die einen sind sehr fein, die andern breiter und dunkler, und durch Nebeneinanderstellung von mehreren derselben bilden sich häufig Gruppen, welche deutlicher als die andern erscheinen. Ihre Lage im Spektrum ist konstant. Fraunhofer hat den Linien und Liniengruppen, welche sich am meisten auszeichnen und am leichtesten wiedergefunden werden können, einen der Buchstaben des Alphabets von A bis G gegeben.

Diese Diskontinuität des Sonnenspektrums beweist, daß mehrere Farben in den Strahlen, welche von der Sonne kommen, fehlen; dieselbe Erscheinung zeigt sich bei dem Spektrum der Firsterne; dagegen enthält das Spektrum des elektrischen Lichtes zwischen zwei Kohlenspitzen, das des Drummond'schen Kalklichtes, sowie die Spektra aller festen und flüssigen Körper überhaupt, welche so stark erhitzt sind, daß sie leuchten, alle nur möglichen einfachen Lichtstrahlen vom Roth bis zum Violet, ohne irgend eine Spur von Diskontinuität zu zeigen.

Die Vielfältigkeit und die Unregelmäßigkeit der dunkeln Linien hat die Entdeckung ihrer Ursache sehr schwierig gemacht, und darum hat man sich lange Zeit begnügt, sie nur zu beschreiben und ihre Lage zu messen.

Kirchhoff und Bunsen in Heidelberg haben erst vor Kurzem diese Frage gelöst, indem sie eine Beziehung zwischen der Lage der Linien und der Natur der Körper, welche das Licht hervorbringen, auffanden.

Der Apparat, welchen diese beiden Forscher konstruirten, ist folgender[1]). Auf der Mitte einer kreisförmigen Eisenplatte ist ein Glasprisma befestigt, dessen brechende Flächen Kreise von 25ᵐᵐ Durchmesser sind; auf dieser Platte befindet sich ein Beobachtungsfernrohr von sechsmaliger Vergrößerung, und ein zweites Rohr enthält einen schmalen Spalt, welcher zum Einlassen des Lichtes bestimmt ist; ein drittes Rohr endlich enthält auf einer Glasplatte eine photographische Abbildung einer Millimeterskale, die in einer Kamera obscura in dem Maßstabe von $\frac{1}{?}$ hergestellt ist; diese Skala ist soweit überdeckt, daß nur ein schmaler Streifen sichtbar bleibt, auf dem sich die Theilungslinien und die Zahlen befinden, und wird durch eine Flamme erleuchtet. Die Axe des Fernrohrs und die Axe des Rohres, welches die Millimeterskale enthält, gehen auf die Mitte der einen Prismenfläche und sind gegen diese gleich geneigt, die Axe des andern Rohrs geht auf die Mitte der andern Prismenfläche. Durch diese Konstruktion wird bewirkt, daß das Spektrum des eindringenden Lichtes und das durch totale Reflexion entstehende Spiegelbild der Millimeterskala genau an derselben Stelle erscheinen, so daß man die Stellung der Spektrallinien auf der Skala ablesen kann.

Setzen wir nun hinter den schmalen Spalt eine schwachleuchtende Bunsen'sche Gaslampe, in welcher Leuchtgas mit einer hinreichenden Menge Luft gemischt verbrannt wird, so erblicken wir, wenn wir durch das Fernrohr sehen, ein Spektrum in Gestalt eines langen horizontalen Streifens, dessen Höhe gleich der des Spaltes ist, das jedoch wegen der geringen Intensität der angewandten Lichtquelle sehr dunkel und undeutlich erscheint.

Bringen wir in diese schwach leuchtende aber sehr heiße Flamme (der heißeste Theil hat nach Bunsens Berechnung eine Temperatur von 2300°) einen feinen Platindraht, der in eine Lösung von Chlor-

---

[1]) Poggendorff's Annalen der Physik und Chemie 113. 374 und Zeitschrift für analytische Chemie 1862. 49.

natrium (Kochsalz) oder von irgend einem andern Natriumsalze getaucht ist, so erblicken wir sofort in dem Spektrum eine sehr glänzende vertikale gelbe Linie, welche sich so lange zeigt, als noch Natriumdämpfe in der Flamme sind. Diese Linie hat auf der Skala eine unveränderliche Stellung, in der sie genau einer der sichtbarsten dunklen Linien des Sonnenspektrums entspricht, die Fraunhofer mit dem Buchstaben D bezeichnet, und wird aus zwei hellen Linien gebildet, die durch einen schmalen dunklen Zwischenraum getrennt sind, ebenso wie D aus zwei isolirten dunklen Linien gebildet wird, zwischen welchen sich ein heller Zwischenraum befindet.

Kalium und seine Verbindungen sind durch zwei helle Linien charakterisirt; die eine im Roth fällt mit der dunklen Linie A im Sonnenspektrum zusammen, die andere befindet sich im Dunkelblau.

Von vorzüglicher Schönheit ist das Spektrum der Lithiumverbindungen. Es zeigt eine purpurrothe Linie, welche von der des Kaliums verschieden ist, und eine sehr schwache orangegelbe Linie, welche anders als die Natriumlinie gefärbt ist und auch eine andere Lage hat.

Das Strontiumspektrum enthält viele charakteristische Streifen, im Roth vier Linien, ferner noch eine orangegelbe und eine indigoblaue.

Calcium und Baryum geben Spectra mit einer großen Anzahl von Linien, die ebenfalls alle konstant sind.

Alle diese Erscheinungen sind von außerordentlicher Empfindlichkeit; sie haben nicht allein zu einer sehr wichtigen Methode der qualitativen analytischen Chemie geführt, welche in diese Beziehung nichts zu wünschen übrig läßt, alle andern Methoden an Schärfe bei weitem übertrifft und selbst bei den kleinsten Quantitäten eine genaue Bestimmung der darin vorkommenden Elemente gestattet, sondern sie haben auch Kirchhoff und Bunsen zu der Entdeckung zweier neuen Alkalimetalle, Rubidium und Cäsium, verholfen. Das erstere ist durch zwei prachtvolle indigoblaue Linien und zwei rothe Linien, die nicht die Lage der Kaliumlinie haben, das letztere durch zwei sehr feine glänzende blaue Linien und außer diesen noch durch eine große Anzahl anderer charakterisirt, worunter die orangegelbe hervorzuheben ist.

Als in neuester Zeit (1862) Lamy[1]) eine Selenprobe, von Kuhlmann aus dem Schwefelschlamme der Bleikammern dargestellt, der sich bei der Verbrennung von Schwefelkiesen zum Behufe der Schwefel-

---

[1]) Journal für praktische Chemie Bd. 86 pag. 250.

säurefabrikation bildet, der spectralanalytischen Untersuchung unterwarf, bemerkte er eine grüne Linie, welche noch bei keinem andern Mineral vorgekommen war. Es gelang Lamy, den Körper, welcher diese Erscheinung bewirkte, zu isoliren, und er erkannte an ihm die Eigenschaften eines Metalls. — Dieselbe Linie hatte W. Crookes schon beobachtet und das neue Element mit dem Namen Thallium (von θαλλός, das junge Grün) belegt.[1]

Die Bunsen'sche Lampe genügt für alle Metalle, deren Verbindungen merkbar flüchtig sind, für die übrigen giebt sie nur negative Resultate. Dies ist nicht mehr der Fall, wenn man den elektrischen Funken eines Induktionsapparates zwischen den verschiedenen Metallen überschlagen läßt; jedes von ihnen giebt eigenthümliche glänzende Streifen, welche einen Beweis für die allgemeine Gültigkeit der Erscheinung liefern; allein die Anzahl derselben ist zu groß (das Eisen liefert sechzig Streifen und die übrigen gebräuchlichen Metalle nicht viel weniger), als daß man bei der Analyse einen nützlichen Gebrauch davon machen könnte.

Nach diesen Auseinandersetzungen können wir zu einem Versuch übergehen, welcher uns den Schlüssel für die Erscheinung der dunklen Linien des Sonnenspektrums und zu gleicher Zeit eine Idee von der chemischen Beschaffenheit der Sonne liefern soll.

Nehmen wir eine durch Natrium gelb gefärbte Flamme eines Bunsen'schen Brenners und bringen hinter dieselbe eine weißglühende metallische Kugel, welche schon für sich allein ein sehr brillantes und kontinuirliches Spektrum liefern würde, so werden wir in diesem Spektrum jetzt eine dunkle Linie sehen, welche genau der gelben Natriumlinie oder dem Streifen D des Sonnenspektrums entspricht. Hieraus ergiebt sich, daß eine Flamme, die flüchtige Metalle enthält, welche letzteren im Spektrum leuchtende Streifen hervorbringen, ein Spektrum mit dunklen Linien liefert, wenn sie von einem Lichte durchdrungen wird, das von einer intensiveren Quelle kommt.

So zeigt uns das Sonnenspektrum genau an Stelle der leuchtenden Streifen der Metalle dunkle Linien, woraus Kirchhoff die Folgerung zog, daß dieses Spektrum umgekehrt ist, daß es von einem Lichte gebildet wird, welches von einem weißglühenden Kern herrührt und durch die Sonnenatmosphäre übertragen wird, wobei diese diejenigen Lichtstrahlen absorbirt, die sie selbst in Folge der

---

[1] Chemisches Centralblatt 1855 Nr. 62.

Metalle, welche sie enthält, aussenden würde, wenn sie allein uns beleuchtete.

Die Untersuchung der Frauenhofer'schen Linien und ihrer Uebereinstimmung mit denen der Metalle führt also zu einer chemischen Analyse der Sonnenatmosphäre, die ebenso sicher ist, wie die, welche wir von den irdischen Substanzen machen können.[1])

Gegenwärtig, wo die gründliche Erforschung der prismatischen Brechung festgestellt hat, daß das weiße Licht aus einer Menge von Lichtarten, die für den Gesichtseindruck verschieden sind, zusammengesetzt ist, wo man es willkürlich zerlegen und wieder zusammensetzen kann, treten uns die Farbenerscheinungen, welche sich an den Körpern zeigen, offenbar als Resultat einer Zerlegung des weißen Lichtes entgegen, welches auf die eine oder andere Art eines Theiles seiner zusammensetzenden Elemente beraubt ist.

Dasjenige, was an einer Farbe fehlt, um den Eindruck von Weiß hervorzubringen, wird complementär genannt. Betrachtet man nämlich eine der sieben Hauptfarben oder eine Zusammensetzung zweier oder dreier derselben u. s. w., so ist die Farbe, welche aus den sämmtlichen übrigen Farben zusammengesetzt ist, die entgegengesetzte oder complementäre von jener.

Geht man z. B. vom prismatischen Grün aus, so ist die Mischung der übrigen sechs die ergänzende Farbe; bei einer Mischung von Blau und Roth ist die Vereinigung der übrigen fünf die entgegengesetzte Farbe u. s. w. Man sieht ein, daß zwei solche entgegengesetzte Farben nothwendig Weiß geben müßten, vorausgesetzt, daß in ihnen alle prismatischen Farben genau in demselben Verhältnisse als in dem prismatischen Farbenbilde gemischt wären. Abwesenheit aller Farben bedingt das Schwarz.

Wenn man die verschiedenen Farben des Sonnenspektrums in verschiedenen qualitativen und quantitativen Verhältnissen mischt und den erhaltenen Mischungen Schwarz oder Weiß in verschiedenen Verhältnissen hinzusetzt, so wird man dahin gelangen, zahlreiche Wirkungen hervorzurufen, die alle Nüancen umfassen, welchedas Auge zu erkennen im Stande ist.

Aehnliche Betrachtungen können indessen zu praktischen Resultaten und zu Vorschriften für die Entstehung der verschiedenen Farben, welche uns durch die natürlichen Körper dargeboten werden, nur dann

---

[1]) Ueber Spektralanalyse s. die Zeitschrift für die gesammten Naturwissenschaften von Giebel und Siewert, 1864. 3. Heft.

führen, wenn man in strenger Weise und nach einfachen und genau bestimmten Regeln verfährt.

Man verdankt Chevreul für die Bestimmung und Benennung der Farben bemerkenswerthe Untersuchungen und eine für Kunst, Gewerbfleiß und industrielle Betriebsamkeit sehr nützliche Methode. (Ein Auszug aus den Arbeiten dieses verdienstvollen Mannes möge hier seinen Platz finden.

„Alle Künste," sagt er, „welche durch Farben zum Auge sprechen, können ihren Zweck nur dann vollständig erreichen, wenn sie die Farben, die sie verwenden, genau beschreiben, indem sie jede von ihnen zu feststehenden Typen in Bezug bringen, welche überall wieder hervorgebracht werden können, sei es, daß es sich darum handele, die geeigneten Regeln vorzuschreiben, um genau bestimmte Wirkungen zu erlangen, sei es, daß in präziser Art die Wirkungen der Erzeugnisse, welche diese Künste beziehungsweise erzielt haben, gewürdigt werden sollen. Ich glaube versichern zu können, daß es möglich ist, die Farben einer vernunftgemäßen Nomenklatur zu unterwerfen, indem man sie auf Typen bringt, welche nach einer einfachen Methode geordnet sind, dem Begriffsvermögen aller Derer zugänglich, die sich, sei es wissenschaftlich oder technisch, mit Farben beschäftigen."

Chevreul geht von folgenden Grundsätzen aus:

Ein roth, orange, gelb, grün, blau oder violet gefärbter Stoff kann nur auf vier Arten zu dem Gebrauch, welchen man davon in der Malerei und Färberei macht, verändert werden:

1) Durch Weiß, welches die Farbe heller macht, aber die Intensität schwächt;

2) durch Schwarz, welches die Farbe verdunkelt, aber die spezifische Intensität vermindert;

3) durch eine bestimmte Farbe, welche die spezifische Eigenthümlichkeit verändert, ohne sie trübe zu machen;

4) durch eine bestimmte Farbe, welche die spezifische Eigenthümlichkeit verändert, indem sie sie trübt, so daß, wenn die Wirkung das Maximum erreicht hat, Schwarz oder normales Grau entsteht, das durch Mischung von Schwarz und Weiß dargestellt wird.

Chevreul nennt: 1) Töne einer Farbe die verschiedenen Grade der Intensität, deren diese Farbe fähig ist, je nachdem der Stoff, welcher sie zeigt, rein oder einfach mit Schwarz oder Weiß vermischt ist;

2) Skala die sämmtlichen Töne einer und derselben Farbe;

3) **Gedämpfte Skala** die Tonfolge, deren helle und dunkle Töne durch Schwarz getrübt sind.

4) **Nüancen einer Farbe**, die Abstufungen, welche diese Farbe durch Hinzufügung einer anderen erfährt, die sie verändert, ohne sie zu trüben.

Um eine rationelle Klassifizirung der Farben einzuführen, beginnt Chevreul damit, 72 Typen oder reine Farben aufzustellen, welche er als Sektoren eines Farbenkreises anordnet.

Er bildet diese 72 Typen, indem er von den drei Farben ausgeht, welche die Künstler einfache nennen, nämlich Roth, Gelb und Blau, und indem er der Reihe nach zwei und zwei in bestimmten Verhältnissen kombinirt, bringt er, die drei ersteren mit einbegriffen, die 72 binären Farben hervor, von denen 12, von Roth zum Gelb übergehend, Roth, Orangeroth, Orange, Orangegelb, Gelb, Gelbgrün, Grün, Grünblau, Blau, Blauviolet, Violet, Rothviolet genannt werden; die sechzig andern bilden Gruppen von je fünf, welche zwischen den vorhergehenden eingeschaltet sind und nach dem Namen der einen der zwölf ersten mit einer beigefügten Ordnungszahl bezeichnet werden. So hat man Roth, Roth 1, Roth 2, Roth 3, Roth 4, Roth 5, endlich Roth-Orange u. s. f.

Die 72 Farben sind so angeordnet, daß die Abstufungen der einen von der andern gleich sind, daß also von drei auf einander folgenden die mittlere den sogenannten Uebergang der beidenäußeren bildet.

Mit jeder dieser 72 Typen bildet Chevreul Skalen von 20 Tönen, indem er sie mit $\frac{1}{20}$, $\frac{2}{20}$ bis $\frac{20}{20}$ von Weiß oder Schwarz mischt.

Diese Skalen können nun in Streifen von derselben Farbe angeordnet werden, oder man bildet, was noch besser ist, mit den zwanzig Tönen einer jeden Farbe zwanzig Farbenkreise, von denen jeder die 72 Töne, welche mit den typischen Farben übereinstimmen, umfaßt.

Indem man jede Skale mit $\frac{1}{20}$, $\frac{2}{20}$ bis $\frac{20}{20}$ Schwarz mischt, erhält man die gedämpften Skalen.

Eine Farbe wird jetzt einfach bestimmt 1) durch Bezeichnung des Namens der Skale, zu welcher sie gehört, 2) durch die Nummer ihres Tones, 3) eventuell durch den Bruchtheil Schwarz, welcher sie dämpft.

So z. B. wird das Laubgrün bestimmt:

Gelbgrün 1, 10ter Ton, $\frac{2}{20}$ Dämpfung —

weil unter den weiter oben gebildeten Schattirungen grade das typische Grüngelb, wenn es durch $\frac{2}{20}$ Schwarz gedämpft ist, mit ihm zusammenfällt.

Der Aquamarin ist:
>Blaugrün 5, vom 3ten bis 5ten Ton.

Das mittlere Küpenblau (auf Wolle) ist:
>Blau 3, 14ter Ton.

Es ist offenbar, daß es zwischen den 14400 Tönen und gedämpften Tönen, welche nach der Methode von Chevreul gebildet sind, merkbare Zwischenräume giebt, zwischen denen eine gegebene Farbe ihren Platz finden kann; man drückt alsdann den Unterschied dieser mit den beiden am nächsten stehenden in Brüchen aus.

Die Mischung der drei einfachen Farben, Roth, Gelb und Blau, liefert einen der Töne der Skala Grau (Weiß durch Schwarz gedämpft); derselbe Fall muß eintreten, wenn man eine der einfachen Farben mit einer binären Farbe, welche durch Mischung der beiden andern entsteht, in passenden Verhältnissen zusammenbringt.

Also sind komplementäre Farben:
>Roth und Grün (Blau und Gelb)
>Gelb und Violet (Roth und Blau)
>Blau und Orange (Gelb und Roth)

Man kann demnach gewisse Farben dämpfen, wenn man nicht Schwarz, sondern ihre komplementären Farben hinzufügt.

Wir haben gesehen, wie die chromatischen Kreise dazu dienen, jede Farbe zu definiren. Für genauere Einzelheiten empfehlen wir dem Leser das Werk des berühmten Chemikers selbst. (Des couleurs et de leurs applications aux arts industriels à l'aide des cercles chromatiques, par E. Chevreul. 1864.) Man findet dort die gebräuchlichen Namen der Hauptfarben in festen und bestimmten Zahlen ausgedrückt.

Jedesmal, wo man Farbstoffe mischt, die aufeinander keine chemische Einwirkung ausüben, erhält man Resultate, welche sich den beiden folgenden Grundregeln unterordnen.

Erste Regel. a) Wenn die Farbstoffe Roth und Gelb sind oder zwei zwischenliegenden Farben angehören, so erhält man Orange oder eine Farbe, die sich vom Orange zum Roth oder vom Orange zum Gelb hinneigt.

b) Wenn die Farbstoffe Roth und Blau sind oder zwei intermediären Farben angehören, so erhält man Violet oder eine Farbe, die vom Violet zum Roth oder vom Violet zum Blau sich hinneigt.

c) Wenn die Farbstoffe Blau und Gelb sind oder zwei zwischenliegenden Farben angehören, so erhält man Grün oder eine Farbe, die sich vom Grün zum Blau oder vom Grün zum Gelb hinneigt.

Zweite Regel. Wenn die Farbmaterialien, welche man miteinander mischt, Roth, Gelb und Blau sind, erhält man Schwarz oder Grau.

a) Wenn das Verhältniß der drei Farben passend ist, so sind sie neutralisirt, das Resultat ist Schwarz oder normales Grau ohne merkliche Farbe.

b) Im entgegengesetzten Fall ist das Grau durch eine Farbe oder die beiden andern überwiegenden gefärbt.

Ist erst die Stelle der Farben, die man mischen will, in dem Farbenkreise bekannt, so ist leicht einzusehen, was sie durch ihre wechselseitige Mischung geben werden.

1) Roth und Gelb gemischt, geben eine mehr oder weniger reine Orangefarbe, so lange sie nicht aus den Grenzen von Roth und Gelb, den Typen des ersten Cirkels, herausgehen.

2) Im entgegengesetzten Fall ist die Farbe um so mehr gedämpft, je mehr Blau sie in der Mischung enthält.

3) Derselbe Fall tritt für Gelb und Blau ein. Wenn die Färbemittel nicht über die Grenzen der beiden Farben hinausgehen, erhält man ein mehr oder weniger reines Grün.

4) Im entgegengesetzten Fall wird die Farbe um so mehr gedämpft sein, je mehr Roth sie enthält.

5) Dasselbe gilt endlich auch noch für Blau und Roth. Wenn die Färbemittel, welche sie zusammensetzen, in den Grenzen von Blau und Roth liegen, so ist die Farbe rein, vielleicht ein wenig mehr Blau- oder Rothviolet.

6) Im entgegengesetzten Fall wird die Farbe um so mehr gedämpft sein, je mehr Gelb sie enthält.

7) Die Farben sind komplementär; d. h. wenn sie sich in dem Farbenkreise diametral entgegengesetzt befinden, so heben sie sich wechselseitig auf, und wenn sie hinreichend intensiv sind, so giebt die Mischung Schwarz; sind sie weniger intensiv, so ist die Mischung ein normales Grau.

Es ergiebt sich hieraus für die Färberei, Malerei u. s. w. die Folgerung, daß man Schwarz oder ein normales Grau erhält, wenn man zu irgend einer Farbe die komplementäre hinzufügt, welche durch den Farbenkreis angegeben ist.

8) Ebenso kann man, wenn ein Körper weiß ist und nur einen kleinen Stich einer Farbe zeigt, diese neutralisiren, wie man es z. B. bei dem Papier und der Leinwand macht, indem man in diesem Falle noch die komplementäre Farbe hinzufügt.

Chevreul nennt gleichzeitigen Kontrast und aufeinanderfolgenden Kontrast zwei Erscheinungen, deren Gesetze er studirt hat, und welche das Ergebniß von dem gleichzeitigen Eindruck zweier nebeneinander gestellten oder aufeinander folgenden Farben auf demselben Ort der Netzhaut sind. Er faßt in dem schon angeführten Werke die im einzelnen beschriebenen Erscheinungen in dem Gesetz des gleichzeitigen Eindrucks der Farben zusammen (1 vol. 8vo. mit Atlas. Paris, 1839): „Alle Erscheinungen des gleichzeitigen Farbenkontrastes bestehen mit einem Worte darin, daß die komplementäre Farbe einer jeden danebengestellten Farbe sich zu der andern hinzufügt. Da also die komplementäre Farbe von Blau Orange ist, so tritt dieses zum Gelb hinzu, und da die Ergänzungsfarbe von Gelb Violet ist, so tritt dies zum Blau, ganz der Erfahrung entsprechend. Also erscheinen zwei nebeneinandergestellte Farben so verschieden als möglich, wenn sie komplementär sind, da die eine die andere durch Hinzufügung ihrer Ergänzungsfarbe erhöht."

Alle Farbenveränderungen, die durch gleichzeitigen Kontrast hervorgerufen werden, werden durch den Farbenkreis angezeigt, weil, wenn die beiden nebeneinandergestellten Farben einmal mit zweien der Normalfarben in Uebereinstimmung gebracht sind, die komplementäre von jeder dieser Farben diejenige ist, welche ihr im Farbenkreis diametral entgegensteht. Um sich Rechenschaft von der Wirkung des Kontrastes ablegen zu können, genügt es also, dem Prinzip der Mischung entsprechend, zu wissen, was eine jede der nebeneinandergestellten Farben durch die Mischung mit der komplementären derjenigen Farbe, giebt, welche neben ihr steht.

Dieser gleichzeitige Kontrast des Tones entsteht, wenn zwei Farben, die sich nur durch den Ton voneinander unterscheiden, nebeneinander gestellt sind. Die hellere Farbe wird an der Berührungsstelle abgeschwächt, und diese Abschwächung geht unter beständiger Verminderung bis zu einem Punkte, wo sie gleich Null ist, während die dunkle Farbe an den Berührungsstellen und auch etwas jenseits derselben noch mehr verdunkelt erscheint.

Der allmälige Kontrast besteht darin, daß das Auge, wenn es eine Farbe mehrere Sekunden lang betrachtet hat, für diese Farbe unempfindlich geworden und für die folgende Zeit seine komplementäre Farbe zu sehen disponirt ist. Betrachtet man z. B. ein grünes Kreuz auf einem stark von der Sonne beleuchteten weißen Grunde, so erscheint, wenn man es nach einiger Zeit fortnimmt, an seiner Stelle ein rothes Kreuz. Hier ist also die Stelle der Netzhaut, auf welche das Bildchen fiel, für Grün unempfindlich geworden. Man wird daher, wenn man bei einer gegebenen Farbe ihre komplementäre in dem Farbenkreise sucht, die Prädisposition des Auges kennen, die Gegenstände in dieser Farbe zu sehen, nachdem man es eine gewisse Zeit auf die gegebene Farbe geheftet hat.

Unter den Körpern, welche uns farbig erscheinen, bringen manche diesen Eindruck durch eine ihrer chemischen Natur innewohnende Eigenthümlichkeit hervor, welche von der Form ihrer Oberfläche unabhängig ist, andre hingegen zerlegen das Licht nur unter gewissen Bedingungen der Dicke oder der Oberfläche.

Das Kupfer hat sowol in Pulverform wie auf polirter Fläche eine rothe Farbe, ebenso der Zinnober, der Garancinlack, die Kochenille, während das Terpentinöl, das an sich farblos ist, in den prächtigsten Regenbogenfarben schillert, wenn es in einer dünnen Haut auf der Oberfläche des Wassers ausgebreitet ist.

Unter den Körpern der ersten Kategorie sind die einen undurchsichtig und vermögen nur durch Reflex auf das Licht zu wirken; die andern sind durchsichtig und zerlegen es bei dem Durchgange durch ihre Substanz. Wenn das weiße Licht durch ein durchsichtiges Medium hindurchgeht, so erleidet es immer einen Verlust an Helligkeit, welcher mit der Dicke des Mediums wächst. Es wird also weniger intensiv, allein die Größe des Verlustes oder die Absorption schwankt von einer Farbe zur andern, so daß beim Austritt einige vorherrschen, andere verschwinden; daher schreibt sich auch die Farbe der verschiedenen Körper im durchgelassenen Lichte.

In Wirklichkeit giebt es keinen absolut durchsichtigen und ungefärbten Körper. Die durchsichtigsten Körper, wie Luft und Wasser, sind bei hinreichender Dicke gefärbt und werden undurchsichtig bei noch größerer Dicke. Aber es giebt Körper, welche vorzugsweise energisch eine Farbe oder eine gewisse Gruppe von elementaren Farben des weißen Lichtes absorbiren; so z. B. Gläser, die durch gewisse Metalloxyde gefärbt sind. Das mit Kobaltoxydul gefärbte Glas läßt verhältnißmäßig viel weniger Orange, Gelb und Grün, als Roth, Blau und Violet durchgehen.

Ein sogenannter undurchsichtiger Körper, welcher es auch sein mag, ist nicht absolut undurchsichtig. Wenn man seine Dicke nur hinreichend gering macht, wird er stets einen Theil Licht durchgehen lassen; so z. B. läßt das Gold, wenn es in ganz feine Blättchen geschlagen ist, das Licht in grünlicher Farbe hindurchschimmern.

Von dieser Thatsache ausgehend, gelangt man zu folgendem Gesetz, welches alle Farbenerscheinungen, nicht blos im durchgelassenen, sondern auch im reflektirten Licht erklärt: Jedes wägbare Theilchen hat die Fähigkeit, einen bestimmten Theil der Lichtstrahlen zu absorbiren oder zu vernichten; der Rest wird entweder reflektirt oder hindurchgelassen; derselbe Theil ändert sich mit der Art der auffallenden Strahlen oder mit der Natur des Theilchens.

Das weiße Licht, welches auf die Oberfläche eines undurchsichtigen Körpers fällt, wird von dieser Oberfläche nicht vollständig zurückgeworfen, da es keinen in geringer Dicke gänzlich undurchsichtigen Stoff giebt; ein Theil des auffallenden Lichtes dringt in die obere Schicht ein, wo es reflektirt wird und von Neuem aus dem Körper heraustritt. Aber bei diesem doppelten Durchgange erleidet es einen ungleichen Verlust an den verschiedenen Farben, und aus der Summe dieser Verluste entsteht die zusammengesetzte Farbe dieser reflektirten Lichtstrahlen oder die eigenthümliche Farbe des Körpers.

Man sollte hiernach glauben, daß die Farbe eines durchsichtigen Körpers im reflektirten und durchgelassenen Lichte dieselbe sein müßte; dies ist allerdings der allgemeinere Fall; allein es giebt auch Ausnahmen, denen man den Namen Dichroismus gegeben hat. Wir wollen hier ein Beispiel anführen.

Wenn man ein kegelförmig sich erweiterndes Gefäß mit einer Lösung von Chromchlorid anfüllt, so erscheint die Flüssigkeit an der Oberfläche durch Reflexion grün und weiter unten schön roth.

Diese Anomalie kann auf folgende Weise erklärt werden.

Wenn wir uns unter r, o, g, gr, b, i, v die Anzahl der Strahlen der verschiedenen Farben denken, die im weißen Licht enthalten sind, und unter a, b, c, d, e, f, g die Brechung der Strahlen dieser Farben eines Lichtbündels, welche eine Dicke = 1 durchbrungen haben, so ist für eine Dicke e das durchgelassene Licht zusammengesetzt aus:

$$r \cdot a^e + o \cdot b^e + g \cdot c^e + gr \cdot d^e + b \cdot e^e + i \cdot f^e + v \cdot g^e.$$

In dem vorliegenden Fall überwiegen die Ausdrücke $r \cdot a^e$ und $gr \cdot d^e$ bei weitem die übrigen, woher es kommt, daß im zusammengesetzten Lichte diese beiden Farben die herrschenden sein werden, und daß die Farbe der Lösung ins Rothe fallen wird, wenn der erste Ausdruck überwiegt, ins Grüne, wenn es der zweite thut.

Ist also $r < gr$ und $b > d$, so wird $gr \cdot d^e$ größer sein als $r \cdot a^e$ für kleine Werthe von e, während bei einer gewissen Grenze der Dicke stets $gr \cdot d^e < r \cdot a^e$ ist.

Wenn es sich um reflektirtes Licht handelt, so ist e stets sehr klein im Vergleich zu dem Wege, welchen das durchgelassene Licht zurückzulegen hat; es kann also auch da aus ähnlichen Gründen Dichroismus stattfinden.

Gewisse gefärbte Substanzen zeigen zwei Farben, je nachdem man sie in Pulverform oder auf einer glatten Fläche betrachtet. So sind Karthamin und Fuchsin in Pulverform roth, Murexid rothbraun, auf der Krystallfläche hingegen oder auf einer glatten Fläche, die man durch Verdunstung einer Lösung erhalten hat, durch Reflexion grün. Die letztere Farbe ist gewöhnlich die complementäre von der des Pulvers oder der Lösung. Um diese Erscheinung zu erklären, muß man annehmen, daß diese Körper für die Strahlen, welche von der glänzenden Oberfläche zurückgeworfen werden, undurchsichtig, dagegen für die übrigen durchsichtig sind.

Die Wirkungen der Färbung, welche durch den Zustand der Oberfläche oder die Dicke der vom Licht durchbrungenen Körper hervorgerufen werden, rühren gleichfalls von einer Zersetzung des weißen Lichtes her; zu ihrer Erklärung müssen wir aber andere Gesetze zu Hilfe nehmen.

Wenn zwei homogene und gleichartige Strahlen sich unter einer sehr schwachen Neigung treffen, so ist es eine natürliche Folge der oben entwickelten Undulationstheorie, daß, wenn diese Strahlen um eine gerade Anzahl von halben Wellenlängen verschieden sind, sich ihre Helligkeit verstärken wird; wenn hingegen der eine dem andern um eine ungrade Anzahl von halben Wellenlängen voraus ist, so heben sie sich gegenseitig auf und bringen Dunkelheit hervor; denn wenn das Aethertheilchen zu gleicher Zeit nach zwei entgegengesetzten Richtungen hin getrieben wird, so bleibt es in Ruhe. Diese Erscheinung, welche auf experimentellem Wege von Fresnel bewiesen ist, führt den Namen Interferenz.

Wenn also homogenes Licht auf eine dünne Platte von einer solchen Dicke auffällt, daß die von der ersten und zweiten Oberfläche zurückgeworfenen Strahlen um eine ungrade Anzahl von halben Wellenlängen verschieden sind, so tritt Dunkelheit ein; ist der eine Strahl hingegen dem andern um eine grade Anzahl von halben Wellenlängen voraus, so entsteht Helligkeit.

Man begreift hiernach, daß es eine Reihe von Dicken, e, $2e$, $3e$ u. s. w. giebt, für welche das erste Phänomen eintritt, eine andere hingegen e', $2e'$, $3e'$, bei welchen das zweite stattfindet, und diese Dicke variirt mit der Natur der Farbe oder der Größe der Wellenlänge. Weißes Licht kann also niemals Dunkelheit hervorbringen; aber die Farbe, für welche bei der gegebenen Dicke eine Interferenz statt haben würde, wird in dem reflektirten Lichte fehlen, welches alsdann in der komplementären Farbe erscheint.

Die Farben dünner Blättchen im durchgehenden Lichte rühren also her von der Interferenz der direkt durchgelassenen und der von beiden Oberflächen zweimal reflektirten Strahlen.

Das Moirée entsteht durch die Interferenz der Strahlen, welche von den durch die Druckerei hervorgebrachten Flächen, von denen die einen im Verhältniß zu den andern verschieden geneigt sind, reflektirt werden.

Die lebhaften Farben der Vogelfedern haben einen entsprechenden Ursprung und rühren theilweise von rein physikalischen Wirkungen her, welche von dem Zustande der Oberfläche abhängig sind; sie haben keine Beziehung zu den im wirklichen Sinne sogenannten Farben.

Erstes Buch.

Gespinnstfasern. — Verdickungsmittel und plastische Bindemittel.

Bevor wir das Studium der Substanzen, welche zum Färben der Gewebe dienen, beginnen, wollen wir unsere Aufmerksamkeit zunächst auf die Gespinnstfasern selbst lenken.

Wie der Landmann auf die Beschaffenheit und die Natur des Bodens, welchem er die Hoffnung seiner Ernte anvertrauen will, bedacht sein muß, um den passenden Dünger anzuwenden, ebenso müssen Zeugdrucker und Färber den Charakter und die Eigenthümlichkeiten des Gespinnstes, gewissermaßen des Bodens genau kennen, auf welchem sie ihre vielfältigen Arbeiten ausführen.

Jede faserige Substanz, welche fähig ist, zusammenhängende Fäden zu liefern, kann Gespinnstfaser genannt werden. Nach dieser Anschauung ist die Zahl eine sehr beträchtliche; aber in der Wirklichkeit finden nur sehr wenige eine Verwendung, die würdig wäre, unsere Aufmerksamkeit zu fesseln. Ihrem Ursprung nach theilt man die Gespinnstfasern in drei wohl unterschiedene Abtheilungen, nämlich:

1) Die Fasern mineralischen Ursprungs,
2) „   „   vegetabilischen   „   und
3) „   „   animalischen   „   .

Diese Eintheilung erlangt eine größere Wichtigkeit, wenn man sich vergegenwärtigt, daß jede dieser Klassen Körper einschließt, die durch ihre Zusammensetzung und Eigenthümlichkeiten einander sich nahe stehen und sich im Gegentheil weit von denjenigen der benachbarten Gruppe entfernen.

Bis jetzt ist man noch nicht dahin gelangt, künstliche Fasern hervorzubringen, und man begnügt sich mit denen, welche sich schon fertig gebildet in einem der drei Naturreiche finden.

Erstes Kapitel.
Mineralische Fasern. Mineralische Verdickungsmittel.

Der **Asbest** oder **Amiant** ist der einzige Repräsentant der mineralischen Fasern. Er ist ein Silikat von Magnesium, Calcium und etwas Eisen. Zwei Analysen von Asbest (a von Schwarzenstein, b aus der Tarantaise, nach Bonsdorf) mögen hier ihren Platz finden.

	a	b
SiO_2 =	55,9	58,2
CaO =	17,8	15,5
MgO =	20,3	22,1
FeO =	4,3	3,1

Man begreift unter dem Namen Asbest verschiedene fasrige Minerale, die besonders mit Hornblende und Augit, aber auch mit Glimmern und andern in Beziehung stehen und immer etwas Wasser enthalten. Eine Varietät (Bergflachs) bildet lange, dünne und sehr biegsame Fasern von seidenähnlichem Aussehen, bisweilen so glänzend wie die beste weiße Seide. Er überzieht die Wände der Gänge, indem er Quarz und Kalkspath durchfließt, und findet sich nicht selten in Erzgängen. Bei Newjansk im Gouvernement Perm bildet der feine Asbest einen ganzen Berg und wurde früher verarbeitet; auch der Theil von Savoyen, welcher La Tarantaise heißt, erzeugt diesen Asbest, dessen Fasern die längsten und seidenglänzendsten sind; Korsika liefert ebenfalls diese Varietät, zwar weniger gut, aber in solcher Menge, daß Dolomieu sich seiner anstatt Heu zum Verpacken der Mineralien bedienen konnte; man findet auch viel in den Pyrenäen nahe bei Barèges.

Die alten Völker, bei denen die Leichname verbrannt wurden, bedienten sich des Asbestes zu unverbrennlichen Leichengewändern, um darin die Asche der Todten von der des Holzes zu sondern. Kaiser Karl V. hatte ein Tafeltuch, welches er nach der Mahlzeit zur Belustigung der Gäste in das Feuer werfen ließ.

Wenn die Fasern dieses Steines lang genug sind, gelingt es, sie zu verspinnen, namentlich mit Leinenfasern vermischt, und daraus ein Gewebe von gewisser Festigkeit und hinreichender Biegsamkeit zu verfertigen, selbst wenn man die vegetabilische Faser durch Verbrennung wieder weggeschafft hat. Ist das Gewebe beschmutzt, so erlangt es durch den Einfluß des Feuers seinen früheren Glanz wieder. (Daher kommt auch der Name Amiant, von ἀμίαντος, unbefleckt.) Solche Zeuge haben ein lockeres Gewebe. Macquart hat aus Sibirien Proben mitgebracht, deren Gewebe sich dem der Hanfleinewand nähert. Auch in römischen Urnen hat man Asbesttücher gefunden, und die unverbrennlichen Dochte der Alten sollen aus diesem Stoffe gemacht worden sein; sogar Schreibpapier kann daraus gefertigt werden. In Petersburg hat die Feuerwehr Handschuhe und gewisse Theile ihrer Kleidung aus Amiant. Die Feuerzeuge, welche vor Einführung der jetzigen Streichzündhölzchen im Gebrauch waren, bestanden aus Hölzchen, mit einer Zündmasse aus chlorsaurem Kalium, Schwefel, Zucker und Gummi arabicum, eins derselben wurde in eine Flasche gestoßen, in welcher sich Asbest mit etwas konzentrirter Schwefelsäure befand, letztere machte die Chlorsäure frei, welche sich sofort zerlegte in Ueberchlorsäure und Unterchlorsäure, die indessen wieder durch die dabei frei werdende Hitze unter Explosion zersetzt wurde und dabei den Zucker und den Schwefel entzündete. Im chemischen Laboratorium gebraucht man den Asbest, um Säuren oder andere Körper, welche das Papier zerstören, zu filtriren.

Die Natur der Asbestgewebe gestattet nur sehr schwierig die Anwendung von färbenden Stoffen, weshalb wir uns hier nicht eingehender mit den Eigenthümlichkeiten dieser Faser beschäftigen.

Die einzigen Verdickungsmittel des Mineralreichs sind die Pfeifenerde und der Kaolin.

Diese Thonarten werden niemals allein angewendet; man mischt sie im Allgemeinen mit pflanzlichen Verdickungsmitteln, besonders mit Gummi, um das Fließen zu verhindern und um den Abdruck zu erleichtern. Pfeifenthon und Gummi oder geröstete Stärke (Dextrin) liefern Verdickungsmittel zu Farben, mit welchen man am besten die schwierigsten Dessins zu drucken im Stande ist; aber die Vorbereitungen dazu erfordern viel Sorgfalt; sie dienen hauptsächlich für Handdruck und bisweilen auch für Walzen. Der Pfeifenthon wird meistens bei der Zusammensetzung der Reservagen angewendet, z. B. unter Indigoblau; er spielt alsdann eine wichtige Rolle, indem er physikalisch das Gewebe vor der Einwirkung der färbenden Flüssigkeit schützt. Ferner dient er als Schutzmittel bei der Einwirkung des Chlors oder säurehaltiger Substanzen, welche als Enlevagen oder Aetzbeizen angewendet werden.

Mit Pfeifenthon kann man die Menge des Gummis vermindern, welche nothwendig ist, um eine Farbe zu verdicken; so verdickt man sehr gut mit 500 Gramm Pfeifenthon und 500 Gramm Gummi auf den Liter. Die mit Pfeifenthon verdickten Dampffarben verlieren 35—50 Prozent an Intensität auf Wolle und sehr wenig auf Baumwolle. Vor dem Gebrauche muß man ihn schlemmen.

Zweites Kapitel.

Vegetabilische Fasern. — Vegetabilische Verdickungsmittel.

Die Pflanzenfasern, deren wichtigste die Baumwolle, der Flachs, der Hanf, der Pitto- oder der Aloehanf (Agave americana), der Neuseeländische Flachs (Phormium tenax), der Manila-Hanf (Musa textilis, M. troglodytarum), Jute (Corchorus capsularis) u. s. w. sind, haben alle ein und dieselbe Verbindung zur Grundlage, nämlich die Cellulose, mehr oder weniger mit fremden umhüllenden Substanzen gemischt. Vor allem werden wir uns also mit den Charakteren der Cellulose beschäftigen, unabhängig von den Verschiedenheiten der Form und der physikalischen Eigenthümlichkeiten, welche sie in den oben angeführten Varietäten hat.

Die Analogie, welche in chemischer Hinsicht zwischen der Cellulose und den vegetabilischen Verdickungsmitteln herrscht, erlaubt uns, das Studium letzterer mit dem der Cellulose zu verbinden.

Die Cellulose[1].

Die Anatomie oder die Histologie der Organe einer Pflanze lehrt uns, diese anzusehen als gebildet durch die mehr oder minder unmittel-

---

[1] Payen, Ann. des Sciences natur. 1839 und 1840; Fremy, Jahresberichte 1859, 537; Fromberg, Ann. d. Chem. u. Pharm. XLVIII, pag. 359; Baum.

bare Aneinanderlagerung von Zellen und hohlen Gefäßen (Elementar-Organismen), deren Dimensionen und Formen unendlich verschieden sind. Die Höhlungen dieser Zellen und Gefäße sind bald mit Luft, bald mit ätherischen Oelen, Harzen, Stärke oder durch häufig übermäßige Ablagerungen von inkrustirender Materie erfüllt. Die Wände dieser elementaren Organe bestehen aber ausschließlich aus einem einzigen Stoff, der Cellulose, die als der wesentlichste Theil des Pflanzenorganismus betrachtet werden muß. Sie findet sich außerdem noch als ein Bestandtheil der Hautumhüllung und der Muskeln der Thiere, welche zur niedrigsten Thierklasse gehören. Die Form, die Consistenz, die Art der Anhäufung der Cellulose variirt mit den Organen, welchen sie entnommen wird und mit der mehr oder weniger vorgeschrittenen Reife dieser Organe. Als Typus einer vollkommenen Cellulose wollen wir die Baumwollenfaser ansehen, welche durch die Operationen des Bleichens von den fremden Substanzen, welche sie begleiteten, befreit ist.

Sie ist farblos, ohne Geruch und Geschmack und von einem spezifischen Gewicht = 1,525. Neutrale Lösungsmittel, wie Wasser, Alkohol, Aether, Benzin u. s. w. sind ohne Einwirkung darauf. Ihre Zusammensetzung wird durch die Formel $C_6 H_{10} O_5$ oder $C_{12} H_{20} O_{10}$ ausgedrückt. Man sieht hieraus, daß sie Wasserstoff und Sauerstoff in den passenden Verhältnissen enthält, um Wasser zu bilden, und daß sie folglich in die Klasse der sogenannten Kohlenhydrate gehört. Sie verträgt eine Temperatur bis $230°$ C. (Schmelzpunkt des Zinns), in höherer Temperatur verändert sie sich, indem sie sich bräunt. Die Produkte ihrer trocknen Zersetzung sind Wasser, Kohlensäure, Kohlenwasserstoff, Holzgeist, Essigsäure, Kreosot u. s. w.; zuletzt bleibt ein Rückstand von poröser Kohle.

Die Cellulose brennt leicht bei Zutritt der Luft, ohne viel Geruch zu verbreiten. Im Zustande der Reinheit hält sie sich ohne Veränderung beim Zutritt der Luft; aber mit den stickstoffhaltigen Substanzen gemischt, welche sie im Pflanzenorganismus begleiten, erleidet sie eine langsame Verbrennung oder eine eigenthümliche Gährung, indem sie verwest und sich in eine gelbe oder braune zerreibliche Masse verwandelt, welche aus humusartigen Verbindungen besteht. Man weiß aus den Arbeiten von Pasteur[1]), daß Infusorien diese Veränderung

bauer ebendas. XLVIII. 856; Poumarède und Figuier ebendas. LXIV, pag. 367; Journal f. prakt. Chemie XLII, pag. 25; Liebig and Kopp's Jahresbericht 1847/8, pag. 795; 1850, pag. 541.

[1]) Pasteur, Ann. d. Chem. u. Pharm. CV, pag. 264; CVI, pag. 388; Compt. rendus LVI, pag. 1189.

hervorrufen, deren Existenz das Vorhandensein von stickstoffhaltigen Verbindungen erfordert.

Sehr verdünnte Säuren wirken wenig auf Cellulose, selbst nicht einmal beim Kochen. Die Erscheinungen aber, welche sich bei Einwirkung von konzentrirten Säuren zeigen, haben zu viel praktische Wichtigkeit, als daß wir uns nicht einen Augenblick dabei aufhalten sollten. Taucht man die Baumwollfaser in der Kälte in konzentrirte Schwefelsäure oder Phosphorsäure, so quillt sie auf, löst sich darauf ohne Färbung und verwandelt sich in eine klebrige Masse von Dextrin. Bekanntlich hat das Dextrin dieselbe chemische Zusammensetzung wie die Cellulose; es ist also nur das Produkt einer molekularen Umlagerung. Erhitzt man die Lösung zum Kochen, so nimmt das Dextrin die Elemente des Wassers auf und verwandelt sich in Glukose oder Zucker. $C_{12} H_{10} O_{10} + H_2 O = C_{12} H_{12} O_{11}$ [1]).

Mit mäßig verdünnter Salpetersäure oder Schwefelsäure erhitzt, verwandelt sich die Faser in einen Brei, welcher sich nicht merklich in Wasser löst und noch die Zusammensetzung der Cellulose hat. Unter dem Einfluß der siedenden Chlorwasserstoffsäure erhält man ein feines Pulver, dessen Zusammensetzung auch noch dieselbe ist (Hofmann)[2]).

Diese Art von Einwirkung, je nachdem sie mehr oder minder tief eingreifend ist, kann eine bloße Veränderung der Faser oder eine vollständige Vernichtung derselben zur Folge haben.

Aus den Versuchen von Calvert in Manchester hat sich ergeben, daß die organischen Säuren, entgegen der allgemein angenommenen Meinung, eine zerstörende Einwirkung auf die Baumwollen- und Leinenfaser ausüben, eine Einwirkung, welche in einzelnen Fällen fast ebenso stark ist, wie die der verdünnten Mineralsäuren.

Die Versuche von Calvert[3]) haben Dollfus[4]) zu einer Wiederholung derselben veranlaßt, welcher in gewissen Punkten die Angaben des Ersteren ergänzt und berichtigt.

Folgendes sind die Ergebnisse, welche nach den beiden Veröffentlichungen als sicher angenommen werden können:

Die Versuche umfassen die Oxalsäure, Weinsäure und Citronensäure, welche hauptsächlich bei dem Zeugdruck angewendet werden.

Batist- und Musselinläppchen, in destillirtem Wasser gut aus-

---

[1]) Braconnot, Ann. de Chim. et de Phys. XII, pag. 172.
[2]) Ann. d. Chem. u. Pharm. XLVIII, pag. 368.
[3]) Bulletin de la société industrielle de Mulhouse XXIX, pag. 208; Dingl. polyt. Journal CXXXVII, pag. 147; Polytechn. Centralblatt 1855, pag. 447.
[4]) Bulletin de la société industrielle de Mulhouse XXIX, pag. 214.

gewaschen, wurden in zweiprozentige Lösungen von Pflanzensäuren eingetaucht, hierauf an der Luft getrocknet und während einer Stunde den Temperaturen von 80°, 100° und 126° C. ausgesetzt; es ergaben sich folgende Resultate.

	80°		110°		126°	
	Leinen	Baumwolle	Leinen	Baumwolle	Leinen	Baumwolle
Reines Wasser	ohne Einwirkung					
Wasser mit 2% Weinsäure	keine Einwirkung	sehr schwache Einwirkg.	keine Einwirkung	sehr schwache Einwirkg.	keine Einwirkung	schwache Einwirkung
Wasser mit 2% Citronensäure	keine Einwirkung	sehr schwache Einwirkg.	sehr schwache Einwirkg.	sehr schwache Einwirkg.	schwache Einwirkung	starke Einwirkung
Wasser mit 2% Oxalsäure	Einwirkung	Einwirkung	Einwirkung	Einwirkung	starke Einwirkung	starke Einwirkung

Die Oxalsäure übt eine sehr zerstörende Einwirkung aus; sie ist fast ebenso stark, wie die einer verdünnten Mineralsäure. Der geringste Versuch genügte, um die mit Oxalsäure behandelte Probe zu zerreißen, und diese wurde auch brauner, als die mit Citronen- oder Weinsäure behandelte, was dafür spricht, daß die Veränderung in direktem Verhältniß zur Färbung steht.

Mit Lösungen von 4 Prozent Säure hat Calvert folgende Resultate erhalten: Die Einwirkung war

	80°		100°		126°	
	Leinen	Baumwolle	Leinen	Baumwolle	Leinen	Baumwolle
Weinsäure	schwach		stark			
Citronensäure	sehr schwach		stark		stark	schwach
Oxalsäure	stark		sehr stark		ungemein stark, das Gewebe war vollständig zerfressen.	

Nach seinen Versuchen wirken die Lösungen mit 2—4 Prozent organischer Säuren, mit Gelatine oder Gummi verdickt, in denselben Temperaturgrenzen energischer als nicht verdickte Lösungen. Dollfus, welcher die Vorsicht bezing, die Gewebe nach der Einwirkung der Wärme zu waschen, hat ein entgegengesetztes Faktum konstatirt; die mit Gummiwasser imprägnirten Proben mit 4 Prozent Säure waren

sogar weniger angegriffen, als die mit 2 Prozent, welche unbedingt
waren. Calvert versichert außerdem noch, daß unter dem Einfluß
der Dämpfe die Zerstörungen noch bedeutender sind als bei trockner
Wärme. Auch in dieser Hinsicht hat Dollfus ein entgegengesetztes
Resultat erhalten.

Diese verschiedenen Ergebnisse der Untersuchungen zweier so bedeutender Chemiker können nur davon herrühren, daß die Bedingungen
der beiderseitigen Versuche nicht dieselben waren. Dollfus glaubt
vielleicht mit Recht, daß Calvert sich die Gefahren der Anwendung
organischer Säuren bei den Dampffarben auf Baumwolle zu groß
vorgestellt habe; denn viele dieser Präparate enthalten mehr als
4 Prozent Säure, ohne den geringsten lästigen Einfluß auszuüben. Die
Säuren, welche man bei den Farben anwendet, sind in der That
häufig durch Basen neutralisirt, was zum großen Theil ihre zerstörende
Wirkung aufhebt.

Die Essigsäure, selbst die krystallisirbare (Eisessigsäure, auf einem
Gewebe verdampft, verursacht nur sehr geringe nachtheilige Veränderungen.

Calvert bedient sich der sehr verschiedenen Einwirkungen, welche
die verdünnten Mineralsäuren auf die vegetabilischen und thierischen
Fasern ausüben, um in Geweben die Natur der Fäden zu unterscheiden. Taucht man ein mit Baumwolle vermischtes Gewebe in
eine sehr schwache Lösung von Schwefelsäure oder Salzsäure und erhitzt, so werden alle Baumwollenfäden mit großer Leichtigkeit zerstört,
während die Leinewand ihre Festigkeit behält. Diese Erfahrung hat
man auch benutzt, um die Baumwolle aus alten halbwollenen Zeugen zu
entfernen und die thierische Wolle zur Fabrikation neuer Gewebe zu
verwenden (Neumann[1], Böttger[2]).

Wird ungeleimtes Papier einige Sekunden lang in verdünnte
Schwefelsäure getaucht, darauf sofort mit Wasser und zuletzt mit verdünnter Ammoniakflüssigkeit gewaschen, so erhält es das Ansehen und
die Konsistenz einer thierischen Membran. Das Produkt heißt Pergamentpapier (Papyrine oder vegetabilisches Pergament), das bei der
Dialyse, welche erst in der neuesten Zeit von Graham[3] in die
Wissenschaft eingeführt ist, ausgezeichnete Dienste leistet; es wurde
von Poumarède und Figuier entdeckt und in industrieller Hinsicht

---

[1] Polyt. Centralbl. 1858, pag. 1166; Verhandl. des niederösterreich. Gewerbe-Vereins 1858, pag. 402.

[2] Dingler, polyt. Journal CXLVIII, pag. 319.

[3] Ann. der Chemie und Pharmacie CXXI, pag. 63; Pharm. Journal XVIII, pag. 273; Comptes rendus XXIII, pag. 918.

von Gaine, Barlow und Hofmann[1]) genauer untersucht, hat fast dasselbe Aussehen wie animalisches Pergament, dieselbe Farbe, dieselbe Konsistenz, ist bald hornartig, bald faserig, ebenso durchscheinend wie jenes und besitzt zugleich die doppelte Kohäsion des gewöhnlichen Papiers; es ist sehr hygroskopisch und gewinnt noch an Geschmeidigkeit und Zähigkeit durch Absorption von Feuchtigkeit. In Wasser getaucht, wird es weich und schlüpfrig. Wasser filtrirt nicht durch Pergamentpapier, aber es geht durch Endosmose durch die Poren hindurch. Nach Gaine ist die beste Darstellungsmethode, ungeleimtes Papier in Schwefelsäure von 66° B., welche mit ½ Volumen Wasser verdünnt ist, zu tauchen und dann weiter auf die angeführte Weise zu behandeln. Barlow und Hofmann haben nachgewiesen, daß das Papier bei dieser Umwandlung die Zusammensetzung der Cellulose beibehält und keine Schwefelsäure darin zurückbleibt.

In konzentrirter Schwefelsäure quillt die Cellulose anfänglich auf und löst sich schließlich vollständig; Wasser fällt aus dieser Lösung weiße Flocken, welche durch Jod blau gefärbt werden, also die Reaktion des Stärkemehls zeigen. Man hat diesen Körper Amyloid genannt. Pflanzenzellen mit Jodlösung und nachher mit Schwefelsäure befeuchtet, werden blau gefärbt, was bei der reinen Cellulose nicht der Fall ist.

Ferwer[2]) ist der Ansicht, daß das Pergamentpapier größtentheils aus unverändertem Papier bestehe, dessen Fasern durch Amyloid zusammengehalten werden; dieses Amyloid bildet, auf Papier gestrichen, eine dünne, durchscheinende Haut, die sich nach dem Trocknen leicht ablösen läßt. Wird es aber aus seiner Lösung in Schwefelsäure unmittelbar auf die Pflanzenfaser durch Wasser gefällt, wie dies bei der Anfertigung des Pergamentpapieres geschieht, so bleibt es nach dem Trocknen mit der Pflanzenfaser fest verbunden. Unter dem Mikroskop erkennt man auch die Fasern, die mit einer dünnen Haut überzogen sind und durch Jod gebläut werden.

Konzentrirte, kalte Salpetersäure oder ein Gemisch von Salpetersäure und Schwefelsäure oder auch eine Mischung von Schwefelsäure und Salpeter bewirken, ohne Aussehen und Farbe der Cellulose merklich zu verändern, eine Umwandlung derselben in ein leicht entzündbares Produkt, die Schießbaumwolle (Pyroxylin), welche von Schönbein im Jahre 1846 entdeckt wurde[3]). Dieser neue Körper ent-

---

[1]) Ann. d. Chem. u. Pharm. CXII, pag. 243.
[2]) Chem. Centralbl. 1861, pag. 190.
[3]) Ueber Schießbaumwolle s. Dingler, polyt. Journ. Bd. CII, pag. 153, 164, 166, CIV, pag. 450, CIII, pag. 42, 48, 53, 370, CIV, pag. 139; Journal f. prakt. Chemie Bd. XL, pag. 193, 207, XLIII, pag. 242.

hält neben den Elementen der Cellulose eine Sauerstoffverbindung des Stickstoffs; hieraus erklärt man sich die Leichtigkeit, mit welcher er ohne Hilfe des Sauerstoffs unter Bildung eines bedeutenden Gasvolumens verbrennt.

In rother rauchender Salpetersäure löst sich die Baumwolle grösstentheils auf. Man vermeidet dies am besten dadurch, dass man eine hinreichende Menge Schwefelsäure hinzufügt, welche den doppelten Vortheil bringt, die Dämpfe der Untersalpetersäure zu absorbiren und die Konzentration der Flüssigkeit zu vermehren. Je nach den Bedingungen von Zeit, Konzentration der Säuren oder der Temperatur erhält man nicht immer dieselben Resultate. Die chemische Konstitution der neu entstandenen Produkte kann in der That verschieden sein.

Früher nahm man an, dass die Schiessbaumwolle ein Nitroprodukt sei, analog dem Nitrobenzol oder dem Nitronaphthalin; aber ihre Reaktionen sind nicht mit dieser Anschauungsweise in Uebereinstimmung; vielmehr ist die Cellulose als ein vielatomiger Alkohol anzusehen, dessen Nitroverbindungen mit den Salpetersäureäthern in eine Klasse gehören.

Béchamp[1]) nimmt die Existenz von drei bestimmten Körpern an und giebt ihre Zusammensetzung durch die Formeln:

$$C_{12}H_{7}N_{3}O_{16}; \quad C_{12}H_{6}N_{4}O_{18}; \quad C_{12}H_{5}N_{5}O_{20}.$$

Man kann diese Verbindungen auf folgende Weise schreiben, wenn man für die Cellulose die Formel $\begin{Bmatrix}(C_4H_5)_2\\H_{10}\end{Bmatrix}O_{10}$ annimmt.

1) Trinitrocellulose: $\begin{Bmatrix}(C_4H_5)_2\\(NO_2)_3\\H_7\end{Bmatrix}O_{10}$ durch Vertretung von 3H durch die 3einwerthigen Gruppen (NO_2) nach der Gleichung:

$$\begin{Bmatrix}(C_4H_5)_2\\H_{10}\end{Bmatrix}O_{10} + 3\begin{bmatrix}NO_2\\H\end{bmatrix}O = \begin{Bmatrix}(C_4H_5)_2\\(NO_2)_3\\H_7\end{Bmatrix}O_{10} + 3\begin{bmatrix}H\\H\end{bmatrix}O$$

$\underbrace{\qquad\qquad}_{\text{Cellulose}} \qquad\qquad \underbrace{\qquad\qquad}_{\text{Trinitrocellulose}}$

2) Tetranitrocellulose: $\begin{Bmatrix}(C_4H_5)_2\\(NO_2)_4\\H_6\end{Bmatrix}O_{10}$

3) Pentanitrocellulose: $\begin{Bmatrix}(C_4H_5)_2\\(NO_2)_5\\H_5\end{Bmatrix}O_{10}$ oder Pyroxylin (Schiessbaumwolle).

---

[1]) Ann. de Chim. et de Phys. [3] XXXVII, pag. 207, XLVI, pag. 338.

Die letztere detonirt heftig beim Stoß mit einem harten Körper, explodirt beim Erwärmen mit großer Vehemenz, im Luftstrom bisweilen schon unter 100°, im verschlossenen Raum erst über 180°, ohne irgend einen Rückstand zu hinterlassen. Die Verbrennungsprodukte sind Kohlenoxyd, Kohlensäure, Stickstoff, Stickstoffoxyd, Wasserdampf und brennbare Gase. Bei 100° zerlegt sie sich langsam, auch schon bei gewöhnlicher Temperatur, wenn sie nach der Darstellung nicht sorgfältig ausgewaschen wurde, so daß noch Spuren von Salpetersäure zurückgeblieben sind; die Korke der Flaschen pflegen gewöhnlich von den Dämpfen der Untersalpetersäure, die sich dabei bildet, angegriffen zu werden. — In verschlossenen Gefäßen längere Zeit (13 Jahre) aufbewahrte Schießbaumwolle zerlegte sich in Oxalsäure und eine dem Gummi vollkommen gleiche Masse[1]). Das Pyroxylin ist unlöslich in Wasser und Alkohol, leicht löslich in einer Mischung von Alkohol und Aether, in Essigäther, Aceton, essigsaurem Methyläther und rohem Holzgeist. Die so erhaltenen Flüssigkeiten sind im konzentrirten Zustande durchsichtig und dickflüssig; auf eine Fläche gestrichen, lassen sie nach Verflüchtigung des Lösungsmittels das Pyroxylin in Gestalt einer dünnen durchsichtigen Haut zurück. Am bekanntesten ist die mit Aetherweingeist bereitete Lösung, welche unter dem Namen Collodion häufige Anwendung in der Photographie und Medizin findet[2]). Béchamp (l. c.) ist es gelungen, die Cellulose aus dem Pyroxylin durch Kochen mit einer konzentrirten Lösung von Eisenchlorür wiederherzustellen. Stickoxyd wird frei und Eisenoxyd fällt nieder. Leitet man einen Strom von Schwefelwasserstoff durch eine mit Ammoniak gesättigte Lösung von Pyroxylin in Holzgeist, so verwandelt sich die Flüssigkeit in eine gelatinöse Masse von regenerirter Cellulose. — Die Schießbaumwolle ist nicht im Stande gewesen, das Schießpulver beim Gebrauch zu den Feuerwaffen zu verdrängen; vortheilhaft ist sie jedoch zum Sprengen von Minen zu gebrauchen, namentlich wenn man sie mit Salpeter mischt, um die Verbrennung vollständiger zu machen.

Viele Arten der normalen Cellulose — die Bastfaser aller Pflanzen und die Utrikulargewebe der Früchte — sind löslich in einer Lösung von frischgefälltem Kupferhydroxyd in Ammoniak. Läßt man eine solche Lösung auf Baumwolle einwirken, so zieht sich die letztere zusammen, wird gummiartig und klebrig und löst sich schließlich fast vollständig auf, namentlich wenn man mit einem Glasstabe umrührt.

---

[1]) Hofmann, Ann. d. Chem. u. Pharm. CXV, pag. 282.
[2]) Journal für prakt. Chemie XLV, pag. 375.

Die erhaltene Flüssigkeit läßt sich, mit Wasser verdünnt, leicht filtriren; aus dieser Lösung wird die Cellulose durch Säuren, konzentrirten Lösungen der Alkalisalze, Gummi und Inderlösung in Gestalt einer sehr voluminösen, dem Aluminiumhydroxyd ähnlichen Masse gefällt, die im Wasserbade zu einer durchscheinenden spröden Masse eintrocknet und desorganisirte, allein in ihrer chemischen Zusammensetzung nicht wesentlich veränderte Cellulose zu sein scheint. Diese löst sich in verdünnter Salzsäure und wird durch Jodkalium und Zusatz von Chlorwasser braun gefärbt. Nach dem Trocknen nimmt sie durch Jodtinktur eine weinrothe, nach Zusatz einer Spur Schwefelsäure eine schön blaue Färbung an.

Schweizer hat diese interessanten Versuche zuerst angegeben[1]). Er bereitete sich diese Lösung, indem er in Ammoniak das basisch-unterschwefelsaure Kupfer von Heeren löste; hierbei schieden sich Krystalle von einem Doppelsalz aus unterschwefelsaurem Kupfer und Ammonium ab. Eine ähnliche Lösung erhält man aus basisch-unterschwefelsaurem Kupfer in Ammoniak. Die Flüssigkeit ist zum größeren Theil eine Lösung von Cuprammoniumoxyd, $4NH_3 \cdot Cu$.

Auf einfachere Weise kann man sich das Lösungsmittel verschaffen, indem man feinzertheiltes (galvanisch niedergeschlagenes) Kupfer in starker Ammoniakflüssigkeit bis zur genügenden Konzentration auflöst (Peligot)[2]). Das Schweizer'sche Reagens wirkt nicht auf Schießbaumwolle ein. — Das Auerber schwärzt die Cellulose, nicht aber das Pyroxylin. — Kaustische und kohlensaure Alkalien in verdünnter oder mittelmäßig konzentrirter Lösung sind ohne merkliche Einwirkung selbst in der Hitze. Nach den Beobachtungen von Eduard Schwarz[3]) wird ein Gewebe von Baumwolle in Kalkmilch gekocht, merklich angegriffen, wenn man nicht gleichzeitig für vollständigen Luftabschluß gesorgt hat. Dies Verhalten hat praktischen Nutzen in der Bleicherei. Eine ähnliche Einwirkung bemerkt man, wenn die Fasern mit Substanzen in Berührung sind, welche sich an der Luft langsam oxydiren.

Konzentrirte kaustische Alkalien schwellen die Cellulose in der Kälte und Wärme auf und zersetzen sie nur langsam und oberflächlich, namentlich wenn sie kompakt ist. — Kaliumhydroxyd entwickelt

---

[1]) Ueber das Lösen der Cellulose in Kupferoxydammoniak siehe: Journ. f. prakt. Chemie LXXII, pag. 109; Dingler, polyt. Journal CXLVI, pag. 361; Polyt. Centralbl. 1858, pag. 427; Chemisches Centralblatt 1858, pag. 49, 1859, pag. 463.

[2]) Illustrirte Gewerbezeitung 1862, Nr. 15.

[3]) Bulletin de la société industrielle de Mulhouse XXVIII, pag. 375.

mit Cellulose, die vorher in Wasser aufgeweicht war, Wasserstoff; es destillirt Holzgeist über und im Rückstand ist ameisensaures, essigsaures und kohlensaures Kalium enthalten. — Chlor und unterchlorigsaure Salze in verdünnten Lösungen sind in der Kälte ohne Einwirkung, größere Mengen, namentlich unter Temperaturerhöhung, bewirken eine wirkliche Zersetzung, welche mit einer Lockerung der Fasern beginnt und mit einer vollständigen Auflösung endet. — Gladstone führt an, daß sich die Cellulose mit Kaliumhydbromd zu einer Verbindung vereinigt, welche Wasser sofort zerstört, aber der Einwirkung von absolutem Alkohol widersteht.

Nach dieser allgemeinen Uebersicht über die Cellulose, die wir als Grundlage der vegetabilischen Gespinnstfasern ansehen müssen, wollen wir uns zur Betrachtung der verschiedenen Varietäten von Fasern wenden, indem wir in die erste Reihe die Baumwolle stellen, deren Anwendung jetzt so verbreitet ist, daß ihr Verbrauch bei weitem den des Flachses und des Hanfs übersteigt.

Die Baumwolle[1]).

Dieses kostbare Material für die Spinnerei liefert uns eine dikotyledonische Pflanze aus der Familie der Malvaceen, welche der **Baumwollenstrauch** oder **Gossypium** genannt wird. Das Geschlecht Gossypium, welches hauptsächlich von Sträuchern und nur wenigen krautartigen Pflanzen gebildet wird, ist in Ostindien und Amerika heimisch. Lange vor Entdeckung des letzteren Erdtheiles kannte man die Baumwolle und ihre Anwendung in Klein-Asien, Aegypten, Persien, auf den griechischen Inseln und dem europäischen Kontinent. **Plinius** spricht von ägyptischer Baumwolle unter dem Namen Xylon oder Gossypium. Aber die mikroskopische Untersuchung der Gespinnste, mit welchen die ägyptischen Mumien eingehüllt sind, beweist, daß erst zu Ende des ersten Jahrhunderts der christlichen Zeitrechnung die Verwendung der Baumwolle in diesem Lande allgemeiner wurde. — Nach und nach hat man den Anbau des Strauches so weit als möglich nach Norden hin ausgebreitet; namentlich ist man seit dem amerikanischen Bürgerkriege eifrig bemüht, die Baumwollkultur überall einzuführen, wo es das Klima nur irgend gestattet.

[1]) Handbuch der mechanischen Technologie von Karmarsch 1867, Bd. 2; Technolog. Encyklopädie von Prechtl Bd. I, pag. 472; Bd. XXI, pag. 42, Atlas I, Tafel 16.

Man unterscheidet eine sehr große Anzahl von Arten; die wichtigsten sind:

1) Die krautartige oder die Maltesische Baumwollenstaude (Gossypium herbaceum L.), ist die am gewöhnlichsten in Europa angebaute, z. B. auf Malta, Sizilien, Syrien, Klein-Asien und den Inseln des Archipelagus; die von Malta und Sizilien ist krautartig und einjährig, in sehr heißen Gegenden werden die Stengel holzig und erreichen eine Höhe von 2—3 Metern. Diese Verschiedenheit hatte zu der irrigen Annahme Veranlassung gegeben, daß in Europa mindestens zwei Arten angebaut würden.

2) Der indische Baumwollenstrauch (Gossypium indicum) ein ein- oder zweijähriger Strauch von 3—4 Metern Höhe, in Ostindien heimisch.

3) Die baumartige Baumwollenpflanze (Gossypium arboreum) ein Baum von 5—6½ Metern Höhe. Er wächst in Indien, Arabien, China, auf den Canarischen Inseln und in der neuen Welt.

Die Frucht der Baumwollenpflanze ist eine nuß- bis eigroße ovale Kapsel mit drei, vier oder fünf Fächern, welche fünf bis acht dunkelfarbige Samenkörner enthalten; diese sind von einer flockigen, langen und sehr feinen Wolle eingehüllt, welche das für die Weberei so nützliche Produkt liefern. Im Anfang sind die Kapseln grün, werden aber mit der Reife braun; in dieser Zeit ist die Wolle ausgewachsen und so dicht eingezwängt, daß sie die Kapseln sprengt. Man nennt diese Kapseln Samenkapseln oder Schoten. Die Ernte geschieht je nach der mittleren Temperatur des Jahres, im August, September oder Oktober, nach dem Oeffnen der Samenkapseln. Ist dieser Zustand eingetreten, so ist es Zeit, zu ernten, weil jedes längere Verweilen der Baumwolle in Wind und Wetter ihr nachtheilig ist. Man nimmt die Samenkerne mit der Wolle heraus und läßt die Kapseln zurück. Nachdem man sie an der Luft hat trocknen lassen, schreitet man mit Hilfe cylindrischer Mühlen, welche Roller-gin, Mac-Carthy-gin, Saw-gin genannt werden, zum Egrainiren oder Absondern des Samens. Die Walzen sind von Holz oder Eisen, gerieft oder glatt, sie liegen wagerecht und haben 12 Zoll Länge bei 1—3 Zoll Durchmesser, und sind so eng gestellt, daß wol die Baumwolle, nicht aber die Samenkerne hindurchgehen.

Man theilt die Baumwolle nach der Länge der Fasern ein in langstaplige, wenn sie im Mittel 2—4 Centimeter hat, und in kurzstaplige bei einer Länge von 1,5—2 Centimeter. — Die Vereinigten Staaten bringen die beste Baumwolle von beiden Sorten hervor;

aber bei einer Ernte von 4 Millionen Ballen erhält man von der besten Qualität höchstens 45,000 Ballen; sie gedeiht blos in den Küstenstrichen. In Algerien geräth die langfaserige in den Distrikten von Algier und Oran; aber der Faser, welche lang und sehr dünn ist, fehlt es an Aeftigkeit. Brasilien liefert nur Baumwolle der ersten Qualität, Indien und die Levante beide Sorten. — Auch nach Stärke, Geschmeidigkeit und größerem oder geringerem Seidenglanz der Faser wird unterschieden; diese Unterschiede sind indessen mehr für den Spinner von Interesse, dessen Arbeit mit der Natur der Fasern sich verändert, als für den Kattunfabrikanten.

Die mikroskopische Untersuchung der Baumwollenfaser bietet nach zwei Gesichtspunkten ein Interesse. Man kann hierin in der That den Schlüssel zur Theorie der Befestigung der Farben finden. Man bedient sich ihrer mit großem Nutzen, um die Baumwolle von andern vegetabilischen Gespinnsten zu unterscheiden. Thomson hat sich zuerst mit dieser Frage im Jahre 1834 in einem Werke über die Stoffe der ägyptischen Mumien beschäftigt; aber die Ergebnisse, welche er erlangt hat, sind nicht ganz richtig. — Genauere Untersuchungen haben folgende Resultate geliefert[1]):

Die reife Faser hat vor dem Trocknen das Aussehen eines hohlen häutigen Schlauches von cylindrischer Gestalt. Wenn sie die natürliche Feuchtigkeit verliert, so schrumpft sie zusammen, plattet sich ab, dreht sich und nimmt die Gestalt eines unregelmäßig zusammengewundenen, an den Rändern wulstigen Bandes oder Riemens an; ihr größter Durchmesser ist $\frac{1}{3}$ Millimeter; an der dem Samenkorn entgegengesetzten Seite nimmt ihre Breite allmälig ab und endet schließlich in einen cylindrischen und geraden Theil. Unter dem Mikroskop bemerkt man bei einer 400maligen Vergrößerung keine Oeffnung in den Wänden der Schläuche (Taf. I, Fig. 1, 2, 3).

Walter-Crum hat eine große Anzahl von Querschnitten, welche rechtwinklig zur Axe der Faser gemacht waren, mikroskopisch untersucht und gefunden, daß diese nicht, wie man anfangs geglaubt, ein hohler Schlauch oder ein mit Luft erfüllter Sack ist, sondern eine feste Röhre mit sehr kleiner Höhlung im Innern; manche Querschnitte erscheinen fast kreisrund und cylindrisch, die meisten jedoch unregelmäßig länglich und oval und haben sehr große Aehnlichkeit mit den Querschnitten von Hanf oder Leinen (Taf. I, Fig. 4 u. 5).

---

[1]) Walter-Crum, Bulletin de la société industr. de Mulhouse XXXIV, pag. 385.

John Mercer verdankt man die Entdeckung der eigenthümlichen Einwirkung, welche konzentrirte Kalium- und Natriumhydroxydlösungen auf Baumwollengewebe ausüben. Das Gewebe zieht sich zusammen, wird dichter und fester und die Dimensionen seiner Oberfläche geringer, ungefähr in dem Verhältniß von 6:4; beim Färben werden auch unter denselben Bedingungen die Nüancen dunkler als vorher. Man sagt alsdann, sie sei mercerisirt. Die mikroskopische Untersuchung der Faser ergiebt nun, daß die Drehung derselben sich bei weitem vermehrt hat, der Querschnitt zeigt eine fast vollständig kreisrunde Gestalt und der Durchmesser ist merklich vergrößert, während gleichzeitig die innere Höhlung kleiner, fast nur noch als ein Punkt oder eine unregelmäßige Linie erscheint (Fig. 6, Taf. I).

D. Koechlin-Schouch, ein Fabrikant in Mühlhausen, lenkte zuerst die Aufmerksamkeit der Gewerbetreibenden auf Fasern in Baumwollgeweben, welche keine Farbe annehmen und durch ihre lichte Farbe von dem gefärbten Grunde abstechen. Von Anfang an schloß er, und zwar mit Recht, daß dieser Fehler von der Unreife der Fasern abhänge. Diese Annahme hat durch die Arbeiten von Walter-Crum ihre volle Bestätigung gefunden[1]). Nicht alle Farben lassen die todten Fasern in einem Gewebe sichtbar werden, z. B. Safflor und dunkles Garanceinroth, während Krapprosa und Indigo sie deutlich zeigen; erst nach dem Avioiren des Rosa erscheinen die Fäden weiß. Die Dampffarben und allgemein diejenigen, welche die Faser bedecken, sind ohne Einfluß auf diesen Strukturfehler. Unter dem Mikroskop erscheinen diejenigen Stellen, welche der Farbe Widerstand geleistet haben, als sehr feine Streifen, so durchscheinend, daß sie fast unsichtbar sind mit Ausnahme an den Kanten; man unterscheidet sie durch ihre vollständige Abplattung, das Fehlen der inneren Höhlung und ihre einförmige Durchsichtigkeit, sie sind fast zweimal breiter als die gewöhnliche Faser und zeigen eine große Zahl von Längs- und Querfalten (Fig. 7, Taf. I). Die Querschnitte der unreifen oder todten Baumwolle, wie man sie auch nach Analogie mit der todten Wolle nennt, welche ebenfalls keine Färbung annimmt, sind ausnehmend dünn und sehr breit und zeigen meistentheils keine innere Höhlung (Fig. 8, Taf. I). Die Querschnitte von halbreifer Baumwolle liegen in der Mitte zwischen diesen beiden Extremen; ihre Dicke ist bei weitem geringer als ihre Breite, aber die innere Höhlung ist bereits durch einen dünnen Streif angedeutet; unter dem Einfluß von konzentrirter kaustischer Natronlauge erhalten sie die runde Gestalt der

---

[1]) Bulletins de la société industrielle de Mulhouse, Bd. XXXIV, pag. 385.

reifen Baumwollenfaser, die auf dieselbe Weise behandelt ist, jedoch ist die innere Oeffnung bedeutend größer; nur die jüngsten Fäserchen scheinen sich, derselben Behandlungsweise unterworfen, nicht abzurunden.

Die Untersuchung mehrerer Proben von trocknen Baumwollenkapseln hat folgende Resultate ergeben:

1) Der Inhalt der Kapseln, welche sich noch nicht geöffnet, also nicht die volle Reife erlangt hatten, bestand aus einer dichten und zusammengedrückten Masse ohne Elastizität, die sich zu Fäden ausziehen ließ, welche unter dem Mikroskop die Durchsichtigkeit und die abgeplattete Gestalt der todten Baumwolle zeigten.

2) In den entwickelteren Kapseln waren die innersten Samenkörner in eine ähnliche Masse eingehüllt, die aber weniger durchscheinend war. — Diese Fasern findet man unter den Abgängen in Gestalt kleiner zusammengehäufter und seidenglänzender Büschelchen.

Das Bleichen der Baumwolle[1]).

Das gesponnene Garn und die gewebte Baumwolle erleiden vor dem Färben und Drucken eine Reihe von Behandlungen, die den Zweck haben, alle fremden Substanzen daraus zu entfernen, welche der Faser noch von Natur anhaften oder während des Spinnens und Webens als mechanische Verunreinigung hineinkamen.

Man bezeichnet mit dem Namen Bleichen verschiedene Operationen, welche aus mehreren Gründen unumgänglich nothwendig sind. Erstlich muß der gelbe Ton der rohen Baumwolle fortgeschafft werden, damit ganze Stücke oder einzelne Stellen, welche farblos bleiben sollen, diejenige Weiße zeigen, welche allein das Auge des Konsumenten befriedigt, und damit bei gefärbten oder bedruckten Stücken der Glanz und die Reinheit heller Kunstfarben nicht beeinträchtigt werden durch das Zusammentreffen mit jenem schmutziggelben Naturton; schließlich würden die fremden, der Cellulose anhängenden Körper und hauptsächlich die durch die Einwirkung der Luft veränderten Fette der Fixirung der Farben jedwede Regelmäßigkeit nehmen, indem sie bald als Reservagepapp wirken und die Adhäsion der Färbemittel verhindern, bald andererseits als Mordant die Farbstoffe aus einer

---

[1]) Die Appreturen der Baumwollenwaaren aller Gattungen. Nebst einem Anhange über die neuesten Bleichverfahren, J. Helm, 1861. — Kurrer, die Kunst, vegetabilische Stoffe zu bleichen, 1831; Supplement dazu, 1838. — Prechtl, technol. Encyclopädie II, pag. 392, XXI, pag. 476.

Farbeflotte an solchen Stellen, die ungefärbt bleiben sollen, niederschlagen würden. Man erreicht seinen Zweck also nur dadurch, daß man alle fremdartigen Stoffe von der Cellulose entfernt. Ferner ist es nothwendig, vor dem Druck die kleinen Flöckchen zu entfernen, welche sich während des Webens gebildet haben; denn diese würden sich während des Druckes anlegen und nachher wieder erheben und so der Farbe ein zerkratztes Aussehen geben. Man beseitigt diesen Uebelstand am einfachsten dadurch, daß man die Stücke vor dem Bleichen schnell über eine gekrümmte, bis zur Rothgluth erhitzte Metallfläche gehen läßt (Cylinderingerei)[1]), oder indem man das Gewebe einige Augenblicke von der heißen nichtleuchtenden Flamme von mit Luft gemischtem Leuchtgas belecken läßt[2]) oder den glühend heißen Luftstrom aus dem zweckmäßig konstruirten Schornstein eines Gebläseofens[3]) verwendet. Nachdem die Zeuge gebleicht sind, werden sie noch auf einer Scheermaschine durch Messer, welche auf einer Walze schraubenförmig befestigt sind, die sich mit ungeheurer Geschwindigkeit dreht, geschoren, indem das Zeug gut ausgespannt darunter weggeführt wird.

Die mit der natürlichen Cellulose vorkommenden und ihr anhaftenden Substanzen sind bei der Baumwolle: 1) eine braune inkrustirende Masse, welche in Wasser und Alkalien an sich zwar unlöslich ist, aber durch eine langsame Oxydation unter dem Einfluß des Lichtes, der Luft und der Feuchtigkeit oder durch Einwirkung von Chlor oder unterchloriger Säure löslich wird; 2) ein in Alkalien lösliches Harz. Die Menge dieser Körper ist sehr gering.

Durch das Spinnen und Weben gelangen auf das Gewebe: 1) die stärkemehlartigen Substanzen, welche zur Herstellung der Kette dienen; 2) die Fettkörper, welche dazu verwendet werden, sie biegsam zu machen; 3) die aus der Einwirkung des Fettes auf die kupfernen Kammzähne entstandenen Kupferseifen; 4) der mannichfache Schmutz, welcher durch die Hände des Arbeiters sich darauf ablagert. Bevor man die umhüllende Substanz fortschafft, muß man alle zufälligen Unreinlichkeiten entfernen, welche sie bedecken und theilweise vor der Einwirkung der oxydirenden Agentien bewahren würden. Die Entfettung (dégraissage), unter welcher Bezeichnung man alle zu diesem Zweck angewendeten Operationen zusammenfaßt, hat außerdem noch den Vortheil, die färbende Substanz durch die alkalischen Laugen, welche dabei

---

[1]) Prechtl, technolog. Encyklopädie Bd. VIII, pag. 182.
[2]) Dingler's polyt. Journal Bd. XVI, pag. 152.
[3]) Ebendas. Bd. XVI pag. 201.

verwendet werden, zu modifiziren und zur Oxydation vorzubereiten. Das Bleichen der Baumwolle ist weit leichter zu erreichen als das der andern Fasern, da bei ihr nur sehr wenige Stoffe zu entfernen sind und man in Folge des Widerstandes, welchen die Cellulose der Mehrzahl der chemischen Agentien entgegensetzt, ziemlich energische Verbindungen zu Hilfe nehmen kann, welche für Seide und Wolle durchaus nicht anwendbar wären.

Das Endresultat, zu welchem man durch die jetzt angewendeten Verfahrungsarten gelangt, ist so vollkommen, wie man es nur wünschen kann, und Vervollkommnungen, welche bei der Bleichmethode noch anzubringen sind, würden sich nur auf eine Ersparniß an Zeit und Materialien beziehen können.

Alle alten und neuen Methoden haben das gemein, daß sie die Fettstoffe durch kaustische oder kohlensaure Alkalilaugen fortschaffen, und daß sie die inkrustirende Substanz vermittelst Oxydation, welche durch die vorhergehende Einwirkung der alkalischen Verbindungen begünstigt wird, zerstören. — Zu den Laugen hat man Kaliumhydroxyd, Natriumhydroxyd oder Calciumhydroxyd oder kohlensaure Alkalien und gewöhnliche oder auch Harzseife angewendet. Die Erfahrungen, welche man nun mit allen diesen Stoffen gemacht hat, haben gezeigt, daß die Einwirkung des gelöschten Kalkes und nachherige Behandlung mit kohlensaurem Natron (Soda) und Kolophoniumseife unter passenden Bedingungen der Temperatur und Zeit den Zweck am besten erfüllen, sowol in ökonomischer Hinsicht als auch in Rücksicht auf die erlangten Resultate. Die Oxydation der inkrustirenden Substanz wurde früher durch den gleichzeitigen Einfluß der Luft, der Feuchtigkeit und des Sonnenlichtes bewirkt, d. h. durch Ausbreiten der Stücke auf Wiesen und Besprengen mit Wasser; diese Methode erfordert jedoch zu viel Zeit, nämlich mehrere Wochen; man hat sie deshalb mit Vortheil durch die Anwendung von Chlor und unterchloriger Säure ersetzt, deren entfärbende Wirkung eine sehr schnelle ist. Indem wir die alten Verfahrungsweisen bei Seite lassen, welche nur noch ein historisches Interesse haben, wollen wir einen kurzen Abriß der Bleicherei geben, wie sie heutzutage ausgeübt wird.

Wenn es sich um ganze Stücke handelt, so näht man das eine an das andere, um einen langen Streifen zu bilden, der oft 30,000 Meter Länge hat (300 Stück, jedes von 100 Meter). Zuerst geht das Gewebe durch dicke Kalkmilch (für Gewebe mittlerer Stärke verbraucht man ungefähr 400 Gramm Kalk) und aus dieser unmittelbar zwischen zwei Holzcylinder (squeezers); indem diese den überflüssigen Kalk wegschaffen, bewirken sie zugleich, daß die alkalische Substanz tiefer in die Poren des Gewebes eindringt; hierauf bringt man dieses in ein großes Gefäß von Holz oder von Eisenblech, welches im Innern mit Holz ausgekleidet ist, und unterwirft es dem Kochen mit der kalkhaltigen Flüssigkeit. Das gewöhnlich angenommene System ist das der Zirkulation der Lauge; Form und Anwendung der Apparate sind verschieden, je nachdem man unter gewöhnlichem oder unter erhöhtem Druck (1,5, 3 und 5 Atmosphären) arbeitet. Die durch Dampf unter dem doppelten durchlöcherten Boden, auf welchem die Stücke liegen, oder in einem besonderen Heizraum erwärmte Flüssigkeit erhebt sich unter dem Einfluß des entwickelten Dampfes in einer Röhre und ergießt sich über die Oberfläche der Gewebe; die Flüssigkeit filtrirt durch die Masse hindurch und wird unten von Neuem wieder erhitzt. Die Dauer dieser Operation, welche in zwei (in Waschen und Abspülen) getrennt werden kann, hängt von der Höhe des angewendeten Druckes, folglich auch von der angewendeten Temperatur ab und variirt auch nach der Menge und der Natur der Stücke; sie währt 24 bis 40 Stunden bei offenem Gefäße, 3 bis 6 Stunden, wenn man mit Dampf von 1,5 bis 3 Atmosphären arbeitet.

Um den zerstörenden Einfluß, welchen nach den Untersuchungen von Ed. Schwartz die gleichzeitige Einwirkung von Kalk und Luft ausüben kann, zu vermeiden, ist es nothwendig, die Stücke immer unter der Flüssigkeit zu halten.

Man nimmt an, daß der Kalk das Fett verseift, indem er das Glycerin ausscheidet und Kalkseife bildet, welche auf der Faser festhaftet; er entfernt ferner die stärkemehlartigen Substanzen, welche bei der Aufbereitung Anwendung gefunden haben. Ist die Einwirkung des Kalkes beendet, so befestigt man das Ende des Gewebes an die Walzenwaschmaschine (clapot), welche die Zeuge aus dem Waschbottig herauszieht, sie wäscht und abspült, d. h. die löslichen Stoffe entfernt und die unlöslichen Partikelchen, welche in dem Gewebe festgehalten werden und durch mechanische Kraft losgelöst werden können, wegschafft.

Nach dem Verlassen des Klapots kommt das Gewebe in ein kaltes Bad von Chlorwasserstoffsäure von 2° B. und bleibt darin einige Stunden lang, um die Wirkung der Säure nach Möglichkeit zu befördern. Diese löst den anhängenden Kalk auf, welcher beim Abspülen nicht entfernt worden ist, und zerlegt theilweise die Kalkseife, indem sie die Fettsäure abscheidet, welche auf der Faser zurückbleibt. Man wäscht danach die Gewebe und spült sie ab, sodann kommen sie in

Bottige, welche denen ähnlich sind, die bei der Behandlung mit Kalkmilch gedient haben. Hier werden sie zuerst mit einer Lösung von Sodasalz, um die letzten Spuren von Säure zu neutralisiren, darauf mit einer Auflösung von Kolophonium in Sodasalz (Harzseife) behandelt. Diese Operation dauert bei gewöhnlichem Druck zwanzig Stunden und erfordert für Stücke von 100 Meter ungefähr 120 Kilogramm Sodasalz und 55 Kilogramm Kolophonium.

Das Sodasalz löst die durch die Säure freigewordenen Fettsäuren auf und wirkt durch doppelte Zersetzung auf die Kalkseifen, indem es kohlensaures Calcium, welches leicht zu entfernen ist, und eine leicht lösliche Natronseife liefert.

Der Fabrikant muß bei der Anwendung dieser Körper sich vorher von ihrem alkalimetrischen Gehalt und der Abwesenheit von Thonerde oder löslichen Eisensalzen überzeugen; da sich diese nämlich auf der Faser niederschlagen, würden sie gewissermaßen als Beizmittel wirken und die Farbe in einer Farbflotte niederschlagen. Die Gegenwart löslicher Eisensalze erkennt man leicht durch Ammoniumhydrosulfür (Schwefelammonium); man erhält bei ganz geringen Mengen eine grüne Färbung, bei größeren einen schwarzen, flockigen Niederschlag von Schwefeleisen. Sättigt man die Lösung des Sodasalzes nicht vollständig mit Chlorwasserstoffsäure, so erhält man die Thonerde in Gestalt von weißen, voluminösen Flocken.

Die Rolle der Harzseife muß analog der des Sodasalzes sein; indessen erzielt man durch sie beim Bleichen bei weitem günstigere Resultate, als wenn jenes für sich allein zur Verwendung kommt. Dieses Faktum, wofür die Theorie noch keinen genügenden Grund angeben kann, ist durch eine langjährige Praxis konstatirt; die Einführung der Harzseife bei der Entfettung der Zeuge hat einen bemerkenswerthen Fortschritt in Hinsicht der Reinheit der Weiße hervorgerufen, und außerdem hat man die Beobachtung gemacht, daß die mit derselben behandelten Gewebe in der Farbflotte an den Stellen, welche kein Mordant empfangen haben, weniger Farbe annehmen. So kamen früher die mit Krapp gefärbten Stücke mit sehr stark von Farbe überladenem Grunde aus der Flotte, was wiederholte Operationen erforderlich machte, um ihnen ihre ursprüngliche Frische wiederzugeben; heut genügt ein einmaliges Behandeln mit Seife, um sie von dem Farblack zu reinigen, welcher sich auf dem Weiß niedergeschlagen hat. Dieser günstige Einfluß kann nur die Folge eines größeren Auflösungsvermögens für die mehr oder minder oxydirten Fettsäuren sein, welche das Gewebe enthält. — Es ist nicht festgestellt, wo zuerst der Gedanke, sich der alkalischen Wirkung des Harzes zu bedienen, aufgetaucht ist. Nach einer Notiz von G. Schaeffer ließ sich die Wittwe Pruckbaeck in Regensburg im Jahre 1827 auf dieses Verfahren ein Patent ertheilen, und dieses Patent wurde an einen gewissen Heinzelmann verkauft, welcher das Verfahren in Schottland einführte. In Frankreich wurde es ungefähr im Jahre 1836 bekannt.

Nachdem das Gewebe diese Prozesse durchgemacht, sind die gut gewaschenen Stücke zum Bleichen fertig; zu diesem Zwecke läßt man sie durch eine Lösung von Chlorkalk von 0,8° bis 1,5° B., darauf zwischen zwei Cylindern, welche den Ueberschuß wegschaffen, hindurchgehen; einige Fabrikanten bringen sie dann sofort in Salzsäure von 2° B., andere lassen sie während einiger Stunden aufgehäuft liegen. Nach dieser Behandlung mit Säure wird das Gewebe gut ausgewaschen und auf Cylindern getrocknet, welche mit Dampf geheizt werden. — Der Chlorkalk, wie er im Handel vorkommt, ist ein Gemenge von einem Molekül Chlorcalcium mit einem Molekül unterchlorigsaurem Calcium:

$$\overset{II}{Ca}Cl_2 + \left.\overset{\overset{II}{Ca}}{Cl_2}\right\} O_2$$

Das erstere Salz ($CaCl_2$) ist ohne Einwirkung bei dem Oxydationsprozeß, das zweite entbindet, unter dem gleichzeitigen Einfluß von Wasser und Säure, Sauerstoff:

$$\left.\overset{\overset{II}{Ca}}{Cl_2}\right\} O_2 = \overset{II}{Ca}Cl_2 + O_2$$

Dieser letztere Körper im Entstehungszustand (in statu nascendi) zerstört den inkrustirenden gefärbten Stoff und macht ihn löslich.

Man sieht, daß nach der vorhergehenden Gleichung ein Molekül unterchlorigsaures Calcium, welches zwei Atome Chlor enthält, zwei Atome Sauerstoff in Freiheit setzt, während zwei Atome freies Chlor nur ein Atom Sauerstoff frei machen:

$$Cl_2 + H_2O = 2HCl + O$$

woraus sich ergiebt, daß die Mischung, welche Chlorkalk genannt wird, deren eine Hälfte Chlor also unwirksam ist, trotzdem eine entfärbende Kraft besitzt, welche der des ganzen darin enthaltenen Chlors gleich ist und sich in der That wie eine wirkliche Verbindung von Chlor und Calciumoxyd verhält. Die Salzsäure, welche man anwendet, um die unterchlorige Säure frei zu machen, kann auch durch die Kohlensäure der Luft ersetzt werden.

Die zu Garn gesponnene Baumwolle wird nach denselben Grundsätzen gebleicht. Bisweilen wird auch die Behandlung mit Kalk unterlassen und man begnügt sich mit einer Lauge von Sodasalz und einer Behandlung mit Chlorkalk und Säure. Es braucht wol kaum angeführt zu werden, daß die Waschapparate für diesen Zweck ganz spezielle Abänderungen haben.

Der Flachs[1]).

Der Flachs ist die faſrige Subſtanz, welche aus den Stengeln einer Pflanze aus der Familie der Lineen gewonnen wird. Man benutzt den gewöhnlichen oder angebauten Flachs (Linum usitatissimum L.) zur Herstellung dieser Gespinnstfasern. Die Wurzel ist dünn und einjährig; sie treibt einen dünnen, meist nur einfachen Stiel von einer Länge von 50—80 Centimeter, welcher mit zerstreut stehenden lanzettförmigen Blättern besetzt ist.

Das Vaterland dieser Pflanze kann nicht mit Bestimmtheit angegeben werden. Die Anwendung des Flachses zur Herstellung von Kleidern ist seit den ältesten Zeiten bekannt. Die ägyptischen Mumien sind fast ausschließlich in leinene Tücher eingehüllt, und auch noch heutigen Tages wird der beste Flachs im Nilthal gewonnen.

Der Landwirth unterscheidet drei Hauptarten von Flachs:

1) Der kalte oder große Flachs, mit dünnen, langen Stengeln, welcher spät zur Reife gelangt; er liefert lange und feine Fäden, aus welchen die vorzüglichen flandrischen Batisttücher verfertigt werden.

2) Der warme Flachs, mit kleinem Stengel, liefert sehr viel, aber nur kurze und dicke Fasern.

3) Der mittlere Flachs hält die Mitte zwischen den beiden vorhergehenden; er wird am meisten angebaut.

Eine andere Eintheilung ist auch die in Klang- oder Springlein, bei welchem die Samenkapseln von selbst aufspringen, und den weniger ästigen und höheren Dresch- oder Schießlein, bei welchem die reifen Samenkapseln geschlossen bleiben. Außerdem unterscheidet man den Frühlein, der vom März bis Mai, und den Spätlein, welcher im Juni gesät wird und nur zu groben Geweben Verwendung findet.

Im Süden und auf leichtem Boden wird der Flachs im Herbst

---

[1]) Prechtl, Technol. Encyklopädie Bd. VI, pag. 166, Bd. XXIII, pag. 77; Karmarsch und Heeren, Technol. Wörterbuch 2. Aufl., Bd. I, 1854, pag. 801; Rapport sur l'industrie linière par Mareau Bd. 2, 1851 u. 1859.

gesät, im Norden und auf thonigem Boden geschieht dies nur im März, April und Mai; die Ernte erfolgt je nach der Reife vom Monat Juni bis zum August, wenn die Kapseln und Stengel eine braune Farbe angenommen haben.

Zur Gewinnung des Flachses wird die Pflanze folgenden Bearbeitungen unterworfen: 1) das Trocknen an Ort und Stelle (séchage); 2) das Dreschen (Riffeln, battage, égrainage)[1], das den Zweck hat, die Samenkörner abzusondern; 3) das Rösten (Rotten, rouissage), durch das der Bast, welcher in Fäden zertheilt den Flachs bildet, von der Rinde und dem Holze der Stengel getrennt wird; 4) das Brechen (teillage) oder die mechanische Arbeit der Trennung.

Das Rösten allein bietet in chemischer Hinsicht viel Interesse dar. Sein Zweck ist, den Saft, welcher noch in der Pflanze enthalten ist, also das Gummi, welches die untereinander und mit dem Stroh verbundenen Fasern zusammenhält, aufzulösen und zu entfernen und andererseits letzteres spröde zu machen, so daß es sich leicht von der Faser durch das Brechen trennen läßt. Die Fasern selbst müssen alle ursprünglichen Eigenschaften bewahren, ohne sich zu verändern oder zu zersetzen.

Man kann die hierbei angewendeten Verfahrungsweisen in ältere und neuere eintheilen. Die Mehrzahl der letzteren liefern nicht dieselben Resultate wie die älteren. Jede Flachsfaser, so fein sie auch sein mag, ist aus einzelnen Fäserchen gebildet, die durch eine harzartige, gefärbte Masse zusammengehalten werden. Diese Fäden haben nicht alle dieselbe Länge. Wenn man also durch das Rösten dieses Bindemittel, welches für die Festigkeit des Flachses nothwendig ist, fortschafft, so vermindert man das Gewicht des gehechelten Flachses, man nimmt ihm sein seidenglänzendes Ansehen, die Faser wird matt und baumwollenartig. Dieses Resultat, das für die zur mechanischen Spinnerei bestimmten Fasern keinen Nachtheil hat, erhält man durch das Rösten mit Alkalien.

Nach dem alten Verfahren legt man die Stengel in Bündeln, theils in fließendes Wasser (soweit dies eben angeht, da Wasser, in welchem Flachs geröstet wird, den Fischen nachtheilig ist), theils in stehendes Wasser und beschwert sie, damit sie nicht fortgespült werden oder sich über das Wasser erheben können, mit Steinen (Wasser-

---

[1] Karmarsch, Handbuch der mechanischen Technologie. Bd. II, pag. 1146. (Hannover, 1867.)

röste, rouissage à l'eau), oder man überläßt sie, auf Rasen ausgebreitet, der Einwirkung der Luft und des Lichtes (Thau- oder Luftröste, rouissage à la rosée).

Die Luftröste kann man im Herbst und selbst im Winter ausführen; man breitet den Flachs auf dem Boden mit der Vorsicht aus, daß man die Stengel nicht miteinander vermischt und alle Wurzeln nach einer Seite hin legt. Von Zeit zu Zeit wendet man ihn um; nach Verlauf eines Monats kann der Flachs gesammelt werden. Bei dieser Methode nimmt er eine graue Farbe an und ist häufig durch kleine schwarze Flecken verunreinigt. Starke Regengüsse waschen ihn zu sehr aus und vermindern seine Haltbarkeit.

Die Wasserröste wird am besten im Monat April ausgeführt; sie gewährt vor der Luftröste einen Vortheil von 6 bis 8 Prozent am Gewicht des gehechelten Flachses, welcher sich außerdem noch durch eine schönere Farbe auszeichnet. Man legt den Flachs in Bündeln in das Wasser, hält ihn durch aufgelegte Steine auf dem Grunde fest, damit er stets vom Wasser bedeckt bleibe, und wendet ihn täglich um. Im Thal von La Scarpe im nördlichen Frankreich nimmt man die Röste in kleinen Teichen vor, die sich durch das Ausgraben des Torfmoores gebildet haben. Das Wasser darf weder kohlensauren Kalk noch Gyps enthalten. Nach Verlauf von 12 bis 14 Tagen nimmt man den Flachs heraus und breitet ihn ungefähr 16 Tage lang auf dem Rasen aus, indem man ihn von Zeit zu Zeit umwendet, oder man läßt ihn 6 bis 8 Tage im Wasser und 25 Tage auf dem Rasen liegen. Die feineren Flachsstengelchen nehmen in Folge der Wasserröste immer eine rothe Farbe an. Im stehenden Wasser geht die Gährung zwar rascher als im fließenden vor sich, aber es tritt auch leicht eine Fäulniß ein, weil die Temperatur des stehenden Wassers etwas höher ist als die des fließenden, und weil das Wasser mit organischen Stoffen vermischt ein Ferment enthält, welches im Stande ist, die Fäulniß einzuleiten. — Bei diesen Vorgängen geht der Kleber (das Pflanzeneiweiß) der Stengel unter dem Einfluß des Wassers und der Atmosphärilien in theilweise Gährung über, wahrscheinlich eine Oxydation, welche denselben im gewünschten Sinne verändert. Von dieser Zersetzung rührt auch der so widerliche Geruch her, welcher die Orte, wo man Flachs röstet (routoirs), durchaus nicht zu angenehmen macht; es entwickeln sich nämlich Kohlensäure, Ammoniak, Schwefelwasserstoffgas und Kohlenwasserstoffe, welche Gase alle der Gesundheit nachtheilig sind.

Bei den neueren Methoden erreicht man schneller dasselbe Resultat theilweise durch chemische Reagentien, welche jedoch häufig ihre Aufgabe überschreiten, theilweise dadurch, daß man die Einwirkungen der gewöhnlichen Röste durch günstige physikalische Bedingungen unterstützt. In Amerika übt man unter dem Namen des Schenk'schen Verfahrens[1]) eine Röstung aus, welche nicht wie die gewöhnliche mit so großen Unannehmlichkeiten und Gefahren für die Gesundheit verknüpft ist und neuerdings durch Scrive in Lille vervollkommnet, sehr gute Resultate liefert.

Der Flachs wird in Gefäße mit durchlöcherten falschen Böden gebracht, die angefüllt sind mit Wasser, dessen Temperatur auf $30°$ C. erhalten wird. Wenn die faulige Gährung anfängt merklich zu werden, erneuert man das warme Wasser durch feine Wasserstrahlen, die unter dem falschen Boden, in der Mitte und von oben her eintreten. Der Ueberschuß fließt durch eine oben angebrachte Oeffnung ab. Nach Verlauf von 3 bis 4 Tagen ist das Rösten vollendet; der Flachs wird herausgenommen, zwischen zwei Cylindern gepreßt und in Trockenöfen getrocknet.

Ferner sind zur Zerstörung des Klebers vorgeschlagen worden: Behandlung mit Kalk in der Wärme oder Kälte, kaustische und kohlensaure Alkalien, Wasser, das $\frac{1}{50}$ Schwefelsäure enthält, auch Zusatz von künstlichen Fermenten.

Die Fasern des Flachses sind hohle, cylindrische, feste, an beiden Enden offene Röhren mit einem Durchmesser von $\frac{1}{50}$ bis $\frac{1}{25}$ Millimeter; ihre Oberfläche ist glatt und zeigt unter dem Mikroskop Knötchen, die von der Aneinanderlagerung zweier Zellen herrühren (Taf. I, Fig. 9). Die Flachsfaser ist eingehüllt von einer graugelben inkrustirenden Substanz, die hier dickere Schichten als bei der Baumwolle bildet und daher auch durch Bleichen leichter zu entfernen ist. Die Flachsfasern sind ferner dickwandiger, ihre Wandungen bestehen aus mehreren Schichten, so daß sie nach dem Trocknen nicht zusammenfallen, sondern fast ihre natürliche Gestalt behalten. Diese ist meist durch den Druck, den die Zellen auf einander ausübten, abgeplattet.

Aus den Flachsgeweben muß man vor allem die stärkemehlhaltigen Substanzen, welche bei der Herstellung der Kette Verwendung gefunden haben, entfernen; hierzu ist das Eintauchen in kalte oder warme alkalische Lösungen weniger vortheilhaft als eine Einweichung in einem Aufguß von gekeimter Gerste bei einer Temperatur, welche $65°$ C. nicht

---

[1]) Dingler's polyt. Journal CVI, pag. 256; CXXIII, pag. 59. Polytechn. Centralblatt 1851, pag. 1331; 1854, pag. 867.

überschreiten darf. Das Wirksame bei diesem Aufguß ist die Diastase, eine stickstoffhaltige Substanz, welche in hohem Grade die Eigenschaft besitzt, die unlösliche Stärke in lösliches Dextrin überzuführen. — Die Laugenbehandlung geschieht in wässerigen Lösungen von kaustischen oder kohlensauren Alkalien oder einer Mischung beider oder endlich mit Harzseife, bei Temperaturen, die zwischen 45° und 60° liegen, und durch einen ähnlichen Bükprozeß wie beim Bleichen. In anderen Fabriken arbeitet man in der Siedehitze in Apparaten, wie sie beim Bleichen der Baumwollgespinnste gebräuchlich sind, und bei welchen man die Flüssigkeit von oben eintreten läßt. Zwischen den einzelnen Laugenbädern breitet man die Stücke anfänglich auf Rasen aus, läßt zuletzt ein Bad mit Chlorkalk von 2° B., dann ein Säurebad folgen, spült wieder gut aus und giebt schließlich noch ein schwach alkalisches Bad zur Neutralisation. Bis jetzt ist man noch nicht im Stande, das Auslegen auf Rasen vollständig und vortheilhaft durch Chlor zu ersetzen. Es ist wichtig, nach jeder Operation gut auszuwaschen.

Beim Bleichen des Flachses kann die braune umhüllende Substanz nicht durch eine einzige Lauge und ein Chlorbad entfernt werden; es ist nöthig, die Operation sehr oft zu wiederholen. Jede Lauge modifizirt den obersten Theil dieser harzigen Substanz und bereitet sie zur Oxydation vor, die folgende Lauge nimmt die oxydirten Theile fort und macht eine neue Schicht zur Oxydation fähig. Nur durch wiederholtes Behandeln mit Alkalien und Chlor erreicht man also seinen Zweck.

Der Flachs dient zur Herstellung einer Menge von Geweben, besonders von Batist und Spitzen. Er nimmt nicht so leicht wie die Baumwolle Farbe an; aber man kann seine Fähigkeit hierzu vergrößern, indem man ihn dem Verfahren Mercer's unterwirft.

Der Hanf.

Was wir über den Flachs gesagt haben, gilt im Wesentlichen auch für die Hanffaser, bei deren Betrachtung wir uns also kürzer fassen können.

Der Faserstoff nimmt, wie bei dem Flachs, die ganze Länge des Stengels der Pflanze ein und ist mit einer Rinde bedeckt; die vorgängigen Operationen sind dieselben: Ernte, Enthaftung, Rösten und Brechen. Das Rösten geschieht entweder durch Auslegen auf Rasen oder durch Einsenken in stehende Gewässer; das Bleichen geschieht ebenfalls wie beim Flachs, nur dauert es hier länger, da die umhüllende Substanz reichlicher vorhanden und schwieriger zu entfernen ist.

Der Hanf (Cannabis sativa), im alten Kontinent einheimisch, ist eine einjährige, zweihäusige Pflanze von 1,8 bis 2,6 Meter Höhe. Die Stengel der weiblichen Pflanzen sind stärker als die der männlichen, liefern aber weniger Fasern, im Verhältniß von 16 : 22 Prozent. Der Hanf wird fast überall angebaut, hauptsächlich in Preußen, Polen, Rußland und einem großen Theile von Frankreich.

Die Fasern sind hohle, glatte, cylindrische Röhren von $\frac{1}{40}$ bis $\frac{1}{5}$ Millimeter Durchmesser, an beiden Enden offen, mit unregelmäßig vertheilten Knoten, die mit feinen Härchen umstellt sind; am Ende der Fasern zeigt sich bisweilen eine pinselartige Spaltung (Taf. I, Fig. 10).

Mehr als die Hälfte alles gebauten Hanfes wird zur Herstellung von Bindfaden und Tauen verbraucht; er wird zur Anfertigung von Garnen und groben Geweben, welche eine bedeutende Dauerhaftigkeit erfordern, verwendet.

Mittel, um die vegetabilischen Fasern voneinander zu unterscheiden.

Die vegetabilischen Fasern bestehen, wenn sie vollständig gebleicht sind, fast nur aus reiner Cellulose. Es scheint also für den ersten Augenblick, als ob man nicht im Stande wäre, dieselben durch chemische Mittel zu unterscheiden.

Die Zerstörung der umhüllenden Substanz gelingt indessen bei Flachs und Hanf niemals so vollkommen, daß diese Substanz nicht durch geeignete Mittel nachgewiesen werden könnte. Boettger und Kuhlmann benutzen dazu die rothgelbe Färbung, welche sie unter dem Einfluß kaustischer Alkalien annimmt. Boettger schlägt vor, die Proben in eine siedende Lösung von Kaliumhydroxyd (ein Theil von letzterem in einem Theile Wasser) zu tauchen; preßt man hierauf zwischen Fließpapier aus, so findet man, daß die Leinfasern dunkelgelb geworden, die Baumwollenfasern aber weiß oder hellgelb geblieben sind. Nach Kuhlmann wird rohe Baumwolle in einer kalten und konzentrirten Lösung von Kaliumhydroxyd hellgrau, während Leinen unter denselben Umständen eine rothgelbe Färbung annimmt.

Kindt[1]) legt die Probe zur Hälfte 1½ bis 2 Minuten lang in konzentrirte Schwefelsäure von 66° B., spült sie darauf mit kaltem Wasser ab und reibt sie zwischen den Fingern; die in der Probe befindlich gewesenen Baumwollenfäden werden hierdurch völlig zerstört,

---

[1]) Württemberger Gewerbeblatt, 1862, Nr. 39.

während die Leinenfäden unversehrt bleiben, wie nun die Vergleichung mit der andern Hälfte deutlich zeigt. — Eine alkoholische Kochenillelösung färbt die ausgezupften Gewebe, so weit sie aus Leinen bestehen, violett, die beigemischte Baumwolle dagegen hellroth.

Böttger[1]) schlägt vor, an Stelle der Kochenillelösung eine verdünnte alkoholische Lösung von Fuchsin (0,5 Grm. Fuchsin in 60 Grm. Alkohol) anzuwenden. Man taucht die gezupfte Probe einen Augenblick hinein und wäscht sie dann so lange aus, bis das Wasser ungefärbt abläuft; hierauf legt man sie eine bis höchstens drei Minuten in Ammoniak. Die Baumwollenfäden verlieren ihre Färbung in wenigen Augenblicken, während die Leinenfäden schön rosenroth werden. Dieses Verfahren hat den großen Vortheil, daß es nicht darauf ankommt, ob das Gewebe vorher entschlichtet worden ist oder nicht.

Baumwollenfäden in Oel getaucht und stark ausgedrückt, bleiben undurchsichtig, während Leinenfäden durchscheinend werden.

Boussingault giebt als treffliches Erkennungsmittel für die Fasern von neuseeländischem Flachs (Phormium tenax) in Hanf- und Flachsgeweben die rothe Färbung an, welche sie unter dem Einfluß der rothen rauchenden Salpetersäure von 36°B. annehmen. Vincent schlägt zu demselben Zweck die aufeinanderfolgende Einwirkung von Chlor und Ammoniak vor, wodurch die Fasern von Phormium tenax ebenfalls roth gefärbt werden.

Die mikroskopische Untersuchung genügt meistentheils und liefert die sichersten Erkennungsmittel. Baumwolle und Leinen unterscheiden sich leicht von Hanf durch den Durchmesser der Fasern. Die Abplattung und Drehung der Fasern dient zur Unterscheidung der Baumwolle vom Flachs, sofern letzterer nicht eine künstliche Drehung (wie bei der Anfertigung von Spitzen) erfahren hat.

Vegetabilische Verdickungsmittel. Stärke, Dextrin, Gummiarten.

Die hauptsächlichsten vegetabilischen Verdickungsmittel, welche beim Zeugdruck Verwendung finden, sind: die Kartoffelstärke, Weizenstärke, Mehl (eine Mischung von Mehl und Kleber), die durch verschiedene Prozesse veränderte und löslich gewordene Stärke, z. B. geröstete

---

[1]) Jahresbericht der physik. Vereins zu Frankfurt a. M. 1861/5, pag. 10; Dingler's polyt. Journal CLXXV, pag. 223; Polyt. Notizblatt, 1865, pag. 1; Chem. Centralblatt, 1865, pag. 320.

Stärke, Petolome, Dextrin, Gommelin, Gommeln, Tissotgummi, Leftorgummi und einheimisches Gummi; die Gummiarten: Gummi arabicum, Senegalgummi, Traganth, Bassoragummi, Kirschbaumgummi, Salep, Sago, Leinsamen, Carraghenmoos.

Alle diese Körper gehören ihrer Zusammensetzung nach zur Gruppe der Kohlenhydrate; ihre Formel ist dieselbe wie die der Cellulose, und auch ihre chemischen Eigenschaften stehen denen dieses Körpers sehr nahe.

Amylum, Stärke, Satzmehl ($C_6H_{10}O_5$ oder $C_{12}H_{10}O_{10}$).

Das Amylum ist im Haushalt der Natur sehr verbreitet; es erscheint stets in der Form von wohlorganisirten Körnchen. Jedes Körnchen besteht aus konzentrisch übereinandergelagerten Schalen von verschiedener Dichtigkeit; unter dem Mikroskop bemerkt man einen besonderen Punkt, welcher der Nabelfleck genannt wird und um welchen herum die ganze Masse abgelagert erscheint. Die symmetrische Gruppirung der Theilchen um diesen Punkt zeigt sich besonders dann, wenn man ein Körnchen unter dem Mikroskop im polarisirten Lichte betrachtet und zwischen das Auge und das Objekt eine Platte von isländischem Doppelspath bringt: man sieht dann ein schwarzes Kreuz, dessen Mittelpunkt mit dem Nabelfleck zusammenfällt.

Die einzelnen Schichten der Stärkemehlkörnchen werden am deutlichsten sichtbar, wenn man sie auf 200° erhitzt und dann mit Wasser befeuchtet, wobei die Körnchen bedeutend anschwellen. Ihrer Gestalt nach sind sie rund, eiförmig, elliptisch, auch irregulär; je nach der Pflanze, von welcher sie abstammen, variirt auch ihre Größe und Gestalt; so sind die der Kartoffel am größten, die des Weizens kleiner, am kleinsten die der Hirse; die aus den Bataten sind fast alle rund, die aus den Kartoffeln meist unregelmäßig, ebenso die im Arrowroot.

Uebersichtliche Zusammenstellung der Größe der Stärkemehlkörnchen, nach Raspail.

Name des Gewächses.	Durchmesser der Körnchen. Millimeter.	Name des Gewächses.	Durchmesser der Körnchen. Millimeter.
Kartoffel	$\frac{1}{12} - \frac{1}{185}$	Tapioka	$\frac{1}{35} - \frac{1}{185}$
Sago	$\frac{1}{35} - \frac{1}{570}$	Gerste	$\frac{1}{35} - \frac{1}{185}$
Batatenwurzel	$\frac{1}{57} - \frac{1}{185}$	Mais	$\frac{1}{57} - \frac{1}{185}$
Bohne	$\frac{1}{75} - \frac{1}{185}$	Batate	$\frac{1}{35} - \frac{1}{185}$
Weizen	$\frac{1}{85} - \frac{1}{185}$	Inulin	$\frac{1}{185} - \frac{1}{185}$
Roßkastanie	$\frac{1}{75} - \frac{1}{185}$	Salep	$\frac{1}{185} - \frac{1}{185}$
Marone	$\frac{1}{35} - \frac{1}{185}$	Kleine Hirse	$\frac{1}{185}$

Die Stärke ist in den Höhlungen des vegetabilischen Cellulargewebes enthalten. Man findet sie am gewöhnlichsten in dem Marke der Stämme (Sagopalme), in den Samenlappen der Körner (Cerealien), in den Knollen, Wurzeln und den Zwiebeln (Rhabarber, Süßholz, Tulpen, Lilien, Kartoffel, Maniok, Eibisch, Bryonie); in den Früchten, auch in unreifen (Eicheln, Kastanien, Maronen, Buchweizen), in Moosen u. s. w.

Im Zustande der Reinheit benutzt man nur das Stärkemehl der Cerealien (Stärke im engeren Sinne), der Kartoffel und der Roßkastanie.

Die an der Luft aufbewahrte Stärke enthält Wasser, welches nicht chemisch mit ihr verbunden ist, sondern nur durch Molekularanziehung festgehalten wird, und dessen Menge mit dem Feuchtigkeitsgehalt der Luft schwankt; der Wassergehalt steigt bis zu

35,70 Prozent für Stärke in Luft, die mit Feuchtigkeit gesättigt ist,
18,18 " " " in trockner Luft von 20° C.,
10 " " " im luftleeren trocknen Raum bei 15° C.,
0 " " " im luftleeren trocknen Raum bei 100° C.

Vollkommen trocken bildet die Stärke ein sehr feines Pulver ohne Geruch und Geschmack. Ihre vollkommene Unlöslichkeit in kaltem Wasser ist noch nicht mit Gewißheit festgestellt. Einige Chemiker glauben, daß, wenn man Stärke mit Quarzsand und Wasser reibt, letzteres einen Theil der Substanz aufnimmt, so daß man eine wirkliche Lösung erhält, welche durch Job blau gefärbt und durch Alkohol und Bleiessig gefällt wird [1]).

Sind diese Beobachtungen richtig, so ist jedes Stärkekörnchen aus einem unlöslichen und einem andern löslichen Theil gebildet, die aber isomer sind. Nach Béchamp's Versuchen erlangt diese Ansicht große Wahrscheinlichkeit. Er giebt an, daß es ihm gelungen sei, das Stärkemehl einer Molekularumlagerung zu unterwerfen, durch welche es vollkommen löslich gemacht wird, jedoch vollständig die Eigenschaft bewahrt, durch Job blau gefärbt zu werden [2]). Man kommt nach seinen Angaben zu diesem Resultat: 1) indem man die Stärke während einiger Zeit mit verdünnter Essigsäure auf 100° erhitzt, 2) durch mäßige Einwirkung der gewöhnlichen Essigsäure, Schwefelsäure oder konzentrirten Salpetersäure, 3) durch Reduktion des Eyloidins oder Nitramidins $(C_6H_5(NO_2)O_5)$ mit Eisenchlorür, 4) bei allen den Umständen, unter

---

[1]) Poggendorf, Ann. d. Physik u. Chemie Bd. CVI, pag. 497; CVIII, pag. 359; CIX, pag. 648.
[2]) Ann. de chimie et de physique (3) XLVIII, pag. 458.

welchen sich das Stärkemehl in Dextrin umwandelt, kommt es vor dieser Umwandlung in einen Uebergangszustand, in welchem es, mit Ausnahme der Unlöslichkeit, alle Eigenschaften des gewöhnlichen Stärkemehls besitzt und von Béchamp „lösliche Stärke" genannt wird.

Die lösliche Stärke bewirkt eine sehr energische Drehung der Polarisationsebene nach rechts.

Im heißen Wasser erleidet der unlösliche Theil der Stärke eigenthümliche physikalische Veränderungen. Die Schichten, aus denen jedes Körnchen besteht, saugen Wasser auf, schwellen an und zerplatzen, und die Masse, welche halb durchsichtig und gelatinös geworden ist, nimmt einen bedeutend größeren Raum ein, so daß, wenn man wenig Wasser genommen hat, das Ganze sich in eine dicke Masse verwandelt, welche unter dem Namen Kleister bekannt ist. Nimmt man zuviel Wasser, so gewinnt es fast den Anschein, als ob man es mit einer wirklichen Lösung zu thun habe, um so mehr, als man die Flüssigkeit filtriren kann und das Filtrat durch Jod eine blaue Farbe annimmt; das milchige Aussehen aber, welches die Flüssigkeit nach dem Erkalten erhält, zeigt, daß keine Lösung vorhanden ist.

Kalilauge bewirkt auch bei gewöhnlicher Temperatur eine Umwandlung der Stärke in Kleister.

Eine der interessantesten Erscheinungen der Stärke ist ihre Umwandlung in Dextrin und Zucker unter verschiedenen Einflüssen. Das Dextrin hat dieselbe Zusammensetzung wie die Stärke; zwischen beiden existirt nur eine molekulare Verschiedenheit, und die sogenannte lösliche Stärke Béchamp's ist nur ein Zwischenprodukt, welches dem Dextrin näher liegt als der Stärke; die Glukose endlich ist nur durch ein Molekül Wasser, welches sie mehr hat, von jener unterschieden.

In kurzen Umrissen sind die Bedingungen dieser Reaktionen folgende:

1) Durch lange Einwirkung des Wassers allein bei einer Temperatur von $150°$ C. kann die Umwandlung bis zur Bildung von Zucker gehen; im Anfang verwandelt sich die Stärke in eine feinkörnige Substanz, welche in kaltem Wasser unlöslich, in heißem jedoch löslich ist.
2) Unter dem Einfluß trockener Wärme ($100°$) bildet sich nur Dextrin.
3) Kochendes Wasser, welchem man etwas Schwefelsäure oder eine andere starke Mineralsäure hinzugesetzt hat, bewirkt den Uebergang der Stärke in den löslichen Zustand, darauf in Dextrin und schließlich in Zucker.

4) Die gekeimte Gerste enthält einen stickstoffhaltigen Bestandtheil, die Diastase, welche durch die Energie ausgezeichnet ist, mit der sie Stärke in Dextrin und Zucker umwandelt, sowol bei gewöhnlicher, als auch bei erhöhter Temperatur, die jedoch 75° nicht überschreiten darf; man gebraucht nur eine ganz geringe Quantität Diastase, um auf das Stärkemehl oder den Kleister zu wirken ($\frac{1}{2000}$). Viele Säfte des thierischen Organismus (Speichel, pankrealischer Saft u. s. w.) enthalten stickstoffhaltige Bestandtheile, deren Wirkung dieselbe wie die der Diastase ist.

Diese Eigenthümlichkeit der Diastase hat Löwenthal[1]) auf den Gedanken gebracht, dieses Produkt den Kuhmistbädern hinzuzusetzen, um die Stärke besser aufzulösen, welche zur Verdickung der Beizmittel dient. Die Reinigung geht dann bedeutend leichter von statten. Mathias Paraf benutzt die Diastase, um den Geweben die Appretur zu nehmen[2]).

Für 600 Meter stark appretirten Kalikot gebraucht man einen filtrirten Aufguß von 600 bis 700 Gramm gekeimter Gerste, welchen man während einer halben Stunde bei einer Temperatur von ungefähr 50° C. erhielt.

Freies Jod färbt Kleister blau; diese Färbung verschwindet in der Wärme, kommt aber, wenn das Kochen nicht zu lange Zeit gedauert hat, also nicht alles Jod verflüchtigt ist, beim Erkalten wieder zum Vorschein, eine sehr empfindliche Reaktion, die man zur Erkennung des einen oder des andern dieser beiden Körper benutzt. Gewisse Substanzen und hauptsächlich schwefelsaure Salze können diese Erscheinung bis zu einem gewissen Grade verdecken; die blaue Farbe der mit Jod versetzten Stärke wird durch Zusatz von schwefliger und arseniger Säure, Alkalien, Schwefelwasserstoff, Quecksilbersublimat aufgehoben. Löst man Kleister in Salzsäure und versetzt ihn nach dem Filtriren mit Jodlösung, so fällt die in Säuren unlösliche Jodstärke in blauen Flocken nieder; sie ist nach dem Trocknen eine schwarzblaue, glänzende Masse.

Konzentrirte Schwefelsäure vereinigt sich in der Kälte mit der Stärke zu einer gepaarten Säure, in der Wärme schwärzt sie dieselbe. Alkalien und verdünnte Mineralsäuren schwellen sie auf und zerlegen sie theilweise selbst bei gewöhnlicher Temperatur.

---

[1]) Journal f. prakt. Chemie, LXXIX, pag. 481. Dingler's polyt. Journal, CLVI, pag. 348.

[2]) Dingler's polyt. Journal, CLXII, pag. 147.

Unter dem Einfluß von kalter rauchender Salpetersäure oder von einem Gemisch von starker Schwefelsäure und Salpetersäure verwandelt sich das Stärkemehl in ein explosives Nitroprodukt, das Xyloidin (Nitramidin oder Nitroamylum). In der Hitze oxidirt die Salpetersäure die Stärke zu Oxalsäure.

Der Stärkekleister erleidet an der Luft eigenthümliche Veränderungen, indem er flüssig und nach einiger Zeit sauer wird; er enthält dann Milchsäure. Das Schweizer'sche Reagenz ist ohne Einfluß auf ihn.

Die Darstellungsmethoden der Stärke beruhen alle auf der mechanischen Wirkung des Wassers, welches die Stärkekörner von dem Kleber und der Kleie oder den Ueberresten der Zellgewebe der Kartoffeln trennt. Bisweilen bewirkt man auch eine Zersetzung des Klebers und Lösung desselben in dem Sauerwasser, welches man beim Einquellen erhalten hat, indem man das Weizenschrot 10 bis 20 Tage, je nach der Temperatur, mit Wasser übergossen stehen läßt. Unter Kohlensäure-Entwicklung bildet sich eine faulige Gährung, die einen höchst widerlichen, der Gesundheit nachtheiligen Geruch verbreitet. Wegen dieses Uebelstandes wird jetzt meistens nach einem andern Verfahren gearbeitet, welches die Gewinnung des Klebers gestattet. In allen Fällen wird das Stärkemehl, nachdem es sich im Wasser abgesetzt hat, ausgepreßt und an der Luft oder in Trockenstuben getrocknet.

Indem sie hier das Wasser verliert, bröckelt die Stärkemasse in kleine, unregelmäßige prismatische Stücke auseinander; die Stärkefabrikanten geben dieser Erscheinung den Namen Kryftallisation, obwol sie durchaus nichts mit der eigentlichen Kryftallisation gemein hat und nur aus der unregelmäßigen Zusammenziehung der Masse erfolgt. Kartoffelstärke zerfällt bei dem Eintrocknen zu Pulver. Die Weizenstärke wird sehr häufig durch Vermischung mit Kartoffelstärke oder mit anderen Sorten von weniger hohem Preise verfälscht. Die mikroskopische Untersuchung kann am besten Aufschluß über einen derartigen Betrug geben, wegen des bei weitem größeren Durchmessers der Stärkekörnchen (185 Millimeter anstatt 45 Millimeter). Wenn kein Mikroskop zur Verfügung steht, so kann man die Masse in einem Porzellanmörser trocken verreiben, mit Wasser behandeln und filtriren; wenn die Flüssigkeit, welche durch das Filtrum geht, durch Jod blau gefärbt wird, so muß man die Gegenwart von Kraftmehl annehmen.

Das Mehl von Leguminosen erkennt man an den noch darin sich vorfindenden Rückständen des Zellgewebes, die unter dem Mikroskop sichtbar werden, wenn man die Stärke durch Alkalien zersetzt, oder auch durch die rothen Flecke, welche man erhält, wenn man sie nach einander salpetersauren und ammoniakalischen Dämpfen aussetzt.

Bisweilen wird die Stärke auch mit mehr oder weniger größeren Mengen von weißen mineralischen Substanzen, z. B. Gips oder Schwerspath, verfälscht. Um diesen Betrug zu entdecken, genügt eine einfache Verbrennung, bei der die nicht vegetabilischen Stoffe zurückbleiben.

In allen Fällen ist es gut, die Beschaffenheit des Kleisters, welcher durch bestimmte Verhältnisse von Stärke oder Kraftmehl und Wasser gebildet wird, mit dem aus einem reinen und normalen Produkt dargestellten zu vergleichen. Ebenso kann man zwei Farben herstellen, die eine mit der zu untersuchenden Stärke, die andere mit der normalen, und man versucht dann, wie sie sich beim Zeugdruck verhalten, wenn die übrigen Bedingungen dieselben sind.

Die hauptsächlichste Anwendung findet die Stärke beim Appretiren der Gewebe, zur Herstellung der Schlichte, zum Leimen des Papiers, zur Verdickung der Farben beim Zeugdruck; ferner zur Fabrikation von Dextrin, Zucker und, mit Hilfe des letzteren, zu Alkohol. Man gebraucht auch ausschließlich oder theilweise aus Kraftmehl hergestellte Produkte als Nahrungsmittel.

Die Weizenstärke ist einer von den Körpern, welche im Verhältniß zu ihrem Gewicht am meisten verdicken; auch ist sie für dunkle Nüancen recht geeignet, hauptsächlich, wenn der Druck fein sein muß, wie z. B. beim Walzendruck. Oft mischt man sie auch mit gerösteter Stärke; in solcher Mischung oder auch rein wird sie häufig zum Verdicken der Beizen gebraucht.

Um eine Farbe mit Stärke zu kochen, rührt man diese in der Kälte mit der Flüssigkeit zusammen und steigert unter fortwährendem Umrühren die Temperatur; bei 100° wird die Farbe sehr dick, durch etwas längeres Kochen wird sie wieder dünner, und alsdann kann man sich ihrer bedienen. Das Hinzufügen starker Säuren ist möglichst zu vermeiden, indem diese die Stärke auflösen und in Dextrin verwandeln würden. Alkalische Farben verändern die Stärke in der Kälte und führen sie in Kleister über.

Zu den Handdruckfarben ist das Verhältniß der Stärke ungefähr 100 Gramm in 1 Liter Flüssigkeit, für die Walze 150 bis 200 Gramm.

Die Kartoffelstärke wird meist nur zur Appretur der Stoffe verwendet; denn sie verdickt die Farben sehr schlecht. Man kann sagen, daß es mit dem Stärkemehl aus Reis sich genau ebenso verhält.

In manchen Ländern benutzt man auch Sago, den man jedoch vorher mit Chlor gut bleichen muß.

Salep, Sago und Mehl sind Verdickungsmittel gleicher Art wie die Stärke. Das letztere unterscheidet sich von den andern durch die gleichzeitige Gegenwart von Kleber, welcher den Farben einen hohen Grad von Dicke giebt.

Dextrin (Stärkegummi).

Wir haben schon oben bei der Betrachtung der Stärke die allgemeinen Bedingungen angegeben, unter welchen sich das Dextrin bildet.

Reines Dextrin ist weiß, von fadem, etwas süßem Geschmack, in Wasser in allen Verhältnißen löslich und giebt mit diesem eine dicke, fadenziehende, klebrige Lösung. Es ist unlöslich in Alkohol, welcher es in Gestalt amorpher Flocken aus seiner wässrigen Lösung fällt, welches Verhalten ein gutes Mittel abgiebt, das Dextrin von dem Zucker, welcher sich bei der Bereitung gebildet hat, zu trennen, indem dieser in Alkohol löslich ist. Es lenkt die Polarisationsebene sehr bedeutend nach rechts ab (spezifisches Drehungsvermögen $138{,}68°$), woher es auch seinen Namen empfangen hat. Warme Salpetersäure verwandelt es in Oxalsäure, ohne gleichzeitige Bildung von Schleimsäure.

Die Lösungen des Dextrins werden durch basisches oder neutrales essigsaures Blei erst auf Zusatz von Ammoniak, gar nicht durch Eisensalze, wol aber durch Zinnchlorür gefällt.

Jod ist ohne Einwirkung auf Dextrin; aus diesem Grunde läßt sich auch bei der Darstellung desselben leicht der Punkt erkennen, wo alle Stärke in Dextrin übergeführt ist. Mit Kupferoxydlösung und Kaliumhydroxyd gekocht, scheidet es Kupferoxydul ab (Unterscheidung von den Gummiarten). Durch verdünnte Schwefelsäure oder Diastase wird es leicht in Traubenzucker übergeführt.

Das Dextrin dient als Nahrungsmittel und zum Befestigen von chirurgischen Bandagen. Die hauptsächlichste Verwendung findet es zur Appretur von Geweben und zur Verdickung von Druckfarben. Zu diesem Zwecke verwendet man verschiedene Sorten, deren Eigenschaften je nach der angewandten Darstellungsweise verschieden sind, weshalb sie nicht zu den gleichen Zwecken ohne Rücksicht auf diese Unterschiede gebraucht werden können.

1) **Geröstete Stärke**, bei einer Temperatur dargestellt, die 200° nicht übersteigen darf.

Trotz der Vervollkommnungen, welche man bei dem Röstprozeß eingeführt hat, besitzt das erhaltene Produkt stets noch eine gelblichbraune Farbe, und auch die Lösung ist dunkel gefärbt. Je nach den Zwecken, zu welchen es Verwendung finden soll, kann es übrigens mehr oder weniger geröstet werden und folglich auch eine größere oder geringere Menge von unveränderter Stärke enthalten. Sein Verdickungsvermögen ist um so schwächer, je vollkommener es geröstet wurde. Wenn die Umwandlung eine vollständige ist, so gebraucht man davon fünf bis sechs Mal so viel als von Stärke, um ein und dasselbe Volumen Flüssigkeit zu demselben Grade zu verdicken. Dieses Dextrin nähert sich dem Gummi am meisten; es dient hauptsächlich dazu, die Beizen beim Drucken von großen Massen zu verdicken. Es ist nicht nöthig, die Farben mit diesem Verdickungsmittel, welches größtentheils in der Kälte löslich ist, zu kochen. Wegen seiner Färbung kann man es nicht zu hellen Farben anwenden, weil es deren Reinheit beeinträchtigen würde. Es besitzt nicht gänzlich die Kohäsion des Gummi und wird hauptsächlich auf Walzen angewendet.

2) **Das Lelogomme oder geröstete Kartoffelstärke**[1]) nähert sich in seinen Eigenschaften sehr dem vorigen, ist aber mehr gummiartig; es kommt, wie jenes, mehr oder weniger geröstet in den Handel, aber meistentheils ist das stark geröstete vorzuziehen, weil dieses eine fast klare Lösung giebt. Wenn es nicht gefärbt wäre, so würde es das Gummi in den meisten Fällen ersetzen können. Man kann von ihm nur zu dunklen Farben Gebrauch machen, z. B. zu Dampffarben auf Wolle, wie Schwarz, Dunkelgelb, Braun; es ersetzt alsdann das Gummi, ohne ihm jedoch gänzlich gleichzukommen. Man bedient sich seiner zur Verdickung der Beizen. Das Lelogomme löst sich besser auf als die geröstete Stärke.

3) Unter den Namen **Dextrin, Gommelin, Gommeln, Lissotgummi, Lesèvregummi, einheimisches Gummi** u. s. w. findet man im Handel eine große Anzahl verschiedener Verdickungsmittel, welche aus Kartoffelstärkemehl dargestellt und bisweilen mit andern Verdickungsmitteln versetzt sind. Sie unterscheiden sich von dem Lelogomme und der gerösteten Stärke durch eine viel hellere Farbe und sind bisweilen farblos wie das Gommelin, oder schwach gelb gefärbt wie Dextrin. Diese Produkte werden nach dem einen

---

[1]) Dingler's polyt. Journ., LII, pag. 191; LXVII, pag. 49.

Verfahren mittelst Salpetersäure dargestellt, indem man Stärke mit soviel ¼ Prozent Salpetersäure enthaltendem Wasser versetzt, daß sie sich zusammenballt (1000 Th. Stärke, 2 Salpetersäure, 300 Wasser), und zuerst an der Luft, dann in Trockenstuben bei langsam steigender Temperatur trocknet, bis alles Wasser entwichen ist. Darauf wird die Masse fein gemahlen und einer noch höheren Temperatur ausgesetzt, bis jedwede Spur von Salpetersäure entwichen ist[1]); oder man bewirkt die Umwandlung durch Malz (Diastase[2])) oder verdünnte Schwefelsäure in ganz analoger Weise.

Diese Arten von Dextrin finden nur eine ziemlich beschränkte Anwendung bei der Darstellung einiger Farben (z. B. Dampfblau); denn sie haben die unangenehme Eigenschaft, leicht ein Fließen zu verursachen. Es ist ungemein schwierig, eine Benennung aller dieser Droguen und ihrer besonderen Anwendung aufzustellen. Oft verleiht eine anscheinend nur unbedeutende Abänderung in der Darstellungsweise oder in dem Verhältniß der Mischung ganz spezielle Eigenschaften, welche ihren Gebrauch dadurch, daß sie bestimmte Bedingungen erfüllen, in einem gegebenen Fall bestimmen und hierdurch eine gewisse praktische Wichtigkeit erhalten.

Alle Derivate der Weizen- und der Kartoffelstärke wirken reduzirend und verhindern eine Oxydation der Farben, und zwar das Leiogomme mehr als die geröstete Stärke. Die Farben mit Dextrin halten sich übrigens nicht so gut, wie die mit Gummi.

Die meiste Anwendung findet das Dextrin in der Appretur.

Eigentliche Gummiarten.

Man unterscheidet vier Hauptarten von Gummi:

1) Die löslichen Gummisorten (Gummi arabicum, Senegal und Salabreda).
2) Traganthgummi.
3) Bassoragummi.
4) Kirschbaumgummi.

Nur die beiden ersten finden als Verdickungsmittel Anwendung, und auf diese werden wir deßhalb auch unser Hauptaugenmerk richten.

---

[1]) Dingler's polyt. Journ., LXXIV, pag. 307; IC, pag. 295.
[2]) Ebend. XCVIII, pag. 434; CII, pag. 229.

Lösliche Gummiarten.

Die drei im Handel vorkommenden Varietäten sind: das arabische Gummi, Gummi Senegal und Gummi Salabreda.

Das Gummi arabicum und das Gummi Senegal sind hart, mehr oder weniger weiß oder röthlichgelb gefärbt und kommen in rundlichen, unregelmäßigen Stücken von verschiedener Größe vor, welche Glasglanz und muschligen Bruch haben. Das Gummi Senegal besteht gewöhnlich aus größeren Stücken und ist hygroskopischer und gefärbter als das Gummi arabicum; dieses hat so wenig Verwandtschaft zum Wasser, daß es bei vollkommener Trockenheit leicht bricht und seine Zerbrechlichkeit das am meisten in die Augen springende Merkmal bildet.

Das Gummi arabicum löst sich leichter in Wasser und giebt eine weniger saure Lösung, was es ganz besonders geeignet zur Verdickung heller Mordants und zarter Muster für den Walzendruck macht; aber seine Lösungen werden schneller durch basische Metallsalze coagulirt, wie die des Senegalgummis.

Fig. 7.

Das Salabredagummi, welches gewöhnlich von größerer Weiße ist und in der Form von gedrehten Bändern vorkommt, giebt anfänglich eine farblose Lösung, die sich indessen so schnell bräunt, daß es bisweilen in wenigen Stunden das Aussehen einer Lakritzensaftlösung erhält.

Die löslichen Gummiarten werden von verschiedenen Akazienarten (Fig. 7), welche in Arabien, Egypten und am Senegal wachsen, gewonnen. Die wichtigsten sind: Acacia nilotica, Acacia arabica Roxb., welche an den Ufern des Nils in Oberegypten einheimisch ist, aber auch in Abessynien, Arabien, Ostindien und auf Java vorkommt; sie wird 30 bis 40 Fuß hoch. Acacia Ehrenbergii, Acacia tortilis Forsk., Acacia Seyal in Arabien und Nubien und Acacia Senegal an den Ufern des Senegal.

Die Auflösung des arabischen Gummi in Wasser geschieht in allen Verhältnissen, wenn auch nur langsam, zumal wenn es nicht gepulvert ist. Die erhaltene Lösung ist dick, zäh, fadenziehend und durchsichtig. Die verschiedenen löslichen Gummiarten bestehen fast ausschließlich aus Arabin, gemischt mit einer kleinen Quantität eines organischen Kalksalzes, mit Chlorcalcium, Chlorkalium und essigsaurem Calcium.

Nach neueren Untersuchungen von Fremy wäre das Arabin eine Verbindung einer organischen Säure mit Calcium (2 bis 3 Prozent); er nennt diese Säure Gummisäure (acide gummique). Der Kalk kann nur mit Hilfe von energisch wirkenden Säuren, wie Schwefel- oder Oralsäure, ausgeschieden werden; die hierbei frei werdende Gummisäure geht dabei gewöhnlich in eine unlösliche Modifikation, die Metagummisäure, über. Letztere verwandelt sich übrigens unter dem gleichzeitigen Einfluß von Wärme und einer kleinen Menge Calcium-, Kalium- oder Natriumhydroxyd wieder in die lösliche Modifikation, die normale Gummisäure, deren Calciumverbindung das natürliche Arabin repräsentirt. Das Arabin wird aus seinen wässrigen Lösungen durch Alkohol niedergeschlagen; denn es ist in verdünntem Alkohol unlöslich.

Kochende Salpetersäure oxydirt das Gummi arabicum und verwandelt dasselbe in Oxalsäure, Weinsäure und Schleimsäure.

Die Gummilösungen lenken die Ebene des polarisirten Lichtes nach links ab; sich selbst überlassen, verändern sie sich nach längerer Zeit in Glukose, nehmen aber sehr schnell eine saure Reaktion an, ein Punkt, welchen man bei der Anwendung des Gummis zur Verdickung der Farben nicht außer Acht lassen darf.

Lange fortgesetztes Kochen mit verdünnten Mineralsäuren bewirkt ebenfalls eine Umwandlung in Zucker. Mit basisch essigsaurem Blei giebt die Gummilösung einen weißen Niederschlag, eine Verbindung von Gummi mit Bleioxyd; in einer mit Kupfervitriol versetzten Lösung entsteht durch Hinzufügen von Kaliumhydroxyd ein bläulicher Niederschlag, der beim Kochen nicht braun wird; wird aber Gummi mit Wasser in verschlossenen Gefäßen bis auf 150° erhitzt, so hat es die Eigenschaft erlangt, reduzirend zu wirken.

Anwendung. Das Senegalgummi ist ein vorzügliches Verdickungsmittel, hauptsächlich für Handdruck, der im Allgemeinen flüssigere Farben erfordert, die folglich mehr Zusammenhang haben müssen, als die zum Walzendruck. Zum Drucken auf Seide und Wolle werden große Mengen dieses Gummis verbraucht.

Eigentliche Gummiarten.

Beim Walzendruck giebt es feine Zeichnungen, welche nur mit Gummi hergestellt werden können. Seine Anwendung ist sehr bequem, indem man es pulverisirt ohne Weiteres den Farben hinzufügen kann. Es löst sich schon in der Kälte, besser unter dem Einfluß einer mäßigen Temperaturerhöhung.

Um die Farben zu schneiden[1]), bedient man sich des schon im Voraus dargestellten Gummiwassers, indem man ganzes Gummi mit 60° warmem oder kochendem Wasser anlöst, die Unreinigkeiten sich absetzen läßt und durchseiht. Die gewöhnlich angewendeten Mengen sind 700 bis 750 Gramm Gummi auf 1 Liter Wasser. Auch bereitet man sich Lösungen von einem Kilogramm Gummi im Liter Wasser, um es zu flüssigen Mischungen hinzuzusetzen, oder von 500 Gramm im Liter, um zu dicke Farben zu verdünnen.

Häufig fügt man Gummiwasser zu Albuminlösung; aber man beraubt hierdurch das Albumin eines Theiles seiner Wirksamkeit als plastisches Bindemittel.

Das Gummi vermischt sich schlecht mit anderen Verdickungsmitteln, den Pfeifenthon ausgenommen. Wegen seiner sauren Beschaffenheit eignet es sich nicht für alle Farben als Verdickungsmittel. Die Mordante zum Beispiel verlieren unter seinem Einfluß an Kraft, und bisweilen ziehen sie gar nicht an. Das Senegalgummi gestattet es besser als alle andern Substanzen, die Farben für die Fonds zu verdünnen; es äußert verschiedene Eigenschaften, je nachdem es direkt in einer Farbe aufgelöst oder in Lösungen angewendet wird, die schon im Voraus dargestellt sind. So z. B. giebt der Gebrauch von Gummiwasser auf wollenem Grunde Veranlassung zu Unannehmlichkeiten, welche nicht auftreten, wenn man es direkt in der Farbe auflöst. Diese Wirkung ist sicherlich eine Folge von der Schnelligkeit, mit welcher das Gummiwasser sauer wird. Hierbei möge noch die Beobachtung Platz finden, daß abgekochtes Gummiwasser nicht mehr in Gährung übergeht.

Die Pflanzensäuren, welche Kalklösungen fällen, bewirken in Gummiwasser sehr merkliche Niederschläge; man beobachtet dies, wenn derartige Säuren bei der Herstellung einer Farbe Verwendung finden.

---

[1]) Etendre, couper, rompere, rabattre, schneiden — heißt die Intensität einer Farbe durch Zusatz eines ungefärbten Verdickungsmittels verändern. So sagt man coupure oder Rabattion 2 von einer Farbe, welche nur aus einem Theil des ursprünglichen Farberezeptes und zwei Theilen eines Verdickungsmittels besteht, welches letztere sich nach dem schon in der Farbe selbst befindlichen Verdickungsmittel richtet.

Wenn man Gummi zu Stärkekleister bringt, so wird derselbe sofort weit flüssiger, und im Allgemeinen verdünnt ein jedes klebrige Verdickungsmittel die gelatinösen Verdickungsmittel, wenn man sie zu denselben hinzusetzt.

Gummi in Stücken kann nicht leicht durch andere billigere Substanzen verfälscht werden, welche Sicherheit bei gepulvertem nicht mehr vorhanden ist. Aus diesem Grunde ist es vorzuziehen, das Gummi in ersterer Form zu kaufen.

In Hinsicht auf die Brauchbarkeit des Gummi in der Praxis können innerhalb gewisser Grenzen Schwankungen eintreten, und es ist daher gut, dasselbe einigen Versuchen zu unterwerfen, bevor es zur Herstellung von Farben Verwendung findet.

Die nachfolgenden Details über die Untersuchung der Gummiarten sind den Arbeiten von Sacc[1]) und Schlumberger[2]) entnommen:

Salabreda- und Senegalgummi sind bisweilen mit anderen Sorten, welche in Wasser unlöslich sind, gemischt; sie schwellen alsdann bedeutend an, ohne eine klare Lösung zu geben; dies läßt sich sehr leicht erkennen, wenn man das Gummi in ganzen Stücken, nicht pulverförmig, in Wasser auflöst, weil alsdann der unlösliche Theil in Gestalt voluminöser, zusammengehäufter und gut sichtbarer Massen zurückbleibt.

Damit eine Gummiart zu allen Zwecken brauchbar sei, denen sie bei der Fabrikation gefärbter Gewebe dienen soll, ist es nothwendig: 1) daß sie den Glanz empfindlicher heller Farben nicht beeinträchtige und die Mordants nicht schwäche; 2) daß sie mit gewissen Farben nicht koagulirt; 3) daß sie so stark als möglich das Wasser, in welchem man sie löst, verdickt.

Um die Einwirkung des Gummis auf die Farbstoffe zu untersuchen, wählt man eine der zartesten und empfindlichsten Farben, z. B. Rosa aus Cochenille oder Fuchsin für Wolle. Man passirt die Farbenmischung durch ein Seidensieb, bruckt auf reine Wolle, dämpft und wäscht gut aus. Die erhaltene Farbe muß ein schönes Rosenroth ohne allen gelblichen Ton sein.

Die schwächende Wirkung, welche die verschiedenen Gummiarten auf die Stärke der Mordants ausüben, ist ungemein verschieden und läßt sich auf dieselbe von vornherein aus dem Säuregehalt des Gummi

---

[1]) Dingler's polyt. Journal, CXLVI, pag. 368.
[2]) Bulletins de la Société industr. de Mulhouse, XXVIII, pag. 107.

schließen; es ist klar, daß sie jene um so stärker angreifen werden, je saurer sie sind. Diese Wirkung, welche beim Gummi arabicum selten vorkommt, führt oft große Unannehmlichkeiten in der Fabrikation, ja sogar oft ein völliges Mißlingen der Farbe mit sich, wenn man saure Gummiarten zur Verdickung von Mordants für Hellrosa anwendet. Um die auflösende Kraft, welche durch das Gummi auf die Mordants ausgeübt wird, abzuschätzen, braucht man einen Mordant, welcher mit dem zu untersuchenden Gummi verdickt ist ($\frac{1}{16}$ Liter essigsaure Thonerde, aus 500 Gramm Alaun pro Liter Wasser bereitet, $\frac{1}{2}$ Liter Wasser und 250 Gramm pulverisirtes Gummi); man erhitzt das Ganze unter beständigem Umrühren und fährt damit fort bis zur vollständigen Erkaltung. Dieser Mordant wird dann aufgedruckt, das Zeug 12 Stunden an der Luft ausgespannt und darauf von dem nicht fixirten Mordant und dem Gummi befreit, mit Krapp gefärbt und geseift. Die mit dem Mordant bedruckten Stellen müssen ein hübsches lebhaftes Rosa besitzen, während saure Gummiarten fast nichts auf dem Gewebe zurücklassen.

Der Grad der Verdickung ist ein Punkt, welcher von großer Wichtigkeit ist; denn die Kosten vermehren sich um so mehr, je weniger das Gummi klebt.

Die Fabrik zu Wesserling verbrauchte in der Campagne von 1855 bis 1856 60,000 Kilogramm Gummi, welche einen Werth von 88,000 Francs repräsentiren. Dieses Gummi war von ausgezeichneter Qualität; wäre sein Verdickungsvermögen um ein Zehntel geringer gewesen, so hätte man 6000 Kilogramm mehr, also 66,000 Kilogramm verwenden müssen, folglich bei gleichem Preise des Gummis 8,800 Francs Mehrkosten gehabt.

Diesen Werth einer Gummiart mißt man mit dem Viskosimeter (Klebrigkeitsmesser). Der einfachste Apparat der Art besteht aus einem Trichter mit einer unten fein ausgezogenen Spitze. Man bringt die Gummilösung, welche stets in demselben Verhältnissen bereitet wird, dort hinein und notirt die Dauer des Ausflusses, die um so größer ist, je mehr der Gummi verdickt.

Ochs hat ein Viskosimeter angegeben, welches in Mühlhausen vielfach benutzt wird. Es besteht aus einem Zylinder von 9 Centimeter Höhe und 45 Millimeter Durchmesser, welcher an einem Ende durch eine, in der Mitte mit einem Loch von 4 Millimeter versehene Platte verschlossen ist; sieben oder acht Centimeter tiefer befindet sich ein Gewicht, welches durch zwei dünne Messingdrähte an dem Zylinder befestigt ist; dies hat nur den Zweck zu erfüllen, den Apparat senkrecht in der Flüssigkeit zu erhalten und ihn herabzuziehen, in dem Maße, als diese durch die Oeffnung der Bodenplatte eindringt. Je dünner nun eine mit der Gummilösung versetzte Farbe ist, um so rascher sinkt das Viskosimeter ein; je klebriger und dicker die Flüssigkeit, um so mehr Sekunden gebraucht es zum Einsinken.

Indem man sich für dieselben Farben und denselben Druck die Zahl der nothwendigen Sekunden notirt, gelangt man zu Resultaten von gewisser Beständigkeit.

In reinem Wasser gebraucht der Apparat ungefähr 12 Sekunden, um sich anzufüllen, in einer durch Gummi wenig verdickten Farbe 40 bis 60 Sekunden. Nach der Verschiedenheit des Gestechs ist es gut, wenn die Farbe 80 bis 200 Sekunden ungefähr gebraucht, um das Viskosimeter zu füllen. Man sieht daraus, daß eine hinreichend große Weite es erlaubt, auf praktische Weise die verschiedenen Gummilösungen zu untersuchen.

Zur Untersuchung löst man 250 Gramm Gummi in 500 Gramm Wasser auf. Hierbei darf nicht außer Acht gelassen werden, daß der Grad der Dicke einer Lösung und folglich auch die Klebrigkeit mit der umgebenden Temperatur schwankt. Die Untersuchungen müssen also stets in Vergleich mit einem typischen Gummi ausgeführt werden und bei einer konstanten mittleren Temperatur (15° C.).

Sacc schlägt einfach den Gebrauch des Aräometer vor; meiner Meinung nach dürfte ein derartiges genau gearbeitetes Instrument mindestens ebenso gute Resultate geben als der eben beschriebene Apparat, wenngleich von mehreren Seiten dem vorigen eine größere Genauigkeit zugeschrieben wird."

In neuester Zeit ist von Heilmann in Mühlhausen noch ein anderer Apparat angegeben worden: Das Viskosimeter besteht aus zwei vertikal nebeneinanderstehenden Glaszylindern; in jedes dieser beiden Gefäße, deren eines destillirtes Wasser, das andere die zu untersuchende Flüssigkeit enthält, können zwei Metallkugeln herabsinken, welche an Fäden, die über leicht bewegliche Rollen gehen, befestigt sind. Diese beiden Kugeln sind in Durchmesser und Schwere ganz gleich und theilweise durch sich gleiche Gegengewichte im Gleichgewicht, so daß also auf den in das Glas tauchenden Kugeln sich nur ein kleines Uebergewicht befindet. Ist die Dichtigkeit der Flüssigkeiten in den beiden Zylindern dieselbe, so werden beide Kugeln mit gleicher Geschwindigkeit untersinken. Wenn man nun an Stelle des Wassers in dem einen Zylinder eine Flüssigkeit von größerer Dichte, zu unsrem Zweck also eine Gummilösung, bringt, so wird die Kugel in diesem Gefäße um so langsamer sinken, je größer die Dichtigkeit ist; die Drehung der zu dieser Kugel gehörigen Rolle wird also eine bedeutend geringere sein. Eine passende Vorrichtung hält beide Kugeln zu gleicher Zeit auf, und zwar in dem Augenblick, wo die Kugel in dem Zylinder mit Wasser den Boden berührt. Es genügt alsdann, nur auf der Theilung, welche an dem Umfang der Rolle angebracht ist, nachzusehen, welchem Grade das gefundene Resultat entspricht.

Die Anwendung dieses Apparates würde augenscheinlich die Aufstellung von Tabellen erfordern, welche für jede Art der Verdickung das Verhältniß des aufgelösten Stoffes, einer bestimmten Eintheilung des Umfanges der Rolle entsprechend, angeben; außerdem aber dürfte auch der Faden durch die Gummilösung allmälig an Beweglichkeit abnehmen und zu ungenauen Resultaten Veranlassung geben.

Sämmtliche Methoden sind auch anwendbar, um den Werth der zahlreichen Dextrinarten zu bestimmen.

Das Traganthgummi.

Das Traganth kommt von einem 2 bis 3 Fuß hohen Strauche (Astragalus verus, Fig. 8), welcher in Klein-Asien, Armenien und dem nördlichen Persien, auch von Astragalus gummifer, welcher in

Fig. 8.

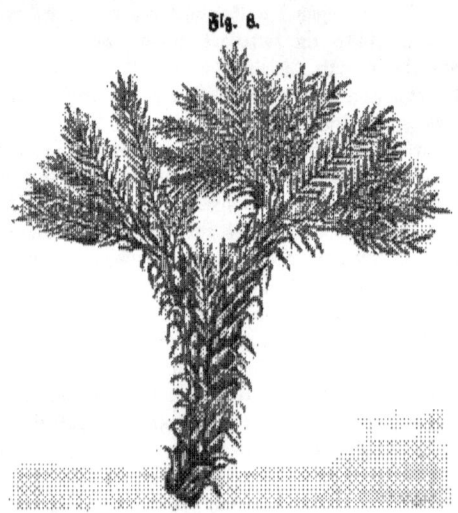

Syrien wächst. Es kommt im Handel vor in dünnen Fäden, gewundenen dünnen Streifen oder Blättern von blaßgelber Farbe, auch wol farblos, durchscheinend und ohne Geruch und Geschmack. Unter dem Einfluß des Wassers schwillt es beträchtlich auf und bildet einen zähen, sehr dicken Schleim, ohne sich jedoch vollkommen zu lösen. Es besteht aus ungefähr 50 Prozent löslichem Arabin, der Rest ist Bassorin oder unlösliche Metagummisäure oder wenigstens eine analoge Verbindung, welche im Stande ist, sich unter dem Einfluß der Wärme und der Alkalien zu lösen. Sehr lange fortgesetztes Kochen mit reinem Wasser genügt, um es löslich zu machen.

Bei der Anwendung des Traganthgummi als Verdickungsmittel begnügt man sich nicht damit, es anschwellen zu lassen; man läßt es 24 Stunden in der Kälte mit Wasser übergossen stehen und darauf 4 bis 6 Stunden kochen, bis die dicke Flüssigkeit gut homogen ist und gehörige Bindekraft besitzt.

Zu einem Liter Wasser gebraucht man 60 bis 100 Gramm Traganthgummi. Die Lösung ist dick und fast farblos, allein sie hat nicht viel Kohäsion, auch kann sie in den meisten Fällen nicht statt des Gummiwassers verwendet werden. Mit vielem Vortheil hingegen kann man sich derselben zur Mischung mit Albumin bedienen; die Farbentöne werden weniger dunkel als wie mit Senegalgummi, auch schäumt die Farbe weniger. Zu Dampf- oder Applikationsfarben verwendet, giebt es dem Druck mehr Festigkeit; die Farben fallen weniger leicht beim Waschen ab, bei gewissen Arten kann man sogar das Waschen gänzlich unterlassen.

Eine Mischung von Traganthgummi und Albumin ist zum Walzendruck anwendbar. Traganthwasser mischt sich gut mit Eiweiß; für diesen Zweck ist es vortheilhaft, die schwache Säure, welche es enthält, mit Ammoniak zu neutralisiren. Mit Senegalgummi vermischt, wendet man es zur abschattirten Farbenstellung, dem sogenannten fondu, an.

Anstatt das Traganthgummi bei gewöhnlichem Luftdruck zu kochen, kann man auch in verschlossenen Gefäßen einen Druck von 4 bis 5 Atmosphären anwenden. Nach Verlauf einer Viertelstunde gelangt man zu dem gewünschten Resultat. Diese Beobachtung gilt auch für die Bereitung von Stärkekleister.

Zur Untersuchung des Traganthgummi nimmt man 18 Gramm auf ¼ Liter Wasser, läßt kochen und vergleicht die Dicke des Schleimes mit dem einer Lösung von gleichem Gehalt von einer mustergiltigen Sorte.

Leinsamen, die Kerne der Quitten, des Johannisbrods (Ceratonia Siliqua) und anderer Früchte liefern auch einen dicken Schleim, wenn man sie mit heißem Wasser behandelt, es ist jedoch keine wirkliche Lösung, sondern nur das Resultat eines beträchtlichen Aufquellens verschiedener organischer Verbindungen. In der Zusammensetzung nähern sich diese Schleime, welche man bisweilen zur Verdickung der Farben anwendet, den Gummiarten.

In neuerer Zeit ist eine an den Nordsee- und atlantischen Küsten wachsende Alge, Perlmoos oder Caragheenmoos (Sphaerococcus crispus) zu technischen Zwecken empfohlen worden. Dieselbe enthält 79 Prozent einer schleimigen Substanz, welche schon von kaltem Wasser ausgezogen wird; die Abkochung erstarrt beim Erkalten zu einer Gallerte. Dieses, so wie ähnliche Produkte aus verschiedenen Flechten finden indeß nur sehr beschränkte Anwendung.

Camille Koechlin giebt zu diesem Kapitel über die Verdickungsmittel noch folgende Notizen:

Es ist sehr schwierig, das Verhältniß der Verdickungsmittel, welches für die Herstellung der Farben nothwendig ist, festzustellen, indem es sich nicht allein nach der größeren oder geringeren natürlichen Klebrigkeit der Lösungen und ihrer Dichtigkeit richtet, sondern auch nach der chemischen Einwirkung dieser Lösungen auf die Verdickungsmittel. Wenn also 125 bis 160 Gramm Stärke zu indifferenten oder durch das Kochen sauer gewordenen Lösungen nöthig wären, so gebrauchte man die Hälfte weniger, wenn es sich um koagulirende Salze handelte, z. B. konzentrirte Lösungen der Sesquioxyde, oder auch wenn die Lösung kaustisch war (Soda u. s. w.).

200 bis 300 Gramm Gummi sind häufig mehr als genügend, wenn es sich um Lösungen von Sesquioxyden (welche im Allgemeinen die Klasse der Mordants ausmachen) handelt, während man die doppelte Quantität für die normalen Fälle der indifferenten Auflösungen (Monoxyde) bedarf.

Ein Salz koagulirt um so mehr, je basischer es ist. Die Salze der Sesquioxyde koaguliren, die der Monoxyde nicht. Man muß im Allgemeinen die Koagulation, in welchem Grade es auch sein mag, vermeiden und nicht als eine Ersparniß betrachten, und zwar in Rücksicht auf ihren Einfluß, ein geringeres Eindringen in die Poren des Gewebes zu gestatten.

Die Verdickungsmittel vernichten, wie sich dies schon durch die Analogie ihrer Zusammensetzung mit der Cellulose ergiebt, einen großen Theil der für das Gewebe bestimmten Verbindung; man könnte sogar sagen, daß sie zuerst gefärbt und gesättigt werden. Man wird also die Farbe weit dunkler oder weit intensiver erhalten, oder um so viel mehr auf dem Gewebe firiren, je weniger Verdickungsmaterial man in die Farbe hineinzubringen vermocht hat.

Unglücklicherweise bewirken die stärksten Verdickungsmittel, wie Traganth und Stärke, vermöge ihrer gelatinösen Beschaffenheit, keinen so guten Druck als die klebrigen und flüssigen Verdickungsmittel, wie beispielsweise die natürlichen und künstlichen Gummiarten.

In Hinsicht auf diesen, dem Gewichte nach geringeren Verbrauch an Verdickungsmitteln kann man eine sehr sonderbare Anomalie anführen: Das Gummi, von dem man dem Gewichte nach ein Drittel bis ein Viertel weniger gebraucht als von gerösteter Stärke, Lelogomme oder Dextrin, und welches aus diesem Grunde, abgesehen von der reduzirenden Kraft, welche ihm fehlt, schon um so intensivere Farbtöne giebt, verhält sich ganz anders gegen essigsaure Mordants. Von essigsaurem Eisen erhält man mit Gummi blassere Farben als mit gerösteter Stärke oder Dextrin. Diese Einwirkung indessen, welche Einige der Säure des Gummi zuschreiben, scheint nur durch hygroskopische Wirkung zu entstehen; denn auf Zusatz von Glycerin oder Salmiak zu der gummirten Farbe zeigt sich das Gummi wieder in seinem vollen überwiegenden Werth.

Die mit Gummi versetzten Mordants imprägniren die todte Baumwolle viel besser, als die mit andern Verdickungsmitteln hergestellten, d. h. die todte Baumwolle ist unter dem Gummi gar nicht oder doch nur wenig bemerkbar.

Uebrigens sind die Mordants von einem bestimmten Konzentrationsgrad an nicht mehr für die todte Baumwolle empfindlich.

Drittes Kapitel.

Fasern thierischen Ursprungs. Verdickungsmittel thierischen Ursprungs.

Die Eintheilung der Fasern nach ihrem Ursprung ist insofern von praktischer Wichtigkeit, als sie sich auf einen durchgreifenden Unterschied der chemischen Zusammensetzung und der chemischen Eigenschaften stützt.

Wir finden in der Wolle und in der Seide, diesen beiden animalischen Produkten, eine analoge Verwandtschaft, wie zwischen dem Hanf, dem Flachs und der Baumwolle. Während sich letztere den Kohlenhydraten anschließen, gehören Wolle und Seide der Klasse der eiweißartigen Körper an, welche durch ihren beständigen Gehalt an Stickstoff und bisweilen auch an Schwefel charakterisirt sind.

Wir wollen deshalb zunächst die allgemeinen Eigenschaften der Körper dieser Gruppe studiren und alsdann auf das übergehen, was sich speziell auf die beiden alleinigen faserigen Substanzen des Thierreichs bezieht, die in der Industrie Verwendung finden.

Die Analogie führt uns hier auf die Betrachtung des Albumins, des Caseïns, des Klebers, des Fibrins und der Gelatine, Körper, welche bei der Fixirung und der Darstellung der Zeugdruckfarben eine wichtige Rolle spielen.

Eiweißartige Stoffe.

Die eiweißartigen Stoffe bilden eine natürliche Gruppe organischer Verbindungen, welche in ihrer Zusammensetzung, ihren physikalisch-chemischen Eigenschaften und ihrem physiologischen Wesen dem Albumin sehr nahe stehen.

Alle stickstoffhaltigen Körper des thierischen Organismus gehören zu dieser Gruppe oder leiten sich durch mehr oder minder tiefe Veränderungen davon ab. In den Pflanzen sind sie von untergeordneter Wichtigkeit, wenn man nur ihre Menge berücksichtigt; aber die Erfahrung lehrt, daß sie auch zu ihrer Entwicklung als unumgängliche Bestandtheile nöthig sind.

Die Zahl der eiweißartigen Stoffe ist sehr beträchtlich, wenn man alle die Arten annimmt, welche von den verschiedenen Forschern, die sich mit diesem Gegenstande beschäftigt haben, aufgestellt wurden; indessen sind die beobachteten Unterschiede oft so gering und so wenig genau begrenzt, daß es schwierig ist, selbst nach einem gründlichen Studium sich von der Wirklichkeit dieser Eintheilung zu überzeugen. Wir werden deshalb nur die Arten anführen, welche ein Interesse für die Fragen darbieten, die wir im Auge haben, nämlich: das Albumin, das Fibrin (thierisches und vegetabilisches, oder Kleber), das Caseïn und das Plastase der gekeimten Gerste.

Die andern plastischen Substanzen des thierischen Organismus, wie die Erzeugnisse der Haut (Wolle), das Fibroïn der Seide, die

Gelatine und die leimgebenden Gewebe nähern sich den eigentlichen eiweißartigen Körpern, unterscheiden sich indessen hinreichend von diesen, so daß es nützlich ist, daraus abgesonderte Gruppen zu bilden.

Die nachfolgende Tabelle giebt eine vergleichende Zusammenstellung dieser Körper, von denen viele, wie wir sehen werden, nur molekulare Modifikationen der andern darstellen:

Bestandtheile.	Albumin, Fibrin, Caseïn.	Erzeugnisse der Haut.	Leimgebende Gewebe.	Fibroin.
Kohlenstoff	53,5	50,6	49,38	50,5
Wasserstoff	7,1	7,0	6,51	7,0
Stickstoff	15,8	17,5	17,8	18,0
Sauerstoff	19,8	22,6	26,5	24,5
Schwefel	1,8	2,5	—	—

Die eiweißartigen Stoffe sind im Allgemeinen fest und unkrystallisirbar; man hat indessen eine Krystallisation des Proteïnstoffes der Blattkügelchen beobachtet. Sie sind bald in Wasser löslich, bald unlöslich, sehr häufig ist jedoch ihre Löslichkeit nur eine anscheinende und hängt einzig und allein von den Alkalien, Mineralsalzen oder Säuren ab, welche sich darin als wesentliche oder unwesentliche Bestandtheile vorfinden. Einige erleiden unter dem Einfluß feuchter Wärme, der Mineralsäuren, der Metallsalze und gewisser organischer Verbindungen eine allotropische Modifikation, welche sie aus dem löslichen in den unlöslichen Zustand überführt.

Alkohol, Aether und im Allgemeinen flüchtige und neutrale organische Flüssigkeiten lösen sie nicht.

Bei hinreichend erhöhter Temperatur zerlegen sich die Verbindungen dieser Klasse, indem sie schmelzen und sich aufblähen. Die Producte ihrer trocknen Destillation sind sehr zahlreich. Der Schwefel verflüchtigt sich entweder als Schwefelwasserstoff in Gasform oder in Verbindung mit Ammoniak. Der Stickstoff nimmt die Form von Ammoniak oder zusammengesetzter Verbindungen vom Typus Ammoniak an, wie Anilin, Pikolin, Poridin, Toluidin, Porrol, Methylamin, Propylamin, Tetrylamin; ein Theil des Stickstoffs bleibt, mit dem Kohlenstoff verbunden, als stickstoffhaltige Kohle zurück, welche man früher zur Fabrikation von Cyanverbindungen benutzte. Zu gleicher Zeit entweichen Wasser, Kohlenwasserstoffe, Kohlensäure und andere sauerstoffhaltige Produkte.

Die eiweißartigen Substanzen lösen sich mehr oder weniger leicht in kaustischen Alkalien; Säuren fällen daraus gewöhnlich die veränderte organische Substanz, indem sich ein Theil des Schwefels in Schwefelsäure oder unterschweflige Säure umändert. Mit konzentrirten kaustischen Alkalien erhitzt, geben sie Ammoniak und verschiedene organische alkalische Verbindungen, ferner Kohlensäure, Ameisensäure, Leucin, Tyrosin. Beim Schmelzen damit erhält man auch noch Cyanalkalien. Die Proteïnstoffe können sich ohne Unterschied mit Säuren und Alkalien vereinigen; sie bilden mit den ersteren Verbindungen, welche in säurehaltigem Wasser unlöslich, in reinem Wasser jedoch löslich sind.

Konzentrirte Essigsäure und andere organische Säuren, sowie die trihydrische Phosphorsäure lösen sie auf; die Lösung wird durch gelbes Blutlaugensalz gefällt, was nicht bei der Gelatine und den leimgebenden Geweben stattfindet.

Konzentrirte heiße Chlorwasserstoffsäure löst die Stoffe auf, indem sie eine purpurblaue Farbe annimmt. Salpetersäure färbt sie intensiv gelb, welche Färbung unter dem Einfluß des Ammoniaks und der Alkalien in Orange übergeht. Man benutzt diese Reaktion, um wollene oder seidene Gewebe ächt gelb oder orange, sowie um Federn gelb zu färben. Die Farbe rührt von der Bildung einer unlöslichen Nitrosäure, der Xanthoproteïnsäure her; eine Lösung von Quecksilber in Salpetersäure (1 Theil Quecksilber, 2 Theile Salpetersäure von 36° B.) färbt in der Hitze die eiweißartigen Stoffe intensiv roth; mit Jod werden sie braun.

Energisch wirkende oxydirende Stoffe, wie Chromsäure, Uebermangansäure, ein Gemisch von Braunstein oder bichromsaurem Kalium und Schwefelsäure greifen sie sehr stark an; man erhält homologe Säuren aus der Reihe der Fettsäuren ($C_n H_{2n} O_2$) von der Ameisensäure bis zur Kaproylsäure, ebenso die entsprechenden Aldehyde, Benzoësäure und den Aldehyd davon (Bittermandelöl), Cyanwasserstoffsäure und Cyanverbindungen von Methyl, Aethyl u. s. w.

Ozon wirkt ebenfalls auf eine Anzahl von ihnen ein. In feuchtem Zustand der Berührung der Luft ausgesetzt, erleiden die eiweißartigen Stoffe bei mäßig erhöhter Temperatur eine langsame Zersetzung, welche von einer Entwicklung übelriechender Gase begleitet ist. Diese Erscheinung ist unter dem Namen Fäulniß bekannt; nach den Arbeiten von Pasteur[1]), welche die früheren Untersuchungen anderer Gelehrten

---

[1]) Pasteur, Mémoires sur la putréfaction. Comptes rendus de l'Académie des sciences, t. LVI, pag. 1189, 1843.

bestätigt haben, wird sie durch Bildung von Infusorien und Pilzen, deren Keime durch die Luft herbeigebracht sind, hervorgerufen. Die Gährungsthierchen bewirken in Folge ihrer physiologischen Thätigkeit die Zersetzung der Proteïnstoffe.

Kälte, Abwesenheit des Wassers, gänzlicher Abschluß der Luft nach vorhergegangener Zerstörung der Keime, endlich das Vorhandensein einiger sogenannter antiseptischer (fäulnißwidriger) Substanzen, wie Kupfer- und Quecksilbersalze, Tannin, Phenylsäure, schwefligsaure Salze sind die Bedingungen, welche der Fäulniß entgegenwirken.

Die Erzeugnisse der Oberhaut, Seide und die leimgebenden Gewebe leisten je nach ihrem Aggregationszustand der Fäulniß mit größerer oder geringerer Energie Widerstand; die Gelatine hingegen ist sehr zur Fäulniß geneigt.

Die chemische Konstitution der eiweißartigen Körper ist ungemein schwierig zu bestimmen, sie sind trotz der vielen Arbeiten, die wir darüber haben, erst sehr wenig bekannt und können auch nicht durch eine rationelle Formel dargestellt werden. Nach Hunt würden sie Verbindungen von Kohlenhydraten (Cellulose, Zucker u. s. w.) mit Ammoniak, weniger der Elemente des Wassers sein.

Dusart, Schoonbrodt, Thénard, Schützenberger, Guignet[1]) haben stickstoffhaltige Verbindungen dargestellt, welche sich zufolge ihrer Charaktere den stickstoffhaltigen Verbindungen des thierischen Organismus nähern, indem sie nämlich kaustisches Ammoniak auf Zucker oder Cellulose bei erhöhter Temperatur (150° während mehrerer Stunden) einwirken ließen. Diese Versuche bestätigen bis zu einem gewissen Punkte die Annahme von Hunt.

Die Bildungen der Epidermis, die Seide und die leimgebenden Gewebe verhalten sich in allen den Reaktionen, welche auf das organische Molekül einwirken (Wirkung der Wärme, der Alkalien, oxydirender Körper, der Salzsäure, Salpetersäure und des salpetersauren Quecksilbers) wie die Albuminkörper.

---

[1]) Schoonbrodt, Sur la transformation du sucre en substances albuminoïdes. Comptes rendus de l'Académie des sciences, t. L, pag. 856. — Schützenberger, De l'action de l'ammoniaque caustique sur certaines matières organiques. Bulletins de la Société chimique, 1861, pag. 16. — Thénard, Considérations sur la formation des certaines matières azotées. Comptes rendus de l'Académie, t. LII, pag. 444, 1861. — Dusart, Sur la question relative au mode de formation de certaines matières azotées. Comptes rendus de l'Académie, t. LII, pag. 974, 1861. — Guignet, Action de l'ammoniaque sur la poudre-coton. Comptes rendus de l'Académie des sciences, t. LVI, pag. 353, 1863.

Das Albumin.

Das Albumin ist eine Verbindung, die sich sowol im thierischen wie im pflanzlichen Organismus vorfindet. Im Thierkörper findet es sich im normalen und löslichen Zustande in dem Blutwasser, in serösen Theile des Cholus, in verschiedenen andern serösen Theilen, Gehirn, Nerven, Muskeln u. s. w.; die Eier der Vögel, der Reptilien, der Fische und hauptsächlich das Eiweiß enthalten große Quantitäten davon. In allen diesen Flüssigkeiten ist es mit einer mehr oder minder großen Menge von Alkalien verbunden, namentlich mit Natrium.

Das sogenannte Pflanzeneiweiß unterscheidet sich nicht von dem des thierischen Organismus; es findet sich in fast allen Pflanzensäften, in einer Menge von Samen (Cerealien, Leguminosen, Kernen der ölgebenden Früchte) und hauptsächlich in dem Safte der milchführenden Gefäße, welche oft so viel davon enthalten, daß man seine Gegenwart durch die Einwirkung der Wärme leicht erkennen kann. Die eiweißhaltigen Pflanzensäfte zeigen eine saure Reaktion (Dumas).

Das Albumin ist in dem Zustande, wie es die organisirten Wesen hervorbringen, in Wasser löslich; aber es ist fähig, unter dem Einfluß der Wärme und in Gegenwart von Wasser eine molekulare Umwandlung zu erleiden, indem es ohne merkliche Veränderung in der Zusammensetzung aus dem löslichen in den vollständig unlöslichen Zustand übergeht: es gerinnt. Dieses Gerinnen erfolgt sowol im lufterfüllten wie im luftleeren Raum, indem sich höchstens eine Spur Schwefelwasserstoffgas entwickelt; auch durch galvanische Elektrizität gerinnt das Eiweiß. Die Koagulation ist das wichtigste Kennzeichen des Albumins. Bei einer vollständig reinen Albuminlösung (welche von den Salzen und dem Alkali, die es im natürlichen Zustande begleiten, befreit ist), zeigt sich dieses schon bei $59{,}5°$ durch eine leichte Trübung, welche sich bei 61 bis 63° vermehrt, wo schon Flockenbildung eintritt; bei 75° erfolgt gänzliche Abscheidung. Das Auftreten dieser Reaktion und die Temperatur, bei welcher sie sich zeigt, schwankt mit der Natur und den Verhältnissen der fremden Stoffe (Salze, Alkalien, Säuren), welche mit der Flüssigkeit vermischt sind.

Die natürlichen Lösungen des thierischen Albumins (Eiweiß, Serum) enthalten ungefähr $1{,}8$ Natrium auf 100 Albumin; sie koaguliren nicht in Flocken, sondern verwandeln sich in eine gelatinöse Masse, welche schwer zu filtriren ist. Die Fällung ist nur eine unvollkommne, indem ein Theil der stickstoffhaltigen Substanz vermittelst des Alkalis in Lösung bleibt. Dieser nicht koagulirte Theil Eiweiß vergrößert sich mit der Zunahme an Alkali bis zu einem Punkte, wo durch Kochen gar keine Wirkung mehr hervorgebracht wird. Eine konzentrirte Lösung von kaustischer Kali- oder Natronlauge fällt aus Albuminwasser eine gelatinöse Masse, welche in kaltem Wasser unlöslich ist und durch Auswaschen von dem Ueberschuß an Alkali befreit werden kann. Der Rückstand löst sich in kochendem Wasser auf, und Säuren, selbst Pflanzensäuren, fällen durch Neutralisation des Alkalis aus dieser Lösung koagulirtes Eiweiß.

Ebenso verhindern überschüssig zugesetzte kohlensaure Alkalien die Koagulation. Baryt, Strontian und Kalk geben mit dem Albumin unlösliche Verbindungen, welche nach dem Trocknen sehr hart werden. Das Albumin spielt demnach die Rolle einer schwachen Säure; Gerhardt betrachtet sie als zweibasisch, und in der That bildet sie zwei Verbindungen mit den Alkalimetallen.

Das Eiweiß und das Serum enthalten ein saures Albumin, während die durch einen Ueberschuß von Kaliumhydroxyd gebildete koagulirte Masse das neutrale Salz vorstellt. Lassaigne hat selbst die Existenz von Doppelsalzen nachgewiesen, z. B. Natriumkupferalbuminat.

Die Mehrzahl der Mineralsäuren (Schwefelsäure, Chlorwasserstoffsäure, Metaphosphorsäure und hauptsächlich Salpetersäure) bewirken schon in der Kälte den Uebergang in die unlösliche Modifikation; die Pyrophosphorsäure und die gewöhnliche dreibasische Phosphorsäure sind, ebenso wie die Pflanzensäuren, ohne Einwirkung.

Der Zusatz von Alkalisalzen zu einer Albuminlösung ist in der Kälte ohne Wirkung; allein er erniedrigt den Punkt, wo die Koagulation eintritt, um so mehr, je größer die zugefügte Menge ist.

Gelbes Blutlaugensalz fällt kalte Lösungen von Albumin unmittelbar, wenn es eine kleine Menge von Essigsäure enthält. Der Niederschlag löst sich in einer größeren Menge von Essigsäure wieder auf; wenn man jedoch die Lösung erhitzt, so erhält man eine koagulirte Masse, welche eine Quantität Blutlaugensalz einschließt, die der angewendeten Menge Albumin fast proportional ist.

Doppeltchromsaures Kalium fällt das Albumin bei Gegenwart von Pflanzensäuren; Jodkalium ebenfalls.

Viele Metallsalze (schwefelsaures Kupfer, Quecksilbersublimat, salpetersaures Blei, salpetersaures Silber und Alaun) fällen die Lösungen von Albumin oder Alkalialbuminat. Der Niederschlag ist bisweilen im Ueberschuß der Fällungsmittel löslich; er enthält Albumin in Verbindung mit den reinen Oxyden oder einem basischen Salz.

Succesives Zusetzen von immer größeren Quantitäten Alkohol drückt fortwährend den Punkt, wo die Koagulation durch die Wärme eintritt, herab, bis zu dem Augenblick, wo die Fällung in der Kälte erfolgt. Wenn der Alkohol sehr stark ist und im Ueberschuß zugesetzt wird, geht das Albumin sofort in den unlöslichen Zustand über.

Tannin, Anilin, Kreosot, Phenylsäure (Phenylalkohol) koaguliren ebenfalls das Albumin.

Das koagulirte Albumin ist weiß, undurchsichtig und elastisch und röthet das Lackmuspapier; nach dem Trocknen ist es gelb und spröde, aber fähig Wasser zu absorbiren und aufzuschwellen.

In kaltem Wasser ist es unlöslich, durch fortgesetztes Kochen indessen bei Luftzutritt, wird es flüssig, wobei es jedoch eine Veränderung erleidet; überhitztes Wasser löst es ebenfalls. Die Flüssigkeit wird durch die Wärme nicht koagulirt. Bei gelinder Wärme mit kohlensaurem Natrium digerirt, verbindet sich das koagulirte Eiweiß unter Austreibung der Kohlensäure mit dem Natrium. Wäscht man die Masse nach einiger Zeit auf dem Filter anhaltend aus, so findet man sie indifferent gegen Lackmuspapier; sie enthält dann eine ziemlich beträchtliche Menge Alkali, was man leicht erkennen kann, wenn man das erhaltene Produkt auf einem Platinblech einäschert.

Das koagulirte Eiweiß besitzt in hohem Grade die Eigenschaft, sich mit gewissen löslichen Färbemitteln, wie Fuchsin, Anilinviolet, Purpuramid u. s. w., chemisch zu verbinden; es bildet mit ihnen wahrhafte organische Lacke. In dieser Hinsicht steht es der Wolle nicht nach, mit welcher es auch in Rücksicht auf das Färben große Uebereinstimmung zeigt.

Nach den Untersuchungen von Schützenberger kann man das koagulirte Albumin in lösliches Albumin, welches durch Hitze koagulirbar ist, wieder überführen.

Nach Lieberkühn stellt man das koagulirte Albumin auf folgende Weise dar. Man verdünnt Eiweiß mit seinem gleichen Volumen Wasser, filtrirt, dampft die Lösung bei 40° zum ursprünglichen Volumen ab und versetzt sie mit Kalilauge. Die sich nach kurzer Zeit bildende gelbe Masse zertheilt man und wäscht so lange unter möglichstem Luftabschluß, bis das Waschwasser nicht mehr alkalisch reagirt; hierauf löst man sie in siedendem Wasser oder Alkohol und fällt die Lösung mit Phosphorsäure. Der gewaschene Niederschlag ist reines Albumin. Das auf diese Weise koagulirte Albumin wurde in möglichst wenig Kalilauge gelöst und Essigsäure im Ueberschuß hinzugefügt, um den anfangs gebildeten Niederschlag wieder aufzulösen. Darauf wurde die Lösung der Dialyse mit Pergamentpapier unterworfen. Die Diffusion war bald hergestellt, und als das äußere Wasser, welches häufig ersetzt wurde, ebenso wie die innere Flüssigkeit keine saure Reaktion mehr zeigte, untersuchte man den Inhalt des Dialysators. Die Lösung zeigte eine ganz schwache Opalisirung und koagulirte unter dem Einfluß der Wärme in großen, weißen, unlöslichen Flocken; ebenso wirkten Salpetersäure und andere Mineralsäuren. Trotz dieser augenscheinlichen Analogie mit den Lösungen des natürlichen Albumins zeigt es doch merkliche Verschiedenheiten. So genügt eine sehr kleine Menge von Alkali oder einem neutralen Salze, um es zu koaguliren. Die letztere Reaktion tritt auch ein, aber in einer weniger ausgeprägten Weise, beim filtrirten Eiweiß, wenn es mit Essigsäure angesäuert, aber ohne vorherige Koagulation der Dialyse unterworfen wird[1]).

Die ergiebigsten Quellen für das lösliche Albumin sind das Eiweiß der Vögel, hauptsächlich der Hühner und Enten, sowie auch das Serum des Blutes. Leuchs (Sohn) hat im Jahre 1860 den Rogen und den Laich der Fische und Frösche als eine reichliche Quelle für verläufliches Albumin vorgeschlagen[2]).

In dem Serum und in dem Eiweiß ist das Albumin in Verbindung mit Natrium und in Gemeinschaft mit verschiedenen Salzen (Chloralkalien und phosphorsaure Salze) in Auflösung. Die Flüssig-

---

[1]) Schützenberger, Note sur la transformation de l'albumine et de la caséine coagulées en une albumine soluble et coagulable par la chaleur. — Comptes rendus de l'Acad. des sciences, t. LVIII, pag. 86, 1864.

[2]) Leuchs, Mémoire sur une substance propre à remplacer de l'albumine des œufs dans l'impression sur étoffes. Bullet. de la société industr. de Mulhouse, t. XXX, pag. 306, 1860. — Polyt. Centralblatt, 1861, pag. 286. — Rapport fait par M. Dollfus sur ce mémoire. Bulletin de la Société, XXX, pag. 301. Répertoire de chimie appliquée, t. II, pag. 268.

Dollfus giebt in dieser Abhandlung an, daß das Fischrogeneiweiß oft bis 50 Prozent Fett und Unreinigkeiten enthalte. Leuchs veröffentlicht hierzu eine Berichtigung (Wagner, Jahresberichte der chemischen Technologie, Bd. VII, pag. 595, 1861). Das Albumin aus Fischrogen könne schon deshalb nicht 50 Prozent fremde Stoffe enthalten, weil der Fischrogen überhaupt nur 2 bis 3 Prozent Fett und 12 bis 15 Prozent Haut enthält, letztere aber beim Auspressen zurückbleiben und das Fett sich in der Ruhe vom Eiweiß trennt, so daß es alsdann leicht abzuschöpfen ist. Der Irrthum von Dollfus entstand daher, daß Kaviar verwendete, welcher bei der Bereitung mit heißem Wasser überbrüht wird, wodurch ein Theil des Albumins gerinnt, und welchem ferner fettes Oel in ziemlicher Menge, so wie Kochsalz zugesetzt wird. Daher rühren die angeblichen 50 Prozent Unreinigkeiten.

seit in dem Eiweiß ist in einem sehr lockern Zellgewebe eingeschlossen, welches man durch Schlagen mit Wasser und Filtriren trennen kann.

Das förderlichste Verfahren zur Ausscheidung der Salze ist die Dialyse[1]). Zu diesem Zweck wird die Eiweißlösung mit einem geringen Ueberschuß von Essigsäure versetzt und in einen weiten und wenig tiefen Glaszylinder gebracht, dessen Boden durch ein Blatt Pergamentpapier gebildet wird. Die Flüssigkeitssäule darf übrigens nicht 12 Millimeter Dicke überschreiten.

Der untere Theil des Zylinders reicht in ein Gefäß, welches eine hinreichende Menge Wasser enthält; in dieses ist er so weit eingetaucht, daß das äußere Niveau der Flüssigkeit um 1 bis 2 Millimeter das innere übersteigt; er ruht auf kleinen Stützen von Porzellan oder Glas oder schwimmt, wenn die Wände von Guttapercha sind, frei in der Flüssigkeit.

Unter diesen Bedingungen gehen die Salze und im Allgemeinen die Krystalloide (auflösliche Substanzen, welche fähig sind zu krystallisiren) nach und nach durch die Membran und vermischen sich mit dem äußeren Wasser, während das kolloide und nicht krystallisirbare Albumin im Dialysator bleibt. Dampft man letzteres vorsichtig ab, so erhält man ein festes Produkt in gelblichen Blättern, welche vollständig in Wasser löslich sind und ohne Rückstand von Asche verbrennen.

Wurtz hat schon vor längerer Zeit ein Mittel zur Gewinnung von chemisch reinem Albumin vorgeschlagen[2]). In diesem Zweck wird Eiweiß mit Wasser tüchtig geschlagen und filtrirt, das Filtrat wird durch basisch essigsaures Blei gefällt und der Niederschlag nach dem Auswaschen durch Kohlensäure zersetzt.

In der Praxis schaden die natürlichen Salze im Serum und im Eiweiß nicht, und man hat kein Interesse, sie fortzuschaffen.

Ein Fabrikant in Mühlhausen hat die nachfolgende Anweisung zur fabrikmäßigen Darstellung des Albumins aus den Eiern veröffentlicht[3]):

„Man zerschlägt die Eier und sondert mit möglichster Vorsicht das Weiße vom Gelben. Im Winter und im Frühling, wenn die Eier frisch sind und die Temperatur nicht hoch ist, ist es gut, vor dem Eintrocknen das Eiweiß, je nach der Temperatur 2 bis 6 Tage lang,

---

[1]) Graham loco citato, l. c.

[2]) Wurtz, Comptes rendus de l'académie des sciences, t. XVIII, pag. 700, 1844. Ann. de Chimie et de Physique [3], t. XII. pag. 217.

[3]) Dessiccation du blanc d'oeuf. Répertoire de chimie appliquée, t. II, pag. 269, 1860. ° Moniteur scientifique, t. III, pag. 157, 1861.

sich ablösen zu lassen. Das Weiße wird dann weniger gelatinös. Man wendet alsdann noch die Vorsicht an, bevor man es zum Trocknen hinstellt, es während einiger Minuten mit einem Holzspatel zu schlagen und es durchzusieben, um die Unreinlichkeiten abzusondern.

„Das Trocknen geschieht auf flachen Zinkpfannen, welche horizontal auf Holzhürden liegen, in einem Lokal mit geeigneter Ventilation, bei einer Temperatur von 30 — 35° C.; die Temperatur von 35° darf nicht überschritten werden.

„Bevor man das Eiweiß auf die Platten bringt, wischt man diese mit einem angefetteten Tuche leicht ab. Diese Operation hat zum Zweck, das Ablösen des Albumins, wenn es trocken ist, zu erleichtern. Man wiederholt dieses Anfetten erst dann, wenn das Albumin sich nicht mehr loszulösen scheint und am Zink festhaftet. Gut getrocknetes Albumin muß sehr spröde sein.

„Auf jede Platte bringt man einen halben bis einen ganzen Liter Eiweiß; ist das Lokal passend, so muß das Trocknen in zwei bis drei Tagen beendet sein.

„Die Zinkplatten haben am besten folgende Dimensionen: 48 Centimeter Länge, 35 Centimeter Breite, 3 Centimeter Höhe des Randes. Das Zink selbst ist 1 Millimeter dick.

„Vier und ein halbes Schock Eier liefern 6 Liter Eiweiß, 4 Liter Eigelb und nach dem Trocknen 14 Prozent vom Gewicht des Eiweißes an Albumin.

„Die günstigsten Monate für die Fabrikation des Albumins sind März, April und Mai. In den Sommermonaten ist der Preis der Eier ein höherer, auch ist das Eigelb auf Kosten des Eiweißes größer.

„Anmerkung. Das Eigelb wird zur Appretur der Häute in der Weißgerberei angewendet; ebenso findet es in der Bäckerei Verwendung. Einige Fabrikanten gebrauchen es als Futter für das Geflügel oder zur Ernährung der Kälber."

Moselmann hat die Anwendung des Antichlors oder schwefligsauren Natriums vorgeschlagen, um die Fäulniß des Eigelb zu verhindern und seinen Transport auf weitere Entfernungen zu gestatten[1].

---

[1] Moselmann, Mémoire sur un procédé breveté, ayant pour objet de conserver aux jaunes d'œufs leur fraicheur et les qualités qui les font rechercher par les mégissiers. Bulletin de la société industrielle, t. XXVII, pag. 207, 1857. — Dingler's polyt. Journal, Bd. CLII, pag. 240. — Polytechn. Centralblatt, 1859, pag. 1454.

Das Blut, wie es im Gefäßsystem zirkulirt, besteht aus dem flüssigen und durchsichtigen Plasma und unzähligen Kügelchen oder Zellchen, welche den rothen Blutfarbstoff einschließen. Kurze Zeit, nachdem das Blut aus dem lebenden Körper entnommen worden, koagulirt es durch freiwillige Abscheidung des Fibrins. Dieses bildet einen dunkelrothen, gallertartigen Klumpen, den sogenannten Blutkuchen, welcher sich allmälig zusammenzieht und die Blutkügelchen einschließt. Man bemerkt alsdann die Bildung zweier Schichten: die obere ist gelblich oder gelblichgrün und heißt Blutwasser; sie ist eine Lösung von einem sauren Natriumalbuminat; die untere ist der schon erwähnte Blutkuchen. Auf dieser bekannten Erscheinung der Gerinnung des Blutes beruht die fabrikmäßige Darstellung des Albumins aus dem Blutwasser. Es bleibt in der That nach dem Dekantiren des Serums nichts weiter übrig, als mit den Vorsichtsmaßregeln, die beim Eiweiß angegeben sind, abzudampfen.

Um ein möglichst wenig gefärbtes Produkt zu erhalten, muß das Abgießen des Serums mit Sorgfalt ausgeführt werden, um eine Beimischung von Blutkügelchen zu vermeiden; denn diese sind nicht alle in dem Fibrinkuchen eingeschlossen, sondern zum Theil nur einfach abgelagert. Durch das Platzen dieser Zellchen während des Abdampfens würde ihr gefärbter und löslicher Inhalt sich in der ganzen Flüssigkeit verbreiten. Man bedient sich deshalb besser mehr hoher als weiter zylindrischer Gefäße mit Spundlöchern, die in verschiedener Höhe angebracht sind, und läßt das Blut eine genügende Zeit lang sich absetzen, indem man lieber den Theil opfert, welcher nicht gänzlich klar ist. Ein Zusatz von Wasser muß gänzlich vermieden werden; denn durch Verdünnung schwillt das Plasma auf und bringt die rothen Zellen zum Platzen.

Das so erhaltene Eiweiß ist indessen zu sehr gefärbt, als daß es das aus Eiern dargestellte zu allen Zwecken ersetzen könnte. Bis jetzt ist man noch nicht im Stande, die Ursache dieses geringeren Werthes vollständig zu beseitigen. Pillans in London hat indessen durch ein Verfahren, das er natürlicherweise geheim hält, ein Produkt hergestellt, welches bedeutend weniger gefärbt ist als das gewöhnliche Blutalbumin. Es hat einen frischen aromatischen Geruch, welcher an den gewisser ätherischer Oele erinnert. Leuchs schreibt vor, das Serum vorher in flachen Gefäßen der Luft auszusetzen und wiederholt zu dekantiren, um den Niederschlag abzusondern, welcher sich immer noch bildet, und die Flüssigkeit mit Gelatine zu klären.

Ueber die Fabrikation von farblosem Blutalbumin sind in der

neuesten Zeit einige Angaben gemacht worden [1]). Kunheim empfiehlt folgendes Verfahren. Das Blut wird mittelst eines Rührwerkes bis zur völligen Trennung des Blutkuchens vom Serum geschlagen und vermittelst einer Zentrifuge die farblose albuminhaltige Flüssigkeit herausgeschleudert und in Vakuumpfannen bei 50 bis 60° C. abgedampft, bis eine herausgenommene Probe erstarrt. Die Flüssigkeit läßt man alsdann auf dünne flache Blechpfannen fließen und trocknet sie in einem Luftstrome bei 30° C. — Als Antidoton gegen das Verderben des Blutalbumins ist von (G. Schaeffer[2]) chlorsaures Ammonium und von Koechlin[3]) eine geringe Spur arsensaures Natrium vorgeschlagen. — Zu 1 Zentner Blutalbumin sind 3000 Pfund Blut erforderlich. Die Fabrik von Roblit in Pesth liefert zwei Sorten zu 60 Fl. und 30 Fl.; das erstere ist hauptsächlich für den Kattundruck bestimmt. Zu einem Zentner Eieralbumin, welches 200 Fl. kostet, sind 16,200 Eier erforderlich.

Es ist übrigens augenscheinlich, daß man die Einwirkung aller derjenigen Reagentien, welche entfärbende Kraft besitzen, hat untersuchen müssen. Ihr Nichterfolg hängt entweder von der gänzlichen Wirkungslosigkeit derselben ab, oder davon, daß man nicht die erforderlichen Bedingungen erfüllt hat.

Nach Leuchs kann man, wie schon oben angeführt, große Mengen Albumin aus dem Fischrogen, sowol dem eingesalzenen wie dem frischen erhalten. Es genügt zu diesem Zwecke, den ausgewaschenen Rogen auszudrücken und die ausgeflossene Masse der Ruhe zu überlassen; sie sondert sich alsdann in zwei Schichten ab, von denen man die obere helle und klare benutzen kann. Es ist indessen unmöglich, das so gewonnene Albumin vollständig von der gelben Färbung und den Fettsubstanzen, welche es enthält, zu befreien, weshalb auch die Société industrielle in Mühlhausen, die sich für die Sache sehr interessirte, die Hoffnung aufgegeben hat, diesen anscheinend so glücklichen Gedanken für die Praxis zu verwerthen.

Verfälschungen, Veränderungen und Untersuchung des Albumins.

Der verhältnißmäßig hohe Preis des Albumins führt häufig zu betrügerischen Verfälschungen durch fremde Substanzen, wie Casein, Gelatine, Dextrin, Senegal- und Traganthgummi. Durch schlechte

---
[1]) Verhandlungen des Vereins für Gewerbfleiß in Preußen, 1865, pag. 59. Dingler's polyt. Journ., Bd. CLXXIX, pag. 50. Polyt. Notizblatt, 1866, pag. 153.
[2]) Moniteur scientifique, 1866, pag. 450.
[3]) Ibidem, pag. 451.

Darstellungsweise kann es außerdem nachtheilig verändert werden und mehr oder weniger koagulirtes oder in Fäulniß übergegangenes Albumin enthalten.

Man hat mehrere Prüfungsmethoden vorgeschlagen, und einige bieten den Vortheil großer Genauigkeit und hinreichender Schnelligkeit dar, namentlich die mit übermanganfaurem Kalium, von Scheurer-Kestner[1]); dennoch finden sie in den Fabriken keine allgemeine Anwendung, meistens wegen Mangel an Zeit und Einrichtung für feinere Untersuchungen, wie sie im Laboratorium ausgeführt werden. Man begnügt sich damit, eine bestimmte Gewichtsmenge des zu untersuchenden Produkts in einem gegebenen Quantum lauwarmem Wasser aufzulösen (250 Gramm in einem halben Liter Wasser), läßt einige Stunden absetzen und untersucht darauf die Güte des befestigenden Verdichungsmittels, indem man eine Farbe, wie Ultramarin zum Beispiel (250 Gramm im Liter), hinzufügt; man druckt, dämpft und beurtheilt je nach dem Grade der Adhärenz des durch die Koagulation befestigten Pulvers seine Qualität. Zu gleicher Zeit untersucht man die Natur und die Quantität des etwaigen unlöslichen Rückstandes. Das Ganze muß vergleichsweise mit einem reinen Albumin geschehen, welches man als mustergiltig angenommen hat. Wenn der Versuch mit hinreichender Sorgfalt angestellt und mehrere Male wiederholt ist, giebt er genügende und sichere Resultate, da die Bedingungen in der Fabrikation, zu welcher er gebraucht wird, immer dieselben sind.

Untersuchung im Laboratorium.

Qualitativ. Man löst 5 Gramm Albumin in Wasser auf und fügt einige Tropfen reine Essigsäure hinzu. Das koagulirte Albumin, das Casein und die Membranen bleiben im Rückstand, welchen man abfiltrirt.

Nach dem Filtriren wird der Rückstand mit kaustischer Natronlauge behandelt, welche das etwa vorhandene Casein auflöst, das durch Essigsäure ausgefällt werden kann. Die filtrirte Flüssigkeit wird zum Kochen erhitzt, und das hierdurch in Flocken koagulirte Albumin kann nun leicht durch Filtration abgeschieden werden. Schließlich untersucht man das letzte Filtrat mit Tannin auf Gelatine, welche

---

[1]) Scheurer-Kestner, Mémoire sur le dosage de l'albumine par l'hypermanganate de potasse. Bullet. de la société industr. de Mulhouse, t. XXIX, pag. 237 et XXXI, pag. 211. — Journal für prakt. Chemie, LXXXIII, pag. 184.

dadurch gefällt wird, und auf Dextrin und Gummi mit Alkohol, welcher dieselben, da sie in Alkohol nicht löslich sind, ausscheidet.

Quantitativ. Von Interesse ist nur, die Menge löslichen Albumins zu ermitteln, welches durch Wärme koagulirt. Zu diesem Zweck wiegt man 5 Gramm von der zu untersuchenden Substanz ab, löst sie in Wasser auf und fügt einige Tropfen Essigsäure hinzu; wenn es nöthig sein sollte, filtrirt man. Die Flüssigkeit dient sowol zur Gewichts- als auch zur Maß-Analyse; um erstere auszuführen, erhitzt man zum Kochen und sammelt das koagulirte Eiweiß auf einem gewogenen Filtrum; der Rückstand wird mit Wasser, Alkohol und Aether ausgewaschen, bei 100° getrocknet und gewogen. Bei der Maß-Analyse verfährt man nach den Angaben von Scheurer-Kestner auf folgende Weise:

Die Lösung wird zu einem halben Liter verdünnt. Hiervon nimmt man 100 Kubikcentimeter und fügt 10 Gramm Schwefelsäure hinzu. Ferner muß man zwei Normallösungen vorräthig haben, die eine von übermangansaurem Kalium, die andere von Eisenchlorür; sie müssen so angefertigt sein, daß ein Volumen Eisenlösung genau ein Volumen Chamäleonlösung entfärbt.

Das Eisenchlorür erhält man, wenn man 2 Gramm reines Eisen, wie es zu Klaviersaiten verwendet wird, in Salzsäure löst und die Lösung bis zu einem Liter verdünnt. Indem man zuerst den Gehalt einer etwas konzentrirten Chamäleonlösung mittelst dieser Eisenlösung bestimmt, kann man leicht die Wassermenge berechnen, welche nothwendig ist, um die oben angegebene Bedingung zu erfüllen.

Man fügt zu dieser Lösung vermittelst einer Bürette eine bestimmte Zahl von Kubikcentimetern Chamäleonlösung, welche gerade hinreichend ist, um eine dauernde rothe Färbung hervorzurufen; darauf fügt man so viel Kubikcentimeter Eisenlösung hinzu, bis die rothe Färbung verschwunden; um den Ueberschuß von Eisenlösung, welchen man hinzugesetzt hat, wegzuschaffen, fügt man tropfenweise so lange übermangansaures Kalium hinzu, bis die rothe Färbung sich wieder zeigt.

Die Differenz zwischen dem Gesammtverbrauch des übermangansauren Kaliums und dem zur Oxydation des hinzugefügten Eisenchlorürs erforderlichen ist die zur Zerstörung des Albumins verbrauchte Menge. — Um diese Methode vorläufig zu prüfen, wurde reines Eiweiß gelöst und zuerst ohne Zusatz von Eisenlösung titrirt. Die Resultate waren hierbei nicht befriedigend, sehr gut aber bei der Anwendung von Eisenchlorür. Wie das Albumin, wird auch das Caseïn leicht oxydirt; dies kann man entweder durch Abfiltriren trennen und bei 100°

getrocknet wiegen, oder man theilt die unreine Lösung in zwei Theile, filtrirt den einen und titrirt im Filtrat das Albumin; der andere wird sammt dem Unlöslichen titrirt. Die Differenz zwischen beiden zeigt das Albumin, der Mehrverbrauch an Chamäleon über den der filtrirten Lösung das Casein an[1]).

Diese Methode liefert sehr genaue Resultate mit unvermischtem Albumin; bei Gegenwart von Gummi oder Gelatine ist sie (nach Ch. Thierry-Mieg) weniger sicher.

Das Verfahren von Denys-Monnier[2]) ist in der Ausführung nicht so einfach, wie das beschriebene, ohne dabei größere Genauigkeit in den Resultaten zu bieten.

Anwendung des Albumins. — Das koagulirte oder nicht koagulirte Albumin dient als Nahrungsmittel; man hat den Gebrauch von löslichem Albumin in der Photographie als Ersatzmittel für Kollodion vorgeschlagen; ferner zur Bereitung des Positivpapiers (Albuminpapier), zum Ueberziehen der Preßwalzen in der Spinnerei. Wegen seiner Eigenschaft zu koaguliren ist es ein sehr werthvolles Mittel zur Fixirung der Farben auf Geweben und zur Klärung trüber Flüssigkeiten; auch gebraucht man es in der Färberei und dem Zeugdruck mit den neuen, aus dem Steinkohlentheer gewonnenen Farben. In der Medizin bedient man sich seiner bei verschiedenen Umständen, namentlich bei Vergiftungen durch Metallsalze. Auch zur Herstellung verschiedener sehr festhaltender Kitte wird es verwendet. Wir werden weiter unten auf seine Anwendung im Zeugdruck näher eingehend zurückkommen.

Das Casein[3]).

Das Casein bildet den größeren Theil der stickstoffhaltigen Bestandtheile der Milch. Die Kuhmilch enthält im Mittel 3 bis 12 Prozent

---

[1]) Die Bestimmung des Caseins in der Milch mittelst übermangansauren Kaliums ist bereits von E. Monier (Dingler's Polytech. Journal, Bd. CXLVII, pag. 452 und Polyt. Centralblatt, 1858, pag. 624) angegeben.

[2]) Deutsche Industriezeitung, 1864, pag. 323. Zeitschrift für analyt. Chemie, 1865, IV, pag. 237.

[3]) Berzelius, Journ. für Chemie u. Physik v. Schweigger, Bd. XI, pag. 277. Braconnot, Ann. de Chimie et de Phys., Bd. XXXV, pag. 159. Scheerer, Annal. der Chemie und Pharmac. XLI. Rochleder, ebendas. Bd. XLV, pag. 251. Dumas et Cahours, Annales de Chimie et de Physique [3]. Bd. VI, pag. 411.

feste Bestandtheile. Die Eigenschaften des Caseïns stellen es dem Albumin und Eiweiß sehr nahe, dessen elementare Zusammensetzung es besitzt; es ist sogar sehr wahrscheinlich, daß die in der Milch enthaltene Verbindung von Caseïn und Natrium identisch ist mit dem Natriumalbuminat, welches sich durch Vereinigung von koagulirtem Albumin mit Natrium bildet. Ebenso entsteht durch Dialyse einer salzsauren Lösung von Caseïn eine Flüssigkeit, sehr ähnlich jener, welche die Lösung der Verbindung von koagulirtem Eiweiß mit Salzsäure liefert[1]). An und für sich ist das Caseïn wenig oder fast gar nicht löslich in Wasser; aber es löst sich mit großer Leichtigkeit in schwachen Alkalilaugen, welche es vollständig neutralisirt, und in Wasser, welches kohlensaure, phosphorsaure und Chloralkalien enthält. Die so bereiteten Lösungen werden durch Erhitzen nicht getrübt, wol aber durch Säuren, selbst durch Essigsäure und normale Phosphorsäure; der Niederschlag löst sich in einem Ueberschuß von Essigsäure wieder auf. Nach Zusatz von schwefelsaurem Magnesium werden die Lösungen durch Wärme koagulirt. Dieselben Erscheinungen zeigen sich auch bei der natürlichen Lösung von Caseïn (Milch). Das Caseïn löst sich auch in Kaltwasser; allein diese Lösung koagulirt sehr leicht. Einige Chemiker nehmen die Existenz zweier Modifikationen von Caseïn an: die eine wäre löslich und könnte koaguliren, wodurch die andere Modifikation, das unlösliche Caseïn, entstehe, dessen Eigenschaften wir soeben angegeben haben. Diese Veränderung, wenn sie überhaupt besteht, wird durch die innere Haut des Magens (den Lab) der Kälber hervorgebracht; wodurch der Lab dieses bewirkt, ist indeß noch nicht mit Sicherheit festgestellt; daß es die demselben etwa anhängende Magensäure nicht thut, beweist die Wirksamkeit des ausgewässerten Labs; auch Caseïn in essigsaurer Lösung wird koagulirt. Das sogenannte lösliche Caseïn ist indessen noch nie frei von Alkalien und Salzen dargestellt worden, und so oft man es durch chemische Mittel rein zu erhalten versucht hat, ist immer ein großer Theil in den unlöslichen Zustand übergegangen. Die Koagulation durch das Lab soll nach Liebig's Annahme auf einer vorherigen Bildung von Milchsäure auf Kosten des Milchzuckers beruhen, welche durch die Sättigung des Alkalis natürlicherweise die Fällung des Caseïns bedingen würde.

---

[1]) Schützenberger, Transformation de l'albumine coagulée en une albumine soluble coagulable par la chaleur. Comptes rendus de l'Académie des sciences, t. LVIII, pag. 84, 1864.

Das Legumin, welches sich im Samen vieler Leguminosen vorfindet, nähert sich in manchen Beziehungen dem Casein, ohne ihm jedoch vollständig gleich zu kommen.

Das Casein wird in Verbindung mit Kalk in der Wassermalerei verwendet, zur Bereitung von Kitt, um die verschiedenen Holzplatten, aus welchen man die Druckformen verfertigt, zusammenzufügen, bei der Fixirung der Farben auf Stoffen; eine Lösung von Casein in Borax hat große Bindekraft und kann zu Arbeiten in der Kunsttischlerei Verwendung finden.. 6 Theile gebrannte Magnesia und 1 Theil Zinkoxyd liefern beim Zusammenkneten mit Caseinammoniak ein Produkt, welches nach dem Trocknen sehr weiß und hart ist, so daß man es schneiden und poliren kann; es gleicht vollständig dem Meerschaum[1]). Die größte Menge Casein wird als Nahrungsmittel verbraucht, theils in der Milch, theils als Käse.

Fibrin und Kleber.

Man kann mehrere Arten von Fibrin annehmen; sie sind von einander nur durch einige Merkmale verschieden, welche aber bedeutende Abweichungen in der chemischen Konstitution begründen. Diese Arten sind: 1) das Fibrin aus dem Blute der Adern, durch freiwilliges Ausscheiden gewonnen; 2) das Muskelfibrin; 3) der Kleber, welcher durch Alkohol von seinen löslichen Bestandtheilen befreit ist (Glutin); 4) das Fibrin des arteriellen und venösen Blutes und das der Muskeln nach dem Kochen.

Alle diese Arten sind in Wasser vollkommen unlöslich. Durch Ueberhitzen mit Wasser verwandeln sie sich in lösliche Produkte, welche nicht koaguliren und sich nicht in Gallerte verwandeln. Unter dem Einfluß von konzentrirten Mineralsäuren und Essigsäure schwellen sie auf, werden durchsichtig und gelatinös; selbst sehr verdünnte Kalilauge löst sie auf; diese Lösung wird durch Säuren gefällt.

Das Fibrin des venösen Blutes zerlegt das Wasserstoffsuperoxyd und macht den Sauerstoff daraus frei; es ist löslich in Wasser bei

---

[1]) Girardin, Leçons de chimie élémentaire appliquée aux arts, t. II, pag. 384 (4. édit). — Wagner's Jahresberichte der technischen Chemie, Bd. II, pag. 164.

Gegenwart gewisser Salze (Salpeter, schwefelsaure, phosphorsaure, kohlensaure, essigsaure Alkalisalze und Chloralkalien). Diese Lösungen koaguliren durch die Wärme und beim Hinzufügung von Essigsäure.

Das Muskelfibrin und der Kleber widerstehen der Einwirkung von salpeterhaltigem Wasser; allein sie lösen sich leicht in Wasser, welches eine Spur Salzsäure oder Milchsäure enthält. Hieraus erklärt sich sehr leicht das Flüssigwerden des Klebers, wenn er in Fäulniß überzugehen anfängt.

Durch Kochen nimmt man den verschiedenen Arten von Fibrin ihre Unterscheidungsmerkmale; sie werden alsdann alle dem koagulirten Albumin ähnlich.

Die Darstellung des Klebers aus dem Weizenmehl ist sehr einfach. Man knetet dieses mit wenig Wasser zu einem steifen Teige und läßt auf diesen einen feinen Wasserstrahl fließen. Das Stärkemehl wird alsdann weggeschlemmt und der Kleber bleibt als grauweiße, elastische Masse zurück. Im feuchten Zustande fault er bei mittlerer Lufttemperatur sehr leicht, schwillt auf und verbreitet einen sauren, fauligen Geruch. Breitet man ihn alsdann auf einer Glasplatte in dünnen Schichten aus, so trocknet er zu einer halbdurchsichtigen Haut von gelbgrauer Farbe ein.

Außer der Anwendung als Nahrungsmittel werden Kleber und thierisches Fibrin bisweilen als Ersatzmittel für Albumin bei der Fixirung der Farben auf Geweben gebraucht.

Allgemeine Betrachtungen über die Anwendung der eiweißartigen Körper bei der Fixirung von Farben.

Die Anwendung der eiweißartigen Substanzen und hauptsächlich des Albumins bei der Fixirung der Farben auf Geweben hat im Laufe der Jahre einen großen Aufschwung genommen und verallgemeinert sich immer mehr. Diese Produkte wirken dabei auf zwei wohl unterschiedene Weisen; bei der einen entsteht kraft einer eigenthümlichen Verwandtschaft eine wirkliche chemische Verbindung zwischen dem Farbstoff und der stickstoffhaltigen Substanz. Druckt man z. B. auf Baumwolle eine wässrige Lösung von Anilinviolet und Albumin, so ist die Farbe nach dem Trocknen matt und glanzlos und haftet außerdem auch noch nicht fest auf dem Gewebe; sobald man aber den Stoff der Einwirkung von Wasserdämpfen unterwirft, so entsteht zu gleicher Zeit mit der Koagulation eine wirkliche Färbung des Albumins, und die schön violette Nüance tritt hervor. In diesem Fall wirkt also das Albumin als Mordant.

Andrerseits wird es, wenn es in Auflösung mit einer unlöslichen zu einem unfühlbaren Pulver verriebenen Farbe vermischt ist, durch Wärme auf der Gespinnstfaser koagulirt und bildet dann gewissermaßen eine Art Firniß, welcher stark anhaftet und die kleinen Partikelchen des Farbestoffes vollständig umhüllt. Letzterer ist also nur durch eine rein mechanische Wirkung fixirt.

In diesem Falle ist mithin die Aufgabe des albuminartigen Körpers unabhängig von der Natur der Farbe, welche nur eine Bedingung zu erfüllen hat, nämlich **unlöslich zu sein**.

In dieser Hinsicht können wir also schon von diesem Gegenstande sprechen, noch bevor wir die gebräuchlichsten Farbstoffe abgehandelt haben. Was die erste Art der Anwendung betrifft, so wird sie am natürlichsten bei den Farbstoffen, bei welchen dieser Fall eintritt, ihre Stelle finden.

Seit dem Jahre 1820 verwendete Blondin das Eiweiß, um auf Stoffen die schöne blaue Farbe zu fixiren, welche unter dem Namen des natürlichen Ultramarins bekannt war, des einzigen Ultramarins, welches man damals besaß. Die ersten Versuche waren wegen des hohen Preises des Lasursteines ohne Erfolg geblieben; die unerwartete Entdeckung des künstlichen Ultramarins durch Gmelin und Gulmet gab plötzlich diesem Fabrikationszweig einen nie geahnten Aufschwung.

Das Ultramarin ist übrigens nicht die einzige Farbe, welche man auf diese Weise befestigt; die Fixirung von einer Menge anderer Farben, welche in Folge ihrer Unlöslichkeit und der zu ihrer Darstellung (auf trocknem Wege) nöthigen Bedingungen nicht anders fixirt werden könnten, findet in derselben Weise statt.

Solche Farben sind das erst kürzlich entdeckte Gulgnet'sche Grün, das Eisenoxyd, der gelbe und rothe Ocker, der Zinnober, das Zinkweiß, die Metalle in Pulverform u. s. w. Man hat dieses Verfahren sogar so sicher und bequem gefunden, daß man es auch auf andere Farben ausdehnt, die durch chemische Mittel auf der Faser befestigt werden können, z. B. das chromsaure Blei und die Pflanzenlacke.

Von allen Proteinkörpern, welche vorgeschlagen und angewendet worden sind, wird das Albumin am meisten von den Fabrikanten vorgezogen, und wenn sein Preis nicht ein so bedeutender wäre, so würde man nie Ersatz dafür gesucht haben; nur aus Gründen der Sparsamkeit sind also die vielen anderen Stoffe in Aufnahme gekommen oder doch wenigstens in Vorschlag gebracht worden.

Welche wichtige Rolle das Albumin spielt, ist leicht einzusehen; es genügt, an seine charakteristischste Eigenschaft, die Koagulation durch die Wärme, zu erinnern. Nachdem man das unlösliche Pulver, welches man befestigen will, mit einer Albuminlösung angerührt hat, kann man mit dieser Mischung ohne Weiteres drucken und sodann das Gewebe der Einwirkung der feuchten Wärme (Wasserdämpfe oder Durchziehen durch kochendes Wasser) aussetzen, um das Albumin auf jeder Faser zu koaguliren und somit den Farbstoff zu befestigen.

Für kein anderes plastisches Bindemittel ist der Uebergang vom löslichen in den unlöslichen Zustand weder so glatt noch so scharf markirt. Dieser Vorzug wird noch durch gewisse, dem koagulirten Albumin ganz eigenthümliche physikalische Eigenschaften gehoben; die zusammenhängende Haut, welche es bildet, seine Geschmeidigkeit und Elastizität, mit welcher es sich um die Fasern schmiegt, wahrscheinlich auch seine poröse Textur machen es im hohen Grade geeignet, die Farben, welche man mit ihm angesetzt hat, festzuhalten. In dieser Hinsicht ist es also anderen analogen Präparaten bedeutend vorzuziehen.

Für den ersten Augenblick scheint es, daß jeder Körper, welcher fähig ist, unter einer ähnlichen Gestalt wie die des koagulirten Albumins sich niederzuschlagen, auch jenem ähnliche Eigenschaften haben müsse. So liefert die Gelatine mit Tannin aus Galläpfeln oder mit Wolframsäure unlösliche, sehr zähe Verbindungen; aber trotz alledem haben wiederholte und nach allen Richtungen modifizirte Versuche die vollständige Unbrauchbarkeit dieser Niederschläge als Fixirmittel festgestellt. Man hat bis ins Unendliche die Umstände verändert, unter welchen man Tannin- oder Wolframverbindungen mit Gelatine auf Geweben herstellen oder fällen könnte, niemals war das Ultramarin in diesen Farben fixirt. Dasselbe ist bei dem durch die Einwirkung von Salzen chemisch koagulirten Albumin der Fall. Das Albumin hat auch noch den Vortheil der Durchsichtigkeit; es schadet niemals dem Glanze der Farbe.

Nach dem bisher Gesagten begreift man leicht, daß nichts einfacher ist, als das Auftragen von unlöslichen Farben auf Baumwollengewebe. Besprechen wir zuerst das Verfahren bei

Ultramarin.

In der ersten Zeit gebrauchte man in den Zeugdruckereien das Eiweiß direkt zur Verdickung; man zerbrach die Eier und trennte so gut wie möglich das Weiße vom Gelben. Bald aber bemächtigte sich die Spekulation dieses Industriezweiges, und seit längerer Zeit liefert man Albumin im trocknen Zustande.

„Das Eiweiß, wie man es frisch aus den Eiern erhält, befindet sich in einem gelatinösen Zustande, welcher es zum Zeugdruck ungeeignet macht. Dieser Zustand ändert sich in 24 Stunden, wo es zähe und klebrig wird. Man kann dieses Resultat in einem Augenblick erhalten, wenn man Essigsäure hinzufügt, welche zuerst das freie Alkali neutralisirt und bei einem geringen Ueberschuß an Säure natürlicherweise saure Reaction hervorruft." (Camille Koechlin.)

Die Auflösung des trocknen Albumins ist an und für sich eine leichte Sache; sie kann indessen beschleunigt werden, wenn man einige besondere Vorsichtsmaßregeln gebraucht; so ist es vorzuziehen, lauwarmes Wasser anzuwenden, aber ja nicht heißes, weil dadurch Koagulation des Albumins bewirkt wird. Gießt man unter Umrühren Wasser auf das Albumin, so vereinigt sich letzteres zu zusammengeballten weichen Massen, welche sich um einen festen Kern herumlagern; die Auflösung erfolgt alsdann sehr langsam. Besser ist es im Gegentheil, das Albumin in das Wasser in kleinen Portionen, während man nur sehr gelinde umrührt, einzutragen; darauf läßt man das Ganze 24 Stunden lang ruhig stehen.

Für Ultramarin im Besondern ist die Anwendung von Albumin aus Eiern vor dem eingetrockneten Blutwasser vorzuziehen; nicht aber etwa, weil dieses in Bezug auf Festigkeit und Einfachheit in der Anwendung etwas zu wünschen übrig läßt, sondern, wie wir oben schon gesagt haben, wegen des größten Uebelstandes, welcher sich der Anwendung von Eiweiß aus Blut entgegenstellt, der zu stark gelben Färbung desselben, welche die hellen Farben verdunkelt. Dieser Uebelstand zeigt sich selbst bei dem von Pillans dargestellten Albumin.

Geleitet durch den Geruch, welchen dieses Produkt verbreitete, ist Cordillot auf den Gedanken gekommen, eine Lösung von Blutalbumin mit einer ziemlich bedeutenden Menge Terpentinöl (0,5 bis 0,7 Liter Oel auf den Liter Albuminlösung) zu versetzen, und er hat gesehen, daß auf diese Weise das Ultramarinblau fast ebenso lebhaft wird, wie mit Albumin aus Eiern. Wahrscheinlich ist es, daß das Terpentinöl sich mit den fetten Substanzen, welche in diesem Albumin enthalten sind, sich vereinigt und damit eine weiße Emulsion giebt, deren geringe Durchsichtigkeit die dem Bluteiweiß eigenthümliche gelbe Farbe verbirgt. Nach den Versuchen von Carlos Koechlin läßt sich nicht annehmen, daß diese Wirkung von der stark ozonisirenden Kraft des Terpentinöls herrühre[1]).

Man verwendet gewöhnlich Lösungen von 500 Gramm Albumin im Liter; gut ist es, vor dem Gebrauch durch Filtration die unlöslichen Theilchen zu entfernen, welche stets in größeren oder geringeren Quantitäten in dem Albumin, wie es im Handel vorkommt, enthalten sind.

„Das Albumin aus Eiern enthält immer kleine Partikelchen von Membranen, welche sich mit der größten Schwierigkeit von der schleimigen Masse trennen lassen; diese Membranen geben zu sonderbaren Zufällen Veranlassung. Sie färben sich nämlich mit der Zeit und kommen dann zum Vorschein, so daß eine Farbe, welche zur Zeit ihrer Darstellung gut schien, nach ein bis zwei Tagen mit kleinen gefärbten Partikelchen erfüllt ist. Wenn ein derartiges Albumin zum Fixiren von Anilin- oder Cochenillefarben Verwendung findet, so zeigt sich dieser Uebelstand beim Drucken in Gestalt kleiner, dunkler gefärbter Flecken." (Camille Koechlin.)

Eine dunkle Farbe, welche viel Ultramarin oder ein andres unlösliches Pulver enthält, erfordert natürlich eine desto größere Menge Albumin, um mit derselben Festigkeit zu haften wie eine helle Farbe, die weniger Farbstoff enthält. Zu diesem Zweck wendet man gewöhnlich neben dem koagulirenden Mittel andere Verdickungsmittel an. Der Werth derselben ist natürlich ein verschiedener. Je mehr der Rückstand, welchen sie nach dem Dämpfen auf dem Gewebe zurücklassen, dem Waschen widersteht, um so vortheilhafter werden sie sein. Das Letegomme und die geröstete Stärke müssen wegen ihrer Färbung verworfen werden. Das Gummi wird zu schnell durch das Waschen weggespült und vermindert die Festigkeit nach dem Fixiren, außerdem besitzt es noch den Uebelstand, sauer zu werden, alsdann zersetzend auf das Ultramarin einzuwirken und die rein blaue Farbe desselben zu beeinträchtigen. Die Gelatine verwandelt die Flüssigkeit in eine Gallerte; auch vermischt sie sich zu schwierig mit dem Albumin und geht zu leicht in Fäulniß über; überdies trennen sich die Farben, mit welchen man gearbeitet hat, nicht in einen Schaum, den man abschöpfen kann, und in Farbe, die man zurückbehält, um sie von Neuem zu gebrauchen;

---

[1]) Carlos Koechlin, Rapport sur l'albumine du sang decolorée de M. Pillans. Bulletins de la société industr. de Mulhouse, t. XXXI, pag. 113. Polytechn. Centralblatt, 1861, pag. 329.

ihr Hauptvortheil besteht darin, daß sie den hellblauen Farben den reinen Ton erhält, und daß sie den dunklen Farben eine größere Intensität giebt.

Stärke und Traganthgummi sind in diesem Falle die geeignetsten Produkte, obwol sie weniger homogene Farben liefern als das Senegalgummi und sich auch weniger gut drucken lassen. Im Allgemeinen wendet man Traganthgummiwasser an, welchem man etwas gewöhnliches Gummiwasser zugesetzt hat, um die Farbe schleimiger und homogener zu machen. Natürlich dürfen solche Zusätze, welche man aus Gründen der Oekonomie und um die Arbeit des Druckens zu erleichtern macht, nur derartig sein, daß das Albumin stets in einem passenden Verhältniß zu dem unlöslichen Pulver bleibt, welches fixirt werden soll.

Camille Koechlin giebt zu diesem Punkte noch Folgendes an: „Wenn das Albumin mit andern Verdickungsmitteln gemischt ist, so ereignet es sich bisweilen, daß das Albumin aus Eiern eine ganz andere Einwirkung auf diese Verdickungsmittel ausübt als das Albumin aus dem Blutwasser. Die Mischungen von Blutalbumin mit Gummi oder Dextrin haben eine weit kürzere Zeit dauernde Gleichartigkeit, als dieselben Mischungen mit Eieralbumin; es erfolgt sogar mitunter eine so vollständige Scheidung dieser Verdickungsmittel, daß die Mischung durch Umrühren nicht wieder in ihren ursprünglichen Zustand gebracht und dies nur durch Erwärmung in einem Wasserbade auf 30 bis 40 Grad erreicht werden kann."

Die albuminhaltigen Farben besitzen noch mehr als die Gummilösungen die höchst unangenehme Eigenschaft, durch die Bewegung, welcher sie in dem Streichkasten beim Walzendruck ausgesetzt sind, stark zu schäumen. Dieser Uebelstand ist ziemlich bedeutend, und zwar darum, weil eine Farbe, welche so stark schäumend geworden ist, ein bedeutend größeres Volumen angenommen hat, folglich auch hellere Töne giebt.

Man hat diese Schwierigkeit auf verschiedene Weise zu beseitigen versucht. Dasjenige Verfahren, welches die besten Resultate giebt und auch allgemein in Aufnahme gekommen ist, besteht darin, daß man Terpentinöl hinzufügt, welches leicht mit Gummiauflösungen eine Emulsion giebt; die Farben, welche Terpentinöl enthalten, trocknen indessen schwer. Man gebraucht auch zu diesem Zweck Olivenöl oder eine Auflösung von weißem Wachs in Olivenöl (50 Gramm Wachs auf 400 bis 500 Gramm Oel).

Nach den Beobachtungen von Zeller[1]) können feines Olivenöl und selbst Baumöl (huile tournante), in einem bestimmten Maße und unter passenden Bedingungen angewendet, noch einen anderen Vortheil darbieten. Wenn man das trockene Ultramarinpulver, anstatt es in die Albuminlösung zu bringen, im Verhältniß von 2 Kilogramm Ultramarin und 500 Gramm Olivenöl vermischt, so ist in der That die Nüance nach dem Fixiren mindestens um 10 Prozent dunkler, was eine Ersparniß in der Quantität und Qualität der Farbe zu machen erlaubt; auch fühlt sich das Gewebe weniger hart an. Außerdem erhält das Oel der albuminhaltigen Flüssigkeit seine Zähigkeit, die sie bald verliert, wenn sie nicht mit einem fetten Körper gemischt ist. Schließlich ist die Arbeit beim Walzendruck eine bessere, das Abstreichemesser wird weniger leicht angegriffen, auch setzt sich die Farbe nicht so sehr in das Gestech ein.

Die Albuminfarben können nicht lange aufbewahrt werden, namentlich nicht im Sommer, wegen des leichten Eintritts der Fäulniß. Man darf deshalb nicht mehr davon darstellen, als man in einigen Tagen verarbeiten kann. Das zur Verhinderung des Schäumens angewendete Terpentinöl hat auch noch den wichtigen Vortheil, dieser Zersetzung vorzubeugen. Zu demselben Zweck hat man auch das unterschwefligsaure Natrium vorgeschlagen, dessen Einwirkung indessen nicht energisch genug ist. Die wirklich antiseptischen Mittel bewirken leider alle auch Koagulation, und man darf deshalb nicht daran denken, sie anzuwenden.

Albuminlösungen sollen sich nach Camillus Koechlin, unbeschadet der Schönheit der Farben, mit arsensaurem Natrium oder arseniger Säure in dem Verhältniß von $\frac{1}{100}$ des Gewichtes an Albumin erhalten lassen.

Vollständige Feinheit des Pulvers, Schönheit der Farbennüancen und eine hinreichende Widerstandsfähigkeit gegen die Einwirkung von Säuren sind die geschätztesten Eigenschaften des Ultramarins. Die letztere, Widerstandsfähigkeit gegen Säuren, besitzt es nicht in vollkommener Weise; aber wir werden im weiteren Verlaufe sehen, daß die Industrie uns mehrere Produkte liefert, welche diese Eigenschaft in größerem oder geringerem Maße haben.

---

[1]) Zeller, Notice sur l'application sur tissus des bleus d'outremer et autres couleurs plastiques analogues. Bulletins de la Société industrielle de Mulhouse, t. XXVIII, pag. 371. — Dingler's polyt. Journal, Bd. CXLIII, pag. 295. — Polyt. Centralbl., 1857, pag. 330.

Camillus Koechlin, der sich durch diese Untersuchungen einen bedeutenden Namen erworben hat, theilt die interessante Bemerkung mit, daß, wenn man metallisches Eisen in eine Ultramarinfarbe bringt, die blaue Farbe nach Verlauf einiger Stunden vollständig zerstört ist. Diese Thatsache ist unabhängig von der Gegenwart des Albumins. Nach seiner Ansicht bildet sich hierbei eine Schwefelungsstufe des Eisens.

Dieses Faktum erklärt es auch hinreichend, warum das Blau sich so sehr ändert, ja sogar eine vollkommen graue Farbe annimmt, wenn es längere Zeit der Einwirkung der stählernen Rakel ausgesetzt ist; es findet nicht statt, wenn man die Farbe vor dem Drucken alkalisch macht.

Die Veränderlichkeit des Ultramarins unter dem Einfluß selbst schwacher Säuren erlaubt es nicht, es neben andern Farben oder Präparaten anzuwenden, welche im Stande sind, merkbare Quantitäten von Säuren in Freiheit zu setzen.

Ein Zusatz von Zinkweiß ist für Mittel- und Hellblau ausnehmend günstig; die Farbe gewinnt dadurch an Deckkraft und bekommt auch einen lebhafteren Glanz.

Was die quantitative Zusammensetzung der Albuminultramarinfarben für Walzendruck betrifft, so kann man hierüber keine bestimmte Regel geben. Alles ist natürlicherweise abhängig von der Qualität und der Nüance des verwendeten Ultramarins und von der größeren oder geringeren Solidität, welche man der Waare geben will. Was wir an dieser Stelle davon sagen, soll nur dazu dienen, einen ungefähren Begriff zu geben.

Man erhält ein genügendes Mittelblau, wenn man gleiche Theile von Albuminlösung (500 Gramm im Liter) und Gummiwasser nimmt und für jeden Liter der Mischung 300 Gramm Mittelultramarin und 30 Gramm Zinkweiß hineinrührt.

Für ein dunkles Ultramarin bei zwei Schattirungen gebraucht man im Liter 200 Gramm Albumin und 400 Gramm dunkles Ultramarin. Das Hellblau muß vier- bis fünfmal heller sein als das dunkle. Besser ist es jedoch, es mit einem hellen Ultramarin herzustellen und darin viel Zinkweiß zu mischen (1 Theil Zinkweiß und 2 Theile Ultramarin).

Die dunklen Ultramarinfarben sind oft wegen der großen Menge unlöslichen Pulvers, welches sie enthalten, und wegen des Albumins, welches man, um ihnen die nöthige Festigkeit zu geben, hineinbringen muß, für den Walzendruck nicht recht geeignet; sie werden nämlich alsdann unvollkommen durch die Kalei abgestrichen. Zu diesem Zweck muß man also ganz besonders darauf sehen, ein Ultramarin in möglichst zartem Pulver zu haben. Man löst bisweilen auch in einem solchen Falle Albumin in Kleister an Stelle des Wassers auf; das Produkt ist dann weniger klebend und läßt sich leichter abstreichen.

Wenn man ein dunkles Ultramarin, das genug Albumin enthält, um ihm eine hinreichende Festigkeit zu geben, scurirt, um ein helleres Ultramarin zu erhalten, so kann man dies nicht allein mit Gummiwasser oder einem andern nicht firirenden Verdickungsmittel thun, ohne zu bemerken, daß die Farbe an Widerstandsfähigkeit beim Reiben und gegen siedende Seifenlaugen verliert; man muß also stets als Koupirmittel Albuminwasser anwenden. Diese Regel findet auf alle Albuminfarben Anwendung. Hiernach ist es unmöglich, ein bestimmtes Verhältniß zwischen dem Gewicht des Farbenpulvers und dem des Albumins festzusetzen, indem die Quantität des letzteren sich mit der Verdünnung vermehrt.

Nach dem Drucken und dem Trocknen der Farbe auf dem Gewebe, von welcher wir soeben gesprochen und deren Zusammensetzung wir flüchtig beschrieben haben, handelt es sich darum, das Albumin zu koaguliren. Die beste Methode ist die vermittelst heißer Dämpfe. Eine ziemlich starke Spannung des Dampfes oder ein ziemlich trockner Dampf, was auf dasselbe herauskommt, scheint vorzugsweise die Widerstandsfähigkeit der Farbe bei dem Waschen zu begünstigen; dagegen ist wieder einzuwenden, daß ein zu starkes oder zu lange fortgesetztes Dämpfen einen schädlichen Einfluß auf die Nüance des Ultramarins ausübt. Es ereignet sich sogar bisweilen, daß die Stücke mit einer grauen und unansehnlichen Farbe aus dem Dampfbade hervorgehen; eine einfache Chlorränderung beseitigt jedoch fast in allen Fällen diesen Uebelstand und giebt der Farbe ihr ursprüngliches frisches Aussehen wieder. Am günstigsten ist es also, so schnell wie möglich zu firiren.

Gut ist es, wenn man vor dem Dämpfen die bedruckten Stücke an einem kühlen Ort, namentlich im Sommer, lagern läßt. Einige Albuminsorten machen das Ultramarinblau beim Dämpfen gelb, wahrscheinlich weil sie eine freie Säure enthalten; sie müssen also zu diesem Zweck verworfen werden.

In manchen Fabriken firirt man die Ultramarinfarben durch ein Hindurchziehen durch kochendes Wasser, indem man ausschließlich Albumin anwendet; hierbei hat sich gezeigt, daß die Farben stets schöner ausfallen als die nach dem vorigen Verfahren erhaltenen.

Das Ultramarin und im Allgemeinen alle Albuminfarben haben vor den andern den großen Vortheil, daß sie nach der Firirung keine Waschung mehr erfordern. Die Substanzen, welche sie einschließen, haften in der That an der Faser fest und brauchen nicht erst davon entfernt zu werden, wie dies mit den durch Gummi, Dextrin und anderen nicht firirenden Verdickungsmitteln verdickten Farben geschieht. Das ist gerade ein Hauptvortheil, und eben deswegen müssen wir dieselben fast bis zum völligen Ausschluß aller übrigen für eine große Anzahl von Artikeln verwenden. Man ist so weit gekommen, indem man damit die Anilinfarben verband, in welchen das Albumin gewissermaßen als Mordant dient, fast alle möglichen Nüancen herzustellen, und meistentheils sind diese bedeutend lebhafter als die, welche man durch andere Mittel erhält.

Es kann hiernach keine Verwunderung erregen, daß diese Fabrikation, hauptsächlich bei Geweben von großer Feinheit, der alten den Vorrang abgewonnen hat.

Man ist gegenwärtig im Stande, vermittelst des Albumins alle Farben zu gleicher Zeit zu drucken und zu firiren, ohne eine darauf folgende Wäsche nöthig zu haben, und auch die kleinsten Details der Zeichnung kommen deutlich zum Vorschein; dies rührt davon her, daß jeder Faden seine ursprüngliche Lage beibehält.

Die Stoffe, welche mit Ultramarin bedruckt sind, sind durch folgende Merkmale zu erkennen:

1) An der Nüance, wie dies die Proben zeigen.

 Zeugprobe 1.   Dunkles Ultramarinblau, mit Albumin befestigt.

 Zeugprobe 2.   Helles Ultramarinblau.

2) An der Eigenthümlichkeit, unter dem Einfluß der verdünnten Mineralsäuren (Chlorwasserstoffsäure, Schwefelsäure ꝛc.) und selbst der Essigsäure unter deutlicher Entwicklung von Schwefelwasserstoffgas schnell die Farbe zu verlieren.

3) Bei der Verbrennung hinterlassen sie einen Rückstand, der nach der Zerstörung der Faser blau ist, und in welchem sich auf chemischem Wege Kieselsäure und Albumin nachweisen lassen.

Die Details, welche wir soeben in Hinsicht des Ultramarins angegeben haben, erlassen es uns, so weitläufig auch in Betreff der andern Farben zu sprechen, die ebenfalls mit Albumin firirt werden, indem die Operationen dabei auf ganz analogen Prinzipien beruhen.

Eisenoxyd.

Man findet es bisweilen vortheilhaft, das Eisenoxydul auf diese Weise zu firiren. Verwendung finden dabei gewöhnlich die verschiedenen Arten von Ocker und Umbraerde. Mit diesen Substanzen bringt man theils für sich allein, theils mit andern Farben gemischt, Mode- und Holzfarben hervor und benutzt sie hauptsächlich in Fällen, wo man aus dem oder jenem besonderen Grunde nur Albuminfarben anwenden will.

Man behandelt sie übrigens wie die Ultramarinfarben; ihre Bereitung erfordert keine besonderen Vorsichtsmaßregeln und bietet gar keine Schwierigkeiten dar.

Zeugprobe 3. Eisenocker, mit Albumin firirt.

Die mit Eisenoxyd gefärbten Gewebe hinterlassen nach der Verbrennung eine röthliche Asche, in welcher man mit der größten Einfachheit das Eisen nachweisen kann.

Chromgelb und Chromorange.

Diese beiden Farben haben vor den auf chemischem Wege firirten den Vorzug einer schnelleren und einfacheren Behandlungsweise. Sie erfordern indessen ganz besondere Vorsichtsmaßregeln wegen der Leichtigkeit, mit welcher die Bleisalze in Schwefelblei übergehen. Man muß deshalb Oel, Säuren oder Säure bildende Körper, welche das Bestreben haben, den Schwefel des Albumins in Freiheit zu setzen, vermeiden. Das Firiren von Chromorange mit säurehaltigem kochendem Wasser verwandelt es in Schwarz. Dieselbe Wirkung zeigt sich bei alkalisch reagirendem Wasser und oxydirenden Verbindungen.

Das basisch chromsaure Blei konservirt das Albumin und verhindert dessen Fäulniß. Bei dieser Anwendung muß man jedoch Terpentinöl dem fetten Oel vorziehen.

Guignet'sches Grün.

Dieses Grün ist eine der schwierigsten Farben; es zeigt in der That eine große Neigung, sich in das Gestech einzusetzen. Ist das Grün nicht sehr gut ausgewaschen, so koagulirt es mit der größten Leichtigkeit mehrere Verdickungsmittel; alle diese Uebelstände rühren indeß einzig davon her, daß man mit dem Guignet'schen Grün noch nicht umzugehen versteht, da es erst seit Kurzem bekannt ist. Die

Fortschritte, welche man bereits bei seiner industriellen Darstellung gemacht hat, geben Mittel an die Hand, diese Unannehmlichkeiten größtentheils zu vermeiden, und in nicht allzu ferner Zeit wird dies vollständig gelingen.

Zeugprobe 4. Guignet'sches Grün, durch Albumin fixirt.

Das Guignet'sche Grün hinterläßt nach der Verbrennung eine schwärzlichgrüne Asche, welche sowol in der Oxydations- wie in der Reductionsflamme grüne Perlen liefert. Verdünnte Säuren und Alkalien verändern die Farbe nicht. Seine eigenthümliche Färbung und seine Eigenschaft, ein Lichtgrün zu sein, lassen es leicht beim ersten Anblick erkennen.

Schweinfurter Grün.

Das Schweinfurter Grün erfordert dieselben Vorsichtsmaßregeln, wie das Chromgelb und das Chromorange, um die Vereinigung des Schwefels mit dem Kupfer zu verhindern. Man erkennt es in seinen verschiedenen Sorten an der Färbung, welche bei künstlichem Licht sich nicht verändert, und indem man durch die gewöhnlichen chemischen Mittel auf Kupfer und Arsenik untersucht. Das erstere findet man in der Asche; um das letztere zu finden, behandelt man das Zeug mit reiner konzentrirter warmer Schwefelsäure, so daß es vollständig verkohlt; bringt man von dieser Flüssigkeit etwas in ein Fläschchen, welches Wasser und arsenfreies Zink enthält und durch einen Kork mit einer dünn ausgezogenen Glasröhre verschlossen werden kann, so entweicht Arsenwasserstoff, welcher durch die glänzenden Metallspiegel, die er beim Verbrennen liefert, leicht kenntlich ist (Marsh'sche Arsenprobe).

Zeugprobe 5. Schweinfurter Grün, mit Albumin fixirt.

Zinkweiß.

Zu verschiedenen Zeiten hat man auch mit Zinkweiß über andere Farben weggedruckt, gewöhnlich in Punkten (picots) oder in gedrängten Strichelchen (hachures), und erhielt so den Effekt von Doppellöhnen.

Ein solcher Druck ist sehr schwierig herzustellen, indem das Pulver das Gestech verschmiert.

Rußgrau.

Ebensowenig wie beim Ultramarin und dem Guignet'sche Grün ist es bisher gelungen, den schwarzen Farbstoff, welchen uns die amorphe Kohle liefert, auf chemischem Wege auf den Geweben zu befestigen; man findet jedoch auf gewissen chinesischen Stoffen eine graue, aus Kohlenstoff bestehende Farbe, welche nicht durch Albumin fixirt ist.

Die Umstände indessen, unter welchen Kohlenstoff sich chemisch abscheidet, sind nicht derartig, daß man davon zur Färberei oder zum Zeugdruck Gebrauch machen könnte.

Die beiden Arten von Kohle, die zur Verwendung kommen, sind der Ruß, welcher den gewünschten Grad von Feinheit hat, und das im Handel vorkommende Beinschwarz, das mit Wasser geschlemmt und gut pulverisirt ist.

Der Ruß enthält eine ziemliche Menge empyreumatischer Oele, welche die Vermischung mit Verdickungsmitteln schwierig machen. Ist diese Operation nur unvollständig ausgeführt, so erhält man unreine und fleckige Nüancen. Um diesem Uebelstand vorzubeugen, kocht man den Ruß erst mit kaustischer Natronlauge, wodurch die öligen Stoffe aufgelöst werden, und wäscht alsdann mit warmem Wasser so lange aus, bis das Alkali fortgeschafft ist; oder man behandelt den Ruß mit heißer konzentrirter Schwefelsäure, um jene Substanzen zu verkohlen, wäscht tüchtig aus und läßt den Rückstand trocknen. Die letztere Methode ist der ersteren noch vorzuziehen.

Die graue Farbe, welche der Kohlenstoff liefert, ist im Allgemeinen dauerhafter als das Ultramarinblau, weil die färbende Kraft der Kohle eine viel stärkere ist; man sucht übrigens weit mehr helle als dunkle Töne zu erhalten.

Natürlicherweise kann man hierbei ohne irgend welche Unannehmlichkeit Blutalbumin an Stelle von Albumin aus Eiern verwenden, weil der gelbliche Ton durch die Farbe gedeckt wird.

Man vermischt überdies noch gewöhnlich das Schwarz mit einem gleichen Gewicht Ultramarin, um die gelblichgraue Nüance, welche es für sich allein haben würde, in einen bläulichen Ton umzuwandeln. Für die verschiedenen Modefarben kann man es noch mit Chromgelb, Ocker, Zinkweiß, Pflanzenlacken und selbst Anilinfarben versetzen. Je nachdem man mehr oder weniger von dem einen oder dem andern Stoff hinzufügt, kann man natürlicherweise nach Belieben die verschiedensten Töne hervorbringen.

Kenntlich ist das Grau, welches durch Kohle hergestellt wird, an der Widerstandsfähigkeit selbst gegen die stärksten chemischen Reagentien (konzentrirte Salzsäure, Schwefelsäure, Salpetersäure, Chlor, unterchlorige Säure, konzentrirte kaustische Alkalilaugen). Beim Verbrennen verschwindet das Schwarz vollständig, und es bleibt nur ein kohliger Rückstand, welcher von dem Gewebe und dem Albumin herrührt.

Zeugprobe 6. Rußgrau, mit Albumin fixirt.

Albuminviolet.

Vor der Erfindung des Orseille- und Anilinviolet druckte man viel Albuminviolet, welches aus einer Mischung von Ultramarin- und Cochenillelack bestand.

Diese Farben sowol wie die, welche man durch mechanische Fixirung der Pflanzenlacke (Cochenillelack, Krapplack u. s. w.) erhält, zeigen keine besonderen Eigenthümlichkeiten, und wir verweisen deshalb auf das bereits Gesagte.

Insbesondere geben die Krapplacke auf den Geweben nie die lebhaften und dunklen Nüancen, wie die durch Färbung erhaltenen Krappfarben.

In der neuesten Zeit hat man jedoch einen Weg zur Erreichung dieses von den Fabrikanten lange erstrebten Zieles gefunden, von welchem weiter unten die Rede sein soll.

Zinnober.

Das Schwefelquecksilber, in der schönen rothen Varietät, kann ebenfalls mittelst Albumin gedruckt werden und liefert ein sehr schönes, wenngleich etwas dunkles Roth.

Auf den Geweben läßt es sich am besten durch seine Unveränderlichkeit durch Alkalien und Säuren, selbst durch Salpetersäure, nachweisen. Bei der Verbrennung verflüchtigt es sich. Löst man das Gewebe in Königswasser auf, so bildet sich ein Quecksilbersalz, in welchem man leicht das Quecksilber nachweisen kann.

Zeugprobe 7. Zinnober, mit Albumin fixirt.

Karminroth.

Seit einigen Jahren druckt man hauptsächlich für Möbelstoffe ein Albuminroth, das vollkommen dem Krapproth gleicht und dessen Farbstoff der Karmin aus Cochenille ist.

Diese Farbe ist von der vorhergehenden insofern verschieden, als der Karmin gewöhnlich in Ammoniak gelöst und diese Lösung mit dem Albumin vermischt wird; durch heiße Dämpfe wird das Ammoniak verjagt und der ausgeschiedene unlösliche Karmin durch Koagulirung des Albumins firirt. Vielleicht entsteht auch eine chemische Verbindung zwischen dem Karmin und dem Proteïnstoff. In diesem Falle würde also dieser Vorgang in der Mitte stehen zwischen denen, wo das Albumin die Rolle eines Mordants spielt, und denen, wo es einfach als mechanisches Firirungsmittel wirkt.

Man löst ungefähr 3 Theile Karmin in 2 Theilen Ammoniak und vermischt diese Lösung mit mehr oder weniger Albuminwasser. Das Albumin kann übrigens hierbei durch eine ammoniakalische Lösung von Kaseïn ersetzt werden.

Man benutzt indessen auch den Karmin en pâte ohne vorherige Lösung in Ammoniak; das Produkt, dessen man sich bedient, ist mehr oder weniger schön, und sein Werth schwankt zwischen 3 bis 80 Francs für das Kilogramm, je nach der Reichhaltigkeit des Druckes.

Nach den Beobachtungen von Camillus Koechlin vermehrt das weinsaure Ammonium beträchtlich den Glanz dieser Farbe.

Durch das Aussetzen in heiße Dämpfe wird die Befestigung vollständig; die Farbe ist auch am Licht ziemlich beständig.

Der Karmindruck unterscheidet sich vom Garancinroth, mit welchem er die größte Uebereinstimmung in der Farbe hat, und von allen andern rothen Farbstoffen durch seine Löslichkeit in Ammoniakflüssigkeit.

Eine Probe eines Gewebes, das mit diesem Roth bedruckt ist, in ammoniakhaltiges Wasser getaucht, entfärbt sich nach und nach, ohne in Violet oder Gelb überzugehen, und die Flüssigkeit nimmt eine sehr schön rothe Färbung an.

Zeugprobe 8. Karminroth, mit Albumin firirt.

Substanzen, welche das Albumin als mechanische und plastische Firirungsmittel ersetzen können.

Wie wir schon bemerkt haben, ist es noch nicht gelungen, für das Albumin ein zweckentsprechendes Ersatzmittel zu finden, welches diesem in allen Stücken gleichkäme. Alle Präparate, mit welchem hochtrabenden Namen sie auch benannt sein mögen, bieten, trotzdem man sie als vollständig ebenbürtige Rivalen des Albumins angekündigt hat, einzig und allein den Vortheil der geringeren Kostspieligkeit; allein sie können nie mit demselben, weder in Rücksicht auf ihre Haltbarkeit noch auf die Reinheit ihrer Nüancen, einen Vergleich aushalten.

Wir wollen zuerst die albuminartigen oder die sogenannten Proteïnstoffe einer genaueren Besprechung unterziehen. — Man hat nach einander Caseïn, Kleber und Fibrin zu benutzen versucht.

Das Caseïn

ist bekanntlich in allen alkalischen Flüssigkeiten löslich, aus welchen Lösungen es durch Säuren im unveränderten Zustande wieder gefällt wird.

Aus seiner Lösung in Ammoniak wird es schon durch Hitze (Wasserdämpfe) gefällt, und zwar in dem Maße, als das Ammoniak sich verflüchtigt; von dieser Eigenschaft macht man denn auch für gewöhnlich bei der Fixirung unlöslicher Farben Gebrauch. Das Caseïn giebt mit dem Ammoniak eine sehr homogene Lösung von gummiartiger Konsistenz, welche Farben liefert, die sich gut drucken lassen. Aus diesem Grunde verwendet man es hauptsächlich für schwierige Muster, welche eine sehr gleichmäßige Zubereitung erfordern. Zur vollständigen Entfernung des Ammoniak ist es nöthig, die fertig gedruckten Stoffe heißen Dämpfen auszusetzen, da ein einfaches Hindurchziehen durch siedendes Wasser niemals genügt. Der Druck ist jedoch in Seifenlösung und in Alkalien nicht haltbar.

Die Nüancen sind dunkler, als wie die mit Albumin hergestellten. Die Farbstoffe also, welche man mit einer alkalischen Lösung von Caseïn drucken kann, beschränken sich selbstverständlich nur auf solche, die durch Alkalien keine Veränderung erleiden; zu diesen gehört das Ultramarin.

Die Farbe, welche mit dem Namen Argentin (pulverförmiges metallisches Zinn) bezeichnet wird, druckt man hauptsächlich mit Caseïn.

In England verfährt man seit dem Jahre 1829 zu diesem Zweck folgendermaßen:

Man beginnt damit, sich auf eine Weise, die wir erst später auseinandersetzen werden (s. metallische Farben), das Zinn in hinreichend feiner Vertheilung zu verschaffen. Hiervon vermischt man ungefähr 300 Gramm mit einem Liter einer ammoniakalischen Lösung von Caseïn, welche man so lange, bis sich das Ganze in eine gleichmäßige geschmeidige Masse verwandelt, gekocht hat, und druckt mit Walzen oder Handdruckformen, nachdem der Stoff vorher oberflächlich appretirt wurde, damit die Farbe so viel als möglich auf der Oberfläche haften bleibt.

Nach dem Druck ist die Farbe ein mattes Grau; der Metallglanz tritt erst dann hervor, wenn das Gewebe mehrmals durch erhitzte Friktionskalander gegangen ist.

Das Argentin findet hauptsächlich in dem Genre der Futterstoffe Verwendung; in schmalen Streifen auf einem verschieden gefärbten Grunde gedruckt, sieht es fast wie Seide aus.

Dieser Druck wird selbst durch eine Wäsche nicht vollständig entfernt. Uebrigens ist das Auftragen der Farbe, besonders mit Walzen, eine der schwierigsten Operationen, wahrscheinlich in Folge der Verwandtschaft zwischen dem Metall der Farbe und dem der Walzen; nicht allein versetzt sich hartnäckig das Gesteds, sondern es sammelt sich auch oft unter dem Streichmesser ein Metallstreifen an, welcher ein gleichmäßiges Arbeiten dieses wesentlichen Theiles der Maschine verhindert.

Um alle diesen hindernden Eigenschaften so viel als möglich zu begegnen, muß man ein klebriges Verdickungsmittel anwenden und die Farbe mit Fett und Glycerin versetzen.

Zeugprobe 9. Probe von Argentin, mit Casein fixirt.

Die andern Metalle eignen sich zu derartiger Verarbeitung nicht so gut wie das Zinn.

Bisweilen bewirkt der pulverförmige Farbstoff eine Koagulation der ammoniakalischen Lösung des Caseïns, das im Allgemeinen sehr leicht koagulirt; in dieser Weise wirken zum Beispiel die meisten übrigen Verdickungsmittel. Man muß sorgfältig das Dämpfen vermeiden und noch weit mehr sich hüten, mit einer ammoniakalischen Lösung von Caseïn neben Farben zu drucken, auf welche die alkalischen Dämpfe, die dabei frei werden, einen schädlichen Einfluß ausüben können. So darf man z. B. niemals ein mit Caseïn fixirtes Rußgrau neben Berliner Blau anwenden, da letzteres durch Ammoniak veilchenblau nüancirt wird. Es ist genugsam ersichtlich, daß die Zahl der Fälle, wo das Albumin durch den Proteïnstoff der Milch ersetzt werden kann, nur eine beschränkte ist.

Mitunter löst man auch das Caseïn in Kalkwasser auf und überläßt es der Kohlensäure der Luft, den Kalk als kohlensaures Calcium niederzuschlagen; allein diese Methode, das Caseïn aufzulösen, ist, trotzdem die Lösung eine ganz vorzügliche Bindekraft besitzt und, erst einmal erhärtet, dem Wasser und der Mehrzahl der Reagentien widersteht, doch nur sehr wenig in Gebrauch. Die Anwendung erfordert nämlich große Vorsichtsmaßregeln und gelingt nur, wenn man das Caseïn durch fortgesetztes Waschen sorgfältig gereinigt hat.

Die Mischung koagulirt sehr schnell und vertheilt sich nicht genug, um in das Gewebe einzudringen; deshalb muß man das Trocknen vor dem Dämpfen zu verzögern suchen, indem man die Stücke in feuchte Tücher einschlägt.

Die Fabrikanten bedienen sich sowol des frischen Caseïns, welches aus gut abgerahmter Milch durch eine Säure niedergeschlagen ist, oder des getrockneten Caseïns, wie es im Handel vorkommt.

Nach einer sehr interessanten Beobachtung von E. Meyer wird eine mit einer Lösung von Caseïn in Ammoniakflüssigkeit verdickte Farbe beim Drucken auf einem Gewebe, das mit Zuckerkalk (Auflösung von gebranntem Kalk in einer kalten Zuckerlösung) präparirt ist, nach dem Dämpfen ebenso haltbar, wie mit Albumin; allein der Druck läßt sich nicht so gut herstellen.

Der Kleber (Leim).

Man hat große Anstrengungen und vielfache Versuche gemacht, um dieses Produkt zum Fixiren von Farben zu verwenden, und wenn dieselben auch nicht nach allen Richtungen hin zufriedenstellend ausgefallen sind, so haben sie doch zu Resultaten geführt, welche wol unsere Aufmerksamkeit verdienen.

Der Kleber ist wie das Caseïn in Alkalien löslich; aber diese Lösungen sind sehr wenig beständig und koaguliren freiwillig mit der größten Leichtigkeit. Oft bedarf es nur geringfügiger Umstände, um diese unangenehme Erscheinung hervorzurufen; das Trocknen ist nicht einmal nothwendig, und es genügt schon für die Abscheidung des Proteïnkörpers, wenn man die Lösungen einfach sich selbst überläßt.

Man begreift demnach, daß, wenn ein unlösliches Pulver in solchen Lösungen suspendirt ist, in dem Moment, wo die Abscheidung des Klebers erfolgt, es von diesem mit niedergerissen und folglich hierdurch auch befestigt wird. Die mit Alkaliglutinat bereiteten Farben sind alle wirkliche Applikationsfarben, welche man nach dem Drucken einige Zeit liegen läßt, um sie waschen zu können, indem man das Dämpfen unterläßt. — Es braucht wol kaum gesagt zu werden, daß man die Lösungen nur im frischen Zustande verwenden darf.

Zur Bereitung derartiger Lösungen hat man eine Unzahl von Vorschriften angegeben; hauptsächlich wurden kaustische Natronlauge, Ammoniak, Kalk, Zuckerkalk, kohlensaures Natrium und Essigsäure als Lösungsmittel vorgeschlagen[1]).

---

[1]) Thom und Rosenstiel. Dingler's polyt. Journal, Bd. CLXXXIII, pag. 53; Deutsche Industriezeitung, 1867, pag. 35.

Das von Lies-Bedard in den Handel gebrachte Lujin ist Kleber, welcher nach einer vorläufigen Gährung getrocknet ist.

Bei der Anwendung von Kali ist es nothwendig, nur die ganz genau erforderliche Menge Kalimilch zu der Kleberlösung hinzuzusetzen. Hat man zu wenig zugefügt, so bleibt ein Theil des Klebers in Breiform zurück; im andern Fall ist die Farbe wenig beständig und sehr geneigt zu schäumen. Alle diese Präparate gewinnen durch Dämpfen an Dauerhaftigkeit.

D. Scheurer hat, um Lösungen von Kleber zu erhalten, die Einwirkung benutzt, welche Wasser, das einige Tausendstel Essigsäure oder Milchsäure enthält, auf den Kleber sowol wie auf das Muskelfibrin ausübt. Digerirt man nämlich 24 Stunden denselben mit dem gleichen Gewicht einer solchen Flüssigkeit, so verändert er sich und löst sich mit der größten Leichtigkeit in dem sauren Wasser, worin er enthalten ist; ein Hinzufügen von Essigsäure vollendet die Auflösung.

Die auf diese Weise hergestellten Farben werden also durch einfache Applikation und besser noch durch Dämpfen fixirt. Man kann diese Methode demnach nur für Farbstoffe anwenden, welche durch schwache Säuren keine Aenderung erleiden; übrigens halten sich nach diesem Verfahren bereitete Lösungen keineswegs besser als mittelst Alkalien dargestellte.

Wiederholentlich hat man verschiedene Leimfabrikate als zweckentsprechende Ersatzmittel für den Kleber zum Kauf geboten; allein bei genauerer Untersuchung hat sich immer ergeben, daß sie keineswegs größere Vorzüge darbieten, als die bereits angeführten; übrigens ist auch nicht veröffentlicht worden, auf welche Weise die Präparate dargestellt waren.

Das Fibrin.

Das Fibrin aus dem Blut und dem Fleisch wird, obwol sehr selten, auf dieselbe Weise angewendet wie der Kleber. Das aus dem Fischfleisch dargestellte Proteïn, das einen sehr merklichen Fischgeruch zurückbehält, löst sich gleichmäßig in Alkalien und in Kali auf. Das Meagulum, welches es liefert, ist wie das des Klebers dunkel gefärbt, und die Dauerhaftigkeit der damit verarbeiteten Farben läßt viel zu wünschen übrig.

Rezepte. — Die ammoniakalische Lösung des Caseïns wird dargestellt aus 7,500 Kilogramm trocknem Caseïn, 28 Liter lauwarmem Wasser und 1 Kilogramm Ammoniakflüssigkeit von 20 Prozent, wie sie im Handel vorkommt. Man rührt so lange um, bis die Masse vollständig homogen ist.

Eine Lösung von Natriumglutinat (Kleber in Natronlauge gelöst), welche ein sehr gutes Ruhgran liefert, besteht aus: 5 Kilogramm getrocknetem pulverförmigen Kleber, 36 Liter Wasser; man rührt gut um und fügt 2,5 Liter kaustische Natronlauge von 25° hinzu.

Lösung von Kleber mittelst Kalk: Man fügt zu 20 Kilogramm Leim in Tafeln 1 bis 2 Liter Kalkmilch (aus 250 Gramm gebranntem Kalk auf 1 Liter Wasser).

Lösung von Kleber vermittelst Säuren: Man mischt 5 Liter warmes Wasser, 100 Gramm Salzsäure und fügt dazu 5 Kilogramm frischen Kleber, und hierzu seht man, wenn die Masse homogen geworden, zur vollständigen Lösung 2 Liter Essigsäure von 8°.

Ueberläßt man den Kleber sich selbst, so wird er sauer, hauptsächlich durch Bildung von Milchsäure, und kann dann durch Hinzufügen von Wasser gelöst werden. Man hat von dieser Eigenschaft Gebrauch gemacht, um einen Kitt mit Kleber herzustellen.

Außer den albuminartigen Substanzen hat man vorgeschlagen:

1) Eine ammoniakalische Lösung von Gummilack zur Firirung des Ultramarins. In der Praxis hat sich dieser Vorschlag nicht bewährt.

2) In Aceton aufgeweichten und in Lavendelöl aufgelösten Kopal. Mit dieser Lösung hergestellte Drucke halten sehr gut das Waschen, sogar das Kochen aus.

3) Die Lösungen von Kautschuk in Steinkohlentheeröl, Naphtha oder Petroleum. Sie geben ganz vorzügliche Firirungsmittel für Ultramarin auf Wolle; man hat sie sogar dem Albumin beim Drucken derartiger Stoffe vorgezogen, weil sie das Gewebe weniger hart machen; aber seit der Entdeckung des Turnbull's Blau (Bleu de France) und des Anilinblaus benutzt man den Ultramarin nicht mehr so viel zum Drucken auf Wolle; übrigens ist die Farbe sehr feuergefährlich.

4) Der Druck mit wirklichen Oelfarben wurde zu gewissen Zeiten vielfach in Anwendung gebracht und wird auch jetzt noch bei manchen Artikeln, hauptsächlich auf Wolle, ausgeführt. — Die Farbenpulver werden mit einem trocknenden Oel angerührt; die Farben, welche gewöhnlich auf dunklem Grunde gedruckt werden, müssen sehr gute Deckkraft

besitzen und viel Zinkweiß enthalten; sie werden zu sehr niedlichen Verzierungen angewendet.

5) Eine Lösung von Fichtenharz in Leinöl.
6) Sandaral und Mastix, in Essigsäure gelöst.

Das beste Mittel, um den Grad der Dauerhaftigkeit einer Farbe, welche mit einem mechanischen Firirungsmittel befestigt ist, abzuschätzen, besteht darin, das Gewebe mit siedender Seifenlauge zu behandeln und dann leicht zwischen den Fingern zu reiben.

Die mit Albumin gedruckten Farben widerstehen im Allgemeinen dieser Probe, während bei den verschiedenen Ersatzmitteln für dasselbe der Farbstoff sich mit größerer oder geringerer Leichtigkeit ablöst.

Bildungen der Epidermis.

Alle Erzeugnisse der Epidermis scheinen aus ein und derselben Substanz in verschiedenen Aggregatzuständen zu bestehen. Sie sind unlöslich in Wasser, Alkohol und konzentrirter Essigsäure; in Alkalien schwellen sie in der Kälte auf, ohne sich zu lösen; beim Kochen in Alkalien werden sie gelöst, jedoch nur unter Zersetzung, indem gleichzeitig Ammoniak entwickelt wird. Sie enthalten eine ziemlich bedeutende Menge Schwefel (2,5 bis 3 Prozent), von welchem ein Theil auf die Alkalien reagirt und mit ihnen Sulfsalze bildet. In einem luftdicht abgeschlossenen Gefäß unter sehr hohem Druck mit Wasser erhitzt, lösen sie sich, wenngleich nur schwierig, auf; diese Lösung gelatinirt nicht, was sie sehr wohl von der organischen Materie der Knochen, der thierischen Haut und dem Knorpel unterscheidet.

Der wichtigste von allen diesen Stoffen, welcher uns am meisten interessirt ist

Die Wolle[1]).

Die Wolle ist eine faserartige Substanz, welche von der Haut der Schafe und einiger Ziegenvarietäten erzeugt wird. Der Gebrauch

---

[1]) Terminologie der Schafzucht und Wollkunde von Jeppe, Rostock 1847. — Schmidt, Schafzucht und Wollkunde, 1852. — Persoz, Traité de l'impression des tissus, Bd. I, pag. 321, Bd. II, pag. 86. — Alcan, Traité de la filature du coton (2. Ausg.), 1865. — Schubarth, Handbuch der technischen Chemie und der chemischen Technologie (4. Ausg.), Bd. III, pag. 325.

dieses kostbaren Stoffes zur Anfertigung von Geweben verliert sich bis in das graue Alterthum und ist lange vor dem Gebrauch der vegetabilischen Fasern allgemein gewesen. Die besondern Eigenschaften der Wolle, die Länge der Fasern, ihre Feinheit, ihre Festigkeit, ihre Elastizität, ihre weiße, gelbe oder braune Farbe, schließlich die Schönheit der Farben, welche man ihr durch Färben geben kann, sind abhängig von der Race des Thieres, dem Alter, dem Körpertheil, wo dasselbe geschoren ist, von dem Klima, von der Sorgfalt, welche man auf die Zucht der Thiere verwendet hat, und größtentheils von deren mehr oder minder vollkommnem Gesundheitszustand.

Daher rühren die Unterscheidungen in Lammwolle, d. h. die Wolle von der ersten Schur eines Thieres, die zwar feiner und seidenartiger ist, aber weniger Elastizität und Haltbarkeit besitzt, in Sterblingswolle, d. i. Wolle kranker oder gefallener Thiere, die in der Regel schlecht und zum Färben untauglich ist, in Schurwolle, die von lebenden und gesunden Hammeln kommt, und in Mutterwolle von ausgewachsenem Schafen; die beiden letzteren Sorten haben bedeutend höheren Werth als die Lammwolle.

Die beste Wolle befindet sich auf den Schultern, dem untern Theil des Halses, dem Rücken und an den Seiten des Thiers; die der Beine, des Bauches, Kopfes und der Schwanzwurzel ist von mittelmäßiger Güte. Die in den Handel gebrachte Wolle wird eingetheilt in feine Sorten (Super-Elekta, Elekta [Elettoral], Prima, Sekunda); in Mittelsorten (Tertia, Quarta); in ordinäre (Quinta, Sexta) und in schlechte Sorten (Stücke, Locken). Die Lammwolle kommt unsortirt in den Handel.

Die Dicke der Fasern schwankt zwischen $\frac{1}{\ }$ bis $\frac{1}{\ }$ Millimeter im Durchmesser, die Länge der Fasern zwischen 40 bis 180 Millimeter. Ein noch wichtigeres Unterscheidungsmittel ist die sogenannte Kräuselung. Bei ordinären Wollen ist das einzelne Wollfäserchen ganz gerade; je feiner die Wolle, desto entwickelter tritt dieses Kräuseln auf; es besteht indessen nicht aus spiralförmigen Windungen, sondern aus zickzackförmigen Biegungen, die ziemlich in einer Ebene liegen. Die Feinheit steht in direktem Verhältniß zur Länge und ist umgekehrt proportional zu der Anzahl der Windungen. — Unter dem Mikroskop[1]) bei einer 350—400maligen Vergrößerung erscheinen sie als Zylinder, bei denen sich die tannenzapfen- oder schuppenartige Bildung der Epithelialschicht sehr stark entwickelt zeigt, besonders, wenn man

---

[1]) Mittheilungen für Gewerbe und Handel, 16. Heft, Prag, 1856. — Dingler's polyt. Journal, Bd. CLXXI, pag. 311.

sie mit einem Menschenhaar vergleicht. Mitunter bemerkt man auch sehr feine Streifen parallel mit der Are und bisweilen im Innern eine dunkle Linie, welche also einen zentralen Kanal andeutet, der mit Luft oder einer mehr oder minder gefärbten Flüssigkeit angefüllt ist. Der Durchmesser des normal ausgewachsenen Wollhaares verkleinert sich nach oben, so daß das Haar allmälig, indem sich die Querfalten mehr und mehr verlieren, zu einer feinen platten Spitze ausläuft, welche sich bei geschorenen Haaren nicht wiedererzeugt. Alle Wollen einer späteren Schur sind daher gänzlich ohne Spitze und besitzen ihrer ganzen Länge nach ziemlich gleiche Dicke. Werden die Haare nach der Spitze hin dicker, oder sind sie an einzelnen Stellen gekräuselt, an andern nicht, so rührt dies von einer Krankheit der Thiere oder einer unregelmäßigen Pflege her. Die Fasern, welche sehr elastisch sind, halten sich nicht gerade, sondern zeigen eine große Neigung sich zu krümmen (Fig. 10, Taf. I).

Man schert jährlich einmal im Sommer die Wolle von den lebenden Thieren. Der Ertrag des einzelnen Individuums heißt eine Schur. Das Gewicht einer Schur schwankt je nach der Größe zwischen 1,5 bis 6 Kilogramm.

Da das Vließ immer stark durch Schmutz, Schweiß und andere Stoffe verunreinigt ist, welche Unreinlichkeiten ein sehr beträchtliches Gewicht haben, so wird, um wenigstens eine ungefähre Schätzung des Werthes der Wolle zu haben, dieselbe einer vorläufigen Reinigung unterworfen, welche indessen nicht den Zweck hat, die Verunreinigungen vollständig von der Wollfaser zu entfernen. Diese Reinigung, die Wollwäsche (Schafschwemme), findet in mehreren Ländern, zum Beispiel bei uns in Deutschland und in England, in fließendem Wasser unmittelbar vor der Schur statt und heißt dann Pelzwäsche, oder unmittelbar nach der Schur, wie in Spanien und Frankreich (spanische Wäsche), und wird dann endlich durch eine gründliche Reinigung in den Fabriken (Fabrikwäsche) ergänzt. In den beiden ersteren Fällen enthält die Wollschur immer noch eine bedeutende Menge von fremden Substanzen, welche man unter dem Namen Schweiß zusammenfaßt. Es ist dies eine braune, fettige Substanz, welche die Wolle gegen die Motten schützt. Die Entfernung des Schweißes (Entschweißen, désuintage) ist, falls die Wolle nicht längere Zeit aufbewahrt werden soll, eine der ersten Operationen, welche dieselbe erleidet; sie wird bisweilen auch mit dem rohen, nicht gewaschenen Material vorgenommen.

Vauquelin untersuchte den Schweiß und fand in demselben eine Kaliumseife, welcher andere Kalium- und Calciumsalze, sowie Schmutz beigemischt waren. Auch Chevreul[1]) hat sich mit dieser Untersuchung beschäftigt. Nach seinen Beobachtungen beträgt die reine Faser von Merinowolle nur 31,23 Prozent der Masse, welche das Thier liefert, so daß sich also die Schweißmenge auf 68,77 Prozent belaufen würde. Letztere ist um so größer, je feiner die Wolle ist; die geringste Menge für grobes Material ist 25 Prozent.

Der Schweiß besteht 1) aus mehr oder minder stark haftenden Staubtheilen, von welchem ein Theil schon durch einfaches Waschen entfernt wird, während ein anderer vom Fett mechanisch festgehalten und erst durch eine zweckmäßige Behandlung der Wolle zugleich mit diesem fortgeschafft wird; 2) in Wasser löslichen Theilen, welche hauptsächlich aus einer Kaliumseife und gewissen Salzen, essigsaurem Kalium (sehr wenig kohlensaurem Kalium und Chlorkalium, Vauquelin) und nach Maumené einem Kaliumsalz, welches mit einer eigenthümlichen syrupartigen organischen Säure (Milchsäure?) verbunden ist; 3) aus mehreren neutralen Fetten. Chevreul unterscheidet hierbei außer dem Olein und dem Margarin zwei neutrale unverseifbare Fette, welche in siedendem Alkohol löslich sind und von denen das eine, das Stearerin, wachsartige Konsistenz hat, und das andere, das Elaërin, bei 15° schmilzt und wie Terpentin aussieht. Das Gewicht dieser beiden Fettkörper steigt auf 17 Prozent der entschweißten Merinowolle. Das Stearerin wird bei 45° weich und beginnt bei 55° flüssig zu werden. Es krystallisirt in kleinen weißen Nadeln.

Die Zusammensetzung der bei 100° getrockneten Merinowolle ist nach Chevreul:

Erdige Substanzen, welche sich im Waschwasser absetzen	26,06
In kaltem Wasser löslicher Schweiß	32,74
Neutrale Fette	8,57
Erdige Substanzen, welche sich nach Entfernung des Fettes absetzen	1,40
Wollfaser	31,23
	100,00

---

[1]) Chevreul, Ueber den Schweiß der Wolle. Annales de l'industrie française, t. I, pag. 422. — Journ. f. prakt. Chemie, Bd. XXII, pag. 227; Bd. XXVII, pag. 57. — Dingler's polytechn. Journal, Bd. LXXXV, pag. 222. Derselbe, Die Zusammensetzung der Wolle, Bd. LXXXVII, pag. 138. — Olshay, Bd. CX, pag. 345.

In einer neueren Arbeit (1856) giebt Chevreul[1]) an, daß in dem Schweiße enthalten sei: Essigsaures Calcium, Chlorkalium, Kieselsäure, Baldriansäure, zwei Kaliumsalze mit eigenthümlichen organischen Säuren und mindestens fünf Fettsubstanzen, von welchen keine den im Hammelfett vorkommenden analog ist; im Ganzen sind es 29 Körper, welche er gefunden hat. Kürzlich hat Chevreul[2]) in dem Wollschweiße eine neue Säure entdeckt, welche er Glinsäure nennt; dieselbe ist bei gewöhnlicher Temperatur flüssig und besitzt ein höheres specifisches Gewicht als Wasser.

Ist die Faser durch Wasser, Alkohol und Aether von den fremden Substanzen befreit, so hat sie die Zusammensetzung und die allgemeinen Eigenschaften der Haut. Sie hinterläßt 0,3 bis 0,6 Procent Asche, welche aus phosphorsaurem Calcium und Magnesium, schwefelsaurem und kohlensaurem Calcium, Kieselsäure und Eisenoxyd besteht. Nach einer Behandlung mit Chlorwasserstoffsäure beträgt die Mineralsubstanz nur ein bis zwei Tausendstel.

Wir haben uns vor Allem mit dem Vorhandensein des Schwefels zu beschäftigen, welcher in der Praxis eine wichtige Rolle spielt. Ein großer Theil desselben wird leicht unter dem Einfluß der Alkalien abgeschieden; wird Wolle in einer Lösung von Bleihydroxyd in einem Ueberschuß von Natriumhydroxyd eingetaucht, so schwärzt sie sich in Folge der Bildung von Schwefelblei. Bei 150° entwickelt die Wolle einen merklichen Schwefelgeruch. Wasser begünstigt die Entwicklung des Schwefeldampfes; denn es genügt, Wolle mit Wasser zu sieden, um die Gegenwart desselben in dem Dampfe zu erkennen. Deßhalb muß man auch selbstverständlich bei allen hellen Farben jedwede Berührung mit metallischen Flächen und Metallsalzen, wie Blei-, Kupfer- und Zinnpräparate vermeiden, namentlich wenn es nöthig ist zu dämpfen.

Chevreul entfernt den activen Schwefel aus der Wolle, welche bei der Gobelinmanufaktur Verwendung findet, indem er dieselbe während 24 Stunden in kalte Kalkmilch taucht und zuerst mit schwacher Chlorwasserstoffsäure und darauf mit Wasser wäscht. Achtundzwanzigmalige Einweichung von vierundzwanzigstündiger Dauer in Kalkwasser und achtundzwanzigmal wiederholte Behandlung mit Salzsäure zeigen

---

[1]) Journal für prakt. Chemie, Bd. LXX, pag. 256. — Polytechn. Centralbl., 1857, pag. 142.

[2]) Comptes rendus de l'Académie des sciences, Nr. LXII, pag. 1015. — Dingler's polyt. Journ., Bd. CLXXI, pag. 180. — Deutsche Industriezeitung, 1866, pag. 418.

sich nicht hinreichend, den Schwefel gänzlich fortzuschaffen; die Wolle behielt noch ungefähr 0,16 Prozent davon zurück, obwol sie nicht mehr durch Natriumbleihydroxyd gefärbt wurde.

Entfettete Wolle nimmt bei 160° C. eine gelbe Färbung an, welche noch intensiver wird, wenn man sie ihres Schwefels beraubt hat. Vor der Entfettung wird sie unter denselben Bedingungen braun; bei 130° entweicht Ammoniakgas.

Das Schweitzer'sche Reagens ist in der Kälte ohne Einwirkung auf die Wolle, in der Wärme löst es dieselbe auf.

Chlor und unterchlorige Säure verändern sie, indem sie dieselbe gelb färben. Salpetersäure bildet damit keine Pikrinsäure (wie mit Seide), färbt sie jedoch selbst im verdünnten Zustande röthlichgelb. In Alkalien löst sich die Wolle besonders schnell beim Erhitzen bis zum Sieden, unter Entweichung von Ammoniak, auf; setzt man zu dieser Auflösung Chlorwasserstoffsäure, so erhält man bei gleichzeitigem Entweichen von Schwefelwasserstoff einen Niederschlag, welcher getrocknet braun ist und nach verbrannter Wolle riecht. Kohlensaure Alkalien und Seifenlaugen, wenn sie nicht sehr konzentrirt und nicht über 60° C. erhitzt sind, wirken nicht ersichtlich auf die Wolle ein.

Bei der Zersetzung durch hohe Wärme verbreitet die Wolle einen sehr merklichen unangenehmen Geruch nach verbranntem Horn. Nähert man einen Wollfaden einer Lichtflamme, so hinterläßt derselbe eine aufgeschwollene, poröse Kugel von Kohle, welche an dem übrigen Faden hängen bleibt. Man benutzt diese Eigenschaft, um in Geweben die Gegenwart von Wollenfasern schnell zu entdecken.

Die Wolle ist, wie überhaupt die Haare, im hohen Grade hygroskopisch. An der Luft unter günstigen Bedingungen ausgetrocknet, behält dieselbe noch 7,75 Prozent Wasser zurück, welche sie erst im luftleeren Raume verliert. Gewöhnlich enthält sie ungefähr 14—15 Prozent Wasser. Nach Maumené zog eine Probe Wolle, welche bereits 12,8 Prozent Wasser enthielt, in sechs Wochen, einer feuchten Atmosphäre ausgesetzt, noch 20 Prozent Feuchtigkeit an, so daß diese 32,8 Prozent, also beinahe ein Drittel von dem Gewicht der Wolle, betrug. Das Austrocknen sowie das Anziehen von Wasser geht übrigens bei gewöhnlicher Temperatur nur sehr langsam von Statten.

Das Verhalten der Wolle gegen Farbstoffe ist ein ganz eigenthümliches und von den der vegetabilischen Fasern sehr verschiedenes. So kann sie mit gewissen löslichen Farben wirkliche Verbindungen oder Lacke liefern. Sie verhält sich also in dieser Beziehung wie das koagulirte Albumin oder im Allgemeinen wie die Proteïnstoffe.

Mehrere Salze, unter andern der Alaun, werden aus ihren wässrigen Lösungen durch die Wolle gefällt und sehr energisch in Folge einer eigenthümlichen Anziehungskraft festgehalten.

Ferner muß man in der Praxis auf die reducirende Kraft, welche die Wollfaser auf gewisse Salze, wie z. B. die des Eisenoxyds, ausübt, Rücksicht nehmen. Die letzteren werden durch sie in Eisenoxydulsalze übergeführt.

Entschweißung und Entfettung. — Bevor die Wolle zur Verarbeitung in die Spinnereien gelangt, ist es nothwendig, die rohe Wolle zu reinigen oder zu entschweißen und zu entfetten, d. h. sie soviel wie möglich von den löslichen Substanzen und den Fettstoffen zu befreien, welche, wie wir oben gesehen haben, mehr als 50 Prozent vom Bruttogewicht betragen. Diese beiden Operationen werden jetzt häufig zu einer einzigen vereinigt.

Wenn man die Wolle mit 35° bis 40° warmem Flußwasser behandelt, so lösen sich die Kaliumsalze auf, und man erhält, wenn man methodisch zu Werke geht, eine ziemlich konzentrirte Lösung, die nach dem Abdampfen zur Trockne und nach dem Glühen einen kohlehaltigen Rückstand hinterläßt, der sehr reich an kohlensaurem Kalium ist. Maumené und Rogelet[1]) haben hierauf ein Verfahren zur fabrikmäßigen Darstellung von Pottasche gegründet. 1000 Kilogramm Wolle liefern auf diese Weise mindestens 75 Kilogramm Pottasche, welche bedeutend reiner ist als die im Handel vorkommende, durch Auslaugen von Asche gewonnene.

Das durch Einweichen der Wolle erhaltene Waschwasser kann in Rücksicht auf die darin enthaltene Seife eine große Menge der neutralen Fette auflösen und fortschaffen. Man erhält also bessere Resultate, wenn man die Lösungsfähigkeit des Schweißwassers für die Fette benutzt und die Wolle mit Wasser, welches schon zum Entschweißen gedient hat, behandelt, als wenn man sie mit größeren Mengen Wasser wäscht und dieses fortwährend erneuert. Die Wirkung desselben kann aber, wenn die Einwirkung zu lange fortgesetzt wird, schädlich für die Wolle werden, indem diese aufschwillt, sich zu spalten anfängt und an Kraft verliert. Auf den obigen Prinzipien ist die theilweise Entschweißung und Entfettung begründet.

Nachdem man die Wolle nach ihrer Qualität sortirt hat, bringt

---

[1]) Maumené und Rogelet, Rep. of patent invent. March 1860, pag. 231. — Dingler's polyt. Journal, Bd. CLVII, pag. 156. — Polyt. Centralbl., 1860, pag. 796.

man sie in Gefäße, welche Wasser von 35° bis 40° enthalten, worin sie 18 bis 20 Stunden bleibt. Die Lösung des Schweißes wird abgezogen und auf 50° bis 75° erhitzt; hierin taucht man die Wolle einige Minuten lang in kleinen Portionen ein, indem man sie beständig mit einem glatten Stocke in die Höhe hebt; darauf wird sie sofort in einen offenen, aus Weidenruthen geflochtenen Korb gebracht, welchen man in fließendes Wasser hängt, und zwar so lange, bis das abfließende Wasser rein erscheint. (Hierfür ist auch ein Auswaschen unter einem von der Höhe herabfallenden Wasserstrahl oder unter einer brausenartigen Vorrichtung vorgeschlagen.) Danach wird die Wolle ausgebreitet und im Schatten getrocknet, da die Sonne auf die Güte derselben einen schädlichen Einfluß ausübt.

Das eigentliche Entfetten im engeren Sinne geschieht in ganz schwachen alkalischen Bädern, welche mit gefaultem Urin oder Sodasalz, bisweilen auch einer Mischung beider angesetzt sind. Die Temperatur des Bades schwankt zwischen 55° bis 70°. Diese Operation ist der schwierigste Punkt. Wir haben bereits oben die unangenehme Einwirkung, welche alkalische Laugen auf die Wolle ausüben, angeführt. Das Fortschaffen des Fettes darf also nicht bis zu einer vollständigen Verseifung desselben gehen, sondern nur soweit, daß durch Vertheilung des Fettes eine Art Emulsion entsteht, welche leicht aus der Wolle herausgeschwemmt werden kann.

Der wirksame Bestandtheil im Urin ist das kohlensaure Ammonium, welches sich durch Zersetzung des Harnstoffes bildet. Die Anwendung dieser alkalischen Flüssigkeit ist indessen jetzt mehr beschränkt als ehemals.

Soll die Wolle mit Indigoblau gefärbt werden, so wiederholt man das Entfetten mehrmals hintereinander, indem man jedesmal trocknet und zwischen den einzelnen Operationen einen Zeitraum von vier Wochen verstreichen läßt.

In neuester Zeit ist zum Entfetten der Wolle das Behandeln mit Schwefelkohlenstoff vorgeschlagen; wegen der Leichtflüchtigkeit dieses Stoffes sind aber hierbei besondere Vorrichtungen erforderlich[1].

Das Bleichen der Wollgewebe.

Die gesponnene und gewebte Wolle ist indessen noch nicht in dem geeigneten Zustande, um zum Farbenbruck Verwendung finden

---

[1] Dingler's Polyt. Journal, Bd. CLXX, pag. 230. — Chem. Centralbl., 1864, pag. 330; im Auszuge in Wagner's Jahresberichten, 1863, pag. 585.

zu können. Außer der natürlichen Fettsubstanz, die beim ersten Entfetten nicht vollständig hat entfernt werden können, enthält sie noch Fett, welches beim Spinnen und Weben absichtlich hineingebracht ist, und allerlei Unreinigkeiten; sie hat eine schmutzig gelbliche, unansehnliche Farbe und enthält noch zu viel Fäserchen, welche beim Drucken einen schädlichen Einfluß ausüben würden.

Die vorläufige Zubereitung der wollenen Gewebe erfordern, wie die der baumwollenen, drei Operationen, nämlich: das Sengen, welches die Fäserchen oder Haarenden fortschafft, das Entfetten, welches die Fettsubstanzen entfernt, und das eigentliche Bleichen oder Entfärben, welches die Zerstörung oder Verdeckung des Farbstoffes zum Zweck hat.

Das Sengen wird wie bei den Baumwollenstoffen ausgeführt; man läßt die gut ausgespannten Zeuge mit passender Geschwindigkeit über eine konvexe bis zur Rothglut erhitzte Metallplatte gehen. Vermittelst eines energisch wirkenden Exhaustors werden die sehr unangenehm riechenden Stoffe, welche bei dieser oberflächlichen Verbrennung sich bilden, fortgeschafft. Dieses Sengen kann auch auf die Art ausgeführt werden, daß eine nicht leuchtende (mit Luft gemischt verbrennende) Gasflamme die Gewebe beleckt. Das letztere Verfahren ist vorzuziehen, da durch Zylindersengerei das weiche, geschmeidige Anfühlen der Wolle verloren geht. Wichtig jedoch ist es, nicht zu stark zu erhitzen; denn die Fettkörper, welche auf diese Weise durch die Hitze eine Veränderung erleiden, sind in den folgenden Operationen um so schwieriger zu entfernen.

Die gesengten Stoffe werden, bevor sie sich wieder aufrollen, Wasserdämpfen ausgesetzt, und man hat dafür zu sorgen, vermittelst einer Bürste die kleinen verbrannten, dem Zeuge noch anhängenden Fäserchen fortzuschaffen. Schon aus den oben dargestellten Eigenschaften der Wollfaser können wir schließen, daß es unmöglich ist, zum Entfetten und Bleichen der Wollgewebe so energisch wirkende Mittel oder so hohe Temperaturgrade wie bei der Baumwolle anzuwenden.

Die Alkaliseifen (weiße Seife) und die kohlensauren Alkalien (Sodasalz) sind die einzigen chemischen Mittel, welche man zur Entfernung des Fettes benutzen kann. Die Temperatur, bei welcher man arbeitet, darf 60° C. nicht übersteigen.

Diese Einwirkung ist natürlicherweise weniger energisch und weniger vollständig, als die mit gebranntem Kalke und Sodasalz bei einer Temperatur von 100°—130°, welche beim Bleichen der Baumwolle zur Anwendung gelangen; wie bereits bemerkt, darf die Entfettung nicht bis zur vollständigen Seifenbildung getrieben werden. Eine Abkochung der weißen Seifenwurzel (Radix saponariae albae von Lychnis dioica) oder auch der Rinde des Seifenbaumes (Quillaja saponaria) ist als Entschweißungsmittel versucht, doch nicht sehr brauchbar befunden worden, wol aber ist eine gemeinschaftliche Verwendung von Urin und Seifenwurzel zum Waschen sogenannter Fettwolle (d. h. solcher, die vor oder nach der Schur noch nicht gewaschen ist und also in der Fabrik gleichsam doppelte Wäsche zugleich empfangen muß) zu empfehlen.

Bei ihrem Durchgange durch die alkalischen Bäder müssen die Zeuge gut ausgespannt werden, um dadurch die unregelmäßige Zusammenziehung oder das Verziehen der Gewebe so viel als möglich zu verhüten und andererseits die Auflösung der Fettsubstanzen in dem kohlensauren Alkali und der Seife so viel als möglich zu begünstigen. Zu diesem Ende gelangen die Stoffe in ein rechtwinkliges Gefäß, das mit zwei Reihen von Rollen versehen ist, von welchen sich die einen über, die andern in der Flüssigkeit befinden. Ueber diese Walzen werden nun die Zeuge, indem sie sich gleichzeitig von der Walze, auf welche sie nach dem Sengen aufgerollt sind, abwickeln, mit größtmöglichster Spannung hinübergezogen und befinden sich also, indem sie immerwährend auf und ab, von den unteren zu den oberen Wellen gehen, bald innerhalb, bald außerhalb der Flüssigkeit. Sobald sie die letzte Welle passirt und die Lauge verlassen haben, kommen sie zwischen zwei mit Tuch bespannte Zylinder, die einander sehr nahe gestellt sind, um den Ueberschuß der Flüssigkeit auszupressen. Von hier aus gelangen sie in einen zweiten, dem vorigen ganz gleich konstruirten Bottig mit lauwarmem Wasser, worin sie gut ausgewaschen werden; hierauf werden sie auf einen zweiten Zylinder aufgerollt. In manchen Fabriken rollt man sie, bevor man sie in das warme Wasser bringt, zusammen und läßt das feuchte Gewebe mit der eingesaugten alkalischen Flüssigkeit einige Stunden liegen, um der Lauge Zeit zu lassen, ihre Wirkung zu vollenden. Die letztere Methode ist indessen nicht sehr zu empfehlen, weil dieselbe leicht einen nachtheiligen Einfluß auf die Wolle ausüben kann.

Die Gefäße werden durch einen Dampfstrom auf der geeigneten Temperatur erhalten.

Mitunter ersetzt man diese Vorrichtung durch einen einfacheren Apparat. Man begnügt sich mit einer Art Haspel, vermittelst deren man die zusammengenähten Stücke in Gestalt einer geschlossenen Kette und unausgespannt in der auf 40° bis 50° erwärmten Flüssigkeit zirkuliren läßt.

Auf jede Behandlung mit Seife und Sodasalz folgt eine Wäsche mit warmem Wasser. Gewöhnlich beginnt man mit einer Wäsche mit Wasser, worauf ein Seifenbad mit oder ohne Zusatz von Sodasalz folgt; hierauf kommt ein einfaches Durchziehen durch eine Lösung von Sodasalz allein und schließlich ein nochmaliges Waschen. Alsdann schreitet man zum Bleichen mittelst Schwefel oder vielmehr mittelst schwefliger Säure, die sich bei der Verbrennung des Schwefels durch den Sauerstoff der Luft bildet; auf das erste Schwefeln kann man eine abermalige Behandlung in Alkalibädern und ein zweites Schwefeln folgen lassen. Man verbraucht ungefähr 500 Gramm krystallisirtes Sodasalz für Stücke von 3 Kilogramm.

Die schweflige Säure vertritt bei Entfärbung der Wolle das Chlor, welches in der Bleicherei der vegetabilischen Fasern von so ungemeinem Nutzen ist. Das Chlorgas kann bei Wolle nicht angewendet werden, indem es in geringer Menge bei der nöthigen Vorsicht die Fasern nicht angreift, wol aber bei einem Ueberschuß derselben zerstört und zu einer schmierigen Masse erweicht. Die Wirkung der schwefligen Säure ist keineswegs eine vollständige; es bleibt stets ein gelblicher Ton zurück, den man durch leichtes Bläuen zu verdecken sucht. Worauf die entfärbende Kraft der schwefligen Säure beruht, ist mit vollständiger Sicherheit noch nicht ausgemacht. Einige schreiben sie den wohlbekannten reduzirenden Eigenschaften dieser Säure zu, indem sie die Farbstoffe desoxydirt; Andere nehmen an, daß die Wirkung von der durch Schönbein entdeckten Eigenschaft herrühre, den Sauerstoff zu ozonisiren oder in seinen aktiven Zustand überzuführen, in welchem Zustande er auf den Farbstoff bleichend einwirkt; wenn man hingegen das Verhalten der schwefligen Säure gegen die Farben von Blumen ins Auge faßt, so sieht man, daß sie bei der Entfärbung derselben weiter nichts thut, als daß sie in Folge einer Verbindung, die sie mit dem Farbstoff eingeht, denselben verdeckt. So wird z. B. ein Veilchenbouquet, welches durch schweflige Säure entfärbt ist, unter dem Einfluß von Ammoniak grün und durch verdünnte Schwefelsäure roth gefärbt. Der Farbstoff der Blumen wird also durch diese beiden Agentien in Freiheit gesetzt und erscheint nun in der Modifikation, welche er durch den einen oder den andern Körper erleiden würde. Die reduzirende Eigenschaft tritt mehr hervor bei stärker oxydirenden Körpern, wie Salpetersäure, Chromsäure, Uebermangansäure u. s. w.;

sie scheint demnach zu diesem besonderen Falle in keiner Beziehung zu stehen. Auch ist es nicht sehr wahrscheinlich, daß die Entfärbung von einer durch Ozon hervorgebrachten Oxydation herrühre; denn die verschiedensten oxydirenden Körper bewirken keine Entfärbung der Wolle.

Die rationellste Erklärung dieses Vorganges ist also die, daß man annimmt, daß der gelbbraune Farbstoff der Wolle durch seine Verbindung mit der schwefligen Säure nur verdeckt und nicht zerstört wird. Diese Erklärung stützt sich noch auf die Erscheinung, daß die mit gasförmiger schwefliger Säure entfärbte Wolle an der Luft allmälig wieder braun wird. Nach Girardin und Pion zu Elbeuf kann man indessen diesen Uebelstand vermeiden, wenn man das gewöhnliche Schwefeln durch eine Behandlung mit einer Lösung von schwefligsaurem Natron ersetzt, die mit Salzsäure vermischt ist. Die bleichende Kraft dieser Lösung ist eine größere und vollständigere; sogar ganz stark braun gefärbte Wollenstoffe erlangen durch sie eine dauernde und prachtvolle weiße Farbe.

In diesem Falle ist demnach die Veränderung des Farbstoffes eine gründlichere; indessen ist der Unterschied zwischen diesen beiden Vorgängen kein so wesentlicher, als daß man annehmen müßte, die Einwirkung sei in den beiden Fällen eine verschiedene. Vielleicht verändert sich auch der Farbstoff durch die schweflige Säure, indem er in dem Bade löslich wird, während diese Wirkung nicht vollständig dadurch erreicht wird, daß man sie in den Schwefelkästen oder Schwefelkammern (soufroirs) der Einwirkung gasförmiger schwefliger Säure aussetzt. Wie dem auch sein mag, die Theorie der Einwirkung, welche die schweflige Säure auf die Wolle ausübt, ist noch nicht mit genügender Sicherheit festgestellt.

Nach Persoz ist d'Oreilly — Germinal des Jahres IX (März 1801) — der Erste gewesen, welcher den Vorschlag gemacht hat, flüssige schweflige Säure an Stelle der gasförmigen Säure zu verwenden. Die Anwendung der schwefligen Säure zum Bleichen der Wolle ist schon sehr lange Zeit bekannt; Girardin zitirt Stellen aus dem Plinius und Apulejus, welche es außer Zweifel stellen, daß dieses Verfahren bereits den Alten bekannt war.

Die Apparate zum Schwefeln, die heut zu Tage angewendeten Schwefelkammern, können in zwei Kategorien eingetheilt werden.

Die Schwefelkammern bestehen aus Mauerwerk, welches mit Cement gemauert und bisweilen getheert ist; sie sind mehr hoch als breit;

die Stoffe werden noch feucht an horizontalen Stangen aufgehängt, welche parallel mit der Decke angebracht sind. Der Schwefel wird in kleinen Schalen, welche in den vier Ecken der Kammer aufgestellt sind, verbrannt, und zwar muß der Luftzug so regulirt sein, daß das Verbrennungsprodukt, also die schweflige Säure, sich gleichmäßig in dem Raume verbreitet. Ein Theil davon wird durch die Feuchtigkeit absorbirt, welche noch in den Stoffen enthalten ist, und äußert also seine Wirkung je nach der längeren oder kürzeren Exposition.

Außer diesen hat man noch kontinuirliche Schwefelkammern, viereckige Räume aus Mauer- oder Holzwerk von kleineren Dimensionen als die oben beschriebenen. Das Gewebe tritt von einer Rolle durch einen Spalt in den oberen Theil des Apparates, welcher an beiden Seiten mehrere übereinander liegende Walzen hat, über welche es stark gespannt in horizontaler Richtung von oben nach unten zickzackförmig zirkulirt, um am unteren Theile durch eine Oeffnung in der entgegengesetzten Wand herauszutreten. Die durch Verbrennung des Schwefels erzeugte schweflige Säure erhebt sich in entgegengesetzter Richtung und entweicht durch eine Oeffnung, welche mit einem Schornstein in Verbindung steht; ein großer Theil der schwefligen Säure geht also auf diese Weise nutzlos in die Luft. Erst in neuerer Zeit hat man angefangen, diese Dämpfe zu verwerthen, indem man sie über Sodakrystalle streichen läßt; man erhält auf diese Weise schwefligsaures Natrium, das, wie wir oben gesehen haben, ebenfalls zum Bleichen Verwendung findet.

Die geschwefelten Stücke sind sauer und mit einer verdünnten Lösung von schwefliger Säure getränkt. Bekanntlich giebt dieser Körper in Folge einer langsamen Oxydation durch die Berührung mit Luft und Wasser, namentlich bei Gegenwart poröser Körper, wie Wolle, Veranlassung zur Bildung von Schwefelsäure. Es ist daher von ungemeiner Wichtigkeit, diesen ätzenden Stoff vor dem Trocknen vollständig zu entfernen und deshalb die Stücke einer sorgfältigen Wäsche mit warmem Wasser zu unterwerfen; in manchen Fällen wendet man selbst ein leichtes Seifenbad an. Alsdann bleibt nur noch übrig, die Stoffe zu bläuen, indem man sie durch ein Bad von Wasser und Indigokarmin hindurchgehen läßt, und schließlich in Räumen, die mit Dampf geheizt werden, zu trocknen. Die kleine Spur von Blau, welche auf diese Weise auf dem Gewebe zurückbleibt, verdeckt den gelblichen Ton, welchen die Faser noch zurückbehalten hatte. Bekanntlich sind Gelb und Blau komplementäre Farben, heben sich also gegenseitig auf.

Die Halbwolle wird wie die reine Wolle gebleicht; die Baumwolle, welche zu ihrer Herstellung verarbeitet wird, bleicht man gewöhnlich als Garn vor dem Weben. Schützenberger hat ein sehr interessantes Faktum bei derartigen Geweben nach dem Bleichen zu beobachten Gelegenheit gehabt. Die längere Zeit aufbewahrten Stücke zeigten zahlreiche weiße Stellen, welche hell auf dem blauen Grunde hervortraten. Offenbar war an diesen Stellen der Indigokarmin durch eine spätere Einwirkung zerstört und entfärbt worden. Gleichzeitig zeigte es sich, daß die Baumwollenfaser an diesen Stellen so stark angegriffen war, daß das Gewebe mit der größten Leichtigkeit zerriß. Durch geeignete Mittel konnte an diesen angegriffenen Stellen Schwefelsäure und schweflige Säure nachgewiesen werden; eine aufmerksame Untersuchung ließ die Ursachen dieses Umstandes genau erkennen, und zwar mußte man dieselben einem Rückstande von veränderten Fette zuschreiben, welches bei den Operationen des Entfettens nicht beseitigt worden war. Wahrscheinlich war die schweflige Säure mit den Fettsubstanzen eine Art Verbindung eingegangen, welche durch Waschen nicht hatte entfernt werden können; indem sich diese nun nach und nach zersetzte, bildete sich Schwefelsäure, welche unter gleichzeitiger Entfärbung des Indigo die vegetabilische Faser stark angriff.

Nach den Beobachtungen von Schlumberger bleicht man Strähne von Wolle auf sehr vortheilhafte Weise, indem man dieselben in ein starkes Seifenbad von 40—50° bringt, sie darauf ohne vorhergängige Wäsche eine Nacht hindurch in einer Schwefelungskammer aufhängt und schließlich, ohne auszuspülen, an der Luft trocknet. Man soll auf diese Art ein sehr schönes Weiß erhalten. Ist das Garn zum Färben bestimmt, so bringt man es nach dem Schwefeln in ein Bad von schwacher Schwefelsäure und wäscht es hernach gut mit Wasser aus.

Die Auffindung eines zweckmäßigen Bleichverfahrens ist sehr wünschenswerth. Tessié du Motay und Rousseau in Metz verwenden das übermangansaure Natrium, das nach einem neuen und billigen Verfahren dargestellt wird, nach ihrer Angabe mit sehr gutem Erfolge zum Kaltbleichen aller möglichen Faserstoffe. Die Zeuge werden in ein Bad dieses Salzes gebracht, von Zeit zu Zeit umgerührt und nach ungefähr zehn Minuten herausgenommen. Alsdann werden die durch Manganoxyd braungefärbten Stoffe in ein Bad mit verdünnter Schwefelsäure getaucht, worauf man die Operationen noch zweimal wiederholt. Die Stoffe oder Garne sollen hierdurch vollkommen gebleicht werden, ohne daß die Faser beschädigt wird.

Nach einer Mittheilung von Dr. Liebermann haben die von ihm angestellten Versuche kein sehr günstiges Resultat ergeben.

Die Seide[1]).

Der kostbarste aller Stoffe, welche zur Zeugweberei Verwendung finden können, ist unstreitig die Seidenfaser; vor allen andern ist sie ausgezeichnet durch ihren Glanz, ihre Feinheit, Festigkeit und die Schönheit der Farben, welche sie anzunehmen im Stande ist. Sie wird durch die Raupe eines Insekts, des Seidenfalters, Seiden- oder Maulbeerspinners (Bombyx oder Phalaena Mori) gewonnen, die den Kokon daraus anfertigt, in welchem sie ihre Metamorphose zur Puppe und zum Schmetterling durchmacht. Die Raupe selbst führt gewöhnlich den Namen Seidenwurm. In Frankreich beschäftigt man sich mit Acclimatisirung zweier neuen Seidenraupen: Bombyx Fauretii und Bombyx Atlas; erstere aus Uruguay, letztere aus dem nördlichen Afrika. Ihr Kokon ist ungefähr vier und ein halbes Mal so schwer als der des gemeinen Seidenwurmes Bombyx Mori; die Seide beider ist von vorzüglicher Qualität. In Frankreich findet man Mimosen, auf denen der Seidenwurm gern lebt und die er sechs Fuß hoch vom Boden aus mit Seide bedeckt. Die Raupen sind orangegelb, verlieren jedoch ihre Farbe, wenn sie der Sonne und dem Regen ausgesetzt bleiben. Die Kokons werden an der Sonnenseite angeheftet und öffnen sich seitlich[2]).

---

[1]) Literatur: Prechtl, Technologische Encyklopädie, Bd. XIV, pag. 294. — Technisches Wörterbuch von Karmarsch und Heeren, 2. Auflage, Bd. III, pag. 226. — Chevreul, Leçons de chimie appliquée à la teinture, Bd. II, pag. 243, 1830. — Persoz, Traité théorique et practique de l'impression des tissus, Bd. I, pag. 319, Bd. II, pag. 104, 1847. — Dictionnaire des sciences naturelles, ed. par Levrault, s. die Artikel „Soie" und „Bombyces" von Duméril und „Mûrier" von Loiseleur-Deslongchamps, 1824. — Knapp, Lehrbuch der chemischen Technologie, Bd. II, pag. 634, 1847. — Ueber Seidenzucht s. Barth, Anleitung zum Seidenbau. — Stanislaus Julien, Ueber Maulbeerbaumzucht und Erziehung der Seidenraupen, 1837. — Reß, Anleitung zur Kultur der Maulbeerbäume und Seidenraupen, 1840.

[2]) Illustrirte Gewerbe Zeitung, 1868, No. 17, pag. 136.

Die Umstände, unter welchen die Seide gewonnen wird, besitzen genug Interesse, um unsere Aufmerksamkeit zu fesseln.

Der Seidenwurm, wie Raupen im Allgemeinen, bringt die Seide mit Hülfe von Spinnorganen hervor, deren er zwei besitzt. Diese ziehen sich in Gestalt eines gewundenen, etwa 25 Millimeter langen Blinddarmes von ungefähr 2 bis 2½ Millimeter Dicke an beiden Seiten parallel mit der Axe des Körpers hin und nehmen einen großen Theil desselben ein. Sie münden am vorderen Theile des Thieres in der Halsgegend in zwei nebeneinander liegenden Spinnwarzen und bilden dort eine Art Reservoir, welches an der unteren Lippe mündet und in welchem sich die Seidensubstanz in Gestalt einer dicklichen zähen und klaren, farblosen bis bernsteingelben Flüssigkeit ansammelt, welche beim Austreten aus den feinen Oeffnungen der Spinnwarzen sofort fest wird.

Der flüssige Inhalt des Reservoirs besteht aus zwei verschiedenen Theilen, einem Kern von reiner Seide, welcher weiß und durchsichtig wie Krystall ist, und einer Umhüllung von einer farblosen oder gelblich gefärbten Flüssigkeit, je nach der Art des Thieres.

Man bezeichnet mit dem Namen Gummi (grès) die Vereinigung der fremden Stoffe, welche das Fibroin oder die reine Seidensubstanz wie ein Ueberzug bedecken. Ein transversaler Schnitt durch das Reservoir zeigt, daß die von dem Gummi eingenommene Fläche 20 bis 25 Prozent von dem ganzen Volumen ausmacht; soviel ungefähr verliert die Seide beim Sieden, wenn das Gummi durch eine alkalische Lauge fortgeschafft wird.

Jede der beiden Oeffnungen des Spinnorganes liefert einen einfachen Faden, aber im Moment des Hervortretens vereinigen sich beide zu einem zusammengesetzten. Diese Vereinigung geschieht dadurch, daß die die Seidensubstanz umhüllende Masse, welche man mit dem Namen Gummi bezeichnet, die beiden Fasern zusammenleimt, so daß also der Seidenfaden, wie ihn die Kokons liefern, stets ein doppelter ist.

Man hat die Masse, so lange sie noch flüssig in den Abscheidungsorganen enthalten ist, dazu benutzt, um dickere und festere Fäden zu erhalten. Zu diesem Zweck tödtet man die ausgewachsenen, zum Einspinnen reifen Raupen durch zwölf- bis fünfzehnstündiges Einlegen in starken Essig, reißt sie dann entzwei, nimmt die Seidensubstanz heraus, dehnt sie durch behutsames Ziehen in die Länge, bis die so entstandenen Fäden die erforderliche Feinheit haben, und spannt diese zum Trocknen auf einem Brettchen aus. Man verfertigt aus dieser Seide in Spanien Angelschnüre von besonderer Festigkeit, benutzte sie auch früher an Stelle von Drath zur Befestigung künstlicher Zähne¹).

Der Seidenwurm und die Pflanze, welche sein Nahrungsmittel ausmacht, der Maulbeerbaum, stammen aus China. Wenn man den Chronisten dieses Landes Glauben schenken darf, so verliert sich die Entdeckung der Kunst, den Seidenwurm aufzuziehen, ihn zu vermehren und seine Fasern zur Fabrikation von Stoffen zu verwenden, in uralte Zeit. Loiseleur-Deslongchamps²) theilt in Betreff dieses Gegenstandes ein Citat mit: Die Kaiserin Leut-Tseu erhielt von ihrem Gemal Hoang-Ti, welcher um das Jahr 2698 vor Beginn der christlichen Zeitrechnung zur Regierung kam, den Auftrag, den Seidenwurm zu kultiviren und Versuche anzustellen, das Material, woraus die Kokons bestehen, zur Fabrikation von Geweben zu verwenden. Nach mehreren vergeblichen Versuchen wurde ihre Mühe mit Erfolg gekrönt, was ihr die Ehre verschaffte, unter die Zahl der Gottheiten aufgenommen zu werden.

Von China verbreitete sich die Kultur des Seidenwurmes und des Maulbeerbaumes nach Indien und Persien, von wo sie nach längerer Zeit nach Europa verpflanzt wurde. Man kann nicht mit Gewißheit bestimmen, zu welcher Zeit die Seide in Griechenland bekannt wurde; so viel kann man indessen wol als gewiß annehmen, daß es erst nach den Eroberungen Alexanders des Großen und seiner Siege über den Darius geschah. Nach Rom kam sie zur Zeit der ersten Kaiser. Hellogabal trug die erste Tunika von reiner Seide; Aurelian verbot seiner Gemahlin seidene Kleider zu tragen mit den Worten: Davor mögen mich die Götter behüten, von Stoffen Verwendung zu machen, welche mit Gold aufgewogen werden müssen!

Die Alten, welche sich mit der Verarbeitung der Seide beschäftigten, scheinen übrigens den Ursprung der Seidenfaser, und die Art und Weise, sie zu gewinnen, nicht gekannt zu haben. Erst um die Mitte des siebenten Jahrhunderts, unter der Regierung Justinians, brachten zwei Mönche den Maulbeerbaum und die Eier des merkwürdigen Wurmes von Indien nach Konstantinopel.

Der Seidenwurm verbreitete sich nun von hier aus mit dem Maulbeerbaum in Griechenland, und fünf Jahrhunderte später wandelte der Peloponnes seinen alten Namen in Morea um. Von hier aus verbreitete sich die Seidenzucht über Sizilien, wo Roger II.,

¹) Schweizer's polytechn. Zeitschrift, 1864, pag. 130.
²) Loco citato.

König von Sizilien, 1130 eine Seidenmanufaktur zu Palermo gründete, über Italien und endlich auch über die verschiedenen Staaten von Süd-Europa. Im Jahre 1494 kamen der Maulbeerbaum und die ersten Seidenwürmer nach Frankreich, allein erst 1564 fing dies Land mit Erfolg an, Seide zu produziren, als Traucat, Gärtner zu Nimes, die erste Baumschule für weiße Maulbeerbäume anlegte. — Fauja de Saint-Farb giebt an, daß er noch im Jahre 1802 den ersten Maulbeerbaum, welcher in Frankreich gepflanzt worden, nahe bei Montélimart gesehen habe. In Deutschland ist die Gewinnung der Seide stets ein Erwerbszweig von untergeordneter Bedeutung geblieben, obwol es seit Friedrich II. bis auf die heutige Zeit in Preußen und anderen Theilen unseres Vaterlandes nicht an eifrigen Bemühungen gefehlt hat, dieselbe zu heben. Die Erfahrung hat hinlänglich bewiesen, daß das Klima, selbst des nördlichsten Theiles von Deutschland, kein wesentliches Hinderniß in den Weg legt; die Hoffnung zu einer einstigen größeren Ausdehnung darf demnach noch nicht aufgegeben werden.

In Frankreich nennt man die Raupereien, d. h. die Anstalten, worin die Raupen gezogen werden, cocconière, vererie oder magnanerie (magnanière, magnanderie)[1], die Seidenzüchter magnaniers (engl. silk breeders). Bei einem Betriebe im Großen wird natürlicherweise mehr als gewöhnlich von kleinen Seidenzüchtern auf zweckmäßige Einrichtung der Magnanerie geachtet. — Es giebt mehrere Varietäten von Seidenwürmern. Die beiden wichtigsten sind diejenigen, welche man nach der Farbe der Kokons macht, die bei der einen weiß, bei der andern gelb ist. Die chinesische oder Nanking-Raupe liefert eine Seide von schöner weißer Farbe; sie ist von großer Wichtigkeit für die Fabrikation von Gaze, Blonden und Tüll, d. h. von Stoffen, welche eine gewisse Steifigkeit besitzen, aber vollkommen weiß sein müssen.

Nach der Befruchtung legt das Weibchen 300 bis 500 Eier, welche anfänglich gelb aussehen, allmälig aber dunkelgrau werden; sie lassen sich bei einer Temperatur über 18° und vor Frost und Nässe geschützt ziemlich lange, bis zu einer gelegenen Zeit, wo es nicht an Futter mangelt, also bis zum Frühjahre, auf den wollenen Geweben aufbewahren, auf welche das Weibchen sie gelegt hat. Um die Eier (Samen) auszubrüten, erweicht man die gummiartige Substanz, welche sie an dem Gewebe festhält, in lauwarmem Wasser und kratzt

---

[1] Dingler's polyt. Journal, Bd. LIX, pag. 24.

die Eier mit einem Spatel ab; hierauf legt man sie in Wasser, um die oben aufschwimmenden, welche unfruchtbar sind, zu trennen, wäscht sie behutsam ab und bringt sie auf dünnen Platten in die Brutzimmer, in welchen man die Hitze von 19° bis 28° C. allmälig bis zum zehnten Tage steigert. Die Seidenwürmer kriechen am elften oder zwölften Tage aus, und man bedeckt sie mit blätterreichen Maulbeerbaumzweigen; sie klettern daran hinauf, und so transportirt man sie in Hürden, welche mit weißem Papier bedeckt sind. Die Raupen durchlaufen fünf Lebensalter von einer Dauer von fünf, sieben und zehn Tagen, welche von einander durch ein viermaliges, bei einer seltneren Spielart nur durch ein dreimaliges Abwerfen der Haut getrennt sind. Am Ende des fünften Lebensalters, welches zehn Tage dauert, beginnt die Verpuppung und das Einspinnen.

100 Gramm Samen liefern unter guten Bedingungen 150 bis 200 Kilogramm Kokons, indem sie dabei 3500 bis 5000 Kilogramm Blätter verzehren, also den Laubertrag von fünfzig bis sechzig erwachsenen Bäumen.

Die Seidenraupe ist verschiedenen Zufällen oder Krankheiten unterworfen. Eine mangelhafte Pflege erzeugt Bleichsucht, Obstruktion, Diarrhoe, Wassersucht; die schrecklichste Seuche, welche bereits seit mehreren Jahren die Seidenzüchtereien von Südfrankreich und Italien verwüstet, ist die unter dem Namen Pébrine bekannte Krankheit. Sie hat einen so ausgeprägt epidemischen Charakter und ist so ansteckend, daß sie die ganze Seidenzüchterei auf das Ernsteste bedroht hat. Diese Krankheit scheint mit einer gewissen Krankheit des Maulbeerbaumes in Verbindung zu stehen[1]. Reinlichkeit, gutes Futter und Luftwechsel sind die besten Präservativmittel gegen solche Zufälle. In letzterer Hinsicht hat sich Darcet durch die von ihm vorgeschlagene Ventilation[2] großes Verdienst erworben.

Wenn die Seidenwürmer so weit sind, daß sie sich einspinnen wollen, so bringt man sie in die Spinnhütten, welche aus kleinen trockenen Bündeln von Ginster oder Heidekraut construirt sind. Man

---

[1] A. de Quatrefages, Recherches sur les maladies des vers à soie. Comptes rendus de l'Académie des sciences, t. l., pag. 61 et 767. — Guérin-Méneville, Aperçu sommaire de l'état actuel de l'épidémie des mûriers et des vers à soie. Comptes rendus, t. LIV, pag. 1266. — Dingler's polyt. Journal, Bd. CLXXVII, pag. 330 und 332. — Polyt. Centralblatt, 1865, pag. 1598 und 1599.

[2] Dingler's polyt. Journal, Bd. LXXXVI, pag. 291.

erkennt ihren Gesundheitszustand an verschiedenen Zeichen, wie das Aufhören zu fressen, eine runzlige Haut am Halse u. s. w. Bald fängt auch die Raupe an, ihre Arbeit zu verrichten. Sie macht zuerst nach verschiedenen Richtungen von Zweig zu Zweig ein loses Gewirr von Fäden, und zwar häufig in großen Entfernungen, um dadurch das äußere Netzwerk des Kokons zu bilden. Erst wenn diese Wände ihre Durchsichtigkeit verlieren, arbeitet sie mit regelmäßigen Bewegungen des Kopfes, indem sie die Fäden abwechselnd rechts und links anbringt und zeitweilig sich ganz umdreht. Auf diese Weise bildet sie Pakete von 4 bis 5 Quadratmillimetern, welche aus 15 bis 20 übereinandergelagerten 8 bestehen. Man begreift also, weshalb während des Abhaspelns der Kokon an seinem Platze bleibt, ohne sich während einer ziemlich langen Zeit zu bewegen, und man nur einen plötzlichen Ruck bemerkt, wenn man von einem Palet zu einem andern übergeht, welches sich an der entgegengesetzten Seite befindet und durch eine Brücke verbunden ist.

Nach Verlauf von drei und einem halben oder vier Tagen ist der Kokon vollendet, und der Seidenwurm verpuppt sich unter Zurücklassung seiner Haut. Erst nachdem sämmtliche Raupen zu Ende gekommen sind, kann man mit dem Einsammeln (déramer) vorgehen. Man sucht diejenigen aus, welche man zur Zucht bestimmt hat, indem man mehr weibliche als männliche Zuchtthiere zurückhält. Das Geschlecht erkennt man an der Form, dem Gewicht und an dem mehr oder minder geschlossenen Gewebe; die weiblichen Kokons sind am Ende weniger spitz, ein wenig schwerer und in der Mitte weniger geschlossen als die männlichen.

Die Samenkokons überläßt man sich selbst an einem Ort, welcher eine Temperatur von 19° — 20° hat. Die Schmetterlinge kommen am achtzehnten bis zwanzigsten Tage heraus und paaren sich bald nachher. Sie treten aus dem Gehäuse, indem sie die Fäden der Spitze, wo ihr Kopf sich befindet, mit einer eigenthümlichen Flüssigkeit, mit welcher ihr Körper bedeckt ist, benetzen, und diese erweicht die Wandung des Kokons so sehr, daß es dem Schmetterling nun leicht wird, sich eine Oeffnung zum Auskriechen zu bilden.

In der neuesten Zeit ist man dahin gelangt, die durchbohrten Kokons abhaspeln und sie ebenso wie die andern verwenden zu können.

Die Kokons, welche man abhaspeln will, werden durch Eintauchen in kochendes Wasser getödtet, oder noch besser dadurch, daß

man sie in einen Backofen bringt, dessen Temperatur hinreichend hoch ist (75°). Nach Mögling[1]) gelingt das Tödten am vollkommensten durch erwärmte Luft, indem man einen Raum auf 55° erhitzt und mehrere Stunden lang einen lebhaften Luftwechsel unterhält. Das Tödten erfolgt hier mehr durch eine allmälige Austrocknung.

Der Kokon besteht aus drei Theilen: 1) Flockseide (bourre, bourrette oder araignée), 2) die wirkliche Seide, 3) der innerste Theil, welcher aus einer so feinen und gummiartigen Seide besteht, daß es unmöglich ist, sie gänzlich abzuhaspeln. (Telette.)

Die Dicke und Stärke der Kokonfäden nimmt von der Oberfläche des Kokons, wo der Wurm im kräftigsten Zustande seine Arbeit begann, allmälig ab bis nach innen, wo er sie in einem Zustande fast gänzlicher Erschlaffung und Entkräftung der Muskeln vollendete.

Der Faden eines Kokons besitzt nach den Messungen von Malpighi und Lionnet eine Länge von ungefähr 350 Meter und ist so dünn, daß 3500 bis 3600 Meter auf einen Gramm gehen; sein Durchmesser, welcher übrigens schwankend ist, kann wenigstens bis auf 0,0018 Millimeter sinken.

Unter dem Mikroskop erscheint die Seidenfaser als ein farbloser, massiver, abgeplatteter Faden mit einer in der Mitte liegenden Längsrinne, welche sich auf beiden Seiten zeigt, so daß ein Querschnitt die Form einer sehr wenig zusammengedrückten 8 zeigt. Diese Rinne entspricht der Nath der beiden Fäden, welche durch das sogenannte Gummi bei dem Austritt aus den Spinnwarzen zusammengeklebt werden. Die Seidenfasern sind nicht wie Baumwolle gedreht und zeigen auch keine Scheidewände wie der Flachs. Die Verbindung der beiden Fäden ist übrigens nicht immer vollständig (Taf. I, Fig. 12).

Die rohe Seide erhält man durch Abhaspeln der Kokons, nachdem man die wirre Flockseide schon vorher entfernt und den klebrigen Ueberzug durch Einweichen in heißes Wasser fortgeschafft hat. Da die einzelnen Fäden zu dünn sind, als daß sie vortheilhaft abgehaspelt werden könnten, so vereinigt man gewöhnlich mehrere derselben, 3—15, zu einem einzigen. 100 Kilogramm Kokons geben ungefähr 8 Kilogramm Seide. Zum Seidenspinnen ist es nun erforderlich, daß die einzelnen Fäden sich nicht blos zu einem einzigen zusammenlegen, sondern auch sofort zusammenkleben; man erreicht dies durch die den Fäden anhängende Klebrigkeit; natürlicherweise muß diese klebende Substanz, nachdem sie die Fäden vereinigt, sofort weggeschafft werden,

---

[1]) Dingler's polyt. Journal, Bd. LXXXVI, pag. 891.

wichtigenfalls sie auch auf der Haspel noch zusammenhaften und anstatt einzelner Fäden eine kompakte Masse von Seide geben würden.

Nachdem die Kokons in 70° — 90° C. warmem Wasser aufgeweicht, kommen sie in Becken mit lauwarmem Wasser, welche vermittelst Dampf auf der normalen Temperatur erhalten werden. Die Arbeiterin bearbeitet die Kokons mit einem kleinen Reisigbesen, indem sie dieselben mit den Spitzen der Reiser fortwährend berührt. Hierdurch hängen sich die Kokons in einem einzigen knotenfreien, unverwirrten Faden an die Reiser, von wo aus sie auf die Haspel gebracht werden.

Zusammensetzung der Seide. — Wie sich schon aus der Betrachtung des Inhalts des Reservoirs ergiebt, besteht jede Seidenfaser aus zwei Theilen, welche sowol durch ihr äußeres Ansehen wie ihre Zusammensetzung und Eigenschaften unterschieden sind. Die äußere Hülle besteht aus mehreren Verbindungen; die einen sind stickstoffhaltig und eiweißartig, die andern sind fettiger oder harziger Natur und enthalten noch Farbstoff, welcher bei manchen Abarten fehlt. Der mittlere Theil macht die eigentliche Gespinnstfaser oder das Fibroin aus. Durch Anwendung geeigneter Mittel kann man das reine Fibroin isolirt darstellen.

Mehrere Chemiker, Roard, Mulder, Städeler, Cramer u. A. haben sich mit dem Studium dieses Gegenstandes befaßt[1]). Die Ergebnisse ihrer Untersuchungen weichen in vielen Punkten von einander ab, was bei der ungemeinen Schwierigkeit, welche der Gegenstand bietet, wol zu entschuldigen ist. Wir wollen die Resultate einiger derselben kurz näher besprechen.

Roard hat durch Behandeln mit Alkohol aus der Seide erhalten: 1) eine wachsartige Substanz, deren allgemeine Charaktere mit denen des Cerins (Cerotinsäure $C_{27} H_{54} O_2$) aus dem Bienenwachs übereinstimmen; sie schmilzt bei 75° — 80° und ist sehr wenig in kaltem Alkohol löslich; 2) ein Farbstoff (in der gelben Seide), welcher nach dem Verdampfen des alkoholischen Auszugs in Gestalt einer rothen harzartigen Masse, gemengt mit dem Harze und dem Fette, zurückbleibt. Man kann die letztere durch aufeinanderfolgende

---

[1]) Mulder, Chemische Analyse der Seide. Poggendorff, Annalen der Chemie und Pharmacie, Bd. XXXVII, pag. 594, Bd. LXIX, pag. 266. — Dingler's polyt. Journal, Bd. LXII, pag. 118. — Roard, Mémoire sur le décreusage de la soie, Annales de chimie, t. LXV, pag. 44, 1807. — Ure, Ueber die Seidenfaser, Dingler's polyt. Journal, Bd. LVIII, pag. 137. — Bagel, Chemisches Centralblatt, 1859, pag. 327.

Einwirkung von kalter und warmer Kalilauge, welche sie löst, entfernen. Der Farbstoff wird nicht angegriffen (Mulder); er ist roth, unlöslich in Wasser, aber löslich in Alkohol, Aether, den flüchtigen und fetten Oelen; kaustische Alkalien verdunkeln ihn; Chlor und schweflige Säure entfärben ihn oder verwandeln die Farbe wenigstens in ein sehr helles, fast farbloses Gelb.

Die durch heißen Alkohol extrahirte Faser giebt an Aether noch eine gewisse Menge Fett ab. Durch diese Behandlung wird die gelbe Seide vollständig der weißen analog. Beiden Varietäten kann vermittelst kochenden Wassers eine stickstoffhaltige Substanz entzogen werden, deren Zusammensetzung und allgemeine Charaktere sie der Gelatine sehr nähern. Roard bezeichnet dieselbe mit dem Namen Gummi. Sie wird durch Tannin gefällt und giebt durch Kochen mit verdünnter Schwefelsäure Zucker. Um die Gelatine zu erhalten, ließ Muller Seide acht Stunden lang in Wasser kochen; man kann also nach seinen Untersuchungen nicht wissen, ob sie schon fertig gebildet in der Faser sich vorfindet, oder ob sie von einer dem Ossein analogen Verbindung herrührt, welche alsdann beim Kochen mit Wasser aus dem löslichen in den unlöslichen Zustand übergehen würde. Die Leichtigkeit, mit welcher sich indessen die Fäden der einzelnen Kokons bei der Seidenspinnerei an einander heften, spricht sehr dafür, daß in der Faser ein löslicher Stoff enthalten ist, oder daß derselbe fähig ist, im Wasser zu erweichen. Die völlige Identität der Gelatine der Seide mit der der Knochen ist hinreichend bewiesen; denn konzentrirte Lösungen derselben gestehen beim Abkühlen zu einer Gallerte.

Nach der Behandlung mit Alkohol, Aether und Wasser ist die Seide indessen noch immer keine einfache Verbindung. Vermittelst siedender konzentrirter Essigsäure gelingt es, dieselbe in zwei stickstoffhaltige Verbindungen zu zerlegen, von welchen die eine löslich ist und sich wie eine essigsaure Lösung von Albumin verhält, also durch gelbes Blutlaugensalz gefällt wird. Seine prozentische Zusammensetzung ist die des Albumins. Mulder nennt diesen Körper Albumin, obwol die großen Unterschiede zwischen diesem und der Proteïnsubstanz des Eiweißes in die Augen fallen.

Aus den oben zitirten Abhandlungen dieser beiden Gelehrten geht also hervor, daß die Seide außer dem Fibroin, welches der Einwirkung chemischer Reagentien Widerstand leistet, enthält:

1) Cerotinsäure; 2) einen rothen Farbstoff, welcher in der weißen Seide fehlt; 3) Fettkörper; 4) harzartige Bestandtheile; 5) einen in siedendem Wasser löslichen stickstoffhaltigen Körper, Gelatine; 6) eine

stickstoffhaltige Substanz, welche in kochendem Wasser unlöslich, in heißer konzentrirter Essigsäure jedoch löslich ist (Albumin nach Mulder).

Das Verhältniß der verschiedenen Bestandtheile der Seidenfaser ist folgendes:

Analyse der Seide von Mulder[1].

	Gelber Bast	Weißer Bast
Fibroïn	53,37	54,04
Gelatine	20,66	19,08
Albumin (?)	24,43	25,47
Wachs	1,39	1,11
Fette und harzartige Substanzen	0,10	0,30
Farbstoff	0,05	—
	100,00	100,00

Fibroïn. — Das Fibroïn sieht ebenso aus wie Seide, ist jedoch zarter, biegsamer und zeigt eine geringere Festigkeit. Es ist unlöslich in neutralen Lösungsmitteln und in Essigsäure. Auf Platinblech erhitzt, bläht es sich auf und verbrennt mit hellblauer Flamme und einem Geruch nach verbranntem Horn, indem es eine poröse Kohle hinterläßt, welche 0,8 Prozent Asche giebt und aus Magnesium, Natrium, Calcium, Eisen, Aluminium und Mangan besteht, verbunden mit Chlor, Schwefelsäure, Kohlensäure und Phosphorsäure.

Das Fibroïn und die Seide lösen sich wie die Cellulose in dem Schweizer'schen Reagenz, einer ammoniakalischen Lösung von Kupferoxyd[2] auf, sind jedoch in einer Lösung von Kupferhydroxyd in kohlensaurem Ammonium wie die Baumwolle unlöslich. Diese Lösung der Seide wird weder durch fremde Salze, noch durch Zucker oder Gummi gefällt, wie dies bei Baumwollenlösungen geschieht, wol aber schlagen schwache Säuren dieselbe in Flocken nieder.

Schloßberger[3] hat die Beobachtung gemacht, daß das Nickel-

---

[1] Mulder, loco citato.

[2] Schweizer, loco cit. f. Baumwolle. — Bereitung der ammoniakalischen Lösung von Kupferoxyd, f. Journal f. prakt. Chemie, Bd. LXXVI, pag. 344 (1859). — Ozanam, Dingler's polyt. Journal, Bd. CLXVII, pag. 399. — Polyt. Centralbl., 1863, pag. 413.

[3] Schloßberger, Ein neues Lösungsmittel für Seide, Annalen der Chemie und Pharmacie, Bd. CVIII, pag. 62 (1858). Dingler's polyt. Journal, Bd. CXLIX, pag. 144. Journal f. prakt. Chemie, Bd. LXXIII, pag. 369. — Peligot, Nouveau réactif de la cellulose, Comptes rendus de l'Acad. des sciences, Bd. XLVII, pag. 1034 (1858).

erpbalsmmoniaf sich ebenso zur Seide verhält, während es auf Baumwolle durchaus keine Wirkung ausübt. Diese beiden Reagentien zeigen auch, daß zwischen dem Fibroïn und der organischen Substanz der Schwämme, welche man bis dahin für identisch hielt, ein Unterschied existirt; die letztere wird nämlich durch ammoniakalische Lösungen von Kupferhydroxyd oder Nickelhydroxydul nicht angegriffen.

Das basische Chlorzink (von 60° B.) ist im Stande, sowol in der Kälte wie ganz besonders in der Hitze beträchtliche Mengen von Seide aufzulösen. Die Flüssigkeit wird schleimig und fadenziehend wie ein dicker Syrup. Unterwirft man die mit schwacher Salzsäure verdünnte Lösung der Dialyse, so erhält man eine opalisirende Gallerte wie Stärkekleister, wenn der größte Theil des Salzes durch das Pergamentpapier hindurchgegangen ist. Eine stärker verdünnte Lösung giebt beim Dialysiren eine durchsichtige Flüssigkeit, welche nach der Verdampfung einen spröden gelbgelben Firniß liefert. Das getrocknete Produkt erträgt ein Erhitzen fast bis zur dunklen Rothglut, bevor es sich gänzlich zersetzt, und nimmt vorher eine schöne dunkelrothe flüchtige Farbe an[1]).

Mit kalter konzentrirter Schwefelsäure giebt die Seide eine schleimige Flüssigkeit, welche anfangs hellbraun ist und beim Erhitzen erst roth, dann dunkelbraun wird; ein Zusatz von Wasser schlägt sie nicht aus der schwefelsauren Lösung nieder, wol aber wird die so verdünnte Flüssigkeit durch Gerbsäurelösung gefällt. Salzsäure und Salpetersäure lösen die Seide gleichfalls auf; Alkalien fällen sie wieder aus diesen Auflösungen. Siedende Salpetersäure verwandelt sie in Oxalsäure und Pikrinsäure.

Eine verdünnte Lösung von Kalium- oder Natriumhydroxyd löst die Seide nicht auf; nichts destoweniger muß man in der Praxis die Anwendung von Alkalien selbst in kleineren Quantitäten sorgfältig vermeiden, denn sie benehmen der Seide ihren schönen Glanz und ihre Haltbarkeit und machen sie weich, ja sogar förmlich breiartig. — Konzentrirte kaustische Alkalilaugen lösen das Fibroïn auf; Wasser und verdünnte Schwefelsäure fällen es aus der Lösung, allein nicht ohne Zersetzung. Mit festem Kaliumhydroxyd erhitzt, verwandelt es sich in Oxalsäure; kohlensaure Alkalien und Ammoniak lösen es nicht auf.

---

[1]) J. Persoz, De l'action du chlorure de zinc sur la soie, Comptes rendus de l'Académie des sciences, Bd. LV, pag. 810 (1862). — Dingler's polytechn. Journal, Bd. CLXVII, pag. 999. — Polytechn. Centralblatt, 1863, pag. 412.

Seide.

Die prozentische Zusammensetzung des Fibroïns ist nahezu die der Gelatine. Vogel[1]) giebt ihr die Formel

$$C_{48} H_{74} N_{16} O_{17}$$

Nach der Auflösung in Salpetersäure und dem Fällen mittelst Ammoniak hatte sich seine Zusammensetzung geändert und wurde durch die Formel

$$C_{48} H_{74} N_{12} O_9 = C_{48} H_{74} N_{16} O_{17} - 4(NO_2)$$

dargestellt. Es enthält also keinen Schwefel, ebensowenig wie die stickstoffhaltigen Verbindungen, welche mit ihm in der Seide vorkommen.

Im Jahre 1863 ist über die Seide eine neue Untersuchung von Cramer veröffentlicht worden[2]). Dieser Chemiker weist nach, dass das Albumin in der Seide fehlt, während Mulder den in Essigsäure löslichen Theil für Albumin gehalten hatte und die im Wasser lösliche und nach dem Eintrocknen der Lösung noch löslich gebliebene leimähnliche Substanz Seidengallerte nannte. Der Seidenleim kann durch längeres Kochen mit Wasser ausgezogen werden. Cramer erhielt durch Erhitzen mit Wasser im Papinianischen Topfe 66 Prozent Fibroïn, Mulder nach Behandlung der Seide mit Essigsäure einen Fibroïnrückstand von 54 Prozent. Nach Cramer löst konzentrirte Essigsäure aus dem in Wasser ungelösten Rückstaub noch 6 Prozent auf; die Zusammensetzung hat sich indessen nicht geändert, so dass man annehmen muss, dass die Essigsäure nur Fibroïn gelöst habe; sogar Wasser kann ein, wenngleich nur schwaches Lösungsmittel für Fibroïn sein, wenn man das mit Wasser und Essigsäure behandelte Fibroïn längere Zeit der Luft aussetzt.

Die Elementarzusammensetzung des Fibroïns ist nach den Analysen von

	Mulder	Städeler	Cramer	
			a	b
C =	47,83	48,60	48,39	48,06
H =	6,54	6,40	6,51	6,02
N =	17,36	18,89	18,40	18,21
O =	28,27	26,11	27,70	27,71

---

[1]) Vogel, Ueber die chemische Natur der Seide, Buchner's Neues Repertorium, Bd. VIII, pag. 1.
[2]) Cramer, Untersuchung der Seide und des thierischen Schleimes. Inauguraldissertation, Zürich, 1863. — Journal für praktische Chemie, Bd. XCIII, pag. 347. — Dingler's polyt. Journ., Bd. CLXXVI, pag. 53. — Schweizer. polytechn. Zeitschrift, 1864, pag. 130.

Stäbeler stellt dafür die Formel auf
$$C_{15} H_{23} N_5 O_6.$$

Die Seidengallerte besteht nach Cramer aus

$$C = 44{,}30, \quad H = 6{,}10, \quad N = 18{,}30, \quad O = 31{,}30$$

also der Formel $C_{15} H_{25} N_5 O_7$ entsprechend. Demnach wäre der Seidenleim ein Fibroïn, das ein Atom Wasser und ein Atom Sauerstoff aufgenommen hat:

$$C_{15} H_{23} N_5 O_5 + O + H_2 O = C_{15} H_{25} N_5 O_7$$

Möglicherweise ist also der Seidenleim ein oxydirtes Fibroïn.

Die Zusammensetzung der Asche des Fibroïns ist bereits oben mitgetheilt worden.

Mittel, die Seide von der Wolle, und die thierischen von den vegetabilischen Fasern zu unterscheiden.

Die Seidenfaser von der Wollenfaser zu unterscheiden, bietet durchaus keine Schwierigkeiten dar. Man benutzt hierzu die verschiedenen Lösungsmittel, welche wir oben kennen gelernt haben, und welche wol auf die seidenen Gespinnstfasern einwirken, die wollenen aber durchaus nicht angreifen, wie z. B. das Schweitzer'sche Reagenz oder die ammoniakalische Kupferoxydlösung von Peligot[1], die von Schloßberger vorgeschlagene ammoniakalische Lösung von Nickeloxydul oder das basische Chlorzink von Persoz oder auch Salpetersäure, welche binnen wenigen Minuten die Seidenfaser auflöst, dagegen die Wolle nur gelb färbt.

Die Wolle schwärzt sich bekanntlich in einer Lösung von Bleihyperoxyd in Kali- oder Natronlauge; wie oben ausgeführt, rührt dies von ihrem beträchtlichen Schwefelgehalte her; ungeschwefelte Seide bleibt bei diesem Versuche weiß, schwärzt sich also nicht, weil sie keinen Schwefel enthält. Diese Beobachtung liefert ein treffliches Mittel, um die Gegenwart von Seide in Wollenstoffen zu erkennen. Auch die mikroskopische Untersuchung ist, wenn sie angewendet werden kann, ein gutes Mittel zur Erkennung der verschiedenen Fasern.

In neuerer Zeit hat Dr. Liebermann ein Verfahren angegeben, durch welches die verschiedenen Fasern selbst in gefärbten Geweben

---

[1] Ueber die Produkte der gleichzeitigen Einwirkung von Luft und Ammoniak auf Kupfer, Illustrirte Gewerbezeitung, 1862, No. 13.

leicht nachgewiesen werden können¹). Filtrirt man von der farblosen Flüssigkeit, welche man durch Kochen von Fuchsinlösung mit Alkalilauge erhält, den dabei gebildeten Niederschlag ab und taucht in dieselbe, womöglich in der Wärme, einige Sekunden lang ein Gewebe von Wolle und Baumwolle, so bleibt es ganz farblos; bringt man nun die Probe in ein Gefäß mit kaltem Wasser und spült sie gut, so färbt sich die Wolle roth, sobald das Alkali ausgewaschen ist, ohne daß die Baumwolle die mindeste Färbung annimmt; nach dem Trocknen kann man jeden ungefärbten Faden erkennen. Da man beliebig stark ausfärben kann, so ist diese Methode auch für gefärbte Stoffe anwendbar.

Die Lösung bereitet man sich, indem man einige Gramm Fuchsin in 30 bis 40 Gramm Wasser löst und tropfenweise Kali- oder Natronlauge bis zur Entfärbung hinzusetzt. Die Flüssigkeit kann in verkorkten Flaschen aufbewahrt werden.

Seide verhält sich hierbei wie Wolle, Leinwand, sowie die übrigen vegetabilischen Stoffe wie Baumwolle.

Die thierischen Fasern (Wolle und Seide) lösen sich in der Wärme in kaustischen Alkalien auf, während die vegetabilischen von diesen Reagentien nicht angegriffen werden; die ersteren verbreiten beim Verbrennen einen eigenthümlichen Geruch nach verbranntem Horn, blähen sich auf und hinterlassen eine sehr poröse Kohle. Sie werden durch Salpetersäure gelb gefärbt, geben mit salpetersaurem Quecksilber in der Hitze eine rothe Färbung und werden in heißen Dämpfen nach dem Behandeln mit einer Mineralsäure (Chlorwasserstoffsäure) nicht angegriffen, während Baumwolle, Hanf und Flachs, ohne einen bestimmten Geruch zu verbreiten und ohne sich aufzublähen, verbrennen und auch, nachdem sie mit Chlorwasserstoffsäure benetzt sind, beim Trocknen oder Dämpfen stark angegriffen werden.

Zubereitung der gesponnenen Seide. — Entschälen. — Bleichen der Seide.

Durch das Weben der rohen Seide entsteht ein harter, wenig glänzender und steifer Stoff. Dieser Zustand ist allerdings für gewisse Zeuge, die nicht geschmeidig sein sollen, wie Gaze, Blonden u. s. w. passend; will man indessen ein weiches und zartes Gewebe

---

¹) Dingler's polyt. Journal, Bd. CLXXXI, pag. 133. — Polyt. Centralbl., 1866, pag. 1232. — Polyt. Notizblatt, 1866, pag. 257. — Deutsche Industriezeitung, 1866, pag. 326.

haben, so muß man die Faser vorher von ihrem harzigen und gummiartigem Ueberzuge befreien. Dieselbe Operation ist auch für Seide nothwendig, welche zum Färben bestimmt ist; denn die Farbstoffe haften nicht gut auf der Rohseide, und ein Eintauchen in kochendes, ja sogar in lauwarmes Wasser würde einen großen Theil der nur auf der Oberfläche gebliebenen Farbe loslösen.

Die degummirte oder entschälte Seide besteht aus weißen, sehr zähen, eigenthümlich glänzenden Fasern, welche die Fähigkeit besitzen, sich mit Farbstoffen zu vereinigen; bei den meisten Farben sind zu dauerhafter Fixirung nicht einmal Mordants nöthig. Die Farben sind auf Seide brillanter als auf Wolle, aber weniger ergiebig. Im Allgemeinen hat das Fibroin eine schwächere Verwandtschaft zu organischen Farbstoffen als die Wolle, und für Mineralfarben eine geringere als die Baumwolle.

Nach den Untersuchungen von Thenard und Roard[1]) nimmt die Seidenfaser Alaun aus dessen Lösungen auf, aber ohne ihn zu zersetzen; hinreichend lange fortgesetztes Auswaschen entzieht der Seide den ganzen Niederschlag. In ein Bad von schwefelsaurem Eisenoxyd getaucht, färbt sie sich röthlichgelb, indem sich ein basisches Salz auf der Faser niederschlägt; auch mit dem essigsauren Aluminium (essigsaure Thonerde) ist sie fähig, sich zu vereinigen.

Mouliniren. — Die auf oben beschriebene Weise in Strähnen abgehaspelte Seide wird dem Mouliniren unterworfen. Diese einfache mechanische Operation reinigt die gesponnene Seide von den Knötchen und Unreinigkeiten und vereinigt, wo der einfache Kokonfaden nicht ausreicht, mehrere einfache oder gedrehte Fäden zu einem einzigen durch das sogenannte Zwirnen, welcher Prozeß je nach der Verwendung, zu welcher die Seide bestimmt ist, ein oder mehrere Male wiederholt wird. Die Abgänge vom Spinnen und Mouliniren, die äußere Hülle des Kokons und die Fasern, welche von den durchbissenen Zuchtkokons herrühren, bilden die Flock- oder Galletseide (frison, bourre de soie); man verwarf früher diese Rückstände, indem man glaubte, daß sie zum Spinnen ungeeignet wären; gegenwärtig verwendet man sie ganz vortheilhaft zur Fabrikation von Gespinnsten, die unter verschiedenen Namen in den Handel kommen, wie Crescentin, Schappe, Galletam u. s. w. Die bessern Sorten bilden den Einschlag

---

[1]) Thenard et Roard, Mémoire sur les mordants employés en teinture. Annales de chimie, t. LXXIV, pag. 259.

bei dünnen Seidenzeugen (Foulard) und andern Geweben ähnlicher Art.

Sengen (grillage). — Bei Strähnenseide folgt auf das Moulinieren sofort das Entschälen oder das Degummiren (décreusage). Einige Gewebe, wie Florence, Foulard u. dergl., sengt man beinahe wie Baumwollenstoffe, um die Fäserchen, welche sich auf der Oberfläche befinden, fortzuschaffen. Die praktischen Resultate, welche man mittelst Sengeöfen erhält, sind günstiger als das Sengen über offener Flamme (mit Gas), indem dieses nicht nur die äußern Fasern entfernt, sondern auch die, welche den Zwischenraum zwischen den einzelnen Fäden ausfüllen und dem Stoffe Gewicht und Dicke geben.

Obwol das Sengen an und für sich eine höchst einfache Operation ist, so erfordert es doch eine große Geschicklichkeit des Arbeiters, damit nicht der Stoff unvollkommen gebrannt oder versengt wird. Die Schermaschine hat das Unangenehme, daß sie die Gewebe leicht verzerrt, und wird nur für die ausschließlich zum Walzendruck bestimmten Stücke angewendet. In letzterem Falle werden die Stoffe unmittelbar vor dem Drucken geschoren; diese Operation macht jedoch durchaus nicht das Sengen vor dem Entschälen der Seide entbehrlich.

Entschälen. — Das Entschälen entfernt mit Hülfe eines passenden Lösungsmittels die Gelatine, das Wachs, die Fette, den gelben Farbstoff, wenigstens zum größten Theil, und einen Theil der stickstoffhaltigen Substanz, welche in Essigsäure unlöslich ist (Mulder'sches Albumin). Der Verlust, welchen die Seide bei diesen Operationen erleidet, beträgt im Mittel 25 Prozent, ja er kann sogar bis 38 Prozent steigen.

Da nun nach Mulder die Fette, die Gelatine, das Wachs und der Farbstoff 22,8 Prozent der Seide ausmachen, so ist es ersichtlich, daß nur ein Theil, nicht das ganze Albumin hierbei abgeschieden wird.

Degummiren. — Die erste Operation hierbei besteht darin, daß man die Seide während 10 Minuten in Wasser kochen läßt, welches 30 Prozent Seife von dem Gewicht der angewendeten Seide enthält. Die Strähne befinden sich auf dünnen Stäben, welche horizontal über dem Kessel liegen, und tauchen nur theilweise in die Flüssigkeit ein; indem man die Stäbe umwendet, kommen die nicht eingetauchten Stellen ebenfalls in das Seifenbad. Das Gummi und der Farbstoff werden gelöst, die Seide wird biegsam, milde und erhält eine mattweiße, schwach opalisirende Farbe. Hierauf kocht man sie noch einmal in Wasser mit 15 Prozent Seife, um die Wirkung des ersten Bades zu vervollständigen; danach ringt man sie an dem Ringpfahle (cheville) aus und geht zum Kochen über.

Zum Behufe des Kochens (cuite) werden die Strähne auf platte dünne Seile gereiht, lose in große Säcke oder Taschen (poches) von starker, aber lose gewebter Leinewand gelegt, diese zugenäht und in ein Seifenbad gebracht, welches 15 Theile Seife auf 100 Theile Seide enthält; das Kochen dauert eine Stunde.

Bei zarter Seide (Piemont, Bengalen) würde es schädlich sein, die Einwirkung der kochenden Seifenlauge zu verlängern; die französische und die italienische Seide verlieren bei dieser Operation am wenigsten, hierauf kommt die persische; bei der bengalischen und chinesischen ist der Verlust ein bei weitem beträchtlicherer.

Die gekochte Seide findet nur für theure, stark glänzende und sehr haltbare Seidenstoffe Verwendung. Kette und Einschlag sind alsdann von gekochter Seide. Bei Seide, welche zur Verfertigung von Blonden, Gaze und Beuteltuch bestimmt ist, braucht die Entschälung weniger vollständig zu sein, um den Fasern ihre natürliche Steifigkeit zu lassen. Zu diesem Fabrikationszweig muß man die weißeste Seide, z. B. chinesische verwenden; sie wird in reines Wasser oder eine ganz schwache Seifenlösung getaucht, darauf ausgerungen und aufgelockert und dem Schwefeln unterworfen; nach zwei dergleichen Operationen ist die Seide hinlänglich zubereitet.

Das Degummiren und das Kochen kann auch auf folgende Weise ausgeführt werden. Die Seide wird unmittelbar in Säcke gepackt und in einen Kessel mit doppeltem Boden gebracht, welcher mittelst Dampf geheizt wird. Dieser Kessel ist zu zwei Drittel mit einer Seifenlösung von 25 Prozent Seife vom Gewicht der Seide angefüllt (dieses Verhältniß richtet sich übrigens nach der Beschaffenheit des Wassers); man läßt ungefähr eine Stunde kochen, worauf die degummirte und gut abgepreßte Seide in den Kochapparat gebracht wird, welcher ganz ebenso konstruirt ist. Hierin bleibt sie ungefähr eine halbe Stunde, um sich vollkommen zu reinigen, wird darauf in fließendem Wasser ausgespült und in ein schwach mit Schwefelsäure angesäuertes Bad gebracht, ausgerungen und getrocknet; in diesem Zustande führt sie den Namen gekochte Seide.

Das erste Seifenbad nimmt fast alles Gummi auf und wird ungemein schmutzig. Es ist deshalb schlechterdings unmöglich, länger wie einen Tag in ein und demselben Bade zu arbeiten. In den Fabriken verwendet man daher das Seifenbad, worin die Seide abgekocht ist, am folgenden Tage zum Degummiren, erspart also auf diese Weise eine ziemlich bedeutende Quantität Seife; wesentlich ist es indessen hierbei, daß letztere vollkommen neutral oder wenigstens aus den oben angeführten Gründen keinen Ueberschuß an Alkali enthält; so sind die Oelseifen zu diesem Zweck untauglich, und man verwendet nur weiße Marseiller Seife von der besten Qualität. Alle Versuche, welche man aus Sparsamkeitsrücksichten angestellt hat, um wenigstens einen Theil der Seife durch andere Stoffe (kohlensaures Ammonium oder gefaulten Harn) zu ersetzen, sind mißglückt und haben nur zu bedenkenden Verlusten geführt. Seife ist der einzige alkalische Körper, welcher bei Seide ohne Gefahr verwendet werden kann.

Man verfährt nach denselben Prinzipien, wenn man an Stelle des Garns seidene Gewebe zu entschälen hat; nur an den Apparaten sind in Hinsicht der äußeren Beschaffenheit des Materials, mit welchem man es zu thun hat, einige Veränderungen erforderlich. Die vorgeschlagenen Systeme sind sehr zahlreich, können indessen alle, vernunftgemäß angewendet, gute Resultate geben; das meistens befolgte besteht darin, eine gewisse Anzahl von Stücken in den Kessel zu bringen, oft auch nur in einen Holzbottig (barque), der mittelst eines Schlangenrohrs erwärmt wird, und sie mit Hilfe eines Spatels hin- und herzubewegen. Wenn man bis zum Ende des Stückes gekommen ist, läßt man es in entgegengesetzter Richtung zurückgehen und so fort. Nach einem andern, ebenfalls oft angewendeten Verfahren hängt man die Stücke vollständig zusammengefaltet in das Bad ein und läßt sie sich begummiren und kochen, ohne sie umzuwenden; dies hat den Uebelstand, daß die einzelnen Theile der Stücke an derselben Stelle bleiben, wodurch die äußeren einem zu starkem Kochen bis zur Schwächung der Faser ausgesetzt sind, während die Einwirkung der siedenden Seifenlauge fast kaum in das Innere gedrungen ist.

Sandin läßt die Stücke in der siedenden Seifenlösung von einer Walze auf eine andere übergehen; eine kupferne Trommel spannt sie dabei stets in die Breite aus. Wenn das ganze Gewebe von der ersten Walze auf die zweite übergegangen ist, so dreht man die Trommel in der Art um, daß das Breitmachen in entgegengesetzter Richtung erfolgt, und läßt das Zeug auf die leere Walze zurückgehen. Das Hin- und Hergehen dauert bis zum Ende des Kochens. Auf diese Weise vermeidet man das Brechen des Stoffes. Dieses Verfahren ist jedenfalls am meisten für starke Gewebe zu empfehlen, die einfarbig gefärbt werden sollen. Wichtig ist es indessen hierbei, die Kochapparate nicht mit bloßem Dampf zu erhitzen; indem dieser nämlich direkt auf das Gewebe trifft, nimmt er ihm das Vermögen, sich mit verschiedenen Farbstoffen färben zu lassen, ganz besonders, sich mit den Mordants für Krapp zu verbinden. Läßt man diese Vorsicht außer Acht, so können viele Unfälle in der Fabrikation eintreten. Man muß das Gewebe, welches eine große Neigung hat, obenauf zu schwimmen und der Einwirkung der Seife sich zu entziehen, beständig in Zirkulation erhalten; andererseits würde aber ein allzu starkes Andrücken an den Boden des Kessels oder an das Schlangenrohr zu anderen gleich widerwärtigen Unannehmlichkeiten Veranlassung geben.

Zu lange fortgesetztes Kochen schwächt die Seide, während dieselbe, wenn es nicht andauernd genug war, die Farben schlechter annimmt und auch an Glanz verliert. Bisweilen verlangt man für gewisse Stoffe mit weißem Grunde einen bläulichen Ton (Bläue, azurage), welcher auch bei den nachfolgenden Operationen von Bestand ist; um ihn zu erzielen, hängt man in das Kochbad ein Säckchen mit einer gewissen Quantität pulverisirtem Indigo, der eine sehr haltbare mechanische Farbe giebt.

Schwefeln (sonfrage). — Wenn die Seide bestimmt ist, weiß verwebt zu werden, oder das Gewebe für Weiß sich eignet, so ist die Einwirkung der schwefligen Säure erforderlich. Man setzt die Stoffe oder das Garn, die durch ein erstes Seifenbad begummirt sind, in gewölbten Räumen, welche durch eine Thür hermetisch verschlossen werden können, den Dämpfen von brennendem Schwefel aus. Unumgänglich nothwendig ist es, den Zutritt der Luft abzuhalten, weil die sich sonst bildende Schwefelsäure die Seide angreifen würde. Nach vierundzwanzigstündiger Einwirkung nimmt man die Stoffe wieder heraus und vollendet das Kochen in einem zweiten Seifenbad. Dieselbe Operation kann noch ein zweites Mal wiederholt werden, wenn die weiße Farbe noch nicht den Anforderungen entspricht. Hierauf wird die Seide in schäumendem Seifenwasser, welchem etwas Orleans zugesetzt worden, gewendet (blanc de Chine), oder man setzt dem Seifenwasser Orseille und Indigcarmin (blanc azuré) oder ein wenig Cochenillebrühe zu, um den gelblichen Ton zu verdecken. Hierauf reinigt man sie noch in einem zweiten Bade mit reinem, etwas angesäuertem Wasser und läßt sie darauf trocknen.

Da die Seide durch das Kochen einen Theil ihres Gewichtes verliert, so suchen einige Fabrikanten den Verlust wiederzuersetzen. Es giebt hierfür unzählige Mittel; bei weißer Seide und hellen Farben ist jedoch nur ein einziges anwendbar; es besteht darin, die Garne in eine Zuckerlösung von der nöthigen Stärke zu tauchen, die das Gewicht der Seide vermehrt, ohne ihrem Glanze zu schaden. Die Fabrikanten verlangen sehr oft von ihren Färbern einen bestimmten Prozentzusatz, um schwerere Stoffe zu erhalten, ohne daß jedoch der Herstellungspreis dadurch erhöht wird. Wir werden auf diesen Punkt ausführlicher beim Schwarzfärben zurückkommen.

Die eben beschriebenen Prozesse sind übrigens nicht die einzigen, welche zur Anwendung kommen. Es existiren noch verschiedene Methoden, die Seide zuzubereiten; allein sie werden nur in besonderen Fällen angewendet. Diese sind:

1) **Das Entschälen mittelst kaustischer Natronlauge** (demi-cuite). — Es liefert weniger günstige Resultate und greift oft die Seide stark an; man bedient sich dieses Verfahrens nur beim Schwarzfärben. Die Seide wird eine halbe Stunde lang in einem Bade, welches 12 Prozent Natron enthält, gekocht; sie verliert hierbei nur ungefähr 12 Prozent von ihrem Gewicht, wird aber dunkel und spröde.

2) **Das Bleichen mittelst Säure.** — Das Bad ist 15° bis 16° B. stark und auf 30° bis 35° C. erwärmt; es enthält auf 1 Theil Salpetersäure 4 Theile Salzsäure. Man taucht die Seide nach einem lauwarmen Bade von 10 prozentiger Seifenlösung in diese Art Königswasser. Die Farbe verändert sich in Grün und darauf in das Grau der rohen Baumwolle; ist dieser Augenblick eingetreten, so muß man sie herausnehmen und mit vielem Wasser auswaschen. Hat die Einwirkung zu lange gedauert oder die Temperatur 35° überstiegen, so erzeugt die Salpetersäure mit der stickstoffhaltigen Substanz sofort eine unvertilgbare gelbrothe Farbe.

Das durch die Einwirkung des Königswassers auf die Seidenfaser hervorgebrachte Grau verschwindet durch zwölfstündiges Schwefeln und macht einem blendenden Weiß Platz. Nach dem Schwefeln giebt man noch ein 10prozentiges Seifenbad.

Diese beiden Operationen werden mehrere Male wiederholt. Die so vorbereitete Seide ist rauh, spröde und verträgt das Biegen nicht; sie muß also noch der Operation des Biegsammachens (Assoupliren, assouplissage) unterworfen werden. Zu diesem Zwecke behandelt man sie mehrere Male mit kochendem Wasser, welches die Faser erweicht und dieselbe schwammig und elastisch macht; man begünstigt diese Wirkung bisweilen auch noch dadurch, daß man dem Wasser Weinsteinrahm zusetzt. Das erhaltene Produkt wird Souple (soie souple oder micuite) genannt. Bei leichten Stoffen ist der Einschlag von derartiger Seide, die Kette von gekochter. Man gebraucht diese Seide zu wohlfeilen Stoffen und für den Export. Der Verlust, welchen die Faser erleidet, beträgt nur 18 Prozent, und darin besteht ein bedeutender Vortheil dieses Verfahrens. Die Theorie des Vorganges dabei ist leicht zu erklären. Der Farbstoff wird modifizirt und durch den oxydirenden Einfluß des Königswassers und der darauf folgenden Einwirkung der schwefligen Säure zerstört, gleichzeitig wird ein Theil der gummiartigen Substanz (Gelatine) entfernt; das Assoupliren giebt der Faser alle ihre physikalischen Eigenschaften wieder, welche sie in dem Sauerbade verliert, indem sie ihren Molekularzustand ändert. Eine solche Seide ist weiß, undurchsichtig, beim Anfühlen etwas rauh, schwammig und elastisch, durch zu starkes Ziehen verzerrt sie sich und reißt auseinander. — Man kann diese Seide auch darstellen durch ein ein- bis zweistündiges Eintauchen in ein 30° C. warmes Seifenbad, welches 10 Prozent Seife (vom Gewichte der Seide) enthält. Hierauf wäscht man gut aus und schwefelt vierundzwanzig Stunden lang. Das Assoupliren erfolgt durch anderthalbstündiges Kochen in Wasser, welches Weinstein enthält (3 Kilogramm Weinstein auf 800 Liter Wasser); man wäscht mit lauwarmem Wasser aus und wiederholt, wenn es nöthig sein sollte, die Operationen noch einmal. Diese Methode ist nur bei Seide anwendbar, welche schon von Natur weiß ist; bei gelber Seide ist die Behandlung mit Königswasser vorzuziehen.

Baumé hat ein Verfahren angezeigt, bei welchem die Faser ihren ganzen Albumingehalt behält und nur die Gelatine und der Farbstoff weggeschafft werden. Nach einem längeren Einweichen in kaltes Wasser, welches die Lösung eines Theils des Gummis (Gelatine) zum Zweck hat, läßt man die Seide 24 bis 36 Stunden in salzsäurehaltigem Alkohol (96 Kilogramm Alkohol von 0,840 spezif. Gewicht auf 400 Gramm reine Chlorwasserstoffsäure); danach wäscht man sie aus und läßt sie trocknen. Die Wirkung des Alkoholbades ist noch stärker, wenn man eine erhöhte Temperatur anwendet. Diese Methode ist zwar kostspielig, giebt aber sehr gute Resultate; die erhaltene Seide gleicht vollkommen der chinesischen, und bekanntlich sind ja die Chinesen wegen ihrer Geschicklichkeit in der Zubereitung der Seide berühmt. Giobert entfärbt die Seide, indessen nicht sehr vortheilhaft, durch aufeinanderfolgendes Eintauchen in warmes Wasser, Chlorwasser und eine Lösung von schwefliger Säure.

Ueber die Beschaffenheit des zum Entschälen und Bleichen zu verwendenden Wassers. — Alle Versuche haben ergeben, daß vollkommene Reinheit des Wassers auf das Kochen und

Färben der Seide von wesentlichem Einfluß ist. Die Kalkseife, welche sich bei der Verwendung von kalkhaltigem Wasser während des Kochens bildet, schlägt sich auf den Fasern nieder und beschmutzt sie. Viele Fabrikanten, welche nur kalkhaltiges Wasser zur Verfügung haben, suchen diesem Umstand dadurch abzuhelfen, daß sie kohlensaures Natrium zu der Seifenlösung hinzusetzen. Dieses Verfahren ist nicht zu empfehlen, indem ein Theil der Soda dazu verwendet wird, den Kalk auszufällen, während der Rest in der Flüssigkeit bleibt, auf die Seide einwirkt und deren Glanz und Festigkeit beeinträchtigt. Am günstigsten für den Glanz der Faser ist die Verwendung einer sauren Seife; alle Säuren verleihen der gekochten Seide das Rauschen, welches man von Seidenstoffen verlangt; allein man muß hierbei noch bedenken, daß es einzig und allein die freie Fettsäure ist, welche diese Wirkung hervorbringt. Dieser Fall tritt eben nur dann ein, wenn die Seide mit Seife behandelt wurde. Operirt man mit reinem weichem Wasser, so genügt das bloße Kochen, um der Seide jene Eigenschaft zu verleihen, während zur Erreichung desselben Zweckes ein saures Bad erforderlich ist, wenn das Wasser kalkhaltig oder mit Soda versetzt war.

Besser wäre es vielleicht, an Stelle der Soda eine Säure zur Fällung des Kalkes zu benutzen, z. B. Oxalsäure, unter Anwendung von zwei Behältern, von welchen der eine die Bäder speist, während der andere sich klärt. Die Ersparniß an Seife hierbei würde größtentheils die Kosten decken, ganz abgesehen von der erzielten Schönheit der Waare.

Schon seit Jahren hat man bei dem Entschälen der Seide ganz eigenthümliche Vorfälle zu beobachten Gelegenheit gehabt, welche nach den Untersuchungen von Guinon und Sobrero[1]) von ziemlich beträchtlichen Mengen Kalk, Magnesia, Thonerde, Eisenoxyd herrühren, die sich in der gesponnenen und moulinirten Faser finden.

Die Seidenzeuge zeigen nämlich oft kurze Zeit nach ihrer Fabrikation eine große Anzahl dunkler Punkte oder Flecken. Diese anfänglich sehr kleinen und kaum sichtbaren Punkte breiten sich beim Zylindriren aus und verringern auch demgemäß den Werth des Stoffes; gleichzeitig enthält das Seifenbad nach dem Entschälen immer einen

---

[1]) Guinon, de Lyon, le Technologiste avril, 1856; Polyt. Centralblatt, 1856, pag. 506. — Sobrero, Mémoire présenté à l'Academie des sciences de Turin, 12. Febr. 1860 et Répertoire de chimie appliquée, t. II, pag. 97; De l'influence des bases inorganiques dans le décreusage des soies. — Giénard, Polyt. Centralblatt, 1857, pag. 1598.

beträchtlichen Niederschlag von fettsauren Erdalkalien und Erden; auch bekommt die Seide, anstatt glänzend auszufallen, ein mattes Aussehen und nimmt beim Färben die Farbe nur sehr schlecht an (Sobrero).

Die Zunahme an diesen Erden und Erdalkalien, welche im normalen Zustande in der Seide enthalten sind, kann theilweise von der Art des Seidenwurmes, seiner Nahrung oder seinem Gesundheitszustand herrühren; in der Mehrzahl der Fälle jedoch ist sie die einfache Folge von der Anwendung kalkhaltigen Wassers beim Abhaspeln der Kokons. Demnach ist es wichtig, stets auf die Natur des Wassers Rücksicht zu nehmen, das in den Spinnereien und überhaupt bei der Bearbeitung der Seide vom Kokon bis zur Rohseide verwendet wird. Durch eine Behandlung mit schwacher Salzsäure vor dem Degummiren und Kochen kann dem Uebelstande, wo er sich zeigt, vorgebeugt werden.

Die Produktion von Rohseide beträgt nach den Angaben von O. Hausner[1]) in Europa = 13,851,000 Kilogramm und zwar vertheilt sich diese Masse folgendermaßen:

Italien	7,200,000 Kilogr.
Frankreich	2,750,000 "
Spanien	1,500,000 "
Oestreich	1,330,000 "
Griechenland	428,000 "
Rußland	300,000 "
Portugal	160,000 "
Türkei	145,000 "
Schweiz	30,000 "
Deutschland	8,000 "

[1]) O. Hausner, Statistik von Europa, 1865, Bd. II, pag. 204.

Zweites Buch.

Allgemeine Grundregeln bei der Befestigung der Farben. — Klassifizirung der Farbmaterialen.

Die Stoffe, deren sich die Industrie bedient, um die spinnbaren Fasern und die Gewebe zu färben, sind sehr verschiedener Natur und können auf mehrfache Weise geordnet werden, je nach dem Gesichtspunkt, von welchem man ausgeht.

Einige spielen nur eine sekundäre Rolle und und sind auf die Farbe ohne Einfluß, sobald diese erst vollständig fixirt sind; so die Verdickungsmittel, die Säuren, welche als Beizen, Reservagen oder Lösungsmittel dienen, die Oxydations-, Reduktions- oder Sättigungsstoffe, die hygroskopischen Substanzen und sehr viele andere, deren gewissermaßen durch die Praxis sanktionirte Anwendung theoretisch nicht erklärt werden kann. Das Studium dieser Körper gehört nicht zur Aufgabe unsres Werkes, und wenn wir von den Verdickungsmitteln gesprochen haben, so geschah dies nur aus Rücksicht auf die große Wichtigkeit, welche sie in der Fabrikation haben, auf ihre allgemeine Verwendung und die chemischen Analogien, welche sie mit der Faser zeigen.

Andere sind ganz oder nur theilweise bei der Konstitution der Farbe betheiligt, welche auf der Faser bleibt; so z. B. wird das Indigblau

---

[1]) Bancroft, Engl. Färbebuch. Aus dem Englischen übers. von Buchner, Dingler, Kurrer u. A., Nürnberg, 2 Bde., 1817 u. 1818. — v. Vitalis, Lehrbuch der Färberei, Stuttgart u. Tübingen, 1839. — Kurrer, Geschichte der Zeugdruckerei, Nürnberg, 1840. — Die Druck- und Farbekunst, 1848 u. 1849, 2 Bände. — Wagner, Handbuch der Technologie, Bd. IV, pag. 417. — Bolley, Beiträge zur Theorie der Färberei, Zürich, 1859. — Prechtl, Encyklopädie, Bd. II, pag. 194, Bd. V, pag. 866, Bd. VIII, pag. 131, Bd. XII, pag. 62; Suppl. Bd. I, pag. 470.

vollständig fixirt, während das essigsaure Aluminium (essigs. Thonerde), das chromsaure Kalium bei der Bildung des rothen Krapplacks und des Chromgelbs (chromsaures Blei) nur durch die Thonerde oder die Chromsäure, welche sie enthalten, Antheil haben. Auf alle Körper dieser Klasse werden wir nunmehr unsere Aufmerksamkeit richten und werden dieselben unter dem Namen Färbematerialien zusammenfassen.

Bei dem Krapplack ist die Thonerde also nothwendig, um den schön rothen Farbenton hervorzubringen, während das Alizarin für sich ohne Thonerde in bräunlichgelben Prismen krystallisirt. Wenn man indessen bedenkt, daß die Thonerde im Allgemeinen nur ungefärbte Verbindungen liefert, während das an und für sich gefärbte Alizarin diese Eigenthümlichkeit allen Verbindungen ertheilt, welche es zu bilden im Stande ist, so muß man annehmen, daß die Hauptrolle dem letzteren zukommt. Deßhalb ist es auch besser, zwischen den Färbematerialien einen Unterschied aufzustellen, indem man diejenigen hauptsächlich Farbstoffe nennt, welche wie das Alizarin den größten Antheil beim Färben der Gewebe haben.

Unter den Körpern dieser Gruppe finden wir einige, welche schon an und für sich vollständige Farben sind und ihre eigenthümliche Farbe direkt der Faser mittheilen; zu diesen gehören: der Indigo, das Curthamin, Birin (Orellin), Eisenoxyd, Chromoxyd, Ultramarinblau, Rußschwarz u. s. w., während eine große Anzahl von anderen, gefärbten oder ungefärbten, eine vorhergängige Verbindung mit einem zweiten Körper, welcher Mordant genannt wird, erfordern. Bei dem Färben mit Krapp beispielsweise ist also die Thonerde der Mordant, das Alizarin der Farbstoff; bei der Darstellung von Chromgelb ist die Chromsäure der Farbstoff, das Bleioxyd der Mordant. Wenn man an dieser Regel mit aller Strenge festhält, so darf man auch sagen, daß die Katechufarbe aus der Vereinigung des Katechins als farbfähigen Färbemittels mit Sauerstoff als Mordant hervorgeht; allein die Praxis hat diese Ausdehnung des Begriffs Mordant nicht akzeptirt, sondern wendet diese Beziehung nur auf feste Substanzen an. Bei den Färbematerialien sowol wie bei den Mordants muß man nicht die Handelswaare mit dem, was unmittelbar auf dem Gewebe niedergeschlagen ist, verwechseln; so ist der Krapp ein im Handel vorkommender Farbstoff, ebenso die essigsaure Thonerde ein Handelsartikel, während die unmittelbar benutzte Farbesubstanz das Alizarin, der unmittelbare Mordant die Thonerde ist.

Die Rolle des Mordants ist, je nach dem besonderen Falle, eine verwickelte und vielseitige; bald macht derselbe den Farbstoff unlöslich und wird dazu verwendet, ihn auf dem Gewebe zu befestigen, für welches er an und für sich nur eine schwache Verwandtschaft hat, bald modifizirt er seinen Farbenton; häufig giebt er der Farbe auch eine gewisse Aechtheit, welche sie ohne ihn nicht haben würde (fetter Mordant bei Türkisch-Roth und Violet).

Wir werden uns später eingehender mit den Funktionen der Mordants beschäftigen; das bisher Gesagte genügt, um die Eintheilung der Farbstoffe in zwei Gruppen zu rechtfertigen, nämlich:

1) Farbstoffe, welche sich mit dem ihm eigenthümlichen Farbenton ohne irgend ein Zwischenmittel und im freien Zustande mit der Faser verbinden (substantive Farbstoffe[1]);
2) Farbstoffe, welche nur mit Hülfe eines anderen vermittelnden Körpers und in Verbindung mit demselben befestigt werden können (abjektive Farbstoffe).

Diese Eintheilung erscheint nicht bestimmt und durchgreifend, wenn man nicht gleichzeitig die Natur der Gespinnstfaser genauer bestimmt. So färbt beispielsweise das Anilinroth die Wolle und die Seide ohne Beimittel, während es durchaus keine Verwandtschaft zu Baumwolle, Hanf und Flachs hat; allein diese Schwierigkeit ist leicht zu beseitigen. Wie wir später sehen werden, vereinigen sich die thierischen Fasern chemisch mit dem Fuchsin und ähnlichen Stoffen und vertreten deshalb schon an und für sich die Rolle von Mordants. Diese Thatsache erlaubt uns, unsere gegebene Eintheilung in ihrer ganzen Strenge aufrecht zu erhalten.

Ein Gewebe ist nur dann vollkommen brauchbar und gut ausgefärbt, wenn die Farbe, von der Schönheit des Farbentons vorläufig abgesehen, dem Reiben und der Einwirkung des Wassers widersteht. Die Farbe muß also mechanisch an den verschiedenen Theilen der Faser haften oder chemisch mit derselben verbunden sein. Es ist unmöglich, die Theorie von der Befestigung der Farben auf eine einzige Grundregel zu bringen; sie ist eine verschiedene je nach der Natur der Farbe und der der Gespinnstfaser.

Niemals kann eine unlösliche Farbe einfach auf der Faser abgelagert werden. Die geringste Reibung würde hinreichen, um sie loszulösen und zu verstäuben. Verwendet man hingegen den Farbstoff

---

[1] Bancroft, Färbebuch, Bd. I, pag. 3.

in Pulverform und in einer Lösung von Gummi, Gelatine oder irgend einem andern klebrigen Körper suspendirt, so bildet das Verdickungsmittel beim Eintrocknen auf der Oberfläche der Fasern einen Firniß, welcher das unmittelbare Abfallen des Färbemittels verhindert, jedoch das Waschen mit Wasser nicht verträgt. Der letztere Fall aber wird nicht mehr eintreten, wenn man durch irgend ein Mittel das Bindemittel unlöslich macht; es verhält sich alsdann, wie der durch die Oxydation des gekochten Leinöls gebildete Firniß in der Malerei. Bei der Kattundruckerei beruht dieser Prozeß, welcher bis zu diesem Augenblicke wenigstens die besten Resultate ergeben hat, auf der Eigenthümlichkeit des Albumins, bei 100° C. zu koaguliren.

Will man eine Farbe oder irgend eine andere unlösliche Substanz auf andere Weise als rein mechanisch befestigen, so ist es umumgänglich nothwendig, sie vorher aufzulösen, damit sie in dieser Gestalt sich gleichmäßig in allen Poren der Faser, welche das Eindringen gestatten, sowie auf der Oberfläche ausbreite.

1) Der unlösliche Körper wird von dem Lösungsmittel nur schwach zurückgehalten; alsdann wird, wenn die molekulare Anziehung, die von der Faser auf den Farbstoff ausgeübt wird, stärker ist als die des Lösungsmittels, ohne Hülfe eines anderen Reagenz Fällung eintreten. Walter-Crum bezeichnet diese Erscheinung mit dem Namen Anziehung in Folge von Porosität oder Oberflächenanziehung. Dieser Fall tritt bei einer alkalischen Lösung von reduzirtem Indigo ein; taucht man Baumwolle hierin ein, so tritt alsbald eine Kraft in Wirkung, welche die Lösung zersetzt und auch fällt, vermittelst welcher das Indigweiß allmälig der Lösung entzogen wird, so daß, wenn das Eintauchen eine Viertelstunde dauert, das Gewebe sich mit der zehnfachen Menge Indigo beladen hat, als wenn es nach Verlauf einer Minute aus der Flüssigkeit herausgezogen wäre. Auf diese Weise kann man eine Indigoküpe vollständig erschöpfen, wobei dann eine große Menge Wasser, welches zur Bereitung derselben gedient hatte, zurückbleibt. Persoz führt einen analogen Fall an: eine Lösung von basischem Alaun giebt an Baumwolle, welche man darin eintaucht, den Ueberschuß von Thonerde ab, welche derselbe enthält.

2) Wenn im Gegentheil die Verwandtschaft der Farbsubstanz zum Lösungsmittel die zur Faser überwiegt, so muß man durch irgend ein passendes Mittel den Farbstoff auf der Faser in unlöslichem Zustand niederschlagen. Das Resultat ist alsdann dasselbe; die färbende Substanz wird sehr energisch festgehalten und kann durch Reiben und

mechanische Einwirkung nicht losgelöst werden. Ueber den Grund, woher diese Erscheinung rührt, sind die Meinungen getheilt.

Die Einen nehmen an, die Firirung der unlöslichen Farbe sei eine rein mechanische; die festen Theilchen, welche in Lösung und durch Endosmose in die Poren und Höhlungen der Faser eingedrungen sind, haben bei der Fällung ihre Beweglichkeit und die Fähigkeit eingebüßt, auf ebendemselben Wege, auf dem sie hineingekommen, wieder herauszukommen, sie sind mit einem Wort von der Faser wie in einem Gefängniß eingeschlossen.

Diese Ansicht, welche zuerst von Hellot[1]), jedoch in einer nur unvollständigen und für unsere Zeit nicht mehr ausreichenden Weise ausgesprochen und von Le Pileur d'Apligny und Maquer aufrecht erhalten wurde, wurde von Walter-Crum[2]) wiederaufgenommen und mit großem Geschick und sehr gewichtigen Gründen unterstützt. Andere, unter diesen Chevreul[3]), schreiben die Erscheinung einer chemischen Verbindung zwischen der Faser und dem Farbstoff zu.

In keinem Falle jedoch scheint es möglich zu sein, beim Färben von Baumwolle mittelst Indigo, Eisenoxyd, Chromoxyd u. s. w. eine derartige chemische Verbindung dieser Körper anzunehmen, wie sie aus der Vereinigung von Sauerstoff und Wasserstoff, Schwefel und Eisen u. dergl. hervorgeht, eine Vereinigung, welche nur nach ganz bestimmten atomistischen Verhältnissen, wie wir dies in der Einleitung besonders hervorgehoben haben, geschieht, und bei welcher die konstituirenden Bestandtheile gänzlich oder doch wenigstens theilweise ihre spezifischen Eigenthümlichkeiten verloren haben. Unzweifelhaft besteht für die Faser ein bestimmter Zustand der Sättigung, wenn man diesen Ausdruck gebrauchen darf, über welchen hinaus dieselbe nicht mehr im Stande ist, eine größere Menge von Farbe festzuhalten; aber dieser Zustand ist doch keineswegs ganz bestimmt abgegrenzt, noch weit weniger wahrscheinlich ist es, daß die entsprechenden Verhältnisse der Faser und des Farbstoffes in irgend einer atomistischen

---

[1]) Wagner, Handbuch der Technologie, Bd. IV, pag. 679. — Persoz, Traité de l'impression des tissus, Bd. II, pag. 123.

[2]) Journal f. prakt. Chemie, Bd. L, pag. 123. — Society philos. Glasgow 1842, 1843. — Bulletins de la Société industr. de Mulhouse, Bd. XXXIV, pag. 385 seq.

[3]) Comptes rendus de l'Académie des sciences, Bd. XXIII, pag. 954. — Dictionnaire technolog., Bd. XXI, pag. 239. — Bulletins de la Société d'encouragement, 1861, pag. 354.

Beziehung zu einander stehen; andrerseits haben aber auch weder die Faser noch der Farbstoff ein einziges ihrer Unterscheidungsmerkmale verloren. Man ist im Stande, das Färbemittel durch alle die Lösungsmittel, welche auf dasselbe für sich allein eine Einwirkung ausüben, wieder fortzuschaffen, wobei die Gespinnstfaser vollständig unangegriffen zurückbleibt, vorausgesetzt, daß man nicht etwa solche Mittel angewendet hat, welche die Faser selbst zerstören.

Es kann deshalb selbst für die Anhänger der chemischen Theorie nur von einer molekularen Anziehung die Rede sein, die vollständig mit der zu vergleichen ist, welche die Kohle und viele andere poröse Körper ausüben. Den Einwurf, den man hierbei machen kann, daß die Fällung des Indigos aus einer Indigolöhe oder der Thonerde aus dem basischen Alaun ein schlagender Beweis für die Ueberwindung einer chemischen Kraft durch eine andere sei, kann durch die einfache Thatsache widerlegt werden, daß man durch die Diffusion im Stande ist, die Zerlegung sehr starker Verbindungen, wie die der Schwefelsäure mit dem schwefelsauren Kalium in dem bischwefelsauren Kalium zu bewirken.

Nach einer sehr genauen und gründlichen Untersuchung dieser Frage sind wir sehr geneigt, in Betreff der Fixirung der Farben und der unlöslichen Körper auf den Geweben die mechanische Theorie, wie sie Walter-Crum aufgestellt hat, anzunehmen, nach der also jedesmal die molekulare Anziehung das Haften der Farben bewerkstelligt. Wir verwerfen hiermit vollständig die chemische Theorie, weil wir mit dem Namen einer chemischen Verbindung eben nur eine solche Vereinigung bezeichnen, in der zwei oder mehrere Körper einen neuen bilden, welcher ganz andere Eigenschaften hat als die die Verbindung eingehenden Stoffe. Außerdem wollen wir die Ansichten von Persoz und Walter-Crum zu vereinigen suchen, indem wir Alles das ausschließen, worin Beide zu exklusiv sind. Persoz erklärt das Haften der unlöslichen Theilchen auf der Faser durch Adhäsion und hält sich nur an die chemische Theorie, indem er die Erscheinungen der Adhäsion und der Kombination ihrem Wesen nach vergleicht. Die ersteren entstehen nach ihm aus einer direkten Anlagerung und die letzteren aus einer Anlagerung, welcher eine Veränderung in den Dimensionen einer Verbindung vorangegangen ist.

Wir wollen uns mit einer Beleuchtung dieser Anschauungsweise, welche die bedeutendsten Fragen der Wissenschaft berühren würden, nicht aufhalten, sondern uns damit begnügen, daß, weil die praktisch wichtigen Thatsachen offen vorliegen, es besser ist, die theoretische Frage einer späteren endgiltigen Entscheidung zu überlassen.

Der wirkliche und wesentliche Unterschied, welcher zwischen den Meinungen dieser beiden so vorzüglichen Chemiker besteht, ist der, daß nach Persoz die Farbe nur auf der Oberfläche der Faser fixirt wird, während sie nach Walter-Crum dieselbe völlig durchdringt.

Um dem Leser die Freiheit zu lassen, sich selbst ein Urtheil über diese wichtige Frage zu bilden, wollen wir einen Ueberblick über die Arbeiten von Walter-Crum und die hauptsächlichsten Einwürfe geben, welche man dagegen gemacht hat.

Das Krapproth ist ein Lack, und da dieser unlöslich ist, so kann er nicht wie ein schon vollständig fertiges Produkt auf der Baumwolle verwendet werden. Der Prozeß der Firirung besteht darin, die Thonerde in Lösung aufzudrucken und auf der Faser zu fällen. Diese wird alsdann in eine Krappflotte gebracht, deren Farbstoff beim Durchdringen der Fasern mit der Thonerde in Berührung kommt und dort eine unlösliche Verbindung bildet. Die Verbindung der Essigsäure mit der Thonerde, welche zum Mordanciren Verwendung findet, zersetzt sich auf eine von der Faser vollständig unabhängige Weise, und die Baumwolle dient also bei diesem Vorgange gewissermaßen nur als Gefäß.

Persoz verwirft diese Anschauungsweise; er sagt:

„Wir wollen durchaus nicht bestreiten, daß dieses Salz in freiem Zustande oder in Gegenwart eines Gewebes sich nicht in Essigsäure und in Thonerde zerlegt. Die Meinung aber, daß diese Verbindung, wenn man gleiche Quantitäten derselben auf eine gleichgroße Oberfläche von Baumwolle, Glas- und Glimmerplatten ausbreitet, immer die gleiche Menge von Thonerde hinterlasse, müssen wir bestreiten; denn wenn das Trocknen bei einer wenig erhöhten Temperatur stattfindet, so ist die durch die Baumwolle aus der essigsauren Verbindung aufgenommene Menge Thonerde unverhältnißmäßig größer als die, welche auf den Glas- oder Glimmerplatten frei wird. Man muß deshalb annehmen, daß die Faser der Baumwolle einen merklichen Einfluß auf die Zersetzung des essigsauren Aluminiums ausübt".

In Hinsicht auf diese Bemerkung weist Walter-Crum darauf hin, daß, je größer die Vertheilung des Salzes ist, wie dies in der vegetabilischen Faser in der That der Fall, desto mehr auch die Zersetzung beschleunigt wird.

Er betrachtet einen gefärbten Baumwollenfaden als bestehend aus einer Reihe von Bläschen, welche gefärbte Substanzen enthalten und gewissermaßen den Zellen der farbigen Blumen gleichen. Zur Unterstützung dieser Anschauungsweise führt er das Resultat einer mikroskopischen Untersuchung der Fäden von reifer Baumwolle an, welche mit essigsaurem Aluminium mordancirt und in Krapp gefärbt worden waren. Die Verbindung des Alizarins mit der Thonerde hatte so gleichmäßig stattgefunden, daß man kaum einen Theil der Faser, von der Seite gesehen, entdecken konnte, welcher nicht vollständig durchdrungen war. In der inneren Höhlung bemerkte man außerdem noch eine Anhäufung des Lackes gegen die Wandungen des Kanals, und falls diese Höhlung geräumig genug war, so hatte der Lack dort kleine zu einem einzigen Punkt vereinigte Massen gebildet, welche kaum die Wände berührten. Diese Massen rührten von der Zusammenziehung her, die das essigsaure Aluminium, welches anfangs die ganze Höhlung ausfüllte, bei seiner Zersetzung erlitt.

Man dürfte also wol nicht zu viel voraussetzen, wenn man annimmt, daß in jeder der unzähligen und unsichtbaren Höhlungen, die in der Faser existiren, sich ein ähnlicher Vorgang ereignet, und daß eine jede, nachdem sie von der Thonerdelösung durchdrungen wurde, etwas von der essigsauren Verbindung enthält, welche bald darauf die Thonerde in Gestalt einer zusammengezogenen und von den sie umgebenden Wänden abgesonderten Masse einschließt, wie wir dies bei dem mittleren Kanal beobachten können.

Die wichtigste Thatsache, welche aus den Beobachtungen von Walter-Crum hervorgeht, ist die, daß die ganze Dicke der Faser von der gefärbten Substanz durchdrungen wird. Olshaz hatte schon vor ihm in analoger Weise die Querschnitte von gefärbten Fasern einem genauen Studium unterworfen und war zu demselben Resultate gelangt[1]).

Diese Thatsachen stehen in direktem Widerspruch mit den Ansichten von Perjoz, der sich folgendermaßen ausspricht:

„Man sieht, wenn man einen gefärbten oder bedruckten Stoff aufmerksam beobachtet, daß die Farbe sich stets auf der Oberfläche und reliefartig vorfindet." Einer der gewichtigsten Einwürfe, welcher von Perjoz gegen die Möglichkeit des Eindringens der Farbe in das Gewebe der Zelle aufgestellt wird, ist der folgende:

„Wie sollte man annehmen können, daß so klebrige Flüssigkeiten, wie die mit Gummi oder Stärke verdickten Farben, welche man auf die Gewebe aufdruckt, die Luft, welche sich in den Höhlungen der Baumwollenfaser vorfindet, zu verjagen und ihre Stelle einzunehmen im Stande wäre? Kann man annehmen, daß diese Höhlungen keine

---
[1]) Olshaz. Ueber die Konstitution der Gewebsfasern, 1847.

Luft enthalten, oder daß sie mit einer der mächtigsten kapillaren Anziehungen begabt sind?"

Hiergegen erwidert Walter-Crum:

„Ich habe beobachtet, daß es durchaus keine Schwierigkeiten für die Beizen hat, in die Faser einzudringen, mögen dieselben auch in vollkommen flüssigen Zustande oder vermittelst einer stärkehaltigen Substanz oder irgend einem andern Verdickungsmittel verdickt fast völlig fest Verwendung finden. Ich habe Fäden untersucht, welche man in eine völlig flüssige Lösung von essigsaurem Aluminium getaucht hatte, im Vergleich mit derselben Lösung, welche mit Gummi und Mehl hinreichend verdickt war, so daß sie nicht durch den gebleichten Kattun, auf welchen man sie aufdruckte, hindurchging, und bei der Untersuchung der Querschnitte dieser gefärbten Fasern mittelst des Mikroskops ergab sich, daß alle die, welche mit dem verdickten oder nicht verdickten Mordant in Berührung gekommen, gleichmäßig durchdrungen waren. Man muß deshalb annehmen, daß die Lösung das Verdickungsmittel auf der Oberfläche zurückläßt und allein in die Faser eindringt."

Der nachfolgende Versuch wird von Persoz mitgetheilt, um seine Anschauungsweise zu unterstützen. Wenn man ein Gewebe aus Baumwolle in eine Lösung von Manganchlorür oder schwefelsaurem Mangan eintaucht und sie sodann in eine alkalische Lösung bringt, so entsteht ein weißlicher Niederschlag von Manganhydroxydul $H_2 Mn O_2$, welcher in Berührung mit Luft bald bräunlich, endlich schwarzbraun wird, indem das Hydroxydul durch Sauerstoffaufnahme in das Manganhydroxyd $H_2 Mn O_4$ übergeht. Dieses dürfte nach Crum's Theorie, da es ja auf der Faser fixirt ist und deren Höhlungen erfüllt, nicht die Anwendung eines neuen Farbstoffes, wie beispielsweise des Indigos, zulassen; indessen zeigt es sich doch in der Praxis, daß ein derartiges Gewebe mehr als vorher geeignet ist, das Indigblau aufzunehmen, da man sich ja der Eigenschaft dieser Oxydationsstufe des Mangans bedient, um die Fällung des Indigos zur Erlangung von gewissen Nüancen zu begünstigen. Zerstört man hierauf das Manganhydroxyd vermittelst Zinnchlorür, so tritt das Blau mit dem Glanze und der Festigkeit hervor, welche es bei der direkten Fixirung der Farbe hat.

Es scheint uns, daß man nach den Beobachtungen von Walter-Crum, welche derselbe bei den mit Krapproth gefärbten Fasern angestellt hat, diese Erscheinung auf einfache Weise erklären könnte. Das in Gestalt von Flocken gefällte Manganhydroxydul kann die kleinen Höhlungen der Faser ausfüllen; allein indem es sich orydirt und zusammentrocknet, wird die Manganverbindung nur noch einen sehr kleinen Raum einnehmen. Es ist ja bekannt, wie sehr die gelatinösen und flockigen Niederschläge, beispielsweise Thonerde, sich beim Trocknen zusammenziehen; es bleibt also noch Raum genug für eine ziemlich große Menge von Indigo, dessen Fällung noch durch die von dem Oxyd ausgehende Anziehung begünstigt werden kann.

Die chemische Theorie wird von Dufay (1738), Bergmann (1776), Chevreul und Kuhlmann vertreten. Diese Chemiker haben übrigens nicht nur die unlöslichen Farbstoffe im Auge, sondern nehmen hauptsächlich, um zu ihren Schlußfolgerungen zu gelangen, eine besondere Anziehungskraft an, welche die thierischen Fasern auf lösliche Farbstoffe, wie Indigoschwefelsäure, ausüben. Wir dürfen deshalb auch aus ihren Beweisgründen keinen Nutzen ziehen, ohne die Frage, welche wir zu diesem Zweck in einem beschränkten und abgeschlossenen Rahmen erhalten haben, zu verwirren.

Kuhlmann[1]) hat eine Reihe von Untersuchungen veröffentlicht, welche dazu bestimmt sind, seinen Ansichten Geltung zu verschaffen. Wir wollen daraus einen kurzen Abriß geben, und zwar thun wir dies um so lieber, weil die neuen Thatsachen, welche er beobachtet hat, schon an und für sich großes Interesse haben, obwol sie nicht zu den von dem Verfasser angenommenen Schlüssen zu führen scheinen.

Die nach dem Verfahren von Mepnier durch Eintauchen in ein Gemisch von Salpetersäure und Schwefelsäure in Pyroxylin umgewandelte und mit holzessigsaurem Eisen und Aluminium oder blos mit einem Aluminiumsalz mordancirte Baumwolle und Leinewand nimmt keine Farbe mehr in einem Bade von Krapp oder Brasilienholz an oder giebt wenigstens nur sehr fahle Farben. Die nicht mordancirten Stellen hingegen ziehen weit mehr Farbe an und halten dieselbe fester als die gewöhnliche Baumwolle.

Die nach dem Verfahren von Béchamp regenerirte und mordancirte Cellulose färbt sich sofort fast ebenso gut wie die gewöhnliche Baumwolle. Das theilweise zersetzte Pyroxylin, das ⅓ Stickstoff weniger enthält als die unveränderte Schießbaumwolle, färbt sich besser und in lebhafteren Nüancen als gewöhnliche Baumwolle mittelst derselben Beize und Farbflotte. So erhält man mit Thonerdebeize

---

[1]) Kuhlmann, Comptes rendus de l'Académie des sciences, t. XLII, pag. 673 u. 711, 1856 und XLIII, pag. 900 u. 950, pag. 1856.

und Brasilienholz eine sehr schöne Scharlachfarbe. Indem also das Pyroxylin einen Theil seines Stickstoffgehaltes abgiebt, verliert es nicht allein seinen Widerstand, die Mordants zu absorbiren, sondern wird sogar sehr geneigt, diese Körper aufzunehmen.

Kuhlmann ersetzte die aus theilweis zersetztem Pyroxylin gebildeten Gewebe durch Baumwollenstoffe, welche vor dem Mordanciren während längerer oder kürzerer Zeit theils mit Mischungen von Salpetersäure in verschiedenen Stärkegraden, theils mit Mischungen von Salpetersäure und Schwefelsäure in verschiedenen Verhältnissen in Berührung waren, und erhielt dabei eigenthümliche Resultate. Brasilienholz und Thonerde gaben auf der nicht stickstoffhaltigen Baumwolle röthlichviolette Farbentöne, während die Farbe nach einem zwanzig Minuten langen Eintauchen des Gewebes in Salpetersäure von 34°, nachdem sie nach der Einwirkung der Säure mit Wasser tüchtig ausgewaschen und, um jedwede Spur von Säure wegzuschaffen, vor Anwendung des Mordants mit einer ganz schwachen Lösung von kohlensaurem Natrium behandelt war, bedeutend gesättigter und weit weniger rothviolett erschien. Eine gleiche Verbesserung der Farbe erhält man, wenn man an Stelle des Brasilienholzes Cochenille anwendet.

Alle diese mit nitrirter Baumwolle gemachten Versuche wurden mit Wolle, Seide und Federn wiederholt. Wenn man diese Stoffe vor dem Färben und Mordanciren derselben Behandlung mit Säuren unterwirft, so erhält man Resultate, welche in Hinsicht auf Schönheit und Reichthum der Farben den vorigen völlig entsprechen. Kuhlmann glaubt aus diesen Thatsachen den Schluß ziehen zu können, daß die chemische Verbindung der zu färbenden Stoffe den größten Einfluß auf die Firirung der Farben ausübt, daß die gefärbten Stoffe wirkliche chemische Verbindungen der Farben mit den Geweben, dagegen die Wirkungen der Kapillarität und der besonderen Struktur der Gespinnstfasern nur sekundärer Natur sind. Wenn es bewiesen wäre, daß bei der Umwandlung der Cellulose in Nitrocellulose und umgekehrt die Gewebefasern keine besonderen Veränderungen ihrer Struktur erlitten, so würden die vorhergehenden Versuche eine große Bedeutung haben; aber es scheint uns im Gegentheil ungemein wahrscheinlich, daß die Baumwolle unter dem Einfluß einer so energischen Behandlung wie die mit konzentrirten Säuren gleichzeitig eine physikalische wie chemische Veränderung erleidet, in der sie sich der leblen Baumwolle sehr nähert.

Bei allen bis jetzt angeführten Thatsachen haben wir nur die unlöslichen Substanzen im Auge gehabt, welche auf der Faser entweder durch Fällung oder durch Verdampfung ihres Lösungsmittels oder irgend eine andere Reaction (Croation u. dergl.) befestigt sind. Die mehr oder minder in Wasser löslichen Farbstoffe sind in Beziehung zur vegetabilischen Faser stets nur unvollständige Farbstoffe: es ist für dieselben ein Mordant, das heißt ein unlöslicher Körper erforderlich, der im Stande ist, an der Faser haften zu bleiben, und mit welchem sie sich chemisch zu vereinigen im Stande sind.

Viele von ihnen, wie beispielsweise das Coccusroth oder die Karminsäure, das Alizarin, verhalten sich ebenso gegen die thierischen Fasern und bedürfen der Mitwirkung eines Metalloxydes. Indessen besitzen Wolle und Seide in Folge ihrer eigenthümlichen chemischen Zusammensetzung die merkwürdige Eigenschaft, eine große Anzahl von löslichen Farben, wie die Indigoblauschwefelsäure und die gefärbten Derivate des Anilins, aus ihren Lösungen zu fällen und sehr energisch festzuhalten. Der Grund dieser für die Praxis so interessanten Erscheinung beruht nicht etwa, wie man glauben könnte, auf der porösen Structur ihrer Faser, wie bei der Thierkohle; denn alle stickstoffhaltigen eiweißartigen Proteïnverbindungen zeigen diese Reaction in einem mehr oder minder bestimmt ausgeprägten Grade; so steht zum Beispiel das Albumin in dieser Hinsicht der Wolle sehr nahe.

Man hat eine Erklärung für die Anziehung, welche Wolle und Seide auf die löslichen Farben ausüben, zu geben versucht, indem man das Vorhandensein eines eigenthümlichen organischen Mordants annahm, welchen diese Stoffe enthalten sollten; augenscheinlich spielt jedoch hierbei die Faser selbst die Rolle einer Beize; sie vereinigt sich auf chemischem Wege mit dem Farbstoff, indem sie einen seiner Charactere, die Löslichkeit, vernichtet. Durch diese Vereinigung entsteht also ein wirklicher Lack, welcher von den gewöhnlichen Lacken insofern verschieden ist, als das Metalloxyd durch eine organische Verbindung ersetzt ist.

Allgemeiner Ueberblick über die Methoden, welche zum Befestigen der Farben auf Geweben und spinnfähigen Fasern angewendet werden.

In der Praxis werden die Farben nach dem zu ihrem Fixiren angewendeten Verfahren eingetheilt in: Dampffarben, Tafelfarben (Applications-, Wasch- oder topische Farben) und durch Färben erzeugte Farben.

Befestigung der Farbstoffe.

Diese Eintheilung ist etwas willkürlich, da die Bezeichnungen keineswegs streng definirt sind; auch ist man oft in Verlegenheit, einem Prozeß seinen richtigen Platz anzuweisen. So kann z. B. der eine Fabrikant das Albuminultramarin zu den Dampffarben rechnen, wenn er diesen Begriff auf alle Farben ausdehnt, welche vermittelst Dampf fixirt werden, und wenn er Dampf statt heißen Wassers zur Koagulation verwendet; während ein Anderer sie als Tafelfarbe ansehen kann, wenn er nur die Vereinigungsweise von Farbe und Faser in Betracht zieht, da die Farbe einfach aufgetragen wird, ohne in das Innere der Faser einzudringen.

Ein anderer wesentlicher Uebelstand ist der, daß nicht alle Fälle in diese drei Abtheilungen einrangirt werden können. Zu diesen gehören das ächte und Fayence-Blau, das Bister (Chemischbraun) und noch viele andere.

Die Befestigung der Farben erfolgt durch wirkliche chemische Reaktionen, welche mit der Natur der Faser und des Farbstoffes wechseln. Bald ist diese Reaktion einfach und nur eine einzige, bald bringt man gleichzeitig oder nach einander mehrere chemische Prozesse dabei zur Wirkung. Daher rührt denn auch die Schwierigkeit, alle diese Methoden zusammenzufassen und sie nach einem allgemeinen Gesichtspunkt in genau begrenzte Abtheilungen einzuordnen.

Wenngleich jede Neuerung wenig Aussicht hat, sich neben einem durch lange Praxis gewissermaßen sanktionirten Gebrauch Geltung zu verschaffen, so wollen wir doch eine rationelle Anordnung der beim Färben der Fasern zur Anwendung kommenden Prozesse versuchen, um dem Leser eine allgemeine Uebersicht der Mittel zu geben, über welche die Industrie zu verfügen hat.

A. **Mechanische Fixirung der unlöslichen Farben.**

Mechanisch aufgedruckte Farben. — Eine unlösliche Farbe wird in Pulverform auf das Gewebe gebracht und dort mit Hilfe eines Körpers befestigt, welcher fest wird und im Allgemeinen auf der Faser unlöslich ist.

Beispiele: Ultramarin, Guignet'sches Grün (Chromhydroxyd), verschiedene Lackfarben, Rußschwarz, mittelst Albumin, Kleber, Casein und Schellack befestigt.

B. Der Farbstoff vereinigt sich mit der Faser. Die Farbe geht aus dieser Vereinigung hervor.

Gewöhnliche Färberei.

Diese Methode kann in zwei Theile zerfallen:

a) Das Gewebe oder die Faser wird in ein Bad oder in eine

Lösung des Farbstoffes gebracht, welche bis zu einer bestimmten Temperatur erhitzt ist. Die Gespinnstfaser entzieht nach und nach der Farbflotte den Farbstoff und zwar durch wirkliche chemische Anziehung. Man erhält so die einfarbigen Stoffe, wenn man nicht vor dem Färben eine Substanz aufdruckt, welche der Farbe widersteht (Réserve, Reservage, Reservagepapp), oder nach dem Färben an gewissen Stellen durch geeignete Mittel die Farbe zerstört (Enlevage).

Beispiele: Färben der Wolle und der Seide mit Anilinfarben, Indigoblauschwefelsäure, Pikrinsäure, Orcein und einer ammoniakalischen Lösung des Karmins. Die vegetabilischen Fasern erlauben eine derartige Behandlung nicht.

b) Der Farbstoff wird in verdickter Lösung aufgedruckt, und man vollendet die Färbung, indem man das Gewebe einer feuchten Wärme, im Allgemeinen der Einwirkung von Wasserdämpfen, aussetzt. Es ist dies eine wirklich topische Färberei, durch deren Hilfe man alle möglichen Muster hervorbringen kann. Diese Abtheilung umfaßt einen Theil der Dampffarben auf Wolle und Seide.

C. Das Pigment tritt mit der Faser, welche es imprägnirt, zusammen, aber es wird nicht chemisch mit derselben verbunden.

I. Fixirung der Farbe durch Oberflächenanziehung in dem Augenblick, wo sie sich aus einem Lösungsmittel ausscheidet (Carthamin); oder in Folge der Anziehung der Poren selbst Fällung des Farbstoffes, welcher mit einem Lösungsmittel nur schwach vereinigt ist (Indigo, Orleans).

Die Entwicklung der Farbe erfordert im ersteren Falle eine nachfolgende Oxydation, welche indessen keinen Einfluß auf die Aechtheit des Farbstoffes hat, wenn man nur auf seine Unlöslichkeit in einer Flüssigkeit achtet, die derjenigen ähnlich ist, welche ihn in Lösung hielt.

II. Fixirung durch eine chemische Einwirkung, welche die mordancirte Faser auf das in Lösung befindliche Pigment ausübt. Der einzige Unterschied, welcher zwischen dieser Methode und der unter B angeführten existirt, ist der, daß zwischen dem Farbstoff und der Faser keine Verwandtschaft herrscht, sondern daß man diese durch einen unlöslichen Körper gewissermaßen hat hineinbringen müssen, einen Körper, der das Vereinigungsvermögen besitzt, welches jener fehlt, und welcher beim Zusammentreffen mit der Faser dieser die nothwendigen Eigenschaften mittheilt, damit das Färben vor sich gehen kann. Die Mordants erfüllen nicht immer die Aufgabe von einfachen Fixirungsmitteln, sondern dienen auch noch als Mittel, um das Färben sowol im Ton als auch in der Intensität der Farbe zu regeln und zu variiren. Die in eine Carminlösung eingetauchte Wolle würde beispielsweise nur einen vom Weinroth ins Granatroth spielenden Farbenton zeigen, wogegen die Farbe nach einem vorherigen Beizen mit Zinnsalz während oder nach dem Ausfärben als schönes Scharlachroth erscheint.

Baumwolle giebt mit einer ähnlichen Krapp- oder Cochenilleflotte Violet, Schwarz, Roth oder Granatroth, je nachdem sie vorher mit Eisen- oder Thonerdemordants oder einer Mischung dieser beiden behandelt wird.

Man wendet hierbei entweder ein bloßes Eintauchen oder Aufdrucken an. Im ersteren Falle ist es möglich, die Zeichnungen hervorzurufen, indem man nur stellenweise den Mordant aufträgt; beim Aufdrucken des Farbstoffes ist der Mordant gleichmäßig fixirt, und die Färbung erfolgt unter dem Einfluß des Wasserdampfes. (Diese Abtheilung umfaßt gewisse Dampffarben auf Baumwolle.)

III. Fixirung durch Oxydation:

Der Farbstoff oder vielmehr der Farbe gebende Stoff wird in Lösung durch Eintauchen oder Aufdrucken auf die Faser gebracht und darauf einer Oxydation unterworfen, welche denselben ausfällt und gleichzeitig den Farbenton zum Vorschein bringt.

Beispiele: Fixirung von Catechu, Campechenholz, Anilinschwarz.

Die Oxydation wird hervorgerufen

a) durch Einwirkung der Luft mit oder ohne den Einfluß von Alkalien;
b) durch Behandlung des Gewebes mit oxydirenden Agentien (z. B. Chromsäure oder Chlorkalk);
c) dadurch, daß man den Druckfarben oxydirende Körper zusetzt, und deren Einwirkung durch Temperaturerhöhung (Dämpfen, Trockenzimmer) unterstützt.

IV. Die Farbe wird in einem mechanischen oder chemischen Lösungsmittel aufgelöst, welches im Stande ist, sich allmälig entweder durch Trocknen an der Luft oder durch Dämpfen oder in Trockenstuben zu verflüchtigen.

Diese Methode wird auch beim Befestigen von gewissen Mordants (essigsaures Eisen und Aluminium) angewendet und bisweilen mit einer gleichzeitigen Oxydation verbunden. Bei den Mordants muß man übrigens feuchte Wärme anwenden.

V. Die Farbe bildet sich auf der Faser durch wechselseitige Zersetzung oder gegenseitigen Austausch zwischen zwei Salzen, einem Salze und einem Alkalioxydoxyd oder einem kohlensauren Alkalimetall.

Eine der Verbindungen wird in Lösung auf die Faser gebracht, und zwar gewöhnlich diejenige, welche gerade das wesentliche Element enthält; die andre ist in einem Bade enthalten, durch welches man das Gewebe hindurchgehen läßt.

Beispiele: Fixirung der Oxyde von Eisen, Chrom, Kupfer, Mangan, Blei u. s. w.

Auch dieser Prozeß dient zur Fixirung gewisser Mordants und hat häufig noch den Zweck, die nach der vorigen Methode unvollständig gebliebene Fixirung zu vollenden. (Behandeln der mit essigsaurem Eisen und Aluminium mordancirten Gewebe im Kuhmistbade.)

Eine nachherige Oxydation ist bisweilen erforderlich, um die Farbe hervorzurufen (Chemischbraun).

VI. Die konstituirenden Elemente einer Farbe werden auf die Faser gebracht, und zwar in chemischer Lösung und in einem solchen Zustande, daß sie sich unter dem Einfluß von feuchter Wärme (Dämpfen, — viele Dampffarben) oder der Länge der Zeit (ein großer Theil der sogenannten Tafelfarben) zur Bildung des unlöslichen Pigments vereinigen, welches letztere gleichzeitig auf der Faser haften bleibt.

Zu dieser Kategorie kann man die Zerlegung der Ferro- und Ferridcyanwasserstoffsäure rechnen. Die Verbindung, welche aus dieser Zerlegung hervorgeht, muß in der That oxydirt werden, um sich in Berlinerblau zu verwandeln.

Trotz der so zahlreichen Abtheilungen, welche wir gemacht haben, können doch eine große Anzahl von Methoden nicht in dieser Klassifikation ihren Platz finden, namentlich diejenigen nicht, deren Reaktionen zu vielfältig oder zu speziell sind, als daß sie verallgemeinert werden könnten; sie werden am besten bei der Betrachtung der einzelnen Farbstoffe abgehandelt.

Die Farbstoffe, welche wir im Folgenden betrachten werden, wollen wir nach ihrer Zusammensetzung in zwei Gruppen eintheilen: 1) die Materialien unorganischen Ursprungs und 2) die organischen Substanzen. Unter den letzteren sind viele, die dem Thieroder Pflanzenorganismus entstammen und noch nicht künstlich hergestellt werden konnten, oder über deren Konstitution sehr wenig Genaues bekannt ist, welche also eigentlich nicht zusammengehören, wenn man nicht ihre färbende Kraft als das vermittelnde Glied für ihre Zusammengehörigkeit betrachtet. Nach dieser allgemeinen Eigenschaft wollen wir sie also anordnen. Andere hingegen, welche aus genauer bekannten chemischen Verbindungen künstlich dargestellt werden, wollen wir in besonderen Gruppen abhandeln. Die zum Färben verwendeten, nicht Farbe gebenden Stoffe werden beim Studium der zur Fixirung der Farbstoffe, welche ihre Mitwirkung verlangen, angewendeten Prozesse ihren Platz finden.

Drittes Buch.

Mineralische Farbstoffe.

Jede unlösliche mineralische Farbe, welche sich in ein feines Pulver verwandeln läßt, kann auf Geweben vermittelst eines plastischen Bindemittels, wie beispielsweise das Albumin, Verwendung finden.

Jeder unlösliche mineralische Farbstoff, welcher sich auf der spinnfähigen Faser mit Hilfe löslicher Agentien herstellen läßt, kann in der Färberei und der Druckerei zur Anwendung kommen.

Trotz alledem ist die Anzahl der Farbstoffe dieser Art, welche wirklich und dauernd von den Fabrikanten verwendet werden, eine sehr beschränkte. Die Gründe hierfür sind vielfach und mannichfaltig. Außer dem Einkaufspreise muß man auf die Schönheit der Farbe achten, auf den Glanz, die Widerstandsfähigkeit gegen Licht und die Atmosphärilien oder gegen chemische Reagentien, auf die größeren oder geringeren Schwierigkeiten beim Fixiren und hauptsächlich auch auf die Gefahr der Vergiftung, welche beim Gebrauche verschiedener Farben zu befürchten ist.

Die große Verschiedenheit der Zusammensetzung und der Eigenschaften, welche die Mineralfarben zeigen, gestattet es nicht, sie nach einem einzigen allgemeinen Grundsatze zu ordnen. Jeder derartige Versuch scheint uns unfruchtbar. Wir wollen uns deshalb zu ihrer besonderen Beschreibung wenden und hauptsächlich diejenigen, welche der Kattundrucker verwendet, genauer betrachten, während wir bei den übrigen uns nur ganz kurz fassen wollen. Eine natürliche Klassifikation ist ebenso schwierig. Wenn man nur ihre charakteristischen physikalischen Kennzeichen ins Auge faßt, so muß man sich von der Farbe leiten lassen. Richtet man aber seine Aufmerksamkeit auf ihre chemischen

Eigenthümlichkeiten und ihre Zusammensetzung, so muß man dieselbe Eintheilung wie in der allgemeinen Chemie zu Grunde legen. Nimmt man endlich hauptsächlich auf die Art und Weise, wie die Farbe auf dem Gewebe fixirt wird, Rücksicht, so muß man die Fabrikationsmethode als Grundlage der Eintheilung annehmen.

Jede dieser Eintheilungen für sich betrachtet, hat ihre Vorzüge, aber ebenso gut auch ihre bedeutenden Nachtheile, die darin liegen, daß man genöthigt ist, Körper zusammenzustellen, welche in anderer Hinsicht ganz verschieden sind. Nach dem Titel dieses Werkes ist die Farbe der für uns wichtigste Gegenstand, und nach ihr werden wir demnach auch unsere Eintheilung aufstellen. Wir werden so viele Familien bilden, als es Farben im Spektrum giebt, und diese Familien in Gruppen eintheilen, die sich in chemischer Hinsicht einander nähern. Die gebräuchlichsten Mittel, sie zu fixiren, werden wir bei jedem Körper besonders anführen.

Weiße Farbstoffe.

Kreide.

Die Kreide ist eine Varietät des natürlichen kohlensauren Calciums,

$$C\overset{\shortparallel}{C}a\,O_2 = \overset{\overset{\shortparallel}{CO}}{\underset{\overset{\shortparallel}{Ca}}{}}\Big)O_2$$

das sehr beträchtliche Bänke und ganze Gebirgsseiten bildet und der Kreide- und Tertiärformation angehört.

Die Kreidelager finden sich in großer Ausdehnung längs der Meeresküste oder der Niederungen des nördlichen europäischen Festlandes an der Nord- und Ostsee oder in der Nähe derselben. So auf Rügen, an den Küsten von Jütland, Seeland (Möen), in England, besonders in Vork, Wiltshire, Sussex, in Frankreich (Champagne, Rouen, Bougival, Meudon), sowie in Polen und Galizien. Sie bestehen aus **amorphem kohlensauren Calcium** (die krystallisirten Varietäten sind der **Kalkspath** und der **Arragonit**). Bei einer 400maligen Vergrößerung sieht man darin Körner von elliptischem Umriß, zwischen denen sich Ueberreste kleiner organisirter Körperchen (mikroskopische Schalen von Foraminiferen) verfinden[1]). G. Rose fand einzelne Arragonitnadeln darin. Die Kreidegebirge enthalten größere oder geringere Knollen von Feuerstein, der durch organische Materie grau oder schwarz gefärbt ist. Man baut sie gewöhnlich in großen Stollen ab. Die rohe Kreide kommt entweder in prismatischen Stücken in den Handel, oder sie wird, nachdem sie bisweilen längere Zeit dem Einflusse der Luft ausgesetzt war, geschlämmt, d. i. mit Wasser zerrieben, darauf in Wasser suspendirt und dekantirt. Diese Operationen bewirken die Ausscheidung des Sandes und der gröberen Theilchen. Fabriken für die Darstellung dieser sogenannten Schlämmkreide befinden sich zu Meudon, Troyes u. s. w. in Frankreich, von welchen sie unter dem Namen Blanc de Meudon, Blanc de Troyes, Blanc d'Espagne in den Handel kommt. Die sich absetzende Kreide wird getrocknet und, sobald der Brei die gehörige Konsistenz erlangt hat, in Kuchen oder Zylinder geformt, welche man alsdann an der Luft völlig austrocknen läßt. (Weiße oder Zeichenkreide.)

Die im Handel vorkommende Kreide erhält neben dem kohlensauren Calcium kleine Mengen von Kieselsäure, Magnesia und Eisenoxyd. Die Güte hängt von der Reinheit der Weiße und der Feinheit des Pulvers ab, die beide je nach der Sorgfalt bei der Herstellung verschieden sind.

Bei Oelfarben kann man die Kreide höchstens zum ersten Auftragen verwenden, da sie nicht hinreichende Deckkraft besitzt und auch unter dem Einfluß der fetten Oele eine gelbliche Farbe annimmt. Die wichtigste Verwendung findet sie als Wasser- und Leimfarbe. Hierbei ist ihre Deckkraft ausreichend, und die Farbe bleibt auch weiß. Sie läßt sich in jeder Menge mit allen Erdfarben und außerdem mit einer bedeutenden Anzahl anderer Farben mischen, z. B. Chromgelb und Orange, Ultramarin, Braunschweiger Grün. Schließlich dient sie noch zum Neutralisiren bei verschiedenen chemischen Reaktionen, wo sie nicht wegen ihrer Farbe, sondern wegen ihrer chemischen Wirkung Verwendung findet.

Das krystallisirte kohlensaure Calcium, unter dem Namen Kalkspath bekannt, ist im Stande, nachdem es trocken gepulvert, mit Wasser verrieben und durch Schlämmen und Abfließenlassen von den gröberen Theilchen befreit ist, mit vielem Vortheil die Kreide bei allen ihren Verwendungen zu ersetzen. Dieses Produkt führt gewöhnlich

---

[1] Ehrenberg. Abhandlungen der Berliner Akademie der Wissenschaften, 1838 und 1839.

den Namen Pariser Weiß (Blanc de Paris). Das Mineral findet sich in Form weißer, körnig krystallinischer Kalksteine in der Umgegend von Heidelberg, in der Pfalz und in Schweden bei Jönköping[1]).

Der gebrannte Kalk, welcher durch Erhitzen des dichten oder krystallinischen Kalksteins erhalten wird, giebt mit Wasser übergossen das Calciumhydroxyd CaH_2O, welches, mit frischem Käse verrieben, als Bildhauerkitt gebraucht wird und außerdem noch vielfache Verwendung in der Industrie findet.

Schwefelsaures Calcium, Gips.

$$\left.\begin{array}{l}SO_3 \\ Ca\end{array}\right\} O + 2H_2O.$$

Der Gips bildet mächtige Stöcke und Lager in dem Flözgebirge sowie mehr oder minder beträchtliche Anhäufungen durch verschiedene sekundäre Formationen. So werden z. B. in vulkanischen Gegenden, wo Schwefelwasserstoff und schweflige Säure fortwährend dem Boden entströmen, die Kalkfelsen bald zersetzt; ebenso bildet er sich vorzugsweise bei der Verwitterung von Schwefelkiesen in den Thonmergeln. Auch auf den Abraumsalzen des Freienwalder Alaunwerks finden sich ziemlich große Krystalle. Er kommt in Krystallen, faserig krystallinisch oder in späthigen, feinkörnigen und dichten Massen vor und ist in den meisten Ländern sehr verbreitet; so findet er sich beispielsweise sehr schön krystallisirt in dem Becken von Paris, bei Friedrichsroda in Thüringen, zu Katscher bei Ratibor, in den Alpen u. s. w.

Der reinste Gips liefert gepulvert, gesiebt, mit Wasser verrieben und nach dem Trocknen noch einmal gepulvert ein sehr zartes Pulver, welches als Farbstoff bei buntem Papier, zu weißem Grunde Verwendung finden kann; man vermischt es oft mit andern Farben. Zu Gelatine- oder Oelfarben kann es nicht vortheilhaft verwendet werden; denn erstlich ist seine Deckkraft nur eine geringe, und zweitens löst es sich nicht leicht genug vom Pinsel ab, und diese Unannehmlichkeit überträgt es auch auf die Stoffe, mit denen es gemischt wird.

Bei erhöhter Temperatur, nach Zeidler[2]) bei 170°, verliert das Gips sein Krystallwasser. Pulvert man diesen entwässerten

---

[1]) J. G. Gentele, Lehrbuch der Farbenfabrikation, 1860, pag. 1. — Dufrenoy, Traité de minéralogie, Bd. II, pag. 247 u. 234. — Annales de chimie [I], Bd. XXVI. pag. 34.

[2]) Dingler's polytechn. Journal, Bd. CLXX, pag. 471.

Gips und rührt ihn mit Wasser zu einem Brei an, so erstarrt dieser bald darauf unter Erwärmung zu einer festen Masse. Da bei dem Erstarren des Gipsbreies, das eine Folge der chemischen Bindung von Wasser, der Wiederaufnahme des beim Erhitzen fortgegangenen Krystallwassers, also ein Krystallisationsprozeß ist, das Volumen sich vergrößert, so bringt die Masse in die feinsten Vertiefungen der Form ein. Dieser Eigenschaft wegen findet der Gips eine so ausgedehnte Anwendung in der Technik zu Formen, Abgüssen u. s. w.[1]).

Phosphorsaures Calcium.

$$\underset{\underset{Ca}{\overset{II}{|}}}{(\overset{III}{PO})_2} \Big| O_4$$

Die Asche gut gebrannter Knochen, welche unter denselben Vorsichtsmaßregeln wie der Kalkspath fein pulverisirt wird, liefert ein sehr weißes Pulver, welches in vielen Fällen den Schwerspath (schwefelsaures Barium) oder den Gips in Mischungen mit mineralischen Farben ersetzen kann.

Permanentweiß. Barytweiß. Blanc fixe. Schwerspath. Schwefelsaures Barium.

$$\underset{\underset{Ba}{\overset{II}{|}}}{SO_2} \Big| O_2$$

Der Schwerspath findet sich auf Erzgängen ungemein häufig; in großen Massen tritt er auf namentlich in England (Cumberland), zu Freiberg in Sachsen, zu Iberg am Harz, in Savoyen, zu Almaden in Spanien, zu Felsöbanya in Ungarn u. s. w. Er findet sich in Krystallen, faserig, derb, blumig, blättrig und erdig.

Der Schwerbath ist vollkommen unlöslich in Wasser und wird weder von verdünnten Säuren noch von der Luft angegriffen; kochende Schwefelsäure löst ihn, beim Erkalten der Lösung scheidet sich ein saures Salz $\overset{II}{Ba} H_2 (SO_4)_2 O_4$ aus, welches durch Wasser zersetzt wird. Er ist häufig von einer blendenden Weiße; diese Eigenschaft, verbunden mit seiner völligen Unangreifbarkeit und seinem niedrigen Preise würden

---

[1]) Graham Otto, Lehrbuch der Chemie, 3. Auflage, 1853, Bd. II, pag. 409).
— Gentele, Lehrbuch der Farbenfabrikation, pag. 9.

ihn zu einer sehr geschätzten weißen Farbe machen, wenn er nicht einen großen Fehler hätte. Das Pulver besitzt nämlich fast gar keine Deckkraft, so fein es auch durch die energischsten mechanischen Hilfsmittel verrieben sein mag; natürlichen Schwerspath gebraucht man fünfmal so viel als Bleiweiß, um eine Ultramarinprobe bis zu demselben Grade heller machen. Trotzdem findet er bisweilen bei der Fabrikation von bunten Papieren Verwendung und wird auch häufig gebraucht, um dem Schreibpapier ein größeres Gewicht zu geben.

Dieser Uebelstand ist indessen nicht vorhanden bei dem sogenannten Blanc fixe, dem auf chemischem Wege gefällten schwefelsauren Barium; der Niederschlag, welcher aus geeigneten Lösungen und bei einer günstigen Temperatur ausscheidet, besitzt in Folge seines amorphen Zustandes sehr große Deckkraft.

Die Darstellungsweise nach Kuhlmann ist folgende: man verdünnt Schwefelsäure (Kammersäure) mit Wasser auf 30° B. und gießt sie in eine kalte Lösung von Chlorbarium von 24 bis 25° B., die sich in Bleigefäßen befindet. Der Niederschlag wird mehrfach mit Wasser ausgewaschen und kommt entweder in Teigform (mit 30 bis 32 Prozent Wasser) oder in Broden, die an der Luft getrocknet werden, in den Handel. Würde man in der Hitze und mit zu konzentrirten Lösungen arbeiten, so erhielte man zwar einen Niederschlag, der sich bedeutend schneller zu Boden setzt und sich auch leichter auswaschen läßt; allein er ist dann krystallinisch, und das Präparat würde somit einen Theil seiner guten Eigenschaften einbüßen.

Kuhlmann stellt das Chlorbarium auf eine billige Weise dar, indem er entweder das natürliche kohlensaure Barium (Witherit) in roher Salzsäure auflöst, oder indem er in einem Flammenofen eine Mischung von Manganchlorür (Rückstände von der Chlorbereitung), Schwerspath und Kohle glüht und die Masse auslaugt.

$$Cl_2 Mn + \frac{SO_3}{Ba} \mid O_2 + C_4 = BaCl_2 + MnS + 4CO.$$

Pelouze schlägt vor, eine Mischung von natürlichem kohlensauren Barium (Witherit) mit der hinreichenden Menge verdünnter Schwefelsäure und einigen Prozenten Salzsäure sieden zu lassen. Das sich fortwährend bildende Chlorbarium wird durch die Schwefelsäure zersetzt, und die hierdurch in Freiheit gesetzte Salzsäure ist dadurch wieder im Stande, auf eine neue Menge des Carbonats einzuwirken.

Das natürliche und das künstliche schwefelsaure Barium werden häufig zur Vermischung mit andern Farben angewendet [1]).

In neuerer Zeit ist noch eine andere Methode zur Darstellung des Blanc fixe vorgeschlagen worden [2]). Man glüht sehr fein gemahlenen Schwerspath mit einem Theil sehr fein gepulverter Steinkohle (womöglich Backkohle) und fünf bis acht Prozent Steinkohlentheer und schlägt das Ganze durch ein Sieb. Hierauf glüht man die Masse in Tiegeln von Töpferthon und läßt sie unter Luftabschluß erkalten. Nach dem Abkühlen verwandelt man das Schwefelbarium durch Chlorwasserstoffsäure in Chlorbarium; man hat jedoch darauf zu sehen, daß eine kleine Spur Schwefelbarium vorherrscht, da hierdurch die fremden Metalle, welche im Schwerspath enthalten sind, als Schwefelmetalle ausgeschieden werden. Die möglichst konzentrirten Laugen werden zum Kochen erhitzt, nach dem Erkalten vom Bodensatz dekantirt und durch verdünnte Schwefelsäure gefällt, jedoch so, daß ein kleiner Ueberschuß von Chlorbarium bleibt. Die Salzsäure, welche sich bei der Zersetzung bildet, wird wieder zur Darstellung von Chlorbarium benutzt. Der Niederschlag wird ausgewaschen, ausgepreßt und kommt als Blanc fixe en pâte in den Handel.

Weiße thonartige Substanzen.

Die weißesten thonartigen Substanzen, wie Pfeifenthon (eine wasserhaltige Verbindung von Kieselsäure mit Aluminium und Natrium, frei von Eisen und Calcium) und der Kaolin (wasserhaltiges kieselsaures Aluminium) können, wie die Kreide, zu Wasserfarben oder zum Versetzen von bunten Farben gebraucht werden. Im Allgemeinen absorbiren sie zu viel Oel und trocknen zu langsam, um in der Oelmalerei Verwendung zu finden.

Die besten Thonarten finden sich im Regierungsbezirk Koblenz an der Grenze von Nassau, bei Saarlouis, im Regierungsbezirke

---

[1]) Gentele, Lehrbuch der Farbenfabrikation, pag. 13 und 176. — Encyclopädisches Handbuch der technischen Chemie von Mudpratt-Stohmann, Bd. I, pag. 715. — Wagner's Jahresberichte der technischen Chemie, 1855, pag. 109; 1856, pag. 114; 1857, pag. 162; 1858, pag. 201; 1859, pag. 212. — Polyt. Centralblatt, 1857, pag. 729; 1858, pag. 1489 und 1585. — Dingler's polyt. Journal, Bd. CXI., pag. 77; Bd. CL, pag. 61 und 109; CLII., pag. 375. — Quenstedt, Handbuch der Mineralogie, pag. 448. — Dufrenoy, Traité de minéralogie, Bd. II, pag. 179.

[2]) Dingler's polyt. Journal, Bd. CLXXXV, pag. 144.

Köln und in den Umgebungen des Laacher Sees (Kölnische Erde), zu Hubertsburg, Kolditz, Groß-Almerode, in Devonshire, Cornwales, Dorselshire u. s. w.

Man glüht bisweilen den Kaolin, pulvert und schlämmt denselben. Diese Produkte können einen ziemlich beträchtlichen Glanz und eine gewisse Politur unter dem Glätteisen annehmen. Von ihrer Verwendung zur Verdickung der Farben haben wir bereits oben gesprochen [1]).

Talk.

Unter dem Namen Talk versteht man im Allgemeinen mehrere Minerale, welche hauptsächlich aus Magnesiumsilikaten gebildet sind. Der Talk im engeren Sinne ist ein wasserfreies Silikat, der Speckstein (spanische Kreide, stéatite) ist wasserhaltig. Diese Körper fühlen sich mild und seifenartig an; wenn man sie zwischen den Fingern zerdrückt, so trennen sich die Flimmerchen so fein ab, daß sie regenbogenfarbig reflektiren. Man findet diese Minerale in Frankreich bei Briançon und Nantes, in der Schweiz am St. Gotthard, in Tyrol im Zillerthal, welches die Venetianische Kreide liefert, bei Göpfersgrün im Fichtelgebirge [2]), bei Salzburg, im Erzgebirge, in Sachsen, Böhmen und in Schottland.

Man gebraucht den Talk zu Pastellfarben, als Einreibung zur Verschönerung der Haut, zum Entfetten der Seide, auch als Beisatz zu verschiedenen Farben, ferner zum Glätten von Papier und zur Herstellung der Appretur von Geweben von weißer Baumwolle.

Zinkweiß, wasserfreies Zinkoxyd [3]).

ZnO. Zinkblumen. Pompholix. Nihilum album. Lana philosophica.

Die Idee, das Zinkoxyd statt Bleiweiß als Farbstoff zu verwenden, wurde durch den Wunsch hervorgerufen, den Grund zu einer sehr gefährlichen Krankheit zu beseitigen. Die Arbeiter nämlich,

---

[1]) Schubarth, Handbuch der technischen Chemie, 1851, Bd. I, pag. 420 seq. — Quenstedt, Handbuch der Mineralogie, 1863, pag. 375.

[2]) Rand, Poggendorff's Ann. der Chemie und Physik, LXXV, pag. 129.

[3]) Schubarth, technische Chemie, Bd. II, pag. 12. — Muspratt-Stohmann (1. Aufl.), Bd. III, pag. 1924.

welche mit der Herstellung von kohlensaurem Blei und namentlich mit dem Pulver desselben zur Fabrikation der Oelfarben beschäftigt waren, sowie die Maler selbst, welche sich dieser bedienten, waren einer großen Gefahr für ihren Gesundheitszustand, der sogenannten Bleikolik ausgesetzt.

Courtois in Dijon machte die ersten Versuche in dieser Richtung im Jahre 1780. Guyton de Morveau[1]) publicirte 1783 in den Mémoires de l'Académie de Dijon und in der Encyclopédie méthodique des arts et des sciences eine lange Untersuchung über denselben Gegenstand. Er schlug vor, um der Farbe die Eigenschaft des schnelleren Trocknens zu geben, einen kleinen Zusatz von getrocknetem schwefelsauren Zink zu machen. Im Jahre 1796 nahm Atkinson ein Patent für die Substitution des Zinkoxyds an Stelle des Bleiweiß. Göttling[2]), Höpfner[3]) und besonders Lampadius[4]) haben ebenfalls das Zinkoxyd als Malerweiß für Wasser- und Oelfarben vorgeschlagen. Trotz dieser Versuche, welche nicht blos auf das Laboratorium beschränkt blieben, wurde die Anwendung und die Fabrikation von Zinkweiß keine allgemeine.

Im Jahre 1835 nahm der Maler Leclaire[5]) die Sache wieder auf, und nach einer Reihe von Versuchen, welche er mit einer seltenen Ausdauer bis 1844 fortsetzte, gelang es ihm, ein Fabrikat von blendender Weiße herzustellen, welches in einer schwefelwasserstoffhaltigen Atmosphäre seine Farbe behält und einen hinreichend niedrigen Preis hat. Da die zinkweißhaltigen Farben durch die Verwendung des mit Silberglätte abgekochten Leinöls die Eigenschaft einbüßen würden, in Schwefelwasserstoffgas weiß zu bleiben, so schlug derselbe Fabrikant vor, das Leinöl mit Manganbioxyd zu kochen. Das Pulver wird mit ungekochtem Leinöl angerührt und 3 bis 5 Prozent mit Manganbioxyd abgekochtes Oel hinzugefügt. (200 Gramm gereinigtes und gekochtes Leinöl, 10 Gramm zerriebenes Manganbioxyd; man läßt unter Umrühren 6 bis 8 Stunden kochen, läßt erkalten und filtrirt alsdann.)

---

[1]) Crell's chem. Annalen, 1786, Bd. II, pag. 312. — Encyclopédie méthodique des arts et des sciences, Bd. VI, pag. 146. — Annales des arts et manufactures, an IX de la République, Bd. IV, pag. 161.
[2]) Göttling's Vortheile verschiedener chemischer Operationen, 2. Auflage, 1789, pag. 212.
[3]) Magazin für die Naturkunde Helvetiens, Bd. IV, pag. 42.
[4]) Journal für technische und ökonomische Chemie, Bd. IV, pag. 443.
[5]) Muspratt-Stohmann, technische Chemie (1. Auflage), Bd. III, pag. 1927.

Sorel[1]) ersetzt das Oel, das Terpentinöl und die andern Flüssigkeiten, welche in der gewöhnlichen Malerei verwendet werden, durch eine wässrige Lösung von basischem Chlorzink (von 58° B.), worin derselbe ein weinsaures Alkali auflöst (diese Salze verzögern das Verdicken des Farbstoffes vor seiner Anwendung), und fügt noch, um dem Gemisch mehr Zähigkeit und Bindekraft zu geben, Gelatine oder Stärkekleister hinzu. Ein derartiger Anstrich ist ebenso schön und ebenso haltbar wie ein mit Oel dargestellter; er besitzt mehr Deckkraft wie jener, trocknet schnell, ist ohne Geruch und widersteht der Einwirkung der Feuchtigkeit, sogar auch des kochenden Wassers; überdies wirkt er noch antiseptisch und schützt folglich auch das Holz vor Fäulniß und Verwesung. Die Farbe ist weder giftig, noch wird dieselbe von schwefelwasserstoffhaltigen Ausdünstungen verändert. Zinkoxyd mit einer Lösung von basischem Chlorzink und geschlämmtem Glaspulver zusammen angerührt, wird in der Zahnheilkunde mit Vortheil zum Füllen hohler Zähne angewendet. Die Plombe wird in ganz kurzer Zeit fest und ist so hart, daß sie sich kaum mit einem Messer schaben läßt. Das Zinkweiß besitzt fast ebenso großes Deckungsvermögen wie das Bleiweiß und läßt sich sehr gut mit Oel mischen. Nur eine tadelnswerthe Gedankenlosigkeit stand der allgemeinen Einführung dieses Präparates an Stelle des kohlensauren Bleis entgegen, zumal es vor jenem den außerordentlichen Vorzug der Unschädlichkeit darbietet. Die Künstlerin Mantois hat das Zinkweiß übrigens auch in der feinen Malerei zu Pastell- und Wasserfarben angewendet. Außer dem Bleiweiß ist es der einzige weiße Farbstoff, welcher beim Zeugdruck Verwendung findet; es wird entweder für sich allein angewendet oder in Mischung mit anderen Farben, z. B. Ultramarin; seine Fixirung geschieht mit Albumin. Vermöge seiner basischen Eigenschaften ist es in Säuren löslich; beim Erhitzen nimmt es eine röthlichgelbe Farbe an, welche jedoch beim Erkalten wieder verschwindet. Es ist feuerbeständig und nicht flüchtig.

Darstellung. — Seine Darstellung beruht im Allgemeinen auf der Eigenschaft der Zinkdämpfe, an der Luft zu verbrennen. Leclaire[2]) legt 10 Retorten in einen sogenannten schlesischen Ofen. Ein System von Kratzeisen reinigt regelmäßig den Hals der Retorten; vor ihrer Mündung befindet sich eine kleine Kammer (guérite), deren

---

[1]) Dingler's polyt. Journal, Bd. CXXXIX, pag. 130; Bd. CXLVIII, pag. 122 u. 124; Bd. CXLIX, pag. 197.
[2]) Dingler's polyt. Journal, Bd. CXII, pag. 266 und 270.

Boden beweglich ist und deren Thür sich nach dem Raum hin öffnet, wo der Ofen steht; oberhalb dieser kleinen Kammer ist eine Leitung, welche mit dem obern Theile der sogenannten Kondensationskammern kommunizirt, welche letzteren links und rechts vom Ofen angebracht sind und tiefer als der Boden der Ofenkammern hinabreichen.

Am Ende einer Reihe von Scheidewänden aus Zeug, welche zur Verdichtung und Ansammlung des Zinkoxyds dienen, wird ein starker Zug hergestellt; im Boden der Kondensationskammern sind Trichter angebracht, durch welche das Zinkoxyd in Fässer hinabfällt.

Nachdem der Ofen den gehörigen Hitzegrad erreicht hat, wird die Thüre des Kämmerchens geöffnet und das Zink in die Retorte gebracht; man verschließt die Thüre, verklebt sie, zieht den beweglichen Boden des Kämmerchens auf und setzt die Retorte mit dem unteren Theil der Kondensationskammer in Verbindung; nun beginnt die Verbrennung des Zinkes sogleich und hört nicht eher auf, als bis das Metall ganz verbrannt ist.

Die Luft steigt vom untern Theil der Kondensationskammer herauf, und der Sauerstoff verbindet sich mit dem an der Mündung der Retorte brennenden Metalle; das gebildete Oxyd fällt theils durch die geöffnete Fallthür hinab, theils wird es vom Zuglamin durch das über dem Kämmerchen befindliche Rohr fortgezogen und fällt dann durch die Trichter in die untenstehenden Fässer.

Nach Rochaz[1]) wird das Zink in Schmelztiegel gebracht, welche vermittelst durchlöcherter Deckel verschlossen und in eine Art Flammöfen schräg eingelegt sind. Das verflüchtigte Metall bringt in eine Abtheilung des Ofens, welche die Oxydationskammer genannt wird; das sich bildende Oxyd wird mittelst eines hinreichenden Luftstromes fortgeführt und sammelt sich in einer Reihe unvollkommen geschlossener Kammern an, welche sich abwechselnd unten und oben gegen einander öffnen, so daß also das Oxyd gezwungen ist, in denselben auf- und abzusteigen.

Sorel läßt über die Oberfläche von Zink, welches bis zur Rothgluth erhitzt ist, einen Luftstrom hinwegstreichen, indem er die bei der Verbrennung des Metalls frei werdende Wärme zur Erhitzung des Zinks benutzt; nach seinen Angaben ist es ihm gelungen, hierbei einen Ueberschuß von nutzbarer Wärme zu erzielen. Bei diesem Prozeß wird das Metall nicht verflüchtigt, und das gebildete Zinkoxyd bleibt auf der Oberfläche des geschmolzenen Zinks liegen.

---

[1]) Dingler's polyt. Journal, Bd. CX, pag. 100 und Bd. CXVI, pag. 54.

In Amerika bereitet man das Zinkoryd durch Rösten des Zinkerzes. Ist dieses schwefelhaltig, so enthält das Zinkweiß stets etwas schwefelsaures Zink, welches demselben seine Eigenschaft nimmt, sich mit Oel mischen zu lassen. Der zu diesem Zwecke, z. B. zu Lancaster in Pensylvanien, verwendete Ofen von **Witherill**[1]), wo derselbe längere Zeit in Thätigkeit gewesen ist, besteht aus einem halbkugelförmigen Gewölbe aus feuerfesten Steinen und einem darunter befindlichen Roste, unter dem ein enger Aschenfall angebracht ist. Ein konstanter Luftstrom welcher durch letzteren eintritt, verbreitet sich über die Oberfläche des Herdes, indem er durch die Roststäbe hindurchgeht. Die vordere Seite des Ofens hat eine Thüröffnung von 1,16 Millimeter. Das Zinkoryd entweicht durch Oeffnungen, welche in dem oberen Theile des Gewölbes angebracht sind, und gelangt durch ziemlich vertikale Röhren in einen großen horizontalen Kanal, welcher zwölf ähnliche Oefen verbindet. Von hier aus wird es mittelst eines Ventilators in gemauerte Räume getrieben, in welche es von unten her eintritt, und entweicht aus diesen, nachdem es die schwersten Aschentheilchen darin abgesetzt hat, durch oben angebrachte Oeffnungen in andere Räume, welche Musselinsäcke enthalten, die das Oryd gleichsam wie Filter auffangen und die kohligen Theile hindurchgehen lassen.

Man beschickt die Oefen mit dem pulverisirten Mineral, welches mit 33 Proz. gepochter Kohle vermischt wird, nachdem man zuvor auf dem Roste Feuer angemacht und dadurch den Ofen in Hitze versetzt hat.

Der Galmei, welcher zu Lancaster verwendet wurde, bestand aus

Kohlensaurem Zink 78,70
„ Calcium . . . 12,64
„ Magnesium . . 2,72
Eisenoryd 2,53
Kieselsäure 2,86
Wasser . . . . 1,36.

Da der Galmei an diesem Orte bald erschöpft war, benutzte man ein Erz, welches aus Zinkoryd und einem dolomitischen Kalkstein besteht. Bei der Verarbeitung desselben bildete sich aber viel schwellige Säure und Schwefelsäure, welche sich mit dem Zinkoryd zu schwefelsaurem Zink verband, in Folge dessen das Zinkweiß zur Verwendung als Farbe ungeeignet wurde, (in einer Probe wurde 4,6 Prozent Schwefelsäure gefunden). Die Fabrik zu Lancaster ist in Folge dessen eingegangen.

---
[1]) Berg- und Hüttenmännische Zeitschrift, 1862, pag. 264. — **Polytechnisches Centralblatt**, pag. 348.

Bleiweiß (Kremser-, Schiefer-, Maler-, Silber-, Perlweiß, Cerussa).

Das künstliche kohlensaure Blei war bereits den Griechen und Römern bekannt. Wegen seiner ausgezeichneten Deckkraft würde es alle anderen weißen Farbstoffe, die in der Oelmalerei gebraucht werden, bei weitem übertreffen, wenn sich nicht andrerseits bei seiner Anwendung bedeutende Uebelstände herausstellten. Da Blei sein Hauptbestandtheil ist, so wirkt es sehr giftig, und die Arbeiter haben in Folge dessen bei der Anfertigung im hohen Grade zu leiden; der zweite große Nachtheil ist der, daß es sich schwärzt, wenn es einer schwefelwasserstoffhaltigen Atmosphäre ausgesetzt ist.

Das kohlensaure Blei ist in reinem Wasser unlöslich, etwas löslich in kohlensäurehaltigem Wasser, in Säuren löst es sich unter Aufbrausen, indem Kohlensäure entweicht. Bei einer Temperatur von ungefähr 400° geht die Kohlensäure ebenfalls fort, und es bleibt ein pulverförmiger Rückstand von Bleioxyd (Massicot) zurück.

Nach den Untersuchungen von Mulder und C. Hochstetter[1]) ist die Zusammensetzung des Bleiweißes nicht genau die des neutralen kohlensauren Bleis, indem ein Theil des Bleis durch Wasserstoff ersetzt ist. Das normale Salz $PbCO_3 = \begin{Bmatrix} Pb \\ CO \end{Bmatrix} O_2$ findet sich im Mineralreich als Weißbleierz in weißen glänzenden Krystallen. Kohlensaures Natrium giebt in Bleiauflösungen einen weißen Niederschlag, der stets ein basisches Salz ist, und dessen Zusammensetzung je nach der Temperatur und dem Konzentrationsgrade sich ändert:

$$\begin{Bmatrix} II_3 \\ Pb_4 \\ (CO)_2 \end{Bmatrix} O_6 \quad \begin{Bmatrix} II_2 \\ Pb_4 \\ (CO)_3 \end{Bmatrix} O_8 \quad \begin{Bmatrix} II_2 \\ Pb_4 \\ (CO)_4 \end{Bmatrix} O_{12} \quad \begin{Bmatrix} II_2 \\ \cdot Pb_7 \\ (CO)_4 \end{Bmatrix} O_{16}$$

Mit dem Namen Bleiweiß bezeichnet man eine Mischung dieser basischen Salze; das erstere herrscht gewöhnlich vor. Das nach dem Rosord'schen Verfahren hergestellte soll der ersten Formel entsprechen. Man hat eine große Anzahl von Methoden zur Herstellung dieses Präparates vorgeschlagen; sie können auf folgende Weise eingetheilt werden.

1) Die Methoden, welche sich mehr oder weniger dem holländischen Verfahren nähern. Das Bleiweiß bildet sich hierbei durch gleichzeitige Einwirkung von Essigsäuredämpfen, Sauerstoff und Kohlensäure auf metallisches Blei. Das Metall absorbirt Sauerstoff aus der Luft, es bildet sich ein basisch essigsaures Blei, welches durch die Kohlensäure in kohlensaures Blei oder Bleiweiß und in neutrales essigsaures Blei

---

[1]) Erdmann, Journal für praktische Chemie, Bd. XXVI, pag. 338.

zerlegt wird. Letzteres kann gleichfalls unter Freiwerden von Essigsäure zersetzt werden, vorausgesetzt, daß die Temperatur hinreichend hoch (40 bis 50°) und die Luft mit Feuchtigkeit gesättigt ist. Hieraus erklärt sich der geringe Gehalt von essigsaurem Blei in dem nicht gewaschenen Präparat. (Hochstetter).

2) Das schwammförmige oder sehr fein zertheilte Blei wird angefeuchtet einzig und allein der Einwirkung der atmosphärischen Luft ausgesetzt.

3) Man fällt vermittelst eines Stromes von Kohlensäure eine Lösung von basisch essigsaurem Blei, welches man durch Auflösen von Massicot in neutralem essigsauren Blei erhält (Französisches Verfahren, Prozeß zu Clichy).

Wir werden die Darstellung von Bleiweiß nur in allgemeinen Umrissen nach den am meisten angewendeten Methoden besprechen. Für diejenigen Leser, welche sich eingehender mit diesem Gegenstande beschäftigen wollen, nennen wir die Werke, in welchen sich Genaueres darüber findet [1]).

---

[1]) **Muspratt** und **Stohmann**, Chemie in Anwendung auf Künste, 2. Auflage, Bd. I, pag. 960. — **Payen**, Précis de chimie industrielle, 3. Auf., pag. 799. — **Geniele**, Lehrbuch der Farbenfabrikation, pag. 141 ff. — **Hochstetter**, Ueber die Bildung des Bleiweiß, Erdmann's Journal für prakt. Chemie, Bd. XXVI, pag. 338. — **Wagner**, Lehrbuch der Technologie, Bd. I, pag. 397 ff.; Bd. V, pag. 643. — **Saxelbye**, Repertory of Arts and Manufactures, Febr. 1805. — Bulletin de la Société d'encouragement, 1805, pag. 49. — Sur la fabrication du blanc de Krems, v. Marcel de Serres, Ann. de chimie [1], Bd. LXXII, pag. 225. — Bericht von **Hofmann** über die Londoner Ausstellung von 1862, pag. 75.

Verf. v. **Toraissa** u. **Walter**, Bullet. de la Soc. d'encouragem. 1835, pag. 258
- **Woolrich**, 1840, pag. 406
- **Sevel** 1841, pag. 459
- **Sannal** 1843, pag. 216
- **Mullius** 1844, pag. 154
- **Chenot** 1853, pag. 147
- **Bezançon** 1852, pag. 458.

Dingler's polytechn. Journal, Bd. LXXIX, pag. 221. — **Pattinson**, Bd. LXX, pag. 386 und Bd. CXXVI, pag. 37. — **Schubarth**, Bd. LXXXII, pag. 193. — **Pelouze**, Bd. LXXXIII, pag. 388. — **Hochstetter**, Bd. LXXXVI, pag. 204. — **Sannal**, Bd. LXXXVIII, pag. 463; Bd. CVI, pag. 273. — **Lothmann**, Bd. CVI, pag. 155. — **Fourmentin**, Bd. CIX, pag. 218. — **Richardson**, pag. 204. — **Payen**, Bd. CV, pag. 42. — **Rodgers**, Bd. CXV, pag. 443; Bd. CXVI, pag. 139. — **Chenot**, Bd. CXXVIII, pag. 56. — **Stein**, Bd. CXXXVII, pag. 128. — **Fiat**, Bd. CXXXVII, pag. 286. — **Stein**, Darstellung und Prüfung des Bleiweiß. Polyt. Centralbl. 1855, pag. 513. — **Dingler's** polyt. Journal, Bd. CXXXVII, pag. 132. — **Pallu**, Répertoire de chimie

Holländisches Verfahren. — Die erste Arbeit bei diesem Prozeß besteht darin, daß man sich dünne Bleitafeln durch Gießen herstellt (da geschmolzenes Blei sich leichter oxydirt als gewalztes), indem man schmelzendes und gut abgeschäumtes Blei auf kalte eiserne Tafeln gießt und, sobald die Oberfläche zu erstarren beginnt, das noch flüssige Blei ablaufen läßt; die dünne Bleitafel wird abgehoben und die eiserne Platte gekühlt. Die Tafeln sind auf der Oberfläche rauh, was ihre Oxydation noch begünstigt, und haben eine Dicke von $\frac{1}{2}$ bis $\frac{1}{3}$ Zoll; eine Tafel wiegt ungefähr 4 Pfund. Sie werden spiralförmig aufgerollt (cornets), jedoch mit der Vorsicht, daß sich die einzelnen Windungen nicht berühren, und in glasirte Töpfe gestellt, welche mit Kreuzhölzern oder drei Zapfen oder Zungen von Thon versehen sind; letztere dienen dazu, die Bleirollen zu tragen, welche in die Töpfe eingesetzt werden. Diese Calcinirtöpfe, welche ungefähr 9 Zoll hoch und oben 4 bis 5 Zoll weit sind, werden etwa 4 Zoll hoch bis zu den Auflagern mit Essig und Bierhefe, denen man Branntwein oder auch Stärke zusetzt, gefüllt und mit ebensolchen Bleiplatten bedeckt; hierauf werden sie in die Logen gebracht, welche mit Pferdemist umgeben sind. Unten wird frischer Mist ausgebreitet, auf diesen werden die Töpfe gestellt und Bretter übergedeckt; hierauf kommt eine zweite Mistlage, auf welche wiederum Töpfe gestellt werden, und so fort, bis 4 bis 5 Schichten übereinander aufgeführt sind. Nach Verlauf von sechs bis sieben Wochen werden die Logen geöffnet und die Platten herausgenommen; die völlig zerfressenen und in Bleiweiß umgewandelten Platten kommen als **Schieferweiß** (blanc en écailles, blanc d'argent) in den Handel; die nur theilweise angefressenen werden nach dem Aufrollen abgeklopft, eine Operation, welche für die Gesundheit der Arbeiter in hohem Grade schädlich ist. Die Bleiweißbildung ist als gut anzusehen, wenn die innere Bleischicht ungefähr

---

appliquée, Bd. I, pag. 120. — Wood, Dingler's polyt. Journal, Bd. LIV, pag. 127. — Grüneberg, Polyt. Centralbl., 1860, pag. 1404. — Richardson, Dingler's polyt. Journal, Bd. CXII, pag. 382. — Philipp's, Polyt. Centralbl., 1862, pag. 620. — Barreswil, Ueber das Verfahren von Dieul, Dingler's polyt. Journal, Bd. CLXXVII, pag. 220. — Lunge, Ueber die Fabrikation von Walter, Perkert und Comp. Dingler's polyt. Journal, Bd. CLXXX, pag. 46. Polyt. Centralbl., 1866, pag. 1015. — Spence's Verfahren, Dingler's polyt. Journal, Bd. CLXXXII, pag. 225; Polyt. Centralbl., 1866, pag. 1498. — Im Auszuge s. a. Wagner's Jahresberichte der chemischen Technologie, Bd. I, pag. 123; Bd. V, pag. 250; Bd. VI, pag. 267; Bd. VII, pag. 272; Bd. VIII, pag. 324; Bd. XI, pag. 366, Bd. XII, pag. 268.

Papierdicke hat. Darauf wird das Bleiweiß zwischen gußeisernen
Walzen in möglichst geschlossenen Räumen zermahlen, gesiebt und
zwischen Granitsteinen mit Wasser fein zerrieben. Der Brei wird in
conischen Töpfen zuerst oberflächlich ausgetrocknet und die Probe alsdann in geheizten Trockenstuben vollständig zur Trockne gebracht. Die
kleine Menge von basisch essigsaurem Blei, welche demselben noch anhängt, giebt ihm einen größeren Grad von Dichtigkeit. An Stelle
des Pferdemistes, welcher nicht immer von gleicher Güte zu haben
ist, schlug Bezançon Gerberlohe vor. Die Dauer der Operation
ist hierbei eine längere, allein man beugt zugleich der Bildung von
Schwefelwasserstoff vor, welcher das Bleiweiß durch Bildung von
Schwefelblei schwärzen würde. Die Kohlensäure sowie die nöthige
Wärme werden durch die Gährung des Pferdemistes erzeugt. Dall'-
armi ersetzt die Logen durch unterirdische Räume, deren Temperatur
auf 40° erhalten wird und welche von oben her Luft empfangen, und
bringt nur eine einzige Reihe von Calcinirtöpfen zwischen zwei Schichten
von Mist an.

Oestreichisches Verfahren. Kremserweiß. — Das ehemals
zu Krems in Oestreich, später zu Klagenfurth, Feldmühl bei Wien
und in Wien selbst verfertigte Produkt genoß einen besonderen Ruf,
welchen es seiner vorzüglichen, brillanten weißen Farbe verdankte. Man
bedient sich zu seiner Darstellung des vollkommen reinen Bleiberger
und Villacher Bleis. Die $\frac{1}{2}$ bis $\frac{3}{4}$ Zoll starken gegossenen Platten
werden in der Mitte zu einem spitzen Winkel zusammengebogen und
vermittelst kleiner Holzlatten in Holzgefäße eingetaucht, welche mit
Pech ausgegossen sind und starken Essig und den Saft oder das
Extrakt getrockneter Weinbeeren enthalten. Die Platten werden so
aufgehängt, daß sie weder die Flüssigkeit noch sich selbst unter einander berühren. Die Gefäße kommen in Kammern, welche mit doppelten Wänden versehen sind, deren Zwischenraum mit Lohe oder andern
schlechten Wärmeleitern angefüllt ist, und welche mittelst Dampfröhren
geheizt werden können. Die eintretende alkoholische Gährung liefert
die nöthige Kohlensäure. Das gebildete Bleiweiß wird von den nicht
angegriffenen Bleiplatten abgeklopft und in großen viereckigen Kästen,
welche durch Scheidewände in gleiche Abtheilungen eingetheilt sind,
ausgewaschen. Die Höhe der Scheidewände wird nach dem Ende zu
geringer, so daß also das gröbere Pulver sich in den ersten Abtheilungen
absetzt, während die suspendirten feineren Theilchen sich in den folgenden ablagern. Die erhaltenen Produkte werden eingetheilt in **Sil-
berweiß** (blanc d'argent), reines und sehr feines kohlensaures Blei

oder Kremſer (fälſchlich Kremnitzer) Weiß, das zur feinen Malerei Verwendung findet; in Venetianiſches Weiß (blanc de Venise), eine Miſchung von gleichen Theilen kohlenſaurem Blei und Schwerſpath; in Hamburger Weiß (blanc de Hambourg), eine Miſchung von einem Theil Bleiweiß mit zwei Theilen Schwerſpath, und in Holländiſches Bleiweiß (blanc de Hollande), eine Miſchung von einem Theil Bleiweiß mit drei Theilen Schwerſpath.

Montgolfier, der Erfinder des Luftballons, ſchlug vor, größere Räume, welche Bleiplatten enthalten, mit Dämpfen verdünnten Eſſigs anzufüllen, ſo daß das Blei davon feucht wird, und hierauf Kohlenſäure einzuleiten, welche durch Verbrennung von Kohle erhalten wird.

Franzöſiſches Verfahren. Methode zu Clichy. Dieſes Verfahren wurde von Thénard im Jahre 1801 erfunden und zuerſt von Roſard in Clichy praktiſch ausgeführt. Man trägt Bleiglätte ſo lange in verdünnten Eſſig ein, bis die Flüſſigkeit 17 bis 18° B. zeigt; das gebildete baſiſch eſſigſaure Blei wird durch Kohlenſäure zerſetzt, die man durch Verbrennen von Kohle oder nach Dumas durch Erhitzen von kohlenſaurem Calcium erhält, wobei baſiſch kohlenſaures Blei ausgefällt wird, während eine Löſung von neutralem eſſigſauren Blei übrig bleibt. Dieſe Löſung wird von dem Niederſchlage getrennt und von Neuem zur Löſung von Bleierod gebraucht. Dieſelbe Menge Eſſig gelangt daher immer wieder zur Verwendung und der ganze Verluſt an Eſſig beſteht nur in demjenigen, welcher als eſſigſaures Blei noch an dem einmal gewaſchenen Produkt haftet, da das erſte Waſchwaſſer wieder in den Löſebottig zurückkommt. Man rührt die Farbe mit Waſſer an, läßt abſetzen und erneuert das Waſchen noch zweimal; darauf wird das Bleiweiß in irdenen nicht glaſirten Töpfen oder in Gipsformen getrocknet. Ein Mahlen oder Schlämmen iſt bei dieſer Methode nicht nöthig, da der Niederſchlag von einer weit größeren Feinheit iſt, als man ſie durch Maſchinen erlangen könnte.

Da dieſes Bleiweiß unter ganz anderen Bedingungen als bei der Herſtellung aus metalliſchen Blei gebildet wird, ſo muß es auch verſchiedene Eigenſchaften haben, und in der That iſt dies durch Verſuche feſtgeſtellt; das in Logen hergeſtellte iſt bei weitem dunkler und bedeckt bei gleichem Gewichte größere Flächen. Dieſe weniger helle Farbe und das größere Deckungsvermögen rühren von der Struktur her, wahrſcheinlich auch von der Beimengung einer geringen Spur von Schwefelblei; hingegen liefert das Verfahren von Clichy ein reineres, lebhafteres und friſcheres Weiß, das ſich auch inniger mit dem Oele vereinigt. Man kommt den **Resultaten des Holländischen Verfahrens** nach den Untersuchungen von **Dumas** ziemlich nahe, wenn man bei höherer Temperatur und mit sehr konzentrirten Lösungen operirt. Gossage und Benson in England vermischen trocknes essigsaures Blei mit Bleiglätte und setzen dies Gemisch, nachdem sie es angefeuchtet, der Einwirkung eines Kohlensäurestromes aus, welchen sie durch Verbrennen von Steinkohle erhalten.

Verschiedene Methoden. — Torassa und Walker Wood (1833), Woolrich, Gannal, Trommsdorff, Hofmann, Bolley, Chenot und Andere haben Verfahren veröffentlicht, welche auf der Anwendung von fein zertheiltem Blei basiren. Letzteres erhält man entweder durch Zerkleinern von granulirtem Blei, oder durch chemische Reduktion von feuchtem und angesäuertem schwefelsauren Blei vermittelst **Zink** oder **Eisen**. Das Metall wird bei gleichzeitiger Einwirkung von Sauerstoff, Kohlensäure und Essigsäure sehr schnell in **Bleiweiß** übergeführt, oder durch Vermittlung von essigsaurem oder salpetersaurem Blei, Luft und Kohlensäure, oder auch endlich durch den Einfluß von Luft, Kohlensäure und Wasser allein. Zum Schluß wollen wir außer der Pattinson'schen Methode noch anführen, daß man schwefelsaures Blei durch Einwirkung einer Lösung von kohlensaurem Ammon oder Natrium direkt in Bleiweiß überführen kann. — Im Jahre 1841 erhielt Pattinson ein Patent auf das Verfahren, Bleiweiß durch Fällen einer Lösung von Chlorblei mit doppeltkohlensaurem Magnesium darzustellen. Letzteres Salz erhielt er dadurch, daß er gepulverten Dolomit (eine Mischung von kohlensaurem Calcium und Magnesium) zum Rothglühen erhitzte, wobei nur das kohlensaure Magnesium seine Kohlensäure verliert; das Pulver wird in Wasser suspendirt und mit Kohlensäure unter erhöhtem Druck behandelt; hierdurch erhält man eine Lösung von doppeltkohlensaurem Magnesium, da der Kalk, so lange noch Magnesia vorhanden ist, nicht gelöst wird. Wird keine Kohlensäure mehr absorbirt, so läßt man die Flüssigkeit ab und vermischt dieselbe mit einer Lösung von Chlorblei, jedoch so, daß stets Magnesialösung im Ueberschuß vorhanden ist. (Die erforderlichen Mengen müssen vorher durch einen Versuch ermittelt werden.) Das Bleioxychlorid haltige Bleiweiß verreibt man mit etwas Natronlauge und läßt alsdann die Mischung mehrere Tage stehen, worauf man das gebildete Chlornatrium durch Waschen entfernt.

Eine große Anzahl von Verbesserungen, welche bei der Fabrikation von Bleiweiß vorgeschlagen sind, haben einzig und allein den Zweck, den schädlichen Einfluß auf die Gesundheit der Arbeiter aufzuheben. Es ist schon lange das höchst anerkennenswerthe Bestreben vieler Fabrikanten gewesen, die Arbeiter vor der vernichtenden Einwirkung dieses Bleipräparates zu schützen, indem sie bei der Herstellung desselben soviel als möglich Maschinen verwenden. So wird beispielsweise das Abklopfen des Bleiweiß von den zerfressenen Bleiplatten fast in allen Fabriken durch Maschinen bewirkt. Der beschränkte Raum gestattet uns indeß nicht, alle derartige Neuerungen anzuführen. Eine der Hauptverbesserungen in dieser Hinsicht ist die Einführung von mechanischen Hilfsmitteln an Stelle der Handarbeit bei dem Verreiben des Bleiweiß mit Oel.

Diese ehemals sehr gefährliche und dem kleinen Betriebe überlassene Operation wird heute im Großen in den Bleiweißfabriken selbst ausgeführt. Man kann in der That nicht Sorgfalt genug darauf verwenden, Alles zu vermeiden, was auf den Gesundheitszustand der Arbeiter einen schädlichen Einfluß ausüben könnte, und ein immerhin zahlreiches Personal vor der Bleikolik zu bewahren, welche schon so viele Opfer gefordert hat.

Das Bleiweiß wird häufig durch Mischung mit verschiedenen weißen Stoffen verfälscht, wie Schwerspath, schwefelsaures Blei, Kreide, Alabaster, gebrannte Knochen, weißer Thon u. s. w. Eine mir zur Untersuchung übergebene Probe enthielt 57,6 Schwerspath und 22,7 Kreide und nur 19,7 Bleiweiß. Andere im Handel vorkommende Sorten enthalten mitunter sogar nur ¼ kohlensaures Blei.

Das äußere Ansehen, die Dichtigkeit und die auf gewöhnliche Weise bald ausgeführte chemische Analyse gestatten es mit größter Leichtigkeit, die Natur und die Menge der beigemischten Stoffe zu bestimmen.

Pattinson'sches Bleiweiß. Bleioxychlorid.[1]

Man fällt eine konzentrirte siedende Lösung von Chlorblei mit so viel Kalkwasser, als erforderlich ist, um die Hälfte des Chlors zu sättigen. Das Chlorblei selbst erhält man durch Einwirkung von rauchender Salzsäure auf gepulverten Bleiglanz. Der sich hierbei entwickelnde Schwefelwasserstoff wird, wo es angeht, in Schwefelöfen

---

[1] Muspratt-Stohmann, Handbuch der technischen Chemie, Bd. 1, pag. 978. — Wagner, Jahresberichte der chemischen Technologie, 1868, pag. 277.

geleitet und verbrennt dort zu schwefliger Säure. Zur Hervorbringung einer schönen Farbe ist es indessen nöthig, beide Flüssigkeiten plötzlich mit einander zu vermischen. Dies erreicht Pallinson, indem er die Flüssigkeiten aus Röhren, die unter einem Winkel von 45° gegen einander geneigt sind und vorn eine schmale Oeffnung haben, zusammenfließen läßt. Werden die Hähne geöffnet, so treffen beide Flüssigkeiten in einer feinen Schicht zusammen, und die Zersetzung findet augenblicklich statt. Das erhaltene Product, welches von einer blendenden weißen Farbe ist, wird nach dem Auswaschen nur in einem Trockenraum getrocknet, braucht jedoch nicht geschlämmt zu werden, da es den hinreichenden Grad feiner Zertheilung hat.

Brumlen in New-York[1]) erhält dasselbe Oxychlorid, indem er basisch essigsaures Blei durch Salzsäure zersetzt; doch ist diese Methode nicht zu empfehlen, da die Materialien zu theuer und nicht ohne Verlust wiederzugewinnen sind.

Antimonweiß[2]).

Hallett und Stenhouse schlagen die Anwendung von Antimonweiß in der Malerei vor. Das natürliche Antimonoxyd (Weißspießglanzerz), welches auf Borneo und in Spanien in ziemlicher Menge vorkommt, wird geröstet, um den beigemengten Graupießglanz zu zerstören; hierbei bildet sich antimonige Säure (Sb_2O_3), welche man zu einem zarten Pulver verreibt. Man kann auch den Antimonglanz rösten und die dabei frei werdende schweflige Säure zur Fabrikation von Schwefelsäure benutzen.

Als weiße Farbe steht die antimonige Säure sowol dem Zinkweiß wie dem Bleiweiß bedeutend nach; sie ist ebenfalls sehr giftig.

Die Zinnsäure und Metazinnsäure, das Zinnhydroxyd, das Zinnoxychlorür könnten ebenfalls zur Verwendung gelangen; allein ihr Gebrauch hat in der Praxis keinen Eingang gefunden.

Die nachfolgende Tabelle, welche theilweise von Bolley[3]) aufgestellt ist, giebt die hauptsächlichsten Erkennungsmerkmale der angeführten weißen Farben.

---

[1]) Dingler's polyt. Journal, Bd. CLIX, pag. 237. — Polyt. Centralblatt, 1861, pag. 492.

[2]) Hallet, Dingler's polyt. Journal, Bd. CLXII, pag. 373; Bd. CLXIII, pag. 123. — Pol. Centralblatt, 1861, pag. 1228.

[3]) Muspratt-Stohmann, techn. Chemie, Bd. III, pag. 615 (2. Aufl.).

Mineralische Farbstoffe.

Namen der Farben.	Verhalten gegen Chlorwasserstoffsäure	Verhalten gegen kaltem Wasser	Vor dem Löthrohr.	Besondere Eigenschaften.
1) Kreide (Schlämmkreide, Wiener Kalk, Blanc de Troyes, Blanc de Meudon) Kohlensaures Calcium.	Löslich unter Aufbrausen	Unverändert	Die Probe leuchtet stark und bräunt nach dem Glühen Kurkumapapier.	Nicht giftig.
2) Bleiweiß (Kremser, Schiefer, Maler-, Silber-, Perlweiß), Basisch kohlensaures Blei.	Löslich mit Brausen in der Wärme, unter Abscheidung kleiner Krystalle.	Löslich ohne Rückstand. (Bei schlechten Sorten oft mehr als 50 Procent).	Auf Kohle bildet sich ein in der Wärme stark gelber, erkaltet schwefelgelber Beschlag. Gleichzeitig bilden sich leicht schmelzbare Metallkugeln.	Wird durch Schwefelwasserstoff geschwärzt. Giftig.
3) Baltimoresches Bleiweiß. Bleioxychlorid.	Löslich ohne Brausen unter Abscheidung kleiner Krystalle.	dsgl.	dsgl.	dsgl.
4) Antweiß. Antyrol.	Löslich ohne Brausen.	Löslich ohne Rückstand.	In der Hitze gelb, erkaltet weiß.	Mit Salpetersäure behaftet ergibt, giebt es eine grüne Färbung. Etwas giftig.
5) Antimonweiß. Antimonige Säure.	dsgl.	dsgl.	Weißer, leichtflüchtiger Beschlag. Die sich bildenden Metallkörner entwickeln einen weißen Rauch.	Giftig.
6) Knochenasche. Kohlensaurer und phosphorsaurer Calcium.	Löslich in der Hitze, anfänglich unter Brausen.	Unverändert	Unverändert, die Probe leuchtet stark.	Nicht giftig.
7) Schwerspath, Mineral- und Permanentweiß, Blanc fixe, Permanentweiß. Schwefelsaures Barium.	Unverändert	dsgl.	Nach dem Glühen auf Kohle mit Salzsäure befeuchtet, riecht es nach Schwefelwasserstoff.	Sehr schwer, nicht giftig.

Namen der Farben	Verhalten gegen		Vor dem Löthrohr	Besondere Eigenschaften
	Chlorwasserstoffsäure	Natriumhydroxyd		
8) Gips (Fraueneis, Marienglas, Alabaster). — Wasserhaltiges schwefelsaures Calcium.	Unverändert.	Unverändert.	Leuchtet stark, sonst wie Schwerspath. Im Kölbchen erhitzt, giebt er einen Anflug von Wasser.	In Wasser schwer löslich. Die Lösung wird durch Chlorbarium getrübt. Nicht giftig.
9) Thon (Chinaclay) und Talk	desgl.	desgl.	desgl.	Thon mit Kobaltsolution befeuchtet und vor dem Löthrohr erhitzt, färbt sich blau. Talk fühlt sich fettig an und ist blättrig. Beide nicht giftig.

Weiße metallische Farbstoffe. Silber. Argentin.

Die weißen Metalle, welche sich an der Luft nicht verändern und in dünne Blättchen oder in feines Pulver verwandelt werden können, werden bisweilen auf Geweben oder auf Papier verwendet, um eine weiße Farbe mit metallischem Glanz hervorzubringen. Zu dieser Kategorie gehören nur das Silber und das Zinn. Man befestigt das Blattsilber mit einem Klebmittel (fettem trocknendem Firniß), welches gestattet, den Ueberschuß, der auf die nicht mordancirten Stellen gefallen ist, mittelst einer Bürste zu entfernen.

Ein neueres Verfahren ist folgendes: Die Metalle werden zunächst in Blattform auf die mit Harz überstreuten Gewebe ausgebreitet; läßt man nun hierüber eine Hautreliefwalzendruckmaschine gehen, welche mit Gas erhitzt wird, so bedingt diese ein Schmelzen des Harzes an den Stellen, wo die Erhabenheiten des Gestechs das Gewebe treffen, und in Folge dessen das Anhaften der Metallblättchen (z. B. bei buntem Papier). Dieselbe Methode kann selbstverständlich zur Befestigung von ächtem und unächtem Blattgold Verwendung finden.

Auf welche Weise man das auf chemischem Wege in Pulverform gebrachte Zinn mittelst Albumin oder Casein aufdruckt, und wodurch man dem unansehnlichen Metallpulver seinen natürlichen Glanz giebt, haben wir bereits oben angeführt; es bleibt uns jetzt nur noch übrig zu zeigen, durch welchen Proceß das Zinn in so feiner Zertheilung erhalten wird.

Darstellung des Argentins[1]). — Bei der Herstellung dieses Präparates kommt es hauptsächlich darauf an, das Zinn metallisch in möglichst feiner Zertheilung, in möglichst geringer Dichtigkeit und in möglichst wenig krystallähnlichem Zustande aus seinen Lösungen niederzuschlagen. Das in ökonomischer wie chemischer Hinsicht zur Fällung geeignetste Metall ist das Zink, welches das Zinn vollständig aus seinen Lösungen abscheidet. Die Erfahrung hat nun gezeigt, daß Zinnoxydsalze nicht verwendet werden können, da der Niederschlag des Zinns stets von einer Abscheidung von Zinnsäure begleitet ist, welche den Metallglanz desselben beeinträchtigt; deshalb muß man ausschließlich Zinnoxydulsalze anwenden. Das beste Argentin ist dasjenige, welches sich möglichst ruhig ausscheidet und sich am langsamsten absetzt. Zu diesem Zweck arbeitet man in der Kälte mit stark verdünnten Lösungen, welche möglichst wenig sauer sind; auch ist es nicht gut, die Darstellung mit zu großen Massen auf einmal vorzunehmen. Das gefällte Zinn muß sich frei absetzen können und darf sich durchaus nicht drücken oder reiben, da hierdurch seine Kohäsion größer werden würde. Am zweckmäßigsten verfährt man hierbei folgendermaßen:

Man hat eine Reihe von 15 bis 20 zylindrischen Gefäßen, welche 12 Liter fassen können; in diese bringt man 8 bis 10 Liter einer Lösung von Chlorzink von 10 bis 15° B., die von vorgehenden Operationen herrührt, und 40 bis 70 Gramm Zinnsalz und taucht Zinkstreifen vertikal hinein. Wenn die Reaction beendet ist, bringt man die Flüssigkeit auf ein Filtrum. Der filtrirte Theil wird unter Zusatz einer neuen Quantität Zinnsalz, dessen Menge sich nach der Lebhaftigkeit der Reaction richtet, in Arbeit genommen. Das ausgefällte Metall wird unter öfterem Dekantiren ausgewaschen. Das Argentin zertheilt sich und wird pulverförmig; man filtrirt es ab, trocknet es und passirt es durch ein Seidensieb; das Produkt ist gelblich grau, leicht und enthält nicht viele Blättchen. (Ein bläulich graues Argentin ist gewöhnlich dichter und weniger fein, wenngleich reiner als das gelbliche und Zinnsäure enthaltende.

---

[1]) Deutsche Musterzeitung, 1859, Nr. 1 und 2; Dingler's polyt. Journal, Bd. CLII, pag. 296; Polyt. Centralbl., 1859, pag. 370; Polyt. Notizblatt, 1859, pag. 211.

Rothe mineralische Farben.

Jodverbindung.	Schwefel-verbindungen.		Oxyde.
Quecksilberjodid.	Schwefelquecksilber oder Zinnober. Antimontrisulfid oder Mineralkermes (Spießglanzzinnober) Roth. Arsenmonosulfid oder Realgar.	Bleioxyd oder Mennige. Eisenoxyd (wasserfrei) oder Englisch Rother Ocker. Kupferoxydul Roth Modifikation des Zinnoxyds.	Rothes Quecksilberoxyd. Cassius'scher Purpur. Chromsaures Quecksilber. Rothe Chromsaures Silber. Chromsaures Blei.

Keine bis auf den heutigen Tag bekannte rothe Mineralfarbe besitzt die nöthigen Eigenschaften, um allen Anforderungen zum Färben der Gewebe vollkommen zu entsprechen, und die Entdeckung eines derartigen Produktes ist für den Zweig der Technik, mit welchem wir uns beschäftigen, ein schon lange gehegter Wunsch.

Quecksilberjodid oder Jodzinnober.

$$Hg\,J_2$$

Diese Jodverbindung, welche eine sehr schöne scharlachrothe Farbe besitzt, bildet sich mit der größten Leichtigkeit, theils durch direkte Vereinigung des Jods mit dem Quecksilber, theils durch doppelte Zersetzung eines löslichen Jodsalzes und einer Lösung von Quecksilbersublimat. Man verreibt 200 Gramm Quecksilber mit 254 Gramm Jod, indem man die Einwirkung durch Hinzufügen einer kleinen Menge Alkohol unterstützt, oder man fällt, was besser ist, eine Lösung von Quecksilbersublimat durch eine Lösung von Jodkalium oder durch das billigere Eisenjodür, das man durch Einwirkung von Jod auf Eisen bei Gegenwart von Wasser erhalten hat[1]).

Das Quecksilberjodid ist in Wasser unlöslich, jedoch löslich in Alkohol, Quecksilberchlorid und Jodkalium. Beim Erkalten scheidet es sich aus den in der Hitze gesättigten Lösungen in Gestalt kleiner viergliedriger Oktaeder ab. In dem Augenblick, wo es gefällt wird, ist

---

[1]) Rembrandt Peale u. A. Hayes, Silliman's American. Journ., in Gill's Technologic. and Microsc. Repository, März 1830, pag. 151. — Dingler's polyt. Journ., Bd. XXXVI, pag. 306.

seine Farbe hellgelb, und erst nach einiger Zeit wird sie roth. Erhitzt man das rothe Jodid allmälig, so wird es hell citronengelb, schmilzt darauf zu einer gelben Flüssigkeit und sublimirt schließlich. Geschieht diese Sublimation unter dem Einfluß einer langsamen Temperaturerhöhung, so erhält man unmittelbar rothe Krystalle (Quadratoktaeder des viergliedrigen [zwei- und einachsigen] Systems); im andern Falle erhält man übereinandergelagerte rhombische Täfelchen des zweigliedrigen (ein- und zweiachsigen) Systems von gelber Farbe, welche sich in diesem Zustande lange Zeit halten, wenn die Destillation in geschlossenen Gefäßen und vor jedwedem fremden Körper geschützt vor sich gegangen ist. Die geringste Berührung mit einem harten Körper, die geringste Reibung bewirkt eine Veränderung des molekularen Gleichgewichtszustandes, und die gelben Krystalle werden roth; die Erscheinung beginnt bei dem berührten Punkte und verbreitet sich strahlenförmig, indem sich die rhombischen Täfelchen in ein Konglomerat von kleinen rothen Oktaedern verwandeln. Das Quecksilberjodid ist also dimorph, wie so viele andere Körper, und seine Färbung ist von diesem Dimorphismus abhängig[1]). Es findet Verwendung zur Miniaturmalerei, da seine Farbe schön scharlachroth ist, und mischt und vereinigt sich sehr gut mit Oel; auch widersteht es dem Einfluß des Sonnenlichtes sehr gut. Bei dem Gebrauch muß man jedoch die Vorsicht beobachten, es nicht mit eisernen Gegenständen in Berührung zu bringen, widrigenfalls sich Quecksilber abscheidet und Jodeisen sich bildet und auflöst. Man hat es auch in der Kattundruckerei zu verwenden versucht; seine Befestigung auf Baumwollengeweben auf chemischem Wege ist eine einfache Operation; aber man ist wieder davon zurückgekommen, weil es in Berührung mit der Luft sich langsam verflüchtigt.

Diese Methode hat man in England (Glasgow) vor 1827 versucht; man verwendete Lösungen, die 65 Theile Jodkalium und 33 Theile Quecksilberjodid enthielten; nach dem Drucken zog man das Gewebe durch eine Auflösung von essigsaurem Blei oder Quecksilbersublimat. Vor[2]), Apotheker in Amiens, hat vorgeschlagen, die Stoffe mit Aetzsublimat zu mordanciren und in einem Bade von Jodkalium, welches mit Quecksilberjodid gesättigt ist, auszufärben.

---

[1]) Hares, Schweigger's neues Journal der Chemie und Physik, Bd. XXVII, pag. 199. — Pelletier, Dingler's polyt. Journal, Bd. XXVII, pag. 57; Bd. LXXXIX, pag. 401. — Warington, Annales de chimie et de physique [3], Bd. VII, pag. 416.

[2]) Dingler's polyt. Journal, Bd. LXXXVI, pag. 310.

Eine andere Methode besteht darin, daß das mit Quecksilberchlorid gebeizte Zeug, welches jedoch vorher mit Chlorwasserstoffsäure angesäuert wurde, ausgefärbt werden kann, nachdem man es durch eine Lösung von kohlensaurem Natrium von 2 bis 3° B. paſſirt hat, um das Quecksilberchlorid in Quecksilberoxyd zu verwandeln. —

Behandelt man Stoffe, welche mit Quecksilberchlorid gebeizt und durch eine Auflösung von kohlensaurem Natrium genommen sind, in einem schwachen Bade von Jodwasserstoffsäure, welche mit etwas Chlorwasserstoffsäure versetzt ist, so nehmen dieselben vollkommen die orangerothe Farbe des Jodquecksilbers an. — Die erste Methode eignet sich besser zum Färben, die zweite zum Drucken. Das mit Jodquecksilber gesättigte Bad kann, wenn es durch das Färben trübe geworden ist, durch Jodkalium wiederhergestellt werden. Diese Farbe ist haltbar in Wasser, kohlensauren Alkalien, in angesäuertem Wasser und an der Sonne. Der Druck auf Seide oder Wolle hat keine genügenden Resultate ergeben. Wir brauchen kaum hinzuzufügen, daß die Befestigung dieser Farbe auf Geweben mittels Albumin geschehen kann.

Zinnober, Schwefelquecksilber.

$$\overset{\shortmid\shortmid}{\text{Hg}}\overset{\shortmid\shortmid}{\text{S}}$$

Das Schwefelquecksilber tritt in zwei verschiedenen molekularen Zuständen auf. Die erste Modifikation, unter dem Namen Aethiops mineralis bekannt, ist schwarz und entsteht durch direkte Vereinigung von Schwefel und Quecksilber, indem man entweder das Gemenge erhitzt, wobei eine lebhafte Licht- und Wärmeentwicklung stattfindet, oder indem man die beiden Körper kalt verreibt, oder noch besser, indem man ein Quecksilbersalz mit Schwefelwasserstoff fällt. Die zweite Modifikation, welche Zinnober genannt wird, ist mehr oder weniger lebhaft roth.

Der Zinnober ist das einzige natürliche Quecksilbererz, welches bergmännisch gewonnen wird; er findet sich in der Natur theils in Krystallen, theils krystallinisch, blättrig, körnig, dicht und erdig vor, namentlich in Almaden in der Sierra Morena, wo die Gruben trotz ihres langjährigen Abbaues (seit 700 v. Chr. Geb.) noch nicht tausend Fuß Tiefe erreichen, ferner in Idria, im Krain'schen Kalkgebirge, in Mulen, Schemnitz, Neumärktel in Krain und in Japan. In neuerer Zeit scheint Neu-Almaden in der Küstenkette südlich von San-Franzisko im S. Clara-Thal bei S. José das ergiebigste

Werk zu sein. Die Krystallform des Zinnobers ist die rhomboëdrische[1]). Die Analysen von Klaproth[2]) von verschiedenen Varietäten natürlichen Zinnobers lassen über seine Zusammensetzung keinen Zweifel mehr obwalten. Die reinsten Stücke werden als Farbe benutzt (Bergzinnober), die übrige Masse auf Quecksilber verhüttet. Die rothe Varietät erhält man künstlich auf folgende Weise: 1) durch Sublimation des schwarzen Sulfurets (künstlicher Zinnober); 2) auf nassem Wege, indem man bei geeigneter Temperatur schwarzes Schwefelquecksilber mit einer Lösung von einem alkalischen Polysulfuret (Döbereiner) oder einer Mischung von Schwefel und einer Lösung eines kaustischen Alkalis (Kirchhoff) digerirt. Dagegen kann das rothe Sulfuret in die schwarze Modifikation übergehen, wenn man es mit Quecksilber oder Schwefel oder selbst ohne irgend einen Zusatz erhitzt (Séguin)[3]). Sehr fein zertheilt, liefert der Zinnober eine mehr oder minder lebhaft rothe Farbe. Das auf trocknem Wege bereitete Präparat zeigt stets eine gelbliche Farbe; das nach dem Kirchhoff'schen oder Brunner'schen[4]) Verfahren dargestellte zeichnet sich durch eine Tiefe und ein Feuer aus, wie sie das auf trocknem Wege dargestellte kaum besitzt, es gleicht in hohem Grade, ja übertrifft fast noch den vortrefflichen chinesischen Zinnober, welcher lange Zeit auf den europäischen Märkten wegen seiner intensiveren Färbung und seiner reinen rothen Farbe der gesuchteste war; auch aus Holland bezog man einen fast ebenso schönen Zinnober.

Nach dem bisher Gesagten können wir die Methoden zur Darstellung des Zinnobers in zwei Gruppen eintheilen:

1) **Methoden auf trocknem Wege oder durch Sublimation.**

    a) **Holländisches Verfahren**[5]):

Man schmilzt 180 Theile Schwefel in einem eisernen Gefäße und fügt allmälig, um keine Entzündung hervorzurufen, 1000 Theile erwärmtes Quecksilber hinzu, während das Ganze gehörig gemengt wird.

---

[1]) Quenstedt, Handbuch der Mineralogie, 2. Auflage, pag. 691.
[2]) Klaproth, Beiträge zur chemischen Kenntniß der Mineralkörper (6. Bändchen, Berlin, 1795 — 1815), Bd. IV, pag. 14 seq. — Annales de chimie [1], Bd. LVIII, pag. 303.
[3]) Séguin, Annales de chimie [1], Bd. XC, pag. 252. 268.
[4]) Brunner, Poggendorff's Annalen der Physik u. Chemie, Bd. XV, pag. 593.
[5]) Jahrbücher des polytechnischen Instituts zu Wien, Bd. VIII, pag. 304. — Gentele, Lehrbuch der Farbenfabrikation, pag. 208.

Hierauf wird die Masse auf Eisenblechplatten ausgebreitet und nachdem sie erstarrt ist, in kleinen, einige Pfund fassenden irdenen Krusen aufbewahrt. Die Sublimation erfolgt in großen feuerfesten irdenen Gefäßen, welche vorher mit einem Beschlage versehen werden; sie reichen bis zu ⅔ ihrer Höhe durch eine gusseiserne Platte, welche den Ofen bedeckt, in die Feuerung hinab und werden von der Flamme umspielt, während der obere Theil vor der Einwirkung der Wärme geschützt ist. Nachdem man die Temperatur allmälig bis zur dunklen Rothgluth gebracht hat, schüttet man in jede dieser Retorten den Inhalt einer Kruse und wartet mit dem Hinzufügen einer neuen Portion jedesmal so lange, bis die Entzündung erfolgt ist. Sobald sich die Flamme etwas vermindert hat, bedeckt man die Sublimirgefäße mit einer Eisenplatte von 1½ Zoll Stärke und 1 Quadratfuß Fläche, verstärkt das Feuer und rührt in der letzten Zeit öfter um, um die Sublimation zu beschleunigen; nach dem Erkalten werden die Töpfe herausgehoben, zerschlagen und das fertige Präparat herausgenommen. Das Sublimat wird alsdann so fein als möglich gepulvert und durch Schlämmen nach den verschiedenen Graden der Feinheit eingetheilt.

  b) **Prozeß zu Idria**[1]).

  In Idria schüttet man 9 Pfund feingepulverten Schwefel und 17 Pfund Quecksilber in Tonnen, welche im Innern vorstehende Leisten haben, und läßt dieselben vermittelst eines Mühlwerks zwei bis drei Stunden lang umgehen. Die so erhaltene Masse kommt hierauf in eiserne Kolben, welche gelinde erwärmt werden, um den überschüssigen Schwefel zu verdampfen. Hierauf wird die Masse aufgelockert, irdene Helme aufgesetzt, die Fugen vollkommen verkittet und das Feuer verstärkt, bis die Sublimation beendet ist; die Helme werden abgenommen, zerschlagen und der rothe Zinnober von dem schwarzen mittelst eines Messers getrennt.

  Die Chinesen sollen ihren schönen Zinnober ebenfalls durch Sublimation eines Gemenges von Schwefel und Quecksilber darstellen[2]).

  2) **Methoden auf nassem Wege.**

  Die Anzahl der Rezepte ist beträchtlich; wir wollen uns damit

---

 [1]) Annales des mines, 3. série, 1854, Bd. V, pag. 60; s. a. Wehrle, Poggendorff's Annalen der Physik u. Chemie, Bd. XXVII, pag. 400. — Schubarth, Handbuch der technischen Chemie, Bd. II, pag. 303. — Polyt. Centralblatt, 1865, pag. 661; 1866, pag. 47.
 [2]) Brewster's Edinb. Journ. of science, Vol. 2, pag. 352.

begnügen, einige von diesen anzuführen, und verweisen wegen der übrigen auf die unten angeführten Quellen[1]).

Liebig schlägt vor, den weißen Niederschlag, welchen Ammoniak in einer Lösung von Quecksilbersublimat hervorbringt ($N\overset{..}{H}gII, Cl$), Chlorür des Merkurammoniums, mit gelbem Schwefelammonium zu befeuchten. Die Masse wird anfangs schwarz, dann lebhaft roth.

Nach Wehrle erhält der Zinnober einen dem chinesischen gleichen Farbenton, wenn man bei der Darstellung etwas Schwefelantimon zusetzt und das Präparat mit einer Auflösung von Schwefelkalium, dann mit verdünnter Salzsäure digerirt.

Brunner und Kirchhoff erhitzen eine Mischung von Schwefel und Quecksilber mit einer Lösung von kaustischer Kalilauge.

Firmenich digerirt zwei bis drei Tage lang bei einer Temperatur von 50° das Quecksilber und den Schwefel mit einer Lösung von Kaliumpentasulfuret, welches frei von unterschwefliger Säure ist [2]).

Gauthier-Bouchard[3]) schlägt Ammoniumpolysulfür (Schwefelammonium, welches mit Schwefel gesättigt ist) von 1,034 spec. Gew. vor. Er bringt in thönerne Krulen 2 Pfund Quecksilber, ½ Pfund Schwefel und ebensoviel Schwefelammonium. Die Oeffnung wird verkorkt, mit Bindfaden verbunden, damit der Kork nicht durch den inneren Druck herausgeschleudert wird, hierauf 7 Stunden lang geschüttelt und dann zwei bis drei Tage an einen warmen Ort gestellt. Das sich hierbei bildende Roth wird mit Wasser gut ausgewaschen

---

[1]) Proust von Kirchhoff, Ann. de chimie [1], Bd. XXVII, pag. 97. — Döbereiner, Schweigger-Seidel's Jahrbuch der Chemie und Physik und Dingler's polyt. Journ., Bd. LVIII, pag. 453. Döbereiner's Neueste Erfahrungen, pag. 453. — Desmoulins, Dingler's polyt. Journ., Bd. LXIV, pag. 394. — Liebig, Annal. der Chemie und Pharmacie, Bd. V, pag. 289 und Bd. VII, pag. 49. — Wehrle, Poggend. Annalen der Physik u. Chemie, Bd. XXVII, pag. 400 und Annalen d. Chemie u. Pharmacie, Bd. VIII pag. 181. — Buchholz, Scherer's Journal, Bd. IX, pag. 170. — Brunner, Poggend. Annal. d. Physik und Chemie, Bd. XV, pag. 593. — Kautzmann, Bayerisches Kunst- und Gewerbeblatt, 1831, pag. 649. — Marlius, Kastner's Archiv. Bd. X, pag. 497. — Weber, Poggend. Annalen der Chemie u. Physik, Bd. VII, pag. 76.

[2]) Firmenich, Chemical News, Mai 1862, pag. 247. — Polyt. Centralbl., 1861, pag. 1025. — Dingler's polyt. Journ., Bd. CLXI. pag. 370.

[3]) Dingler's polyt. Journ., Bd. CLXVI, pag. 140. — Polyt. Centralbl., 1862, pag. 1302. — Wagner's Jahresberichte der chem. Technolog., Bd. VIII. pag. 833.

und nach dem Vorschlag von Fuchs mit Salpeterſäure behandelt, welche der Farbe mehr Beſtändigkeit giebt.

Der Zinnober wird weder von Schwefelſäure, Salzſäure und Salpeterſäure noch von alkaliſchen Löſungen aufgelöſt, nur in Königswaſſer iſt er löslich; an der Luft erhitzt, verbrennt er mit bläulicher Flamme unter Entweichen von ſchwefliger Säure und Queckſilberdämpfen; durch Erhitzen mit kauſtiſchen und kohlenſauren Alkalien, alkaliſchen Erden und der Mehrzahl der Metalle und Metalloxyde wird er zerlegt, indem dieſe den Schwefel binden, während Queckſilber überdeſtillirt. Die Alkalihydroſulfüre löſen ihn leicht in der Kälte auf, ebenfalls iſt er in einem Gemiſch von Schwefelkalium und Kaliumhydroxyd leicht löslich, indem ſich dabei ein kryſtalliſirendes Salz $K_2 \overset{..}{Hg} S_2 + 5$ aq. bildet. Die Alkalipersulfurete zeigen auf den Zinnober keine Einwirkung, wenn man nicht kauſtiſche Alkalien hinzufügt[1]). Nach Karmarſch[2]) ſollen die mit kupfernen Druckformen aufgedruckten Zinnoberfarben dunkel werden, indem jene ſich zu gleicher Zeit ſchwärzen; vielleicht rührt dies von einer Bildung von Diqueckſilberſulfuret (Queckſilberſubſulfuret, Hg_2S) her. Beim Behandeln mit einer alkaliſchen Löſung verſchwindet dieſe dunkle Farbe. — Je nach der Lebhaftigkeit ſeiner Nüance wird der Zinnober zu verſchiedenen Arten von Malereien angewendet; auch kann er ohne große Schwierigkeit mit Albumin zum Bedrucken von Geweben gebraucht werden.

Der hohe Preis des Malerzinnobers giebt natürlicherweiſe zu vielen Verfälſchungen Anlaß; ſo wird er oft durch Ziegelmehl, Mennige, Kollothar, rothen Ocker u. ſ. w. vermiſcht. Man erkennt dies an ſeinem Verhalten vor dem Löthrohr. Reiner Zinnober muß ſich ohne Rückſtand verflüchtigen; die Verfälſchungsmittel bleiben aber, da ſie nicht flüchtig ſind, zurück. Bringt man den Rückſtand auf Kohle vor das Löthrohr, ſo erhält man bei der Anweſenheit von Mennige Bleikügelchen; übergießt man derartigen Zinnober mit Salpeterſäure, ſo löſt ſich Bleioxyd auf, während Bleiſuperoxyd ſich als rohbraunes Pulver abſcheidet. Das Eiſen läßt ſich in der Flüſſigkeit leicht, nach dem Entfernen des Bleis durch Schwefelwaſſerſtoff, mit Schwefelammonium nachweiſen. Ziegelmehl iſt vor dem Löthrohr nicht flüchtig.

---

[1]) Stein, Dingler's polyt. Journal, Bd. CXXXVIII, pag. 390
[2]) Karmarſch, Dingler's polyt. Journal, Bd. CXXXVI, pag. 158.

Rothe Modifikation des Dreifach-Schwefelantimons, Spießglanzzinnober.

$$Sb_2 S_3$$

Wie das Quecksilbersulfuret, so tritt auch das Dreifach-Schwefelantimon in zwei allotropischen Modifikationen auf, welche sich hauptsächlich durch die Farbe unterscheiden. Das geschmolzene oder natürliche Antimontrisulfid (Grauspießglanz) ist bleigrau, stark metallisch glänzend und kommt in langstrahligen Säulen vor. Kühlt man das Sulfuret nach dem Schmelzen schnell ab, so wird es amorph und nimmt eine hyazinthrothe Farbe an [1]). Schwefelwasserstoff fällt aus Lösungen von antimoniger Säure (Brechweinstein, Dreifach-Chlorantimon) das Antimontrisulfid als ein amorphes Pulver von rothgelber Farbe. Nach den Analysen von Plessy wird das so gebildete Schwefelantimon durch die Formel ausgedrückt:

$$Sb_2 S_3 + H_2 O = \begin{matrix} Sb_2 \\ H_2 \end{matrix} \begin{pmatrix} S_3 \\ O \end{pmatrix}$$

Durch Einwirkung eines unterschwefligsauren Salzes auf eine Lösung von Antimonbutter erhält man einen rothen Niederschlag von wasserfreiem Trisulfid, dessen Farbe sich, je nach der Herstellungsart, vom dunkeln Orangeroth bis zum Carmoisinroth verändern kann. Diese interessante Reaktion ist zuerst von Himly in Kiel im Jahre 1842 beobachtet worden. Strohl, Plessy, Boettger und Kopp haben die Aufmerksamkeit der Gelehrten und der Gewerbtreibenden auf die Eigenthümlichkeiten und die Anwendung dieser, Spießglanzzinnober genannten Farbe gelenkt.

Plessy [2]) und seine Vorgänger lassen ziemlich konzentrirte Lösungen von saurem salzsaurem Antimon und unterschwefligsaurem Natrium (25° B.) auf einander einwirken. Man erhitzt die Mischung in einer Schale auf einem Wasserbade, bei 30° beginnt die Reaktion, und der anfangs orangegelbe Niederschlag wird allmälig dunkler. Wenn die Temperatur auf 55° gestiegen ist, entfernt man die Schale von dem Wasserbade, wäscht den Niederschlag zuerst mit Wasser, welches mit 1/3 Salzsäure angesäuert ist, darauf mit reinem Wasser aus, filtrirt ab und trocknet den Niederschlag. (E. Kopp [3]) macht

---

[1]) Fuchs, Poggend. Annalen der Physik und Chemie, Bd. XXXI, pag. 578. — Rose, Poggend. Annalen, Bd. LXXXIX, pag. 122.

[2]) Plessy, Dingler's polyt. Journal, Bd. CXXXVII, pag. 198. — Polyt. Centralbl., 1855, pag. 1451.

[3]) Dingler's polyt. Journal, Bd. CLIV, pag. 296. — Polytechn. Centralbl., 1859, pag. 1599. — Chem. Centralbl., 1859, pag. 945.

hierbei auf gewisse Unannehmlichkeiten aufmerksam, welche eine Folge der Anwendung zu konzentrirter Flüssigkeiten sind, und unter anderem auf die Schwierigkeit, die Reaktion in dem Moment, wo die Farbe den höchsten Grad des Glanzes erreicht hat, aufzuhalten. Dieser geschickte Chemiker ersetzt aus ökonomischen Rücksichten das unterschwefligsaure Natrium durch das Calciumsalz. Das Dreifach-Chlorantimon erhält man leicht durch Rösten des natürlichen Sulfurets, indem man das zurückbleibende Oxyd mit Chlorwasserstoffsäure behandelt. Die bei der Röstung sich bildende schweflige Säure kann zur Darstellung von unterschwefligsaurem Calcium Verwendung finden, indem man sie in eine Lösung von Calciumpolysulfuret leitet, welches man durch Kochen von Kalkmilch mit Schwefel erhalten hat.

Der Spießglanzzinnober ist fein pulverförmig und in Wasser und verdünnten Säuren unlöslich, löslich jedoch in konzentrirter Salzsäure, sowie in kaustischen Alkalien. Bei erhöhter Temperatur schwärzt er sich und geht in die gewöhnliche Modifikation über.

Wenn man die Farbe mit Wasser anrührt oder mit Gummi verdickt, so hat sie eine dunkle Farbe und zeigt wenig Glanz und Lebhaftigkeit; reibt man sie hingegen mit Oel oder Firniß zusammen, so erlangt sie viel Feuer und Intensität. Nach Kopp zeigt der Spießglanzzinnober, als Oelfarbe verwendet, den reinsten rothen Farbenton, welcher weder ins Orange, noch ins Rosa oder Carmoisin nüancirt; allein er besitzt stets eine leicht bräunliche Färbung. Er ist an Licht und Luft unveränderlich und läßt sich mit Bleiweiß sehr wohl mischen, welches sich selbst nach Verlauf mehrerer Jahre nicht schwärzt. Er begünstigt nicht das Trocknen des gekochten Leinöls, aber er verzögert es auch nicht auf empfindliche Weise. Die beste Verwendung, welche der Spießglanzzinnober finden kann, ist die als Oelfarbe. Sein wenig hoher Preis und seine gute Deckkraft gestatten es, denselben mit Vortheil zum Lackiren und zum Anstrich zu verwenden.

Realgar. Rother Arsenik. Arsenikrubin. Arsenbisulfuret.

$As_2 S_2$

Der rothe Arsenik findet sich in großen Mengen auf Gängen im Urgebirge und Uebergangsgebirge, seltener im Flötzgebirge, in Ungarn, Böhmen, Tyrol, im Harz, in der Schweiz, in China und in Peru; ferner auch als ein Produkt der Vulkane, so z. B. am Aetna und am Vesuv. Nur der künstlich dargestellte wird in der Malerei gebraucht. Man erhält ihn durch Sublimation von Schwefelarsenmetallen, Mischungen von Arsenkies und Eisenkies[1]), oder durch Schmelzen einer Mischung von 3 Theilen arseniger Säure mit 4 Theilen Schwefelblumen, wobei schweflige Säure entweicht; das gebildete Arsenbisulfuret wird durch Sublimation gereinigt; man kann auch direkt Schwefel mit metallischem Arsenik erhitzen. Die Verbindung ist löslich in Königswasser, in Alkalien, besonders aber in Schwefelalkalien, wobei sich eigenthümliche Schwefelsalze bilden. Das rothe Schwefelarsenik ist amorph theils undurchsichtig braunroth, theils fast blutroth und muschlig im Bruche, wird in der Hitze vorübergehend dunkler und verbrennt mit bläulicher Flamme. Es besitzt ziemlich gute Deckkraft, aber wenig Haltbarkeit; seine Anwendung ist wegen seiner ungemein giftigen Eigenschaften nur beschränkt.

Eine Mischung von 24 Theilen getrocknetem Kalisalpeter, 2 Th. Arsenbisulfid und 7 Theilen Schwefelblumen bildet das sogenannte indische Weißfeuer, welches mit intensiv weißer Farbe verbrennt; da sich indessen beim Abbrennen arsenige Säure bildet, so darf es nicht in geschlossenen Räumen verwendet werden.

Eine große Anzahl von Vorschriften für Kattundruckfarben enthalten Realgar. Gegenwärtig ist man jedoch mit der Anwendung dieses Körpers vorsichtiger. Man gebraucht ihn als Malerfarbe, in der Oelmalerei und zum Lackiren, außerdem zur Darstellung von Kasten- und Schilderblau (Bleu de pinceau), um den Indigo zu reduziren, welcher sich dann in dem gleichzeitig vorhandenen Aetzkali auflöst. In der Zeugdruckerei hat man den rothen Arsenik zur Herstellung brauner Farben empfohlen; allein die damit behandelten Stoffe behalten stets einen Geruch nach Schwefelwasserstoff, der sich selbst durch Waschen nicht ganz entfernen läßt.

Mennige. Pariserroth. Verbindung von Bleioxyd mit Bleisuperoxyd oder Bleisesquioxyd.[2])

Die Mennige von hochmorgenrother Farbe kommt nur selten im Mineralreich vor. Sie findet sich auf alten Halden einer verlassenen

---

[1]) Schubarth, Handbuch der techn. Chemie, Bd. II pag. 414.

[2]) Dingler's polyt. Journ., Bd. XXXI, pag. 448. — Dumas, Erdmann's Journ für techn. und ökonomische Chemie, Bd. XV, pag. 37. — Philipps, Bd. XVIII, pag. 233. — Pevot, Journal für praktische Chemie, Bd. XXII, pag. 33. — Moissenet, polyt. Centralbl., 1863, pag. 1431. — Burton, Dingler's polyt. Journal, Bd. CLXVII, pag. 70.

Bleigrube zu Bleialf bei Trier, ferner zu Badenweiler in Baden, in Schlangenberg und auf der Insel Anglesea. Ihre fabrikmäßige Darstellung beruht auf der bekannten Eigenschaft des Bleioxyds (Pb O), bei einer unter der dunklen Rothgluth liegenden Temperatur Sauerstoff aufzunehmen und sich in das rothe Oxyd zu verwandeln. Der Erfolg dieser Operation hängt sehr von dem physikalischen Zustande und der Vertheilung des Bleioxyds ab; so liefert Bleiglätte oder geschmolzenes Bleioxyd, mag es vorher auch noch so fein gemahlen werden, nur sehr langsam ein schön gefärbtes Präparat, während das Massikot, fein gemahlen und geschlämmt, sich leichter in Mennige überführen läßt. Das sogenannte Pariserroth (Mine orange, Mine anglaise) wird in England und Frankreich aus dem Bleiweiß auf gleiche Art bereitet; es entweicht die größte Menge Kohlensäure, nur etwa 4 bis 5 Prozent bleiben noch in dem fertigen Präparat zurück. Auch durch Glühen von Bleioxyd mit chlorsaurem Kalium erhält man nach Levol Mennige; das überschüssige Bleioxyd wird durch verdünnte Kalilauge fortgeschafft.

Dumas[1]) hat sich mit der Untersuchung der Mennige beschäftigt. Nach seinen Beobachtungen enthält eine Mennige, welche man durch achtmaliges Erhitzen erhalten, 25,2 Prozent unverändertes Bleioxyd, während ein durch dreimaliges Erhitzen dargestelltes Pariserroth nicht mehr als 4,17 Prozent enthält. Entfernt man den Ueberschuß von Bleioxyd aus der Mennige, wie sie im Handel vorkommt, durch eine Behandlung mit neutralem essigsauren Blei, so findet man in dem Rückstande nach Dumas eine constante Verbindung, welche der Formel $Pb_3 O_4$ entspricht. Salpetersäure zerlegt dieselbe in Bleioxyd, welches sich in der Säure auflöst, und in braunes Bleisuperoxyd, welches unlöslich zurückbleibt. Man kann also annehmen, daß die Mennige einfach eine Verbindung dieser beiden Körper sei:

$$Pb_3 O_4 = 2(PbO) + PbO_2$$

Rammelsberg[2]) hingegen betrachtet die Mennige als eine Verbindung von Bleioxyd mit Bleisesquioxyd:

$$Pb_3 O_4 = PbO + Pb_2 O_3$$

Houton La Billardière hat Krystalle von Mennige, welche er in einem Ofen fand, analysirt und ihre Zusammensetzung

$$P_4 O_5 = 3PbO + PbO_2$$

gefunden.

---

[1]) Dumas, Annales de chimie et de physique (3), Bd. XLIX, pag. 398.
[2]) Rammelsberg, Grundriß der unorganischen Chemie, 1857, pag. 176.

Nach Berzelius endlich giebt es eine dritte Art Mennige, die er mit der Formel

$Pb_2 O_3 = PbO + PbO_2$ bezeichnet.

Darstellung. — Die Mennige wird theils in Mennigbrennereien, theils auf Glashütten besonders viel in England dargestellt. Das zur Fabrikation angewendete Blei muß ziemlich rein und namentlich frei von Kupfer und Zinn sein; zu diesem Zweck reinigt man dasselbe durch Umschmelzen, wobei man es mit einer hölzernen Stange durcharbeitet, und benutzt nur den unteren Theil. Das so gereinigte Blei wird auf der Sohle eines Flammofens mit sehr flachem Gewölbe aufgesetzt, über welchem sich noch ein Trockenraum für das feuchte Bleioxyd befindet; das geschmolzene Blei wird mit eisernen Krücken fortwährend umgerührt und das sich bildende Oxyd nach dem hinteren Theile des Ofens gerückt; die Hitze des Ofens muß indessen so regulirt werden, daß das Massicot nicht zum Schmelzen kommt. Die Luft gelangt durch die Heizthüre in den Ofen. Ist alles Blei in Bleioxyd verwandelt, so breitet man dasselbe auf der Herdsohle aus und rührt es gehörig um, damit sich das etwa noch darin enthaltene unveränderte Blei völlig oxydire. Hierauf zieht man die Masse aus dem Ofen und zerkleinert dieselbe mit eisernen Walzen oder Mühlsteinen in dicht verschlossenen Räumen, siebt das Pulver und schlämmt es. Der Bodensatz vom Schlämmen und die zurückgebliebenen Metalltheilchen werden von Neuem geröstet. Beim Schlämmen des Bleioxydes wird von Zeit zu Zeit die Flüssigkeit von dem Bodensatze in andere Bottige abgezogen, wodurch man also verschiedene Sorten von Massicot erhält; das sich zuletzt absetzende und folglich auch das feinste Pulver giebt die beste Mennige.

Das abgeschlämmte Massicot wird zuerst in irdenen Gefäßen in dem Trockenraum getrocknet, noch einmal mit gußeisernen Walzen gepulvert und in Kästen von Eisenblech (cuvettes) oder, wie in England, ohne dieselben unmittelbar auf die Herdsohle gebracht. Während der Operation ist der Ofen sorgfältig geschlossen, um eine Abkühlung nach Möglichkeit zu verhindern; sobald das Präparat die gehörige Farbe hat, läßt man den Ofen langsam abkühlen. Mitunter wird das Calciniren wiederholt, wodurch die Farbe an Lebhaftigkeit gewinnen soll.

In manchen Fabriken verwendet man auch Oefen mit mehreren Etagen, in welchen das Blei in den dem Herde zunächst liegenden Theilen oxydirt und in den entfernteren in Mennige verwandelt wird. In Villach, wo man wegen der Reinheit des Bleies, welches die benachbarten Werke liefern, eine bedeutende Menge Mennige darstellt, bedient man sich eines Ofens mit zwei übereinanderliegenden Sohlen. Die Flamme des Brennmaterials geht auf beiden Seiten des Herdes unter dem Feuerraum hervor, von da durch den Fuchs im Gewölbe über den zweiten Herd und von hier aus in den Schornstein. Passend angebrachte Arbeitsthüren gestatten es, das Bleieryd umzuwenden, um die Oxydation zu begünstigen. Wenn man das Präparat von der unteren Sohle aus dem Herde gerückt hat, so läßt man durch eine centrale Oeffnung, welche während der Arbeit verschlossen gehalten wurde, das Massikot der zweiten auf die untere Herdsohle herabfallen und ersetzt es oben durch neues Bleieryd. Da das Massikot auf der oberen Herdsohle schon theilweise höher oxydirt ist, so bedarf man zu der völligen Umwandlung desselben keiner allzu langen Zeit; auch ist man bei diesem Ofen im Stande, ohne Unterbrechung zu arbeiten. Die Temperatur wird bis zur dunklen Rothglith gesteigert; oberhalb einer jeden Sohle befindet sich ein gemauertes Gewölbe.

Die Mennige, namentlich das Pariserroth, kommt in Gestalt eines schön hellrothen Pulvers in den Handel; sie ist unlöslich in Wasser und wird durch Säuren, wie oben bereits bemerkt, in Bleisalze und in Bleisuperoxyd zerlegt. Höchst kenzentrirte Essigsäure löst die Mennige ohne Veränderung auf; Wasser fällt aus dieser Auflösung braunes Bleibieroxyd. Ueber 400° erhitzt, verliert sie Sauerstoff und verwandelt sich, indem sie gleichzeitig eine dunklere Farbe annimmt, in Massikot. Sie dient zur Herstellung von Bleiglas, Flintglas, zur Glasur von englischem Steingut und feinen irdenen Waaren; um Eisen vor Oxydation zu schützen, überzieht man dasselbe mit ein oder zwei Lagen einer Mennige, welche mit Oel abgerieben ist; bisweilen gebraucht man dieselbe auch wegen ihrer oxydirenden Eigenschaften. Da sie gute Deckkraft besitzt, so benutzt man sie auch als rothe Farbe in der Malerei. Die aus Bleiweiß dargestellte Mennige läßt sich mit Leim sehr gut mengen, ohne das Gemisch zu verdicken, während gewöhnliche Mennige, mit Leim gemischt, eine dicke steife Masse giebt.

Die Handelswaare kann mit Ziegelmehl und Röthel (Eisenoxyd) verfälscht sein. Ein sehr schönes Rothbraun enthält 10 Theile Mennige und 1 Theil Eisenoxyd. Reine Mennige in einer Porzellanschale mit Cyankalium geschmolzen, liefert 90,66 Prozent ihres Gewichts metallisches Blei. Diese Methode der Untersuchung ist indessen nicht mehr zulässig, wenn man eine Mischung mit Zinkweiß oder kohlensaurem Blei hat. In diesem Falle muß man die Menge der Kohlensäure bestimmen, welche bei der Behandlung mit Säuren entweicht. Man kann auch die Mennige glühen, den Rückstand in Salpetersäure lösen, das Blei durch Schwefelsäure und Alkohol fällen und das erhaltene schwefelsaure Blei wiegen; das gefundene Gewicht mit 0,6419 multiplizirt, giebt den Gehalt an metallischem Blei [1]).

Kupferoxydul.

$$(\overset{\text{\tiny II}}{Cu_2})O$$

Das Kupferoxydul findet sich in der Natur als Rothkupfererz in Krystallen, welche zum regulären System gehören und nach den Flächen des Oktaeders spaltbar sind, von prachtvoll cochenillerother Farbe und Diamantglanz. Es wird von Wasserstoff, Kohle u. s. w. leicht zu Kupfer reduzirt; verdünnte Säuren zerlegen es in metallisches Kupfer und Kupferoxyd, welches sich in der Säure auflöst; mit Chlorwasserstoffsäure bildet es Kupferchlorür. Durch Behandeln einer salzsauren Lösung von Kupferchlorür mit Kalilauge scheidet sich Kupferhydroxydul aus; letzteres erhält man auch durch Kochen des blauen Kupferhydroxyds mit Milchzucker und kohlensaurem Natrium. Es ist alsdann ein orangegelbes Pulver und verliert bei 360° drei Prozent Wasser, ohne seine Farbe zu verändern; bei Rothglühhitze wird die Farbe die des wasserfreien Oxyduls. Letzteres stellt man sich durch Erhitzen einer Mischung von 100 Theilen schwefelsaurem Kupfer, 37 Theilen Sodasalz und 25 Theilen feinzertheiltem metallischen Kupfer und Auswaschen mit Wasser dar.

Es findet in der Malerei keine Anwendung, wol aber zum Färben von Glasflüssen. Schmilzt man weißes Glas mit Kupferoxydul ein, so ist der Glassatz farblos, wird aber durch Behandlung im Feuer intensiv roth (Rubinglas); da die Farbe gewöhnlich zu dunkel, ja fast schwarz ist, so überzieht man weißes Glas mit diesem Glase (Ueberfangglas).

Rothes Quecksilberoxyd.

$$\overset{\text{\tiny II}}{Hg}\overset{\text{\tiny II}}{O}$$

Dieses Präparat hat bis jetzt als Färbmittel noch keine Verwendung in der Industrie gefunden. Seine Farbe nähert sich der der Mennige, wenn es auf trocknem Wege durch Erhitzen von salpetersaurem

---

[1]) Thompson, Annales de chimie [1], Bd. LX, pag. 148. — Jacquelain, Comptes rendus de l'Académie des sciences, Bd. XXXI, pag. 626.

Quecksilber dargestellt ist; beim Fällen von Quecksilbersublimat mit Natriumhydroxyd erhält man es als ein orangegelbes Pulver.

Rothe Modifikation des Zinnoxyduls.

Versetzt man nach Fremy[1]) eine salzsaure Auflösung von Zinnchlorür (Zinnsalz) mit Ammoniak und verdunstet einen Theil der Flüssigkeit unter gewissen Vorsichtsmaßregeln, so verwandelt sich der weiße Niederschlag von Zinnhydroxydul unter Wasseraustritt ($H_4 Sn O_3$ = $SnO + H_2O$) in reines Zinnoxydul von sehr schön zinnoberrother Farbe. Diese Modifikation ist indessen unbeständig und nimmt sehr schnell, namentlich beim Reiben oder beim Verdunsten größerer Mengen, eine braune oder olivengrüne Farbe an. Nach Roth erhält man sie, wenn man Zinnhydroxydul bei 56° mit einer schwach sauren Lösung von Zinnoxydul in Essigsäure digerirt; sie scheidet sich in Krystallkörnern ab, welche beim Reiben ein grünliches Pulver geben. Wegen der leichten Veränderlichkeit hat dieses Präparat keine Anwendung gefunden.

Eisenoxyd.

$$\left.\begin{array}{c}(\overset{VI}{Fe_2})\\(\overset{VI}{Fe_2})\end{array}\right\} O_6$$

Das wasserfreie Eisenoxyd ist ein wesentlicher Bestandtheil einer großen Anzahl von mehr oder weniger schönen dunklen Farben, deren Färbung vom Roth ins Rothbraune oder Bläulichrothe bis zum Violet gehen kann.

Wenn es völlig rein ist, so führt es den Namen **Kolkothar**, **Englisch Roth**, **Caput mortuum**. Vortheilhaft erhält man ein sehr schönes Kolkothar, wenn man den braungelben Schlamm, der sich bei der Fabrikation des Alauns in den Rohlaugensümpfen absetzt, calcinirt. Es ist dies ein basisch schwefelsaures Eisen(oxyd), welches durch Zersetzung des aus den Alaunerzen sich bildenden Eisenvitriols entstanden ist (**Berlinerroth**). Die trockene Zerlegung des Eisenvitriols ist weniger vortheilhaft; die Nüance desselben fällt um so dunkler roth und selbst blauroth aus, eine je höhere Temperatur angewendet wird. Das Caput mortuum, dessen Farbe violet ist, wird als Nebenprodukt

---

[1]) Fremy. Journal für praktische Chemie, Bd. XXXIV, pag. 268.

bei der Bereitung des Nordhäuser Vitriolöls aus dem Eisenvitriol gewonnen. Die Zersetzung desselben geht leichter vor sich, wenn man ungefähr 6 Prozent Salpeter zusetzt und die Masse nach dem Calciniren auslaugt. Uebrigens ist das auf diese Weise dargestellte Eisenoxyd nie frei von Schwefelsäure (basisch schwefelsaurem Eisenoxyd), da zur Entfernung aller Schwefelsäure eine zu hohe Temperatur nöthig wäre.

Das Eisenoxyd ist an der Luft und unter dem Einfluß schwefelwasserstoffhaltiger Dämpfe unveränderlich; in starken Säuren ist es langsam löslich. Alkalien sind ohne Einwirkung darauf. Als Wasser- oder Oelfarbe verwandt, besitzt es gute Deckkraft. Man vermischt es häufig mit weißen Farbstoffen, um verschiedene Töne zu erhalten, welche beim Bedrucken von Papier sehr gut verwendet werden können; außerdem wird das fein geschlämmte Englischroth auch zum Poliren von Gold- und Silbergeräthschaften, von Stahl u. s. w. gebraucht.

Die rothen Ocker sind ein inniges Gemisch von Thon und rothem Eisenoxyd. Sie finden sich in derben Massen mit erdigem Bruche auf wenig mächtigen Lagern im Rothen Berge bei Saalfeld im Herzogthum Meiningen, zu Thalitter in Hessen, am Oberharz, in Böhmen u. s. w.; allein man bereitet sie zu industriellen Zwecken meistentheils durch Calciniren des gelben Ockers, eines Gemenges von Thon mit Eisenhydroxyd. In den Handel kommen sie in größeren Massen oder als feines Pulver, bisweilen auch in Teigform, in welcher gewöhnlich Chlorcalcium zugesetzt ist, um die Masse feucht zu erhalten. Je nach der Lokalität, wo sie dargestellt sind, oder je nach ihrer lebhafteren oder dunkleren Farbe führen die rothen Ocker verschiedene Namen, wie: Rothe Kreide, Preußisch Roth, Nürnberger, Venetianisches Roth, Rothe Erde, Armenischer Bolus; Rouge d'Anvers, Oero de ruc, Terra Siena, Terra rosa. Ihre orangerothe Farbe ist zwar ziemlich dunkel, allein sie besitzen vorzügliche Haltbarkeit. In chemischer Hinsicht verhalten sie sich wie ein Gemisch von calcinirtem Thon und wasserfreiem Eisenoxyd.

Der rothe Ocker wird zur Wasser-, Leim- und Oelmalerei angewendet. Man gebraucht ihn auch für sich allein oder mit anderen Deckfarben vermischt zum Kattundruck und firnt ihn mit Albumin oder verwandten Stoffen. In letzterer Hinsicht hat man nur die geeignete Färbung und die Feinheit des Pulvers zu berücksichtigen. Die Farbe ist so haltbar und so widerstandsfähig gegen äußere Einflüsse, wie man es nur wünschen kann. Der Ocker wirkt durchaus nicht auf die Verdickungsmittel und wird auch nicht durch diese beeinträchtigt. Man erhält z. B. Holzfarben, wenn man eine Mischung von gelbem und rothem Ocker, Rußschwarz und Ultramarin in passenden Verhältnissen mit Albuminwasser verdickt, aufdruckt. Es ist wol selbstverständlich, daß man hierbei ohne Unannehmlichkeiten das Eieralbumin durch Blutalbumin ersetzen kann. Seit mehreren Jahren verwendet man Ocker auch als Oelfarbe, um Eisen zu überziehen und es vor dem Rost zu schützen, ein Produkt, welches unter dem Namen Eisenmennige[1] bekannt ist. Es ist eine rothbraune Mischung aus Eisenoxyd und plastischem Thon; die Menge des Eisenoxyds kann 67 bis 85 Prozent betragen, während es in den rothen Ockern 39 Prozent nicht übersteigt und bis zu 2 bis 3 Prozent herabsinken kann. Die Kosten stellen sich um die Hälfte niedriger als bei Anwendung von Bleimennige, um eine gleich große Oberfläche zu bedecken.

Cassius'scher Goldpurpur[2].

Eine Lösung von Zinnchlorür liefert mit Goldsalzen (Goldchlorid) eine dunkelbraune, blaue, grüne oder metallische Fällung, während eine Mischung von Zinnchlorür und Zinnchlorid einen purpurrothen Niederschlag giebt, den sogenannten Goldpurpur. Die Farbe des Niederschlages ist übrigens je nach der relativen Menge der beiden Zinnsalze und der Konzentration der beiden Flüssigkeiten verschieden; sie ist bald roth, bald violet oder braun. Zinnchlorid allein bringt keinen Niederschlag hervor, die Lösung mag konzentrirt oder verdünnt sein.

Von den zahlreichen Rezepten, welche zur Bereitung des Gold-

---

[1] Répertoire de chimie appliquée, Bd. II, pag. 244.
[2] Magisterium auri rubrum, Teichmeyeri institut. chemiae, 1738, pag. 214. — Pelletier, Annales de chimie, [1], Bd. XII, 236. — Buisson, Dingler's polyt. Journ., Bd. XXXVIII, pag. 296; Bd. XXXIX, pag. 328. — Mercadieu, Ann. de chim. et de phys. [2], Bd. XXXIV, pag. 147. — Dingler's polyt. Journ., Bd. XXIV, pag. 437. — Lüdersdorff, Verhandl. des Vereins z. Beförder. d. Gewerbfl. in Pr., 1833, pag. 224. — Robiquet, Erdmann's Journal f. techn. Chemie, Bd. X, pag. 260. — Berzelius, Poggend. Ann. d. Chem. u. Physik, Bd. XXII, pag. 306. — Gay-Lussac, Schweigger's Journal d. Chem. u. Phys., Bd. V, pag. 263; Ann. de chimie et de physique [2], Bd. XLIX, pag. 396. — Clarke, Dingler's polyt. Journ., Bd. V, pag. 379. — Bolley, Dingl. polyt. Journ., Bd. LXXXIII, pag. 51. — Zigaler, Dingl. polyt. Journ., Bd. XCIII, pag. 222.

purpurs vorgeschlagen wurden, wollen wir nur das von Fuchs[1] gegebene anführen.

Man fügt zu einer wässrigen Lösung von schwefelsaurem Eisen so viel Zinnchlorür, daß die gelbe Farbe in ein helles Grün übergeht, und fällt mit dieser Mischung die Lösung des Goldchlorids. Auf diese Weise erhält man einen sehr schönen purpurfarbenen Niederschlag. Das Eisensalz verwandelt einen Theil des Zinnsalzes in Zinnchlorid.

Der Cassius'sche Goldpurpur besitzt, so lange er noch feucht ist, eine dunkle Purpurfarbe, getrocknet ist er ein braunes Pulver. Frisch bereitet löst er sich nach dem Trocknen in Ammoniak mit purpurrother Farbe auf und scheidet sich aus der Lösung durch Verdunsten des Ammoniaks oder durch Zusatz einer Säure wieder ab.

Viele Chemiker haben ihn als eine innige Mischung von metallischem Gold und Zinnoxyd angesehen; andere sind der Ansicht, daß das Gold darin mit Sauerstoff verbunden sei. Vor Kurzem hat Knafft[2] gezeigt, daß, wenn man eine mit vielem Wasser verdünnte Lösung von Goldchlorid mit Crotsäure auf 30° C. erhitzt, man das Gold in einer rothen Modifikation erhält. Andrerseits aber entsteht der Goldpurpur auch durch Einwirkung der Salpetersäure auf eine Legirung von Zinn und Gold. Die erstere Ansicht scheint also die wahrscheinlichere zu sein.

Der Goldpurpur findet Anwendung zum Färben von Glasflüssen; eine sehr große Berühmtheit haben die Glaspokale von prachtvoll rubinrother Farbe erlangt, welche Kunckel auf der Zechliner Glashütte fertigte. Ebenso benutzt man den Goldpurpur in der Porzellanmalerei zu den verschiedensten Nüancirungen; durch das Hinzufügen von Silbersalzen entsteht ein sehr schönes Karminroth. Vitalis[3] hat auch auf Baumwolle mit dem Cassius'schen Purpur ein sehr angenehmes Lila erhalten, indem er die Gewebe zuerst mit einer salzsauren Lösung von Zinn, darauf mit einer Lösung von Chlorgold behandelte. Man könnte auch ebensowol mit der ammoniakalischen Lösung drucken und dann das Ammoniak durch Erhitzen austreiben.

---

[1] Fuchs, Poggendorff's Annal. der Physik u. Chemie, Bd. XXV, pag. 670, Bd. XXVII, pag. 634; Journal b. prakt. Chemie, Bd. V, pag. 318. — Dingler's polyt. Journ., Bd. LXXV, pag. 138.

[2] Polyt. Centralblatt, 1863, pag. 450. — Dingler's polyt. Journal, Bd. CXLVII, pag. 191.

[3] Vitalis, Manuel du teinturier, pag. 140.

Pink-color. (Fleischfarbe) und Minerallack.

Unter dem Namen Pink-color haben die Engländer lange Zeit eine rothe Farbe in den Handel gebracht, welche nach einem geheim gehaltenen Verfahren hergestellt wird. Man benutzt sie, um Fayence unter der Glasur zu bedrucken: nach dem Brennen erscheint sie als prachtvoll blutrothe Farbe. Da sich die Farbe vielleicht auch zum Bedrucken von Geweben durch Befestigung mittelst plastischer Fixirungsmittel benutzen läßt, so wollen wir über dieselbe einige Worte beifügen.

Malaguti[1]) hat dieses Präparat untersucht, und es ist ihm gelungen, die Bedingungen festzustellen, unter welchen sich dieser Körper bildet. Zwei Proben haben bei der Analyse ergeben:

	I		II
Zinnsäure	76,31		77,80
Kalk	14,91		15,21
Kieselsäure	3,95		2,67
Thonerde	0,95		0,91
Chromoxyd	0,82		0,80
Chromsaures Kalium	0,25	Chromsaures Calcium	0,28
Kali und Verlust	0,48	Eisen und Verlust	0,85

Nach seinen Untersuchungen sind die Zinnsäure, der Kalk und das Chromoxyd die wesentlichen Bestandtheile dieser Farbe. Kieselsäure und Thonerde können die Nüance erhöhen, sind aber nicht unumgänglich nothwendig. Die Pink-color ist um so bunkler, je größere Mengen Kalk und Chromsäure zur Herstellung verwendet werden.

Malaguti empfiehlt folgendes Verhältniß:
- Zinnsäure . . . . 100 Theile
- Kreide . . . . 34 „
- Rothes chromsaures Kalium 3 oder 1 bis 1,25 Theile,

denen man noch hinzufügen kann:
- Kieselsäure . . . . 5 Theile
- Thonerde . . . . 1 Theil.

Das Ganze wird innig gemischt und mehrere Stunden bis zur Rothgluth in lutirten Tiegeln erhitzt.

---

[1]) Annales de chimie et de physique [2], Bd. LXI, pag. 433. — Wagner's Jahresberichte der technischen Chemie, Bd. VI, pag. 283.

(Geutele[1]) erwärmt ein Kilogramm granulirtes Zinn mit Salpetersäure. Die gebildete Metazinnsäure wird mit 50 Gramm in einem Liter Wasser gelöstem doppelt chromsauren Kalium, 2 Kilogramm Kreide und 1 Kilogramm gepulvertem Quarzsand vermischt, das Ganze zu einem gleichmäßigen Teig angeknetet, die gelbgefärbte Masse an einem warmen Orte getrocknet und in einem hessischen Tiegel bis zur lebhaften Rothgluth erhitzt. Man pulverisirt die zusammengesinterte Masse, glüht sie zum zweiten Male mit Seesalz, mahlt sie auf einer nassen Farbenmühle sehr fein und wäscht das Pulver aus. Die rothe Nüance rührt wahrscheinlich mehr von dem Chromoxyd als von der Chromsäure her.

Erhitzt man eine Mischung von 100 Theilen Zinnsäure und 2 Theilen Chromoxyd, so erhält man ein schönes Lila, welches lichtbeständig ist, atmosphärischen Einflüssen und schwefelwasserstoffhaltigen Dämpfen widersteht und auch zum Bedrucken von buntem Papier, vielleicht auch für Gewebe und zum Verzieren von Fayence unter der Glasur dienen kann. Malaguti giebt dieser Verbindung den Namen Minerallack.

Als rothe Farben, welche noch Verwendung finden können, wollen wir die nachstehenden anführen, ohne genauer auf die einzelnen Details derselben einzugehen.

Die chromsauren Quecksilberverbindungen (Oxyd und Oxydul), welche sich durch doppelte Zersetzung bilden; das chromsaure Silber; das halbchromsaure Blei; das Chromroth, welches man erhält, wenn chromsaures Blei in geschmolzenen rothglühenden Salpeter eingetragen und dann schnell ausgewaschen wird (s. die Artikel über gelbe und orangefarbene Chromfarben); ferner das Kupfereisencyanür, das schwefelsaure Mangan, welches vom hellen Fleischroth bis zum dunklen Rosa geht, das wasserfreie Chromoxyd (Hesstlila bis Rosenroth).

Unter dem Namen Rouge de Perse hat Ganthier-Bouchard ein Präparat in den Handel gebracht, welches in Bezug auf seine Farbe fast dem Zinnober gleichkommt und dessen Preis zwei Francs für das Kilogramm nicht übersteigt; es ist ein basisch chromsaures Blei.

---

[1] Lehrbuch der Farbenfabrikation, pag. 276.

Gelbe mineralische Farbstoffe.

Jodverbindungen.	Schwefelverbindungen.	Oxyde.	Salze.	Metalle.
Jodblei. Gelbe Modifikation des Jodquecksilbers.	Schwefelarsen (Auripigment oder Arsentrisulfid, Arsenpentasulfid). Schwefelcadmium. Gelbes Schwefelantimon. Schwefelzinn (Musivgold).	Eisenhydroxyd. Gelbe Ocker. Massicot (Bleioxyd). Uranoxyd.	Neapelgelb (Antimonsaures Blei). Uranyloxydnatron und Uranylkali. Unlösliche Chromsäureverbindungen (Blei, Bismuth, Zink, Barium, Strontium, Calcium, Kalium). Kasselergelb oder Bleioxychlorid. Antimongelb (Innige Mischung von Blei- und Bismuthoxychlorid und antimonsaurem Blei).	Gold. Unächtes Gold (Legirungen von Kupfer und Zink, Kupfer und Zinn).

Die Zahl der gelben mineralischen Farbstoffe ist, wie aus der obenstehenden Tabelle ersichtlich, ziemlich beträchtlich. Einige finden nur in der Malerei Verwendung, andere können hinsichtlich der Schönheit der Farbennüance mit plastischen Fixirungsmitteln auch auf Geweben angewendet werden, und etliche endlich können wegen ihrer Löslichkeit in gewissen Reagentien oder auch wegen der Bedingungen, unter denen sie sich bilden, direkt auf der Faser hervorgebracht werden.

Jodblei.
$$\overset{\shortmid\shortmid}{Pb} J_2$$

Beim Vermischen einer Lösung von Jodkalium, Jodeisen oder Jodwasserstoffsäure mit einer heißen und hinlänglich verdünnten Lösung eines Bleisalzes (salpetersaures oder essigsaures Blei) scheidet sich nach dem Erkalten das Jodblei in Gestalt goldgelber, glänzender Blättchen ab. Die beiden Salze müssen in aequivalenten Mengen angewendet werden. Der Vorgang hierbei kann durch folgende Gleichung veranschaulicht werden:

$$\left.\begin{array}{l}(NO_2)_2\\ \overset{\shortmid\shortmid}{Pb}\end{array}\right\} O_2 + 2KJ = PbJ_2 + 2\left(\begin{array}{l}NO_2\\ K\end{array}\right\} O$$

Bei der Darstellung des Jodbleis aus Jodkalium und salpetersaurem Blei sind genau gleiche Gewichtsmengen von beiden erforderlich.

Das Jodblei ist in kaltem Wasser fast unlöslich, schwer löslich in heißem (1235 Theile kaltes und 194 Theile kochendes Wasser). Die Farbe des Pulvers ist nicht so schön als die der Krystalle. Die theilweise Löslichkeit in kochendem Wasser und der hohe Preis gestatten es nicht, die Farbe mit Vortheil zur Malerei zu verwenden. Auf Geweben wird sie leicht zu fixiren sein, wenn man dieselben, wie Bér[1]) vorgeschlagen hat, mit essigsaurem Blei merdancirt, trocknen läßt und durch ein Bad von Jodkalium, welches mit Essigsäure angesäuert ist, hindurchnimmt. Man kann auch ein alkalisches Bad oder eine Lösung von kohlensaurem Natrium von 2 bis 3° B. anwenden, bevor man es in die Jodlösung bringt. Ein Gewebe, welches mit Kaliumquecksilberjodid bedruckt und darauf in salpetersaures oder essigsaures Blei getaucht wird, nimmt eine rothgelbe Farbe an, welche gleichzeitig von dem Jodquecksilber und dem Jodblei herrührt [2]).

Gelbe Modifikation des Quecksilberjodids.

Die gelbe Modifikation des Quecksilberjodids, von welchem bereits oben bei den rothen Farbstoffen die Rede war, ist viel zu wenig beständig, als daß man daran denken könnte, sich desselben in der Färberei zu bedienen.

Gelbe Schwefelarsenverbindungen.

Es existiren zwei gelbe Schwefelarsenverbindungen, welche den beiden Sauerstoffverbindungen des Arseniks entsprechen, As_2S_3 und As_2S_5; beide sind schmelzbar und flüchtig, löslich in Königswasser, Schwefelalkalien, Ammoniak, kohlensaurem Ammonium und spielen die Rolle von ziemlich energischen Sulfosäuren, indem sie zur Bildung eigenthümlicher Salze Veranlassung geben.

Das Arsenpentasulfid hat für uns keine Bedeutung. Seine Bildung aus Schwefelwasserstoff und arsensauren Salzen erfolgt nur langsam, namentlich wenn die Lösungen verdünnt sind; auch ist die Farbe heller als die des Trisulfids, vor welchem es keinen Vorzug darbietet. Leitet man Schwefelwasserstoff in eine Lösung von Arsensäure oder in eine mit einer Säure versetzten Lösung eines arsensauren Salzes, so fällt ein Gemenge von Trisulfid und Schwefel.

---

[1]) Dingler's polyt. Journal, Bd. LXXXVI. pag. 310.
[2]) Pelletier, Bulletin de la Société d'encouragement, 1827.

Man erzeugt und fixirt die Farbe auf den Geweben, indem man mit einer Lösung von Natriumsulfarseniat druckt und letzteres sofort durch schwache Salzsäure zersetzt. Das Natriumsulfarseniat bereitet man sich am vortheilhaftesten durch Kochen einer Mischung von 1 Theil Schwefel, 1,5 Theilen Auripigment und 8 Theilen Sodasalz; man reinigt das Präparat, welches sich beim Erkalten abscheidet, durch Umkrystallisiren.

Auripigment oder Rauschgelb. — Es findet sich in der Natur in undeutlich krystallisirten Massen, selten in kleinen linsenförmigen Krystallen, welche dem zweigliedrigen System angehören (zu Tajowa bei Neusohl in Niederungarn), meist nieren- oder traubenförmig, kuglig, derb, eingesprengt, in schaligen und kugligen Absonderungen im Flözgebirge, im Mergel, im thonigen Sandstein, auf Gängen in Ungarn, Siebenbürgen, Türkei, Kleinasien, China, Mexiko. Die Farbe variirt vom Citronengelb ins Pomeranzen- und Honiggelbe bis zum Orangegelben, seltener ist sie braun oder schwarz. Das Pulver des Auripigments ist gelb, wird aber unter dem Einfluß der Wärme rothbraun; es ist leicht schmelzbar und bei 700° flüchtig.

Die Sulfosalze des Arsenits entsprechen der Formel:

$$\left.\begin{array}{c}\overset{\text{III}}{\text{As}}\\ \text{M}_3\end{array}\right\}\text{S}_3$$

Sie sind schmelzbar und geben mit Säuren einen gelben Niederschlag von Arsentrisulfid.

Man bereitet das Rauschgelb:

1) durch Erhitzen von zwei Atomen Arsenik mit drei Atomen Schwefel;

2) durch Erhitzen eines Gemenges von arseniger Säure und Schwefel und Sublimation des dabei entstehenden Produkts; es enthält dann noch gewöhnlich arsenige Säure, welche, ohne durch Schwefel zersetzt zu sein, mit sublimirt ist;

3) durch Erhitzen von Schwefel mit Realgar;

4) auf nassem Wege durch Fällung einer Lösung von arseniger Säure oder eines mit einem Ueberschuß von Salzsäure vermischten arsenigsauren Salzes durch einen Strom von Schwefelwasserstoffgas; oder

5) durch Zersetzung einer Lösung von Natriumsulfarseniat, mittelst einer Säure. — Braconnot[1] hat zuerst diesen Körper auf Gespinnstfasern fixirt.

---

[1] Gentele, Lehrbuch der Farbenfabrikation, pag. 200.

Zu letzterem Zwecke löst man den durch Fällung erhaltenen Schwefelarsenik in Ammoniak auf, imprägnirt die Stoffe mit dieser Lösung und setzt dieselben der Luft aus. In dem Maße, als sich das Ammoniak verflüchtigt, scheidet sich das Sulfuret ab und haftet auf der Faser, welche dadurch eine schöne goldgelbe Farbe erhält, die am Licht und in einer schwefelwasserstoffhaltigen Atmosphäre haltbar ist. Das zur Herstellung dieser Farbe erforderliche Trisulfid erhält man durch Schmelzen einer Mischung von Schwefel, arseniger Säure und kohlensaurem Kalium; die Schmelze wird mit Wasser ausgezogen und die Flüssigkeit durch verdünnte Schwefelsäure gefällt. Nach dem Auswaschen braucht man es nur in kaustischem Ammoniak zu lösen. Man kann auch diese Lösung vor dem Drucken mit Traganthgummi verdicken.

Das Schwefelarsenik unterscheidet sich von andern analogen Farben durch seine vollkommene Flüchtigkeit. Diese Eigenschaft kann man auch benutzen, um fremde Beimischungen darin nachzuweisen, indem diese als Rückstand zurückbleiben. Löst man Auripigment in kochender Salzsäure, welcher man etwas chlorsaures Kalium hinzugesetzt hat, so erhält man eine Flüssigkeit, welche man der **Marsh'**schen Arsenprobe unterwerfen kann. Zur Nachweisung auf Geweben kann man seine Löslichkeit in Ammoniak und seine Entfärbung in diesem Lösungsmittel benutzen.

10. Zeugprobe: Schwefelarsenik.

Schwefelcadmium. Cadmiumgelb [1]).

$$\overset{\shortparallel}{\text{Cd}}\text{S}$$

Das natürliche Schwefelcadmium, auch unter dem Namen **Greenockit** bekannt, krystallisirt in regulären sechsseitigen Säulen mit der Grundfläche und findet sich bei Bishopton in Renfrewshire [2]), auch bei Przibram in Böhmen, in Ungarn, Freiberg u. s. w.; es findet keine technische Verwendung. — Die Cadmiumsalze geben mit Schwefelwasserstoffgas einen hellgelben Niederschlag von Schwefelcadmium, welches man auch durch Erhitzen eines Gemenges von Cadmiumoxyd und Schwefel, wenngleich schwieriger erhalten kann. Es besitzt einen sehr schönen haltbaren Farbenton, welcher zwar etwas heller und weniger ins Orange fallend als der des Schwefelarseniks ist, jedoch kann das auf

---

[1]) **Gentele,** Lehrbuch der Farbenfabrikation, pag. 200.
[2]) **Poggend.** Annalen d. Physik u. Chemie, Bd. LI, pag. 274.

trocknem Wege dargestellte auch orangefarben gefertigt werden. Es ist haltbar an der Luft und am Licht, löslich in heißer konzentrirter Salzsäure und Salpetersäure, unlöslich in verdünnter Chlorwasserstoffsäure und in Schwefelammonium. Das Cadmiumgelb wird durch Hitze dunkler, ist nicht flüchtig, schmilzt erst bei sehr hoher Temperatur und krystallisirt beim Erkalten in Blättchen. Als Malerfarbe steht es dem Chromgelb an Feuer nicht nach und hält sich unverändert mit vielen Farbstoffen, jedoch nicht mit Kupferpräparaten; so erhält man eine Mischung von Schwefelcadmium mit schwefelsaurem Barium, wenn man eine Lösung von schwefelsaurem Cadmium mit Schwefelbarium fällt.

Der verhältnißmäßig hohe Preis des Cadmiumgelbs giebt natürlicherweise Veranlassung zu mannichfachen Verfälschungen durch Vermischen mit anderen gelben Farbstoffen. Die Gegenwart von chromsaurem Blei ergiebt sich unmittelbar durch die dunkelgraue Färbung, welche die Mischung durch Schwefelwasserstoff annimmt.

Lassaigne[1]) hat vorgeschlagen, das Cadmiumgelb in der Seidenfärberei zu verwenden. Man taucht die Seidenstoffe 15 bis 20 Minuten lang in eine 50° C. warme Lösung von Chlorcadmium und bewirkt die Bildung von Schwefelcadmium durch eine verdünnte und kalte Lösung von Schwefelkalium. Zum Bedrucken von Kattun kann man nach denselben Prinzipien verfahren, oder man befestigt das pulverförmige Cadmiumgelb durch Albumin. Diese Farbe hält sich sehr gut in schwachen Säuren und alkalischen Lösungen.

Sace[2]) empfiehlt, man solle ½ Liter Gummilösung mit 40 Gramm Cadmiumchlorid erhitzen und der Lösung ½ Liter unterschwefligsaures Natrium zusetzen. Die Mischung wird aufgedruckt, gedämpft und gewaschen.

Chemisch nachweisen kann man das Cadmiumgelb am schnellsten, wenn man das Gewebe einäschert, die Asche in einigen Tropfen Salpetersäure auflöst, die Lösung mit etwas Wasser verdünnt und einen Strom von Schwefelwasserstoff hindurchleitet; man erhält alsdann einen gelben Niederschlag, welcher in Schwefelammonium unlöslich ist.

11. **Zeugprobe: Schwefelcadmium.**

---

[1]) Annales de chimie et de physique, [2], Bd. XLV, pag. 133.
[2]) Dingler's polyt. Journal, Bd. CXLVII, pag. 216. — Polyt. Centralblatt, 1857, pag. 428.

Orangefarbenes Schwefelantimon, Antimonorange.
$Sb_2 S_3 + H_2 O$

Das amorphe (wasserhaltige) Antimontrisulfid erhält man auf Geweben, indem man mit einer Lösung eines Antimonsalzes, also beispielsweise mit Brechweinstein druckt und dann den Stoff in Schwefelwasserstoffgas bringt; rationeller verfährt man zur Herstellung eines analogen Farbentons, wenn man eine Lösung von Natriumsulfantimoniat durch verdünnte Salzsäure auf der Faser zersetzt.

Wenn man die Stücke nach dem Herausnehmen aus dem sauren Bade durch eine 86 bis 90° C. warme Lösung von schwefelsaurem Kupfer hindurchnimmt, so geht die Farbe in Folge der Bildung einer gewissen Menge von Schwefelkupfer ins Olivengrüne; durch essigsaures Blei erhält man eine braune Farbe.

Durch folgende Merkmale kann man das Antimonorange auf Stoffen nachweisen.

1) Entfärbung durch Ammoniumhydrosulfür.

2) Deutliche Entwickelung von Schwefelwasserstoffgas durch Salzsäure (nachweisbar durch ein Papier, welches mit essigsaurem Blei getränkt ist).

3) Die salzsaure Lösung giebt im Marsh'schen Apparate Antimonflecken.

12. Zeugprobe: Antimonorange.

Schwefelzinn. Musivgold.
$Sn S_2$

Das wasserhaltige Schwefelzinn, wie man es durch Fällung einer Zinnchloridlösung durch Schwefelwasserstoff erhält, besitzt eine zu unangenehme Farbe, um als Färbestoff dienen zu können; nur das wasserfreie Sulfid, welches in kleinen, zarten, gelben, goldglänzenden Blättchen krystallisirt, ist zur Färberei brauchbar. Man befestigt es mit Albumin; indessen geht ein Theil seiner Eigenschaften durch das nothwendige Zerkleinern verloren. Die Darstellung auf trocknem Wege gelingt nicht durch Zusammenschmelzen von Zinn und Schwefel, weil bei der Vereinigung der beiden Körper die Temperatur höher steigt, als sie das Sulfid ohne Zersetzung vertragen kann, und man erhält hierbei stets nur eine niedrigere Schwefelungsstufe; wol aber gelingt es, dasselbe krystallisirt herzustellen, wenn man die freie Wärme durch einen verdampfbaren Körper bindet, wozu man Ammoniumsalze benutzt. Bisweilen amalgamirt man vorher das Zinn, um es besser vertheilen zu können. Es sind zahlreiche Vorschriften zur Herstellung des Präparates gegeben; die besten Resultate erhält man nach der folgenden: Man mischt 12 Theile Zinnfeilspäne, 3 bis 6 Theile Quecksilber, 7 Theile Schwefel und 3 bis 6 Theile Chlorammonium. Beim Erhitzen entweicht zuerst der Salmiak, dann sublimirt Schwefelquecksilber (Zinnober), das Musivgold bleibt am Boden des Gefäßes zurück, und zwar ist die obere Schicht die bessere. Wenn man Zinnoxydul oder Zinnoxyd mit Schwefel erhitzt, so bildet sich ebenfalls Musivgold. Wie oben bereits bemerkt, zerlegt es sich bei erhöhter Temperatur, indem Zinnsesquisulfuret und Zinnsulfuret zurückbleiben und Schwefel sublimirt. Beim Rösten unter Luftzutritt verwandelt es sich in Zinnsäure, während schweflige Säure entweicht. Königswasser zerlegt dasselbe. Schwefelalkalien lösen das Musivgold leicht auf, indem sie zur Bildung von Sulfosalzen (Sulfostannaten) Veranlassung geben. Auch von kochenden kaustischen und kohlensauren Alkalien wird das Sulfid gelöst.

Eisenhydroxyd.

$$(\overset{vi}{Fe_2})\ \Big|\ O_4$$
$$II_3$$

Das Eisenhydroxyd kommt nicht für sich allein als Farbstoff zur Verwendung, aber mit weißen Körpern (z. B. Thonerde, schwefelsaures Calcium) innig gemischt, bildet es die unter dem Namen gelbe Ocker bekannten Präparate. Man bildet und befestigt es direkt auf chemischem Wege auf den Stoffen oder den Gewebsfasern und erhält hierdurch die Aventurin-, Rost-, Chamois- und Nankingfarben.

Es ist in verdünnten Säuren leicht löslich, unlöslich dagegen in Alkalien und in Ammoniak. An der Luft verändert es sich nicht, schwärzt sich dagegen durch Schwefelalkalien und wird durch Ferrocyanwasserstoffsäure blau gefärbt. Man kann diese Eigenschaften benutzen, um es auf Geweben nachzuweisen. Beim Verbrennen eines mit Eisenhydroxyd gefärbten Stoffs bleibt ein rostgelber Rückstand.

In der Färberei und beim Zeugdruck benutzt man nicht immer den ihm eigenthümlichen Farbenton, sondern auch diejenigen Nüancen, welche es annehmen kann, wenn es sich als Beizmittel mit verschiedenen organischen Farbstoffen verbindet (Alizarin, Purpurin, Quercetin, Hämatin u. s. w.) Wir werden die nützliche und wichtige Verwendung

Gelbe mineralische Farbstoffe.

desselben bei den einzelnen Farbstoffen einer genaueren Besprechung unterwerfen; für jetzt wollen wir nur die Bedingungen anführen, unter welchen sich das Eisenhydroxyd bildet. Sie sind dieselben bei der Darstellung auf dem Gewebe, wie bei der im Laboratorium; denn die Faser dient hier nur gewissermaßen als Behältniß und spielt in der Hauptsache keine Rolle.

Die Methode zur Abscheidung des Eisenhydroxyds ist in Bezug auf Ton und Haltbarkeit der Farbe nicht gleichgiltig; sie muß nothwendigerweise auf den molekularen Zustand des Niederschlags und folglich auch auf das Anhaften desselben einen Einfluß ausüben. Man kann die Farbe auf Seide, Baumwolle, Hanf und Leinen verwenden; auf Wolle, welche sehr stark reduzirend wirkt, fallen die Farben dunkler aus und sind weniger haltbar[1]).

Die löslichen Eisensalze, welche dem Fabrikanten zur Erreichung dieses Zweckes zu Gebote stehen, sind die Eisenoxydsalze (schwefelsaures, salpetersaures, neutrales oder basisch essigsaures Eisenoxyd, Eisenchlorid salpetersaure Vitriollösung und die Eisenoxydulsalze. Unter den ersteren bedürfen einige der Beihilfe eines Fällungsmittels, damit die Abscheidung von Eisenhydroxyd stattfinden kann (neutrales salpetersaures, schwefelsaures Eisen, Eisenchlorid); andere können hinsichtlich ihrer basischen Eigenschaften an die Faser einen Theil des Ueberschusses an Eisen abgeben oder sind auch fähig, sich in eine flüchtige Säure und Eisenhydroxyd zu zerlegen (essigsaures Eisen).

Beim Zeugdruck muß man die Eisenoxydsalze verwerfen, weil sie ein zu großes Bestreben haben, die Verdickungsmittel zu koaguliren. Dies tritt jedoch in der Färberei nicht ein. Das essigsaure Eisen verändert sich zu leicht, um in diesem Falle Verwendung finden zu können; man gebraucht hierbei vortheilhaft die salpetersaure Vitriollösung (Rouille, Nitrosulfate de fer). Eine derartige Lösung erhält man durch Hinzusetzen von Salpetersäure zu schwefelsaurem Eisenoxydul. Persoz giebt folgende Vorschrift:

Man fügt zu 10 Kilogramm Salpetersäure nach und nach 30 Kilogramm Eisenvitriol und erhält so nach sechstägiger Einwirkung eine Flüssigkeit von 56 bis 57° Baumé, welche zum Gebrauche verdünnt werden muß. Raymond oxydirt 8 Kilogramm Eisenvitriol durch 2 Kilogramm Salpetersäure. Zur Bildung eines Gemisches von neutralem salpetersauren und schwefelsauren Salz müßte man wenigstens 360 Theile gewöhnliche Salpetersäure auf 834 Theile Eisenvitriol

---

[1]) Persoz, Traité de l'impression des tissus, Bd. III, pag. 131.

anwenden; augenscheinlich bildet sich also bei den angeführten Vorschriften ein basisches Salz. Hat man die Gewebe mit einer derartigen Lösung imprägnirt, die je nach der gewünschten Farbe mehr oder weniger konzentrirt ist, so ist es nur noch erforderlich, das Eisenoxyd durch eine Lösung von kohlensaurem Natrium oder durch kaustische Natronlauge oder durch eine Mischung beider abzuscheiden. Bisweilen fügt man Kreide oder Kalk hinzu, um Flecke zu vermeiden, welche die Niederschläge des Oxyds auf dem Gewebe machen würden. Die Eisenoxydulsalze erfordern ein Abscheiden des Oxyduls und eine darauf folgende Oxydation. Die letztere erfolgt schon größtentheils an der Luft, nachdem sich das Eisenhydroxyd oder das Carbonat gebildet hat; allein um einen reinen, schönen Farbenton zu erhalten, welcher von jeder graulichen Färbung frei ist, ist es besser, sie durch ein Chlorkalkbad zu beendigen. So erhalten Steinbach und Koechlin sehr schöne Nankingfarben auf Kattun, indem sie zuerst mit schwefelsaurem Eisenoxydul drucken und darauf durch ein Bad von kohlensaurem Natrium und schließlich durch Chlorkalk passiren.

Das essigsaure Eisenoxydul ist zum Gebrauche sehr bequem, weil die Essigsäure, wenn man das Gewebe in einen feuchten und warmen Raum bringt, allmälig frei wird, während gleichzeitig das Oxydul Sauerstoff aufnimmt; man beendigt die Sättigung durch Einwirkung von Natriumsilikat oder Kreide und giebt, falls es noch nöthig sein sollte, ein Chlorbad. Die Befestigung mittelst Kuhmist, welche zu den Beizen beim Krappfärben gebraucht wird, ist hierbei nicht statthaft, weil das Eisenoxyd den Farbstoff des Kuhmistbades anziehen und seine Farbe dadurch verdunkelt würde.

Das essigsaure Eisen kann man sich durch Einwirkung von Essigsäure auf Eisen darstellen. Zu diesem Zwecke läßt man alte Eisenabfälle in Essig von 2° B. liegen. Von Zeit zu Zeit zieht man die Flüssigkeit unten ab und gießt sie wieder oben auf, so oft, bis sie 7° B. zeigt. Vorzuziehen ist jedoch eine Flüssigkeit, welche man durch doppelte Zersetzung des essigsauren Bleis mit schwefelsaurem Eisen erhält, weil diese weniger oxydirt ist und die Gummisorten nicht so stark koagulirt.

Man erhält eine Nankingfarbe, wenn man 2 Kilogramm Eisenvitriol, 1,5 Kilogramm essigsaures Blei und 2 Kilogramm Wasser nimmt. Bei diesen Verhältnissen bleibt ein Theil des schwefelsauren Eisens unzersetzt, dessen Oxyd durch die Lösung des Silikats gefällt werden muß.

Das essigsaure Eisen muß wegen der Leichtigkeit, mit welcher es sich unter Abscheidung eines basischen Salzes zersetzt, vor dem Zutritt der Luft geschützt werden. Ist es nämlich zu sehr oxydirt, so ist seine Befestigung auf den Geweben nur eine unvollkommene.

Das holzessigsaure Eisen, welches man durch Einwirkung der rohen Holzessigsäure auf Eisen oder aus holzessigsaurem Blei darstellt, oxydirt sich wegen seiner theerigen oder empyreumatischen Bestandtheile weniger schnell; aber es eignet sich mehr zur Befestigung des Eisens als Mordant, als zu Nankingfarbe, bei welcher es die Reinheit des Tons beeinträchtigen würde.

Druckt man mit einer Mischung von essigsaurem Eisenoxydul und essigsaurem Blei und passirt alsdann das Gewebe durch Kalkmilch und Chlorkalk, so erhält man eine braune Farbe, welche durch das sich bildende Bleisuperoxyd hervorgerufen wird[1].

Schwartz[2] und Schlumberger[3] haben die Fabrikanten darauf aufmerksam gemacht, daß die Baumwollenfaser geschwächt wird, wenn man sie mit einer Oxydulsalzlösung imprägnirt und das Oxydul durch Chlor oder ein längeres Aussetzen an die Luft in Oxyd überführt. Aus den Untersuchungen von Schlumberger ergiebt sich, daß die Schwächung der Gewebsfasern nicht daher rührt, daß diese dem Eisenoxyd Sauerstoff entziehen oder abgeben; denn sie findet nur dann statt, wenn die äußeren Umstände die günstigsten sind, um den Eisenbeizen Sauerstoff zu liefern. Diese Veränderung ist um so eingreifender, je kürzer die Zeit gewesen, in welcher die Oxydation vor sich gegangen ist; je längere Zeit letztere gedauert hat, um so schwächer ist im Allgemeinen die Veränderung des Stoffes. Auch das holzessigsaure Eisen giebt in dieser Hinsicht bessere Resultate als das essigsaure Salz. Diese nachtheilige Wirkung tritt übrigens nur dann ein, wenn die Lösungen sehr konzentrirt zur Anwendung kommen.

Beim Drucken von Nanking- und Chamoisfarben muß man übrigens ganz besonders die Natur des Verdickungsmittels beachten. Unter gleichen Umständen fixirt die Stärke mehr Eisenoxyd als Stärkegummi, und dieses mehr als Senegalgummi, welches letztere überdies noch die Eigenschaft hat, mit einem Theile des Eisenoxyds der Beize eine Verbindung einzugehen, welche sich während des Auswringens loslöst. Der Grad der Zähigkeit hat nicht geringeren Einfluß. Es ist

---

[1] Persoz, Traité de l'impression des tissous, Bd. III, pag. 130.
[2] Bulletins de la Société industr. de Mulhouse, Bd. I, pag. 198.
[3] Ebend., Bd. XIII, pag. 422 seq.

wesentlich, daß jedwede Farbe genau die Zähigkeit besitzt, welche für jede Art der Zeichnung und des Druckes entsprechend und passend ist, wofür allein die Praxis Vorschriften ertheilen kann.

Für einfarbigen nanking- oder chamoisfarbigen Grund erhält man weiße Zeichnungen durch Enlevagen oder Reservagen. Das Ausbeizen der Mordants geschieht vor der völligen Befestigung, indem man eine Mischung von Oxalsäure und Weinsäure anwendet, oder nach dem Durchnehmen durch das Bad, welches die Neutralisation der Säure bewirkt; in diesem Falle ist es vortheilhaft, neben den Pflanzensäuren einen reduzirenden Körper wie Zinnchlorür anzuwenden, welcher die Auflösung des Eisens beschleunigt.

Als Reservage druckt man eine konzentrirte Lösung von neutralem arseniksauren Kalium auf, welches theilweise mit Pfeifenthon verdickt und mit Seife versetzt ist; das Alkalisalz und die Seife fällen das Eisen, bevor es in die Faser eindringen kann, und der Pfeifenthon widersetzt sich gleichzeitig mechanisch diesem Eindringen. Denselben Zweck erreicht man durch Anwendung von Citronensäure, welche an den damit bedruckten Stellen die Fällung des Eisenhydroxyds verhindert.

Das Jaune de Mars ist eine innige Mischung von Eisenhydroxyd, welches sich durch Oxydation des Eisenhydroxyduls an der Luft bildet, mit einem weißen Körper (Thonerde oder schwefelsaures Calcium). Hierzu fällt man schwefelsaures Eisen durch gelöschten Kalk oder eine Mischung von gleichen Theilen Eisenvitriol und Alaun durch Kali. Die gut ausgewaschenen Niederschläge werden der Luft ausgesetzt. Durch mäßiges Erhitzen verwandelt man das Jaune de Mars in Violet, Roth und Orange; diese Farben finden in der Malerei Verwendung.

Gelbe Oker. — Man kann sie in zwei Klassen eintheilen. Die einen sind innige Mischungen von Eisenhydroxyd und plastischem Thon, die andern von Eisenhydroxyd und kohlensaurem Calcium. Die ersteren haben größere Wichtigkeit als die letzteren; sie besitzen eine größere Deckkraft, sind fetter und reiner gelb gefärbt und liefern beim Brennen verschiedene Sorten von rothen Okern, während die zweiten eine bräunliche oder orangegelbe Färbung haben und sich durch Hitze in wenig brauchbare rothbraune Produkte verwandeln. Die gelben Oker kommen als Lager und Nester im Flözgebirge vor. Die schönsten Oker finden sich bei Goslar, Elbingerode, Tillerode, Jena, im Siegen'schen und in Frankreich. Sie werden durch Schlämmen gereinigt und als Wasser-, Leim- und Oelfarben und zum Zeugdruck (Albuminfarben) verwendet, theils allein, theils in Mischung mit anderen Farbstoffen. Sie erfordern zu ihrer Verwendung im Durchschnitt 30 Prozent ihres Gewichtes an Oel.

13. Zeugprobe: Roßgelb.
14. Zeugprobe: Dunkles Nankinggelb.
15. Zeugprobe: Helles Nankinggelb.

Mafsikot, Bleioxyd.
PbO

Das pulverförmige Bleioxyd zeigt einen hellgelben, wenig reinen, nicht intensiven Farbenton. Das schönste Präparat erhält man durch Zersetzung des Bleiweiß in der Hitze.

Ueber seine Anwendung als Farbstoff ist nichts Wesentliches mitzutheilen.

Uranhydroxyd.
U_2O_3, H_2O (Rammelsberg: H_2UO_4)

Das Uranhydroxyd findet sich in der Natur mit den Elementen des Wassers verbunden als Uranocker auf der Pechblende. Künstlich dargestellt, ist es ein citronen- bis orangegelbes Pulver, welches sich an der Luft nicht verändert und bei 300° in Wasser und das Anhydrid zerfällt; letzteres ist ein ziegelrothes Pulver, welches bei erhöhter Temperatur Sauerstoff abgiebt und sich in die grüne intermediäre Oxydationsstufe, das Uranoxyoxydul U_3O_4 verwandelt. Es ist in Säuren mit gelber Farbe löslich.

Zu seiner Herstellung verfährt man nach Malaguti[1]) folgendermaßen: Eine Lösung von salpetersaurem Uran in absolutem Alkohol wird unterhalb der Siedhitze abgedampft; sobald die Konzentration einen bestimmten Grad erreicht hat, beginnt eine lebhafte Reaktion zwischen der Salpetersäure und dem Alkohol, indem salpetrige Säure, Salpeteräther, Aldehyd, Kohlensäure u. s. w. entweichen. Die zurückgebliebene Masse ist Uranhydroxyd.

Man bedient sich des Uranhydroxydes in der Porzellanmalerei unter der Glasur; Francis Davis[2]) hat es als Beizmittel bei der Kattun-

---

[1]) Journal für prakt. Chemie, Bd. XXIX, pag. 231. — Comptes rendus de l'Académie des sciences, Bd. XVI, pag. 851.

[2]) Dingler's polyt. Journal, Bd. XL, pag. 152 und Bd. CLXXXI, pag. 448.

druckerei vorgeschlagen. Zu diesem Zwecke löst man das gelbe Uranoxyd in kohlensaurem Ammonium, doppeltkohlensaurem Natrium oder Kalium auf und übersättigt es mit Essigsäure. Beim Erwärmen wird sämmtliches Oxyd gefällt und auf dem Gewebe befestigt. Dieses Beizmittel giebt mit Kuba und Kreuzbeeren ziemlich ächte hellrothe oder kastanienbraune, mit Wau und Querzitronrinde gelbe oder braune, mit Galläpfeln braune Farben.

Urangelb, Uranoxydnatron [1]).

Das Urangelb ist entweder Uranoxydnatron (uransaures Natrium) mit 10 Prozent Wasser, wie das in Joachimsthal dargestellte, oder Uranoxydkali (uransaures Kalium). Es wird auf der Silberhütte zu Joachimsthal nach dem von Patera eingeführten Verfahren gewonnen [2]).

Das Uranpecherz (Uranoxydoxydul) wird möglichst fein gepulvert und durchgesiebt, was einen Verlust von 2,s Prozent verursacht. Das Pulver wird mit 14 Prozent gelöschtem Kalk oder auch fein gepochtem Kalkstein vermischt und in einem Flammenofen bis zur dunklen Rothglut erhitzt. Die erhaltene braune Masse wird in hölzernen Bottigen mit wenig Wasser übergossen und konzentrirte Schwefelsäure zugesetzt; zweckmässig ist es, etwas Salpetersäure hinzuzufügen. Auf einen halben Zentner Erz, welcher im Durchschnitt 45 Prozent Uranoxydoxydul enthält, nimmt man 22 Pfund konzentrirte Schwefelsäure und benutzt die dabei frei werdende Wärme zur Auflösung. Nach längerem Umrühren überlässt man die Masse der Ruhe und zieht nach dem Absetzen die Flüssigkeit ab, welche eine schöne grüne Farbe besitzt; alsdann übersättigt man die Lösung mit Soda, wobei sich anfänglich das Uranoxyd mit den andern Oxyden niederschlägt, in dem Ueberschuss desselben sich aber auflöst, während die übrigen Oxyde zurückbleiben. Die goldgelbe Lösung von kohlensaurem Uran-Natrium wird mit Schwefelsäure neutralisirt und in einem kupfernen Kessel zum Kochen erhitzt; das Urangelb scheidet sich alsdann als ein schwerer

---

[1]) Dingler's polyt. Journal, Bd. XL, pag. 152 und Bd. CLXXXI, pag. 448.

[2]) Dingler's polyt. Journal, Bd. CXXXII, pag. 39 und Bd. CLV, pag. 305; Sitzungsberichte der kaiserl. königl. Akademie der Wissenschaften in Wien, Bd. XI, pag. 452.

gelber Niederschlag ab, welcher in leinenen Spitzbeuteln abfiltrirt, ausgewaschen, getrocknet und dann zerrieben wird.

Lifochy hat diese Methode in folgender Weise abgeändert: Das gepulverte Mineral wird in einem Flammenofen geröstet, um Schwefel und Arsenik zu verflüchtigen; das Pulver wird dann mit kohlensaurem Natrium und etwas Natronsalpeter calcinirt, wobei sich lösliches vanadinsaures, molybdänsaures, wolframsaures und arsensaures Natrium bilden, während das Uran mit den übrigen Oxyden unlöslich zurückbleibt. Man behandelt die Masse mit Schwefelsäure und etwas Salpetersäure und fällt mit kohlensaurem Natrium im Ueberschuß. Das Uran bleibt in Lösung (als kohlensaures Uran-Natrium), und man erhält das Urangelb durch Sättigung der Flüssigkeit mit kaustischer Natronlauge.

Bei allen diesen Operationen kann statt Soda auch kohlensaures Kalium angewendet werden.

Das Urangelb wird zum Färben von Glasflüssen und in der Porzellanmalerei gebraucht.

Neapelgelb, antimonsaures Blei[1].
$Pb Sb_2 O_4$

Das Neapelgelb ist eine brillante, schöne und ächte Farbe. Es wird nach verschiedenen Vorschriften dargestellt.

1) Man erhitzt drei Stunden lang ein Gemisch von 6 Theilen Bleiweiß, 1 Theil Antimonium diaphoreticum ablutum (unlösliches antimonsaures Kalium) ½ Theil Salmiak und ½ Theil Alaun in einem Tiegel bis zur Rothgluth. Noch schöner fällt die Farbe aus, wenn man die Quantität des Antimonsalzes und des Salmiaks verdoppelt; statt kohlensaures Blei kann man auch Bleiglätte nehmen.

2) Brunner'sches Verfahren. Eine innige Mischung von 1 Theil Brechweinstein, 2 Theilen salpetersaurem Blei (frei von Kupfer und Eisen) und 4 Theilen getrocknetem Kochsalz wird zwei Stunden lang in einem hessischen Tiegel bis zur mäßigen Rothgluth erhitzt, so daß die Masse zuletzt in Fluß geräth. Nach dem Erkalten findet man zwei Schichten, deren obere aus Kochsalz besteht, während die untere das Neapelgelb enthält; diese wird gepulvert und mit Wasser ausgewaschen, um das noch vorhandene Chlornatrium fortzu-

---
[1] Dingler's polyt. Journal, Bd. XXVIII, pag. 224, Bd. XLVI, pag. 435; Bd. LXIII, pag. 379; s. a. Journal f. prakt. Chemie Bd. XXVII, pag. 191.

schaffen. Die Farbe ist stets schön; wird gelinde Hitze angewendet, so fällt sie mehr ins Orange, während bei Anwendung höherer Temperatur sie mehr zum Schwefelgelb neigt.

Die Farbe kann nicht mit dem Chromgelb rivalisiren; allein man gebraucht sie wegen ihrer Aechtheit sowol in der Oelmalerei als auch in der Steingut- und Porzellanmalerei. Sie scheint zuerst in Italien verfertigt worden zu sein, wenigstens bezog man sie längere Zeit dorther unter dem Namen Giallolino. Wegen des schönen Farbentons verkauft man das antimonsaure Blei in Paris unter dem Namen Jaune brillant. Es kommt jedoch unter diesem Namen auch ein Gemisch aus Kremserweiß und Kadmiumgelb in den Handel.

Mineralgelb. Turner's Patentgelb. Kasseler Gelb. Baßsches Chlorblei. Bleiorychlorür[1]).

$$Pb Cl_2 + 7 PbO$$

Das Mineralgelb findet in der Malerei Verwendung; es hat blättrigen, krystallinischen Bruch und eine schöne goldgelbe Farbe. In Kalilauge ist es löslich. Salpetersäure entzieht ihm das Oxyd und verwandelt es in Chlorblei. Die Bereitungsweisen sind folgende:

1) Man schmilzt ein Gemenge von zehn Theilen reinem Bleioxyd oder Mennige mit einem Theile Salmiak; hierbei bildet sich Chlorblei, welches sich mit einem Theile des Oxyds verbindet, Stickstoff entweicht und ein Theil der Bleiglätte wird durch den Wasserstoff in metallisches Blei reduzirt.

2) Turner digerirt Massikot mit der Auflösung von einem halben Theile Kochsalz; das Gemenge schwillt auf und verwandelt sich in ein weißes Pulver, indem ein basisches Chlorblei und Aetznatron entsteht, welches bald in kohlensaures Natrium übergeht. Die belantirte Masse wird nach dem Auswaschen getrocknet und geglüht oder geschmolzen, um sie zu entwässern und die gelbe Farbe hervorzurufen.

Außer diesem existiren noch verschiedene andere basische Bleichloride, welche weniger Bleioxyd enthalten und ganz schwach gelb oder sogar farblos sind. Sie entsprechen den Formeln:

$$PbCl_2 + PbO; \quad PbCl_2 + 2PbO; \quad PbCl_2 + 3PbO.$$

---

[1]) Gentele, Lehrbuch der Farbenfabrikation, pag. 181.

Antimongelb.

Diese schöne ächte gelbe Farbe, welche in der Oelmalerei Verwendung findet, besteht aus einer innigen Mischung von antimonsaurem Blei und den Oxychloriden von Blei und Bismuth.

Zu seiner Herstellung schmilzt man 30 Theile Bismuth, 240 Theile Schwefelantimon und 640 Theile Kalisalpeter so lange, als sich noch rothe Dämpfe entwickeln. Die Schmelze wird mit Wasser ausgelaugt; der Rückstand besteht aus antimonsaurem Bismuth. 1 Theil von diesem wird mit 8 Theilen Salmiak und 128 Theilen Bleiglätte verrieben. Nach dem Schmelzen gießt man die Masse auf eine Eisenplatte.

Farben aus chromsäurehaltigen Verbindungen.

Die freie Chromsäure (CrO_3) kann nicht als Färbemittel benutzt werden, obwol sie eine schöne fast carmoisinrothe Farbe besitzt. Sie ist im Wasser sehr leicht löslich und ein so energisches Orydationsmittel, daß die bloße Berührung mit organischen Substanzen schon hinreicht, um sie zu Chromoryd zu reduziren. Sie bildet indessen mit der Mehrzahl der Metalle unlösliche gefärbte Salze, die in ihrer Farbe vom hellgelb zum Orangegelb, Orange und selbst bis zum Zinnoberroth variiren. Einige von diesen werden mit Vortheil in der Malerei, beim Zeugdruck und bei der Fabrikation von bunten Papieren verwendet.

Wenn man in eine kalt gesättigte Lösung von doppeltchromsaurem Kalium anderthalb Raumtheile konzentrirte Schwefelsäure gießt, so scheiden sich nach dem Erkalten lange schöne Nadeln von Chromsäure aus. Man läßt dieselben auf einem mit Asbest verstopften Trichter abtropfen und bringt sie dann, mit einer Glocke bedeckt, auf poröse gebrannte Thonplatten oder Ziegelsteine, bis sie ziemlich trocken erscheinen. Da ihnen noch etwas Schwefelsäure anhängt, so krystallisirt man sie noch einmal aus kochendem Wasser um und erhält sie alsdann in sehr voluminösen zinnoberrothen, fein wolligen Krystallnadeln. Die Chromsäure wird nur wegen ihrer orydirenden Eigenschaften verwendet, und zu diesem Zweck genügt es, sich mehr oder minder konzentrirte Lösungen davon darzustellen.

Schrötter digerirt einen Theil feingepulvertes chromsaures Blei mit zwei Theilen konzentrirter Schwefelsäure bei gewöhnlicher Temperatur 12 bis 24 Stunden lang oder bei höherer Temperatur kürzere

Zeit, fügt Wasser hinzu, wodurch sich das schwefelsaure Blei ausscheidet, und verdampft die dekantirte Flüssigkeit, bis ein beginnendes Stoßen die Abscheidung der Chromsäure anzeigt (1,85 spec. Gew.); beim Erkalten scheidet sich dann sämmtliche Säure aus.

Zersetzt man chromsaures Barium durch eine genau äquivalente Menge Schwefelsäure, so erhält man unmittelbar eine Lösung von reiner Chromsäure, welche man nur bis zur erforderlichen Konzentration abzudampfen braucht [1]).

Die freie Chromsäure wird in den Laboratorien als ein sehr energisches Oxydationsmittel gebraucht, das fähig ist, sehr interessante Reaktionen einzuleiten; einige von diesen sind auch in der Praxis zur Verwendung gelangt. So benutzt man die Chromsäure bei den Culevagen auf Küpenblau, bei der Fabrikation des Aldehyds, bei der Darstellung von Anilingrün u. s. w.

Hinsichtlich der Konstitution nähert sie sich der Schwefelsäure; wie diese bildet sie neutrale Salze R_2CrO_4, entsprechend den Salzen R_2SO_4, und saure Salze R_2CrO_4, CrO_3, entsprechend den wasserfreien sauren schwefelsauren Salzen R_2SO_4, SO_3.

Die Chromsäuresalze sind alle gelb oder roth gefärbt. Sie sind leicht kenntlich an ihrem Verhalten gegen reduzirende Agentien, wie schweflige Säure, eine Mischung von Alkohol und Salzsäure, Salzsäure allein beim Kochen und Schwefelwasserstoff. Es bildet sich alsdann grünes Chromoxyd, während die ursprünglich mit der Chromsäure verbundene Base sich neben dem Chromoxyd in der Lösung befindet. Die Salze der Chromsäure sind unlöslich, mit Ausnahme der der Alkalimetalle, des Calciums und des Strontiums.

Um den Gehalt der im Handel vorkommenden Sorten zu bestimmen, kocht man ein bestimmtes Gewicht der Chromsäureverbindung mit einem Ueberschuß von Chlorwasserstoffsäure und bestimmt nach einer der bekannten Methoden das nach der folgenden Gleichung dabei frei gewordene Chlor:

$$2CrO_3 + 12HCl = (\overset{VI}{Cr_2})Cl_6 + 6Cl + 6H_2O.$$

Das chromreichste Mineral, welches allein technisch ausgebeutet

---

[1]) Unverdorben, Poggend. Annal., Bd. VIII, pag. 318. — Maus, Bd. XI, pag. 33. — Fritsche, Dingler's polyt. Journal, Bd. LXXVI, pag. 290; Bd. LXXVII, pag. 467. — Böttger, Ann. d. Chem. u. Pharm., Bd. XLVII, pag. 338. — Barreswil, Poggend. Ann., Bd. LIX, pag. 621. — Schrötter, Bd. LIX, pag. 616.

wird, gehört zu den spinellartigen Mineralien und ist eine dem Magneteisen analoge Verbindung:

$$Fe_2O_4 = \begin{Bmatrix} (\overset{VI}{Fe_2}) \\ \overset{II}{Fe} \end{Bmatrix} O_4$$

in welchem das sechswerthige Eisen ($\overset{VI}{Fe_2}$) (Ferricum) durch das sechswerthige ($\overset{VI}{Cr_2}$) ersetzt ist. Die Zusammensetzung dieses Minerals, welches unter dem Namen Chromeisenstein bekannt ist, wird also durch die Formel ausgedrückt:

$$\begin{Bmatrix} (\overset{VI}{Cr_2}) \\ \overset{II}{Fe} \end{Bmatrix} O_4$$

wobei jedoch ein Theil des Eisens durch Magnesium und das Chrom durch Aluminium ersetzt sein kann. Es findet sich in der Natur meist in Körnern und derben Massen bisweilen in regelmäßigen Oktaedern — also isomorph mit dem Magneteisen — im Serpentin, im jüngern Porphyr und im Grauwackengebirge, mit Talk; in Schlesien bei Baumgarten, Frankenstein, Silberberg, in Steiermark bei Krieglach; in Frankreich im Serpentin von Frejus, Departement Var, in Norwegen zu Roeraas, in den Barefills bei Baltimore (krystallisirt), in Sibirien u. s. w.[1]).

Die Analyse von Chromeisenstein von verschiedenen Fundorten ergab folgende Resultate:

	Baltimore				Pennsylvanien	Roeraas krystallisirt	Krieglach
	krystallisirt	derb	krystallisirt	derb	derb		derb
	Abich		Berthier		Seybert	Saugler	Klaproth
Chromoxyd	60,04	54,92	51,60	39,51	51,56	54,08	55,50
Thonerde	11,77	13,23	10,00	13,00	9,72	9,02	6,00
Eisenoxydul	20,13	18,97	35,00	36,00	35,14	25,66	33,00
Manganoxydul	—	—	—	—	Spur	—	—
Magnesia	7,52	9,69	—	—	—	5,36	—
Kieselsäure	0,36	0,83	3,00	10,60	2,90	4,83	2,00
Wasser	—	—	—	—	—	—	2,00
	99,82	97,64	99,60	99,11	99,32	98,95	98,50

[1]) Quenstedt, Mineralogie, pag. 612. — Dingler's polyt. Journal, Bd. XXVII, pag. 44. — Hofmann, Reports by the Juries, 1863, pag. 73. — Jacquelain, Bulletins de la société pour l'industrie nationale, 1851, pag. 585. — Comptes rendus de l'Académie des sciences, Bd. XXV.

Der Chromeisenstein ist unschmelzbar, ritzt Glas und besitzt mehr Fett- als Metallglanz; sein spezifisches Gewicht ist 4,0 bis 4,2.

Erhitzt man denselben unter oxydirenden Einflüssen mit einer starken Base, so verwandelt er sich in ein chromsaures Salz und in Eisenoxyd; ist die Base Kalium, Natrium oder Calcium, so läßt sich das gebildete Salz leicht durch einfaches Auslaugen mit Wasser von dem unlöslichen Eisenoxyd trennen. Auf diesen Erfahrungen beruhen alle Prozesse zur Darstellung von Chromsäuresalzen, welche sich nur durch die Natur der oxydirenden Körper und der der angewendeten Base unterscheiden. Früher erhitzte man eine innige Mischung von zwei Theilen fein gepulvertem Chromeisenstein und einem Theil Salpeter in Tiegeln oder in Töpfen bis zur lebhaften Rothgluth (Vauquelin); die erkaltete Masse wurde sofort durch Wasser ausgelaugt und die gelbe Flüssigkeit neutralisirt; durch Salpetersäure erhielt man Krystalle von doppeltchromsaurem Kalium. Diese kostspielige Methode hat man auf vortheilhafte Weise modifizirt. So hat man nach und nach den Salpeter durch kohlensaures Kalium ersetzt und vollführt die Oxydation durch die Einwirkung der Luft, indem man das Gemenge in zweckmäßig konstruirten Flammenöfen erhitzt. Die wichtigste Vervollkommnung in der Fabrikation besteht darin, daß man Kalk statt kohlensaures Kalium anwendet. Hierdurch erspart man nicht allein Alkali, sondern es schmilzt auch die Masse nicht mehr, und das Mineral hat demgemäß auch kein Bestreben, sich zu Boden zu setzen; ferner erschwerte die weiche teigige Beschaffenheit der geschmolzenen Masse bedeutend das Eindringen der Luft, weshalb hierbei ein äußerst mühsames Umrühren erforderlich war. Stromeyer in England und Jacquelain in Frankreich haben sich mit dieser Frage beschäftigt[1]). Das ursprüngliche Verfahren Jacquelain's bestand darin, daß er 100 Theile fein gemahlenen und geschlämmten Chromeisenstein mit 90 Theilen Kalkstein (oder 50 Theilen gebranntem Kalk) in einer zwei Zoll hohen Schicht zehn Stunden lang in einem Flammenofen unter öfterem Umrühren bis zur Rothgluth erhitzte; dann rührte er die Schmelze mit warmem Wasser an und fällte die eine Hälfte des Kalks durch Schwefelsäure, die andere durch kohlensaures

---

[1]) Journal f. prakt. Chemie, Bd. LXIII, pag. 202. — Dingler's polyt. Journal, Bd. CVI, pag. 405; Bd. CVII, pag. 134. — Bulletins de la société d'encouragement, 1847, pag. 689 u. 1851, pag. 585. — Hofmann, Report by the juries, 1863, pag. 73.

Kalium. Späterhin ist Jacquelain dahin gelangt, die Dauer der Erhitzung auf die Hälfte zu reduziren, indem er ein gröber gepulvertes Mineral anwendete, das kohlensaure Kalium mit der Kreide vermengte und das Rösten in Retorten vornahm, durch welche er einen Luftstrom hindurchleitete. — Das Mineral wird zur Rothgluth erhitzt und in Wasser abgeschreckt, wodurch es leichter zerreiblich wird; hierauf wird es gepocht, mit Wasser zwischen Mühlsteinen zerrieben und mit kohlensaurem Kalium vermischt; zu dieser Mischung fügt man Kreide und erhitzt bis auf 500°. Die getrocknete Masse wird in vertikale irdene Retorten gefüllt, an welchen sich ein eiserner, mit Oeffnungen für den Luftzutritt versehener Helm befindet, und deren oberer Theil mit einem Schornstein in Verbindung steht. Das bei dieser Calcination entstehende Produkt wird gepulvert und systematisch mit Wasser ausgelaugt; um die Lösung des chromsauren Kaliums von Kalk zu befreien, fügt man noch etwas Pottasche hinzu und sättigt schließlich die Hälfte des Kaliums mit Schwefelsäure, um das neutrale Salz in das saure zu verwandeln.

Booth in Philadelphia reduzirt das Eisen zu Metall, indem er das Mineral mit Kohle erhitzt. Das reduzirte Eisen wird mit verdünnter Schwefelsäure aufgelöst, wodurch man verkäuflichen Eisenvitriol erhält, und der Rückstand schließlich mit einer Mischung von Kalk und kohlensaurem Kalium unter Darüberleitung eines Luftstromes geglüht. Es ergiebt sich hieraus, daß die Umwandlung in chromsaures Kalium schneller vor sich gehen muß, da der Sauerstoff auf das Chromoxyd allein einwirkt.

Tilghmann macht aus einem Theile Chromeisenstein mit zwei Theilen Kalk und Wasser einen Teig, formt daraus kleine Backsteine und erhitzt dieselben mit Chlorkalium oder Chlornatrium in vertikal stehenden colindrischen Retorten zum starken Rothglühen oder Weißglühen, indem ein Strom von Luft und stark erhitzten Wasserdämpfen darüber geleitet wird. Die Zersetzung geschieht nach folgender Gleichung:

$$Cr_2O_3 + 4KCl + 2H_2O + 3O = 2(K_2CrO_4) + 4HCl.$$

Man kann zur Darstellung von Chromsalzen auch Feldspath mit Kalk und Chromeisenstein in einem Flammenofen erhitzen; indessen dürfte dieses Verfahren wegen der großen Menge von Thon- und Kieselerde, welche dabei in die Masse kommt, nicht vortheilhaft sein.

Doppeltchromsaures Kalium.
K_2CrO_4, CrO_3

Dieses Salz ist die wichtigste Chromverbindung, vermittelst welcher man fast alle andern erhält. Von der Darstellung desselben ist oben ausführlich die Rede gewesen. Es krystallisirt in ausgezeichnet schönen rothen Säulen oder Tafeln des eingliedrigen Krystallsystems; 1 Theil des Salzes löst sich in 10 Theilen kaltem Wasser von 18,7° auf; in kochendem Wasser ist es weit löslicher, weshalb es aus einer heißen Lösung krystallisirt. In Alkohol ist es unlöslich. Es schmilzt unterhalb der Rothglühhitze und erstarrt dann zu einer krystallinischen Masse.

Befeuchtet man Baumwolle mit einer Auflösung von doppeltchromsaurem Kalium, so verändert es sich nicht, so lange es im Dunkeln bleibt; unter dem Einfluß des Sonnenlichtes jedoch wirkt die organische Faser auf die Chromsäure ein und reduzirt dieselbe zu braunem Chromoxyd Cr_2O_3. Man kann diese Erscheinung zur Herstellung photographischer Bilder auf Geweben benutzen. Hierzu genügt es, das Gewebe mit dem Bichromat zu sensibilisiren und dasselbe unter einem Negativ dem Lichte auszusetzen; das so befestigte Chromoxyd kann seinerseits als Beize für Farbflotten dienen, beispielsweise bei Krapp.

Diese Eigenthümlichkeit des sauren chromsauren Kaliums hat H. Vogel[1]) zur Konstruktion eines Photometers benutzt, welches namentlich zur Herstellung der sogenannten Pigment- oder Kohlebilder von Wichtigkeit ist. Dies Instrument besteht im Wesentlichen aus einer **halbdurchsichtigen Papierskala**, deren Durchsichtigkeit von einem Ende zum andern gradweise abnimmt, und aus einem **lichtempfindlichen Chromatpapier** (durch Eintauchen von photographischem Rohpapier in eine Auflösung von einem Theil saurem chromsauren Kalium in 10 Theilen Wasser), welches in ähnlicher Weise, wie das Silberpapier unter dem Negativ, unter der halbdurchsichtigen Skala belichtet wird.

Bei der Exposition scheint das Licht durch die halbdurchsichtige Skala hindurch und bräunt den darunterliegenden Streifen. Diese

---

[1]) Berichte der deutschen chemischen Gesellschaft zu Berlin, Erster Jahrgang (1868), März, pag. 62.

Färbung schreitet von dem dünnen nach dem dicken Ende der Skala fort, und zwar um so rascher, je stärker das Licht ist. Um zu erkennen, wie weit die Lichtwirkung nach dem dicken Ende fortgeschritten ist, sind auf die Skala schwarze Zahlen und Zeichen aufgedruckt; diese lassen das Licht nicht durch und erscheinen deshalb weiß auf braunem Grunde.

Die hauptsächlichste Verwendung findet das doppeltchromsaure Kalium bei der Fabrikation von Chromgelb und Chromorange (unlösliche chromsaure Salze, welche man durch doppelte Zersetzung erhält); ferner als gelbe Entwage für Türkischroth (Koechlin-Schouch); zum topischen Ausbeizen des Indigos in der Zeugdruckerei, zum Färben und Bedrucken von Geweben in Chromgelb und Chromorange; als oxydirendes Mittel zur Entwicklung und Erhöhung der Nuance gelber und rother Pigmente, so bei Catechubraun, Schwarz aus Blauholz; zur Oxydation des Dampfblaus, zum Bleichen des Palmöls und anderer fetten Körper, zur Entfärbung der Essigsäure; zur Darstellung von Guignet'schem Grün, von Anilinviolet und Aldehyd.

Neutrales chromsaures Kalium.

$K_2 Cr O_4$

Dieses Salz krystallisirt wasserfrei in langen rhombischen, zweigliedrigen Krystallen, welche mit dem neutralen schwefelsauren Kalium isomorph sind. Es ist weit löslicher als das doppeltchromsaure Kalium. 100 Theile Wasser von 15° lösen 48¼ Theile; beim Kochen löst es sich in 1⅓ Theilen Wasser. In Alkohol ist es unlöslich. Es besitzt eine so ausnehmend starke färbende Kraft, daß ein Theil 40000 Theile Wasser merklich gelb färbt.

Beim Erwärmen nimmt es, ohne sich zu zersetzen, eine orangerothe Farbe an, welche jedoch beim Erkalten wieder in Gelb übergeht; es besitzt einen unangenehmen bittern Geschmack und alkalische Reaktion und ist ebenso giftig wie das Bichromat.

Man bereitet es entweder durch Sättigen einer Auflösung von doppeltchromsaurem Kalium und Eindampfen der Lösung bis zur Krystallisation, oder indem man die Flüssigkeit verdunstet, welche man beim Auslaugen der durch die Verarbeitung des Chromeisensteins erhaltenen Schmelze gewinnt. Das Handelsprodukt enthält oft beträchtliche Mengen von schwefelsaurem Kalium.

Chromsaures Kalium-Ammonium.
$$(K, NH_4) CrO_4$$

Johnson[1]) hat ein Doppelsalz von chromsaurem Kalium und Ammonium dargestellt, indem er eine warm gesättigte Lösung von doppelt chromsaurem Kalium mit Ammoniak neutralisirte; aus dieser Lösung erhielt er beim langsamen Verdunsten Krystalle des Doppelsalzes. Kopp[2]) bereitet dasselbe Salz, indem er einen Ueberschuss von kaustischem Ammoniak zu reinem doppeltchromsauren Kalium setzt und die Mischung im Wasserbade bis zur völligen Auflösung erhitzt. Beim Erkalten scheidet sich das reine Doppelsalz in Krystallen aus. Es bildet dünne durchsichtige Nadeln von gelber Farbe, die an der Luft rothgelb werden.

Seine interessanteste Eigenschaft ist die Leichtigkeit, mit welcher es sich, unter Entweichen von Ammoniak, zersetzt; letzteres erfolgt nicht nur durch Erwärmen, sondern sogar schon durch blosse Berührung mit der Luft; auch seine Lösungen verwandeln sich beim Kochen in Lösungen von doppeltchromsaurem Kalium. Hieraus ergiebt sich, dass seine oxydirenden Eigenschaften, so lange das Salz neutral bleibt, nur gering sind, dass dieselben aber in dem Maße, als sich das Ammoniak verflüchtigt, immer schärfer hervortreten. Das Doppelsalz eignet sich in Folge dessen besser als das doppeltchromsaure Kalium zum Sensibilisiren von Papier und Geweben.

Die Oxydationsstufe des Chroms CrO_2, welche nach der Belichtung zurückbleibt, kann man als chromsaures Chromoxyd betrachten. Es ist ein fortgesetztes Waschen mit alkalischem Wasser erforderlich, um ihm alle Chromsäure zu entziehen, so dass ein Rückstand von Chromsesquioxyd zurückbleibt. Wenn man hingegen das bedruckte Papier oder Gewebe in eine Lösung von salpetersaurem Quecksilber oder von einem Bleisalz bringt, so bekingt man hierdurch die Bildung einer unlöslichen Chromsäureverbindung, welche die ursprüngliche Färbung modifizirt.

Unlösliche Chromsäureverbindungen, welche als Farbstoffe verwendet werden.

Unter diesen Verbindungen, welche alle durch doppelte Zersetzung hergestellt werden, sind das basische und das neutrale chromsaure Blei

[1]) Journal für prakt. Chemie, Bd. LXII, pag. 261.
[2]) Wagner, Jahresberichte, 1864, pag. 283.

die wichtigsten. Sie haben für uns ein besonderes Interesse, weil man sie direkt auf dem Gewebe bilden kann, um orange und gelbe Farben zu erhalten.

Neutrales chromsaures Blei. Chromgelb.

$$\overset{\text{II}}{\text{Pb}}\text{CrO}_4$$

Das neutrale chromsaure Blei kommt in der Natur vor unter dem Namen Rothbleierz (Kallochrom) in schiefen rhombischen Säulen des zwei- und eingliedrigen Krystallsystems von prachtvoll morgenrother Farbe, das Pulver ist orangeroth. Es besitzt Demantglanz und ein spezifisches Gewicht von 6,1. Es findet sich auf Gängen mit Brauneisenstein, Eisenkies, Bleiglanz, Gold zu Beresowsl bei Ekatharinenburg in Sibirien. Auch Brasilien, wo es im Sandstein mit Bleierde vorkommt, ist ziemlich reich an diesem Mineral[1]).

Das neutrale chromsaure Blei, welches man durch Fällen eines löslichen Bleisalzes (salpetersaures, essigsaures Blei) und einer Lösung von neutralem oder saurem chromsauren Kalium erhält, ist ein gelbes Pulver, das Chromgelb. Bei Rothglühhitze schmilzt es; über den Schmelzpunkt hinaus erhitzt, verwandelt es sich unter Abgabe von 4 Prozent Sauerstoffgas in ein Gemisch von basisch chromsaurem Blei und Chromoxyd.

Kali- und Natronlauge lösen es leicht auf.

Darstellung. — Das Chromgelb läßt sich leicht durch doppelte Zersetzung darstellen. Mit kalten Lösungen ist der Niederschlag heller, weil er Wasser enthält.

Liebig[2]) schlägt vor, schwefelsaures Blei, welches auf nassem Wege dargestellt und nicht getrocknet ist, mit neutralem chromsauren Kalium in der Kälte zu digeriren. Diese Methode ist sehr vortheilhaft, weil man dabei die Rückstände von der Herstellung der Beizen verwenden kann; aber sie liefert ein Präparat von geringerer Güte.

Nach Kuhlmann kann bei dem Liebig'schen Verfahren das

---

[1]) Quenstedt, Mineralogie, pag. 495. — Schubarth, Technologie, Bd. II, pag. 429. — Dufrénoy, Traité de minéralogie, Bd. III, pag. 35.
[2]) Erdmann's Journal für prakt. u. ökonomische Chemie, Bd. X, pag. 169. — Hanzov, Dingler's polyt. Journal, Bd. CLXIX, pag. 156. Polyt. Centralblatt, 1863, pag. 1149.

schwefelsaure Blei durch Bleiweiß erseßt werden[1]). Winterfeld[2]) verfährt fast ebenso, um ein Hellgelb von großer Intensität zu erhalten, welches nur leicht ist, einen gleichmäßigen Bruch hat und auch beim Anrühren mit Waſſer nicht roth wirk.

Zu dieſem Zwecke fällt man eine Löſung von 33 Theilen eſſigſaurem Blei in 100 Theilen reinem kalten Waſſer mit einer Löſung von 22 Theilen kohlenſaurem Natrium in 60 Theilen Waſſer. Nach dem Abſetzen des kohlenſauren Bleis zieht man die Flüſſigkeit ab und gießt auf den Niederſchlag eine Löſung von 17¼ Theilen neutralem chromſauren Kalium in 50 Theilen Waſſer, rührt häufig um und wäſcht es mit Waſſer tüchtig aus. Nach dem Filtriren wird es ausgepreßt und getrocknet.

Nach Habich[3]) iſt es zur Hervorbringung eines ſchönen Gelbs von beſtimmter Farbe beſſer, die Salze in Löſung anzuwenden. Er bedient ſich vier terraſſenförmig übereinander geſtellter kleiner Bottige, welche mit granulirtem Blei angefüllt ſind. Man gießt in das erſte Gefäß ſtarken Eſſig, den man darauf in das zweite fließen läßt, und ſo fort. Das auf dieſe Weiſe mit Säure befeuchtete Blei läßt man ſich erhißen und befeuchtet es von neuem mit derſelben Eſſigſäure. Wenn man dieſe Operation oft genug wiederholt, ſo erhält man ſchließlich eine Löſung von baſiſch eſſigſaurem Blei, welche noch mit Eſſigſäure neutraliſirt werden muß.

Andrerſeits löſt man 25 Kilogramm ſaures chromſaures Kalium im 10 fachen Gewicht warmen Waſſer auf und verdünnt bis auf 500 Liter. Bevor man jedoch die Fällung vornimmt, muß man durch einen Verſuch das Volumen der bleihaltigen Flüſſigkeit beſtimmen, welches nothwendig iſt, um ein Volumen des doppeltchromſauren Kaliums vollſtändig zu fällen.

Dullo[4]) giebt an, daß das auf dieſe Weiſe bereitete Chromgelb mit der Zeit baſiſch werde und ſeinen Farbenton verändere. Dieſer Fall tritt ſtets ein, wenn man eſſigſaures Blei anwendet. Die Gründe hierfür ſind noch nicht aufgeklärt. Eine derartige Veränderung iſt indeſſen nicht zu befürchten, wenn man ſalpeterſaures Blei nimmt

---

[1]) Kuhlmann, Ann. d. Pharm., Bd. XLI, pag. 228.
[2]) Dingler's polyt. Journal, Bd. LXXXVI, pag. 458.
[3]) Ebend., Bd. CXI., pag. 122.
[4]) Polyt. Centralblatt, 1865, pag. 683. Deutſche Induſtriezeitung, 1865, pag. 108.

und dessen Lösung zu der Lösung des chromsauren Kaliums unter Beobachtung der Vorsicht hinzugießt, daß ein kleiner Theil desselben noch unzersetzt bleibt.

Basisch chromsaures Blei.

Die Farbe der basisch chromsauren Bleisalze ist nicht mehr citronengelb, wie die des vorhergehenden Salzes, sondern geht vom Orangegelb ins Orange, Orangeroth und selbst ins Roth über.

Unter dem Namen **Melanochroit** beschreibt **Hermann**[1]) ein Mineral in fächerförmig rechtwinkligen Tafeln mit metallischem und Diamantglanz, kirschrother, fast cochenillerother Farbe und ziegelrothem Strich. Es findet sich mit Rothbleierz in kleinen derben Partien auf Bleiglanz bei Beresowsk. Seine Zusammensetzung entspricht der einer Verbindung von neutralem und basischem chromsauren Salz:

$$2(CrO_4 \overset{..}{Pb}) PbO.$$

Das rothe oder basische chromsaure Blei $(PbCrO_4) PbO$ erhält man, indem man entweder dem neutralen Salze Chromsäure entzieht, und zwar geschieht dies entweder durch ein Alkali oder durch neutrales chromsaures Kalium, welches sich dabei in Bichromat verwandelt, oder durch Hinzufügung von Bleioxyd, indem man das neutrale Salz in der Hitze und bei Gegenwart von Wasser mit Bleihydroxyd oder kohlensaurem Blei in Berührung bringt.

Setzt man eine Lösung von Natriumbleihydroxyd mit chromsaurem Kalium vermischt der Einwirkung der Kohlensäure aus, so fällt das basisch chromsaure Blei in dem Maße nieder, als das Natriumhydroxyd Kohlensäure absorbirt.

Nach dem Verfahren von **Liebig** und **Wöhler**[2]) erhält man ein basisches Salz von sehr schön zinnoberrother Farbe, welches in Nadeln krystallisirt, das **Chromroth**, indem man in schmelzenden Salpeter allmälig neutrales chromsaures Blei einträgt, wobei sich rothe Dämpfe entwickeln; man entfernt den Tiegel aus dem Feuer, gießt die geschmolzene Masse von dem Bodensatze ab und laugt durch sorgfältiges Auswaschen möglichst schnell alle löslichen Salze aus.

---

[1]) Poggend. Annal. d. Physik u. Chemie, Bd. XXVIII, pag. 162.
[2]) Poggend. Ann., Bd. XXI, pag. 550.

In der Praxis kann man sich rothe und orange Chromfarben von verschiedenen Farbtönen herstellen, indem man eine Lösung von essigsaurem Blei durch chromsaures Kalium fällt, welches man nach der verlangten Nüance mit mehr oder weniger kaustischer Natron- oder Kalilauge versetzt hat. Je größer oder geringer die Menge des zurückbleibenden neutralen chromsauren Salzes ist, um so mehr oder weniger gelb wird die Farbe ausfallen.

Im Handel verkauft man innige Mischungen von chromsaurem und schwefelsaurem Blei. Die eine von diesen enthält gleiche Aequivalente beider Salze und wird durch Fällung von essigsaurem Blei mit einer Lösung von einem Aequivalent chromsaurem Kalium und einem Aequivalent Schwefelsäure dargestellt. Es ist eine leichte Farbe von einem schönen hellen Citronengelb, welche hauptsächlich mit Schwerspath oder Gips vermischt zur Verwendung kommt und sehr starke Deckkraft besitzt.

Ein anderes Präparat besteht aus einem Aequivalent chromsaurem Blei und zwei Aequivalenten schwefelsaurem Blei und wird wie das erste dargestellt, nur mit dem Unterschiede, daß die Menge der Schwefelsäure verdoppelt werden muß; diese Farbe ist schön schwefelgelb. Man verwendet sie mit Berliner Blau zu grünen Farben (grüner Zinnober). Es ist ersichtlich, daß man durch Verändern der Menge des schwefelsauren Bleis mit Leichtigkeit die verschiedensten dazwischen liegenden Farbtöne erzeugen kann.

Das Kölner Gelb[1]) ist eine innige Mischung von 60 Theilen Gips, 25 Theilen chromsaurem Blei und 15 Theilen schwefelsaurem Blei. Man suspendirt zu seiner Darstellung den Gips in einer Lösung von chromsaurem Kalium und fällt dieselbe durch essigsaures Blei. Es besitzt eine schön gelbe Farbe und dient als Malerfarbe und zum Bedrucken von Papier.

Chromgelb und Chromorange können auch mehr oder weniger mit fremden weißen oder gelben Farbstoffen verfälscht werden, worüber eine Mineralanalyse leicht Aufschluß ertheilen kann. Hinsichtlich der quantitativen Untersuchung ist die Bestimmung der Chromsäure nach dem oben angegebenen Verfahren ausreichend, sofern sie nicht mit anderen chromsauren Salzen (chromsaurem Baryt oder Zink) vermischt ist. In letzterem Falle ist es besser, die Menge des Bleis direkt zu bestimmen.

---

[1]) Dingler's polyt. Journal, Bd. XI, pag. 119.

Anwendung des Chromgelbs und des Chromorange auf den Gespinnstfasern.

Die erste Anregung zur Verwendung des chromsauren Bleioxydes in der Zeugdruckerei und Färberei gab Lassaigne (1820)[1]). Dieser Gedanke war ein sehr glücklicher; denn noch heut zu Tage ist das Chromorange eines der wichtigsten Hilfsmittel des Kattundruckers.

Lassaigne[2]) tauchte Strähnen von entschälter Seide in eine schwache Lösung von basisch essigsaurem Blei, zog dieselben nach Verlauf einiger Zeit (1 bis 2 Stunden) wieder heraus, wusch sie danach mit Wasser gut aus und passirte sie durch eine verdünnte Lösung von neutralem chromsauren Kalium. Dasselbe Verfahren wird auf Baumwolle, Wolle und Leinen angewendet; hierbei ist es aber zweckmäßig, eine auf 55° bis 60° erhitzte Lösung von basisch essigsaurem Blei anzuwenden und das Salz darauf durch Seifenwasser zu zersetzen.

Berthier[3]) schlägt vor, in dem Lassaigne'schen Verfahren das basisch essigsaure Blei durch das neutrale Salz zu ersetzen oder den wenig angenehmen orangefarbenen Ton durch Eintauchen in Essigsäure zu verändern und in Citronengelb überzugehen zu lassen.

Wenn ein Gewebe einförmig chromgelb und orange gefärbt ist, so kann man zum topischen Ausbeizen der Farbe die Leichtlöslichkeit derselben in Alkalien benutzen; konzentrirte Salzsäure zerstört dieselbe ebenfalls. Ammoniak und Kalk verändern die gelbe Farbe in Orange, Essigsäure stellt die ursprüngliche Farbe wieder her. Dieses Verhalten kann man anwenden, um Chromgelb auf Stoffen nachzuweisen.

Beim Drucken von Chromgelb oder Chromorange verwendet man zuerst eine Farbe, welche mit Gummi[4]) oder einer Mischung von Stärke und gerösteter Stärke verdicktes salpetersaures und essigsaures Blei, seltener basisch essigsaures Blei enthält; im letzteren Falle darf man Gummi nicht anwenden, da dieses koagulirt werden würde. Nach

---

[1]) Dingler's polyt. Journal, Bd. III, pag. 352. — Annales de chimie et de physique [2], Bd. XV, pag. 76.

[2]) J. L. Lassaigne. De l'application du chromate de plomb sur soie, laine, lin et coton, in Annales de chimie et de physique, série 2, Bd. XV, pag. 76.

[3]) Berthier, Emploi du chromate de plomb pour teindre, in Annales de chimie et de physique, série 2, Bd. XVI, pag. 440, 1821.

[4]) 500 bis 700 Gramm Gummi im Liter, 168 Gramm salpetersaures und 336 Gramm essigsaures Blei.

dem Trocknen befestigt man das Bleioxyd durch eine Behandlung mit einer 80° C. warmen Lösung von schwefelsaurem Natrium von 9° B. oder mit kaltem Ammoniak (3 Liter kaustisches Ammoniak, 6 Liter Wasser) oder auch mit einer 67° C. warmen Lösung von kohlensaurem Natrium von 10° B. Man wäscht es aus und behandelt es 15 Minuten lang mit kaltem doppeltchromsauren Kalium, von dem 5 bis 20 Gramm im Liter Wasser gelöst sind. Der Grund ist immer gelblich gefärbt, allein es gelingt sehr leicht, denselben weiß zu machen, indem man den Stoff in warme Chlorwasserstoffsäure von 2° B. eintaucht.

Dieses Verfahren liefert ein Gelb, das nicht viel Verwendung findet. Um die Farbe in Orange zu verwandeln, genügt es, sie 2 Minuten lang in ein kochendes Bad einzutauchen, das auf 2600 Liter Wasser 20 Liter Kalkmilch (200 Gramm Kalk pro Liter) und 2 Kilogramm doppeltchromsaures Kalium enthält. Das Bad muß klar sein. Man kann sogar das Gelbfärben unterlassen und unmittelbar das mit Kalk gesättigte chromsaure Kalium gebrauchen. Bisweilen präparirt man auch das Gewebe vor dem Bedrucken durch Eintauchen in schwefelsaures Magnesium.

Das gelbe, orangefarbene und rothe chromsaure Blei werden oft als fertige Farben mit Albumin aufgedruckt und durch Dämpfen befestigt.

Das rothe basische chromsaure Blei, welches Gaulhier Bouchard unter dem Namen Persisches Roth in den Handel gebracht hat, wird jedenfalls noch vielfache Verwendung finden.

16. Zeugprobe: Chromorange.
17. Zeugprobe: Chromgelb.

Chromsaures Zink, Zinkgelb.

Dieses Salz gebraucht man oft an Stelle des chromsauren Bleis.

Ein sehr schönes Zinkgelb erhält man, wenn man zu einer kochenden Lösung von reinem schwefelsauren Zink neutrales chromsaures Kalium hinzufügt und mit kaltem Wasser auswäscht[1]). Leclaire und Barruel empfehlen folgendes Verfahren: 100 Kilogramm doppeltchromsaures Kalium werden in reinem Wasser in einem Gefäße von glasirtem Steingut aufgelöst und mit 95 Kilogramm Sodasalz neutralisirt. Gleichzeitig befreit man das im Handel vorkommende schwefel-

---

[1]) Dingler's polyt. Journal, Bd. CXV. pag. 75. — Gentele, Lehrbuch der Farbenfabrikation, pag. 198.

saure Zink von dem etwa darin enthaltenen Eisen und Kupfer durch eine Behandlung mit Chlor und Digestion mit Zinkoxyd. Die Flüssigkeit wird darauf sofort mit Ammoniak oder besser mit kohlensaurem Natrium vermischt, bis sich ein Niederschlag zu bilden anfängt. Man fällt 164,5 Kilogramm schwefelsaures Zink mit 100 Kilogramm saurem chromsauren Kalium, welches vorher neutralisirt ist, und rührt um. Die gelbe vom Niederschlag dekantirte Flüssigkeit wird auf ein Drittel eingedampft und giebt, mit 35 Kilogramm Seesalz gesättigt, noch einen neuen Niederschlag [1]).

Man erhält ein basisches Zinkoxyd, wenn man 100 Kilogramm saures chromsaures Kalium, 400 Kilogramm Wasser und 50 Kilogramm Zinkoxyd zum Kochen erhitzt; nach dem Erkalten und Absetzen wäscht man den Niederschlag aus und trocknet ihn. Die dekantirte und auf den dritten Theil eingedampfte Flüssigkeit wird durch schwefelsaures Zink gefällt und liefert einen hellcitronengelben Niederschlag. Barreswill schlägt vor, das chromsaure Zink auf den Geweben dadurch zu befestigen, dass man es in Ammoniak löst, aufdruckt und der Luft aussetzt. Durch die Verflüchtigung des Ammoniaks bleibt das Salz unlöslich und auf der Faser fixirt zurück [2]).

Chromsaures Barium.

Dieses ebenfalls unlösliche Salz besitzt eine gelbe Farbe und wird in der Malerei angewendet. Zu seiner Herstellung fällt man 100 Theile eisenfreies Chlorbarium mit 82 bis 84 Theilen chromsaurem Kalium-Natrium.

Steinbühler Gelb [3]).

Das Steinbühler Gelb ist ein leichtes Pulver von ziemlich schöner Farbe, welches in Chlorwasserstoffsäure löslich ist. In der Rothglühhitze verliert es nichts von seinem Gewicht. Es besteht aus einem Doppelsalz von chromsaurem Calcium und chromsaurem Kalium. An Wasser giebt es immer chromsaures Calcium ab; in Folge dieser theilweisen Löslichkeit ist seine Anwendung oft mit Nachtheil verknüpft.

---

[1]) Dingler's polytechn. Journal, Bd. CXXX, pag. 354.
[2]) Journal de pharmacie, 1850, pag. 354.
[3]) Dingler's polyt. Journal, Bd. CLIV, pag. 76. — Das ächte Steinbühler Gelb besteht nicht aus chromsaurem Calcium, sondern aus chromsaurem Barium. Vergl. Wagner's Jahresberichte der technischen Chemie, 1856, pag. 117.

Man kann das Steinbühler Gelb darstellen, indem man eine heiße gesättigte Lösung von Chlorcalcium zu doppeltchromsaurem Kalium hinzufügt.

Gold.

Das ächte oder falsche Gold kann in Pulverform oder als Blattgold auf Geweben oder Papier mit Eiweiß oder einem fetten und harzigen Mordant ebenso wie das Silber befestigt werden.

———

Von den gelben, orangefarbenen oder rothen Farben, die voraussichtlich früher oder später in Gebrauch kommen werden, wollen wir anführen:

Titanchlorid-Ammoniak: Rothbraunes Pulver (Graham-Otto, Lehrbuch der Chemie, Bd. II, Abthlg. III, pag. 378).

Wolframsaures Wolfram(oxyd)-Natrium: Goldgelb (Graham-Otto, III, pag. 413).

Vanadinsäure: Rostgelb (Graham-Otto, III, pag. 424).

Vanadinoxyd: Gelb (Gmelin, Bd. II, pag. 528).

Unlösliches neutrales schwefelsaures Chrom: Pfirsichblüthroth (Graham-Otto, III, pag. 119).

Wasserfreies Chromchlorid: Pfirsichblüthroth (Graham-Otto, III, pag. 109).

Chromsuperfluorürammoniak: Gelbbraun (Graham-Otto III, pag. 115).

Chromsaures Strontium und Bismuth.

Uranoxyd: Chamoisgelb (Graham-Otto, III, pag. 68).

Vorsaures Uran: Hellgelb.

Uranoxydbarium: Hellgelb.

Bismuthoxyd: Hellgelb.

Cadmiumoxyd: braungelbes, rothbraunes oder dunkelbraunes Pulver (Graham-Otto, III, pag. 174).

Wolframsäure: Schwefelgelb.

Grüne Mineralfarben.

Die grünen Mineralfarben theilen sich in zwei wohl unterschiedene Gruppen. Bei der einen ist die grüne Färbung eine Eigenschaft, welche einer genau bestimmten chemischen Verbindung angehört, wie beispielsweise das Chromgrün (Chromhydroxyd), Scheele'sches

Grün (arsenigsaures Kupfer), Schweinfurter Grün (arsenigsaures Kupfer mit essigsaurem Kupfer) u. s. w. Die Farben der andren Gruppe sind Mischungen von Gelb und Blau in veränderlichen Verhältnissen. Es steht in unserem Belieben, sie nach Gutdünken und je nach dem Zwecke herzustellen, zu welchem sie verwendet werden sollen; in chemischer Hinsicht sind sie ohne Interesse, und wir wollen deshalb auch nur ganz kurz ihrer gedenken.

Die Mehrzahl der grünen Farben der ersten Gruppe, welche in der Farbentechnik gebraucht werden, sind Verbindungen des Chroms und des Kupfers. Neben diesen haben wir nur noch anzuführen eine grüne Farbe aus Kobalt und Zink (Rinmann'sches Grün), das grüne mangansaure Barium von Rosenstiel, das Ultramaringrün und einige grüne Farbstoffe, welche aus Cyanverbindungen bestehen.

Chromorydhaltige grüne Farben.

Das Sesquioryd des Chroms:

$$Cr_2O_3 = \begin{matrix}(\overset{VI}{Cr_2}) \\ (\overset{VI}{Cr_2})\end{matrix} \Big\} O_6$$

welches auf dieselbe Menge Sauerstoff zweimal so viel Chrom enthält als die Chromsäure, kann in verschiedenen Nüancen je nach der Art seiner Herstellung auftreten, allein stets ist es grün. Diese grüne Farbe geht auch auf die Mehrzahl der von diesem Oxyde gebildeten Verbindungen (Hydrate und Salze) über und erlangt bei einigen ganz besonderen Glanz und bemerkenswerthe Schönheit, wodurch dieselben in hohem Grade zum Gebrauch als Druckfarben auf Papier und Geweben geeignet werden.

Wasserfreies Chromsesquioryd.

In Alkalien und Säuren ist es unlöslich, nur konzentrirte und heiße Schwefelsäure greift es allmälig an. Um es aufzulösen, schmilzt man es entweder mit Salpeter oder glüht es mit Alkalien oder Erdalkalien bei Zutritt der Luft (Kali, Natron, Kalk), wobei das Chromoryd sich in Chromsäure verwandelt, welche letztere sich mit den Alkalien verbindet. Mit Borax oder Phosphorsalz giebt es vor dem Löthrohr in der Oxydations- wie in der Redultionsflamme grüne Perlen.

Das Chromoxyd ist unschmelzbar, wird durch die Hitze nicht zersetzt und durch Wasserstoff nicht reduzirt. Durch gleichzeitige Einwirkung von Chlor und Kohle bei erhöhter Temperatur verwandelt es sich in Chromchlorid (Cr_2Cl_6), welches in prächtigen hellvioletten oder pfirsichblüthrothen Blättchen krystallisirt, die sich wie Talk oder Musivgold auf der Haut verreiben lassen.

Zur Bereitung des Chromoxyds existiren viele Vorschriften. Es wird dargestellt:

1) Durch trockne Zersetzung des chromsauren Quecksilber(oxyduls) bei möglichstem Luftausschluß, wobei Quecksilber und Sauerstoff entweichen. Das nach dieser Methode dargestellte Chromoxyd ist das beste Präparat als Farbe; es bildet ein sehr zartes, gewöhnlich sehr dunkelgrünes Pulver.

2) Durch Erhitzen einer Mischung von 3 Theilen neutralem chromsauren Kalium und 2 Theilen Salmiak. Man fügt zu der Mischung etwas Wasser hinzu, dampft zur Trockne ein und glüht; das chromsaure Ammonium, welches sich hierbei durch doppelte Zersetzung bildet, wird durch die Wärme zersetzt, Wasser und Stickstoff entweichen, und es bleibt ein Gemenge von ziemlich dunkelfarbenem Chromoxyd und Chlorkalium zurück, welches durch Auswaschen entfernt wird (Wöhler).

3) Man erhitzt eine Mischung von gleichen Theilen Schwefel und saurem chromsauren Kalium; es bildet sich Chromoxyd und lösliches schwefelsaures Kalium und Schwefelkalium, während schwefligte Säure entweicht. (Gmelin, Handbuch der Chemie, 1844, Bd. II, pag. 552.)[1]

4) Leitet man den Dampf von Chlorchromsäure (CrO_2Cl_2) langsam durch eine rothglühende Porzellanröhre, so bedecken sich die Wandungen derselben mit kleinen metallisch glänzenden, fast schwarzen Krystallen, welche so hart sind, daß sie Glas schneiden und Bergkrystall ritzen und mit dem Korund und Sapphir isomorph (sechsgliedrig) sind (Wöhler).

Selbst das schönste wasserfreie Oxyd wird nicht als Farbstoff benutzt, da es hinsichtlich der Schönheit und des Glanzes viel zu wünschen übrig läßt.

In neuester Zeit ist noch folgende Darstellungsmethode für Chromoxyd angegeben worden[2]. Reibt man einen Theil Pikrinsäure mit

---

[1] Dingler's polyt. Journal, Bd. CLXXXII, pag. 255.
[2] Journal für prakt. Chemie, 1868, Bd. CV, pag. 314.

zwei Gewichtstheilen fein gepulvertem zweifachchromsauren Ammonium innig zusammen, so erhält man ein Gemisch, welches, in einem flachen Porzellanschälchen mit einem glimmenden Holzspan angezündet, unter Funkensprühen sich zersetzt und ein ausgezeichnet schönes, überaus lockeres Chromoxyd von hellgrüner Farbe liefert.

Chromhydroxyd.

Die chemischen Eigenschaften des Chromhydroxydes sind noch nicht mit voller Sicherheit festgestellt und erfordern deshalb noch sehr genaue Untersuchungen. Gegenwärtig kann man mehrere genau charakterisirte Arten unterscheiden, nämlich:

1) Das grüne Chromhydroxyd von Pannetier, dessen Bildung auf ganz eigenthümliche Weise erfolgt.

2) Die verschiedenen Chromhydroxyde, welche man durch doppelte Zersetzung eines Chromsalzes mit einem Alkali- oder Erdalkalihydroxyd erhält.

Chromgrün, Pannetier's, Guignet's Grün, Smaragdgrün [1]).

Der Umstand, dass zur Bildung dieser Farbe eine höhere Temperatur erforderlich ist, gestattet es nicht, dieselbe direkt auf der Faser darzustellen; es kann auf Geweben, gleich dem Ultramarin, nur als unlösliche Farbe befestigt werden. Es ist eine von den Deckfarben, welche von den Kattundruckern wegen der Schönheit und des Glanzes ihrer zeisiggrünen Farbe sehr geschätzt werden. Seine Aechtheit ist vollständig festgestellt, während die grünen Tafelfarben im Allgemeinen eine schlechte Nüance besitzen. Das Guignet'sche Grün hält sich nicht allein am Licht, an trockner und feuchter Luft, sondern auch in Seifenlaugen und sogar in denjenigen Reagentien, welche das Gewebe zerstören. Es ist eine Lichtfarbe, d. h. das künstliche Licht verändert nicht das Ansehen der Farbe, sondern hebt sie sogar noch, da sie zu den von Chevreul mit dem Namen Blaugrün bezeichneten Farben gehört.

Das Präparat ist bereits seit fünfundzwanzig Jahren bekannt.

---

[1]) Hofmann, Report by the Juries, London, 1863, pag. 74. — Salvétat, Dingler's polyt. Journal, Bd. CLI, pag. 391. Polyt. Centralbl., 1858, pag. 737. — Guignet, Répertoire de chimie appliquée, Bd. I, pag. 198. — Scheurer Kestner, Journal für prakt. Chemie, Bd. XCIV, pag. 415; Bd. XCV, pag. 498. Dingler's polyt. Journal, Bd. CLXXVI, pag. 386. Polyt. Centralbl., 1865, pag. 1081; 1866, pag. 200.

Es wurde zuerst von Pannetier hergestellt, welcher sein Geheimniß seinem Assistenten Binet überließ, und dieser fabrizirte zu Paris verhältnißmäßig kleine Mengen zum Färben von künstlichen Blumen. Das Pannetier'sche Verfahren, welches streng geheim gehalten war, wurde von zwei Chemikern, Guignet und Salvétat, wieder aufgefunden, welche fast gleichzeitig ihre Resultate und die wirkliche Konstitution dieser Farbe veröffentlichten. Die Priorität gebührt indessen doch Guignet, welcher sich seine Erfindung auch durch ein Patent gesichert hat.

Die fabrikmäßige Darstellung der neuen grünen Farbe wurde der bedeutenden Fabrik chemischer Präparate von M. C. Kestner in Thann übergeben. Der geschickte Direktor dieser Fabrik, M. Scheurer-Kestner, überwand die praktischen Schwierigkeiten, welche sich der Fabrikation im Großen entgegenstellten, und durch ihn wurde das Chromgrün bald eine der am häufigsten angewendeten Farben zum Bedrucken von Stoffen, von bunten Papieren und selbst zum Häuseranstrich.

Wir haben bereits oben gesehen, wie es mittelst Albumin auf Geweben befestigt wird [1]).

Eigenschaften. — In einer Glasröhre in der Flamme einer Spirituslampe erhitzt, verliert es Wasser, selbst nachdem es in einem Oelbade bei 200° vollständig getrocknet wurde. Es verwandelt sich darauf anfangs, wie die übrigen Chromhydroxyde, in Chrombioxyd (Cr_2O_4) von dunkelbrauner Farbe, in heller Rothgluth entwickelt letzteres Sauerstoff und wird wasserfreies Chromoxyd.

Siedende Salzsäure und Schwefelsäure greifen es nur langsam an, Oxalsäure verwandelt es nach längerem Kochen in gewöhnliches oxalsaures Chrom. Schmelzendes Kaliumhydroxyd ist innerhalb der Rothglühhitze ohne Einwirkung; mit Salpeter zusammengeschmolzen, verwandelt es sich sehr schnell in chromsaures Kalium.

Das Chromgrün unterscheidet sich also, wenn wir das eben Gesagte noch einmal kurz zusammenfassen, von den andern Hydroxyden durch seine Farbe, seine geringe Löslichkeit in Säuren und auch, wie wir in der Folge sehen werden, durch seine eigenthümliche Zusammensetzung.

Darstellung nach Gilbee[2]). — Man vermischt 1 Theil

---

[1]) S. die mit Albumin befestigten Farben, pag. 125.
[2]) Dingler's polyt. Journal, Bd. CLII, pag. 191. Polyt. Centralblatt, 1859, pag. 740.

doppeltchromsaures Kalium mit 3 Theilen krystallisirter Borsäure und der nöthigen Menge Wasser, so daß ein dicker Brei entsteht, und erhitzt langsam bis zur Rothglühhitze in eigenthümlich konstruirten Oefen. Bei dieser Temperatur entwickelt sich Sauerstoffgas, die Masse schwillt auf und nimmt eine dunkelgrüne Färbung an. Hierbei muß man genau auf den nöthigen Hitzegrad achten, weil bei höherer Temperatur sich wasserfreies Oxyd bilden würde. Das so erhaltene Produkt wird mit siedendem Wasser ausgelaugt; es bleibt ein schön smaragdgrüner Rückstand, welcher auf einer Naßfarbenmühle zu feinem Pulver verrieben wird, um zum Walzendruck Verwendung finden zu können. Im Großen geschieht das Glühen in Flammenöfen, welche bis zur Rothgluth erhitzt werden. Die rohe Masse muß vor dem Auslaugen porös und schwammig sein.

Nach Guignet und Salvétat ist der Rückstand vom Auslaugen mit Wasser ein Chromhydroxyd, welches bei 200° 18,5 Prozent Wasser verliert; hieraus ergiebt sich die Formel:

$$\left.\begin{array}{c}\overset{vi}{Cr_2}\\II_4\end{array}\right\} O_9$$

Während des Glühens bildet sich unter Freiwerden von Sauerstoff und Wasser wahrscheinlich ein Doppelsalz von borsaurem Kalium und borsaurem Chrom oder eine bloße Mischung dieser beiden Salze. Durch den Einfluß des Wassers beim Auslaugen zersetzt sich das borsaure Chrom unter Aufnahme von Wasser in Borsäure und Chromgrün (Chromhydroxyd). Diese Zerlegung ist von einer beträchtlichen Temperaturerhöhung begleitet, welche daher rührt, daß die Theile des Doppelsalzes sich mit dem Wasser verbinden.

Der Theorie nach müßte sich also in dem Waschwasser nach dem Eindampfen und Fällen mit Salzsäure die ganze Menge der angewendeten Borsäure wieder vorfinden. Bei der fabrikmäßigen Darstellung kann indessen der Verlust bis auf 30 Prozent steigen; dies rührt daher, daß die Borsäure von den Wasserdämpfen mechanisch mit fortgerissen wird; außerdem enthält das auch noch so sorgfältig ausgewaschene Chromgrün immer Borsäure. Hierbei tritt der eigenthümliche Umstand ein, daß sich stets, selbst nach sehr lange fortgesetztem Auswaschen, wenn man das Pulver sich selbst überläßt, noch eine neue Menge von Borsäure abscheidet, welche man durch abermaliges Auswaschen entfernen kann (Scheurer-Kestner). Eine der besseren Sorten enthält ½ Prozent Borsäure, bei einigen andern geringeren Sorten steigt der Gehalt bis auf 8 und 10 Prozent. Die freie Borsäure, welche sich in der Farbe verfindet, hat die üble Eigenschaft, die beim Drucken angewendeten Verdickungsmittel fadenziehend zu machen.

Schipton, welcher Borsäure in allen Proben von Guignet'schem Grün fand, betrachtet das Präparat als eine Verbindung der Borsäure mit dem Chromhydroxyd. Nach neueren Untersuchungen von Scheurer-Kestner ist diese Ansicht falsch. Es ist letzterem Chemiker gelungen, ein von Borsäure vollständig freies Chromgrün herzustellen. Zu diesem Zweck behandelt er das ausgewaschene Grün mit Schwefelsäure, um das borsaure Kalium zu zerlegen, und läßt es alsdann mehrere Stunden mit kaustischer Natronlauge sieden. Der Gebrauch kaustischer Alkalilaugen wurde bereits von Guignet vorgeschlagen.

Das so gereinigte Präparat zeigt eine etwas dunklere Färbung, ohne Zweifel wegen der Entfernung der weißen Substanzen, welche sich darin verfanden. Bei der Analyse ergab es:

Wasserfreies Chromoxyd . . 84,3
Wasser 15,4
99,7.

Hieraus ergiebt sich die Formel:

$$\left.\begin{array}{c}(\overset{vi}{Cr_2})_2 \\ H_4\end{array}\right\} O_6$$

Scheurer-Kestner[1]) ist es vor Kurzem gelungen, Chromgrün herzustellen, indem er Chromhydroxyd mit Borsäure in Lösung zusammenbrachte, das gebildete borsaure Salz bis zur nöthigen Temperatur erhitzte und es darauf mit Wasser zersetzte. Dieser interessante Versuch bestätigt, daß das Doppelsalz borsaures Chrom-Kalium, dessen Existenz Salvétat annimmt, zur Bildung dieser Farbe nicht nöthig ist.

Verfälschungen, Vermischungen und Untersuchung des Chromgrüns. — Das Chromgrün unterscheidet sich von allen andern analogen Farben, welche kein Chrom enthalten,

1) durch seine eigenthümliche Färbung, welche im künstlichen Licht sich nicht verändert;

2) durch sein Verhalten beim Erhitzen in einer Glasröhre; es verliert dabei Wasser und wird dunkelbraun, darauf, beim Erhitzen bis zur Rothgluth, dunkelgrün;

---
[1]) Polyt. Centralbl., 1866, pag. 206.

3) durch seine Widerstandsfähigkeit gegen kalte und konzentrirte Mineralsäuren und gegen Alkalien;

4) durch die Gegenwart des Chroms, welche mit Leichtigkeit nachzuweisen ist, indem man einen kleinen Theil mit Salpeter in einem Porzellantiegelchen schmilzt; die geschmolzene Masse giebt mit Wasser eine gelbe Lösung, aus welcher essigsaures Blei bei Gegenwart eines Ueberschusses von Essigsäure einen gelben Niederschlag fällt.

Das wasserfreie Chromoxyd und die andern Hydroxyde, welche dieselbe Reaktion geben würden, können schon wegen ihrer Farbe nicht mit dem Guignet'schen Grün verwechselt werden. Auf Geweben erkennt man es schon beim ersten Anblick an seiner Färbung oder nöthigenfalls auch durch Einäschern einer Probe und Untersuchung der Asche.

In Frankreich liefert nur eine einzige Fabrik (Ch. Kestner in Thann) das Chromgrün und zwar direkt an die Konsumenten, wobei man bis jetzt noch keine Verfälschung beobachtet hat. Dagegen hat Schipton mehrere Proben aus Deutschland untersucht, welche mit mehr oder weniger chromsaurem Baryt (bis 25 Proz.) vermischt waren.

Da das Chromgrün nicht, wie das Ultramarin, ein Präparat von veränderlicher Zusammensetzung ist, so genügt es, seine Farbe mit der einer Musterprobe zu vergleichen, um seinen Werth zu bestimmen. Die Feinheit des Pulvers, welche für Walzendruck unumgänglich nothwendig ist, wird auf dieselbe Weise wie beim Ultramarin bestimmt. Das geeignetste Verfahren, das die sichersten Resultate ergiebt, besteht darin, eine Druckfarbe herzustellen und damit einen Probedruck auszuführen. Man nimmt 250 Gramm Guignet'sches Grün in Teigform und 1 Liter Albuminwasser (aus Eiern). Nach dem Drucken trocknet man, dämpft und wäscht. Ein Vergleich der Resultate mit denjenigen, welche ein mustergiltiges Präparat liefert, kann dem Fabrikanten vollständig zur Abschätzung des Werthes genügen.

Durch Fällung dargestelltes Chromhydroxyd.

Die durch Fällung erhaltenen Chromhydroxyde können sehr verschieden gefärbt sein, je nach der Art des angewendeten Chromsalzes, der Natur des Fällungsmittels oder auch nach den äusseren Umständen, unter welchen die doppelte Zersetzung stattgefunden hat.

Die Chromsalze treten in zwei Modifikationen auf, welche hinsichtlich ihrer Färbung verschieden sind; sie sind bald grün, bald violet oder roth. Nur die letzteren sind krystallisirbar. Die grünen Salze erhält man im Allgemeinen, wenn man die Lösungen der rothen oder violetten Salze erhitzt; hingegen verwandeln sich die grünen Salze allmälig wieder in violette, wenn man dieselben längere Zeit in wässriger Lösung stehen läßt.

Ein grünes Chromsalz giebt mit Ammoniak oder einer hinreichenden Menge eines kaustischen Alkalis einen blaugrünen hydratischen Niederschlag. Dieser Niederschlag ist in einem Ueberschuß von Kalilauge löslich, unlöslich jedoch in Ammoniak; die grüne Lösung in Kalilauge trübt sich beim Kochen und setzt eine grüne Modifikation des Chromhydroxydes ab, welche in Alkalien **unlöslich** ist.

Die violetten Chromsalze geben mit Ammoniak einen blauvioletten Niederschlag, welcher in Essigsäure löslich ist und sich sehr leicht und häufig in grünes Oxyd verwandelt, welches in Kalilauge nicht löslich ist, (bei Einwirkung des kochenden Wassers, Trocknen, Reiben, fortgesetzter Einwirkung von kaltem Wasser).

Nach Frenin scheint diese Modifikation aus einer isomeren Veränderung hervorzugehen, und nicht eine Folge des Verlustes von Wasser zu sein.

Lefort[1] hingegen nimmt an, daß die beiden grünen Hydrate, (das in Kalilauge lösliche und das unlösliche) und das blaue Hydroxyd nur durch die Menge des Konstitutionswasser von einander abweichen. Loewel[2] unterscheidet außerdem noch ein karminrothes Hydrat.

Das direkt auf der Gewebsfaser und auf chemischem Wege gebildete Chromhydroxyd hat man zum Bedrucken von Geweben angewendet. Sein wenig hervorstechender Ton wird oft durch Arsensäure oder arsenige Säure erhöht. (Eine sehr interessante Schilderung über das Geschichtliche dieser Anwendung findet man in einer Abhandlung von Camille-Koechlin[3]).

Diese Substanz spielt übrigens nicht blos die Rolle eines Färbemittels, sondern wird wegen ihrer Fähigkeit, die Farbe eines Farbebades anzuziehen, auch als Mordant benutzt.

Die Farbe wurde zum ersten Male im Jahre 1832 in Mühlhausen zur Färberei und Druckerei benutzt; sie ist durchaus nicht intensiv, namentlich wenn man sie im künstlichen Lichte betrachtet; auch eignet sie sich nur zu großen Oberflächen, wo ein nur schwacher, aber sehr

---

[1] Journal f. prakt. Chemie Bd. LI, pag. 263.

[2] Pharmac. Centralblatt, 1845, pag. 566. Graham-Otto (II), III, pag. 92.

[3] Sur l'historique des applications de chrome dans l'impression et dans la teinture. Bullet. de la Société industr. de Mulhouse, Bd. XXV, pag. 399.

zarter Farbenton erfordert wird, wie beim Untergrund für Möbeldruck.

Nicht alle Lösungen des Chromoxyds, obschon sie gleiche Mengen Chrom enthalten, sind gleich vortheilhaft für Darstellung des Oxyds, und ebenso wenig liefern sie gleich gut die arsensauren Salze.

Eine Lösung von Chromalaun ist am wenigsten vortheilhaft, weil das Oxyd am wenigsten grün und am schwierigsten in das arsensaure Salz zu verwandeln ist.

Das salpetersaure Chrom giebt in dieser Hinsicht die besten Resultate; wenn es, um die Bildung des braunen Salzes zu vermeiden, mit einer genügenden Menge Wasser dargestellt und durch Umkrystallisiren von dem salpetersaurem Kalium befreit wurde, so liefert es eine konzentrirtere Lösung als die andern Salze und in Folge dessen dunklere Nüancen, welche deshalb auch mehrere Abstufungen des Tones zulassen; es hinterläßt beim Lüften genug Chrom, daß es nöthigenfalls als Beize dienen könnte, greift die Gewebe nicht an und ist nicht so zerfließlich wie das Chlorid. Man bereitet es durch Einwirkung von Salpetersäure und Zucker auf eine Lösung von saurem chromsauren Kalium.

Es genügt, die Faser mit der Lösung des Chromsalzes gleichmäßig zu imprägniren oder dasselbe aufzudrucken und das Hydroxyd sofort durch ein Hindurchziehen durch schwache Sodalösung (z. B. von 10° C.) oder ein anderes Fällungsmittel zu bilden.

Diese Methode ist für Baumwolle sehr gut anwendbar; auf Leinwand und Hanf ist es im Gegentheil besser, das Gewebe mit dem Fällungsmittel zu imprägniren und es darauf in das Chromsalz zu bringen.

18. Zeugprobe: Chromgrün.

Bei Wolle benutzt Camillus Koechlin die Eigenschaft dieser Faser, chromsaures Kalium zu absorbiren und es selbst nach dem Waschen mit Wasser zurückzuhalten. In diesem Zweck läßt er in die Wolle in der Kälte oder Wärme eine gefällige Lösung von doppeltchromsaurem Kalium einziehen, wäscht aus und reduzirt dieselbe; letzteres geschieht am geeignetsten mit schwefligsaurem Natrium. Diese Operationen werden, je nach dem gewünschten Farbenton, vier bis fünf Mal wiederholt.

Bisweilen wird dieser Prozeß auch als Mittel die Farbe zu schönen auf Baumwolle angewendet, welche schon mit einer auf die gewöhnliche Weise gefällten Chromoxydschicht versehen ist; auf Seide dagegen erzielt man damit keine guten Resultate.

Man kann Chromoxyd auch auf der Wolle niederschlagen, indem man dieselbe einige Zeit in ein schwaches erwärmtes Bad eines Chromsalzes (Chromalaun) hält; allein die Menge Chromoxyd, welche hierbei auf dem Gewebe zurückbleibt, genügt höchstens zum Mordant und kann keinen passenden grünen Ton hervorbringen. Ein mit Chromoxyd gefärbtes Gewebe kann durch verschiedene Verbindungen in seiner Färbung verändert werden; dergleichen Verbindungen sind arsenigsaure, arsensaure, phosphorsaure, kieselsaure, chromsaure Salze, Seife und Laugen.

Die arsenigsauren Salze geben das angenehmste Grün. Hierbei ist es hinreichend, die Stoffe in der Hitze mit arsenigsaurem Natrium, wollene jedoch mit arseniger Säure oder einem neutralen arsenigsauren Salze zu behandeln, um den gewünschten grünen Farbenton zu erhalten. Der Unterschied, den das arsenigsaure Chrom im Sonnenlichte und bei künstlicher Beleuchtung in der Färbung zeigt, ist bedeutend geringer als der beim Chromoxyd.

19. Zeugprobe: Arsenigsaures Chrom.

Das Chromoxyd nimmt in Chlorkalklösungen eine olivengrüne Nüance an, indem sich hierdurch das intermediäre Oxyd Cr_2O_5 bildet; durch Kochen mit einem reducirenden Körper verwandelt sich dieses wieder in das gewöhnliche Grün.

Die violette Modifikation des Chromoxyds auf Baumwolle erhält man, wenn man Chromalaun durch Ammoniak zersetzt und es in diesem Fällungsmittel maceriren läßt, oder indem man eine Lösung des violetten Oxyds in einer Säure durch Ammoniak zerlegt. Diese Farbe ist wenig anwendbar, warmes Wasser verwandelt sie in Grün; salpetersaures Chrom, welches frei von Salpeter ist, giebt mit Ammoniak keine violette Färbung.

Bei dieser Gelegenheit wollen wir noch eine interessante Beobachtung Koechlin's anführen. Eine Auflösung von essigsaurem Chrom von 13° B., welcher man ein Zehntel des Volumens an Ammoniak hinzufügt, liefert eine violette alkalische Verbindung, in deren verdünnten Lösungen Ammoniak einen Niederschlag bewirkt.

Wenn die Lösungen des Chroms nicht basisch sind, so kann man vortheilhaft ein Aequivalent arsenige Säure oder eines arsenigsauren Alkalis hinzufügen, wodurch die spätere Herstellung der grünen Farbe wegfällt.

Bisweilen bedient man sich auch der arsenigen Säure als Reduktionsmittel für das saure chromsaure Kalium. In diesem Falle bildet sich arsensaures Chrom, vermischt mit schwefelsaurem oder salpetersaurem Kalium, je nach dem man Schwefelsäure oder Salpetersäure hinzufügt. Diese Lösungen werden durch Hängen oder durch einfache Fällung mit Wasser an Stelle des Alkalis zu Mordants und haben den Vortheil, die am meisten grüne Farbe zu geben; dies ist um so bemerkenswerther, als das auf dem Gewebe befestigte Chromoxyd, wenn es in Arsensäure gefärbt ist, keine so kräftige Nüance giebt, als mit der arsenigen Säure.

Der Arsenmordant wird hergestellt aus:

100 Theilen doppeltchromsaurem Kalium
98 „ arseniger Säure
80 „ schwefliger Säure
200 „ Wasser.

Er hat eine Stärke von 66° Baumé; mit dem zwanzigfachen Volumen Wasser verdünnt, zersetzt er sich bei 78° C.

Man kann die Gewebe (Baumwolle oder Wolle) durch abwechselndes Eintauchen in das Arseniksulfat und in kochendes Wasser mit Chromgrün färben. Bisweilen benutzt man auch alkalische Lösungen von Chromoxyd, wenn man ohne Hilfe eines Verdickungsmittels arbeiten will.

Das essigsaure Chrom, welches gewöhnlich durch doppelte Zersetzung dargestellt wird, ist weit beständiger als das essigsaure Aluminium. Die Lösungen zersetzen sich nicht beim Kochen, indessen können die Gewebe beim Dämpfen die Base daraus abscheiden. Man benutzt dieses Salz jedoch nur in diesem Falle und unter Beihülfe passender Verdickungsmittel, zumal es den Vortheil hat, letztere in der Kälte nicht zu coaguliren. Auf Wolle fügt man ein Aequivalent Oxalsäure hinzu.

Ueber die Funktion des Chromhydroxyds als Beize.

Das Chromhydroxyd ist fähig, wie die isomorphen analogen Verbindungen (Thonerde, Eisenoxyd), sich mit gewissen organischen Farbstoffen zu verbinden. Es behält nothwendigerweise die Eigenschaft, Lacke zu bilden, selbst wenn es auf dem Gewebe befestigt ist.

Nach den Untersuchungen von Chaudet[1]) giebt das Chromoxyd mit den verschiedenen Farbstoffen folgende Färbungen:

---

[1]) Mechanic's Magazin, 1866, No. 2180, pag. 26. — Deutsche Industriezeitung, 1868, pag. 314.

Rothholz	violetroth	Krapp	fahlgelb
Sandelholz	roth	Galläpfel	fahlbraun
Gelbholz	gelbgelb	Sumach	gelbbraun
Quercitron	hellgelb	Catechu	sienabraun
Waid	smaragdgelb	Cochenille	purpurroth
Persische Gelbbeeren	strohfarben	Carmin	karminroth
Orleans	fleischfarben	Gelbes Blutlaugensalz	grün
Curcuma	kupfergelb	Orseille	violetroth
Fustic	mahagonigelb	Rothes Blutlaugensalz	grünblau

Die Menge des Oxyds, welche im Stande ist, mit Abkochungen dunkle Farbentöne zu erzeugen, genügt nicht, um auch auf Weiß Farben zu geben. Durch Dämpfen verliert es nicht wie das Eisenoxyd die Fähigkeit, in der Farbflotte anzuziehen.

Diese Base besitzt die meiste Widerstandsfähigkeit, selbst gegen die Lösungsmittel, aus welchen man sie abgeschieden hat, und folglich die meiste Unlöslichkeit und Aechtheit. Mit Vortheil wendet man Chromsalze und namentlich das essigsaure Chrom als Mordant für Dampffarben an.

Grüne, durch unlösliche Chromsalze gebildete Farben.

Arnauden-Grün[1]. — Metaphosphorsaures Chrom.

Diese Farbe, welche hinsichtlich ihres Tones dem Schweinfurter Grün sehr ähnlich, wenn auch minder lebhaft als dieses ist, erhält man nach Arnauden, wenn man gleiche Aequivalente neutrales krystallisirtes phosphorsaures Ammonium und saures chromsaures Kalium vermischt (12¼ Theile phosphorsaures Ammonium und 149 Theile saures chromsaures Kalium). Die Salze werden entweder zusammen gepulvert oder in sehr wenig Wasser aufgelöst und gemischt, und die Flüssigkeit so weit abgedampft, bis sie beim Erkalten fest wird. Das Produkt wird in ein flaches Gefäß gebracht und im Oelbade auf 180° erhitzt; die Masse bläht sich auf, entwickelt Wasserdämpfe und verändert ihre Farbe; bei dieser Temperatur erhält man sie so lange, bis kein Wasser mehr entweicht, indem man nur Sorge trägt, daß dieselbe nicht 200° übersteigt, widrigenfalls die Farbe schlecht ausfallen würde. Nach dem Auswaschen bleibt ein feines Pulver zurück, dessen Farbe sich dem jungen Laubgrün nähert.

---

[1] Polyt. Centralblatt, 1849, pag. 1452. — Répertoire de chimie appliquée, Bd. I, pag. 201.

Nach Guignet rührt die Veränderung in der Farbe, welche die zu stark erhitzte Masse erleidet, von einer Reduktion des überschüssigen doppeltchromsauren Kaliums durch das Ammonial des phosphorsauren Salzes her. Wenn man einen Ueberschuß des letzteren Salzes anwendet, so kann man ohne Gefahr bis zur lebhaften Rothgluth erhitzen, nur löst sich dann ein Theil des metaphosphorsauren Chroms in der freien Metaphosphorsäure auf, wenn man mit Wasser auslaugt.

Das reine Arnauden-Grün hält sich in lebhafter Rothglühhitze ohne Veränderung. — Guignet stellt es auch dar, indem er Chromoxyd in tribydrischer Phosphorsäure auflöst und das zur Trockne eingedampfte Product glüht.

Saures phosphorsaures Calcium mit saurem chromsauren Kalium geglüht, liefert auch ein metaphosphorsaures Chrom, welches mit phosphorsaurem Calcium vermischt ist und folglich auch eine hellere Farbe besitzt.

Das pyrophosphorsaure Chrom, welches durch doppelte Zersetzung erhalten wird, besitzt nach dem Glühen analoge Eigenschaften, während das geglühte phosphorsaure Chrom hell grauviolet gefärbt ist.

Aus Versuchen, welche in der Fabrik von Kestner angestellt wurden, hat sich ergeben, daß das nach den verschiedenen Prozessen dargestellte metaphosphorsaure Chrom wegen der geringen Intensität seiner Färbung nicht für sich allein als Farbe benutzt werden kann.

Grün von Mathieu-Plessy[1]). — Plessy löst, um das grüne phosphorsaure Chrom zu erhalten, 1 Theil doppeltchromsaures Kalium in 10 Theilen siedendem Wasser auf und fügt 3 Liter saures phosphorsaures Calcium und darauf 1,250 Kilogramm Zucker hinzu. Nach einiger Zeit entsteht eine lebhafte Gasentwicklung; sobald die Einwirkung beendet, läßt man das Ganze ruhig stehen. Nach Verlauf von 24 Stunden hat sich der grüne Farbstoff abgesetzt; man decantirt nun die überstehende gelblich gefärbte Flüssigkeit, wäscht den Niederschlag so lange mit kaltem Wasser aus, bis das Waschwasser nicht mehr sauer reagirt, und bringt ihn in die Trockenstuben. Man erhält 2,500 Kilogramm Farbe, wenn man die oben angeführten Verhältnisse anwendet.

---

[1]) Mathieu-Plessy, polyt. Centralblatt, 1863, pag. 357. — Dingler's polyt. Journal, Bd. CLXVIII, pag. 397. — Répertoire de chimie appliquée, Nr. IV, pag. 453. — Wagner (Jahresberichte der chemischen Technologie, 1862, pag. 336) bemerkt hierbei, daß die Vorschrift an großer Unklarheit leide, und daß es wol heißen muß: 1 Kilogramm Kaliumbichromat und 10 Liter Wasser. Die Farbe erhielt in London 1862 die Preismedaille.

Wie die vorher beschriebenen, verändert sich auch dieses Grün nicht an der Luft und in Schwefelwasserstoffgas; selbst starke Säuren sind darauf nur von geringem Einfluß. Zum Bedrucken von Geweben ist seine Farbe zu blaß; doch kann es in der Oelmalerei und zum Bedrucken von Papieren gebraucht werden.

Obwol die Zusammensetzung dieses Grüns noch nicht mit Sicherheit durch die Analyse festgestellt ist, so kann man doch nach der Darstellungsweise annehmen, daß es eine Verbindung des Chroms mit Phosphorsäure ist.

Grün von Salvétat[1]). — Im Februar 1859 hat Salvétat der Société industrielle de Mulhouse mehrere Proben von Farben vorgelegt, unter welchen sich ein Türkisgrün (Berggrün) und ein Laubgrün befanden; dieselben haben bisher noch keine Anwendung in der Zeugdruckerei gefunden, werden jedoch voraussichtlich für reichen Handdruck, wo man große Mannichfaltigkeit in den Tönen derselben Farbe verlangt, eine Rolle spielen.

Das **Türkisgrün** (ächtes Chromgrün) besitzt eine schöne blaugrüne Farbe, wie man sie schwerlich durch Vermischen von Blau und Grün erhalten würde. Man stellt die Farbe dar, indem man 40 Theile Thonerdehydrat, 30 Theile kohlensaures Kobalt und 20 Theile Chromoxyd in einer Sauerstoffatmosphäre erhitzt. Zur Entfernung der geringen Menge chromsauren Salzes, welches sich stets dabei bildet, wäscht man die erhaltene Masse aus und zerreibt sie möglichst fein. Die Farbe ist sehr ächt und bei künstlichem Lichte sehr lebhaft. Man kann sie modifiziren und entweder das Grün oder das Blau mehr hervorrufen, indem man entweder mehr Chrom hinzufügt oder die Menge desselben verringert.

Die Verbindung des Chromoxydes mit der Thonerde oder das **Laubgrün** (Vert d'herbe) erhält man, wenn man eine Mischung von Chromoxyd und Aluminiumhydroxyd erhitzt. Diese Farben können künstlich nach allen Methoden, welche zur Herstellung der Farben für Porzellan gebräuchlich sind, dargestellt werden.

Havrane**ck'sches Grün.

Unter dem Namen Havraneckgrün oder Chromdampfgrün erzeugen die Fabrikanten auf den Stoffen eine sehr schöne grüne Farbe, welche

---

[1]) Bulletins de la Société industrielle de Mulhouse, Bd. XXIX, pag. 483 und 487. — Répertoire de chimie appliquée, Bd. I, pag. 101.

dunkler als das Guignet'sche Grün ist und gleichzeitig mit diesem zur Herstellung von Doppeltönen angewendet wird. Die Darstellung dieser Farbe (mittelst der Ferrocyanverbindungen) wird bei der Besprechung der Cyanverbindungen abgehandelt werden.

Was hauptsächlich den Vorzug der grünen chromhaltigen Farben ausmacht, ist ihre völlige Unschädlichkeit; überdies sind sie noch an der Luft und in einer schwefelwasserstoffhaltigen Atmosphäre unveränderlich und widerstehen sehr gut der Einwirkung der Säuren und der Alkalien.

Ultramaringrün.

Das Ultramaringrün bildet sich als erstes Produkt bei der Darstellung des künstlichen Ultramarinblaus, wenigstens bei gewissen Verfahrungsweisen, wir werden später beim Ultramarin genauer davon sprechen. Auf der Industrieausstellung in Paris 1867 hatte Joh. Zeltner Proben von Kattun ausgestellt, welche mit grünem Ultramarin durch Befestigung mittelst Albumin bedruckt waren.

Mangangrün von Rosenstiehl (mangansaures Barium)[1].

Die prachtvolle grüne Farbe, welche die Mangansäure der Mehrzahl ihrer Salze ertheilt, hat zu vielen Versuchen veranlaßt, dieselbe zur Herstellung von Farben zu benutzen. Unglücklicherweise sind die oxydirenden Eigenschaften, welche diese Säure besitzt, so energisch, daß sie selbst in den Verbindungen in der Kälte und unter dem Einfluß reduzirender und organischer Körper mit der größten Leichtigkeit zerlegt wird.

Trotzdem hat Rosenstiehl[2] einen bedeutenden Schritt zur Lösung dieser Aufgabe gethan, indem es ihm gelang, ein mangansaures Barium von sehr schöner intensiv grüner Farbe dadurch herzustellen, daß er nach und nach Mangansuperoxyd zu schmelzendem Bariumhydroxyd hinzusetzte. In Wasser ist dieses Salz unlöslich und widersteht der Entfärbung durch organische Substanzen in dem Maße, daß es auf Papier und auf Zeug mit gutem Erfolg angewendet werden kann.

---

[1] Als Kuriosum mag hierbei erwähnt werden, daß sich für diese Farbe auch der Name „Vert tigre de roses" findet.
[2] Dingler's polyt. Journal, Bd. CLXXVII, pag. 409. Polyt. Centralbl., 1865, pag. 1374. Deutsche Industriezeitung, 1865, pag. 368. Polyt. Notizblatt, 1865, pag. 264.

Mangangrün

Es ist ein feines Pulver von einer schön smaragdgrünen Farbe, welche auch bei künstlichem Lichte grün erscheint. Unter dem Mikroskop bemerkt man durchsichtige hexagonale Blättchen, welche, wie oben bereits bemerkt, in Wasser unlöslich sind und darin suspendirt ein eigenthümliches Schillern zeigen. Durch Säuren wird es zerlegt. Wenn es feucht ist, zersetzt es sich an der Luft, im trocknen Zustande ist es beständig. Durch Albumin wird es beim Dämpfen reduzirt, widersteht aber der Einwirkung alkalischer Verdickungsmittel. Man kann es auf entchlortem Papier und Zeug mit Kleber fixiren, vorausgesetzt, daß die Farbe ein Alkali oder eine alkalische Erde als Base enthält. Die Farbe wird dargestellt durch Vermischen von

Wasserfreiem Baryt	3 bis 4 Theile
Salpetersaurem Barium	2 "
Manganoxyd, welches durch Regeneration des Braunsteins nach dem Tennant'schen Verfahren erhalten ist, ...	0,80 "

Man fügt etwas Wasser hinzu, um den Baryt in Bariumhydroxyd überzuführen, und erhitzt es dann in einem Tiegel bis zur dunklen Rothgluth. Die Masse schmilzt und nimmt Farbe an; das schönste Grün ist das, welches sich am schnellsten bildet. Man gießt die geschmolzene Masse auf eine Platte aus, zerkleinert sie nach dem Erkalten, fügt etwas Wasser hinzu und läßt kochen; darauf wäscht man mit kaltem Wasser durch Dekantiren aus. Schließlich preßt man aus und läßt in einer kohlensäurefreien Atmosphäre trocknen.

Schad in Kassel[1]) stellt Mangangrün unter dem Namen Kasseler Grün durch Erhitzen eines Mangansalzes mit salpetersaurem Barium dar. Zur Verhinderung des Schmelzens wird eine unwirksame Masse (Schwerspath) zugesetzt. Das beste Verhältniß der drei Bestandtheile ist:

24 Theile salpetersaures Mangan
46 " salpetersaures Barium
30 " Schwerspath.

Das Präparat wird fein gemahlen und mit etwas Gummi arabicum, Dextrin oder dergl. vermischt, was die Haltbarkeit desselben bedingt.

Chevillot und Edwards[2]) erhalten eine dunkelgrüne, in Wasser

---

[1]) Deutsche Industriezeitung, 1865, pag. 118.
[2]) Annales de chimie et de physique, Bd. IV, pag. 287; Bd. VIII, pag. 307.

unlösliche Masse durch starkes Glühen von gleichen Theilen Baryt und Manganfuperoryd bei Luftzutritt.

Forchhammer¹) erhitzt eine Mischung von Manganfuperoryd und falpeterfaurem Barium und wäscht die dabei erhaltene Schmelze mit fochendem Wasser aus.

Nach Wöhler²) kann man auch das manganfaure Barium erhalten, indem man Bariumhydroryd zu geschmolzenem chlorfauren Kalium und darauf nach und nach Manganfuperoryd hinzufügt. Man wäscht mit Wasser aus, wobei das Salz in Gestalt eines grünen Pulvers zurückbleibt.

Rinmann'sches Grün. Kobaltgrün³).

Diese Farbe ist sehr ächt, hat aber wenig Intensität und einen zu hohen Preis; sie besteht aus einer Verbindung von Zinkoryd und Kobaltoryul. Man erhält sie dadurch, daß man eine Auflösung von Kobaltoryul in Salpeterfäure mit einem reinen (eisenfreien) Zinksalze vermischt und kohlenfaures Natron hinzufügt; der Niederschlag wird alsdann nach dem Auswaschen und Trocknen heftig geglüht. Oder: man verdampft eine Lösung von falpeterfaurem Zinc zur Trockne und glüht die Masse, bis die grüne Farbe zum Vorschein kommt; je nach dem man mehr oder weniger Zinfalz anwendet, kann man verschiedene Nüancen hervorbringen. Man hat diese Farbe in der Oel- und Wassermalerei angewendet.

Natürliche grüne Erden.

Unter diesem Namen vereinigt man mehrere Arten von grünen erdigen Substanzen, welche die Blasenräume in Mandelsteinen ausfüllen, auch in Neftern und kleinen Gängen vorkommen; die einen sind thonhaltig (Veronefische Erde, Telesfeit), die andern bestehen aus phosphorfaurem Eisen (Grüneisenstein, Krauvit, Duvauvlit); sie finden sich im sächsischen Erzgebirge, in Baiern, Böhmen, am Monte Baldo im Veronefischen, auf Cypern. Man verwendet sie als Anstrichfarben, bisweilen mit weißen Farbstoffen ver-

---

¹) Annals of philosophy. Vt. XVI, pag. 130. — Schweigger's Journ. f. Chemie und Physik, Vt. XLI, pag. 257.
²) Poggendorff's Annalen, Vd. XXXV I, pag. 628.
³) Dingler's polyt. Journal, Vt. XX, pag. 176; Vd. CXI, pag. 282. — Elsner, Chem. techn. Mittheil. des Jahres 1863, pag. 192.

mischt; ihre Farbe ist weder schön noch glänzend, allein sie widersteht sehr gut den atmosphärischen Einflüssen; im Feuer brennt sie sich roth.

Grüne und blaue Kupferfarben [1]).

Wegen der schönen grünen und blauen Färbung, welche die meisten Kupferverbindungen besitzen, hat man dieselben schon seit langer Zeit in der Farbentechnik benutzt, und in Folge dessen existiren auch eine sehr große Anzahl von Vorschriften zur Herstellung von gefärbten, für Malerei, Papier- und Zeugdruck brauchbaren Präparaten; einige von diesen haben eine ziemlich bedeutende Verwendung gefunden und werden auch jetzt noch gebraucht, trotz der Gefahren, welche mit der allgemeinen Anwendung von so energisch giftig wirkenden Verbindungen verknüpft sind.

Es ist unmöglich, die blauen und grünen Kupferfarben getrennt abzuhandeln, da oft nur eine geringe Veränderung in der Zusammensetzung oder in der Darstellungsweise die eine oder die andere Farbe hervorruft.

Die Körper, welche wesentlich unser Interesse fesseln, sind folgende:

1) Das basisch kohlensaure Kupfer (Verbindungen von kohlensaurem Kupfer mit Kupferhydroxyd im Verhältniß von $1:1$ und $2:1$),

---

[1]) Literatur über die Kupferfarben. Journal für prakt. Chemie, Bd. II, pag. 521; Bd. V, pag. 31. — Annalen der Chemie und Pharmacie, Bd. LXXXIV, pag. 223; Bd. LXXXVIII, pag. 271; Bd. XCIV, pag. 14. — Jahrbücher des polyt. Instituts zu Wien, Bd. XIII, pag. 336; Bd. XIV, pag. 362. — Kastner's Archiv für die gesammte Rohrlehre, Bd. XVII, pag. 285. — Erdmann's Journal für techn. u. ökonom. Chemie, Bd. VII, pag. 249. — Vaterisches Kunst- u. Gewerbeblatt, 1827, pag. 695. — Dingler's polyt. Journ., Bd. IX, pag. 451; Bd. XI, pag. 455; Bd. XIV, pag. 335; Bd. XLI, pag. 52; Bd. LII, pag. 271; Bd. LV, pag. 328; Bd. LIX, pag. 158, 453; Bd. LXXX, pag. 239; Bd. LXXXIX, pag. 49, 54; Bd. XCVII, pag. 442; Bd. XCVIII, pag. 225, 227; Bd. CV, pag. 158; Bd. CVI, pag. 157; Bd. CVIII, pag. 318; Bd. CXXI, pag. 363; Bd. CLV, pag. 465. — Descr. des Brevets d'invention, Bd. IX, pag. 371. — Gentele, Lehrbuch der Farbenfabrikation, pag. 201 — 212 und pag. 246 — 262. — Répertoire de chimie appliquée, Bd. I, pag. 148, 395; Bd. III, pag. 97, 344. — Bulletins de la Société d'encouragement, 1814, pag. 58; 1815, pag. 48 und 159; 1816, pag. 210; 1818, pag. 215; 1819, pag. 62; 1827, pag. 326; 1831, pag. 187; 1859, pag. 427; 1860, pag. 693. — Annales de chimie et de physique, Bd. IV (1), pag. 137; Bd. VI (1), pag. 10; Bd. XIII (1), pag. 48, 65; Bd. XXV (1), pag. 305, 321; Bd. XXVIII (1), pag. 119; Bd. LVIII (1), pag. 218; Bd. XXXII (1), pag. 46; Bd. LX (1), pag. 211; Bd. VII (2), pag. 44; Bd. XXII (2), pag. 412; Bd. XXX (1), pag. 201.

natürliches und künstliches (Malachit, Berggrün, Kupfergrün u. s. w. — Kupferlasur, Bergblau u. s. w.)

2) Kupferhydroxyd, entweder rein oder mit Calciumhydroxyd oder schwefelsaurem Calcium innig gemischt (Bremer Grün und Bremer Blau, Kalkblau).

3) Arsenigsaures Kupfer (Scheele'sches Grün, Mineralgrün, und Neuwiedergrün).

4) Das Schweinfurter Grün, besteht aus essigsaurem und arsenigsaurem Kupfer (Neugrün, ordinäres Schweinfurter Grün).

5) Braunschweiger Grün oder eine Mischung von Scheele'schem Grün mit Kupferhydroxyd und schwefelsaurem Calcium.

6) Basisches Kupferchlorid (Salzkupfererz, Kupfersand.)

7) Vorsaures Kupfer.

Der Malachit — natürliches grünes kohlensaures Kupfer — ist wegen seiner schönen smaragdgrünen Färbung sehr bemerkenswerth; er besitzt gewöhnlich Glas- oder Seidenglanz, bisweilen ist er jedoch auch diamantglänzend. Er hat große Neigung zur glaskopfartigen Struktur und findet sich sehr häufig in konzentrisch schaligen Stücken, von welchen die einen hell, die andern dunkel gefärbt sind. Wegen seiner prachtvollen grünen Farbe und seiner hohen Politurfähigkeit wird derselbe geschnitten und polirt zu Schmucksachen, sowie zum Auslegen von Tischplatten, Vasen, Säulen u. s. w. benutzt.

Er kommt klumpenweis mit faserigem oder blättrigem Bruch vor, jedoch sind größere Stücke nur selten und werden sehr theuer bezahlt. Zu Petersburg befindet sich ein ausgezeichnetes Stück von prachtvoller Farbe, beinahe 28 Zentner schwer, welches auf 525,000 Rubel abgeschätzt wird. Das königliche Schloß und das Museum zu Berlin enthalten sehr schöne Kunstwerke von Malachit, welche die Kaiser von Rußland den preußischen Herrschern zum Geschenk gemacht haben. Der Hauptfundort des Malachit ist Sibirien. Er kommt auf Erzgängen vor, wo er durch Zersetzung von Kupfererzen (Kupferkies, Buntkupfererz, Fahlerz) entstanden ist; der Malachit, welcher sich im krystallinischen Uebergangskalk im Ural findet, scheint aus gediegenem Kupfer, das sich mit Rothkupfererz überzog, entstanden zu sein[1].

Das Berggrün ist als Malerfarbe auch künstlich dargestellt worden, wird aber jetzt nicht mehr angewendet; unter diesem Namen

---

[1] Quenstedt, Handbuch der Mineralogie, pag. 488.

verkauft man auch Mischungen von arsenigsaurem Kupfer mit weißen Farbstoffen (schwefelsaures Barium).

Zur Herstellung des grünen basisch kohlensauren Kupfers

$$\left.\begin{array}{c}2\overset{\shortparallel}{C}O\\ \overset{\shortparallel}{Cu_3}\\ H_2\end{array}\right\}O_4$$

fällt man eine warme Lösung von eisenfreiem Kupfer durch einen kleinen Ueberschuß von kohlensaurem Kalium oder Natrium. Der Niederschlag wird ausgewaschen, getrocknet und gepulvert; seine Farbe ist wenig intensiv, allein er erlangt durch das Oel einen größeren Glanz. Er findet nur als Wasser- oder Oelfarbe Verwendung.

Erst bei 300° verliert diese Verbindung Kohlensäure und Wasser mit Zurücklassung von schwarzem Kupferoxyd; diese Zersetzung tritt auch beim Kochen mit Wasser theilweise ein, wobei die grüne Farbe schwärzlich wird. In Säuren löst sie sich unter Brausen auf; die Lösung zeigt die gewöhnlichen Reactionen der Kupfersalze. Ammoniak löst sie vollständig auf, während die beigemischten fremden Substanzen als Rückstand zurückbleiben. Den Werth des Produktes als Farbstoff bestimmt man durch Mischung mit bestimmten Mengen Weiß.

Kupferlasur oder natürliches Bergblau. — Das Mineralreich liefert diese Verbindung in schönen, glänzenden, undurchsichtigen Krystallen von lasurblauer Farbe. Ihre Form, welche dem zwei- und eingliedrigen Krystallsystem angehört, ist eine geschobene Säule und zeichnet sich durch einen großen Flächenreichthum aus[1]).

Die Bergwerke von Chessy bei Lyon, vom Altai, Miedziana Gora in Polen, Cornwall, Zinnwald u. s. w. sind die ergiebigsten.

Die Zusammensetzung der Kupferlasur läßt sich durch folgende Formel ausdrücken:

$$\left.\begin{array}{c}2\overset{\shortparallel}{C}O\\ \overset{\shortparallel}{Cu_3}\\ H_2\end{array}\right\}O_4$$

Nach **Philipps**[2]) hat man die Kupferlasur nach einem geheim gehaltenen Verfahren künstlich dargestellt. Das Präparat führt den Namen **Bleu verdâtre**. Aus den Analysen von **Philipps** scheint

---

[1]) **Quenstedt**, Handbuch der Mineralogie, pag. 486.
[2]) **Annales de chimie et de physique** [2], Bd. VII, pag. 44.

in der That die Identität der natürlichen und künstlichen Verbindungen hervorzuzeigen. Das Bergblau, welches nach dem Payen'schen Verfahren dargestellt ist, scheint mehr aus Kupferhydroxyd zu bestehen.

Es wird eine siedende Auflösung von Kupfervitriol durch eine kochende Auflösung von Chlorcalcium zersetzt: es bildet sich eine Lösung von Kupferchlorid, während schwefelsaures Calcium ausgefällt wird; die klare Flüssigkeit wird vom Bodensatz abgelassen, derselbe mehrmals mit Wasser ausgelaugt und die erhaltenen Waschwasser durch Kalkmilch zerlegt, wobei sich ein grüner Niederschlag absetzt; die darüber stehende Flüssigkeit darf durch Ammoniak nicht mehr blau gefärbt werden. Das basische Kupferchlorid wird alsdann mit reiner Aetzkalilauge von 15°B. (8 Kilogramm schwefelsaures Kupfer, 1 Kilogramm Kalkmilch und $\frac{7}{8}$ Liter Aetzkalilauge) in einer Farbenmühle gerieben, der Brei in ein Faß geschüttet und eine Auflösung von 250 Gramm Salmiak und 500 Gramm Kupfervitriol in je 4 Liter Wasser hinzugefügt und die ganze Masse gut durchgerührt. Nach einigen Tagen wird das Gemenge mit Wasser so lange ausgewaschen, bis dasselbe nicht mehr alkalisch reagirt.

Der Ueberschuß von Kali, welcher in dem Brei enthalten ist, muß auf das Chlorkupfer einwirken und eine neue Quantität Kupferhydroxyd fällen. Auf diese Weise erhält man ein sehr schönes Blau, welches theils in Breiform, theils getrocknet in Tafeln in den Handel kommt.

Peligot stellt ein blaues Kupferhydroxyd dar, das in der Malerei gebraucht werden kann, indem er ein Kupfersalz, welches in einer großen Menge Wasser aufgelöst und mit einem leichten Ueberschuß von Ammoniak versetzt ist, durch ein Alkali fällt, indem er entweder Natronlauge in ein ammoniakalisches Kupfersalz gießt oder eine Lösung von schwach ammoniakalischem salpetersauren Kupfer stark mit Wasser verdünnt. Die Gegenwart von freiem Ammoniak begünstigt nicht so sehr, wie ein feuerbeständiges Alkali, den Wasserverlust und das Schwarzwerden der Verbindung. Kaustisches Ammoniak löst ungefähr 7 bis 8 Prozent von diesem blauen Hydroxyd.

Diese Farben sind übrigens nur von untergeordnetem Interesse, weshalb wir uns nicht länger mit ihrer Beschreibung aufhalten, ebensowenig wie mit der des Bremergrün und Bremerblau, die nach ähnlichen Methoden hergestellt werden. (Fällung des Kupfervitriols durch Kalilauge, in der zur Bildung eines basischen grünen unlöslichen schwefelsauren Salzes passenden Menge und Verwandlung dieses letzteren in Kupferhydroxyd durch Hinzufügen einer neuen Quantität kaustischer Kalilauge, welche mit kohlensaurem Kalium gemischt ist. Die Farbe muß vor dem Trocknen gut ausgewaschen werden, widrigenfalls sie sich schwärzen würde.) — Das Kaltblau, eine innige Mischung von schwefelsaurem Calcium mit Kupferhydroxyd, erhält man durch Fällen von ammoniakalischem schwefelsauren Kupfer mit Kalk. Diese Farbe ist viel heller blau als die des Bremerblaus. Sie besitzt als Wasserfarbe ziemlich gute, als Oelfarbe jedoch nur geringe Deckkraft.

Scheele'sches Grün oder arsenigsaures Kupfer.

$$As_2 \overset{''}{Cu} O_4.$$

Das im Handel vorkommende Präparat besteht gewöhnlich aus unregelmäßigen, tafelartigen, spröden Bruchstücken von einem mehr oder weniger hellen Grün. Beim Erhitzen zerlegt es sich in Wasser, arsenige Säure, Arsenkupfer und arsensaures Kupfer. Es ist geruch- und geschmacklos, unlöslich in Wasser, löslich jedoch in stärkeren Mineralsäuren, sowie in Ammoniak; siedende Kalilauge verwandelt es in Kupferoxydul, während arsenigsaures und arsensaures Kalium in Lösung geht.

Darstellung. — Nach Scheele's Vorschrift erhält man die Farbe auf folgende Weise: Man löst 32 Theile eisenfreien Kupfervitriol in 180 Theilen heißem Wasser auf und versetzt diese Flüssigkeit mit einer Lösung von 11 Theilen arseniger Säure in Pottaschenlösung (32 Theile Pottasche in 160 Theilen Wasser), kantirt die über dem Niederschlage stehende Flüssigkeit und wäscht denselben gut aus. Aus den angegebenen Verhältnissen erhält man 22 Theile Scheele'sches Grün.

Nach Geutele löst man 100 Pfund schwefelsaures Kupfer in 500 Pfund Wasser und gießt die Flüssigkeit in große Bottige, welche bis zu ? ihres Raumes mit Wasser angefüllt sind; hierzu setzt man unter beständigem Umrühren zuerst eine Lösung von 10 bis 12 Pfund arseniger Säure in 20 Pfund Pottasche und sodann kaustische Kalilauge (aus 90 Pfund calcinirter Pottasche und 60 Pfund Kalk). Das gebildete Grün wird gut ausgewaschen und getrocknet. An Stelle der Kalilauge kann man selbstverständlich auch Natronlauge anwenden. Je mehr arsenige Säure man genommen hat, um so heller ist die Farbe.

Das Braunschweiger Grün

erhält man unter fast gleichen Verhältnissen. Man fällt eine Lösung von 100 Pfund Kupfervitriol und 2 Pfund Weinstein durch eine Lösung von 21 Loth arseniger Säure in 10 Pfund Pottasche und 2¼ Pfund Kalkmilch. Diese Farbe ist also eine Mischung von arsenigsaurem Kupfer, Kupferhydroxyd und schwefelsaurem Calcium. Sie besitzt eine helle bläulich grüne Farbe und findet in der Wasser- und Oelmalerei Verwendung; doch ist der Verbrauch derselben jetzt nur noch gering.

In Deutschland kommen unter dem Namen

Neuwieder Grün

mehrere Arten von grünen Farben in den Handel. Eine derselben wird wie das Braunschweiger Grün dargestellt und enthält nur mehr Arsenik (2¼ Pfund auf 100 Pfund Kupfervitriol); auch ist ihr Ton weniger bläulich. Das Präparat wird außerdem noch mit natürlichem schwefelsauren Barium vermischt.

Eine zweite Art erhält man durch direkte Vereinigung von Kupferhydroxyd, durch Kalk gefällt, (s. Kalkblau) mit arseniger Säure. Eine dritte Sorte endlich ist weiter nichts als eine Mischung von Schweinfurter Grün mit schwefelsaurem Barium oder Calcium.

Das Mineralgrün

besteht aus arsenigsaurem Kupfer mit Berggrün.

Das arsenigsaure Kupfer wird auf Geweben chemisch befestigt. Wenn man mit einem Kupfersalz klotzt oder druckt und durch Natronlauge passirt, so erhält man ein bläulich weißes Kupferhydroxyd, welches an der Faser anhaftet und leicht in Grün übergeführt werden kann, indem es mit arseniger Säure ausgefärbt wird; oder man verfährt umgekehrt: man druckt zuerst arsenigsaures Natrium auf und behandelt es nachher mit einer Kupferlösung.

17. Zeugprobe: Arsenigsaures Kupfer.

Schweinfurter Grün.

Diese Farbe besitzt von sämmtlichen Kupferpräparaten das prachtvollste Grün. Wegen seines Glanzes und seiner Farbebeständigkeit auch bei künstlichem Lichte (Lichtgrün) hat das Schweinfurter Grün vielfache Verwendung gefunden, so z. B. auf Tapeten und Rouleaux, in der Wasser-, seltener in der Oelmalerei; da es aber sehr giftig ist, so kann man bei seinem Gebrauche nicht vorsichtig genug sein; denn es ist erwiesen, daß es als Zimmerfarbe nachtheilig auf die Gesundheit der Bewohner wirkt, indem es sich sowol in feinem Staube ablöst, als auch in feuchten Räumen Arsenwasserstoff ausdünstet. Außerdem verwendet man es noch zum Färben von künstlichen Geweben und zum Bedrucken von Stoffen. Mit welchem tadelswerthen Leichtsinn manche Fabrikanten hierbei zu Werke gehen, ist kaum zu glauben. Ich wurde vor mehreren Jahren zur Untersuchung eines prachtvoll grünen Tarlatans veranlaßt. Schon durch bloßes Reiben und Waschen mit Wasser wurde ein großer Theil der Farbe losgelöst, da dieselbe nur ganz locker auf dem Gewebe haftete. Bei der Analyse ergab sich, daß der Stoff 44 Prozent Farbstoff enthielt.

Auch Erdmann[1]) hat über die Schädlichkeit der mit dem Schweinfurter Grün gefärbten, zu Ballkleidern bestimmten Baumwollenstoffe Versuche angestellt. Er fand ebenfalls, daß die Farbe nur mit Stärke aufgetragen war und dem Zeuge so lose anhaftete, daß sie beim Reiben, besonders aber beim Zerreißen desselben abstäubte. Durch kaltes Wasser ließ sie sich fast völlig ablösen und setzte sich daraus als schweres körniges Pulver ab. Eine Elle (20 Gramm) hinterließ nach dem Auswaschen mit Wasser und Salzsäure 9 Gramm Zeug, dasselbe enthielt also mindestens 50 Prozent Schweinfurter Grün. Der Staub desselben erzeugt Hautausschläge, Entzündung der Augen und des Schlundes. — Jiured[2]) schüttelte ein Stück Zeug, welches 2,622 Gramm wog, eine Stunde lang, in welcher Zeit es 3500 Schwingungen machte. Nach dieser Operation wog es 2,525 Gramm, der Verlust an Farbe betrug also 0,097 Gramm. Ein Kleid wiegt ungefähr 544,33 Gramm, worin 300,9 Gramm Farbe enthalten sind. Nimmt man an, daß an einem Ballabend ein Kleid mindestens ebensoviel Schwingungen macht — eine Zahl, welche durchaus nicht zu hoch gegriffen ist — so verliert dasselbe 20,888 Gramm Farbe, worin 4,04 Gramm arseniger Säure enthalten sind. Wünschenswerth wäre es demnach, daß diese Farbe von der Balltoilette ausgeschlossen oder wenigstens durch eine andere, aber unschädliche, ersetzt würde. Die Verarbeitung dieser arsenhaltigen Farben ist übrigens in Preußen verboten.

Das Schweinfurter Grün wurde im Jahre 1814 zuerst von Ruß und Sattler in Schweinfurt entdeckt, und die Fabrikations-

---

[1]) Dingler's polytechn. Journal, Bd. CLVI, pag. 79. — Journal für prakt. Chemie, Bd. LXXIX, pag. 191.
[2]) Dingler's polyt. Journal, Bd. CLV, pag. 465.

methode blieb lange Zeit geheim. Liebig[1]), Braconnot[2]) und Andere veröffentlichten später die Methoden, nach welchen es leicht erhalten wird.

F. Ehrmann[3]) hat die Zusammensetzung der Verbindung angegeben. Nach sehr genauen Untersuchungen besteht das Schweinfurter Grün aus einer Verbindung von essigsaurem und arsenigsaurem Kupfer von der Formel:

$$\left.\begin{array}{l} 3(AsO) \\ C_4H_3O \\ Cu_4 \end{array}\right\} O_4$$

Darstellung. — Man erhält dieses Grün, indem man arsenige Säure, Essigsäure und Kupferoxyd oder Körper, welche diese drei Verbindungen enthalten, zusammenbringt.

Die Herstellung der Farbe ist einfach und die Bildung derselben von interessanten Nebenumständen begleitet. Wenn man gleiche Theile essigsaures Kupfer und arsenige Säure in konzentrirten und siedenden Lösungen vermischt, so entsteht sofort ein voluminöser Niederschlag von olivengrüner Farbe; die Flüssigkeit nimmt gleichzeitig eine stark saure Reaktion an, welche von der in Freiheit gesetzten Essigsäure herrührt. In diesem Zustande besteht der Niederschlag noch aus arsenigsaurem Kupfer; erhitzt man jedoch die saure Flüssigkeit, in welcher sich der Niederschlag abgesetzt hat, zum Kochen, so sieht man, wie letzterer alsbald seine Farbe und seine Beschaffenheit verändert und wie sich eine neue Verbindung in Gestalt eines schweren körnigen Pulvers von prachtvoll grüner Farbe absetzt.

Die Umwandlung erfolgt um so schneller, je höher die Temperatur nach dem Vermischen der beiden Flüssigkeiten war. Wenn man die Lösungen nach der Mischung sich selbst überläßt oder sogar sie mit Wasser abkühlt, so erfolgt die Bildung der grünen Farbe erst nach Verlauf einiger Stunden; aber sie ist dann viel intensiver und glänzender. Der Unterschied in der Farbe rührt nur von der Größe der Krystalle her. Zerreibt man dieselben auf einer Farbenmühle bis zu demjenigen Grade der Feinheit, so haben beide dieselbe Nüance.

Nach dem gewöhnlichen Verfahren, welches in Schweinfurt befolgt wird[4]), verwendet man bald Grünspan und arsenige Säure, bald

---

[1]) Buchner's Repertorium für Pharmacie, 1822, April.
[2]) Dingler's polyt. Journal, Bd. IX, pag. 451.
[3]) Bulletins de la Société industrielle de Mulhouse, Nr. VII, pag. 68.
[4]) Kastner, Repertorium, Bd. XIII, pag. 469. — Erdmann, Kastner's Archiv, Bd. XVII, pag. 285. — Gentele, Lehrbuch der Farbenfabrikation, pag. 254.

neutrales krystallisirtes essigsaures Kupfer. Im letzteren Falle ist das Produkt schöner, weil man hierbei die Unreinigkeiten des gewöhnlichen Grünspans nicht in die Farbe hineinbringt.

Man nimmt 70 Pfund Grünspan oder 100 Pfund destillirten Grünspan auf 100 Pfund arsenige Säure. Letztere wird in 1500 Pfd. kochendem Wasser aufgelöst und filtrirt; den Grünspan rührt man in 500 Pfund Wasser von 85° zu einem dünnen Brei an und schlägt ihn durch ein feines Sieb; darauf werden beide Flüssigkeiten in einem Bottig zusammengebracht und gut durcheinander gerührt.

Liebig bedient sich kochender essigsaurer Lösungen von Grünspan und arseniger Säure. Braconnot stellt sich zuerst Scheele'sches Grün auf die gewöhnliche Weise dar und verwandelt das noch feuchte Präparat durch Erhitzen mit Essigsäure in Schweinfurter Grün.

Einige Fabrikanten ersetzen das neutrale essigsaure Kupfer oder den Grünspan durch Mischungen von schwefelsaurem Kupfer und essigsaurem Natrium oder Calcium. Im Grunde genommen erreicht man hierbei denselben Zweck; denn diese Mischungen geben ebenfalls essigsaures Kupfer. Man kann auch die arsenige Säure in Natronlauge auflösen und Essigsäure und schwefelsaures Kupfer hinzufügen. Diese Veränderungen in der Darstellungsweise werden übrigens nur aus Sparsamkeitsrücksichten gemacht.

Camillus Röchlin erhält eine feinere, weniger krystallinische und deshalb auch zum Walzendruck geeignetere Farbe, indem er in der Kälte die Lösungen von arsenigsaurem Natrium und essigsaurem Kupfer zusammenbringt und die Mischung einige Tage lang unter öfterem Umrühren stehen läßt.

Eigenschaften. — Das Schweinfurter Grün widersteht sehr gut der Einwirkung des Lichts und der Luft; in Wasser ist es vollkommen unlöslich, Mineralsäuren zerlegen es leicht unter Abscheidung von Essigsäure; konzentrirte überschüssige Essigsäure zerstört es ebenfalls, kaustische Alkalien, Kalk und Baryt thun dasselbe. Ammoniak löst es mit intensiv blauer Farbe.

Es ist nicht möglich, das Schweinfurter Grün auf den Geweben chemisch zu befestigen, indem man z. B. Scheele'sches Grün darauf firirte und es alsdann mit warmer Essigsäure behandelte, oder auch, indem man eine Mischung von essigsaurem Kupfer und arseniger Säure aufdruckte und es der Einwirkung von Wasserdämpfen aussetzte. Man zieht es bis jetzt noch vor, das Schweinfurter Grün durch Albumin zu befestigen. Wir haben bereits oben (pag. 125) von dieser Anwendung gesprochen.

Das **Mitisgrün** ist ein gelbliches Schweinfurter Grün oder auch eine Mischung von Scheele'schem und Schweinfurter Grün. — Außer den angeführten fertigt man in Farbenfabriken noch eine große Anzahl grüner Farben, welche arsenigsaures Kupfer enthalten und unter verschiedenen Benennungen in den Handel kommen, wie **Wiener** oder **Mirchberger Grün**, **Kaisergrün**, **Neugrün** u. s. w.; sie weichen theils in dem Farbenton, theils auch in der Darstellungsweise etwas von einander ab.

Das borsaure Kupfer, welches von **Bolley**[1]) vorgeschlagen wurde, besitzt eine olivengrüne, wenig glänzende Farbe und ist, da es sich beim Druck wenig haltbar zeigte, von dem Comité de chimie de la Société industrielle in Frankreich verworfen worden. **Kuhlmann** giebt an, daß man eine neue grüne Farbe erhält, wenn man in der Hitze zwei Aequivalente Kali auf eine Auflösung von 3 Aequivalenten Kupferchlorid einwirken läßt (letzteres muß im Ueberschuß bleiben). Diese Farbe (Kupferoxychlorid) ist zwar etwas dunkler und trüber, aber viel beständiger als das Schweinfurter Grün. Bei künstlichem Lichte gewinnt sie an Glanz, und überhaupt führt sie nicht die Uebelstände mit sich, wie die arsenhaltigen Präparate.

Analoge Verbindungen werden nach **Preuss**, **Berzelius** und **Brunner** erhalten, wenn man die Oxyde von Kupfer und Zink, durch Kalilauge oder Ammoniak gefällt, mit schwefelsaurem Kupfer zusammenbringt, und nach **Kuhn**, wenn man eine ammoniakalische Lösung von schwefelsaurem Kupfer an der Luft stehen läßt. (Basisch schwefelsaures Kupfer.)

Schwefligsaures Kupfer.

Lauth erhält ein sehr reines aber wenig intensives Smaragdgrün aus schwefligsaurem Kupfer, welches am Licht und in Seifenlösungen haltbar ist, indem er eine Kupferbeize aufdruckt, die aus konzentrirten Lösungen von salpetersaurem und essigsaurem Kupfer besteht. Man verdickt mit gerösteter Stärke, befestigt mit kaustischer Natronlauge und passirt durch eine schwache Lösung von schwefligsaurem Natrium.

---

[1]) Schweizer Gewerbeblatt, 1847, pag. 23. — Dingler's polyt. Journ., Bd. CV, pag. 153.

Casselmann'sches Grün [1].

Vermischt man eine siedend heiße Lösung von schwefelsaurem Kupfer mit einer siedenden Lösung von essigsaurem Kalium oder Natrium, so entsteht ein basisches Kupfersalz in reichlicher Menge. Dasselbe ist in Wasser völlig unlöslich, anfangs von flockigem Ansehen, nimmt indessen in kurzer Zeit eine fast körnige Beschaffenheit an und setzt sich dann leicht ab. Es ist von hellgrüner Farbe und zeigt nach dem Trocknen und Verreiben ein solches Feuer, daß es nach dem Schweinfurter Grün entschieden die schönste der unlöslichen Kupferverbindungen bildet, weshalb nicht zu zweifeln ist, daß es als Farbe technische Anwendung finden wird.

Zinnsaures Kupfer.

Gentele schlägt als schöne grüne Farbe noch das zinnsaure Kupfer vor, welches man dadurch erhält, daß man eine Lösung von 125 Theilen schwefelsaurem Kupfer mit einer Lösung von 59 Theilen metallischem Zinn in Königswasser vermischt und mit Natronlauge fällt. Ueber die Brauchbarkeit dieses Präparates liegen noch keine Resultate vor.

Blaue und violette Farbstoffe.

1) Ultramarinblau.
2) Blaue Farbstoffe aus Ferrocyanverbindungen.
3) Kobaltblau. Thenard'sches Blau. Smalte. Phosphorsaurer Kobalt. Coeruleum.
4) Blaue Oxyde seltener Metalle. Molybdänblau, Wolframblau u. s. w.

Ultramarin [2].

Der kostbare blaue Farbstoff, welcher im Handel unter dem Namen künstlicher Ultramarin bekannt ist, ist eine der wichtigsten Entdeckungen, welche die Industrie dem rastlosen Eifer der Chemie zu

---

[1] Dingler's polyt. Journal, Bd. CLXXVIII, pag. 12. — Fresenius, Zeitschrift für analytische Chemie, 1865, pag. 85.

[2] Literatur über Ultramarin. — Liebig, Handwörterbuch der Chemie, Bd. IX, pag. 7. — Dumas, Handbuch der angewandten Chemie, Nürnberg 1832, Bd. II, pag. 428. — Leykauf und Heine, Die Ultramarinfarben, Nürnberg

verdanken hat; sie datirt aus dem Jahre 1826. Längere Zeit schon hatte man sich bemüht, den Ultramarin künstlich darzustellen, bis es endlich Gmelin gelang, die Bahn dazu zu brechen. Diese Versuche hatten die Schöpfung eines neuen Fabrikationszweiges zur Folge, welcher von Jahr zu Jahr mehr an Ausdehnung gewinnt. Man verdankt die Entdeckung nicht dem Zufalle, sondern sie ging aus Versuchen hervor, welche, gestützt von einem tiefen gründlichen Wissen, mit unermüdlichem Fleiße wiederholt wurden und auf ein bestimmtes Ziel gerichtet waren. Schon seit Jahrhunderten verwendete man, aber nur zu Zwecken der feinen Malerei, ein Pulver von einer prachtvollen rein blauen Farbe, welches durch Pulvern eines sehr seltenen Minerals,

---

1840. — Gottlieb, Taschenbuch der chemischen Technologie, Leipzig 1852, pag. 199. — Schirges, Briefe über die Pariser Ausstellung des Jahres 1855, Mainz 1855, pag. 257. — Schödler, Chemie der Gegenwart, 3. Auflage, 1859, pag. 356 bis 375. — Hofmann, Report by the Juries, London 1863, pag. 71. — Fürstenau, Die Ultramarinfabrikation, Coburg 1864. — Wagner, Handbuch der Technologie, Bd. II, pag. 641. — Gentele, Lehrbuch der Farbenfabrikation, pag. 328. — Muspratt, Technische Chemie, 1. Auflage, Bd. III. Sigl, Bericht über die internationale Ausstellung von 1855.

Journal für technische und ökonomische Chemie, Bd. II, pag. 406; Bd. III, pag. 379. — Schweigger's Jahrbuch, 1828, pag. 483. — Gehler's Journal für Chemie und Physik, Bd. 1, pag. 214. — Annalen der Chemie und Pharmacie, Bd. XCVII, pag. 35 u. 295; Bd. XCVIII, pag. 212; Bd. LXVII, pag. 35; Bd. XCIX, pag. 21; Bd. CXVIII, pag. 212. — Zeitschrift der Chemie und Pharmacie, 1861, pag. 485. — Dingler's polytechn. Journal, Bd. XII, pag. 433; Bd. XLIV, pag. 79; Bd. L, pag. 988; Bd. LXVIII, pag. 536; Bd. LXXXIII, pag. 461; Bd. LXXXIV, pag. 467; Bd. LXXXV, pag. 53; Bd. XCIV, pag. 386; Bd. C, pag. 266; Bd. CXIV, pag. 395; Bd. CXX, pag. 197; Bd. CXXVI, pag. 137; Bd. CXXXII, pag. 277; Bd. CXXXIV, pag. 373; Bd. CXXXVI, pag. 467; Bd. CXXXIX, pag. 28; Bd. CXL, pag. 214 und 228; Bd. CXLI, pag. 116; Bd. CXLII, pag. 351; Bd. CXLIII, pag. 295; Bd. CXLIX, pag. 63 und 291; Bd. CLIX, pag. 43.

Polytechnisches Centralblatt, 1851, pag. 948; 1854, pag. 878, 1520; 1855, pag. 316, 508; 1856, pag. 229, 363, 559, 1127, 1199; 1857, pag. 249; 1858, pag. 1581; 1859, pag. 897; 1860, pag. 1597; 1861, pag. 1211. — Journal für praktische Chemie, Bd. XXXIV, pag. 395; Bd. LXVIII, pag. 299. — Chemisches Centralblatt, 1860, pag. 706 u. 797. — Polytechnisches Notizblatt, 1852, pag. 97. — Annales de pharmacie, Bd. X, pag. 31. — Moniteur scientifique, Bd. IV, pag. 105. — Répertoire de chimie appliquée, 1861, pag. 15, 420 u. 427. — Annales de chimie, (1), Bd. XXI, pag. 150; Bd. LVII, pag. 317; Bd. XXXIV, pag. 65; Bd. LXXXIX, pag. 88; (2), Bd. XL, pag. 439; Bd. XLVI, pag. 431; (3), Bd. XLVIII, pag. 64. — Comptes rendus de l'Académie des sciences, Bd. XLV, pag. 761; Bd. CVIII, pag. 339. — Bulletins de la Société d'encouragement, 1855, pag. 840; 1864, pag. 558.

des Lazursteins oder Lapis Lazuli, hergestellt wurde, von welchem der jetzt angewendete Ultramarin nur eine künstliche Nachahmung ist. Wir beginnen mit der Beschreibung des natürlichen Produkts, dessen genaues analytisches Studium die Untersuchungen Gmelin's und Guimet's mit Erfolg gekrönt hat.

Natürliches Ultramarin. Lazulit, Lapis Lazuli, Lasurstein — nicht zu verwechseln mit dem Blauspath, welcher in Frankreich auch Lazulite genannt wird — Plinius nennt ihn Sapphirus[1] .... „in den blauen Sapphiren leuchtet Gold in Punkten .... er gleicht dem heitern Himmel, aber wegen der Goldpünktchen dem mit Sternen geschmückten". Die Fundorte, woher die ziemlich beträchtliche Menge jährlich nach Europa eingeführt wird, sind noch nicht bekannt; im Allgemeinen nennt man Indien, Persien und China. Die Hauptfundorte sind die Große Buchharei, die Insel Hainan im chinesischen Meere, Ditro in Ungarn, Chile und hauptsächlich am Baikalsee in Sibirien, wo er in einem Kalksteinlager mit Lasurfeldspath bricht. Man benutzt ihn in Italien in Platten geschnitten zum Ausschmücken der Kirchen. Er ist häufig mit Eisenkies durchmengt, bisweilen auch mit Gips, Quarz, Granat, Kokscharowit und Paralogit.

Nach der Angabe Patrin's, eines Kaufmanns, welcher die Brüche in der Großen Buchharei besucht hat, findet sich dort der Lasurstein in einem grauen Granit in kleinen Massen, welche die Größe eines Kopfes nicht überschreiten. Im Handel führt der mehr oder minder an Lasurstein reiche Fels den Namen Lapis, obwol er häufig nicht mehr als ein Drittel oder Viertel seiner Masse davon enthält.

Der eigentliche rein blaue und isolirte Lasurstein ist an den Kanten fast durchsichtig, zerbrechlich, trotzdem seine Härte $= 5{,}5$ ist, so daß er Glas ritzt; sein Bruch ist körnig, bisweilen blättrig und stets krystallinisch. Selten findet er sich in gut ausgebildeten Krystallen. Diese letzteren gehören dem regulären Krystallsystem an und haben die Form von Granatoedern, (Perowsky hat Granatoeder mit Würfelflächen aus der Buchharei mitgebracht); ferner finden sich noch scheinbar sechsseitige Prismen, welche durch Verlängerung der Rhomboederflächen entstanden sind, ein Fall, welcher so bei mehreren Mineralien des regulären Systems vorkommt (z. B. Blende). Sein spezifisches Gewicht ist bei den Krystallen $2{,}855$, pulverförmig $2{,}76$ bis $2{,}90$, je nach seiner Reinheit.

---

[1] Quenstedt. Handbuch der Mineralogie, pag. 355.

Blaue und violette Farbstoffe.

Vor dem Löthrohr schmilzt er schwierig zu einer anfänglich bläulichen Kugel, welche indessen schnell weiß wird; mit Borax zusammengeschmolzen, löst er sich unter Aufbrausen auf und giebt eine durchsichtige Kugel. Wirft man ihn nach dem Erhitzen in Mineralsäuren, so bildet er eine ziemlich dicke Gallerte; das Pulver wird von einer gesättigten Auflösung von Alaun und auch von Essigsäure nicht angegriffen. Diese beiden Eigenschaften, namentlich die letztere, sind ein sehr scharfes Unterscheidungsmerkmal zwischen dem natürlichen Ultramarin und den künstlichen blau gefärbten Produkten, welche hinsichtlich ihrer Zusammensetzung demselben nahe stehen.

Ueber die Zusammensetzung des Ultramarins haben wir Arbeiten von Klaproth, welcher kein Natrium darin fand, Markgraff, welcher die Thonerde übersah, Clément und Désormes, Barrentrapp und Field. Die Analyse von Clément und Désormes wird allgemein als diejenige betrachtet, welche die wirkliche Zusammensetzung des natürlichen Ultramarins angiebt.

Die nachfolgende Tabelle, in der wir die **Resultate der verschiedenen Untersuchungen zusammenstellen**, zeigt, **daß das Mineral keine konstante Zusammensetzung hat.**

	Klaproth.	Gmelin.	Clément und Désormes.	Barrentrapp.
Kieselsäure	46,00	49,00	36,80	45,40
Thonerde	14,15	11,00	34,80	31,67
Natron	0	0	23,20	9,09
Kali	0	8,00	0	0
Kohlens. Calcium	28,00	0	3,1	0
Schwefels. Calcium	6,5	0	0	0
Kalk	0	15,00	0	3,52
Schwefelsäure	0	2,0	0	5,89
Schwefel	0	0	3,1	0,95
Eisen	0	0	0	0,52
Eisenoxyd	3,0	0	—	0
Chlor	0	0	—	0,42
Wasser	0	0	—	0,12
Verlust	2,0	10,00	—	—

Die Analyse von Field führt zu folgender Formel [1]):
$$6\ [3\,SiO_2,\ Na_2O\ Al_2O_3]\ Na S\ —\ [2])$$

[1]) Nach allen Atomgewichten: $O = 8$, $S = 16$, $Na = 23$, $Si = 21$, $Al = 13.75$.

[2]) Vor Kurzem hat Kuhlmann (Comptes rendus de l'Académie des sciences, Bd. CVIII, pag. 333) in einem Ofen, welcher zur Darstellung von Schwefelbarium aus schwefelsaurem Barium diente, ein Baryutultramarin gefunden, also ein Ultramarin, in welchem das Natrium durch Barium ersetzt ist.

Der schönste Lasurstein wird zu Schmucksachen und zur florentinischen Mosaikarbeit benutzt; der weniger schön gefärbte gelangt als Farbstoff zur Verwendung. Zu diesem Zweck wird der Stein bis zum Rothglühen erhitzt und noch heiß in Essig oder Alkohol abgelöscht: der Essig dient dazu, die kalkartige Gangart aufzulösen. Hierauf wird er einem Schlämmprozesse unterworfen. Das feine Pulver wird in der Wärme mit einer Harzmasse, bestehend aus Pech, Wachs und Leinöl, welche man unter warmem Wasser anrührt, zusammengeknetet. Das Wasser färbt sich sofort blau; das aus der dekantirten Flüssigkeit sich absetzende Ultramarin ist das vorzüglichste. Dieses Schlämmen wiederholt man so oft, bis sich in dem Wasser ein graues Pulver — Ultramarinasche genannt — zu Boden setzt. Das zarteste und feurigste Ultramarin wurde ehemals mit 60 bis 70 Thaler die Unze bezahlt. Nach einer Notiz von Daniel Köchlin-Schouch wurde der natürliche Ultramarin schon vor der Entdeckung Gmelin's zum Bedrucken von Stoffen angewendet. Seit dem Jahre 1820 befestigte Blondin den Lasurstein auf Geweben mit Eiweiß, ein Verfahren, welches jetzt eine bedeutende Ausdehnung erfahren hat.

Künstliches Ultramarin. Geschichtliches über seine Entdeckung. — Die verschiedenen Phasen der Entdeckung des künstlichen Ultramarins wurden in dem über die Weltausstellung von 1855 veröffentlichten Berichte von Stas angezeigen. Aus dieser Arbeit sowol, wie aus dem Bericht über die Londoner Industrie-Ausstellung vom Jahre 1862 sind in Folgendem eine Menge nützlicher und interessanter Angaben entlehnt.

Im Jahre 1814 bemerkte Tassaert zuerst in einem Sodaofen der Fabrik zu Saint-Gobain die Bildung einer blauen Substanz. Kuhlmann in Lille beobachtete später das Auftreten einer analogen Verbindung in den Calciniröfen des schwefelsauren Natriums. Vanquelln bewies auf analytischem Wege und durch Vergleichung ihrer Eigenschaften die Identität der Substanz von Tassaert und des Lasursteins, und es ließ sich also hieraus die Möglichkeit der Synthese dieses kostbaren Farbstoffes annehmen.

Im Jahre 1824 setzte die Société d'encouragement pour l'industrie nationale in Frankreich einen Preis von 6000 Francs aus für den Entdecker eines praktischen Verfahrens zur Herstellung von künstlichem Ultramarin, jedoch zu einem solchen Preise, daß das Kilogramm nicht mehr als 600 Francs kosten dürfte. Im Januar 1827 kündigte Gulmet der Akademie der Wissenschaften an, daß das Problem gelöst sei. Sein Verfahren wurde zweien Mitgliedern anvertraut und ist bis zum heutigen Tage geheim geblieben. Eine bedeutende Fabrik wurde unter Leitung von Guimet angelegt und besaß lange Zeit das Monopol zur Herstellung dieser Farbe. Der Preis derselben ist übrigens sehr schnell von dem anfänglichen von 600 Fr. bis auf 30 Fr. im Jahre 1831 heruntergegangen.

Kurze Zeit nach der Mittheilung Guimet's beanspruchte Christian Gmelin, Professor der Chemie zu Tübingen, die Priorität der Entdeckung und veröffentlichte ein Verfahren zur Darstellung des Ultramarins. Der Berichterstatter Mérimée gestand zwar die Gleichzeitigkeit der von den beiden Chemikern gefundenen Resultate ein, erkannte jedoch Guimet den Preis zu, weil dieser zuerst die Preisaufgabe praktisch durchgeführt hätte [1]).

In Deutschland wurde im Jahre 1834 die erste Ultramarinfabrik von Dr. Leverkus zu Wermelskirchen bei Cöln, 1838 eine solche von Leylauf und Heine zu Nürnberg errichtet, denen seitdem viele gefolgt sind. Auch in Frankreich erstanden gleichfalls derartige Fabriken; allein das Verfahren, nach welchem die Franzosen arbeiten, wurde erst von Deutschland nach Frankreich gebracht.

Die verschiedenen Ultramarinsorten hinsichtlich ihrer physikalischen und chemischen Charaktere.

Das natürliche Ultramarin ist hinsichtlich seines physikalischen und chemischen Charakters ein konstanter Körper. Seine Farbe ist

---

[1]) Hinsichtlich der Priorität der Entdeckung des künstlichen Ultramarins entlehnen wir folgende Notiz dem „Jahrbuch für Pharmacie", Bd. XVIII, pag. 415 (Wagner's Jahresbericht der chemischen Technologie, 1862, pag. 286): „Die zufällige Entdeckung, daß der Itinerit vom Kaiserstuhl im Feuer schön blau werde und mit Säuren Schwefelwasserstoff entwickle wie der Ultramarin, hatte schon im Jahre 1822 die Idee der Bereitung in Gmelin erweckt. Aber in Tübingen waren bei der Kostbarkeit des ächten Ultramarins die nothwendigen Arbeiten mit großen Schwierigkeiten verknüpft. In dieser Bedrängniß ging er im Frühjahr 1827 nach Paris und theilte Gay-Lussac sein Verhaben mit. Der französische Gelehrte gab ihm den Rath, gegen Niemand etwas zu äußern, und Derselbe war es, der zehn Monate später, am 4. Februar 1828, den Pariser Akademikern verkündigte, daß Guimet in Toulouse die künstliche Darstellung gelungen sei, ohne dabei Gmelin's zu gedenken! Gay-Lussac (Annales de chimie et de physique, Bd XXXVII, pag. 413, 1828) suchte sich zwar zu rechtfertigen, und Guimet behauptete sogar, daß er das Geheimniß schon Jahre lang mit sich trage und der Maler Ingres bereits im Jahre 1827 sich des künstlichen Präparats beim Plafond des Museums von Karl X. bedient habe; nur bemerkt Poggendorff (Annalen der Chemie und Physik, 1828, Bd. XIV, pag. 370) sehr richtig, wie auffallend es sei, daß er seine Entdeckung zwei Jahre zurückhalten mochte, während die Société d'encouragement seit vier Jahren einen Preis von 6000 Francs vergeblich darauf gesetzt hatte."

stets rein blau und widersteht sehr gut der Einwirkung der Essigsäure und einer Alaunauflösung. Das künstliche Ultramarin hingegen kann nicht als völlig identisch mit ihm angesehen werden; denn es wird stets durch Essigsäure zersetzt und erhält sich auch nicht vollkommen unverändert in einer Alaunlösung. Nach Vauquelin nähert sich jedoch das von Tassaert in den Scobaösen aufgefundene Produkt in dieser Hinsicht sehr der natürlichen Verbindung. Die Farbe des künstlich dargestellten Präparats kann nicht genau die des Lasursteinpulvers sein.

Eine Vergleichung einer großen Anzahl von Proben, welche auf verschiedene Weise dargestellt wurden (eine Zusammenstellung, welche im umfangreichen Maßstabe auf den Weltausstellungen gemacht ist), hat ergeben, daß sie sowol hinsichtlich ihres Farbentons als auch in Bezug auf ihre Aechtheit merklich von einander abweichen. Man hat sogar die Beobachtung gemacht, daß diese beiden Faktoren in einer gewissen Beziehung zu einander stehen.

Hinsichtlich ihrer Farbe theilt man die Ultramarine in verschiedene Gattungen ein; diese sind:

1) Ultramarine von einer rein blauen, tiefen Farbe, wie die des Lasursteins.

2) Lichter blau gefärbte Ultramarine, welche selbst einen leichten Stich ins Grüne haben, mit einem merklichen Glanz.

3) Ultramarine mit einem violetten oder röthlichen Reflex.

4) Der grüne glanzlose Ultramarin.

Der letztere bildet sich, wie wir später sehen werden, als erstes Produkt bei der fabrikmäßigen Darstellung, wenigstens bei gewissen Prozessen; es ist selbstverständlich, daß man durch unvollständige Umwandlung des grünen Ultramarins in blauen alle Nüancen hervorbringen kann, welche zwischen Grün und Blau liegen. Roerh in Clarenthal bei Wiesbaden hat im Jahre 1855 sechsunddreißig Proben ausgestellt, welche verschiedene Nüancen zwischen dem reinen Grün und dem reinen Blau zeigten.

Je nach dem Ton, welche diese Farben besitzen, verhalten sie sich verschieden, wenn man sie den gewöhnlichen Versuchen unterwirft, um ihren Farbreichthum abzuschätzen. Wenn man sie nämlich mit weißen Farbstoffen mischt, so geben sie nicht alle dieselben Resultate hinsichtlich der Erhaltung ihrer eignen Farbe und ihrer Farbstärke. Während also rein blaue oder bläulich grüne Ultramarine, mit Zinkweiß gemischt, proportional der Menge des angewendeten Zinkoxydes heller werden, verlieren die violetten und die röthlich violetten ihre Farbe fast vollständig, selbst in Mischung mit verhältnißmäßig kleinen Mengen von Zinkoxyd. Diese eigenthümliche Erscheinung tritt nicht mehr ein, wenn man das Zinkweiß durch schwefelsaures Barium, kohlensaures Barium oder Calcium, Talk, schwefelsaures Calcium oder gepulverten Alabaster ersetzt. Diese Farben erhalten bei dem Hinzusetzen zu irgend einem Ultramarin demselben seine eigenthümliche Färbung [1]).

Im Allgemeinen nähern sich die künstlichen Ultramarine in ihren chemischen Eigenschaften sehr denen des Lasursteins; in der Hitze sowie gegen starke Säuren verhalten sie sich ebenso wie jener. Gießt man auf Ultramarin einen Ueberschuß von Chlorwasserstoffsäure, so wird Schwefelwasserstoff frei, und gleichzeitig bemerkt man einen zu Thränen reizenden Geruch, demjenigen sehr ähnlich, welchen man bei der Zerlegung eines Alkalipolysulfurets durch eine starke Säure wahrnimmt. Die übrigbleibende Flüssigkeit ist milchig und gallertartig und geht trübe durch das Filter. Diese Trübung rührt von dem ausgeschiedenen Schwefel her und ist bei blauem Ultramarin beträchtlicher als bei grünem. Kein künstliches Präparat entspricht vollständig der Bedingung, der Einwirkung einer Alaunlösung zu widerstehen. Die einen werden schon nach kurzer Einwirkung entfärbt, andere erfordern eine halbstündige oder höchstens drei- bis vierstündige Dauer der Einwirkung; den geringsten Widerstand leisten der rein blaue, der grünlich blaue und der grüne Ultramarin, die violetten und die röthlich violetten sind weit beständiger. Bei dieser Einwirkung geht der blauviolette Ultramarin, bevor er sich entfärbt, in reines Blau oder Grünlichblau über, während der röthliche seine eigene Farbe bis zu dem Augenblick behält, wo er sich völlig entfärbt. Alle Ultramarine in Verbindung mit Albumin und Oel sind an der Luft, am Licht und in Alkalien haltbar. Nach Breunlin läßt sich der Ultramarin weit leichter mit Wasser versetzen, wenn man ihn vorher mit verdünntem Alkohol angefeuchtet hat.

Zusammensetzung der Ultramarine. Es sind viele Analysen von künstlichen blauen und grünen Ultramarinen gemacht worden, nicht allein, um die elementare Zusammensetzung des Körpers zu bestimmen, sondern auch, um definitiv die rationelle Formel und die Konstitution dieser interessanten Verbindung festzustellen.

Die erhaltenen Resultate zeigen merkliche Abweichungen. So kann das Verhältniß zwischen der Kieselsäure und der Thonerde von $\frac{100}{78{,}8}$ bis $\frac{100}{67{,}6}$ schwanken, je nach der Beschaffenheit des angewendeten

---

[1]) Barreswil hat diese Art der Untersuchung zuerst angegeben.

Kaolins. Die Menge des Schwefels, welcher als Schwefelwasserstoff frei wird, und welchen die Untersucher mit αS bezeichnen, wurde von Elsner auf 0,6 Prozent und von Ritter auf 5,89 Prozent bestimmt. Der gefällte Schwefel oder βS beträgt nach Ritter 0,24 und nach Bödmann 9 bis 10 Prozent.

Diese Unterschiede sind nicht derartig, um daraus schließen zu können, die blaue Verbindung habe eine veränderliche Konstitution; es ist im Gegentheil sehr wahrscheinlich, daß sie nur von einem Ueberschuß des einen oder des andern integrirenden Bestandtheils herrühren, dessen Anwesenheit bis zu einer gewissen Grenze auf den Farbenton ohne schädlichen Einfluß ist. Im weitern Verlauf werden wir sehen, daß man bis jetzt über die wirkliche Konstitution der Ultramarine noch nicht völlig im Klaren ist. Die nachfolgenden Notizen sind einer Arbeit von Scheurer-Kestner über das Ultramarin entlehnt.

Die wesentlichsten und hauptsächlichsten Bestandtheile sind: Silicium, Aluminium, Natrium, Schwefel und Sauerstoff. Eisen und Calcium sind ohne Wirkung auf die Erzeugung der blauen Farbe; denn es ist Brunner gelungen, mit vollständig eisen- und kalkfreien Substanzen die Farbe darzustellen, auch ist die Menge dieser beiden Körper zu gering, als daß ihrer Gegenwart ein wesentlicher Einfluß zugeschrieben werden könnte; sie können gewissermaßen nur als Verunreinigungen angesehen werden, welche bei der Operation im Großen schwierig oder fast unmöglich zu vermeiden sind. Indeß hat man die Beobachtung gemacht, daß das Eisen bis zu einem gewissen Grade auf die Entwickelung der Farbe günstig wirkt, in größerer Menge jedoch entschieden eine schädliche Wirkung ausübt. Urenles, Gunion de Morveau, Pruckner, Varrentrapp und Elsner hielten das Eisen für einen nothwendigen Bestandtheil des Ultramarins.

Einige Chemiker, z. B. Nöllner, nehmen an, daß die blaue Farbe des Ultramarins von einer blauen Modifikation des Schwefels herrühre. Diese Annahme stützt sich jedoch nur auf eine willkürliche Hypothese und verdient deshalb keine ernstliche Berücksichtigung. Andere nehmen die Existenz einer blauen Verbindung von Schwefel und Thonerde an; wäre diese Ansicht richtig, so müßte bei der Einwirkung von Chlor auf Ultramarin Chloraluminium entstehen, was aber nicht der Fall ist (Geulele); bei diesem Versuch bildet sich auch kein Chlorsilicium. Hiernach scheint es, daß das Aluminium und das Silicium sich als Alnminiumsilikat im Ultramarin finden, so wie sie im Kaolin enthalten sind, ja sogar, daß das Silikat bei der Darstellung keiner Behandlung unterworfen wird, welche fähig wäre, es zu zersetzen. Die relativen Mengen der Kieselsäure und des Aluminiums können in Folge dessen innerhalb gewisser Grenzen schwanken, außerdem steht es fest, daß ein Theil des Natriums im Ultramarin mit Sauerstoff verbunden ist; es fragt sich jedoch, ob das Natrium als ein Doppelsilikat oder in Verbindung mit einer Sauerstoffsäure des Schwefels (Schwefelsäure, schweflige oder unterschweflige Säure), oder ob es gleichzeitig mit der Kieselsäure und einer Sauerstoffsäure verbunden ist. Diese Frage läßt sich nach dem jetzigen Standpunkte der Chemie nicht mit Sicherheit beantworten. Jede der angeführten Ansichten hat übrigens unter den Chemikern, welche sich mit diesem Gegenstand beschäftigten, ihre Anhänger.

Die einzige Thatsache mit bestimmten Grundlagen ist die, daß ein Theil des Natriums als Sulfuret (Poly- oder Monosulfuret), also als eine Verbindung von Natrium mit Schwefel, im Ultramarin enthalten, und daß dies Alkalisulfuret mit dem Aluminiumsilikat oder dem Doppelsilikat von Natrium und Aluminium chemisch verbunden ist. Es wäre sonst bei Abwesenheit von Schwefelverbindungen des Aluminiums oder Siliciums die Entwickelung von Schwefelwasserstoffgas beim Uebergießen mit starken Säuren schlechterdings nicht zu erklären, und andererseits würde eine einfache Mischung eines Alkalisulfurets mit einem an und für sich farblosen Thonerdesilikat nicht die Veranlassung zur Entstehung der schönen blauen Farbe des Ultramarins geben können. Endlich — wie Gentele gezeigt hat — widersteht das Alkalisulfuret des Ultramarins weit besser, als wenn es allein wäre, der Einwirkung Schwefel entziehender und oxydirender Agentien, wie siedende kaustische Kalilauge, Auflösung von Bleioxyd in Kalilauge, Mischung von salpetersaurem und kohlensaurem Kalium.

In Betreff der Zusammensetzung des Sulfurets selbst können uns die weiter unten angeführten Analysen keinen wirklichen Aufschluß geben, seitdem man nach den Untersuchungen von Guignet weiß, daß das Ultramarin freien Schwefel enthält, welcher sich durch Schwefelkohlenstoff entfernen läßt. Es bleibt jetzt nur noch zu betrachten übrig, wie das Silicium, das Aluminium, der Sauerstoff, der Schwefel und das Natrium, welche Körper man ja als nothwendige Bestandtheile zur Darstellung der blauen Verbindung angenommen hat, gruppirt sind; bevor wir uns jedoch über die verschiedenen Ansichten aussprechen, welche über diesen Punkt aufgestellt sind, wollen wir einige Analysen von künstlichem Ultramarin anführen.

	Varren-trapp.	Elsner.	Brunner.	Breunlin.		Bödmann.	
Kieselsäure	46,60	40,00	32,54	37,40	40,90	28,82	29,32
Thonerde	23,30	29,50	25,25	29,99	34,18	38,89	37,04
Natron	21,46	23,00	16,91	14,89	16,17	16,09	14,14
Natrium	—	—	—	—	—	3,11	0,83
Schwefel a	} 1,68 {	0,50	} 11,63 {	1,98	2,20	2,08	2,00
Schwefel β		3,05		7,10	8,15	7,51	9,25
Kali	1,75	—	—	—	—	—	—
Kiesen	1,06	—	—	—	—	—	—
Kalk	0,02	—	—	0,47	0,82	—	—
Schwefelsäure	3,08	3,04	2,37	2,33	1,30	—	—
Chlor	Spuren	—	—	—	—	—	—
Eisenoxyd	—	1,00	3,24	—	—	—	—
Sauerstoff	—	—	9,04	—	—	—	—
Thon	—	—	—	2,83	1,46	2,90	1,31

Brunner betrachtet das Ultramarin als eine Verbindung des Aluminiumsilikats aus dem zur Fabrikation verwendeten Kaolin mit 20,157 Prozent schwefelsaurem Natrium und 17,421 Prozent Schwefelnatrium; Breunlin nimmt in dem grünen und im blauen Ultramarin ein Doppelsilikat von Aluminium und Natrium an, welches im blauen mit Natriumpentasulfuret und im grünen mit Natriumbisulfuret verbunden ist.

Ritter theilt hinsichtlich des Doppelsilikats dieselbe Ansicht; letzteres wäre jedoch nach ihm nicht allein mit einem Polysulfuret, sondern auch mit unterschwefligsaurem Natrium verbunden. Diese Ansicht sucht er durch den Umstand zu beweisen, daß die Gase, welche bei der Behandlung von Ultramarin mit einer starken Säure frei werden, schweflige Säure enthalten. Zur Nachweisung der letzteren unterwirft er das mit Wasser möglichst vollständig ausgewaschene Pulver der Behandlung mit einer chlorwasserstoffsauren Lösung von Brechweinstein oder arseniger Säure, welche das Schwefelwasserstoffgas zurückhält, die schweflige Säure aber nicht absorbirt. Auf diese Weise fand er 0,869 Prozent schweflige Säure, welche nur von einem schwefligsauren Salze herrühren kann.

Schützenberger zersetzte mit warmem Wasser gut ausgewaschenes Ultramarin durch verdünnte heiße Salzsäure in einer Atmosphäre von Kohlensäure. Die dabei frei werdenden Gase wurden durch einen Strom von Kohlensäure mit fortgeführt und gelangten, nachdem sie durch eine mit Baumwolle angefüllte Röhre hindurchgegangen waren, in eine Waschflasche, welche Wasser enthielt. Die wässrige Flüssigkeit trübte sich alsbald unter Ausscheidung von Schwefel, welche letztere stets erfolgt, wenn man schweflige Säure und Schwefelwasserstoffgas mischt. Reinhold Hoffmann digerirte Ultramarin mit Essigsäure und essigsaurem Blei; hierbei bildete sich unterschwefligsaures Blei, welches er durch kaustische Kalilauge entfernte. Durch Fällen der Kieselsäure und des Bleis mit Schwefelsäure entstand eine Lösung, welche die Reactionen der schwefligen Säure zeigte.

Hieraus ergiebt sich, daß die Existenz einer Sauerstoffverbindung des Schwefels mindestens sehr wahrscheinlich, aber es ist noch keineswegs ausgemacht, daß sie zur Konstitution der blauen Farbe unumgänglich nothwendig ist. Nach Ritter erhält man, wenn man eine Mischung von Kaolin von Cornwall mit schwefelsaurem Natrium und Kohle bei möglichstem Luftabschluß glüht, eine gelbe oder braune Masse, aus welcher Wasser Natriumpolysulfuret auflöst; als Rückstand bleibt ein gelbes Pulver, welches aus einem mit Natriumsulfuret verbundenen Doppelsilikat von Aluminium und Natrium besteht. Es enthält:

Kieselsäure	39,06
Thonerde	31,17
Natrium	14,75
Kalium	1,60
Natriumsulfuret (Mischung von gleichen Aequivalenten von Einfach- und Zweifach-Schwefelnatrium?)	12,97
Schwefeleisen	0,11

Ersetzt man das schwefelsaure Natrium durch schwefelsaures Kalium, so erhält man nach dem Auswaschen eine ungefärbte Verbindung, welche aus Kieselsäure, Thonerde und Kali besteht:

Kieselsäure	39,16
Thonerde	33,84
Kali	27,04.

Das weiße Ultramarin oder die rohe Masse bei Luftzutritt mit Schwefel geglüht, wird anfangs grün, dann blau. Nach Gentele ist der wirksame Bestandtheil bei dieser Gelegenheit die schweflige Säure, welche auch durch Chlor ersetzt werden kann; das Chlor oder die schweflige Säure würden alsdann dem Einfach-Schwefelnatrium Natrium entziehen und es in Natriumpolysulfuret überführen; zu gleicher Zeit entsteht schwefelsaures Kalium und freier Schwefel oder Chlorkalium. Wenn man bei diesem Versuch den Luftzutritt ausschließt, so erhält man eine grüne Masse, denn es fehlt, nach der Ansicht Gentele's, an der Sauerstoffverbindung des Schwefels, welche sich nur bei der Einwirkung des Sauerstoffs auf das Polysulfuret bilden kann.

Obwol es sehr unangenehm ist, eine so wichtige Frage unerledigt zu lassen, so müssen wir doch aus Mangel an genügenden Daten diese theoretischen Betrachtungen beendigen. Wir können jedoch hoffen, daß neue Arbeiten einiges Licht in das noch herrschende Dunkel bringen werden.

Fabrikation des Ultramarins.

Wir wir bereits oben angeführt, ist das Verfahren Guimet's bis auf den heutigen Tag unbekannt geblieben.

Gmelin'sches Verfahren. — Man verschafft sich Kieselsäurehydrat und Aluminiumhydroxyd ersteres, indem man gut gepulverten Quarz mit viermal soviel kohlensaurem Kalium schmilzt, die geschmolzene Masse in Wasser auflöst und mit Salzsäure fällt; letztere, indem man eine Alaunlösung durch Ammoniak fällt. Beide werden mit kochendem Wasser gut ausgewaschen. Hierauf bestimmt man, wie viel eine gewisse Quantität der feuchten Niederschläge nach dem Glühen hinterläßt. (Das Kieselsäurehydrat, welches von Gmelin angewendet wurde, enthielt 5 Prozent Kieselsäureanhydrid, das Aluminiumhydroxyd 32,4 Prozent wasserfreie Thonerde.) Man löst hierauf in heißer kaustischer Natronlauge so viel Kieselsäure auf, als sich überhaupt lösen läßt, und bestimmt die aufgelöste Menge. Auf 72 Theile der letzteren (auf wasserfreie Kieselsäure berechnet) nimmt man eine Quantität Aluminiumhydroxyd, welche 70 Prozent trockne Thonerde enthält, fügt dasselbe zu der Kieselsäurelösung und verdampft die ganze Masse unter beständigem Umrühren, bis nur noch ein feuchtes Pulver übrig bleibt.

Diese farblose Verbindung von Kieselsäure und Thonerde und Natron ist die Basis des Ultramarins, welche jetzt nur noch durch das Natriumsulfuret gefärbt werden muß; letzteres stellt man auf folgende Weise dar. Man trägt in einen, mit einem gut schließenden Deckel versehenen hessischen Tiegel eine Mischung von zwei Theilen Schwefel und einem Theile wasserfreiem kohlensauren Natrium ein. Man erhitzt allmälig, bis bei mäßiger Rothglühhitze die Masse gehörig im Flusse ist, alsdann wirft man von der ersten Mischung eine kleine Quantität in die Mitte des Tiegels und fährt damit fort, bis Alles eingetragen ist, indem man jedesmal das von den entweichenden Wasserdämpfen herrührende Aufbrausen abwartet. Nachdem man den Tiegel eine Stunde lang in mäßiger Rothglühhitze erhalten hat, nimmt man ihn aus dem Feuer und läßt ihn erkalten. Er enthält Ultramarin, gemengt mit Natriumsulfuret, welches man mit Wasser auszieht. Sollte noch überschüssiger Schwefel beigemengt sein, so verjagt man denselben durch mäßiges Erhitzen; ist das Ultramarin nicht gleichmäßig gefärbt, so verwandelt man die Masse in ein sehr feines Pulver und trennt das feurigste Ultramarin durch Schlämmen mit Wasser von dem weniger gefärbten Theile. Oder man mischt gleiche Theile von gefällter und getrockneter Kieselsäure und Thonerde, kohlensaurem Natrium und Schwefel mit einer Menge kaustischer Natronlauge, welche hinreichend ist, um die Kieselsäure aufzulösen. Die Mischung wird in einen Tiegel gethan und nach dem Trocknen zum lebhaften Rothglühen erhitzt, welche Temperatur man eine Stunde lang anhalten läßt; die anfänglich hellblaugraue Masse wird durch das Erhitzen schön blau. Die Porzellanerde von Saint-Yrier, welche man statt der Thonerde genommen hatte, liefert wegen des darin enthaltenen Eisens ein weniger schön gefärbtes Präparat.

Robiquet'sches Verfahren. — Man erhitzt eine Mischung von 2 Theilen Porzellanthon, 3 Theilen Schwefel und 3 Theilen trocknem kohlensauren Natrium in einer lutirten Steingutretorte, bis keine Dämpfe mehr entweichen; nach dem Erkalten zerschlägt man die Retorte und wäscht die erhaltene grüne poröse Masse mit Wasser aus oder läßt sie an der Luft so lange liegen, bis sie durch Anziehung von Feuchtigkeit blau wird. Das blaue Pulver, welches man auf diese Weise erhält, wird alsdann, um den überschüssigen Schwefel zu verjagen, noch einmal geglüht und zerrieben.

Tiremen'sches Verfahren. — Man schmilzt 1075 Theile Sodasalz in seinem Krystallwasser und mischt hierin unter Umrühren zuerst 5 Theile gelben Schwefelarsenik (Auripigment); wenn letzterer zersetzt ist, setzt man zu dem Gemisch gallertartiges Aluminiumhydroxyd, welches man durch kohlensaures Natrium gefällt und nur einmal ausgewaschen hat, (7 Theilen trockner Thonerde entsprechend) und schließlich eine Mischung von 100 Theilen pulverisirtem Porzellanthon und 221 Theilen Schwefelblumen. Man erhitzt das Gemenge zuerst vorsichtig, um alles noch zurückgebliebene Wasser zu verjagen, und bringt es alsdann ganz langsam zum lebhaften Rothglühen. Das Feuer muß so geregelt werden, daß die Masse nur zusammenbäckt, ohne zu schmelzen. Nach dem Erkalten erhitzt man das Produkt, um möglich viel Schwefel zu verjagen, wäscht es mit kaltem Wasser aus, unterwirft es in einem bedeckten Röstscherben noch einem zweiten ein- bis zweistündigem Erhitzen, wobei die Temperatur bis zur dunklen Rothglühhitze gesteigert werden kann, und rührt die Masse dabei von Zeit zu Zeit um.

Verfahren von Prückner in Hof. — Diese Methode ist in industrieller Hinsicht wol die beste und wurde während einer Reihe von Jahren angewendet; aber wegen eines damit verbundenen Uebelstandes hat man sie jetzt fast allgemein wieder aufgegeben. Die Arbeiter sind nämlich der schädlichen Einwirkung der schwefligen Säure zu sehr ausgesetzt, welche sich durch das Glühen eines Gemenges von Natriumbisulfuret, kohlensaurem Natrium und Thon in bis zum dunklen Rothglühen erhitzten Muffeln bei Luftzutritt bildet. Dieses Glühen muß unter beständigem Umrühren erfolgen, was eine beträchtliche Anstrengung erfordert. Ein möglichst thonerdehaltiger und eisenfreier Thon wird fein gepulvert und durch Schlämmen gereinigt, wie es in den Porzellanfabriken geschieht. Alsdann bereitet man sich eine Mengung aus:

Entwässertem schwefelsauren Natrium (wie es in den Sodafabriken aus Kochsalz und Schwefelsäure erhalten wird)	100 Theile
Gepulverter Holzkohle (oder Grus von guten Steinkohlen)	33 "
Zerfallenem Kalk	10 "

Diese Mischung bringt man auf die Herdsohle eines Flammenofens und bedeckt dieselbe mit einer 1½ bis 2 Zoll hohen Schicht Kalkmehl. Sobald die Masse geschmolzen ist, rührt man lebhaft um und schöpft das gebildete Schwefelnatrium in Bottige aus; hierauf löst man es in der fünffachen Menge siedendem Wasser auf, läßt die Lösung sich klären und kocht sie mit Schwefel, um eine höhere Schwefelungsstufe des Natriums zu bilden; auf 100 Theile geschmolzenes Natriumsulfuret sind 40 bis 50 Theile Schwefel erforderlich. Die wiederum geklärte Lösung wird soweit eingedampft, bis sie ein spezifisches Gewicht von 1,30 (25° B.) hat; sie enthält alsdann 25 Prozent trocknes Natriumbisulfuret. Diese Flüssigkeit wird zum weiteren Gebrauche aufbewahrt; sie enthält unterschwefligsaures und kohlensaures Natrium und Natriumbisulfuret.

Von dieser klaren Lauge dampft man 50 Kilogramm in flachen gußeisernen Gefäßen bis zur Syrupskonsistenz ein und rührt mit einem eisernen Spatel 12,5 Kilogramm trockne Thonerde hinzu oder von der noch vorräthigen feuchten präparirten Thonerde so viel, als dieser Menge im trocknen Zustande entspricht. Während die Masse sich noch gut umrühren läßt, giebt man nach und nach eine Lösung von 250 Gramm krystallisirtem kupferfreien Eisenvitriol hinzu und mengt Alles gut durcheinander. Hierauf wird die Masse zur Trockne eingedampft und zu einem möglichst feinen Pulver zerrieben. Dieses Pulver trägt man alsdann in Muffeln (von 0,50 bis 0,60 Meter Breite, 0,30 bis 0,35 Meter Höhe und 0,10 Meter Tiefe, welche in eigenthümlich gebauten Flammenöfen uebereinander aufgestellt sind,) in einer ungefähr 0,05 bis 0,06 Meter dicken Schicht ein und erhitzt es ungefähr eine Stunde lang bis zum Rothglühen, indem man häufig umrührt und den Zutritt der Luft nicht hindert. Die Farbe ist anfänglich leberfarbig, dann röthlich, grün und endlich blau. Sobald dieser Punkt erreicht ist, zieht man die Masse aus dem Ofen, laugt sie hierauf in einem Bottige zur vollständigen Entfernung der löslichen Salze mit Wasser aus und trocknet sie. Die trockne Masse wird aufs Neue fein zerrieben und gesiebt und noch einmal in Massen von 5 bis 6 Kilogramm in Muffeln von 0,45 bis 0,50 Meter Breite und 0,40 bis 0,50 Meter Tiefe unter häufigem Umrühren bei einer mäßigen Rothglanth erhitzt, bis sie eine schöne blaue Farbe angenommen hat, was in ½ bis ¾ Stunden erfolgt. Man nimmt alsdann das Präparat aus dem Ofen und läßt es auf Granitplatten erkalten, wobei sich oft schnell während des Erkaltens eine rasche Verschönerung und Erhöhung der Farbe zeigt. Mitunter tritt diese Erscheinung nicht ein. Schließlich wird die Schmelze auf einer Farbenmühle zerrieben und geschlämmt, wodurch die verschiedenen Sorten erzielt werden.

Nachfolgende Einzelheiten entlehnen wir dem Bericht von A. W. Hofmann, welcher vortreffliche Aufschlüsse über die fabrikmäßige Darstellung des Ultramarins nach den neueren Methoden giebt.

Die erste Operation besteht darin, eine innige Mischung von Kaolin, Schwefel und kohlensaurem Natrium zu machen, welcher man häufig eine gewisse Quantität schwefelsaures Natrium, Holzkohle und Kolophonium hinzufügt. Alle diese Materialien werden, mit Ausnahme des Kolophoniums, welches man in nußgroßen Stücken hinzusetzt, in Rollfässern in ein zartes Pulver verwandelt. Um ein dunkles und reines Blau zu erhalten, vermehrt man die Menge des schwefelsauren Natriums.

Zur Darstellung der blauvioletten, in Alaunlösung haltbaren Ultramarine vermehrt man die Menge des kohlensauren Natriums auf Kosten des schwefelsauren Salzes und vermischt den Kaolin mit gepulverter Kieselsäure, so daß Kieselsäure und Thonerde im Verhältniß von 65 zu 35 stehen.

Die nachfolgende Tabelle giebt die Zusammensetzung der beiden Mischungen zur Herstellung eines dunklen Ultramarinblau. Die erstere, welche von Stas in seinem Bericht über die Ausstellung von 1855 angegeben ist, enthält gleichzeitig schwefelsaures und kohlensaures Natrium; die zweite von Fürstenau, Dirigent einer Ultramarinfabrik in Koburg, enthält nur kohlensaures Natrium.

	I Stas.	II Fürstenau.
Kaolin	37	100
Wasserfreies schwefelsaures Natrium	15	—
Kohlensaures Natrium	22	90
Reiner Schwefel	18	100
Holzkohle	8	6
Kolophonium	—	6

Die Stoffe werden gut gemischt und in 150 bis 200 Tiegel eingetragen, von denen jeder 24 bis 30 Pfund der Mischung fassen kann, und welche in einem Ofen über einander gestellt werden; oder man füllt die Masse in breite feuerfeste Kästen, von welchen je zwei auf den Herdbänken eines doppelten mit niedergehendem Feuer konstruirten Flammenofens ausgesetzt sind. Der Ofen besteht aus zwei Etagen, von denen die untere direkt durch die Flamme, die obere durch die Verbrennungsgase erhitzt wird. Bei der ersten Mischung darf die Temperatur des Ofens nur sehr langsam bis zur dunklen Rothglühhitze gesteigert werden und muß 18 Stunden lang andauern; bei der zweiten Mischung hingegen empfiehlt Fürstenau eine sehr schnelle Temperaturerhöhung bis zum Schmelzpunkt einer Legirung von gleichen Theilen Gold und Silber; man läßt die Temperatur 5 bis 6 Stunden lang andauern, bis eine aus dem Ofen genommene Probe nach dem Erkalten eine grüne Farbe zeigt. Alsdann läßt man den Ofen ganz allmälig in 28 bis 36 Stunden abkühlen, indem man alle seine Oeffnungen verschließt.

Der hauptsächlichste Punkt, auf den es hierbei ankommt, ist der, daß man die passende Hitze anwendet; eine zu hohe Temperatur bewirkt, daß die Masse flüssig wird, während in dem entgegengesetzten Falle das schwefelsaure Natrium nicht reduzirt wird und eine Bildung von Polysulfureten also auch nicht stattfinden kann, so daß man auf diese Weise kein Ultramarin erhält. Eine gut gelungene Operation liefert eine grüne Masse, welche leicht zerreiblich und nur wenig zusammengesintert ist. Man pulverisirt dieselbe und bringt das Pulver in gußeiserne Röstkästen, welche durch einen übergreifenden Deckel verschlossen sind und erhitzt abermals acht Stunden lang bei einer Temperatur, welche durch die aus dem Calciniröfen entweichende Hitze hervorgebracht wird. Das erhaltene Präparat wird fein pulverisirt und mit Wasser so vollkommen wie möglich ausgelaugt, um die löslichen Salze zu entfernen, und darauf getrocknet.

Hat die Masse noch nicht den erwünschten blauen Farbenton erlangt, so unterwirft man sie in einem bis zur anfänglichen Rothgluth erhitzten Flammenofen einer Art von Röstung. Dabei wird Sauerstoff absorbirt, und dieser bildet mit einem Theile des Schwefels schweflige Säure, welche entweicht. Man röstet so lange, bis eine Probe beim Erkalten nicht mehr so dunkel gefärbt ist als die vorhergehende. Schließlich wäscht man das erhaltene Produkt aus, zerreibt und trocknet es. Das Zerreiben geschieht in ähnlichen Mühlen, wie die zum Pulverisiren des Feldspaths in den Porzellanmanufakturen angewendeten. Bei dieser Operation muß mit der größten Sorgfalt verfahren werden, da bei Ultramarin, der zum Zeugdruck gebraucht werden soll, große Zartheit des Pulvers unumgänglich nothwendig ist. Das zum Auslaugen dienende Wasser muß vollständig rein und möglichst kalkfrei sein, indem der Kalk die Unannehmlichkeit hat, sich auf das Ultramarin niederzuschlagen und seine Farbe zu verändern.

Nach Reinhold Hoffmann, Direktor des Blaufarbenwerks Marienberg in Hessen, können die verschiedenen Verfahrungsweisen der Ultramarinfabrikation, abgesehen von den Abweichungen in den Mengenverhältnissen und der Form der Oefen und der Tiegel in folgender Weise klassifizirt werden:

Erstes Verfahren: Kaolin, schwefelsaures Natrium und Kohle.

Zweites Verfahren: Kaolin, schwefelsaures Natrium, kohlensaures Natrium, Kohle und Schwefel.

Drittes Verfahren: Kaolin, Kieselsäure, Kohle, kohlensaures Natrium und Schwefel.

Das Rohprodukt, welches man nach dem ersten und ältesten Verfahren erhält, ist gewöhnlich in Folge der sehr bedeutenden Temperaturerhöhung etwas gefrittet; die Farbe desselben ist grün und zeigt oberflächlich eine leicht blaue Färbung. Es lassen sich von dieser Masse leicht Quantitäten herstellen, die gleichförmig grün gefärbt sind und nach dem Schlämmen und Auslaugen in den Handel gebracht werden können. Die grüne Varietät verwandelt sich, mit Schwefel gemischt und bei Luftzutritt erhitzt, in Folge der Einwirkung der schwefligen Säure in blaues Ultramarin. Nach dieser Methode erhält man hauptsächlich ein helles Blau, welches 6 bis 8 Prozent Schwefel enthält.

Das zweite Verfahren ist von dem ersten nur dadurch unterschieden, daß man Schwefel und kohlensaures Natrium hinzufügt; die Operation wird bei einer niedrigern Temperatur ausgeführt. Man erhält eine grüne Masse, welche leicht zerreiblich und so porös ist, daß sie mit Leichtigkeit Sauerstoff zu absorbiren vermag; man findet also auch nach dem Erkalten des Ofens einen großen Theil in blaues Ultramarin verwandelt, so daß es schwierig ist, auf diese Weise ein grünes verkäufliches Ultramarin herzustellen. Setzt man zu dem so erhaltenen Rohprodukt Schwefel und verfährt wie bei dem ersten Verfahren, so erhält man ein schönes Blau, welches sich vor dem vorigen durch eine dunklere Färbung und einen größeren Farbenreichthum auszeichnet. Je mehr Schwefel und Soda dem rohen Gemenge zugesetzt wurden, desto mehr erlangt das Rohprodukt die Eigenschaft, nach dem Erkalten eine schönere intensive blaue Farbe anzunehmen, so daß sich bei gewissen Mengenverhältnissen ein vollkommenes Blau bildet, welches keine zweite Behandlung mit Schwefel mehr erfordert. Die auf diese Weise dargestellten Ultramarine enthalten 10 bis 12 Prozent Schwefel. Die nach den beiden ersten Methoden erhaltenen blauen Produkte können der Einwirkung einer gesättigten Alaunlösung nicht widerstehen.

Das dritte Verfahren unterscheidet sich von dem zweiten nur dadurch, daß Kieselsäure zugesetzt wird, welche in möglichst feiner Vertheilung angewendet werden muß. Das Rohprodukt ist alsdann immer blau und bedarf keiner weiteren Behandlung mit Schwefel. Das auf diese Weise (Silicu process) dargestellte Ultramarin unterscheidet sich von den vorigen durch seine Widerstandsfähigkeit gegen Alaunlösungen, welche um so größer ist, je mehr Kieselsäure es enthält; es ist auch durch eine eigenthümlich rothe Färbung charakterisirt, deren Intensität gleichfalls mit der Menge der Kieselsäure zunimmt. Dieser röthliche Ton tritt besonders dann hervor, wenn man Proben, welche nach den angegebenen drei Methoden dargestellt sind, mit einer gleichen Menge eines weißen Farbstoffs mischt.

Die dritte Methode liefert für viele Zwecke das entschieden vorzüglichste Produkt, die Fabrikation aber hat bedeutende praktische Schwierigkeiten, welche hauptsächlich von dem Bestreben der kieselsäurehaltigen Mischungen herrühren, im Ofen zusammenzusintern.

Wir geben zum Schlusse eine kurze Beschreibung der Fabrikation des Ultramarins im Großen, mit Zugrundelegung der von Carimantrau in dem Moniteur scientifique darüber veröffentlichten Einzelnheiten.

Beschaffenheit der zur Fabrikation angewendeten Stoffe.

Die Materialien, welche zur Darstellung des Ultramarins gebraucht werden, bestehen aus Schwefel und Kohle, wasserfreiem schwefelsauren Natrium und gut getrocknetem Sodasalze von 90°, wie es im Handel vorkommt, schließlich aus einem Mineral, dem Kaolin von Cornwall in England, oder dem weißen Thon aus Deutschland. —

Schwefel. — Der Schwefel muß so rein als möglich sein; man darf zu diesem Zweck nur Stangenschwefel verwenden, da Schwefelblumen meistentheils freie Schwefelsäure enthalten.

Kohle. — Gut ausgeglühte Kohle von fichtnem Scheit- oder Stangenholz in kleinen reinen Stückchen ist die beste; man giebt derjenigen den Vorzug, welche die Holzessigfabriken liefern. Das Grus oder das gröbere Kohlenklein dieser Fabriken besitzt alle erforderlichen Eigenschaften.

Schwefelsaures Natrium. — Dieses Salz muß wasserfrei, möglichst weiß und frei von Eisen, Chlor und Blei sein. Man verwendet das Produkt, welches in den Fabriken durch Zersetzen von Kochsalz mittelst Schwefelsäure erhalten wird; hierbei muß man besonders darauf achten, daß das schwefelsaure Natrium möglichst gut geglüht ist und keine überschüssige Schwefel- oder Salzsäure mehr enthält, weil ein Ultramarin, welches man mit solchem Salze darstellt, weniger gut ausfallen würde.

Sodasalz. — Das Sodasalz, welches bekanntlich jetzt nicht nach dem Gewicht, sondern nach dem Natrongehalt verkauft wird, muß mindestens neunzigsgrädig sein; außerdem muß man immer dasjenige auswählen, welches möglichst reich an kaustischem Natron ist. Die 95 grädige Reuschlosser (von den vereinigten Fabriken zu Mannheim) oder die Heulelder Soda sind in dieser Hinsicht gut zu gebrauchen.

Kaolin. — In Frankreich wird größtentheils der Thon von Cornwall in England verarbeitet; man verwendet indessen auch deutschen Thon. In mehreren Gegenden Frankreichs finden sich beträchtliche Lager einer sehr schönen Qualität Thon, hauptsächlich in einigen Lokalitäten von Nièvre bei Arquian, Saint-Pierre le Moustier. Den besten Kaolin in Deutschland liefern Gick in Amberg und Dorfner und Comp. in Hirschau; ferner sind die Kaoline, welche sich bei Schneeberg, Karlsbad und bei Breitschen am Westerwald finden, ganz brauchbar.

Der am meisten verwendete Thon ist der englische; es ist dies jedoch nicht derselbe Kaolin, welcher zur Porzellanfabrikation verwendet wird. Man weiß, daß diese Spezies im Allgemeinen aus Quarzkörnern oder Sand, kleinen Bruchstücken von Silikaten verschiedener Metalle und Porzellanerde besteht, welche letztere den wesentlichsten Theil ausmacht. Der von uns betrachtete Kaolin besteht, wenn man von den kleinen, darin enthaltenen Mengen von Kali, Natron, Eisenoxyd und Magnesia absieht, nur aus dieser Porzellanerde.

Mehrere Analysen von guten Sorten dieses Thons ergaben folgendes durchschnittliche Resultat:

Wasser	13,00
Kieselsäure	47,50
Thonerde	35,00
Eisenoxyd	1,30
Kali	2,50
Magnesia und Verlust	0,70
	100,00

In der Praxis bedarf es jedoch keiner Analyse, um sich von der Beschaffenheit des Materials zu überzeugen; man kann seine Güte ziemlich gut nach folgenden äußeren Merkmalen abschätzen. Es ist ein weißes Pulver, das sich in leicht zerreibliche Klümpchen zusammengeballt, milde und fast seifenartig anzufühlen ist und sich mit dem Finger leicht glätten läßt; mit Wasser angerührt, bildet es einen zähen und sehr bindenden Brei. Im Allgemeinen ist der weißeste Thon auch der beste.

Die Fabrikation des Ultramarins zerfällt in folgende 14 Operationen:

1) Das Entwässern des Thons.
2) Das Zerkleinern der Bestandtheile.
3) Das Abwiegen und Vermischen der Bestandtheile.
4) Das Eintragen der Massen in die Häfen.
5) Das Einsetzen der Häfen in die Oefen.
6) Das Erhitzen der Rohmassen.
7) Das Herausnehmen und das Entleeren der Häfen.
8) Die Wässerung des grünen Ultramarins.
9) Das Trocknen desselben.
10) Das Rösten oder das Schwefeln des rohen Ultramarins.
11) Das Zermahlen des Blaus.

12) Das vollständige Auswaschen des Blaus.
13) Das Sortiren in die einzelnen Nummern.
14) Das Trocknen des Ultramarins.

Das Entwässern des Thons.

Wie die oben angeführte Analyse angiebt, enthält der Kaolin bis 13 Prozent chemisch gebundenes Wasser, welches man nothwendigerweise fortschaffen muß, weil es bei den ferneren Operationen einen schädlichen Einfluß ausüben würde. Zu diesem Zwecke bringt man denselben in feuerfeste Tiegel von 0,30 Meter Höhe und 0,20 Meter Durchmesser, bedeckt dieselben und setzt sie übereinander in denselben Ofen, in welchem nachher das Erhitzen der Ultramarinmasse geschieht und dessen Konstruktion späterhin angegeben werden soll. Aus Sparsamkeitsrücksichten gebraucht man zu diesem Glühen die Tiegel, welche wegen zu starker Risse zu jedem andern Gebrauche nicht mehr geeignet sind; durch diese Risse kann die Luft zu dem Material gelangen, wodurch das Einäschern der organischen Substanzen befördert wird, deren Anwesenheit ebenfalls für die Herstellung des Ultramarinblaus hinderlich sein würde. Die Tiegel werden alsdann langsam bis zum lebhaften Rothglühen jedes Stunden lang erhitzt. Man erhält den Ofen während der angegebenen Zeit bei dieser Temperatur und läßt alsdann erkalten. 30 bis 36 Stunden darauf können die Tiegel herausgenommen werden. Der Kaolin ist nun völlig wasserfrei und besitzt eine schwach röthliche Farbe, welche von der Oxydation des darin enthaltenen Eisens herrührt; allein er ist noch zerreiblich und läßt sich mit Leichtigkeit zwischen den Fingern zerdrücken; ist er hingegen hart geworden, so daß er nicht mehr auf diese Weise gepulvert werden kann, so hat er zu starke Hitze bekommen.

Besitzt die Masse die erforderlichen Eigenschaften, so entleert man die Tiegel und bewahrt den Inhalt auf, um ihn nach Bedürfniß pulvern zu können. Damit die Masse an der Luft nicht wieder Feuchtigkeit anziehen kann, bringt man sie in große wohl verschlossene Fässer, welche an einem trocknen Orte aufbewahrt werden. Bei einer Operation in 360 Tiegeln von den oben angegebenen Dimensionen, von welchen jeder 4,6 Kilogramm enthält, erhält man ungefähr 1400 Kilogramm wasserfreien Kaolin, wobei man ungefähr 20 bis 22 Hektoliter Gascoals verbraucht hat.

Nur zu Anfang der Campagne und um einigen Vorrath zu haben, wiederholt man dieses Entwässern vier- bis fünfmal mit einer gleichen

Quantität; späterhin giebt man bei dem jedesmaligen Glühen des Ultramaringrüns eine bestimmte Anzahl von Tiegeln mit Kaolin in den Ofen, welche ungefähr so viel Thon enthalten, als man bei der nächsten Operation gebraucht. Man thut dies aus mehreren Gründen; erstlich ist die Hitze, bei welcher der Kaolin sein Wasser verliert, genau dieselbe wie die, bei welcher sich das grüne Ultramarin bildet, so daß man also nicht zu befürchten braucht, daß man den geeigneten Hitzegrad überschreite, und zweitens stellt man vortheilhaft die den Kaolin enthaltenden Tiegel an diejenigen Stellen des Ofens, an denen ein Mißrathen des Ultramaringrüns durch das Feuer zu besorgen wäre.

Das Zerkleinern der Bestandtheile.

Die einzelnen Bestandtheile können nur dann eine vollständige Wirkung auf einander ausüben, wenn man sie vorher möglichst fein zertheilt und innig gemischt hat. Das Pulverisiren erfolgt mittelst verticaler Mühlsteine, welche ebenso wie die Mühlen für Gips, Chamotte oder ähnliche Massen in Bewegung gesetzt werden, nur dürfte es vorzuziehen sein, Metallwalzen zu verwenden, weil die aus Stein den Uebelstand haben, daß sie sich aushöhlen und ungleich abnutzen, während die von Metall stets eben bleiben und eine gleichmäßige Reibung ausüben.

Um täglich 300 Kilogramm Ultramarinblau herzustellen, ist es besser, vier Gänge zu haben, einen jeden mit zwei Paar Mühlsteinen, die 0,90 Meter Höhe und 0,23 Meter Breite haben; die erste für den Kaolin, die zweite für das schwefelsaure Natrium, die dritte für den Schwefel und die vierte für die Kohle, letztere mit einer Umhüllung versehen, um den heftigen Staub zu vermeiden, welcher auch für die Respirationsorgane unangenehm ist.

Zur Beaufsichtigung eines jeden Ganges ist ein Arbeiter erforderlich; der Schwefel, der Kaolin, die Kohle und das Natriumsulfat lassen sich leicht zu jeder Zeit pulvern, nicht so das Sodasalz, eine sehr hygroskopische Substanz, welche sich, sobald sie feucht wird, unter den Walzen zusammenballt. Man vermeidet diesen Uebelstand dadurch, daß man das Salz vorher auf einer Metallplatte erwärmt, welche sich auf einem in der Nähe des Ganges stehenden Ofen befindet. Die Siebe, durch welche man die pulverisirten Materialien passirt, bestehen aus einem einfachen Rahmen von leichtem Holze von 0,80 Meter Länge, 0,30 Meter Breite und 0,15 Meter Höhe, welche unten mit sehr feiner Messinggaze bespannt sind. Um den Verlust sowol wie den ungesunden

Staub zu vermeiden, kommt ein jedes dieser Siebe in einen Kasten, welcher durch einen beweglichen Deckel verschlossen ist; es läßt sich mit geringer Reibung auf zwei mit Seife bestrichenen Leisten, welche einige Centimeter unterhalb dieses Deckels angenagelt sind, verschieben und der Arbeiter bewirkt das Hin- und Hergehen des Siebes durch einen Handgriff, der durch eine kleine Oeffnung an der Vorderseite des Kastens hindurchgeht [1]).

Der Kaolin und der Schwefel müssen in ein unfühlbares Pulver verwandelt werden, während das Sodasalz, das schwefelsaure Natrium und die Kohle nur fein pulverisirt zu werden brauchen. Jeder Bestandtheil wird für sich in Gefäßen aufbewahrt.

Das Abwägen und Vermischen der Bestandtheile.

In einen großen Holzbottig bringt man:

Kaolin	50 Kilogr.
Schwefelsaures Natrium	19 "
Schwefel	25 "
Holzkohle	12 "
Sodasalz	28 "
Im Ganzen	134 Kilogr.

Die Materialien werden alsdann mittelst eines Rührscheits in einem Mischkasten nach allen Richtungen hin durchgerührt, bis die Mischung eine gleichmäßig graue Farbe angenommen hat. Nachdem man sie auf diese Weise durcheinander gearbeitet hat, schlägt man sie, um die Mischung noch inniger zu machen, durch ein Sieb, welches jedoch nicht so eng ist, als die oben beschriebenen. Von den angegebenen Gewichtsverhältnissen darf man nicht im Mindesten abweichen, da eine lange Praxis dieselben mit fast mathematischer Schärfe bestimmt hat.

In der Fabrikssprache wird eine solche Mischung, welche 134 Kilogramm wiegt, ein Satz oder eine Masse genannt; diese Quantität füllt 30 Tiegel aus. Da der Ofen nur für 360 Tiegel berechnet ist, so folgt daraus, daß man 12 solcher Sätze oder 1608 Kilogramm der Mischung für eine Beschickung herstellen muß.

---

[1]) Vielleicht würde dieser Zweck noch einfacher und schneller dadurch erreicht, daß man Siebmaschinen von cilindrischer Form, wie die Beutelmaschinen beim Sieben des Mehls, anwendete und diese durch Maschinen in Bewegung setzte.

Es könnte für den Augenblick vortheilhafter erscheinen, gleich mit einem Male diese 1608 Kilogramm fertig zu mischen, als die Operation zwölfmal hintereinander zu wiederholen. Dies ist jedoch nicht der Fall. Damit sich die einzelnen Bestandtheile inniger mischen können, ist es nothwendig, mit kleineren Mengen in dem oben angeführten Verhältniß zu arbeiten. Der Schwefel und das kaustische Natron des Sodasalzes haben nämlich das Bestreben, sobald sie in Berührung kommen, sich zu verbinden und Natriumsulfuret zu bilden; durch das Eintreten dieser Reaktion entsteht eine Temperaturerhöhung, welche beträchtlich genug sein würde, um ein Schmelzen und schließlich sogar eine Entzündung der Masse zu bewirken, wenn man die Erhitzung, da man die Masse nicht schnell genug nach allen Richtungen hin durcharbeiten könnte, nicht durch ein energisches Umrühren verhinderte.

Das Eintragen der Masse in die Häfen.

Sobald eine Masse fertig geworden, bringt man sie, so lange sie noch warm ist, in die Häfen. Man füllt dieselben bis zum Rande an, darf die Masse jedoch nicht eindrücken, sondern klopft nur ganz leise mit der flachen Hand an die Seite der Häfen, damit der Inhalt nicht zu lose liegt, und setzt sie alsdann in den Ofen ein.

Das Einsetzen der Häfen in den Ofen. Glühen der Ultramarinmasse.

Die untenstehende Zeichnung zeigt die Konstruktion des Ofens, welcher zum Erhitzen der Tiegel angewendet wird.

FG ist der Feuerraum, der Rost G hat eine Breite von 0,60 Meter, seine Länge ist, gleich der der Herdsohle, 4 Meter. Er besteht aus vier Reihen von dreikantigen Roststäben, von denen jeder einen Meter lang ist; als Material dazu wählt man Schmiedeeisen.

Die Rostlager oder die Brandböcke sind 0,30 Meter über dem Mauerwerk oder dem Boden des Aschenfalls. Gut ist es, wenn man

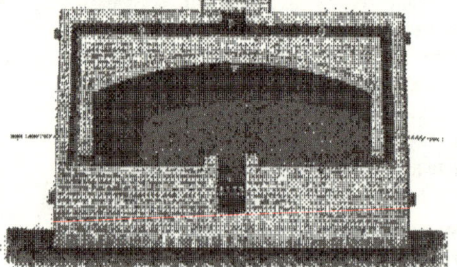

314   Blaue und violette Farbstoffe.

dem letzteren die Gestalt einer Schale von 0,08 bis 0,10 Meter Tiefe giebt und dieselbe während des Arbeitens mit Wasser angefüllt hält.

Indem die Dämpfe beständig den Rost abkühlen, verhindern sie ihn, zu schmelzen, was bisweilen vorkommt, wenn der Arbeiter zuviel Feuerungsmaterial eingetragen oder es vernachlässigt hat, die Roststäbe von den Schlacken zu befreien, welche sich daran festgelegt haben.

SS ist die aus feuerfestem Material[1]) konstruirte Herdsohle. Sie befindet sich 0,40 Meter oberhalb des Rostes. Ihre Länge beträgt 4 Meter, ihre Breite 3 Meter (zu beiden Seiten des Rostes), so daß

ihre Oberfläche 12 Quadratmeter beträgt; der Ofen faßt 360 Tiegel von der oben angeführten Größe, welche in fünf bis sechs Reihen bis zur Wölbung übereinandergestellt werden.

IIII ist die Feuerbrücke von feuerfesten Steinen, welche die Herdsohle auf der ganzen Länge einfaßt; sie ist 0,25 Meter höher als das Mauerwerk und dient zum Schutze für die erste Reihe der Tiegel, indem sie dieselben vor der zu starken Gluth des Feuers bewahrt, die sie sonst zum Schmelzen bringen würde.

V ist das flache, ebenfalls aus feuerfestem Material aufgemauerte Gewölbe. An der Seite befindet es sich 1,60 Meter über der Sohle und 2,10 Meter über dem Roste des Herdes, so daß seine Spannung also 0,50 Meter beträgt.

O sind die Füchse oder die Züge von 0,15 Quadratmeter, welche senkrecht durch die Mitte der Seitenwände des Ofens aufsteigen. Diese Mauern sind drei Steine stark; über der Gewölbsschicht V werden

---

[1]) Die von der königlichen Porzellanmanufaktur zu Berlin angefertigten Chamottesteine sind in jeder Hinsicht sehr zu empfehlen.

sich diese Züge rechtwinklig zu ihrer ersten Richtung und münden zu zwei und zwei über der Mitte des Gewölbes in eine gemeinsame Esse R von 0,10 Meter im Querschnitt, welche in den Schornstein führt.

Wegen der gesundheitsgefährlichen schwefligsauren Dämpfe, die sich aus dem Inhalt der Tiegel entwickeln, muß dieser Schornstein mindestens 30 Meter hoch sein, selbst wenn das Fabriklokal noch weiter als 500 Meter von den bewohnten Gegenden entfernt ist.

P ist ein Mannloch, welches an der Wand am unteren Theile des Ofens angebracht ist und durch welches man in den Ofen gelangen kann, um die Tiegel darin aufzustellen. Während des Brandes wird es durch eine Schicht von trocknen Ziegeln verschlossen, welche von außen mit einem Erdmörtel verputzt wird.

Nach der gegebenen Beschreibung sieht der mit der Konstruktion von Oefen vertraute Leser, daß hier alle Einrichtungen darauf berechnet sind, einen sehr langsamen Zug, eine gleichmäßige Verbreitung der Hitze auf der Herdsohle und folglich auch eine an allen Punkten des Ofens gleich hohe Temperatur herzustellen. Die Tiegel sind, wie schon erwähnt, bis zum Rande mit der Mischung angefüllt und werden mit Deckeln verschlossen in den Ofen eingesetzt. Die Deckel sind einfache runde Scheiben von demselben feuerfesten Material wie die Häfen, 0,015 Meter dick und sorgfältig geglättet, da es von sehr großer Wichtigkeit ist, daß sie genau auf dem Rand der Tiegel anschließen, weil im anderen Falle beim Beginn des Brandes die Luft in das Innere derselben eindringen und der Schwefel und die Kohle verbrennen würden, wodurch also die ganze Operation mißglückte. Hingegen darf man nicht versuchen, die Tiegel zu verkleben, da die Spannung der frei werdenden Gase sie unfehlbar zersprengen würde.

Man beginnt mit dem Einsetzen der Tiegel von dem Boden der Herdsohle auf der Seite, an der sich die Züge befinden, und hört bei der Feuerbrücke auf. Die Tiegel der ersten Reihe werden auf ihrer Bodenfläche in gleichen Zwischenräumen von 0,05 bis 0,06 Meter Entfernung oder nur in einer solchen Entfernung von einander aufgestellt, daß man leicht mit der Hand dazwischen fassen kann. Auf diese erste Reihe baut man eine zweite, aber in umgekehrter Stellung, so daß jeder Tiegel seine Mündung nach unten hat und seine Achse durch den Zwischenraum geht, welcher durch die beiden Häfen gebildet wird, auf denen er steht. Die Deckplatte ruht auf zwei untenstehenden Tiegeln und hat dadurch eine feste und gleichmäßige Lage. Ebenso verfährt man bei der dritten, vierten und fünften Reihe bis zum

Gewölbe. Die Tiegel der dritten Reihe ruhen also mit ihrer Deckplatte auf dem Boden der zweiten, und so fort.

Diese Anordnung der Tiegel hat den Zweck, dieselben mit einer Reihe von kleinen Terrassen zu umgeben, durch welche die Hitze sehr gleichmäßig cirkuliren kann.

Regulirung des Feuers.

Als Brennmaterial verwendet man nur Coaks, und zwar giebt man demjenigen, welchen die Gasanstalten liefern, vor allen andern Sorten den Vorzug schon deshalb, weil er sich leichter entzünden läßt, hauptsächlich aber, weil seine Hitze weniger lebhaft ist, als die von Coaks, welcher in Oefen dargestellt wird; der Heizer kann demzufolge die Temperatur besser reguliren, außerdem beschmutzt dieser Coaks den Herd weniger.

Zum Gelingen des Ultramaringrüns ist es unerläßlich, daß man in den ersten zwölf Stunden des Brandes nur ein sehr mäßiges Feuer giebt. Während dieser Periode darf die Temperatur der Tiegel 250° nicht überschreiten. Um diesen Zweck zu erreichen, bringt man auf die Mitte des Rostes fünf bis sechs Schaufeln voll lebhaft brennende Holzkohle, wirft Coaks in eigroßen Stücken darauf und breitet denselben über den ganzen Herd aus bis ungefähr zum dritten Theil seiner Höhe; hierauf versetzt man den vorderen Theil des Aschenfalls bis zum ersten Feuerbock durch eine Schicht von Mauersteinen, ohne sie jedoch mit Mörtel zu verbinden. Durch diesen Kunstgriff hat die Luft nur sehr unvollkommnen Zutritt zu dem Roste, da sie nur durch die dünnen Spalten, welche durch das Uebereinandersetzen der Ziegel gebildet werden, zu der Feuerung gelangen kann, in Folge dessen das Feuer sich so langsam verbreitet, wie es erforderlich ist.

Nach jeder Stunde entfernt man eine Reihe Steine, nach der zwölften ist der Aschenfall vollständig offen; in diesem Augenblick muß die Temperatur so hoch sein, daß sich der Schwefel verflüchtigt. Der Arbeiter entfernt alsdann mittelst eines Schüreisens die Schlacken, welche den Herd und den Rost bedecken, und füllt hierauf den Ofen durch eine neue Lage von Coaks bis zum dritten Theil der Höhe des Feuerraums.

Die Dämpfe des siedenden Schwefels verbrennen an den kleinen Oeffnungen, welche zwischen Deckel und Tiegel vorhanden sind. Diese Verbrennung bewirkt nun sehr schnell eine Temperaturerhöhung, und sechs Stunden nach dem zweiten Eintragen von Coaks sind die

Wandungen der Tiegel kirschroth, ohne daß man nöthig hat, das Feuer zu verstärken. Sobald die bläulichen Flammen verschwunden sind, beschickt man den Ofen zum dritten Male und zwar mit der doppelten Menge Brennmaterial, als man vorher aufgegeben hatte. Von jetzt bis zur achtundvierzigsten Stunde giebt der Arbeiter alle zehn Minuten neue Kohlen auf und läßt nicht nach, das Feuer durch wiederholtes Reinigen des Rostes zu verstärken; er vollführt dies Loslösen der Schlacken, ohne die Thüren zu öffnen, indem er mittelst einer eisernen Stange, welche vorn mit einem platten gekrümmten Haken versehen ist, zwischen die Roststäbe hindurchführt. Da dieser Feuerhaken noch 1 Meter länger als der Herd ist, so liegt er auf einer in Ketten hängenden eisernen Walze, um die Handhabung zu erleichtern und ihn je nach Bedürfniß von einem Ende des Rostes zum andern mit Bequemlichkeit hin- und herziehen zu können. Die Operation ist beendet, wenn die Tiegel sowol, wie die Wände des Ofens bis zum hellen Rothglühen oder fast Weißglühen erhitzt sind. Man vermauert alsdann von neuem den Ofen, verstopft alle Risse desselben und läßt ihn während achtzehn Stunden ebenso langsam erkalten, wie man ihn angewärmt hat. Ist dieser Zeitraum verflossen, so entfernt man von Stunde zu Stunde eine Reihe Ziegelsteine von der Mauer des Aschenloches, darauf zwei auf einmal und bricht die Mauer, mit welcher man die Beschickungsöffnung zugesetzt hatte, wieder auf.

Alle diese Vorschriften müssen sorgfältig innegehalten werden, damit die Temperatur der Tiegel nur ganz allmälig sinkt. Durch ein plötzliches Erkalten würden sie selbstverständlich zerspringen, während sie bei dieser Behandlung dreißig derartige Operationen aushalten können. Erst achtunddreißig Stunden, nachdem man aufgehört hat zu feuern, kann man den Ofen wieder betreten.

v.

Das Herausnehmen der Häfen aus dem Ofen und das Entleeren derselben.

Das Entleeren der Oefen ist ein sehr unangenehmes Geschäft. Die Atmosphäre des Ofens ist noch mit schwefliger Säure geschwängert, welche die Augen und die Athmungsorgane sehr schmerzhaft angreift. Um sich davor so viel als möglich zu schützen, muß sich der Arbeiter die Nase mit angefeuchteten Tüchern verbinden.

Bei Luftzutritt und einer nur wenig höheren Temperatur ist das Ultramaringrün pyrophorisch. Hat die Verbrennung einmal begonnen, so verbreitet sie sich mit großer Schnelligkeit über den ganzen Inhalt, und die Farbe ist verdorben. Da die Tiegel, wenn sie aus dem

Öfen kommen, so heiß sind, daß man sie nicht mit der Haut anfassen kann, so darf man sie nicht eher öffnen, als bis sie völlig erkaltet sind, was etwa eine Stunde nach dem Herausnehmen erfolgt.

Wenn der Brand sorgfältig und mit der gehörigen Vorsicht ausgeführt ist, so sind die Tiegel gleichmäßig und zwar bis zu derselben Höhe, welche die Mischung einnahm, mit einer zusammenhängenden dunkel laubgrünen Masse angefüllt, welche glänzend, von körniger Structur, zerreiblich und mit azurblauen Adern durchsetzt ist. Hat man hingegen zu stark und zu lebhaft erhitzt, so ist die Masse voller Höhlungen, schlackig und hart; die Farbe hat einen schmutzigen Ton, zieht sich ins Schwarze, und die blauen Adern sind verschwunden.

Mögen die Deckel indessen auch noch so glatt und gut auf die Mündung der Tiegel aufgepaßt sein (da man aus den oben angeführten Gründen den Tiegel nicht lutiren darf), so lassen sie doch stets noch kleine Zwischenräume, durch welche die Luft während des Erkaltens des Ofens Zutritt gehabt hat; in Folge dessen ist fast bei allen die Oberfläche mit einer schwachen halbzusammengesinterten Aschenlage beschmutzt. Diese rührt davon her, daß ein Theil des Schwefels verbrannt ist und sich das Ultramaringrün in ein Aluminiumnatriumsilikat verwandelt hat. Man entfernt diese unreine Schicht auf das Sorgfältigste mit einem Messer.

Da die Masse wenig an den Wandungen der Tiegel anhaftet, so ist das Entleeren derselben leicht. Ein gelindes Rütteln genügt, um den Inhalt in einem einzigen Block loszulösen. Das so erhaltene Präparat wird dann unmittelbar darauf in die Mühlen gebracht, wo dasselbe grob gepulvert, aber nicht gesiebt wird.

Das Auswässern des Ultramaringrüns.

Das Rohprodukt enthält noch eine ziemlich starke Menge von verschiedenen Salzen, schwefelsaures, schwefligsaures, unterschwefligsaures Natrium, Chlornatrium und Mono- und Polysulfurete von Natrium. Um dasselbe von diesen Salzen zu befreien, welche seine Farbe verdunkeln und ihm den widerwärtigen Geruch nach Schwefelwasserstoff ertheilen, wäscht man dasselbe in konischen Gefäßen (barattes), die 1,50 Meter hoch sind und am Boden 1 Meter, an der Oeffnung 0,50 Meter Durchmesser haben; zum Rühren dient ein ruderförmiges Stück Holz. Wenn einige Tropfen des letzten Waschwassers, auf einer Glasplatte verdampft, keinen Rückstand mehr hinterlassen, so ist das Auswaschen vollendet. Man läßt es alsdann sich so gut als möglich absetzen, damit es beim Zusammenziehen möglichst viel Wasser verliert, und bringt es sofort auf die Filter. Diese bestehen aus Fässern mit doppelten durchlöcherten Böden, über welche eine mit dichter Leinwand bedeckte Strohschicht ausgebreitet ist.

Das Trocknen des Grüns.

Man bewirkt das Trocknen ganz einfach, indem man das Präparat in Schalen von Metall erhitzt, welche direkt einer Flamme ausgesetzt werden. Die Form dieser Schalen kann natürlich verschieden sein. Ein flaches, unten gewölbtes Gefäß von ungefähr 3 Meter Durchmesser und einer Wölbung von 0,40 Meter Höhe ist jedoch für das Durcharbeiten mit dem Spatel vortheilhafter als eine weniger breite aber tiefere Schale; noch besser ist es, die unbenutzt entweichende Hitze der Röstöfen, deren Beschreibung in dem nächsten Artikel folgt, zu verwenden. Zu diesem Zwecke errichtet man auf der Breite der hinteren Wand eines jeden dieser Oefen auf der wagerechten Fläche des Mauerwerks der den Rauch fortschaffenden Züge eine Galerie, welche man mit Metallplatten bedeckt, deren Kanten 0,15 bis 0,20 Meter breit rechtwinklig umgebogen sind.

Die auf diesen beiden Platten ausgebreitete und von Zeit zu Zeit mit einem Spatel umgerührte Masse trocknet sehr schnell, ohne Kosten zu verursachen.

Das Rösten des rohen Ultramarins.

Bei einer Temperatur von 110° wird das Ultramaringrün völlig wasserfrei. Um es in Blau zu verwandeln, muß man dasselbe noch mit einer gewissen Menge Schwefel vermischt unter Einwirkung eines mäßigen Luftstromes bis zu einer Temperatur erhitzen, welche zwischen der dunklen Rothglüh und Kirschrothglühhitze liegt. Es ist dies eine sehr schwierige Operation, zu deren Gelingen die ganze Aufmerksamkeit des Arbeiters erforderlich ist, um den Schwefel, die Luft und die Hitze in den passenden Verhältnissen anzuwenden, die nur durch eine lange Praxis erlernt werden kann, und von welcher die Theorie bis jetzt noch keine genaue Rechenschaft hat ablegen können.

Von allen Apparaten, welche man bis jetzt vorgeschlagen, hat sich derjenige, dessen genauere Konstruktion die untenstehende Zeichnung erklären soll, am besten bewährt.

320   Blaue und violette Farbstoffe.

Er besteht aus einer Muffel von Metall, welche durch die beiden halbcylinderförmigen Stücke AB gebildet wird; letztere sind mit flachen,

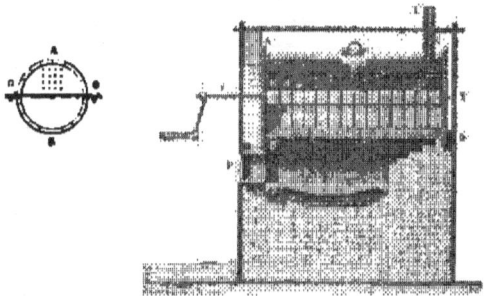

genau auf einander passenden Ansätzen O versehen, durch welche Schrauben gezogen sind, die beide Theile fest mit einander verbinden; jede Hälfte ist im Innern 1,50 Meter lang und hat einen Durchmesser von 0,50 Meter bei einer Dicke von 0,04 bis 0,05 Meter. An dem hinteren Ende CD sind beide Hälften geschlossen; sie bilden also zusammengesetzt vor dem Herde F eine kreisförmige Oeffnung von 0,30 Meter Durchmesser. Der Kopf dieser Oeffnung ist mit einem ringförmigen Ausschnitt versehen, in welchen der Boden des Deckels T eingesetzt, mit Klammern befestigt und mit Thon verschmiert wird.

Durch die Achse des Apparates geht ein quadratischer Eisenstab XY von 0,05 Meter Dicke, dessen Zapfen auf Lagern ruhen, deren eines in den mittleren Theil des Deckels und das andere in gleicher Höhe in den Boden CD eingelassen ist. Von 0,10 zu 0,10 Metern ist dieser Stab mit runden Löchern versehen, welche sehr sorgfältig ausgebohrt sind, und in welchen sich mit mäßiger Reibung die Stäbe der Spatel SSS verschieben lassen. Dies System von Spateln ist eine Rührvorrichtung, dessen Aufgabe es ist, das Grün während des Erhitzens umzurühren. Man setzt diese Welle mit Hilfe einer Kurbel in Bewegung, macht jedoch keine ganzen Umdrehungen, sondern bewegt sie nur halbkreisförmig hin und zurück.

Die Spatel SS, welche sich in den Löchern ungehindert herauf- und hinabschieben lassen und nach allen Richtungen drehen können, reichen bis auf den Boden der Muffel. Damit sie auf ihrem Wege keine Streifen zwischen sich liegen lassen, die nicht durchgearbeitet sind, greifen die Blätter der Spatel einige Millimeter weit übereinander.

Ultramarin.

Das grüne Ultramarin wird durch eine quadratische Oeffnung E eingetragen, welche in der Mitte des oberen Theiles der Muffel angebracht und nur so groß ist, daß man mit einer Schaufel hineinkommen kann; durch dieselbe Oeffnung trägt man auch den Schwefel in mäßigen Portionen ein. Während des Erhitzens wird diese Oeffnung mit einem Deckel verschlossen.

Ist die Muffel in den Ofen eingesetzt, so erhält nur der untere Theil derselben, welcher sich ungefähr 0,40 Meter über dem Roste G befindet, direkte Hitze, während der obere Theil der Luft ausgesetzt ist. Man heizt mit Coals, ohne die Rührvorrichtung in Bewegung zu setzen, bis die Masse dunkel rothglühend wird; alsdann rührt man stark um.

Der Deckel T ist 0,70 Meter von dem oberen Rande mit sechszehn Löchern von 0,02 Meter Durchmesser durchbohrt, welche in vier Reihen stehen und 0,05 Meter von einander entfernt sind; sie haben den Zweck, Luft in das Innere der Muffel gelangen zu lassen. Vom Beginn der Operation an werden diese Löcher mit eisernen Stiften verschlossen; sobald indessen der Bauch der Muffel anfängt, kirschroth zu glühen, nimmt man den ersten Stift heraus, nach zehn Minuten einen zweiten und regelmäßig so weiter bis zum letzten. Gleichzeitig streut der Arbeiter, indem er die Masse umzurühren aufhört, durch die Mündung E drei bis vier Hände voll Schwefel in Stücken von der Größe einer Bohne hinein. An dem hinteren Theile der Muffel ist oben ein mit einer eisernen Röhre von 4 bis 5 Meter Länge verbundener Ansatz V von 0,12 Meter Durchmesser, welcher einen lebhaften Luftstrom im Innern des Apparates hervorruft. Der Schwefel beginnt zu schmelzen und verbrennt unter Bildung von gasförmiger schwefliger Säure. Das Pulver absorbirt jetzt dieselbe, wenn es lebhaft umgerührt wird, und nimmt mehr und mehr eine blaue Farbe an, bis ein letztes Eintragen von Schwefel die schöne rein blaue Farbe vollständig zur Entwicklung gebracht hat. Man läßt alsdann die Muffel erkalten, rührt indessen noch so lange um, als sich noch blaue Flämmchen in der Masse zeigen. Ein Ueberschuß von unverbranntem Schwefel würde dem Blau einen unangenehmen grünlichen Ton geben.

Während der ganzen Dauer der Operation führt der Luftstrom einen ziemlichen Theil von dem grünen und blauen Ultramarin in Pulverform durch die mit dem Ansatz V verbundene Röhre mit sich fort; damit dasselbe nicht verloren gehe, läßt man die Röhre in Kondensationskammern münden, welche aufgemauert und mit unvollständigen

Scheidewänden versehen sind und eine ähnliche Konstruktion haben, wie diejenigen, welche bei der Fabrikation von Rußschwarz verwendet werden. Das Pulver setzt sich auf diesen Scheidewänden ab. Die Dämpfe der schwefligen Säure werden aus diesen Kammern in den allgemeinen Schornstein der Fabrik geleitet.

Um 75 Kilogramm Ultramaringrün in blaues Ultramarin zu verwandeln, muß man ungefähr 6 bis 7 Kilogramm Schwefel verbrennen.

Das Nachmahlen des Ultramarinblaus.

Sobald das fertige Produkt aus dem Apparate herauskommt, kommt es in Mühlen, um dort unter Wasser in ein unfühlbares Pulver verwandelt zu werden. Diese Mühlen sind in allen Stücken denjenigen ähnlich, welche man in den Fayence- und Porzellanfabriken gebraucht, um die Feuersteine und die Glasur zu mahlen. Wir wollen eine kurze Beschreibung derselben geben.

Um regelmäßig täglich 300 Kilogramm verkäufliches Ultramarinblau zu erhalten, muß man zehn solcher Apparate in Thätigkeit setzen; jeder von ihnen besteht aus einem starken Bottig von Fichtenholz von 0,80 Meter Höhe und 1 Meter Oeffnung, welcher auf einer starken Balkenlage ruht, das Gerüst ist fest im Boden des Fabriklokals verankert. Ein Bodenstein von porphyrartigem Granit von möglichst dichter Textur, dessen Dicke 0,20 Meter beträgt, bildet den Boden dieses Bottigs. Auf demselben dreht sich mit Reibung ein anderer Stein von demselben Material und denselben Dimensionen, der sogenannte Läuferstein, mit zwei Rinnen von 0,05 Meter Tiefe, welche in seine untere Fläche eingehauen sind, und einer Oeffnung in der Mitte von 0,20 Meter, durch welche die zu zerreibende Farbe hineingebracht wird. Eine eiserne quadratische Achse von 0,07 Meter setzt diesen Läuferstein mittelst einer in dieser Oeffnung angebrachten sogenannten Haue, in welcher der Zapfen der Achse eingelassen und befestigt ist, in Bewegung. Das obere Ende dieser Achse trägt ein eisernes Zahnrad mit 27 Zähnen von hartem Holz und in dieses Rad greift rechtwinklig ein zweites mit einer gleichen Anzahl von Zähnen ein, welches durch eine Dampfmaschine in Bewegung gesetzt wird.

Man giebt auf jeden Gang 30 Kilogramm Ultramarinblau, welches vorher in seinem dreifachen Gewicht klarem Wasser angerührt ist. Die Dauer der Zerreibung beträgt 8 bis 12 Stunden. Hierbei gebraucht man eine Maschine von sechs Pferdekraft; will man aber gleichzeitig die Walzwerke zur Zerkleinerung der Rohmaterialien in-

Bewegung setzen, so muß man acht Werdelrart anwenden. Wenn das Ultramarin den gewünschten Grad der Feinheit erlangt hat, zieht man es durch ein Zapfloch am unteren Theile des Bodensteins ab.

Letztes Auswässern des Ultramarins.

Während der Röstung des Grüns hat sich ein Theil des Natriumsulfurets oxydirt und zur Bildung von schwefelsaurem, schwefligsaurem und unterschwefligsaurem Natrium Veranlassung gegeben. Die geringste Spur dieser Salze würde die Farbe verderben; es ist deshalb noch nothwendig, das blaue Ultramarin mit kochendem Wasser auszulaugen, was auf dieselbe Weise ausgeführt wird, die wir bei Ultramaringrün angegeben haben.

Trennung des Ultramarins in vier Sorten oder Nummern und Trocknen desselben.

Nachdem das Auslaugen beendet ist, wird der ganze Ultramarinbrei in einen Bottig gethan, in seinem zwölffachen Gewichte lauem kalten Wasser aufgerührt und hernach zwölf Stunden der Ruhe überlassen. Man findet alsdann auf dem Boden des Gefäßes einen Absatz mit einer harten, krystallisch glänzenden Oberfläche von prachtvoller intensiv azurblauer Farbe, welcher die Hälfte von dem Gewichte des erhaltenen Productes ausmacht; es ist dies die erste Sorte Ultramarin.

Die überstehende Flüssigkeit wird mit einem Heber in ein anderes Gefäß abgezogen. Nach Verlauf von zwanzig Stunden erhält man hieraus die zweite Sorte, welche an Farbe weniger lebhaft als die vorhergehende, jedoch ein feineres und weniger fühlbares Pulver ist; die Ausbeute beträgt ein Drittel des Products.

Auf dieselbe Weise verfährt man, um die dritte und vierte Nummer zu erhalten. Einige Fabrikanten machen eine noch größere Anzahl von Sorten, indem sie auf gleiche Weise die so erhaltenen Absätze dieses viermaligen Dekantirens noch weiter fraktioniren. Die Schönheit der Farbe nimmt jedoch im umgekehrten Verhältniß wie die Sortennummern ab.

Der Verbrauch des Ultramarinblaus ist heut zu Tage ein sehr beträchtlicher. Zur Haus- und Verzierungsmalerei wird hauptsächlich die erste Sorte genommen; die zweite wird namentlich von Kattundruckern wegen ihrer ausnehmenden Feinheit gebraucht. Die Befestigung der Farbe auf Geweben geschieht mittelst einer Lösung von

21*

Albumin, mit welcher man das Ultramarinpulver innig mischt; indem man die so bedruckten Stoffe der Einwirkung von Wasserdämpfen aussetzt, wird das Eiweiß koagulirt und der Farbstoff bleibt unlöslich auf der Faser zurück. Dieselbe Sorte wird in der Papierfabrikation dem Ganzzeug zu blauem Papier hinzugesetzt, sowie zum Bläuen von Luxuspapier verwendet, um die weiße Farbe desselben zu erhöhen.

Allgemein bekannt ist auch die Anwendung des Ultramarins im Haushalt, um der feinen Wäsche den Glanz und die Frische von neuem Zeuge zu geben, was einfach dadurch geschieht, daß man dieselbe nach dem Waschen durch Wasser, welches mit sogenanntem Neublau (Kugelblau) gebläut ist, hindurchzieht; früher gebrauchte man zu diesem Zwecke nur Indigo. Das Kugelblau besteht aus einer Mischung der verschiedenen Sorten Ultramarin je nach der Qualität mit Kartoffelstärke in beliebigen Verhältnissen gemischt; das Ganze wird mit einer sehr starken, heißen Gummilösung zu einem Brei angerührt und auf einer Marmorplatte mittelst einer eisernen Walze zusammengeknetet und gehörig gemischt. Die plastische Masse wird alsdann von Frauen oder Kindern mit der Hand in Kugeln von 480, 360 und 120 Stück auf das Kilogramm geformt.

Kostenanschlag zur Anlage und zur Unterhaltung einer Ultramarinfabrik.

Wir entlehnen die nachfolgende Berechnung der Brochüre von Fürstenau: Die Ultramarinfabrikation, Koburg 1864.

Kalkulation einer Fabrik,

welche jährlich 2000 Ztr. Ultramarin der verschiedenen Sorten produzirt, wobei der Preis von Grund und Boden, sowie die Fundamentirung außer Ansatz bleiben, da dieselben zu sehr variiren.

I. Anlage.

1) Oefen:

50,000 Stück gewöhnliche Backsteine	à 33 Fl.	1650 Fl.
7000 " feuerfeste	" à 50 "	350 "
Arbeitslohn, Kalk und Sand	10 "	912 "
		2,912 Fl.

ober in runder Summe Fl. 3000

2) 10pferdige Dampfmaschinen
incl. Armatur, Kessel und Aufstellen Fl. 8000

Latus Fl. 11000

Transport: Fl. 11000

3) Mühlen:
  4 Trockengänge à 200 Fl. 800 Fl.
  20 Naßgänge à 150 » 3000 »
         3800 Fl. . 3800

4) Eisenwaare:
  104 Ztr. Lehmguß à 8 Fl. 832 Fl.
  80 » Kohlenguß à 9 » 720 »
         1552 Fl. . 1552

5) Wässerungs- und Schlämmvorrichtungen:
  72 Bottige à 10 Fl. 720 Fl.
  Schlämmgestell 120 »
        840 Fl. . 840

6) Trockenapparate und Siebmaschienen: . 800
7) Gebäude: . 6000
       Summa Fl. 23,992

oder in runder Summe:
  Anlage ohne Grund und Boden und Fundamentirung:
    25,000 Gulden.

II. Betrieb.

Die dem Betriebe zu Grunde gelegten Preise für Rohmaterialien sind:

  Calcinirtes Glaubersalz à Ztr. 6 Fl.
   » Soda » 12 »
  Gebrannter Kaolin » 5,5 »
  Stangenschwefel » 9 »
  Holzkohle » 1,75 »
  Steinkohle » 0,66 »
  Kolophonium » 16 »

Bei einem Ausbringen von 133 Pfund auf 100 Pfund gebrannten Kaolin stellt sich der Durchschnittspreis der Rohmaterialien für einen Zollzentner auf 15,2 Fl.; also:

  Rohmaterial . . . 15,2 Fl.
  Brennmaterial . . 4,0 »
  Arbeitslohn . . . 3,0 »
  Verpackung . . . 1,0 »
       23,2 Fl.

oder 23,5 Gulden ohne Zinsen und Amortisation und Verwaltung.

für 2000 Zentner also 47,000 fl., wozu ein Betriebskapital von 25,000 fl. genügen wird.

Zinsen und Amortisation, jedes zu 5 Prozent gerechnet, erfordern daher eine weitere Ausgabe von 5000 fl. Die Verwaltung, Reisen, Reparaturen u. s. w. 6000 fl.; daher

Ausgabe: Selbstkosten von 2000 Ztr. Waare . . . 47,000 fl.
    Zinsen und Amortisation (10 Prozent) . . 5000 »
    Verwaltung, Reisen und Reparatur . . . 6000 »
                 58,000 fl.

Durch Schlämmen wird aus obigen 2000 Ztr. hergestellt auf jeden Zentner dem Verkaufspreise nach

 40 Pfund zu fl. 50 der Centner, fl. 20,0
 30 »   »   42 »   »   » 12,6
 25 »   »   28 »   »   » 7,0
  5 »   »   14 »   »   » 0,7
           fl. 40,3

Durchschnittsverkaufspreis des reinen Ultramarins.

Die Einnahme stellt sich also für 2000 Zentner, auch wenn man nur 38 fl. als Durchschnittsverkaufspreis annimmt, auf

    76,000 fl.
  Ausgabe 58,000 »
    18,000 fl. Netto-Gewinn

oder 31 Prozent der Ausgaben; rechnet man noch die 10 Prozent Zinsen und Amortisation, so rentirt sich ein in der Ultramarinfabrikation angelegtes Kapital auf 41 Prozent und wird auch unter ungünstigeren Verhältnissen nicht leicht unter 33 Prozent herabsinken.

Untersuchung der Ultramarine.

Vermischungen oder Verunreinigungen.

Die Ultramarine können nicht leicht verfälscht werden. Es kommen im Handel Produkte vor, welche aus Mischungen von Ultramarin mit einem weißen Körper, gewöhnlich Alabaster oder schwefelsaurem Barium, bestehen; bisweilen findet man auch Ultramarine mit einem rothen oder gelben Farbstoff vermischt, um die Farbe des rothen oder grünen Ultramarins nachzuahmen; indessen kann man dergleichen Gemische schon beim ersten Anblick erkennen.

Untersuchung seiner Eigenschaften. — Die wesentlichsten Eigenschaften, welche bei einem Ultramarin zu untersuchen sind, sind die Schönheit des Farbentons, die Feinheit und Zartheit des Pulvers, der Farbenreichthum und die Beständigkeit.

Die geringste Verschiedenheit in den Nüancen erkennt man am besten dadurch, dass man eine Probe des einen Ultramarins auf eine ziemlich grosse Menge eines andern legt, es mit einem Messer oder einem Falzbein glatt streicht und hierauf den umgekehrten Versuch macht.

Die Feinheit des Pulvers kann man bei einiger Geschicklichkeit mit ziemlicher Genauigkeit abschätzen, indem man etwas Ultramarin zwischen den Fingernägeln zerreibt; oder auch, indem man ein gleiches Gewicht mehrerer Ultramarinsorten in gleichen Gläsern in Wasser suspendirt und die Reihenfolge notirt, in welcher sie sich ablegen; oder auch, indem man eine kleine Menge der Farbe mit Wasser mit dem Finger auf Papier verreibt und untersucht, welche Sorte sich am leichtesten und am weitesten unter dem Finger verreiben lässt; man kann auch trocken verreiben.

Farbenreichthum oder Färbekraft. — Um die färbende Kraft eines Ultramarins zu ermitteln und mit anderen Sorten zu vergleichen, nimmt man 0,1 Gramm jeder zu untersuchenden Probe und mischt sie innig mit 1 Gramm trocknem Pfeifenthon oder Gips oder einer andern weissen Farbe, indem man so lange mit einer Messerklinge hin- und herstreicht, bis man keine weissen Streifen mehr bemerkt. Die Mischung, welche die dunkelste Farbe besitzt, ist mit dem besten Ultramarin dargestellt [1]).

Die oben angegebenen Untersuchungen müssen fast immer noch in der Praxis durch einen technischen Vorversuch vervollständigt werden, namentlich für den Zeugdruck, indem man die Ultramarinprobe mit Albumin fixirt und heissen Dämpfen aussetzt. Gewisse Ultramarine verhalten sich hierbei ganz anders, als man es erwarten sollte, und verändern sich sehr leicht.

Die Untersuchung geschieht mit drei Nüancen:

Zu Dunkelblau nimmt man 250 Gramm Ultramarin auf 1 Liter Albuminwasser (Albumin aus Eiweiss);

---

[1]) Diese Untersuchungsart ist zuerst von Barreswill angegeben.

zu Mittelblau nimmt man 120 Gramm Ultramarin auf 1 Liter Albuminwasser;

zu Hellblau nimmt man 25 Gramm.

Man zerschneidet die Probe in drei Theile; den einen läßt man als Probe liegen, den zweiten zieht man durch kochendes Wasser, den dritten setzt man heißen Dämpfen aus und vergleicht dann dieselben mit dem ersten.

Verwendung des künstlichen Ultramarins.

Dieser schöne Farbstoff hat vielfache Anwendung gefunden. Er dient zur Oel-, Miniatur- und Aquarellmalerei, zu typographischen und lithographischen Drucken, zum Bedrucken von Geweben, zur Fabrikation von buntem Papier, als Anstrichfarbe, zum Bläuen der Leinewand beim Bleichen, des Zuckers, der Stärke, der Kerzen, des Papiers, zum Färben des Siegellacks und der Zündhölzchen. Wir wollen hier nur seine Verwendung in der Kattundruckerei näher ins Auge fassen.

Bei Ultramarin, das zum Drucken gebraucht werden soll, ist hauptsächlich Feinheit des Pulvers erforderlich, damit die Walzen und die Rakel sich nicht abnutzen; ferner muß man auf die Intensität der Farbe namentlich dann sehen, wenn es sich um dunkle Sorten handelt; bei den hellen Sorten verlangt man gleichzeitig Schönheit der Nuance, Farbenreichthum und Aechtheit, was sich nur schwierig vereinigen läßt; denn die Ultramarine, welche die reinste und frischeste Farbe haben, sind gewöhnlich die veränderlichsten und besitzen die geringste färbende Kraft.

Cyaneisenhaltige Farben.

Das Cyan, welches Gay-Lussac im Jahre 1814 entdeckte und genau untersuchte, bildet die Basis gewisser verschieden gefärbter Präparate, unter welchen die blaugefärbten hinsichtlich ihrer Verwendung den ersten Rang einnehmen. Das Vorhandensein dieser merkwürdigen Verbindung giebt allen Körpern, in welchen es als Radikal vorhanden ist, gewisse gemeinsame Eigenschaften, welche es gestatten, daraus eine besondere, gut abgegrenzte Gruppe zu bilden; die wichtigsten derselben für die Industrie sind folgende:

Das gewöhnliche Berliner Blau und seine Derivate, das unlösliche Turnbull's Blau, das lösliche Turnbull's Blau, das unlösliche Zinnblau, das lösliche Zinnblau, das Harraned's Grün.

Alle diese Präparate werden mit Hilfe des gelben und rothen Blutlaugensalzes erhalten, welches fabrikmäßig in großen Quantitäten dargestellt wird; allein die Entdeckung des Berliner Blaus geschah schon vor der des gelben Blutlaugensalzes; sie wurde durch Zufall von einem Fabrikanten Namens Diesbach im Jahre 1704 zu Berlin gemacht. Letzterer wollte eine Lösung von schwefelsaurem Eisen durch kohlensaures Kalium fällen und erhielt einen blauen Niederschlag. Das kohlensaure Kalium, welches zu diesem Versuche gedient hatte, war ihm von Dippel geliefert worden, welcher sich desselben zu Versuchen über die Darstellung des nach ihm benannten thierischen Oeles bedient hatte [1]). Daher rührte der zufällige Gehalt von gelbem Blutlaugensalz in diesem Salze, welches im Zustande vollkommener Reinheit eine ähnliche Erscheinung nicht hervorrufen kann.

Obwol das gelbe und das rothe Blutlaugensalz an und für sich keine Farbstoffe sind, müssen sie dennoch in die Klasse der Farbmaterialien gestellt werden, da sie fähig sind, durch einfache Reactionen wirkliche Farben zu erzeugen; das Studium dieser Salze kann daher nicht von dem der blauen Farben getrennt werden, zu deren Bildung sie Veranlassung geben.

Wir werden auch noch einige gefärbte Verbindungen, welche durch Einwirkung der Sulfocyansäure auf die Eisensalze oder der Nitroprussidverbindungen auf die Schwefelalkalien entstehen, zu erwähnen haben; jedoch sind die schönen rothen und violetten Färbungen, welche dieselben zeigen, höchst wahrscheinlich nicht zur Verwendung geeignet.

Das Cyan. — Das Cyan oder Cyanogen, welcher letztere Name zuerst von Gay-Lussac vorgeschlagen wurde, weil es der Erzeuger der blauen Farbe im Berliner Blau ist, entsteht durch die Vereinigung von einem Atom Kohlenstoff (Atomgewicht = 12) und einem Atom Stickstoff (Atomgewicht = 14). Das Atomgewicht desselben ist also 26 und wird mit CN bezeichnet; sein Molekül, welches aus zwei Atomen besteht, wiegt demnach = 52. Bei vielen Gelegenheiten tritt es als Radikal auf, welches durch doppelte Zersetzung von einer Verbindung auf eine andere übertragen werden kann, ohne daß der Atomkomplex desselben angegriffen würde. Bei allen diesen Reactionen kann man das Atom des Cyans wie einen einfachen Körper mit einem Symbol Cy bezeichnen. Andererseits erleidet es aber auch Spaltungen, welche deutlich beweisen, daß es aus Kohlenstoff und Stickstoff besteht. Ein directer Beweis hierfür ist auch noch der, daß, wenn man

---

[1]) Wagner, Handbuch der chemischen Technologie, Bd. I, pag. 441.

häufige elektrische Funken durch das Cyangas schlagen läßt, dasselbe sich zersetzt, indem der Kohlenstoff sich abscheidet und der Stickstoff frei wird; eine ähnliche Zersetzung tritt ein, wenn es über glühende Kohlen geleitet wird.

Das freie Cyan erhält man durch Erhitzen von Cyanquecksilber oder Cyansilber. Das Metall bleibt mit einem kohleähnlichen Rückstand (Paracyan) von gleicher prozentischer Zusammensetzung zurück, also vielleicht ein Kondensationsprodukt des Cyans, während das Cyan als ein farbloses, in Wasser, Alkohol, Aether und Terpentinöl lösliches Gas entweicht; es besitzt einen eigenthümlichen, stechenden Geruch und wirkt auf die Augen und die Geruchsorgane sehr reizend. Dieser Körper verhält sich vollständig wie ein einatomiges Radikal, indem er in den allgemeinen Typen (H_2, H_2O, HCl, NH_3) ein Atom Wasserstoff ersetzt, bildet er Cyanwasserstoffsäure (Blausäure) CyH; Cyansäure $\begin{matrix}Cy\\H\end{matrix} \mid O$; Chlorcyan $CyCl$ und Cyanamid NH_2Cy.

Die direkte Synthese des freien Cyans aus Kohlenstoff und Stickstoff ist bis jetzt noch nicht geglückt, wahrscheinlich, weil die Temperatur, bei welcher die Vereinigung erfolgen würde, so hoch liegt, daß das sich bildende Cyan sofort wieder zersetzt wird; hingegen bildet sich Cyan allemal dann, wenn Kohlenstoff und Stickstoff bei Gegenwart eines solchen Körpers aufeinander einwirken, mit welchem sich das Cyan verbinden kann, z. B. stets, wenn ein Alkalimetall vorhanden ist. Man erhält solche Verbindungen,

1) wenn man eine stickstoffhaltige thierische Substanz mit Kalium oder Natrium erhitzt;

2) indem man dieselbe Substanz oder die stickstoffhaltige Kohle, welche bei dem Verbrennen derselben zurückbleibt, mit wasserfreiem kohlensauren Kalium, Natrium oder Barium erhitzt;

3) indem man einen Strom von Stickstoffgas über ein glühendes Gemenge von Kohle und kohlensaurem Kalium oder Barium leitet;

4) durch Einwirkung von Ammoniakgas auf rothglühende Kohlen, die sich in einer Porzellanröhre befinden.

Bei dem zweiten und dritten Verfahren muß man annehmen, daß die Kohle die kohlensauren Salze zu Metall reduzirt, und daß das Alkalimetall die Vereinigung des Kohlenstoffs mit dem freien oder sich bildenden Stickstoff bedingt.

Bei dem vierten Verfahren erfolgt die Bildung von Cyanammonium, nach Langlois nach der Gleichung

$$4NH_3 + C_2 = 2(NH_4Cy) + H_4.$$

oder nach Kuhlmann unter Freiwerden von Kohlenwasserstoff:

$$4NH_3 + C_2 = 2(NH_2Cy) + CH_4$$

Als eine interessante Bildung von Cyan mag noch das Vorkommen von Cyankalium in Hochöfen (namentlich zu Mägdesprung am Harz, Mariazell in Steiermark) angeführt werden. Das Kali liefern die als Zuschlag gegebenen Materialien, während der Stickstoff nach Bunsen und Playfair aus der Gebläseluft herrührt.

Das gebildete Cyankalium kann von den fremden Substanzen, mit welchen es vermischt ist, nicht mit Vortheil getrennt werden; es ist zu löslich und verändert sich zu leicht an der Luft. Ein besseres Resultat erlangt man, wenn man die Eigenthümlichkeit dieser Körper benutzt, mit Metallcyanüren und hauptsächlich mit dem Cyaneisen Doppelverbindungen einzugehen, welche weit beständiger und leichter krystallisirt zu erhalten sind. Wenn wir die neuere Methode von Marguerite und Sourdeval, welche auf der Anwendung von Baryt basirt, für den Augenblick bei Seite lassen, so kann man sagen, daß die Cyanverbindung, welche als Material zur Darstellung aller übrigen dient und welche auch fabrikmäßig dargestellt wird, das gelbe Blutlaugensalz ist; mit diesem müssen wir uns deßhalb auch genauer beschäftigen.

Gelbes Blutlaugensalz.

Synonyme: Ferrocyankalium, Kalium-Eisencyanür, blausaures Eisenkali, Eisenblausaures Kali (fälschlich auch blausaures Kali), Cyanure jaune, Ferrocyanure de potasse, Lessive du sang, Ferrocyanate of potass.

Das Kaliumeisencyanür ist durch die Größe und die Schönheit seiner Krystalle ausgezeichnet. Seine Zusammensetzung kann man, abgesehen von der theoretischen Formel, mit dem Ausdruck bezeichnen:

$$Cy_4 K_4 Fe + 3H_2O$$

$$Cy_4 = 156 \begin{cases} C = 72 \\ N = 84 \end{cases} 36{,}391 \begin{cases} 17{,}045 \\ 19{,}886 \end{cases}$$

$$\overset{\text{II}}{Fe} = 56 \qquad\qquad 13{,}257$$

$$K_4 = 156{,}4 \qquad\qquad 37{,}025$$

$$3H_2O = \underline{54} \qquad\qquad \underline{12{,}784}$$

$$422{,}4 \qquad\qquad 99{,}996$$

Man sieht also, daß das gelbe Blutlaugensalz die Elemente von vier Molekülen Cyankalium und einem Molekül Cyaneisen enthält. Da es sich überdies auch durch direkte Vereinigung dieser beiden binären Verbindungen bildet, und da es beim Erhitzen sich zerlegt in das Cyankali, in Kohle, Eisen und Stickstoff, welche letzteren Stoffe das Resultat der Zersetzung des Eisencyanürs sind, so haben die Anhänger der dualistischen Theorie es als eine Doppelverbindung von Cyaneisen und Cyankalium angesehen. Mehrere gewichtige Gründe stehen jedoch mit dieser Ansicht in vollständigem Widerspruch.

Im gelben Blutlaugensalz sind die Eigenschaften des Eisens vollständig verdeckt, es wird z. B. von Schwefelammonium nicht gefällt, während das Kalium durch die gewöhnlichen Reagentien gefällt wird. Man kann sogar mit der größten Leichtigkeit durch doppelte Zersetzung das Kalium durch ein anderes Metall oder durch Wasserstoff ersetzen.

Hiernach verhält sich das gelbe Blutlaugensalz wie eine Verbindung von vier Atomen Kalium mit einem vieratomigen Radikal ($FeCy_6$), dem Ferrocyanwasserstoff, und ist nur eins von den Gliedern einer ganzen Reihe von Körpern, welche unter dem Namen der Ferrocyanüre bekannt sind und deren allgemeine Formel

$$(Cy_6 \overset{IV}{Fe}) M_4$$

ist, wo M für ein beliebiges (einwerthiges) Metall oder für Wasserstoff steht.

Beim Erkalten der wässrigen Lösungen scheidet sich das gelbe Blutlaugensalz in großen Krystallen aus, welche dem viergliedrigen (zwei- und einachsigen Krystallsystem) angehören. Die Kernform ist ein Quadratoktaeder, welches an den Endkanten und Endecken abgestumpft ist, auch die Seitenkanten zeigen Abstumpfungsflächen; die Krystalle sind nach der Grabenfläche deutlich spaltbar, die Blättchen sind biegsam und sehr zähe, so daß man sie nur schwierig zerreiben kann. Es ist helleitronengelb und durchscheinend, besitzt einen bitterlichen Geschmack und ist nicht giftig.

In vier Theilen kaltem und fast in dem gleichen Gewicht kochendem Wasser ist es löslich. Das spezifische Gewicht des Salzes ist 1,833, das einer bei 8° gesättigten Lösung ist 1,100. In Alkohol ist es unlöslich, weshalb es aus seinen wässrigen Lösungen durch Weingeist gefällt werden kann, wobei es in glänzenden gelblichen Blättchen auftritt. Bei 100° verliert es seine Durchsichtigkeit und sein Krystallwasser vollständig; bei Abschluß der Luft zum Rothglühen erhitzt, schmilzt es unter Zersetzung, Stickstoff entweicht, und es bleibt ein

Rückſtand von Cyankalium und Kohleneiſen, Fe C$_2$. Enthält jedoch das Salz noch Feuchtigkeit, und hat der Sauerſtoff der Luft freien Zutritt, ſo bilden ſich gleichzeitig Ammoniak und Kohlenſäure.

Eine Miſchung von 8 Theilen trocknem gelben Blutlaugenſalz und 3 Theilen kohlenſaurem Kalium giebt beim Schmelzen Cyankalium, Kohlenſäure, Kohlenoxyd und Eiſenoxyd:

$$4(Cy_2 Fe K_4) + 4 \left\{ {(CO) \atop K_2} \right\} O_3 = 4 K_4 Cy_4 + {(\overset{vi}{Fe_2}) \atop (\overset{vi}{Fe_2})} \Big\} O_4 + 2 CO_2 + 2 CO$$

Eine gleiche Miſchung bei Luftzutritt erhitzt oder mit einem oxydirenden Körper gemiſcht, liefert Cyankalium, Eiſenoxyd und Kohlenſäure.

Das Sonnenlicht zerſetzt das gelbe kryſtalliſirte Blutlaugenſalz und ſeine Löſungen, es entwickelt ſich Cyanwaſſerſtoffſäure, während ſich je nach den äußeren Umſtänden Eiſenoxyd oder Berliner Blau niederſchlägt; gleichzeitig nimmt die Flüſſigkeit eine alkaliſche Reaktion an. Die Elektrolyſe einer Löſung von gelbem Blutlaugenſalz liefert am poſitiven Pole rothes Blutlaugenſalz und am negativen Pole Waſſerſtoff und Kalium. Es findet hierbei alſo derſelbe Vorgang ſtatt, als wenn das Waſſer allein zerſetzt wird. Der freiwerdende Sauerſtoff entweicht jedoch am poſitiven Pol nicht, ſondern verwandelt das gelbe Blutlaugenſalz in rothes.

Fügt man zu einer Löſung dieſes Salzes in der Kälte ziemlich ſtarke Säuren (Salzſäure, Weinſäure, verdünnte Schwefelſäure), ſo entziehen dieſe dem Blutlaugenſalz das Kalium und erſetzen es durch eine äquivalente Menge Waſſerſtoff; man erhält auf dieſe Weiſe eine Säure, die **Ferrocyanwaſſerſtoffſäure** (**Waſſerſtoffeiſencyanür**), von welcher weiter unten die Rede ſein wird. Beim Erhitzen zerfällt dieſelbe in **Berliner Blau** und **Cyanwaſſerſtoffſäure**.

Erhitzt man 1 Theil Blutlaugenſalz und 1 Theil konzentrirte Schwefelſäure, ſo findet eine lebhafte Entwicklung von Kohlenoxyd ſtatt, unter gleichzeitiger Bildung der ſchwefelſauren Salze von Kalium, Ammonium und Eiſenoxydul; letzteres oxydirt ſich auf Koſten der Schwefelſäure, welche dabei in ſchweflige Säure verwandelt wird, und bildet ſchwefelſaures Eiſenoxyd und folglich auch Eiſenalaun.

Die erstere Reaktion kann durch die Gleichung ausgedrückt werden:

$$(C_4N_6)FeK_4 + 3\begin{Bmatrix}SO_3\\H_2\end{Bmatrix}O_2 + 6H_2O$$

$$= 5CO + 6NH_3 + 2\begin{Bmatrix}SO_3\\K_2\end{Bmatrix}O_2 + \begin{Bmatrix}SO_3\\Fe\end{Bmatrix}O_2$$

Durch Destillation einer Mischung von Ferrocyankalium und verdünnter Schwefelsäure erhält man Blausäure, in der Retorte bleibt ein weißer schwach bläulich gefärbter Körper zurück, welcher anfänglich für Eisencyanür gehalten wurde, jedoch noch Kalium enthält; seine Zusammensetzung entspricht folgender Formel:

$$Cy_4 \overset{II}{Fe}_2 K_2 = (\overset{IV}{Cy_4} Fe) K_2 \overset{II}{Fe}$$

also ein Ferrocyanür von Eisen und Kalium.

211,4 Theile des Salzes geben mit 108 bis 115 Theilen englischer Schwefelsäure und der entsprechenden Menge Wasser 33,9 bis 40,1 Prozent wasserfreie Blausäure und 74,6 bis 75,22 Prozent dieses weißen Rückstandes.

Alle die Körper, welche fähig sind, Sauerstoff im status nascens zu bilden, wie Chlor, Jod, Brom, entziehen dem gelben Blutlaugensalz ein Atom Kalium und verwandeln es in rothes Blutlaugensalz oder Ferridcyankalium, nach der Gleichung:

$$2[(Cy_6Fe)K_4] + O \text{ oder } Cl_2 = 2[(Cy_6Fe)K_3] + K_2O \text{ oder } 2KCl.$$

Ozon, Jodsäure, Chlorsäure, eine Mischung von chlorsaurem Kalium und verdünnter Salzsäure, Chromsäure, neutrales und saures chromsaures Kalium, Manganhyperoxyd, eine Mischung von Manganhyperoxyd und verdünnter Schwefelsäure, Bleihyperoxyd, Wismuthsäure, Eisenchlorid u. s. w. besitzen diese Eigenschaft. Bei der Behandlung mit Salpetersäure erhält man auch rothes Blutlaugensalz; wenn man sie jedoch im Ueberschuß und heiß anwendet (2 Theile Salpetersäure auf 1 Theil Blutlaugensalz), so treten tiefer gehende Zersetzungen ein, es entweichen Cyan, Stickstoff, Stickstoffoxydul, Kohlensäure, und es bilden sich salpetersaures Kalium und salpetersaures Eisen. Ist die Einwirkung nicht so weit gegangen, so erhält man Nitroprussidsäure, $Cy_5(NO)FeH_2$. Beim Schmelzen des Ferrocyankaliums mit Schwefel erhält man Schwefelcyankalium $\begin{Bmatrix}Cy\\K\end{Bmatrix}S$ und Schwefelcyaneisen.

Die Lösungen dieses Salzes lösen viel Jod auf und geben beim Erhitzen sofort Jodcyan.

Gelbes Blutlaugensalz.

Sehr viele Metallsalze fällen die Lösungen des gelben Blutlaugensalzes. Manche dieser Niederschläge sind ungefärbt (Salze von Magnesium, Aluminium, Zink, Cadmium, Eisenoxydul, Mangan, Wismuth, Antimon, Zinn, Blei, Silber, Quecksilber), andere Niederschläge haben eine für das Metall, aus dessen Lösung sie entstanden, charakteristische Färbung, nämlich:

Kobalt	grünlich, wird bald braunroth.
Kupfer	braunroth.
Uranoxydul	hellbraun.
Uranoxyd	dunkelbraun.
Eisenoxyd	blau (Berliner Blau).
Palladium	grün.
Molybdän	dunkelbraun.
Tantal	dunkelgelb.

Bei den einwerthigen Metallen, wie Silber, entsteht dieser Niederschlag, indem vier Atome Metall an Stelle der vier Atome Kalium treten; bisweilen ist dieser Austausch nicht vollständig, so daß der Niederschlag noch Kalium enthält. Bei den mehratomigen Metallen scheint diese Reaktion verwickelter zu sein, ist aber stets das Resultat eines Austausches zwischen den Metallen der beiden Salze, welche auf einander einwirken.

Um zu erkennen, was zwischen dem gelben Blutlaugensalz und den Eisenoxydsalzen vorgeht, muß man sich daran erinnern, daß das Eisen zwei Atomgewichte hat, das eine

$\overset{II}{Fe} = 56$ (ferrosum) ist zweiwerthig, das andere

$(\overset{VI}{Fe_2}) = 112$ (ferricum) ist sechswerthig.

Um diese Erscheinung zu erklären, muß man annehmen, daß das Eisen eigentlich vierwerthig ist, obwohl nur selten diese vier Verwandtschaftseinheiten gebunden sind (z. B. im FeS_2); lagern sich nun zwei solcher vierwerthiger Eisenatome mit einer Verwandtschaftseinheit an einander, so bleiben noch von jedem drei solcher Einheiten frei und Fe_2 ist daher sechswerthig, z. B. $(Fe_2)Cl_6$.

Die Gleichung, welche die Bildung des Berliner Blaus darstellt, wird alsdann:

$$3[(Cy_6Fe)K_4] + 2[(\overset{VI}{Fe_2})Cl_6] = (\overset{IV}{Cy_6Fe})_3(\overset{VI}{Fe_2})_2 + 12KCl,$$

während die Gleichung, welche die Bildung des weißen Niederschlags in Eisenoxydulsalzen darstellt, folgende ist:

$$(Cy_6Fe)K_4 + 2(\overset{II}{Fe}Cl_2) = (Cy_6Fe)\overset{II}{Fe_2} + 4KCl.$$

Darstellung des gelben Blutlaugensalzes. — Das gelbe Blutlaugensalz kann sich unter folgenden Umständen bilden:

1) durch Hinzufügen von Eisencyanür zu einer Lösung von Cyankalium,

2) durch Einwirkung der Ferrocyanwasserstoffsäure auf Kaliumhydroxyd oder kohlensaures Kalium,

3) durch Einwirkung einer Lösung von Cyankalium auf Eisenoxyde, z. B. Hammerschlag, wobei sich Kaliumhydroxyd bildet,

4) durch Vermischen von Eisencyanür mit Kalilauge, wobei sich Eisenoxydul abscheidet,

5) durch Eintragen von reinem fein zerriebenen Berliner Blau (Pariser Blau) in heiße Kalilauge, wobei Eisenoxyd sich niederschlägt,

6) durch Einwirkung von Kalilauge auf die Ferrocyanverbindungen der Metalle,

7) durch Einwirkung einer erwärmten wässrigen Lösung von Cyankalium auf Eisen bei Luftabschluß; letzteres wird unter Wasserstoffentwicklung, also unter Wasserzersetzung, aufgelöst:

$$\overset{\text{\tiny II}}{Fe} + 6KCy + H_2O = FeK_4Cy_6 + K_2O + H_2$$

(Uebergießt man Eisen mit einer kalten Auflösung von Cyankalium und setzt diese Mischung der Luft aus, so wird Sauerstoff absorbirt und das Resultat ist wiederum Blutlaugensalz und Aetzkali.)

8) durch Einwirkung von Cyankalium auf Schwefeleisen, wobei sich Schwefelkalium bildet,

9) durch Vermischen eines Eisensalzes mit einer Lösung von Cyankalium; hierbei entsteht das entsprechende Kaliumsalz.

Das erste Verfahren[1]), welches allgemein bei der fabrikmäßigen Darstellung dieses Salzes angewendet wird, beruht auf der Bildung von Cyankalium durch Schmelzen von knochenreichen verkohlten oder nicht verkohlten thierischen Substanzen mit Pottasche und auf der Umwandlung des Cyankaliums in Blutlaugensalz durch metallisches Eisen. Man erhitzt die Pottasche in großen gußeisernen Schmelzschalen in einem Flammenofen über ihren Schmelzpunkt und trägt hierin nach und nach, um zu vermeiden, daß die Masse in Folge der

---

[1]) Ueber die fabrikmäßige Darstellung von Blutlaugensalz, s. Ann. d. Chemie u. Pharmacie, Bd. XXIII, pag. 160; Journal f. prakt. Chemie, Bd. XX, pag. 1; Dingler's polyt. Journal, Bd. LXXVI, pag. 352; Bd. XCIV, pag. 197; Bd. CXVII, pag. 414; Bd. CLI, pag. 73; Polyt. Centralblatt, 1858, pag. 25, 33, 49.

Abkühlung erstarrt, das Gemenge von Hammerschlag oder Eisenfeilspänen mit den thierischen Stoffen ein, (in welchem Falle die Gasentwicklung sehr lebhaft und die Abkühlung ziemlich beträchtlich ist,) oder mit stickstoffhaltiger Kohle, welche man bei der trocknen Destillation von thierischen Substanzen erhält. Die Masse bläht sich unter Entweichen von Kohlensäure, Kohlenwasserstoffen u. s. w. auf; sobald die Reaktion aufgehört hat und die Masse im ruhigen Fluß ist, entleert man die Schmelzschalen, pulverisirt die Schmelze nach dem Erstarren und Erkalten gröblich und laugt dieselbe mit warmem Wasser aus, bis die Lauge ein spezifisches Gewicht von 1,14 hat. Man läßt dieselbe alsdann eine Zeit lang stehen und dekantirt die klare Lösung von dem Bodensatz, welcher noch zweimal mit heißem Wasser ausgelaugt wird, indem man zuletzt zum Kochen erhitzt.

Gut ist es, der Flüssigkeit eine kleine Quantität essigsaures Eisen zuzusetzen, um das freie Cyankalium in Ferrocyankalium überzuführen; es bildet sich alsbann eine äquivalente Menge essigsaures Kalium.

Die letzten Waschwasser, welche nur geringe Mengen Blutlaugensalz enthalten, können zu einem neuen Auslaugen verwendet werden. Der unlösliche Rückstand bildet ein gutes Düngungsmittel und besitzt auch eine entfärbende Kraft. Die durch dreimaliges Auslaugen erhaltenen Flüssigkeiten werden durch Dekantiren geklärt, bei 95° bis zu einem spezifischen Gewicht von 1,27 eingedampft und in die Krystallisirgefäße gebracht. Die Mutterlauge der Krystalle wird von neuem auf ein spezifisches Gewicht von 1,40 konzentrirt und liefert eine zweite Krystallisation von Blutlaugensalz; die dritten Flüssigkeiten endlich werden zur Trockne eingedampft und liefern einen Rückstand, welcher bei den folgenden Operationen als Pottasche angewendet wird. Die Krystalle läßt man abtropfen, löst sie von neuem in der Hitze auf und reinigt sie durch Umkrystallisiren.

Auf 100 Theile Pottasche von 50 Prozent nimmt man 65 Theile Thierkohle oder 100 Theile stickstoffhaltige nicht verkohlte thierische Substanz und 2 bis 4 Theile Eisen.

Das Cyankalium bildet sich beim Beginn der Operation auf zwei verschiedene Weisen. Einerseits reagirt das sich bildende kohlensaure Ammonium auf das kohlensaure Kalium, und andererseits giebt die stickstoffhaltige Kohle direkt mit dem kohlensauren Alkali Cyankalium. Man hat beobachtet, daß die Ausbeute größer ist, wenn die thierischen Substanzen vorher verkohlt wurden; sie liefern unverkohlt durchschnittlich

10 Prozent, im verkohlten Zustande nach Dumas 23,1, nach Mitscherlich 17,8, nach Gentele 32 Prozent vom Gewicht der Thierkohle. Dagegen führt Liebig an, daß die vorhergehende Verkohlung der Thierstoffe nur nachtheilig sein kann, was Köllner bestätigt.

Das Verhalten des Blutlaugensalzes in der Hitze läßt den Gedanken nicht aufkommen, daß die schmelzende Masse schon vollständig fertig gebildetes Blutlaugensalz enthält, da das letztere Salz sich bei einer Temperatur zerlegt, welche nur wenig höher liegt als die zu seiner Herstellung erforderliche. Wenn man die rohe Schmelze durch kochenden Alkohol auszieht, so findet man in der Lösung kein Blutlaugensalz, sondern das ganze Cyan als Cyankalium, und aus dem Rückstand kann mit kochendem Wasser kein Blutlaugensalz ausgezogen werden. Vermischt man hingegen das mit Alkohol ausgezogene Cyankalium mit dem Rückstand und setzt Wasser hinzu, so erhält man in kurzer Zeit eine gelbe Lösung von Ferrocyankalium. Hieraus ergiebt sich, daß das Blutlaugensalz sich erst in dem Augenblicke bildet, wo die Schmelze aufgelöst wird, und zwar durch Einwirkung der löslichen Theile auf die unlöslichen Bestandtheile derselben; diese Erscheinung wird erklärlich durch das Vorhandensein von metallischem Eisen und Schwefeleisen in der geschmolzenen Masse. Das Schwefeleisen bildet sich durch Einwirkung des Schwefelkaliums auf das Eisen der Schmelzgefäße; das Kaliumsulfuret entsteht durch Reduktion des in der rohen Pottasche des Handels enthaltenen schwefelsauren Kaliums (8 bis 12 Prozent). Es bildet sich ein leicht schmelzbares Doppelsulfuret von Kalium und Eisen, welches in der Masse zurückbleibt. In den meisten Fällen ist die Quantität Eisen, welche man zugesetzt hat oder welches den Schmelzgefäßen entzogen ist, nicht hinreichend, um das gebildete Cyankalium in Blutlaugensalz umzuwandeln. Um diesem Uebelstand abzuhelfen, fügt man der Lösung, welche man durch das Auslaugen erhalten hat, Eisen oder Schwefeleisen oder noch besser Eisenvitriol hinzu, und zwar so lange, bis der schwarze Niederschlag von Schwefeleisen, welcher durch das Schwefelalkali hervorgebracht wird, sich nicht mehr auflöst.

Es ist nothwendig, der geschmolzenen Pottasche je nach dem größeren oder geringeren Gehalt an schwefelsaurem Kalium 12 bis 20 Theile Eisenfeilspäne hinzuzusetzen, damit sich das ganze Schwefelkalium in das Doppelsulfuret verwandeln kann, weil im andern Falle eine Bildung von Schwefelcyankalium erfolgen würde, welches für die Erzeugung von Blutlaugensalz verloren wäre. Bei Zutritt der Luft verwandelt sich ein Theil des Cyankaliums in cyansaures Kalium, welches sich später unter dem Einfluß des Wassers in Ammoniak und kohlensaures Kalium zerlegt.

Diese Ansicht über die Bildung von Blutlaugensalz ist zuerst von Liebig[1]) ausgesprochen worden.

Gegen dieselbe führt Runge[2]) an, daß eine Schmelze aus 400 Theilen Pottasche, 400 Theilen Hornlehde und 10 Theilen Eisen sofort Blutlaugensalz enthält, und daß mit einem gleichen Volumen Wasser vermischter Alkohol nur eine unbedeutende Menge Cyankalium auszieht, während Wasser allein mit dem Rückstand sofort Blutlaugensalz giebt. Hiernach müßte also das Blutlaugensalz in der rohen Masse schon fertig gebildet sein. Auch Gentele[3]) erhielt beim Auslaugen des Rohproduktes mit Alkohol nur Spuren von Cyankalium.

Gmelin[4]) giebt an, daß die Schmelze aus der Fabrik von Otto Pauli in Ettling an Alkohol von 36 Prozent nur Schwefelcyankalium und Kaliumhydroxyd und kein Blutlaugensalz abgegeben, während dieselbe Flüssigkeit, mit der Hälfte ihres Volumens Wasser verdünnt, viel Blutlaugensalz ausgezogen habe.

Die neueren Untersuchungen von Brunquell, Kamrodt, Röllner, Graeger und R. Hoffmann haben die Ansichten von Liebig vollständig begründet und über den chemischen Theil dieses Gegenstandes völliges Licht verbreitet[5]).

Den schwersten Vorwurf, welchen man dem gewöhnlichen Verfahren machen kann, ist der, daß er relativ zu wenig Blutlaugensalz giebt, wenn man die großen Mengen der angewendeten Materialien, abgesehen von dem hohen Preise derselben, berücksichtigt; denn sowohl vom Stickstoff der thierischen Substanz, als auch vom Kalium der Pottasche treten nur geringe Mengen in die Verbindung ein.

---

[1]) Annalen d. Chemie u. Pharmacie, Bd. XXXVIII, pag. 20).
[2]) Poggendorff's Annalen, Bd. LXVI, pag. 95.
[3]) Journal f. prakt. Chemie, Bd. XI, pag. 7.
[4]) Gmelin, Handbuch der Chemie, Bd. IV, pag. 366.
[5]) Brunquell, Preuß. Verhandlungen, 1856, pag. 30. — Wagner, Jahresbericht, 1856, Bd. II, pag. 102. — Röllner, Ann. d. Chemie und Pharmacie, Bd. CVII, pag. 6; Bd. CXVII, pag. 238. — Gräger, Ann. d. Chemie u. Pharmacie, Bd. CXIII, pag. 81. — A. W. Hofmann, Report by the Juries, Bd. 1863, pag. 62. — Kamrodt, Verhandl. des Vereins zur Beförderung des Gewerbfleißes in Preußen, 1857, pag. 153. — Dingler's polytechn. Journal, Bd. CXLVI, pag. 294. — Polyt. Centralblatt, 1857, pag. 1431 u. 1480. — R. Hoffmann, Dingler's polyt. Journal, Bd. CLI, pag. 63. — Polyt. Centralblatt, 1859, pag. 255.

Alle Versuche, die Ausbeute zu vergrößern, waren vergeblich, und die Fabrikanten haben sich damit begnügen müssen, Mittel aufzusuchen, um die abfallenden Produkte mit Vortheil verwerthen zu können, indem sie den Stickstoff zu kohlensaurem Ammonium und das Kalium zu schwefelsaurem Kalium verarbeiten.

Neben dieser älteren Methode sind in neuerer Zeit andere in Vorschlag gebracht worden, von welchen einige in praktischer Hinsicht recht gute Erfolge versprechen. Wir entlehnen die nachfolgenden Einzelheiten dem Berichte von Hofmann.

Bei der Destillation der Steinkohlen zur Fabrikation von Leuchtgas entweicht der größere Theil ihres Stickstoffgehaltes in Form von Ammoniak, und nur ein sehr kleiner Theil vereinigt sich mit dem Kohlenstoff zu Cyan. Die dabei entstehenden Cyanverbindungen hat man zu benutzen versucht. Man verdankt Mallet die ersten Versuche zur Darstellung von Blutlaugensalz mittelst der Rückstände aus der Bereitung des Leuchtgases (1847). Gauthier-Bouchard hat dieses Verfahren für die Industrie verwendbar gemacht.

Das Cyanammonium, welches sich bei der trocknen Destillation der Steinkohlen bildet, condensirt sich theilweise mit Wasser in den Kühlvorrichtungen, während ein anderer Theil mit fortgerissen wird und sich in den Reinigungsapparaten verdichtet. Zu letzterem Zweck reinigt man das Gas mit einer Mischung von schwefelsaurem Eisen, Eisenoxyd und Sand. Es bildet sich Cyaneisen, schwefelsaures Ammonium, Schwefelcyanammonium und Schwefeleisen. Letzteres verwandelt sich beim Liegen an der Luft wieder in schwefelsaures Eisen. Durch Auslaugen der rohen Masse mit Wasser entfernt man das schwefelsaure Ammonium und die Schwefelcyanverbindungen; der Rückstand wird mit Kalk gemengt und mit kaltem Wasser behandelt; man erhält auf diese Weise eine Lösung von Ferrocyancalcium, welche nur mit kohlensaurem Kalium gefällt zu werden braucht, um gewöhnliches gelbes Blutlaugensalz zu geben. Die letztere Substitution ist nicht von wesentlicher Bedeutung, in ökonomischer Hinsicht sogar zu verwerfen, weil nicht das Metall, sondern die Ferrocyanwasserstoffsäure das eigentlich Wesentliche ist; allein man ist bis jetzt zu sehr an den Gebrauch des Kaliumsalzes gewöhnt, dessen schöne, reine Krystalle man für ein Zeichen der Reinheit ansieht. Nach den Beobachtungen von A. W. Hofmann hat das mit Ferrocyancalcium dargestellte Berliner Blau weniger Glanz als das gewöhnliche Blau.

Aus den Untersuchungen von Desfosses, Thomson, Bunsen

und Fownes[1]) weiß man, daß sich Cyankalium bildet, wenn man über ein weißglühendes Gemenge von Kohle und kohlensaurem Kalium Stickstoffgas (Luft, aus welcher man den Sauerstoff fortgeschafft hat,) leitet; die Lösung kann durch Digestion mit Spatheisenstein oder Hammerschlag leicht in Blutlaugensalz umgewandelt werden.

Diese Reaktion haben Possoz und Boissière[2]) praktisch verwerthet. Sie stellen bis zum heutigen Tage gelbes Blutlaugensalz fabrikmäßig dar, indem sie nur die atmosphärische Luft als Quelle des Stickstoffs benutzen. Nach längeren, mit vielen Kosten verknüpften Versuchen ist es diesen Fabrikanten gelungen, ihr Verfahren wirklich praktisch zu machen und es an Stelle des alten anzuwenden. Diese Versuche wurden in ziemlich großem Maßstabe angestellt, so daß man täglich 100 Kilogramm fabriziren konnte. Der hauptsächlichste Grund, weswegen diese Methode nicht recht mit Vortheil verwendet werden kann, besteht in der geringen Menge von Cyankalium, welches sich im Verhältniß zu der verwendeten Menge Kohle und kohlensaurem Kalium bildet; man muß in Folge dessen eine ungeheure Menge Material auslaugen.

Die folgenden Einzelheiten dieses Verfahrens sind dem Werke von Girardin entnommen.

Holzkohlenstücke, welche mit 30 Prozent guter amerikanischer Pottasche getränkt sind, werden in einen vertikal stehenden Cylinder von feuerfestem Material gebracht. Diesen Cylinder, welcher im Innern einen Durchmesser von 0,60 Meter und eine Länge von mehr als 3 Meter hat, erhitzt man zum Weißglühen und treibt dann durch denselben heiße Luft, welche über glühende Coaks geleitet wurde und in Folge dessen nur noch Stickstoff und Kohlenoxyd enthält. Nach Verlauf von zehn Stunden ist das kohlensaure Kalium zum großen Theil in Cyankalium verwandelt (?). Die Einrichtung ist so getroffen, daß die cyankaliumhaltige Kohle unten ausgezogen und oben kalihaltige Kohle aufgegeben werden kann. Die erkaltete Masse wird mit Wasser extrahirt und mit natürlichem kohlensauren Eisen (Spatheisenstein) digerirt, wobei sich Blutlaugensalz bildet.

Kamrodt[3]) schlägt vor, den Stickstoff der atmosphärischen Luft

[1]) Bunsen, Rapport du jury international de 1845, pag. 185. — Fownes, Journal für prakt. Chemie, Bd. XXVI, pag. 412.
[2]) London Journal of arts, 1845, pag. 580; Patent No. 9985 vom 13. December 1843. — Dingler's polyt. Journal, Bd. XCV, pag. 293; Bd. CIV, pag. 446.
[3]) Verhandlungen des Vereins z. Beförderung des Gewerbfl. in Preußen, 1857, pag. 158.

durch Ammoniak zu ersetzen, welches man entweder durch Verkohlung von stickstoffhaltigen thierischen Substanzen oder bei der Bereitung von Thierkohle oder auch auf irgend eine andere Weise erhält. Die Bildung von Cyankalium durch Einwirkung von Ammoniak auf kalihaltige Kohle ist weit leichter und weit reichlicher als bei der Einwirkung von Stickstoff. Bei dieser Gelegenheit wollen wir wieder an die Beobachtung von Langlois und Kuhlmann erinnern, daß beim Ueberleiten von Ammoniak über glühende Kohle sich Cyanammonium und Sumpfgas bildet. Brunquell läßt das so gebildete Cyanammonium auf schwefelsaures Eisen einwirken, wobei sich schwefelsaures Ammonium und Cyaneisen bildet, welches letztere man leicht durch kohlensaures Kalium in Ferrocyankalium verwandeln kann.

Margueritte und Sourdeval[1]) haben den Versuch gemacht, in den verschiedenen Methoden das Kalium durch Barium zu ersetzen. Die Anwendung des feuerbeständigen und unschmelzbaren kaustischen Baryts hat mehrere Vortheile. So bleibt bei dem Verfahren mit Luft und Ammoniak die Masse porös, die Reaction geht bei weitem besser von Statten, die Gefäße werden weniger stark angegriffen, und die Temperatur braucht nicht so hoch-gesteigert zu werden.

Das kohlensaure Barium wird mit dem dreißigfachen Volumen Kohle, Kohlentheerpech (sogenanntem Asphalt), Harz oder Coaks vermischt und in einer thönernen Retorte stark geglüht. Die barythaltige Kohle vertritt alsdann die Stelle der mit Pottaschenlösung getränkten Kohle. Das gebildete Cyanbarium kann leicht in Ferrocyanbarium oder -kalium oder in Berliner Blau verwandelt werden.

Gélis[2]) bereitet das gelbe Blutlaugensalz nach einem Verfahren, welches auf sehr glatten Reactionen beruht und außerdem auch noch den Vortheil hat, daß weder kostspielige Apparate noch sehr hohe Temperaturen dabei erforderlich sind. Diese Reactionen sind folgende: Schwefelkohlenstoff giebt mit einer Lösung von Schwefelammonium Sulfocarbonsaures Ammonium:

$$\left.\begin{array}{c} \overset{\text{II}}{CS} \\ 2NH_4 \end{array}\right\} S_3$$

---

[1]) Comptes rendus de l'Académie des sciences, Bd. L, pag. 1100. — Journ. für prakt. Chemie, Bd. LXXXI, pag. 192. — Dingler's polyt. Journal, Bd. CLVII, pag. 73. — Polyt. Centralbl., 1860, pag. 1129.

[2]) Wagner, Jahresber. d. chem. Technologie, 1862, pag. 283; 1863, pag. 320; Hofmann, Reports by the Juries, Cl. II, Section A, London 1863, pag. 62.

Erhitzt man letzteres mit Schwefelkalium (durch Glühen von schwefelsaurem Kalium mit Kohle erhalten), so verwandelt es sich in Schwefelcyankalium, Ammoniumhydrosulfür und Schwefelwasserstoff. Die beiden letzteren werden durch Destillation von dem ersteren getrennt, durch flüssiges Ammoniak verdichtet und liefern wieder das zur Fabrikation erforderliche Ammoniumhydrosulfür.

Das Schwefelcyankalium wird mit fein zertheiltem Eisen vermischt, kurze Zeit bis zum dunklen Rothglühen erhitzt und darauf mit Wasser ausgelaugt. Man erhält alsdann eine Lösung von gelbem Blutlaugensalz, Schwefeleisen und Schwefelkalium.

Dies sind in kurzen Umrissen die verschiedenen Methoden, welche zur fabrikmäßigen Darstellung von gelbem Blutlaugensalz vorgeschlagen worden. Der bei weitem größere Theil des zur Verwendung kommenden Produkts wird nach dem zuerst angeführten Verfahren dargestellt.

Verunreinigungen und Untersuchung des Blutlaugensalzes.

Wegen der Schönheit und der Größe der Krystalle kann dieses Salz nicht leicht auf betrügerische Weise verfälscht werden; allein trotz dieser anscheinenden Reinheit enthält es sehr merkliche Quantitäten von schwefelsaurem und kohlensaurem Kalium, welche von der Darstellung herrühren. Um es zu reinigen, löst man es in wenig heißem Wasser auf und läßt krystallisiren; die Krystalle enthalten den größeren Theil des schwefelsauren Salzes; die Mutterlauge wird durch Alkohol gefällt, der Niederschlag mit Alkohol ausgewaschen, zum zweiten Male in Wasser aufgelöst und zur Krystallisation gebracht.

Man sieht hieraus, daß es für den Fabrikanten von Interesse ist, das Salz, welches er verwendet, zu untersuchen. Unter den zahlreichen Methoden, welche sich zur Untersuchung eines Salzes darbieten, das so mannichfache Reaktionen zeigt, wollen wir die von Jacquemin angegebene hervorheben. Sie hat den Vortheil, daß sie maßanalytisch und leicht ausführbar ist.

Chlor und unterchlorigsaure Salze verwandeln das gelbe Blutlaugensalz in rothes; die Beendigung dieser Reaktion läßt sich daran erkennen, daß dasselbe durch Eisenoxydsalze nicht mehr blau gefällt wird. Man gebraucht hierzu 1) eine Normallösung von gelbem Blutlaugensalz, welche 20 Gramm reines und trocknes Salz im Liter enthält; 2) eine Tausendstel-Lösung, welche man dadurch erhält, daß man

50 Kubikcentimeter der ersteren verdünnt; 3) eine Lösung von unterchlorigsaurem Natrium, welche so verdünnt ist, daß sie dem gleichwerthigen Volumen der ersteren Flüssigkeit entspricht. Man bestimmt die Uebereinstimmung genau durch einen vorläufigen Versuch, indem man in folgender Weise operirt.

Man nimmt aus der zu untersuchenden Masse einige Proben, welche man in einem Mörser zerreibt, wiegt hiervon 20 Gramm ab, löst dieselben in einem Kolben auf, und verdünnt die Flüssigkeit auf 1 Liter. Mittelst einer graduirten Pipette bringt man 50 Kubikcentimeter in ein Becherglas, fügt hierzu einige Kubikcentimeter reine Salzsäure und läßt aus der Bürette die Lösung von unterchlorigsaurem Natrium hinzufließen. Wenn man glaubt, daß die Umwandlung bald vollständig sei, so untersucht man vor dem jedesmaligen Hinzufügen den Zustand der Flüssigkeit, indem man einen Tropfen auf eine Porzellanschale bringt und eine gleiche Quantität eines reinen Eisenoxydsalzes hinzufügt; sobald keine blaue Färbung mehr eintritt, ist die Operation beendet, und man liest an der Bürette die Anzahl der verbrauchten Kubikcentimeter ab.

Es sei V das Volumen der titrirten Chlornatronflüssigkeit, welche 0,80 Liter der Normallösung von Blutlaugensalz entspricht, V' das Volumen, welches bei dem Versuche zur Umwandlung von gelbem Blutlaugensalz in rothes verwendet worden, so giebt die Formel

$$X = \frac{V'}{V}$$

das Gewicht des wirklichen Ferrocyansaliums, welches in 1 Gramm Salz enthalten ist.

Das so erhaltene Resultat kann indeß viel zu hoch sein, da der letzte Theil der hinzugesetzten Flüssigkeit oft nur noch theilweise erforderlich ist, um die Umwandlung völlig zu beendigen. Größere Genauigkeit erzielt man, wenn man die Tausendstel-Lösung benutzt. Man läßt alsdann in das Untersuchungsgefäß 1 Kubikcentimeter fließen und untersucht bei einem Tropfen, ob die blaue Färbung durch Eisenoxydsalze verschwindet. Ist dies nicht der Fall, so fügt man noch weiter je 1 Kubikcentimeter hinzu, bis die Färbung vollständig verschwunden ist. Ist v das Volumen der angewendeten Tausendstellösung, so wird die Formel alsdann:

$$X = \frac{V'}{V - v}.$$

Diese volumetrische Bestimmung ist gleichfalls anwendbar zur

Untersuchung des Gehaltes irgend einer anderen Flüssigkeit an Blutlaugensalz [1]).

Anwendung. — Das gelbe Blutlaugensalz dient zum Blaufärben von Wolle, Seide und Baumwolle, zur Herstellung von Dampfgrün und Dampfblau auf Geweben, zur Fabrikation von Berliner Blau, rothem Blutlaugensalz und Cyankalium, zum galvanischen Vergolden, zum Verstählen und schließlich noch in den Laboratorien zur Bereitung von Blausäure und als Reagens hauptsächlich auf Eisen und Kupfer.

Diejenigen Ferrocyanverbindungen, welche vortheilhaft das Kaliumsalz bei seiner Verwendung in der Technik ersetzen könnten, sind: das Ferrocyannatrium, das Ferrocyanammonium, das Ferrocyanbarium und die Ferrocyanwasserstoffsäure oder das Wasserstoffeisencyanür. Wir müssen deshalb über jeden dieser Körper einige Worte sagen. Der Kürze wegen wollen wir voraus bemerken, daß die Eigenthümlichkeiten, welche von dem Radikal Ferrocyan herrühren, allen mit dem gelben Blutlaugensalz gemeinschaftlich sind.

Ferrocyannatrium.

Das Ferrocyannatrium wird an Stelle des gelben Blutlaugensalzes nur seines geringen Preises wegen verwendet. Ein gleiches Gewicht Natron kostet dreimal weniger als Kali und sein Aequivalentgewicht ist 31, während das des Kalis 47 ist, woraus sich ergiebt, daß die Menge Natron, welche das Kali ersetzt, um $4\tfrac{1}{2}$ mal billiger ist. Diese Vortheile werden jedoch dadurch aufgewogen, daß dieses Salz schwieriger krystallisirt und 41 Prozent Krystallisationswasser enthält, wodurch die Transportkosten vermehrt werden.

Zusammensetzung: $Cy_6 Fe Na_4 + 12 H_2O$

$Cy_6 \begin{cases} C_6 \\ N_6 \end{cases}$: : : : $\begin{matrix} 72 \\ 84 \end{matrix}$	156	29,95
Fe	56	10,75
Na_4	92,8	17,82
$12(H_2O)$	216	41,48
	520,8.	100,00.

Die Krystalle sind hellgelb und durchsichtig; es sind sechsseitige rhombische Prismen mit vierflächiger Zuspitzung; ihr spezifisches Gewicht ist 1,448; sie haben einen salzigen schwach bitteren Geschmack.

---

[1]) Jacquemin, Inaugural-Dissertation, Straßburg 1860.

Das Salz ist in 4,3 Theilen kaltem Wasser, leichter in heißem Wasser löslich, unlöslich jedoch in Alkohol. Beim Erhitzen efflorescirt es und verwandelt sich in ein weißes Pulver. Im Allgemeinen ist sein chemisches Verhalten wie das des gelben Blutlaugensalzes.

Das Ferrocyannatrium kann man darstellen:

1) indem man das kohlensaure Kalium bei allen zur Gewinnung von gelbem Blutlaugensalz vorgeschlagenen Methoden durch kohlensaures Natrium ersetzt,

2) durch Kochen von Berliner Blau mit kaustischer Natronlauge oder kohlensaurem Natrium.

Die Untersuchung dieses Salzes kann auf dieselbe Weise ausgeführt werden wie die von Ferrocyankalium.

Ferrocyanammonium.

$$Cy_6 Fe(NH_4)_4 + 3H_2O$$

Cy_6	156
Fe	56
$(NH_4)_4$	72
$3H_2O$	54
	338.

Es bildet blaßgelbe durchsichtige Krystalle, welche mit denen des gelben Blutlaugensalzes isomorph sind, und ist in Wasser sehr leicht löslich, in Alkohol unlöslich.

An der Luft entwickelt es einen stechenden Geruch nach Blausäure und Ammoniak. Im luftleeren Raume getrocknet und bei Luftabschluß erhitzt, wird es grün, Wasser und Cyanammonium entweichen, und es bleibt ein graugrünlicher Rückstand von Cyaneisen.

Nach Bunsen sind die trocknen Krystalle an der Luft unveränderlich, werden aber beim Erhitzen bis auf 40° blau. Verdampft man eine wässrige Lösung bei Luftzutritt, so entweicht Cyanammonium, und Berliner Blau wird abgeschieden. Es verhält sich also in dieser Hinsicht wie die Ferrocyanwasserstoffsäure, welche unter denselben Umständen Berliner Blau und Blausäure giebt. Diese wichtige Eigenthümlichkeit gestattet es, dasselbe zu Dampfblau ohne Säuren zu verwenden.

Darstellung:

1) Durch Digestion von Berliner Blau mit Ammoniak. Dieses Verfahren liefert jedoch nur wenig Ausbeute, und wenn das Blau

Kalium enthält, was fast gewöhnlich der Fall ist, so bildet sich zu gleicher Zeit gelbes Blutlaugensalz (Scheele).

2) Durch Einwirkung von Ammoniak auf Ferrocyanblei. Wenn die Einwirkung beendigt ist, filtrirt man. Um die Zersetzung, welche während des Abdampfens leicht eintritt, zu verhindern, hat Berzelius vorgeschlagen, mit Alkohol zu fällen; nach Betle ist jedoch ein langsames Abdampfen vorzuziehen, weil Alkohol nur eine syrupartige Masse fällt.

3) Das Ferrocyanammonium kann nach Berzelius erhalten werden, indem man Ferrocyanwasserstoffsäure mit Ammoniak sättigt.

4) Schaller fügt zu einer Lösung von gelbem Blutlaugensalz eine äquivalente Menge von schwefelsaurem Ammonium. Wenn die Flüssigkeiten sehr konzentrirt sind, so scheidet sich zuerst schwefelsaures Kalium aus, darauf bei vorsichtigem Abdampfen Ferrocyanammonium; die so erhaltene Verbindung ist jedoch kein reines Ferrocyanammonium, sondern ein Doppelsalz, welches noch Kalium enthält. Es zersetzt sich nicht allein unter dem Einfluß der Wärme, sondern auch durch Einwirkung des Lichtes. Schaller hat diese Eigenschaft benutzt, um sehr schöne photographische Bilder zu erhalten, indem er diesen Körper als lichtempfindliche Substanz für Positive verwendet. Wenn das Blau sich gebildet hat, so kann man es durch eine alkalische Flüssigkeit zerlegen, wodurch Eisenoxyd auf dem Gewebe zurückbleibt, welches nun wie ein gewöhnlicher Eisenmordant in einer Campecheholz-, Quercitron- oder Krappflotte gefärbt werden kann.

Die Untersuchung dieses Salzes geschieht auf dieselbe Weise wie die von Ferrocyankalium.

Ferrocyanbarium.

$$(Cy_2 Fe) \overset{II}{Ba}_2 + 6 H_2 O$$

Es bildet kleine, platzgedrückte, rechtwinklig vierseitige Prismen, welche an den Enden mit einer gegen die Flächen des Prismas gerichteten Fläche versehen sind; es ist von gelber Farbe und durchsichtig. Bei einer Temperatur, welche nicht die Zersetzung des Salzes bewirkt, verliert es nur 5 Atome Wasser, während der Rest sehr energisch zurückgehalten wird. Durch Erhitzen zersetzt es sich, ohne zu schmelzen, in Cyanbarium, Stickstoff und Kohleneisen. Es bedarf 100 Theile heißes und 1950 Theile kaltes Wasser zu seiner Lösung.

Das Salz kann durch Digestion von Berliner Blau mit Bariumhydrothermt oder durch Vermischen einer kochenden Lösung von Chlorbarium mit einer Lösung von gelbem Blutlaugensalz dargestellt werden. Das Chlorbarium muß im großen Ueberschuß angewendet werden (auf 211,11 Theile Blutlaugensalz mehr als 244 Theile krystallisirtes Chlorbarium), weil sich sonst ein Doppelsalz (Cy, Fe Ba K₂) bilden würde.

Man kann auch Cyanbarium, welches man nach dem Verfahren von Margueritte und Sourdeval dargestellt hat, durch kohlensaures Eisen zersetzen.

Ferrocyancalcium.

$$Cy_4 \, \overset{II}{Fe} \, Ca_2 + 12 \, H_2 \, O$$

Dieses Salz krystallisirt in blaßgelben, schiefen vierseitigen Prismen, welche bei 40° 11 Atome Wasser verlieren. Es ist in Wasser sehr leicht löslich und wird durch Hitze zersetzt. Man erhält es entweder durch Einwirkung von gelöschtem Kalk auf fein zerriebenes Berliner Blau, oder aus Cyancalcium und kohlensaurem Eisen. Es wird im Großen dargestellt.

Ferrocyanwasserstoffsäure.
$Cy_4 \, Fe \, H_4$

Die Ferrocyanwasserstoffsäure oder Wasserstoffeisencyanür ist in sofern von Interesse, weil sie bei der Darstellung von Bleu de France eine Rolle spielt. Sie zersetzt sich mit großer Leichtigkeit und liefert durch Oxydation Berliner Blau. Wegen der Zersetzbarkeit kommt sie nicht in den Handel, sondern man stellt sie sich selbst dar und verwendet die Lösung kurze Zeit nach der Darstellung.

Je nach der Art der Darstellung ist die Ferrocyanwasserstoffsäure entweder ein weißes amorphes Pulver, oder es sind tetraedrische oder kubische Krystalle; Aether fällt sie aus ihren wässrigen Lösungen in blendend weißen perlmutterglänzenden Blättchen.

Sie ist geruchlos und besitzt einen rein sauren Geschmack. In Alkohol und Wasser ist sie sehr leicht löslich und giebt mit ihnen syrupartige Lösungen; in Aether löst sie sich nicht auf.

Bei Luftabschluß zersetzt sie sich bei einer wenig über 100° liegenden Temperatur, indem Wasser und Cyanwasserstoffsäure entweichen und ein graugelbes Eisencyanür zurückbleibt, welches sich dann oft unter Feuererscheinung in eine schwarze Substanz verwandelt (Rammelsberg). Erhitzt man eine wässrige Lösung zum Kochen, so tritt dieselbe Zersetzung ein.

An der Luft hält sich die trockne Säure ziemlich gut; ist sie aber feucht, so zersetzt sie sich bei geringer Temperaturerhöhung unter Bildung von Berliner Blau. Dieser Vorgang geschieht nach folgender Gleichung:

$$7(Cy_3 Fe H_2) + O_7 = Cy_{12} Fe_7 + 24 Cy H + 2H_2O$$

Bei Gegenwart von Eisen wird Wasserstoff frei.

Bringt man Ferrocyanwasserstoffsäure mit basischen Metalloxyden zusammen, so findet ein Austausch statt, indem die Metalle an die Stelle des Wasserstoffs treten.

Porret[1]), ihr Entdecker, stellt sie durch Zersetzung von Ferrocyanbarium mit Schwefelsäure oder von gelbem Blutlaugensalz mit Weinsäure dar, indem er das sich bildende weinsaure Kalium mit Alkohol niederschlägt; besser ist es jedoch, einen kleinen Ueberschuß von Blutlaugensalz anzuwenden, welches gleichfalls durch Alkohol abgeschieden wird, während ein Ueberschuß von Weinsäure nur schwierig zu entfernen wäre.

Robiquet[2]) zersetzt Berliner Blau mit konzentrirter Salzsäure. Berzelius[3]) empfahl, das Ferrocyankupfer oder das Ferrocyanblei in Wasser zu suspendiren und mit Schwefelwasserstoff zu zersetzen. Das beste Verfahren, wobei man die Säure sofort in fester Form erhält, ist das von Possel[4]) vorgeschlagene. Man fügt zu einer konzentrirten Lösung von gelbem Blutlaugensalz einen Ueberschuß von Salzsäure und schüttelt dieselbe mit Aether. Der Niederschlag läßt sich leicht abfiltriren und wird mit wasser- und alkoholhaltigem Aether ausgewaschen.

Von den unlöslichen metallischen Ferrocyanverbindungen, welche durch doppelte Zersetzung entstehen, wollen wir diejenigen näher betrachten, welche durch Einwirkung der Eisenoxyd- und Eisenoxydulsalze auf Blutlaugensalz entstehen. Die letzteren Verbindungen bilden wegen ihrer blauen Farbe oder ihrer Fähigkeit, sich durch Oxydation zu färben, wirkliche Farbstoffe der Cyangruppe.

Doppelsalz von Ferrocyaneisen (Ferrosum) und Kalium.

$$Cy_4 Fe K, \overset{\shortparallel}{Fe}$$

Diese Verbindung ist der weiße Niederschlag, welchen man durch Einwirkung eines Eisen(oxydul)salzes auf die Lösungen von gelbem

---

[1]) Journal für Chemie u. Physik von Schweigger, Bd. XVII, pag. 262.
[2]) Annales de chimie et de physique [2], Bd. XII, pag. 285.
[3]) Journal für Chemie u. Physik von Schweigger, Bd. XXX, pag. 44.
[4]) Possel, Annal. d. Chemie u. Pharmacie, Bd. XLII, pag. 163.

Blutlaugenſalz erhält. Ohne die gehörige Vorſicht dargeſtellt, beſitzt dieſes Salz ſtets eine mehr oder minder dunkle bläuliche Färbung. Um es vollkommen weiß zu erhalten, muß man eine Löſung von reinem Eiſenvitriol, welche mit metalliſchem Eiſen zum Sieden erhitzt werden, in eine Löſung von gelbem Blutlaugenſalz filtriren, aus der durch Kochen die Luft vorher vollſtändig ausgetrieben wurde.

Die charakteriſtiſche Eigenſchaft dieſes Körpers iſt die Leichtigkeit, mit welcher er ſich unter dem Einfluß des Sauerſtoffs der Luft in Berliner Blau verwandelt; Löſungen von Chlor, unterchloriger Säure, Salpeterſäure oder überhaupt oxydirende Körper üben darauf denſelben Einfluß aus; gleichzeitig bildet ſich unter Abſcheidung von Eiſenoxyd gelbes Blutlaugenſalz:

$$H_4 O_2 + 6 Cy_4 Fe(K_4 \overset{II}{Fe}) + O_2 = 3 Cy_4 Fe K_4 +$$
$$+ Cy_{16} \overset{II}{Fe} + \left\{ \begin{matrix} (\overset{VI}{Fe_2}) \\ H_4 \end{matrix} \right\} O_4$$

Der weiße unlösliche Rückſtand, welcher bei der Deſtillation von gelbem Blutlaugenſalz mit verdünnter Schwefelſäure entſteht, hat dieſelbe Zuſammenſetzung und analoge Eigenſchaften.

Ferrocyaneiſen oder gewöhnliches Berliner Blau.

$$Cy_{18} Fe_7 = (\overset{IV}{Cy_4} Fe)_3 \overset{VI}{Fe_2} \left(\underset{\text{Ferricum}}{\overset{VI}{Fe}} = \underset{\text{Ferrosum}}{Fe_2} \right)$$

Dieſe Verbindung bildet ſich beim Vermiſchen einer Löſung eines Eiſenoxydſalzes (ſchwefelſaures, ſalpeterſaures Eiſen, Eiſenchlorid u. ſ. w.) und einer löslichen Ferrocyanverbindung. Das ſalpeterſaure Eiſen ſoll das ſchönſte Präparat liefern. Der blaue Niederſchlag iſt übrigens nach dem Auswaſchen und Trocknen keineswegs ein chemiſch reines Berliner Blau, da ein Theil des Alkalimetalls ſtets in Geſtalt eines Doppelſalzes mit niedergeſchlagen wird.

Dieſer Fall tritt hauptſächlich dann ein, wenn man die Löſung des Eiſenſalzes mit einem Ueberſchuß von gelbem Blutlaugenſalz verſetzt. Der Niederſchlag iſt unlöslich in Waſſer, welches Salze gelöſt enthält, wie dies bei der Mutterlauge, aus welcher er ſich abgeſchieden, der Fall iſt, nach dem Auswaſchen in reinem Waſſer löslich und hat eine Zuſammenſetzung, welche der Formel $(\overset{IV}{Cy_4} Fe) \overset{VI}{Fe_2} K_2$ entſpricht, und dies iſt das lösliche Berliner Blau.

Um das reine Berliner Blau darzustellen, ist es besser, entweder die Eisensalze durch Ferrocyanwasserstoffsäure zu zersetzen, oder das Handelsprodukt mit Schwefelsäure anzurühren und dann die Mischung in Wasser zu gießen. Das Kalium bleibt alsdann in Lösung. Im Großen benutzt man oft die oben angegebene Reaktion.

Man fällt ein Eisensalz(oxydul) durch gelbes Blutlaugensalz; auf 100 Theile Ferrocyankalium nimmt man 80 Theile oxydfreien Eisenvitriol und oxydirt den weißen Niederschlag mit 50 Prozent Salpetersäure von 28° B. und 36 Prozent Schwefelsäure von 66°, welche dazu bestimmt ist, das Eisenoxyd aufzulösen. Man wäscht den Niederschlag aus und trocknet denselben[1]).

Die Ferrocyanwasserstoffsäure und das Ferrocyanammonium oder eine Mischung von Ferrocyankalium und Chlorammonium geben, wie oben bereits gesagt, Berliner Blau, indem sie sich durch Hitze und oxydirende Agentien zersetzen.

Denselben Zweck erreicht man auch durch folgende Operationen:

1) Fällung einer Mischung eines Eisenoxydul- und eines Eisenoxydsalzes durch Cyankalium;

2) Einwirkung von Blausäure auf das wasserhaltige magnetische Eisenoxydulozyd;

3) Einwirkung eines Eisenoxydsalzes auf das Doppelsalz von Ferrocyaneisen und Kalium;

4) indem man Cyanwasserstoffsäure mit einem Eisenoxydsalze vermischt, darauf überschüssige Kalilauge und schließlich Salzsäure hinzufügt.

Der nach diesen verschiedenen Methoden erhaltene Niederschlag, hauptsächlich der durch Einwirkung von gelbem Blutlaugensalz auf ein Eisenoxydsalz oder auf ein Oxydulsalz und nachherige Oxydation, wird ausgewaschen, an der Luft etwas getrocknet, ausgepreßt, in kleine würfelförmige oder säulenförmige Stückchen zerschnitten und zuletzt in einer bis auf 80° erhitzten Trockenkammer getrocknet. Er besitzt eine dunkle Farbe, haftet an der Zunge und nimmt wie der Indigo beim Reiben mit dem Nagel Kupferglanz an, welcher bei den feinsten Sorten, die unter dem Namen Pariser Blau in den Handel kommen, sehr ausgezeichnet ist. Sein Bruch ist muschlig und kupferglänzend.

Das Berliner Blau ist ohne Geruch und Geschmack. Bei Luftabschluß erhitzt, entweicht Wasser, die Masse nimmt eine grüne Farbe

---

[1]) Gentele, Dingler's polyt. Journal, Bd. LXI. pag. 452.

an, giebt Cyanammonium, kohlensaures Ammon und Kohlenoxyd und hinterläßt nach einem lebhaften Erglühen einen Rückstand von Kohleneisen. Bei Luftzutritt erhitzt, entzündet es sich leicht und verbrennt wie Zunder, indem es sich in Eisenoxyd verwandelt. Eine wässrige Lösung von Chlor verwandelt es in eine grüne Masse unter Bildung von Eisenchlorid; die grüne Substanz wird beim Auswaschen und Trocknen wieder blau.

Das Berliner Blau ist unlöslich in Wasser und verdünnten Säuren. Konzentrirte Schwefelsäure bildet damit eine weiße kleisterartige Masse, welche sich in einem großen Ueberschuß der Säure löst. Von Wasser wird es aus dieser Lösung vollständig wieder niedergeschlagen, was ein gutes Mittel abgiebt, das käufliche Produkt zu reinigen. Die Entdeckung von Stephen und Nash, daß reines Berliner Blau, mit krystallisirter Oxalsäure zusammengerieben, sich in Wasser zu einer dunkelblauen Flüssigkeit löse, ist für die Farbentechnik von großer Wichtigkeit, indem es hierdurch möglich wird, das Berliner Blau als Saftfarbe zu benutzen. 8 Theile durch Schwefelsäure gereinigtes Berliner Blau geben mit 1 Theil Oxalsäure und 250 Theilen Wasser eine haltbare Lösung, welche als blaue Tinte und zum Bläuen der Wäsche benutzt werden kann.

Konzentrirte Chlorwasserstoffsäure verwandelt es in Eisenchlorid und in Ferrocyanwasserstoffsäure. Reduzirende Körper, wie Schwefelwasserstoff, Eisen, Zinn, Zink, entziehen der Verbindung einen Theil des Cyans und verwandeln sich in Cyanverbindungen (Cyanwasserstoff, Cyaneisen, Cyanzink u. s. w.) und es bleibt ein weißes Eisencyanür zurück. Auch durch das Sonnenlicht werden blau gefärbte Stoffe ohne Zweifel in Folge einer Reduktion entfärbt; die Farbe stellt sich jedoch im Dunkeln wieder ein.

Mit kaustischen oder kohlensauren Alkalien in wässriger Lösung tritt eine sehr schnelle Zersetzung ein. Es wird Eisenoxyd abgeschieden, und es entsteht eine Lösung von gelbem Blutlaugensalz.

Selten sind die im Handel vorkommenden Sorten rein. Bald enthalten sie Eisenhydroxyd, wenn sie durch Oxydation des weißen Niederschlages dargestellt sind, bald sind sie mehr oder weniger mit Thonerde vermischt, welche gleichzeitig mit dem Berliner Blau durch Einwirkung von gelbem Blutlaugensalz auf eine Mischung von Eisen- und Aluminiumsalzen (1 Theil Eisenvitriol und 2 bis 4 Theile Alaun) erhalten wird; häufig werden auch weiße Substanzen, wie Schwerspath, Gips und gebrannter weißer Thon oder durch Jod blaugefärbte Stärke beigemischt; alle diese Zusätze sind aber für die Reinheit des Farbentons entschieden schädlich.

Nach Jacquemin[1]) erkennt man die Anwesenheit von fremden Substanzen sehr leicht, wenn man die Probe mit konzentrirter Schwefelsäure anrührt und den Brei in Wasser gießt. Die von dem wiederausgefällten Berliner Blau abfiltrirte Flüssigkeit enthält die löslich gewordene Kartoffelstärke und die Oxyde des Aluminiums und Eisens; die löslich gewordene Stärke läßt sich leicht mit Jod nachweisen, während die Oxyde durch die gewöhnlichen Mittel aufgefunden werden können.

Zur Bestimmung des wirklichen Gehaltes an Berliner Blau verwandelt man die Farbe durch Einwirkung von Kalilauge in gelbes Blutlaugensalz und bestimmt letzteres auf die oben angegebene Weise.

Das Berliner Blau findet vielfache Verwendung als Farbe in der Malerei, sowie zum Färben und Bläuen einer großen Anzahl von Gegenständen. Man befestigt es nur selten mit Albumin auf den Geweben und zieht bei weitem vor, die Farbe direkt auf der Faser auf chemischem Wege zu bilden.

Das lösliche Berliner Blau (Verbindung von Berliner Blau mit Blutlaugensalz), dessen Zusammensetzung und Darstellungsweise wir oben angegeben haben, besitzt die Eigenthümlichkeit, durch doppelte Zersetzung bei Gegenwart von Wasser sein Kalium gegen andere Metalle auszutauschen. Die Barium-, Magnesium-, Aluminium-, Chrom-, Eisen-, Kobalt-, Zink-, Kupfer-, Blei-, Quecksilber- und Zinnsalze geben mit demselben blaue Niederschläge, in welchen diese Metalle enthalten sind. Die Zinnverbindungen sind heller als das Berliner Blau und besitzen eine sehr schöne Farbe. Man weiß seit langer Zeit, daß die Anwendung von Zinnpräparaten bei der Darstellung der blauen Farbe die Nüance derselben vortheilhaft modifizirt, indem sie den Farben den Purpurglanz des Turnbull's Blau (Bleu de France) ertheilt. Das lösliche Berliner Blau hat in der Färberei noch keine Verwendung gefunden; man gebraucht es zum Bläuen der Wäsche und des Papierbreis.

Jacquemin stellt das lösliche Blau im Großen dar, indem er eine Lösung von schwefelsaurem Eisen in eine überschüssige Lösung von gelbem Blutlaugensalz gießt. Die Farbe schlägt sich wegen des gebildeten schwefelsauren Kaliums nieder. Man wäscht so lange aus, bis das Waschwasser eine blaue Farbe annimmt. Darauf löst man

---

[1]) Jacquemin, loco citato.

es von neuem in Wasser auf und fällt es durch Kochsalz wieder aus, wäscht es alsdann mit schwachem Salzwasser, um die letzten Spuren von gelbem Blutlaugensalz zu entfernen, hierauf mit Alkohol, um das Kochsalz auszuziehen, und trocknet die Masse bei 30°. Die ersten Waschwasser besitzen eine schöne grüne Farbe; zum Kochen erhitzt, geben sie einen grünen Niederschlag, welcher an der Luft blau wird.

Berliner Grün. — Grünes Eisencyanür von Pelouze.

$$Fe_3 Cy_8 + 4H_2O$$

Durch Einwirkung von überschüssigem Chlor auf eine Lösung von gelbem Blutlaugensalz und Kochen der erhaltenen Flüssigkeit bildet sich ein grüner Niederschlag, welcher, mit Chlorwasserstoffsäure und Wasser ausgewaschen, die obenstehende Zusammensetzung hat. Ueber seine Konstitution ist man noch nicht vollkommen im Klaren; Kalilauge verwandelt es in Eisenoxyd und in eine Mischung von Ferro- und Ferridcyankalium. Bis auf eine Temperatur von 180° erhitzt, verliert dieser Körper Wasser und Cyan und nimmt eine prachtvoll blauviolette Farbe an.

Ferridcyanverbindungen.

Durch die Einwirkung von Chlor oder von oxydirenden Substanzen, welche fähig sind, Sauerstoff im Status nascens zu geben, werden die Ferrocyanverbindungen in eine neue Klasse von Salzen verwandelt, welche durch die Vereinigung des sechsatomigen Radikals $Cy_{12} Fe_2$ mit sechs Atomen eines einwerthigen Metalls gebildet sind. Ihre Entstehung auf Kosten der entsprechenden Ferrocyanüre kann durch die allgemeine Gleichung ausgedrückt werden:

oder
$$2(Cy_6 Fe M_4) + Cl_2 = (Cy_{12} \overset{vi}{Fe_2}) M_6 + 2 Cl M$$

$$2(Cy_6 Fe M_4) + O = (Cy_{12} \overset{vi}{Fe_2}) M_6 + M_2 O$$

Die Ferridcyanverbindungen werden von den Anhängern der dualistischen Theorie als das Resultat einer Vereinigung eines Eisensesquicyanürs mit drei Molekülen eines Cyanmetalls angesehen. Dieselben Gründe jedoch, aus welchen wir beim gelben Blutlaugensalz diese Ansicht verworfen haben, gelten uns auch für die Derivate desselben, das rothe Blutlaugensalz und seine analogen Verbindungen.

Ferridcyankalium (Kaliumeisencyanid, Rothes Blutlaugensalz).

$$Cy_{12} Fe_2 K_6$$

Cy_{12} 212,0
Fe_2 112,0
K_6 234,6
——————
558,6

Das Ferridcyankalium ist von allen Ferridcyanüren hinsichtlich der Verwendung in der Technik das wichtigste.

Es krystallisirt ein- und eingliedrig, entweder in starkglänzenden schönen gelbrothen Prismen oder in tiefrothen Tafeln. Das Pulver ist orangefarben. Die Lösungen desselben verändern das Lackmuspigment nicht und besitzen einen salzigen, etwas abstringirenden Geschmack. In Wasser ist es leicht löslich, und zwar gebraucht man 2 Theile kaltes und etwas weniger als 1 Theil heißes Wasser. In absolutem Alkohol ist es nicht, in verdünntem Alkohol sehr wenig löslich und wird durch Weingeist aus der wässrigen Lösung gefällt. Mit salpetersaurem Ammonium erhitzt, verpufft es. Beim Erhitzen verknistern die Krystalle, geben Cyangas und etwas Stickstoffgas und hinterlassen einen schwärzlichen Rückstand von Kaliumeisencyanür, Cyankalium, Paracyan, Kohlenstoffeisen und Berliner Blau; bei höherer Temperatur bleiben dieselben Zersetzungsprodukte wie vom gelben Blutlaugensalz.

Die Lösungen von rothem Blutlaugensalz lassen langsam eine röthliche Substanz ausscheiden. Chlor wirkt auf dieselben ein, indem Chlorcyan, Chlorkalium, Cyanwasserstoffsäure und ein Niederschlag von Berliner Grün entsteht; die Flüssigkeit nimmt gleichzeitig eine dunkelrothe Farbe an in Folge der Auflösung von einem Theile des Grüns; dieses letztere wird durch Kochen gefällt.

Erhitzt man wässrige Lösungen von rothem Blutlaugensalz mit Salzsäure oder einer andern Säure bis zum Kochen, so erhält man einen blauen Niederschlag (Turnbull's Blau), wahrscheinlich nach der Gleichung

$$3(Cy_{12} Fe_2 K_6) + 20 HCl = 4 Cy + 20 Cy H + 18 KCl + FeCl_2 + \overset{vi}{(Cy_{12} Fe_2)} Fe_3$$

Salpetersäure verwandelt das Ferridcyankalium in salpetersaures Kalium und Nitroprussidsäure, indem Cyanwasserstoffsäure entweicht.

Eine der interessantesten Eigenschaften des rothen Blutlaugensalzes ist die bedeutende oxydirende Kraft, welche es hauptsächlich bei Gegenwart von Alkalien besitzt. Diese Oxydation wird durch das Bestreben des Salzes hervorgerufen, durch Aufnahme eines Atomes eines Alkalimetalls wieder in Ferrocyankalium überzugehen. So verwandelt es bei Gegenwart von Kaliumhydroxyd das Bleioxyd und das Manganoxyd in Bioxyde, das Chromhydroxyd in Chromsäure:

$$Cy_{12}Fe_2K_6 + 2\begin{Bmatrix}K\\H\end{Bmatrix}O + PbO = 2(Cy_6FeK_4) + H_2O + PbO_2$$

$$Cy_{12}Fe_2K_6 + 2\begin{Bmatrix}K\\H\end{Bmatrix}O + MnO = 2(Cy_6FeK_4) + H_2O + MnO_2$$

Unter denselben Bedingungen zerstört es den Indigo, indem es ihn in Isatin verwandelt. Diese Reaction erfolgt so schnell, daß man versucht hat, es als ein vorzügliches Mittel zum topischen Ausbeizen auf blauen mit Indigo gefärbten Stoffen zu verwenden.

Zu diesem Behufe flößt man das einfarbig blau gefärbte Gewebe mit Ferrocyankalium und bedruckt es nach dem Trocknen mit einer passend verdickten Farbe, deren wesentlichster Bestandtheil caustisches Natron ist; die Entfärbung geschieht in der Kälte in wenigen Augenblicken (Mercer). Diese Methode würde mit Vortheil das alte Verfahren mit chromsaurem Kalium, Salpetersäure und Oxalsäure ersetzen, wenn es nicht zu kostspielig wäre.

Beim Zusammentreffen von Schwefelwasserstoff und rothem Blutlaugensalz findet gegenseitige Zersetzung statt, indem sich gelbes Blutlaugensalz und Ferrocyanwasserstoffsäure bilden und Schwefel ausgeschieden wird.

Ammoniak giebt mit rothem Blutlaugensalz Ferrocyankalium, Ferrocyanammonium und Stickstoff.

Die oxydirende Eigenschaft dieses Salzes ist mit Vortheil dazu verwendet worden, das Anilinschwarz auf den Geweben zu entwickeln (Cordillot) und das Anilin in Indisin überzuführen. Man gebraucht es auch als Oxydationsmittel bei gewissen Dampffarben, welche Fernambuk und Campecheholz enthalten (Dampfbraun und Dampfroth, Tafelviolet). Es besitzt den Vortheil, die Kufel nicht anzugreifen und die Farben nicht zu überziehen, wie dies die Kupfersalze thun, welche zu denselben Zwecken verwendet werden.

Es giebt verschiedene Körper, welche durch ihre reduzirende Wirkung dem rothen Blutlaugensalz die Eigenschaft ertheilen, Eisenoxydsalze zu fällen. Man kann hierfür zwei Erklärungen aufstellen:

entweder wird das rothe Blutlaugensalz durch Reduktion zu gelbem Blutlaugensalz, und der sich bildende Niederschlag ist gewöhnliches Berliner Blau; oder die Eisenoxydsalze werden zu Oxydulsalzen reduzirt, und dann ist der Niederschlag Turnbull's Blau, welches sich durch Einwirkung des rothen Blutlaugensalzes auf das Eisenoxydulsalz bildet.

Derartig wirkende Körper sind folgende: Phosphor; phosphorige, unterphosphorige, schweflige Säure; Stickstoffoxyd, Eisen, Zink, Arsenik, Antimon, Wismuth, Zinn, Blei, Jodkalium; Harnsäure, Kreosot, Cinchonin, Morphin, Aether, Alkohol, Zucker; Essig-, Wein-, Citronensäure; Wasserstoffsuperoxyd.

Das Ferridcyankalium fällt die meisten Metallsalze nach folgender Gleichung:

$$Cy_{12}Fe_2K_6 + 6MCl = Cy_{12}Fe_2M_6 + 6KCl$$

Indessen ist die Reaktion nicht immer so einfach, und sehr häufig wird ein Theil des Kaliums als Doppelsalz mit niedergeschlagen.

Das Ferridcyaneisen (Turnbull's Blau) wird hauptsächlich unsere Aufmerksamkeit fesseln.

Darstellung des rothen Blutlaugensalzes. — Wir haben bereits oben gesehen, daß das Ferridcyankalium dadurch entsteht, daß zwei Moleküle des gelben Blutlaugensalzes ein Atom Kalium entweder durch die Einwirkung von Chlor oder oxydirender Verbindungen entzogen wird. Im Großen stellt man es stets mit Hilfe von Chlor dar. Zu diesem Zweck leitet man in eine kalte Auflösung von gelbem Blutlaugensalz einen langsamen Strom von Chlorgas, indem man die Flüssigkeit beständig umrührt. Man hört mit dem Einleiten auf, sobald Eisenoxydsalze nicht mehr blau gefärbt werden, neutralisirt die Auflösung alsdann mit kohlensaurem Kalium, filtrirt und verdampft möglichst schnell bis zur Bildung einer Krystallhaut; das Salz scheidet sich alsdann in großen Prismen aus[1]). Ein langsames Verdunsten ist nicht zu empfehlen, da das Salz große Neigung hat, an den Wandungen des Gefäßes aufzusteigen.

Zu Bouxwiller läßt man das Chlor auf sein gepulvertes gelbes Blutlaugensalz einwirken, welches sich in horizontal liegenden Tonnen befindet, die in eine drehende Bewegung versetzt werden. Auch auf diese Weise wird das Gas leicht absorbirt. Hierbei muß man jedoch

---

[1]) **Gmelin**, Journal für Physik u. Chemie von **Schweigger**, Bd. XXXIV, pag. 425.

namentlich darauf achten, daß man zur rechten Zeit mit dem Einleiten von Chlor aufhört, weil sich sonst Berliner Grün bilden würde.

Quantitative Untersuchung. — Jacquemin wendet zur Bestimmung des Ferridcyankaliums die schon bei Ferrocyankalium beschriebene Methode an, nachdem er vorher das rothe Blutlaugensalz durch Kochen mit Kaliumbleihydroxyd (Auflösung von Bleioxyd in Kaliumhydroxyd) in gelbes Blutlaugensalz übergeführt hat.

1 Gramm des gefundenen Ferrocyankaliums entspricht 0,866 Gramm rothem Blutlaugensalz.

Man bringt zu diesem Zweck 17,32 Gramm des zu untersuchenden Präparates in einen Glaskolben und löst in 80 Gramm Wasser auf. Außerdem bereitet man sich eine Lösung von 10 Gramm salpetersaurem Blei in 80 Gramm Wasser und versetzt diese so lange mit konzentrirter Kalilauge, bis der anfänglich gebildete Niederschlag aufgelöst ist; die beiden Flüssigkeiten werden vermischt, zum Kochen erhitzt und der Ueberschuß von Blei durch einen Strom von Kohlensäure ausgefällt. Man filtrirt und verdünnt die Flüssigkeit auf 1 Liter. Die Lösung ist alsdann zur volumetrischen Bestimmung fertig. Die Formel

$$y = 0{,}866 \left(\frac{V'}{V} - v \right)$$

giebt das Gewicht des Salzes an.

Das rothe Blutlaugensalz wird in der Färberei zum Blaufärben, zum Dampfblau, zum Havranec'schen Grün und als Oxydationsmittel verwendet.

Ferridcyanwasserstoffsäure.

$$Cy_{12} Fe_2 H_6$$

Diese Verbindung kann man auf verschiedene Weise darstellen. Alle Verfahren stimmen jedoch darin überein, daß man durch doppelte Zersetzung das Kalium durch Wasserstoff im rothen Blutlaugensalz ersetzt. Es ist deshalb auch sehr leicht, die folgenden Methoden zu verstehen, welche von verschiedenen Chemikern vorgeschlagen wurden:

1) Vorsichtiges Ausfällen des Kaliums durch Weinsäure oder Kieselfluorwasserstoffsäure. Man wendet einen geringen Ueberschuß von Ferridcyankalium an und fällt dieses durch Alkohol aus.

2) Zersetzen des in Wasser aufgerührten Ferridcyanbleis durch verdünnte Schwefelsäure (weniger gut durch Schwefelwasserstoff).

Die Ferridcyanwasserstoffsäure ist in Wasser und Alkohol sehr leicht löslich und besitzt einen herben, säuerlichen Geschmack; sie röthet Lackmuspapier sehr stark und zersetzt kohlensaure Alkalien. Die Lösung ist hellgelb oder rothbraun und kann bei sorgfältigem Verdunsten kleine röthlichgelbe Krystallnadeln der Wasserstoffverbindung geben. Bei längerem Stehen scheidet sich ein hellblauer Niederschlag von krystallinischer Textur ab. Schneller erfolgt diese Zersetzung durch Erwärmen, wobei sich gleichzeitig die Farbe des Niederschlages ändert, indem man unter Entweichen von Cyanwasserstoff ein sammetgrünes Pulver erhält. Bei Gegenwart von Alkohol werden sie schon durch das Licht verändert.

Reduzirende, namentlich organische Substanzen bedingen mehr oder weniger leicht die Zersetzung der Ferridcyanwasserstoffsäure in Ferrocyanwasserstoff und Berliner Blau. Aus diesem Grunde darf man die Bleiverbindung zur Herstellung derselben nicht durch Schwefelwasserstoff zersetzen, und auch Weinsäure ist zum Ausfällen des Kaliums nicht recht geeignet.

Diese Verbindung bildet sich bei dem durch Säuren erzeugten Dampfblau, welches rothes Blutlaugensalz enthält; es wirkt einerseits als oxydirendes Mittel und andererseits dadurch, dass es sich während des Dämpfens in Blau verwandelt.

Ferridcyanammonium.

$$Cy_{12} Fe_2 (NH_4)_4 + 6 H_2 O$$

Das Ferridcyanammonium wird durch Einwirkung von Chlor auf das Ferrocyanammonium oder von Ammoniak auf das Turnbull's Blau dargestellt. Das von Schaller durch doppelte Zersetzung des rothen Blutlaugensalzes und des schwefelsauren Ammoniums erhaltene Salz ist nur ein Doppelsalz; es enthält 4 Atome Ammonium und 2 Atome Kalium.

Es krystallisirt in ausserordentlich schönen, rubinrothen, tafelförmigen rhombischen Säulen, welche sechs Atome Wasser enthalten. Die Lösung zeigt sich beständiger als die des Ferrocyanammoniums, auch beim Abdampfen wird sie nicht so leicht zersetzt wie jenes.

Man hat es zur Oxydation der Anilinsalze und zur Erzeugung einer schwarzen Farbe auf Baumwolle vorgeschlagen (Corbillot'sches Verfahren).

Turnbull's Blau, Ferridcyaneisen.

$$(Cy_{12} Fe_2) \overset{II}{Fe_3} + 2H_2O$$

Die Entdeckung dieser blauen Farbe, welche allgemein Turnbull zugeschrieben wird, verdankt man Gmelin, welcher zuerst das rothe Blutlaugensalz dargestellt hat. Es bildet sich hauptsächlich durch Einwirkung einer Lösung von Ferridcyankalium oder einer anderen Ferridcyanverbindung, selbstverständlich auch der des Ferridcyanwasserstoffs auf Eisenoxydulsalze, indem 3 Atome des zweiwerthigen Eisens (Ferrosum) an Stelle der 6 Atome des einwerthigen Kaliums treten.

Im trocknen Zustande ist es dunkelblau mit einer kupferfarbenen Nüance. Hinsichtlich seiner Eigenschaften steht es dem gewöhnlichen Berliner Blau sehr nahe. Mit kaustischen und kohlensauren Alkalien giebt es eine Lösung von gelbem Blutlaugensalz unter Abscheidung von magnetischem Eisenoxydoxydul, während das normale Berliner Blau Eisenoxyd zurückläßt. Man kann diesen Körper deshalb auf die bereits mehrfach angegebene Weise untersuchen. 296 Gramm reines Turnbull's Blau geben 368 Gramm trocknes Eisenoxanür.

Wenn man auf dieselbe Weise wie bei der Herstellung des löslichen Berliner Blaus, jedoch mit dem Unterschiede verfährt, daß man Oxydulsalze an Stelle der Eisenoxydsalze und rothes Blutlaugensalz an Stelle des gelben verwendet, oder mit andern Worten, wenn man die Lösung des Eisensalzes in die des rothen Blutlaugensalzes gießt, so erhält man ein lösliches Turnbull's Blau von einem schönen brillanten Violet, dessen Lösungen die Mehrzahl der Metallsalze blau fällen. Mit den beiden Chlorverbindungen des Zinns erhält man auf diese Weise sehr schöne, rein blaue Farben.

Zinnblau.

Bekanntlich erhält man beim Vermischen einer Lösung von rothem Blutlaugensalz und Eisenoxydsalzen nur eine dunkelgrüne Färbung, ohne daß ein Niederschlag erfolgt. Fügt man jedoch zu dieser Flüssigkeit Zinnchlorür, so bildet sich nach Persoz ein blauer Niederschlag von großer Schönheit. Persoz nimmt hierbei mit Recht an, daß die erste Wirkung des Zinnsalzes darin besteht, das Eisenoxydsalz zu reduziren.

Jacquemin hat diesen Gegenstand einer genaueren Untersuchung unterworfen; er betrachtet den Niederschlag als eine Mischung von Ferridcyaneisenzinn und Zinnsäure, deren Anwesenheit man unter dem Mikroskop leicht nachweisen kann. Diesen Umstand benutzt er, um das rothe Blutlaugensalz neben dem gelben bestimmen zu können.

Fügt man zu einer solchen Lösung ein Eisenoxydsalz, so erhält man einen Niederschlag von Berliner Blau, und die abfiltrirte Flüssigkeit giebt auf Zusatz von Zinnsalz nochmals einen blauen Niederschlag. Zersetzt man diese beiden Niederschläge mit Kalilauge, so resultirt gelbes Blutlaugensalzes, welches man durch titrirte Flüssigkeiten bestimmt.

Vermehrt man bei dem Versuche von Perfoz die Menge des rothen Blutlaugensalzes, so erhält man ein in reinem Wasser lösliches Zinnblau, welches Jacquemin als ein Ferridcyanzinneisenkalium ansieht. Die Lösungen dieses Salzes geben mit den Metallsalzen sehr schöne blaue Färbungen, indem Kalium gegen die andern Metalle ausgetauscht wird. Die Verbindungen mit Zink, Zinn und Kobalt sind hauptsächlich hervorzuheben.

Literatur über die Cyanelsenverbindungen.

Bulletins de la Société d'encouragement pour l'Industrie nationale.

Bleu de Prusse, 1803, pag. 110; Teinture en Bleu de Prusse par Raymond, 1813, pag. 29, 55, 119; Bleu de Prusse, 1816, pag. 143; 1817, pag. 15; 1818, pag. 28; 1820, pag. 254; 1822, pag. 322; 1823, pag. 305; 1824, pag. 251; 1825, pag. 190; 1826, pag. 286; 1828, pag. 312; 1839, pag. 89; 1837, pag. 329; 1840, pag. 266, 477; 1842, pag. 419; 1847, pag. 61; 1848, pag. 275; 1851, pag. 411, 579, 610; 1855, pag. 49; 1857, pag. 813; 1858, pag. 771; 1860, pag. 109; 1861, pag. 50; 1864, pag. 177. —

Comptes rendus de l'Académie des sciences.

Bd. VIII, pag. 243; Bd. XXII, pag. 433; Bd. XXVI, pag. 203; Bd. XXIX, pag. 294.

Annales de chimie [1], Bd. IV, pag. 285, 294; Bd. XIX, pag. 77. — Bleu de Prusse, Bd. X, pag. 40; Bd. XI, pag. 31; Bd. XXI, pag. 47. — Prussiates, Bd. XXIII, pag. 88, 93; Bd. XXVIII, pag. 102; Bd. XLVI, pag. 157; Bd. LX, pag. 186, 225; Proust. — Prussiates de baryte et de chaux, Bd. XLIII, pag. 187. — Prussiates de fer, Bd. LVI, pag. 78.

Annales de chimie et de physique [2] Bd. V, pag. 113 (Vauquelin) Robiquet, Nature du Bleu de Prusse, Bd. XII, pag. 277 — Porret jeune, Sur l'analyse du chyazate ferrugineux de potasse, Bd. XII, pag. 372, 178; Berzelius, Récherches sur la composition des prussiates, Bd. XV, pag. 144, 226; Sur l'acide des prussiates triples, Bd. XV, pag. 320; Robiquet, Bd. XVII, pag. 196; Teinture des laines par le Bleu de Prusse par P. Raymond fils, Bd. XXXIX, pag. 54. — Robiquet, Sur le bleu de Prusse, Bd. XLIV, pag. 279; — Gay-Lussac, Faits pour servir à l'histoire du Bleu de Prusse,

Bd. XLVI, pag. 74; Sur le bleu de Prusse et le ferrocyanure de plomb, Bd. LI, pag. 357; Bd. LXIX, pag. 40.

Bulletins de la Société Industrielle de Mulhouse: Pelouze, Vert de Prusse, Bd. XXXI, pag. 74. — .

Reports by the Juries International by Hofmann, 1862, pag. 59. — Gerhardt, Organische Chemie, Bd. I, pag. 321 seq. — Gmelin, Handbuch der Chemie, Bd. IV, pag. 342 seq.

Berzelius, Lehrbuch der Chemie, Bd. III, pag. 584 seq. —

Dingler's polyt. Journal.

Berliner Blau, Bd. II, pag. 125; Bd. XVIII, pag. 285; Berliner Blau auf Seide, Bd. XXI, pag. 555; Bd. XXIII, pag. 91, 430, 542; Berliner Blau auf Wolle, Bd. XXXI, pag. 66. Ueber Berliner Blau, von Robiquet, Bd. XXXVI, pag. 407. Beitrag zur Geschichte des Berliner Blau, von Gay-Lussac, Bd. XL, pag. 225. Pyrophorisches Berliner Blau, von Hare, Bd. XLIII, pag. 155. Berliner Blau aus der ammoniakalischen Flüssigkeit der Gasanstalten, Bd. LII, pag. 58. Berliner Blau aus der Mutterlauge der künstlichen rohen Soda, Bd. LX, pag. 209. Ueber die Fabrikation von Pariser und Berliner Blau im Großen, von Gentele, Bd. LXI, pag. 452. Mit Berliner Blau gefärbte Wollentücher ebenso haltbar wie Indigo, Bd. LXV, pag. 157. Verbesserung in der Fabrikation des eisenblausauren Kalis, Auflösung von Berliner Blau, Bd. LXXI, pag. 226 (Stephen und Nash). — Ueber einige Verbesserungen in der Fabrikation des Berliner Blauss, von Thompson, Bd. LXXIII, pag. 281. Auflösung von Berliner Blau, Bd. LXVI, pag. 155. Ueber das Färben der Wolle mit Berliner Blau, von Meilleret, Bd. LXXXVI, pag. 308. Auflösung von Berliner Blau in Ammoniak, Bd. XCIX, pag. 399. Anwendung des Zinnsalzes beim Färben mit Berliner Blau, Bd. XCIX, pag. 399. Ueber die Bereitung von Turnbull's Blau, von Warrington, Bd. CXI, pag. 211. Ueber den Einfluß des Lichtes auf Berliner Blau, von Chevreul, Bd. CXIV, pag. 818. Ueber Blutlaugensalzfabrikation, Bd. CXXV, pag. 109. Gewinnung von Berliner Blau beim Reinigen des Steinkohlengases, Bd. CXXV, pag. 112. Darstellung von Französisch Blau auf Wolle, Bd. CXXIII, pag. 325. Prüfung Berliner Blau haltiger Flüssigkeiten auf ihren Gehalt an reinem Berliner Blau, von Brunquell, Bd. CXXIX, pag. 366. Anwendung des Gaskalks zur Gewinnung von Berliner Blau, Bd. CXXXV, pag. 393. Pariser Blau, von Habich, Bd. CXXXVIII, pag. 295; Bd. CXLIX, pag. 398. Lösliches Berliner Blau, Bd. CL, pag. 395. Ueber die Verbindung der Thonerde mit den Cyanverbindungen des Kaliums und Eisens, Bd. CLV, pag. 236. Verfahren mit Berliner Blau zu färben, von Kraubon, Bd. CLIX, pag. 159. —

Schweigger's Journal für Physik und Chemie. Gelbes Blutlaugensalz, von Thomson, Bd. XXVI, pag. 203; Bd. XXIX, pag. 504; Bd. XVII, pag. 258; Bd. XXVI, pag. 224. Rothes Blutlaugensalz, von Gmelin, Bd. XXXIV, pag. 325. — Annalen der Chemie und Physik von Poggendorff: Berzelius, Ferrorpanblei, Bd. XXV, pag. 385. Bunsen, Ferrocyanüre, Bd. XXXIV, pag. 131; Bd. XXXVI, pag. 404. Rammelsberg, Bd. XXXVIII, pag. 364; Bd. XLII, pag. 111; Bd. LXXIII, pag. 85. —

Annalen der Chemie und Pharmacie, Bd. XXIII, pag. 160. Liebig, Bd. XXXVIII, pag. 20. Dollfus, Bd. LXV, pag. 213. Williamson, Bd. LVII, pag. 239; Bd. LXXXVII, pag. 127. — Journal f. praktische Chemie,

Bd. XX, pag. 1; Bd. LX, pag. 262. — Liebig, Handwörterbuch der Chemie; Artikel: Berliner Blau und Blutlaugensalz, Bd. I. — Schoele, Opusculae, Bd. II, pag. 148. — Répertoire de chimie appliquée, 1. série, Bd. III, pag. 133, 146; Bd. V, pag. 284. — Répertoire de chimie, 2. série, Bd. II, pag. 93; Bd. I, pag. 275, 349. —

Anwendung der blaugefärbten Cyanderivate auf den Gewebsfasern.

Die Methoden zur Verwendung des Berliner Blau und der verwandten Verbindungen auf den Stoffen können, von einigen Ausnahmen abgesehen, in zwei allgemeine Klassen von Reaktionen gebracht werden.

1) Man tränkt das zu färbende Zeug gleichförmig mit einer Eisenoxydlösung und passirt dieselbe durch eine Lösung von Ferrocyanwasserstoffsäure, oder auch, was auf dasselbe hinauskommt, durch eine Mischung von gelbem Blutlaugensalz und einer Mineralsäure. Das Blau wird also durch direkte Vereinigung des Eisens mit der Ferrocyanwasserstoffsäure dargestellt.

2) Die Ferro- oder Ferridcyanwasserstoffsäure oder auch eine Mischung von beiden wird in wässrigen Lösungen durch Aufdrucken oder auf irgend eine andere Weise auf das Gewebe gebracht und durch gleichzeitige Einwirkung von feuchter Wärme (Dämpfen) und des Sauerstoffs der Luft in Blau verwandelt. Das Licht bewirkt eine ähnliche Umwandlung wie die Wärme. Diese letztere Erscheinung hat man zur Herstellung photographischer Bilder auf Geweben benutzt. Das Ferro- und Ferridcyanammonium erleiden eine ähnliche Zersetzung; sie können deßhalb mit Vortheil die entsprechenden Säuren ersetzen. Die Zinnverbindungen, welche man als Zwischenmittel benutzt, haben nicht die Aufgabe, die Farbe hervorzurufen, sondern nur, sie zu mobilisiren, indem sie ihnen die schöne Purpurfärbung ertheilen, welche das Bleu de France so sehr auszeichnet.

Auf Wolle gebraucht man ausschließlich die zweite Methode. In der Färberei scheint die Verwandtschaft dieser Faser zu dem sich bildenden Berliner Blau eine Rolle zu spielen und die Zersetzung der aufgelösten Ferrocyanwasserstoffsäure zu begünstigen.

Altes Verfahren. — Man färbte mit einer Mischung von Weinstein, gelbem Blutlaugensalz und Salmiak, erwärmte allmälig auf 45° bis 50° R. und fügte zu der Farbflotte eine Lösung von Zinnchlorür und Schwefelsäure.

Neueres Verfahren. — Der jetzt eingeschlagene Weg besteht darin, daß man anderthalb Stunden lang in der Siedhitze in einem

Bade von Weinstein und Zinnchlorür mordancirt und in einer Lösung von gelbem Blutlaugensalz, rothem Blutlaugensalz und Weinsäure ausfärbt. Man giebt zuerst eine Temperatur von 35° und steigert dieselbe allmälig bis zum Kochen. Um diesem Blau einen leichten purpurartigen Reflex zu ertheilen, färbte man ehemals darauf schwach mit Campeche; heut zu Tage verwendet man zu diesem Zweck das Anilinviolet en pâte.

Das Ferrocyanblau wird ebenso auf Wolle durch Aufdrucken und Dämpfen befestigt.

Nach älteren Vorschriften präparirte man die Gewebe in einer Lösung von zweifach weinsaurem Kalium und Zinnchlorür; danach druckte man mit einer Farbe, welche aus gelbem Blutlaugensalz, Weinsäure, Oxalsäure und Salmiak (um die Farbe hygroskopisch zu machen) bestand; bisweilen auch wurden die Pflanzensäuren ganz oder theilweise durch Schwefelsäure ersetzt; man dämpfte und wusch alsdann. Später wurden die Herstellungsweisen der Mordants modifizirt; man gebrauchte zum Mordanciren:

1) eine Mischung von Zinnchlorür und Schwefelsäure,
2) eine Mischung von Zinnchlorid, kaustischer Kalilauge (oder zinnsaurem Kalium) und Oxalsäure,
3) endlich wurde folgende Vorbereitung des Gewebes allgemein angenommen: man passirte das Gewebe in zinnsaures Natrium und danach in Schwefelsäure, welche die Zinnsäure befestigt.

Die auf die mordancirte Faser aufgedruckte Farbe bestand aus einer Mischung von gelbem und rothem Blutlaugensalz, Salmiak, Weinsäure und Oxalsäure, bisweilen auch Schwefelsäure.

Erst im Jahre 1840 hat die Verarbeitung dieser Farben wirkliche Fortschritte gemacht, und zwar durch die Einführung des Ferrocyanzinns, indem dieses Salz bei weitem reinere und blendendere Nüancen liefert.

Nach der Behandlung mit Chlorzinn druckt man mit einer Mischung von rothem und gelbem Blutlaugensalz, Ferrocyanzinn, Weinsäure, Oxalsäure und Salmiak. Man dämpft und wäscht. Meistens werden diese Farben auf nicht mordancirter Wolle befestigt; allein sie sind alsdann weniger intensiv und haben weniger Glanz und Lebhaftigkeit.

Das Bedrucken der Seide mit Dampfblau geschieht genau auf dieselbe Weise.

Um die Seide zu färben, verfährt man nach der allgemeinen Methode, d. h. man mordancirt mit einem Eisensalz und ruft die

Farbe durch Behandlung mit Ferrocyanwasserstoffsäure herrer. Nach dem älteren Verfahren von Raymond in Lyon passirt man die Strähnen oder die Gewebe in einer kalten, salpetersauren Lösung von schwefelsaurem Eisen(oxydul) von 3° oder 6°, wäscht und seift sie leicht und färbt sie darauf mit gelbem Blutlaugensalz, welchem man etwas Chlorwasserstoffsäure oder Schwefelsäure zugesetzt hat. Oder noch besser: man mordancirt sie in der Siedhitze mit einer salpetersauren Lösung von schwefelsaurem Eisen und Weinstein. (Gegenwärtig erfolgt das Mordanciren in der Wärme mit einer salpetersauren Lösung von schwefelsaurem Eisen, welchem man Zinnchlorür hinzugesetzt hat; man spült aus und färbt mit gelbem Blutlaugensalz, das man mit Salzsäure oder Schwefelsäure schwach angesäuert hat.

Baumwolle. — In der Baumwollenfärberei fixirt man zuerst, wie in der Seidenfärberei, das Eisenoxyd und behandelt es dann sofort mit Ferrocyanwasserstoffsäure.

Man erhält die blaue Färbung:

1) indem man die Gewebe mit einer salpetersauren Lösung von schwefelsaurem Eisen und darauf mit gelbem Blutlaugensalz, welches mit Schwefelsäure angesäuert ist, bei 35° oder 40° R. behandelt. (Altes Verfahren von Raymond.)

2) Man behandelt mit einer mit Salpetersäure angesäuerten Lösung von schwefelsaurem Eisen und Zinnsalz und darauf mit Blutlaugensalz und Schwefelsäure. (Neueres Verfahren.)

3) Das Bleu de France zum Färben erhält man heut zu Tage nach folgendem Verfahren:

Man notzt zweimal in zinnsaurem Natrium 3° B., nimmt alsdann zweimal durch ein Bad von 45° B., welches aus 12 Theilen salpetersaurem Eisen, 1 Theil Zinnsalz und 1¼ Theilen Schwefelsäure besteht. Man ringt aus und färbt mit 2 Theilen gelbem Blutlaugensalz und 1 Theil Schwefelsäure blau. Wenn das Blau dunkler werden soll, so bringt man es wieder in die Eisenlösung.

Bedrucken von Baumwolle. — Wir erwähnen zuerst das Tafelblau aus Berliner Blau[1]), welches dadurch hergestellt wird, dass man eine Lösung von Berliner Blau in Zinnchlorid aufdruckt. Diese Farbe ist nicht ächt und wird jetzt nicht mehr angewendet.

Ein anderes Mittel, die blaue Farbe auf Geweben herzustellen, beruht auf der bereits erwähnten Einwirkung reduzirender Körper auf eine Mischung von schwefelsaurem Eisen(oxyd) und Ferridcyankalium.

---

[1]) Persoz, Impression des tissus, Bd. IV, pag. 172.

Druckt man diese grüne Lösung auf und bringt alsdann die Gewebe in eine Lösung eines reduzirenden Körpers (hauptsächlich Zinnsalze), so erhält man Zinnblau. Unglücklicherweise läßt sich jedoch dieses Verfahren, das so rationell erscheint, wegen der Leichtigkeit, mit welcher die Farbe fast durch alle Metalle und durch die Mehrzahl der organischen Verbindungen reduzirt wird, nicht gut anwenden.

Die erste allgemeine Methode ist auch bei dem Bedrucken von Baumwolle mit Blau wegen der Schwierigkeit, die Zinnverbindungen hineinzubringen, fast völlig aufgegeben.

Dieses Verfahren ist übrigens sehr einfach. Nachdem man nach einer der oben angegebenen Weisen auf dem Gewebe an den Stellen, welche gefärbt werden sollen, eine hinreichende Menge von Eisenhydroxyd niedergeschlagen, nimmt man es durch gelbes Blutlaugensalz und Schwefelsäure (2 Theile Blutlaugensalz und 1 Theil Schwefelsäure); man verbindet bisweilen dieses Blau mit dem ächten Blau, um seinen Glanz zu erhöhen. Dies ist seine hauptsächliche Verwendung.

Dampfblau. — Das Dampfblau für Baumwolle wird durch Zersetzung der Ferrocyanwasserstoffsäure unter dem Einfluß von Wasserdämpfen und darauf folgende oder gleichzeitige Oxydation der weißen Verbindung, welche bei dieser Gelegenheit entsteht, gebildet. Auf diese Weise operirte man wenigstens anfänglich allgemein: Man druckte auf die unpräparirten Stoffe eine Farbe, deren wesentliche Bestandtheile gelbes Blutlaugensalz, Weinsäure und Oxalsäure waren.

In England machte man einen bedeutenden Fortschritt, indem man die Stoffe vorher in Zinnchlorid und darauf in kohlensaurem Natrium tränkte. Diese Methode, mit Zinnsäure zu imprägniren, wurde durch eine andere mit Vortheil ersetzt, welche darin besteht, das Gewebe mit zinnsaurem Natrium von 6° bis 15° zu imprägniren, je nach der Nuance, welche man zu erhalten wünscht. Je stärker das Mordanciren ist, um so lebhafter und purpurfarbener wird das Blau. Man läßt es einige Stunden liegen, nimmt es alsdann durch Schwefelsäure von 1,5° bis 3° und spült aus.

Seit 1840 versetzt man die Druckfarbe mit einem Körper, welcher in Hinsicht auf die Schönheit und den Glanz der Farbe sehr günstige Resultate giebt; es ist dies das Ferrocyanzinn, welches man durch doppelte Zersetzung des gelben Blutlaugensalzes und des Zinnchlorürs erhält. Das Salz wird in Teigform angewendet.

Die wesentlichen Bestandtheile des Dampfblaus sind: Gelbes und rothes Blutlaugensalz (letzteres macht das Blau purpurfarbener und dient gleichzeitig als Oxydationsmittel), Weinsäure und Oxalsäure oder Schwefelsäure oder auch bischwefelsaures Kalium, schwefelsaures Aluminium, welche die Aufgabe haben, die farbegebenden Säuren in Freiheit zu setzen (Ferro- und Ferridcyanwasserstoffsäure). Die zur Sättigung dienenden Körper können auch durch Salmiak ersetzt werden, welches durch doppelte Zersetzung Ferrocyanammonium giebt, das dann durch Wasserdämpfe zersetzt wird.

Hierbei darf man nicht außer Acht lassen, daß das Ammoniumsalz die Farben hygroskopisch macht, und folglich muß man sich vor einem etwaigen Fließen beim Dämpfen zu hüten suchen.

Die mit Salmiak gebildeten blauen Farben sind schöner als die andern auf nicht mit Zinn behandelten Geweben. Man zieht sie deshalb allemal dann vor, wenn man das Gewebe nicht präpariren kann (Dampfblaupasser in der Krappfärberei). Als Oxydationsmittel verwendet man bisweilen chlorsaures Kalium. Die gewöhnlichen Verdickungsmittel sind Stärke oder Gummi.

Das Mischen des Blutlaugensalzes und der Säuren darf nicht in der Wärme geschehen, um einer Zersetzung vor dem Druck vorzubeugen, auch kann die Farbe nicht lange aufbewahrt werden.

Die Befestigung geschieht in zwei Abtheilungen: 1) die Zersetzung der Ferrocyanwasserstoffsäure in weißes Ferrocyaneisen und in Cyanwasserstoffsäure; diese Reaktion erfolgt während des Dämpfens; 2) die Umwandlung in Berliner Blau in Folge einer darauf folgenden Oxydation.

Nach dem Dämpfen ist deshalb die Farbe gewöhnlich weiß, mit einem schwachen bläulichen Ton. Man ruft die Farbe hervor, indem man das Gewebe entweder an freier Luft an einem kühlen und feuchten Orte ausbreitet, oder indem man sie in fließendes Wasser legt, oder auch indem man sie mit warmem doppeltchromsauren Kalium behandelt.

Die Zusammensetzung einer solchen Farbe ist beispielsweise folgende:

    1 Theil rothes Blutlaugensalz,
    2 Theile gelbes Blutlaugensalz,
    3 Theile Weinsäure,
    ½ Theil Oxalsäure,
    6 Theile Ferrocyanzinn in Teigform.

Das Dampfblau ohne Säure enthält:

Gelbes Blutlaugensalz, Ferrocyanzinn, Salmiak, chlorsaures Kalium.

Eine Farbe, welche aus Ferrocyanammonium, rothem Blutlaugensalz, Ferrocyansinn und Weinsäure besteht, giebt eine sehr schöne Nüance auf mit Zinn behandelten Geweben.

21. Zeugprobe: Blau mit Zinn.
22. Zeugprobe: Dampfblau ohne Zinn.

Die Bestandtheile des Dampfblau vermischt man mit verschiedenen anderen Farben, um dieselben mehr oder weniger zu modifiziren; die hauptsächlichste von diesen ist das Dampfgrün, eine Vereinigung von Dampfblau und Dampfgelb; letzteres enthält einen gelben organischen Farbstoff, Quercitron oder Gelbbeeren und ein Aluminium- oder Zinnsalz, um sie zu befestigen.

23. Zeugprobe: Gewöhnliches Dampfgrün.
24. Zeugprobe: Halb dunkles Dampfgrün.

Ottokar Breuer[1]) stellt ein Dampfblau dar, welches das Ausfärben im Krappbade, das Seifen- und heiße Kreidebad verträgt und folglich auch mit den Morbants für Krapp gedruckt wird. Seine Zusammensetzung ist folgende:

5 Liter Wasser
1250 Gramm gelbes Blutlaugensalz
500 , Oxalsäure,
3200 , pulverisirtes Gummi.

Man erhitzt bis zum Kochen und rührt so lange um, bis die Mischung erkaltet ist. Nach dem Aufdrucken wird gedämpft und eine Minute lang bei 90° durch eine Lösung von 20 Gramm doppelt chromsaurem Kalium und 10 Gramm Kochsalz per Liter Wasser genommen. Nachher wird die Waare gewaschen, worauf das Ausfärben in gewöhnlicher Weise stattfindet.

Das gelbe und das rothe Blutlaugensalz werden häufig zu schwarzen, braunen oder holzgelben Farben hinzugesetzt, um die Nüance durch Bildung von Blau zu verändern, oder auch um die Auszüge aus den Farbhölzern zu oxydiren. Die letztere Wirkung wird übrigens nur durch das rothe Blutlaugensalz hervorgebracht.

Das Dampfblau und das Dampfgrün erfordern nach dem Dämpfen weiter keine Operationen; einfaches Waschen genügt, auch kann man sie neben einer Menge anderer Dampffarben anwenden. Es ist jedoch

---

[1]) Dingler's polyt. Journal, Bd. CLXII, pag. 146. — Polytechn. Centralblatt, 1861, pag. 763. — Bulletins de la Société industrielle de Mulhouse, Bd. XXXI, pag. 74.

vortheilhaft, sie nicht neben andern Farbenpräparaten zu drucken, welche fähig sind, Ammoniak zu entwickeln, oder welche Kupfersalze enthalten; man bemerkt nämlich in letzterem Falle einen Uebelstand, welcher unter dem Namen **Kupferschillern** (cuivrage) bekannt ist. Die Farbe, welche Kupfer enthält, nimmt hierbei einen eigenthümlichen Glanz an; denn es bildet sich unter Entwicklung von Blausäure Ferrocyankupfer, welches jene Wirkung hervorbringt.

Das topische Ausbeizen auf Berliner Blau geschieht mit alkalischen Präparaten. Die Reservagen werden mit Kreide oder mit phosphorsaurem Calcium hergestellt.

Horace Köchlin[1]) erhält blaue und grüne Farben neben Krappfarben, indem er folgendermaßen verfährt: Man druckt einen Bleimordant (essigsaures, salpetersaures Blei) gleichzeitig mit den Mordants für Krapp auf und fixirt ihn mit Ammoniak oder mit schwefelsaurem Natrium. Nach dem Fixiren reinigt man in Natronwasserglas, färbt in Krapp aus und avivirt (s. Band II, Krappfarben); alsdann bringt man die Zeuge in folgendes Bad:

Wasser	900 Liter
Schwefelsaures Eisen(oxydul)	2,700 Kilogr.
Zinnsalz	85 Gramm

Man läßt die Stücke fünf Minuten lang durch dieses Bad gehen, welches dabei auf 50° C. erwärmt wird; nach dieser Behandlung wäscht man sie aus und nimmt sie eine Minute durch folgendes Bad:

Wasser	900 Liter
Gelbes Blutlaugensalz	6,800 Kilogr.
Schwefelsäure	1,360 "

Schließlich wird gewaschen, getrocknet und chlorirt, und man erhält nun die blaue Farbe. — Indem man das unlösliche weiße Bleisalz durch chromsaures Blei, welches auf der Faser gebildet wurde, ersetzt und die Stoffe zuerst in eine Eisenlösung und darauf in gelbes Blutlaugensalz bringt, erhält man grüne Farben. Der Prozeß beruht 1) auf der Eigenschaft des unlöslichen Bleisalzes, welches keinen Ueberschuß von Oxyd enthält, in einer Krappflotte nicht anzuziehen,

---

[1]) Bulletin de la Société industrielle de Mulhouse, Bd. XXXII, pag. 122. — Dingler's polyt. Journal, Bd. CLXIV, pag. 218. — Polytechn. Centralblatt, 1862, pag. 1004.

2) auf seiner Fähigkeit, das Eisen aus seinen Oxydullösungen niederzuschlagen. Der Zusatz von Zinnsalz zu dem Eisenvitriol hat den Zweck, die weißen Stellen des Kattuns zu erhalten und die Fällung von Eisensesquioxyd zu verhindern. — Diese Farben können durchaus nicht mit dem Ultramarin und dem Guignet'schen Grün wetteifern, allein sie sind doch in besonderen Fällen zur Anwendung zu empfehlen.

Havraneck's Grün. — Dieses Dampfgrün, von welchem bereits bei den Chromfarben die Rede war, besteht aus

  1 Theil rothem Blutlaugensalz,
  4 Theilen gelbem Blutlaugensalz,
  2 Theilen Chromalaun,
  9 Theilen Ferrocyanzinn in Breiform,
  1 Theil Weinsäure,
  24 Theilen mit Stärke verdicktem Wasser.

Es kann bei gewissen Umständen das gewöhnliche Dampfgrün ersetzen.

25. Zeugprobe: Havraneck's Grün.

Kobalthaltige blaue Farben.

Coeruleum [1]).

Das Coeruleum ist eine neue blaue Farbe für die Oel- und Aquarellmalerei. Die Farbe desselben ist ein grünliches Hellblau, welches bei künstlichem Lichte nicht violet erscheint; seine Deckkraft ist gut. Sonnenlicht und Luft haben auf dasselbe keinen Einfluß. Durch Wärme, Alkalien und Essigsäure wird es nicht verändert, Mineralsäuren hingegen lösen es auf. Nach den Ergebnissen der Analyse kann man es betrachten als zinnsaures Kobalt, welches mit schwefelsaurem Calcium vermischt ist:

$$3(Co\,SnO_3) + SnO_2$$

Berzelius stellte ein hellblaues zinnsaures Kobalt dar, indem er zinnsaures Natrium oder Kalium durch ein Kobaltsalz fällte. Der Niederschlag wurde ausgelaugt, getrocknet und bis zum hellen Rothglühen erhitzt.

---

[1]) Dingler's polytechn. Journal, Bd. CLXII, pag. 44. — Polytechnisches Centralblatt, 1861, pag. 1659. — Répertoire de chimie appliquée, Bd. III, pag. 13.

Im Handel kommt unter demselben Namen auch ein anderes Fabrikat vor, welches eine ähnliche Farbe besitzt und aus einem Gemisch von Ultramarin mit kleinen Mengen Neapelgelb und Bleiweiß besteht [1]).

Smalte (Safflor, Zaffer) [2]).

Die Smalte ist ein sehr fein gemahlenes Kobaltglas. Sie wurde um die Mitte des 16. Jahrhunderts von einem Glasmacher Christoph Schürer zuerst dargestellt, welcher den Versuch machte, Kobalterz mit Glas zusammenzuschmelzen. Man gebrauchte sie früher zur Malerei auf gebrannten irdenen Geschirren, sowie zum Bläuen von Leinenzeug und Papier; letzteres bekommt aber dadurch die Eigenschaft, die Federn schnell stumpf zu machen, so daß statt der Smalte jetzt meist das Ultramarin verwendet wird.

Die schwefel- und arsenithaltigen Kobalterze werden geröstet, und zwar meist nur im Winter, um die arsenige Säure leichter vollständig niederschlagen zu können. Das geröstete und gesiebte Erz wird mit seinem gleichen Gewicht arseniger Säure vermischt und mit einem Kaliglas (kieselsaures Kalium) in Glashäfen geschmolzen. Ist die Schmelzung beendet, so schöpft man das Glas mit eisernen Löffeln in ein Gefäß mit fließendem Wasser, worin es abgeschreckt wird. Hierauf pulverisirt man es ganz fein und schlämmt es, wodurch man die verschiedenen Grade der Feinheit erhält.

Die Farbe wird von den Blaufarbewerken in sehr mannichfachen Nüancen je nach dem Gehalt an Kobalt geliefert. Die allerdunkelste Sorte (FFFFC) heißt Königsblau, Azurblau. Da sich die dunklen Farbgläser leicht verdünnen lassen, so ist man im Stande, alle möglichen Farben herzustellen.

Kobaltblau [3]).

Das Kobaltblau, auch unter dem Namen Kobaltultramarin, Thénard'sches Blau bekannt, besteht hauptsächlich aus Thonerde

---

[1]) Mechanic's Magazine, 1860, pag. 304.
[2]) Baierisches Kunst- und Gewerbeblatt, 1823, pag. 94. — Erdmann's Journal für technische und ökonomische Chemie, Bd. XVI, pag. 133. — Journal für prakt. Chemie, Bd. L, pag. 129. — Dingler's polyt. Journal, Bd. CXIX, pag. 441. — Polytechn. Centralblatt, 1851, pag. 172.
[3]) Dingler's polytechn. Journal, Bd. XI, pag. 314; Bd. LIII, pag. 447. — Baierisches Kunst- und Gewerbeblatt, 1824, pag. 200.

und Kobaltoxydul oder aus phosphorsaurem oder arsensaurem Kobalt mit Thonerde; bisweilen enthält es auch Zinkoxyd, durch das der röthliche Ton vermindert wird.

Diese blaue Farbe ist, wie die Smalte, sehr ächt: sie steht dem Ultramarin sehr nahe, wird aber seit der Erfindung des künstlichen Ultramarins nur noch zur Malerei auf irdenen Geschirren angewendet. Man kann ein derartiges Blau herstellen, wenn man eine Lösung, die 100 Theile Ammoniumalaun auf 5 bis 10 Theile schwefelsaures oder salpetersaures Kobalt und bisweilen auch schwefelsaures Zink enthält, abdampft, trocknet und in einem Tiegel 5 bis 6 Stunden lang glüht; oder auch durch Erhitzen von Thonerde mit einem Kobaltsalze. Thénard ersetzte die Thonerde durch phosphorsaures Aluminium.

Molybdänblau (Mineralindigo).

Das Molybdän bildet mit dem Sauerstoff eine blaue Verbindung, die man als ein intermediäres Oxyd betrachten kann, welches die Elemente der Molybdänsäure und des Molybdänbioxydes enthält. Man kann diese Oxydationsstufe ($Mo_2 O_5$) durch Fällen einer ziemlich konzentrirten Lösung von molybdänsaurem Ammonium und einer Lösung des Bioxyds (z. B. Molybdäntetrachlorid $MoCl_4$) darstellen; auch erhält man sie durch Reduktion der Molybdänsäure. Sie ist in reinem Wasser löslich, wenig löslich jedoch in salzhaltigem Wasser und in Alkohol.

Unter dem Namen Mineralindigo findet sich in Deutschland ein sehr beständiges Produkt, das man erhält, wenn man eine Lösung von Molybdänsäure in Chlorwasserstoffsäure mit reduzirenden Körpern, wie Zinn, Zink, Eisen, Molybdän und gewisse organische Verbindungen, zusammenbringt. Mit dem Namen Blauer Carmin bezeichnete man früher auch ein Gemenge von molybdänsaurem Molybdän(oxyd) und molybdänsaurem Zinn(oxyd), welches man durch Vermischen einer Auflösung von Molybdänsäure mit einer Auflösung von Zinnchlorür darstellte.

Man hat auch den Versuch gemacht, das Molybdänblau als Farbe für Gewebe zu verwenden.

Dr. Keller in Speyer[1]) schlägt vor, das Gewebe mit Phosphormolybdänsäure zu mordanciren und es darauf sofort in eine Lösung

[1]) Dingler's polyt. Journal, Bd. CXXI, pag. 463.

von Zinnchlorür zu bringen. Die Phosphormolybdänsäure wird in alkalischer Lösung angewendet und durch eine Säure abgeschieden. Sobald man ein Zinnsalz hinzubringt, tritt die blaue Farbe hervor; der Farbenton geht je nach der Konzentration der Lösung vom hellen bis zum dunklen Blau.

Dr. Kurrer[1]) zieht es vor, die Faser mit einer Lösung von molybdänsaurem Ammonium zu imprägniren, darauf nach dem Trocknen in einem salzsauren Bade durchzunehmen und, ohne in Wasser auszuwaschen, in ein Zinnchlorürbad zu bringen. Hierauf wäscht man die Stoffe aus und trocknet sie. — Mittelblau erhält man durch eine Lösung von molybdänsaurem Ammonium von 20° B. Die gebildete Farbe kann man als eine Verbindung von Molybdänsäure, Molybdänbioxyd und Zinnsäure betrachten.

Die Böden werden schöner auf Seide als auf Baumwolle. Man kann wie auf einem blauen Küpengrund ausbeizen, indem man in doppeltchromsaurem Kalium stoßt und eine saure Farbe aufdruckt. Aus Versuchen von Kurrer geht indessen hervor, daß die Molybdänsäure als Farbematerial keinen großen Werth hat[2]).

Die Molybdänsäure ist in Deutschland leicht zu erhalten, da sich ziemlich beträchtliche Lager von molybdänsaurem Blei (Gelbbleierz) vorfinden. Die Darstellung aus dem Gelbbleierz ist sehr einfach[3]). Man schmilzt das feingepochte Mineral mit dem gleichen Gewichte calcinirter Soda, gießt das gebildete molybdänsaure Natrium von dem ausgeschiedenen Metall ab, löst es in heißem Wasser auf, konzentrirt die Lösung und versetzt dieselbe mit einem Ueberschuß von Salpetersäure; alsdann erhitzt man die Lösung, bis sich die Molybdänsäure vollständig abgesetzt hat.

Eine Anzahl anderer Metalle, wie Vanadin, Wolfram, Titan u. s. w. liefern ebenfalls blaue oder grüne Oxyde, welche wol in der Industrie Verwendung finden könnten.

Versmann hat auf der Londoner Industrieausstellung im Jahre 1862 eine Reihe von Wolframfarben ausgestellt, unter welchen namentlich eine blaue Farbe (Mineralblau) sich auszeichnete, die aus dem intermediären wolframsauren Wolframoxyd ($W_4 O_{11}$) bestand. Man erhält dieselbe durch sehr mäßiges Erhitzen von Wolframsäure

---

[1]) Dingler's polyt. Journal, Bd. CXXIX, pag. 139.
[2]) Pharmaceutisches Centralblatt, 1853, pag. 825.
[3]) Christl, Dingler's polyt. Journal, Bd. CXXIV, pag. 398.

in Wasserstoff oder durch Behandlung von Wolframsäure mit Chlorwasserstoffsäure und Zink[1]). — Ferner ist noch das Wolframviolet zu erwähnen, welches aus einer Mischung von Wolframblau mit Magenta-Bronze (wolframsaurem Wolframoxyd-Kalium) besteht.

Zusammengesetzte grüne Farben.

Viele grüne Farben des Handels werden durch Vermischen von blauen und gelben Farben, hauptsächlich aus Berliner Blau und Chromgelb erhalten. Die Nomenklatur derselben ist ungeheuer groß und hat durchaus nichts Bestimmtes. Indem man das Verhältniß der einzelnen Bestandtheile verändert, kann man ihre Nüancen auf unzählige Weise modifiziren. Die Beschaffenheit hängt von der der Bestandtheile ab und von der Sorgfalt, mit welcher sie gemischt werden.

Das Englischgrün (Vert anglais) ist beispielsweise eine Mischung von chromsaurem Blei, Berliner Blau und einer ziemlich beträchtlichen Quantität schwefelsaurem Barium. Man verfertigt dieses Produkt in sehr ökonomischer Weise, indem man schwefelsaures Barium mit essigsaurem Blei versetzt und alsdann saures chromsaures Kalium hinzufügt; man saugt aus und mischt zu der Masse suspendirtes Berliner Blau.

Vogel[2]) schlägt vor, das Grün durch eine einzige Operation hervorzubringen, indem man zu essigsaurem Blei eine Mischung aus doppeltchromsaurem Kalium und essigsaurer Lösung von Berliner Blau hinzufügt.

Man kann das Berliner Blau auch durch Ultramarin, welches man mit Chromgelb vermischt, und das Bleisalz durch salpetersaures Wismuth ersetzen. Man erhält hierdurch sehr schöne Farben, allein der Preis stellt sich alsdann zu hoch.

Braune und schwarze Farben.

1) Verschiedene Schwefelmetalle.

2) Braune Oxyde (Manganbioxyd und Bleisuperoxyd). Van Dyck-Braun oder Eisenbraun[3]).

[1]) Hofmann, Reports by the Juries, 1863, pag. 87. — Patent 64, 88 und 277 vom 8. Januar, 11. Januar und 12. September 1859.

[2]) Répertoire de chimie appliquée, Bd. IV, pag. 407.

[3]) Das Van Dyk Braun ist nach Rowney (Journal für praktische Chemie, Bd. LXXI, pag. 119) eine Farbe, welche aus Kassel in den Handel kommt und aus einer organischen Säure mit 6 Procent erdigen Stoffen besteht; sie soll aus Torf erhalten werden. Sie ist leicht löslich in Alkohol und bildet Salze.

3) Umbraerde. Kölnische Erde. Terra Siena. Preußisch Braun.

4) Rußschwarz (Flatterruß).

Die unlöslichen braunen oder schwarzen Schwefelverbindungen der Metalle, welche sich an der Luft nicht verändern und in Wasser unlöslich sind, werden bisweilen zum Färben von Stoffen angewendet. Ihre Befestigung geschieht stets dadurch, daß man sie direkt auf der Faser bildet. Zur Erreichung dieses Zweckes kann man nach drei Methoden verfahren:

1) Die Schwefelverbindung ist in Alkalien, wie Ammoniak oder Schwefelalkalien löslich. Man druckt diese Lösung auf und neutralisirt das Alkali durch eine Säure. Das in Lösung gewesene Metallsulfuret scheidet sich alsdann aus und bleibt so an der Faser festhaften.

2) Man imprägnirt das Gewebe mit einem löslichen Metallsalz, welches durch Schwefelwasserstoff gefällt wird, und bringt es alsdann in eine Lösung von diesem Gase oder setzt die Stoffe einer Schwefelwasserstoff haltigen Atmosphäre aus. Dieses Verfahren wurde von Bose[1]) im Jahre 1820 zum Färben mit essigsaurem Blei und essigsaurem Kupfer vorgeschlagen.

Man erhält auf diese Weise mit dem Bleisalze reiche und gesättigte Farben, welche vom hellen bis zum dunklen Braun gehen. Wolle läßt sich nach diesem Verfahren besser färben als Seide und letztere besser als Baumwolle.

3) Sacc[2]) schlägt die Anwendung von unterschwefligsauren Salzen vor. Er stützt sich hierbei auf die wohlbekannte Eigenschaft gewisser unterschwefligsaurer Verbindungen, sich unter dem Einfluß der Wärme in schwefelsaure Salze und Schwefelverbindungen zu zerlegen. Druckt man mit einem Blei-, Kupfer-, Quecksilber-, Kadmium-, Kobalt- oder Nickelsalze, welches mit unterschwefligsaurem Natrium vermischt ist, und unterwirft das Gewebe der Einwirkung heißer Dämpfe, so tritt die oben angegebene Reaktion ein, und das Sulfuret bleibt auf diese Weise an der Faser haften.

Die Wismuth-, Zinn- und Antimonsalze lassen sich hierzu nicht verwenden, da ihre Lösungen durch unterschwefligsaure Alkalien sofort

---

[1]) Bulletins de la Société d'encouragement, 1820, pag. 316.
[2]) Rapport de M. Salvétat, Bulletins de la Société d'encouragement, 1859, pag. 415.

zerſetzt werden und unmittelbar unlösliche Schwefelverbindungen bilden, welche an den Stoffen nicht anhaften. Sace hat Vorſchriften veröffentlicht, um ebenſo Cadmiumgelb, Kupfergrün und graue Farben aus Nickel, Kobalt, Blei und Queckſilber zu erhalten.

Manganbraun.

Die natürlichen Oxyde des Mangans, wie der Hausmannit (Mn_2O_3), Braunit (Mn_2O_3), Pyroluſit (Manganſuperoxyd MnO_2), und die auf künſtliche Weiſe dargeſtellten analogen Verbindungen können als Farbſtoffe Verwendung finden; ihr Farbenton geht vom Röthlichen ins Schwärzlichbraun über.

Man erhält ein ſehr fein pulverförmiges Manganbioxyd von ſehr ſchöner ſchwarzbrauner Farbe, wenn man das gefällte kohlenſaure Mangan mit unterchlorigſaurem Calcium behandelt. Zur Herſtellung des kohlenſauren Mangans kann man die Rückſtände von der Chlorbereitung verwenden, da die Gegenwart von Eiſen nicht von ſchädlichem Einfluß iſt.

Die Verwendung von Manganſuperoxyd auf Geweben datirt aus dem Jahre 1815, wo das Verfahren zum erſten Mal von Hartmann in Münſter praktiſch ausgeführt wurde. Die Farbe iſt unter dem Namen Biſter (Solitaire, Tête de Maure) bekannt. Die Befeſtigung derſelben auf den Geweben iſt leicht ausführbar und beruht auf einer Reihe ſehr einfacher, genau beſtimmter Reaktionen, bei denen die Faſer gewiſſermaßen nur die Rolle des Gefäßes ſpielt.

Die Stoffe werden entweder vollſtändig (durch Klotzen) oder topiſch (durch Bedrucken) mit einer Löſung eines Manganſalzes (Chlorür, ſchwefelſaures oder eſſigſaures Mangan) getränkt und nach dem Trocknen mit kauſtiſcher Natronlauge behandelt, welche Manganhydroxyd abſcheidet. Im Moment ſeiner Bildung iſt das Oxyd weiß, wird aber ſofort durch den Sauerſtoff der Luft oxydirt und nimmt eine immer dunklere braune Farbe an. Durch einfache Berührung mit der Luft erhält man niemals eine genügend intenſive Farbe, und die Oxydation muß ſtets durch eine Behandlung mit einer Löſung von Chlorkalk beendet werden.

Dieſer letztere Theil der Operation geht auf folgende Weiſe vor ſich:

$$2\left(\overset{II}{Mn} \atop II, \middle| O_2\right) + \overset{Cl_1}{\underset{Ca}{II}} \Big\} O_2 = \underset{\text{Chlorcalcium}}{\overset{II}{Ca}Cl_2} + 2H_2O + 2(MnO_2)$$

Manganbraun. — Umbraerde.

Für die Böden muß man folgende Vorsichtsmaßregeln beobachten, welche zum Erfolge unerläßlich sind (Persoz).

1) Man muß ein neutrales Salz anwenden, damit man schnell trocknen kann und das Fließen vermeidet. Man benutzt hierzu vortheilhaft die Rückstände von der Chlorbereitung und sättigt die überschüssige freie Säure durch Sodasalz oder neutralisirt mit holzessigsaurem Blei (essigsaures Mangan mit freier Essigsäure).

2) Man bewirkt die Abscheidung des Manganoxyduls durch kaustische Natronlauge. Diese Lauge muß 1) konzentrirt sein, damit die Fasern des Stoffes sich zusammenziehen und den Farbstoff zurückhalten, 2) warm, um die Bildung von Hydroxyd zu vermeiden, welches sich nur schwierig oxydiren läßt, und 3) frei von Kohlensäure, weil das kohlensaure Mangan, welches hierdurch entstehen würde, ebenso schwierig zu oxydiren wäre.

Die Lauge muß mindestens 15°B. stark sein; häufig bringt man sie auf 22°B. Für den Druck von Braun genügt es, eine 80° warme Lauge von 8° B. zu nehmen. Es ist sehr leicht, das Manganbraun topisch auszubeizen. In der feinen Zertheilung, in der es sich auf dem Gewebe befindet, wird es mit der größten Schnelligkeit durch eine Lösung von Zinnchlorür, welche man mit Chlorwasserstoffsäure versetzt hat, aufgelöst. Druckt man eine derartige Mischung auf, so sieht man unmittelbar die weiße Grundfarbe des Zeuges zum Vorschein kommen.

28. Zeugprobe: Manganbister.

Die bemerkenswerthe Eigenschaft des Mangansuperoxyds, die Fällung des Indigos in der Küpe zu begünstigen, hat sehr interessante Verwendungen gefunden, von welchen später die Rede sein soll.

Das braune Bleisuperoxyd könnte man fast auf dieselbe Weise wie das Mangansuperoxyd befestigen (Bedrucken mit einem Bleisalze und Durchnehmen durch Chlorkalk); allein die Fabrikation hat sich niemals dieses Zweiges bemächtigt.

Das Van Dyck-Braun, welches in der Malerei Verwendung findet, wird durch ein mehrmaliges Glühen von Eisenoxyd dargestellt; seine Zusammensetzung nähert sich folglich der von Eisenoxydoxydul. S. a. Anm. 3, pag. 374.

Die Umbraerde,

auch wol Kölnische Erde genannt, ist eine erdige feinkörnige Substanz, welche leicht zerreiblich, mild anzufühlen und fast ebenso leicht wie Wasser ist. Ihre Farbe ist ein ziemlich helles Braun. Sie verbrennt wie Zunder und enthält oft noch Ueberreste von Vegetabilien.

Der Zusammensetzung nach gehört diese Substanz zu den Braunkohlen:

Kohlenstoff	37,4
Asche	5,7
Flüchtige Substanzen	56,9

Sie wird als Farbe verwendet.

Mit dem Namen **Türlische Umbra** bezeichnet man auch häufig eine Art von Brauneisenocker, welcher auf Cypern vorkommt, derb, mit muschligem Bruche und stark an der Zunge haftend. Sie besteht aus Manganoryd, Eisenhydroryd und Kieselsäure und findet als Applikationsfarbe Verwendung.

Rußschwarz.

Die schwarzen Farben aus der Kohle werden durch trockne Zersetzung verschiedener organischer Materialien gewonnen. Derartige Substanzen sind: Kienholz, Pfirsichkerne, Haselnüsse, Kastanien, Weinreben, Weintreber, Weinlager (Essigmutter), Korkabschnitzel, Abgänge von Theer, Knochen (Beinschwarz), Elfenbein (ebur ustum), Indigokohle.

Die Knochenkohle wird, zu einem feinen Pulver verrieben und mit Wasser geschlämmt, zum Bedrucken von Geweben verwendet und mit Albumin befestigt.

Die sehr fein zertheilte Kohle, welche sich bei der unvollständigen Verbrennung harziger, fetter und allgemein kohlenstoffreicher Verbindungen bildet, ist unter dem Namen Ruß bekannt und dient gleichfalls zur Herstellung von grauen Farben beim Zeugdruck. Der Ruß muß indeß vorher noch einer Zubereitung unterworfen werden, um ihn von den theerartigen Stoffen zu befreien und ihn fähig zu machen, sich mit Wasser leicht anrühren zu lassen. Wir haben bereits von den verschiedenen Methoden, die zu diesem Zweck in Gebrauch sind, bei den Albuminfarben (pag. 127) gesprochen.

Das Rußschwarz ist um so reiner und schöner, je reiner die zu seiner Herstellung verwendeten Materialien waren.

Wenn eine kohlenstoffreiche organische Substanz sich durch die Wärme zersetzt, so liefert sie Kohlenwasserstoffe. Ist die zu dieser

Verbrennung vorhandene Menge Sauerstoff nicht hinreichend, so scheidet sich ein großer Theil des Kohlenstoffs in Gestalt eines sehr feinen Pulvers ab, wie man dies ja bei jeder schlecht construirten Lampe, namentlich bei denen, welche keinen doppelten Luftzug haben, sehen kann.

Dies ist die einfache Theorie von der Bildung des Ruß[1]).

---

[1]) Genaueres über Ruß-Fabrikation findet man in Schubarth's Handbuch der technischen Chemie, Bd. III, pag. 9 und 37. — Graham-Otto, Ausführliches Lehrbuch der Chemie [II], Bd. I, pag. 649. — Traité de chimie appliquée aux arts de Payen. — Wagner, Handbuch der Technologie, Bd. I, pag. 773.

Viertes Buch.

Künstliche organische Farbstoffe.

Lange Zeit hindurch hat man sich darauf beschränkt, in der Färberei und beim Zeugdruck nur diejenigen Farbstoffe zu benutzen, welche der thierische und der Pflanzenorganismus schon als vollständig fertige Produkte lieferten. Die einzigen Fortschritte, welche man hierbei machte, bestanden darin, daß man passende Methoden aufsuchte, um die erhaltenen Farben schöner und dauerhafter zu machen, und durch ein genaueres Studium der Flora aller Länder die Quellen, welche zur Verfügung standen, zu vermehren. Da das Klima von Europa zur Kultur der meisten farbegebenden Pflanzen gerade nicht günstig ist, so war die Industrie während dieser Periode von dem überseeischen Handel abhängig.

Das Studium der organischen Verbindungen, von vielen tüchtigen Chemikern betrieben und von Jahr zu Jahr mit immer größerem Eifer fortgesetzt, führte während dieser Zeit zur Entdeckung einer Unzahl von künstlichen Verbindungen. Einige von diesen besitzen in hohem Maße färbende Kraft oder lassen sich durch zweckmäßig gewählte Mittel in Farbstoffe verwandeln; die Industrie wußte dieselben geschickt zu benutzen und vermehrte so beträchtlich die Mittel, über welche sie zu verfügen hat. Wir wollen jedoch hierbei gleichzeitig anführen, daß bei der Entdeckung der wirklichen Farben die Praxis sehr häufig den wissenschaftlichen Untersuchungen vorangeeilt ist. So wußte man, daß vollkommen ungefärbte Flechten unter dem Einfluß von Licht und gefaultem Harn eine schön violetroth gefärbte Substanz liefern, noch bevor die Chemiker sich mit der Lösung dieser Frage beschäftigt hatten, um darzulegen, wie die farbegebenden Säuren dieser Pflanzen sich unter dem Einfluß des Ammoniaks und des Sauerstoffs der Luft in das in farblosen Prismen krystallisirende Orcin und dieses sich in das gefärbte Orceïn verwandelt.

Ebenso bereitete man die ammoniakalische Cochenille, ohne sich genügende Rechenschaft davon geben zu können, welche Reaktionen die Bildung dieser neuen amaranthrothen Farbe bewirken.

Um in erster Reihe die hinsichtlich ihrer Zusammensetzung, ihrer chemischen Konstitution und ihrer Eigenschaften am genauesten bestimmten Farbstoffe sorgfältiger zu studiren, wenden wir uns zunächst zu denjenigen, welche die Industrie wirklich den Fortschritten der reinen Chemie verdankt. Die hauptsächlichsten Gruppen der organischen Verbindungen, von welchen sie herkommen, werden uns als Basis bei der Eintheilung dienen.

Wir finden also:

1) Die Farben, welche aus der Harnsäure abgeleitet sind.

2) Die Farben, welche aus dem Anilin und den sauerstofffreien ölförmigen Alkalien, den Homologen, Isologen und Analogen des Anilins entstehen.

3) Die Farben der Phenylsäure oder des Phenols und seiner analogen Verbindungen.

4) Die Farben des Naphtalins.

5) Die aus den Pflanzenalkaloiden abgeleiteten Farben.

6) Einige Farben verschiedenen Ursprungs.

Das gemeinsame Band aller organischer Verbindungen ist die Anwesenheit von Kohlenstoff als wesentlicher Bestandtheil ihres Moleküls.

Die einen bestehen aus Kohlenstoff, Wasserstoff und Sauerstoff, die andern enthalten außerdem noch Stickstoff mit oder ohne Sauerstoff. Wie alle organischen Verbindungen sind sie folglich unter dem Einfluß von Wärme nicht haltbar und lassen sich leicht unter verschiedenen Umständen verändern und verbrennen, wenn man bei Luftzutritt stärker erhitzt. Die Verbrennungsprodukte sind: Kohlensäure, Wasser und Stickstoff.

Von den organischen Farben verhalten sich die einen wie schwache Säuren; andere sind wahre Alkalien nach Art des Ammoniaks, noch andere endlich sind neutrale Körper.

Erstes Kapitel.
Farben der Harnsäuregruppe. — Murerid (Purpursaures Ammonium).

Die Purpursäure, von welcher das Murerid das Ammoniumsalz ist, gehört zu den interessantesten Körpern der Harnsäuregruppe, die Liebig, Wöhler und Baeyer sehr gründlich erforscht haben.

Die Grundlage dieser ganzen Gruppe ist die Harnsäure, mit der wir uns also zunächst bekannt zu machen haben.

Harnsäure.
$$C_5H_4N_4O_3 + 2H_2O$$

Es ist bis jetzt noch nicht gelungen, die Harnsäure künstlich darzustellen, auch nicht mit Hülfe ihrer direkten Derivate. Sie ist ein Produkt des thierischen Organismus und zwar eines der letzten, welche im Körper durch Zersetzung und Oxydation der stickstoffhaltigen, eiweißartigen Proteinstoffe gebildet werden. Die Bedingungen, unter welchen diese Oxydation stattfindet, hat man in den physiologischen Laboratorien noch nicht auffinden können.

Die Harnsäure wurde von Scheele[1]) in den Harnsteinen entdeckt und von ihm Lithensäure genannt. Vauquelin fand, daß die Exkremente großer Schlangen zum größten Theil aus saurem harnsauren Ammonium bestehen. Brugnatelli wies die Existenz der Säure in den Exkrementen des Seidenwurmes und Robiquet in den Kanthariden nach.

Die Harnsäure ist ferner ein allgemeiner und normaler Bestandtheil des Harns der meisten Thiere, namentlich aller höher organisirten, vorzugsweise tritt sie bei den Fleisch- und Körnerfressern auf, während sie im Harn der Grasfresser durch Hippursäure ersetzt ist. Das röthliche Sediment, das sich im Harne nach der sauren Gährung absetzt, besteht aus Harnsäure. Auch die gichtischen Konkremente bestehen aus einer Harnsäureverbindung, nämlich dem harnsauren Natrium. Die Exkremente der Vögel enthalten ebenfalls beträchtliche Mengen Harnsäure. Der Guano, welcher sich auf mehreren Südsee-Inseln, an der Küste von Peru und Patagonien, sowie auf mehreren

---

[1]) Scheele bemerkte schon im Jahre 1776, daß die salpetersaure Lösung der Harnsäure die Haut ächt roth färbt.

Inseln an der Ostküste von Afrika findet, bildet ausgedehnte Lager von beträchtlicher Mächtigkeit (bis zu 60 Fuß); er ist durch die fortgesetzte Anhäufung der Exkremente großer Seevögel entstanden, welche zu Millionen auf jenen Inseln wohnen. Die wesentlichste Bedingung zur Bildung der Guanolager ist die Abwesenheit von Regen in jenen Gegenden.

Zur Darstellung der Harnsäure ist der Guano nicht das reichste, wol aber das beträchtlichste Material, und er allein wird zur Fabrikation im Großen benutzt.

Eigenschaften. — Die Harnsäure bildet im reinen und trocknen Zustande zarte, seidenglänzende, geruch- und geschmacklose Krystallblättchen von blendend weißer Farbe; sie löst sich in kaltem Wasser fast gar nicht (in 15000 Theilen) ist jedoch in 1800 bis 1900 Theilen kochendem Wasser löslich; in Alkohol und Aether ist sie unlöslich.

In konzentrirter 60° warmer Schwefelsäure löst sie sich ohne Zersetzung. Beim Erkalten scheiden sich voluminöse Krystalle ab, welche eine Verbindung von

$$C_5 H_4 N_4 O_3 + 4SH_2O_4$$

sind und durch Wasser unmittelbar unter Ausscheidung von Harnsäure zersetzt werden.

Sie ist eine zweibasische Säure. Die neutralen Salze, wovon nur die Alkali- und die Erdalkalisalze bekannt sind, sind löslich und nach der Formel $C_5 H_2 M_2 N_4 O_3$ zusammengesetzt; die sauren harnsauren Salze $C_5 H_3 MN_4 O_3$ sind unlöslich oder schwer löslich; die andern harnsauren Salze werden durch doppelte Zersetzung erhalten und sind unlöslich.

Starke Säuren zersetzen die harnsauren Alkalien und fällen Harnsäure. Kohlensäure bewirkt in den Lösungen der neutralen harnsauren Alkalien Niederschläge von sauren harnsauren Salzen.

Die Harnsäure giebt Veranlassung zur Bildung zahlreicher Derivate, die hauptsächlich von **Liebig** und **Wöhler**[1]) untersucht wurden und besonders eines dieser Derivate, der schöne purpurfarbene Farbstoff, hat die Aufmerksamkeit der Fabrikanten auf sich gelenkt.

Die wichtigsten Reaktionen derselben sind in Kurzem folgende:

1) Unter dem Einfluß von oxydirenden Stoffen, wie Salpetersäure oder einer Mischung von chlorsaurem Kalium und Salzsäure, zerlegt sich die Harnsäure in Harnstoff und in Alloxan:

---

[1]) Annalen der Chemie und Pharmacie, Bd. XXVI, pag. 241.

$$\underbrace{C_5H_4N_4O_6}_{\text{Harnsäure}} + H_2O + O = \underbrace{COH_4N_2}_{\text{Harnstoff}} + \underbrace{C_4H_4N_2O_4}_{\text{Alloxan}}$$

2) Durch weitergehende Oxydation verwandelt sich das Alloxan in Parabansäure:

$$\underbrace{C_4H_2N_2O_4}_{\text{Alloxan}} + O = CO_2 + \underbrace{C_3H_2N_2O_4}_{\text{Parabansäure}}$$

3) Reduzirende Körper (Schwefelwasserstoff, Mischung von Zink und Salzsäure) desoxydiren das Alloxan und verwandeln es in Alloxantin:

$$2(\underbrace{C_4H_2N_2O_4}_{\text{Alloxan}}) + H_2 = \underbrace{C_8H_4N_4O_7}_{\text{Alloxantin}} + H_2O$$

4) Beim Kochen verwandelt Schwefelwasserstoff das Alloxan in Dialursäure:

$$\underbrace{C_4H_2N_2O_4}_{\text{Alloxan}} + H_2 = \underbrace{C_4H_4N_2O_4}_{\text{Dialursäure}}$$

5) Das Alloxantin zerlegt sich durch Salmiak in Alloxan und in Dialuramid:

$$\underbrace{C_8H_4N_4O_7}_{\text{Alloxantin}} + NH_4Cl = \underbrace{C_4H_2N_2O_4}_{\text{Alloxan}} + \underbrace{C_4H_5N_3O_3}_{\text{Dialuramid}} + HCl$$

6) Das Murexid oder das Purpursaure Ammonium ($C_8H_4(NH_4)N_5O_6$) bildet sich unter folgenden Bedingungen:

a) bei Oxydation des Dialuramids durch Quecksilberoxyd oder Silberoxyd:

$$2(\underbrace{C_4H_5N_3O_3}_{\text{Dialuramid}}) + O = \underbrace{C_8H_8N_6O_6}_{\text{Murexid}} + H_2O$$

b) durch Einwirkung des Ammoniaks auf Alloxantin:

$$\underbrace{C_8H_4N_4O_7}_{\text{Alloxantin}} + 2NH_3 = \underbrace{C_8H_8N_6O_6}_{\text{Murexid}} + H_2O$$

c) durch Einwirkung von Ammoniak oder kohlensaurem Ammonium auf Alloxan, oder noch besser, auf eine Mischung von Alloxan und Alloxantin;

d) durch trockne Zersetzung von Alloxan allein, oder noch besser, bei Gegenwart einer stickstoffhaltigen organischen Substanz.

Darstellung der Harnsäure. — Seit 1853 hat man sich ernstlich bemüht, das Murexid auf Geweben anzuwenden. Vor dieser Zeit stellten die Chemiker die geringe Menge Harnsäure, die zu Versuchen im Laboratorium erforderlich war, aus den Schlangenexkrementen oder den Blasensteinen und dem Miste der Tauben, Dohlen und Hühner dar, welche Stoffe zum größten Theil aus harnsaurem Ammonium bestehen. Man kocht die Masse mit kaustischer Kalilauge von 10 Prozent so lange, bis der Geruch nach Ammoniak verschwunden ist, leitet in die Lösung einen Strom von Kohlensäure, wodurch das saure harnsaure Kalium niedergeschlagen wird, wäscht den Niederschlag aus, löst ihn in warmer Kalilauge auf und zersetzt die Lösung durch Chlorwasserstoffsäure; hat man Schlangenexkremente zur Darstellung benutzt, so ist die Harnsäure vollständig weiß; bei der Darstellung aus Vogelexkrementen ist es besser, die Kalilauge durch Borax zu ersetzen, weil dieser weniger von den fremden thierischen Substanzen auflöst.

Die auf diese Weise dargestellte Harnsäure kostete ungefähr 70 bis 80 Thaler pro Pfund. Der Preis sank alsdann schnell bis auf 8 und sogar bis auf 2 Thaler für das Pfund, sobald das Produkt in der Industrie Verwendung fand. Keßler, ein Fabrikant in Metz, hat zuerst die Harnsäure zu einem mäßigen Preise hergestellt.

Der Guano, das einzige Material, welches mit Vortheil im Großen verwendet werden kann, ist eine ziemlich zusammengesetzte Mischung von saurem harnsauren Ammonium, Harnsäure, Guanin, phosphorsaurem, oxalsaurem und kohlensaurem Ammonium, außerdem noch von verschiedenen Kaliumsalzen, phosphorsaurem Calcium und Magnesium, Sand, schwefelsaurem Calcium und von verschiedenen organischen Substanzen (Albumin, Schleim, braune humusartige Substanzen u. s. w.).

Eine gute Methode, die Harnsäure aus dem Guano zu gewinnen, besteht darin, denselben mit warmer verdünnter Salzsäure zu behandeln, welche das Ammoniak und die phosphorsauren, kohlensauren und oxalsauren Salze der Erdalkalien auflöst; man dekantirt die klare saure Flüssigkeit und benutzt diese zu neuen Auslaugungen, bis sie vollständig gesättigt ist. Der unlösliche Rückstand wird noch ein zweites Mal mit Salzsäure behandelt, ausgewaschen und getrocknet und kann sofort zur Fabrikation von Murexid verwendet werden. Es ist eine Mischung von Sand, Thon, Gips, Harnsäure, Extraktivstoffen und einigen organischen Substanzen. Bisweilen zieht man es vor, ein reineres Präparat zu erhalten; zu diesem Zweck behandelt man die rohe Säure mit verdünnter siedender Natronlauge und fällt mittelst Salzsäure. 150 Kilogramm Guano erfordern im Ganzen ungefähr 150 Kilogramm Chlorwasserstoffsäure, sowol zum ersten Auszug, wie zur

Neutralisation der Natronlauge, und 60 Kilogramm Sodasalz, welche mit 60 Theilen Kalk kaustisch gemacht sind.

Hiernach kann man den Herstellungspreis der Harnsäure berechnen:

150 Kilogramm	Guano (100 Kilogr. à 35 Fr.) . . .	52,50 Fr.
150 »	Salzsäure	19,00 »
60 »	krystallisirtes Sodasalz	15,50 »
60 »	Kalk	2,00 »
Arbeitslöhne, Brennmaterial und sonstige Unkosten . .	30,00 »
		118,50 Fr.

Der Ertrag ist wenigstens 10 Prozent, so daß man folglich 18 Kilogramm erhält, und das Kilogramm kostet 2 bis 3 Thaler.

Lauth hat vorgeschlagen, den Guano in konzentrirter Schwefelsäure aufzulösen und die klare Lösung durch Wasser zu fällen; der Niederschlag wird alsdann mit Wasser ausgewaschen und wie beim vorigen Verfahren mit kaustischer Natronlauge behandelt.

Baeyer[1]) versuchte die Harnsäure künstlich darzustellen, indem er cyansaures Kalium in wässriger Lösung auf das Dialuramid einwirken ließ. Die Reaktion erfolgt alsdann in dem gedachten Sinne nach der Gleichung:

$$C_4H_3N_3O_4 + \begin{Bmatrix} CN \\ H \end{Bmatrix} O = C_5H_4N_4O_3 + H_2O$$

Man erhält jedoch an Stelle der Harnsäure eine isomere Verbindung, die Pseudoharnsäure, welche Salze mit einem Atom Metall giebt, die in Wasser mehr oder weniger löslich sind. Durch Einwirkung der Salpetersäure auf die Pseudoharnsäure erhält man Alloxan und Harnstoff, wie aus der Harnsäure selbst.

Alloxan.

Das Alloxan wurde 1817 von Brugnatelli entdeckt und von Liebig und Wöhler näher untersucht; es krystallisirt in zweierlei Formen; beim Abkühlen einer warm gesättigten Lösung bilden sich sehr voluminöse rechtwinklige Prismen, welche 4 Moleküle Krystallwasser enthalten und sehr leicht verwittern. Die aus einer warmen

---

[1]) Annalen der Chemie und Pharmacie, Bd. CXXVII, pag. 1 und 199.

Lösung sich abscheidenden Krystalle enthalten nur ein Atom Krystallwasser und verwittern nicht; sie sind klein, glasglänzend und an den Ecken abgestumpfte Rhomboidaloctaeder.

Das Alloxan besitzt eine hellgelbe Farbe und ist in Wasser und Alkohol leicht löslich; die Lösung ertheilt der Haut nach einiger Zeit Purpurfarbe und einen eigenthümlichen widrigen Geruch. Beim Kochen mit Wasser zersetzt es sich und verwandelt sich in eine Mischung von Alloxantin und Parabansäure unter Entwicklung von Kohlensäure:

$$3C_4H_2N_2O_4 = C_8H_4N_4O_7 + C_3H_2N_2O_3 + CO_2$$
Alloxan ／ Alloxantin ／ Parabansäure

Mit Alkalien und alkalischen Erden bildet es Verbindungen (Alloxanate $C_4H_3M_1N_2O_4$), aus welchen starke Säuren kein Alloxan, sondern Alloxansäure $C_4H_3N_2O_5$ abscheiden.

Bei gelindem Erwärmen mit überschüssigem Ammoniak verwandelt sich das Alloxan in Mykomelinsäure:

$$C_4H_2N_2O_4 + 2NH_3 = C_4H_5N_3O_3 + 2H_2O$$
Alloxan ／ Mykomelinsäure

Eine kochende Auflösung von Alloxan giebt mit Barytwasser einen Niederschlag von alloxansaurem Baryum, der sich durch fortgesetztes Sieden in Mesoxalsaures Baryum und Harnstoff verwandelt:

$$C_4H_2N_2O_4 + 2H_2O = CO H_4N_2 + C_3H_2O_5$$
Alloxan ／ Harnstoff ／ Mesoxalsäure

Darstellung des Alloxans. — Die Darstellung ist eine sehr schwierige Operation und erfordert große Sorgfalt. Gewöhnlich verfährt man nach der von Gregory angegebenen Methode, indem man die Oxydation der Harnsäure durch Salpetersäure bewirkt.

Man fügt zu Salpetersäure von 1,42 spezifischem Gewicht nur ganz geringe Quantitäten Harnsäure und rührt um, damit die Masse nicht zusammenbäckt. Nachdem die Gasentwicklung aufgehört hat, trägt man eine neue Portion ein und so fort, wobei man nur darauf zu achten hat, daß keine Temperaturerhöhung stattfindet; es ist sogar gut, die Gefäße durch eine Kältemischung abzukühlen. Das sich bildende Alloxan scheidet sich in kleinen Krystallen aus; man fährt jedoch mit dem Eintragen fort, bis sich so viel Alloxan gebildet hat, daß die ganze Masse zu einem Krystallbrei erstarrt. Auf 3 bis 4 Theile Salpetersäure gebraucht man ungefähr 1 Theil Harnsäure.

Die Krystalle werden aus der sauren Mutterlauge herausgenommen und auf einen mit Asbest oder Schießbaumwolle verstopften Trichter gebracht, auf welchem man sie abtropfen läßt, breitet sie dann auf porösen Ziegelsteinen aus, um die letzten Spuren der noch anhaftenden Mutterlauge fortzuschaffen, und löst sie alsdann in möglichst wenig Wasser von 60 bis 65° auf. Aus der filtrirten Lösung setzen sich beim Abkühlen Krystalle von Alloxan ab.

Eine sehr gute Darstellungsmethode ist auch folgende von Schlieper angegebene. Man vermischt in einer Schale 124 Theile Harnsäure mit 240 Theilen Salzsäure und fügt hierzu allmälig 31 Theile chlorsaures Kalium. Wird die Operation gut geleitet, so erhält man ohne Gasentwicklung nur Alloxan und Harnstoff.

Murexid.

Der schöne purpurfarbene Farbstoff, welcher sich, wie bereits erwähnt, durch Oxydation des Dialuramids bildet und unter dem Namen Murexid oder purpursaures Ammonium bekannt ist, wurde von Scheele entdeckt und von Prout[1]) und hauptsächlich von Liebig und Wöhler, welche über seine wirkliche Konstitution Aufschluß gaben, genauer untersucht.

Man muß das Murexid als das Ammoniumsalz einer bis jetzt noch nicht isolirten Säure, der Purpursäure, ansehen. Jeder Versuch, in dem purpursauren Ammonium das Ammonium durch Wasserstoff mittelst einer starken Mineralsäure zu ersetzen, ist bisher vergeblich gewesen, indem sich die Purpursäure dabei in Alloxan und Dialuramid zerlegt.

$$C_8H_4N_5O_6 + H_2O = C_4H_2N_2O_4 + C_4H_4N_3O_3$$
Purpursäure   Alloxan   Dialuramid

Das Murexid krystallisirt in kurzen vierseitigen Prismen, deren Farbe goldgrün und den Flügeldecken der Goldkäfer ähnlich ist; bei durchfallendem Licht erscheinen die Krystalle granatroth; ihr Pulver ist roth. Sie enthalten ein Molekül Wasser, welches sie schon beim Stehen über Schwefelsäure, vollständig jedoch beim Erhitzen über 100° abgeben. In Alkohol und Aether ist das Murexid unlöslich, wenig löslich in kaltem Wasser, welchem es indessen eine purpurrothe Farbe ertheilt, leichter löslich in kochendem Wasser. Ein gutes Lösungs-

---

[1]) Annals of Philosophy, Bd. XIV, pag. 363. — Froriep's Notizen, Bd. XXXII, pag. 23.

mittel für das purpursaure Ammonium ist ferner das salpetersaure Blei, das von Murexid nicht niedergeschlagen wird. Durch eine gewisse Anzahl von Metallsalzen (Barium, Silber, Quecksilber) wird die wässrige Lösung gefällt, indem Niederschläge von purpursauren Metallsalzen entstehen; auch durch essigsaures Blei wird das Murexid nach einiger Zeit gefällt. In Aetzkali löst es sich auf und giebt eine prächtig blau gefärbte Flüssigkeit, welche Farbe jedoch beim Erhitzen verschwindet.

Beilstein[1]) betrachtet die Purpursäure als eine zweibasische Säure, und zwar bilden sich nach seiner Ansicht saure Salze leichter wie neutrale. Das Murexid wäre demnach ein saures purpursaures Ammonium. Beilstein hat mehrere Salze, die er durch doppelte Zersetzung erhalten, gleichzeitig untersucht:

1) Das saure purpursaure Kalium $C_8H_4KN_5O_6$ wird erhalten durch Fällen einer konzentrirten Murexidlösung mit überschüssigem salpetersauren Kalium und Erhitzen des Niederschlages in einer Lösung von Kalisalpeter, so daß sich alles Murexid zersetzt. Es bildet ein rothbraunes, aus kleinen Krystallen bestehendes Pulver.

2) Das saure purpursaure Natrium $C_8H_4NaN_5O_6$ ist ein rothes, etwas lösliches Salz, das auf dieselbe Weise wie das vorhergehende erhalten wird. Die blaue Flüssigkeit, welche man beim Auflösen von Murexid in kaustischen Alkalilaugen erhält, scheint ihre Färbung einem neutralen oder basischen Salze zu verdanken.

3) Das saure purpursaure Barium; dunkelgrüner, als Pulver dunkelpurpurrother Niederschlag.

4) Das neutrale purpursaure Calcium; dunkelgrüner krystallinischer Niederschlag.

5) Das saure purpursaure Silber wird durch Fällen einer Murexidlösung mittelst salpetersauren Silbers, das mit Salpetersäure angesäuert ist, dargestellt. Je nach der Konzentration der Flüssigkeit ist es ein hellpurpurrother oder grüner Niederschlag.

6) Das neutrale purpursaure Silber; rothbrauner Niederschlag.

7) Das purpursaure Quecksilber erhält man durch Fällen einer Lösung von Murexid mit essigsaurem Quecksilber in Gestalt eines prächtig purpurfarbenen Niederschlags.

---

[1]) Annalen der Chemie und Pharmacie, Bd. CVII, pag. 176. — Journal für prakt. Chemie, Bd. LXXVII, pag. 769. — Polytechn. Centralblatt, 1859, pag. 510.

Darstellung des Mureribs[1]). — Die Darstellung des Murerids sowol im Laboratorium wie im Großen ist mit vielen Schwierigkeiten verknüpft und erfordert große Sorgfalt. Die Vorsichtsmaßregeln, welche zu einem günstigen Erfolg führen sollen, müssen genau beachtet werden, da sich das Murerid mit großer Leichtigkeit zersetzt, sobald man das richtige Mengenverhältniß der Materialien und den erforderlichen Wärmegrad überschreitet.

Wir wollen hier nur von der Fabrikation im Großen sprechen. Anfänglich kam das Murerid in Teigform, darauf als Pulver und schließlich in Krystallen in den Handel.

Murerid in Teigform. Purpurcarmin. — Man stellt eine Reihe von Steingutöpfen auf, deren jeder 5 bis 6 Liter faßt, und gießt in jeden 1 Liter Salpetersäure; hierzu fügt man unter Beobachtung derselben Vorsichtsmaßregeln, die bei der Bereitung des Allorans angegeben sind, nach und nach Harnsäure in kleinen Quantitäten. Die Gefäße sind deshalb so groß gewählt, damit der Schaum, welcher sich anfänglich bildet, nicht übersteigt. Jedes dieser Gefäße erfordert ungefähr 1 Kilogramm Harnsäure. Nach 10 bis 12 Stunden ist die Operation beendet, und es hat sich eine braune Flüssigkeit gebildet, die salpetersauren Harnstoff, Alleran, Allorantin und Parabansäure und einen Rückstand von nicht zersetzter Harnsäure enthält. Das gleichzeitige Vorhandensein von Alleran und Allorantin ist zur Bildung des Murerids sehr günstig. Diese beiden Körper bilden an der Oberfläche der Flüssigkeit eine krystallinische Kruste.

Die saure Lösung wird in einem Wasserbade in Kesseln von emaillirtem Eisen bei einer Temperatur, welche 80° nicht überschreiten darf, abgedampft; nach und nach färbt sie sich roth und wird schließlich, indem sie eine dicke Konsistenz annimmt, dunkelbraun. Beim Erkalten erhärtet der Teig.

Während des Abdampfens zersetzt sich der Harnstoff, das freiwerdende Ammoniak wirkt auf die Mischung von Alleran und Allorantin ein und verwandelt dasselbe in Murerid. Vortheilhafter ist es, die freie Salpetersäure vor dem Erhitzen zu neutralisiren, und zwar entweder mit Ammoniak oder mit kohlensaurem Natrium; im letzteren Falle bildet sich purpursaures Natrium.

---

[1]) Hofmann, Reports by the Juries, 1862, pag. 118. — Broomann, Repert. of Pat. Inv., 1857, pag. 425. — Dingler's polyt. Journal, Bd. CLII, pag. 193. — Polytechn. Centralblatt, 1859, pag. 1088. — Polytechn. Notizblatt, 1859 pag. 197. — Chemisches Centralblatt, 1859, pag. 389.

Murexid in Pulverform. — Lauth hat folgendes Verfahren vorgeschlagen. Man löst 1 Kilogramm Harnsäure in 900 Gramm Salpetersäure, neutralisirt mit 200 Gramm Ammoniak und erhitzt im Wasserbade. Wenn die Temperatur bis auf 70° bis 75° gestiegen ist, fügt man zu der Mischung 125 Gramm schwefligsaures Natrium. Es bildet sich Alloxantin und unmittelbar darauf Murexid. Das erhaltene Präparat wird sorgfältig ausgewaschen und in Trockenstuben getrocknet. 1 Kilogramm Harnsäure giebt nach diesem Verfahren 400 Gramm pulverförmiges Murexid, dessen Preis sich auf ungefähr 4 Thaler pro Kilogramm stellt.

Krystallisirtes Murexid. — Man stellt sich eine Lösung von Alloxan von 30° B. dar und sättigt dieselbe mit Ammoniak mit der Vorsicht, daß man nur kleine Quantitäten mit einem Mal hinzufügt und jedes Mal so lange wartet, bis das Bad wieder sauer geworden ist. Sobald die Flüssigkeit schwach alkalisch reagirt, wozu ungefähr 30 Prozent dem Volumen nach erforderlich sind, erhitzt man; die Lösung wird sehr bald roth und nimmt eine prachtvolle Purpurfarbe an; sobald dieser Punkt eingetreten, nimmt man den Kessel vom Feuer und läßt erkalten. Das Murexid scheidet sich alsdann in Krystallen aus.

Cam. Koechlin erhielt krystallisirtes Murexid, indem er die salpetersaure Lösung von Harnsäure direkt mit einer hinreichenden Menge von Ammoniak behandelte und auf 60° erhitzte.

Das teigförmige Murexid, von welchem 1 Kilogramm anfänglich 4 bis 5 Thaler kostete, wird jetzt für 3 Thaler verkauft. Der Preis des Murexids in Pulverform ist von 32 Thalern auf 10 Thaler herabgegangen; das krystallisirte stellt sich auf 16 bis 17 Thaler pro Kilogramm.

Durch Einwirkung von Cyankalium auf Pikrinsäure (Trinitrophenylsäure) erhält man ein Salz, welches große Aehnlichkeit mit dem purpursauren Kalium hat. Mehrere Chemiker halten diese beiden Körper für identisch. Hlasiwetz[1]) giebt ihr die Formel $C_8H_3N_5O_6$ und nennt sie Isopurpursäure; Baeyer[2]) nannte sie Pikrocyaminsäure und stellte die Formel $C_8H_3N_5O_6$ ($C_8H_3N_5O_5 = C_8H_3N_5O_5 + H_2O$) dafür auf. Wir werden später bei den aus dem Phenylalkohol entstehenden Farben darauf zurückkommen.

Nach Stenhouse entsteht eine ähnliche Purpurfarbe, wenn man Kaffein einige Minuten mit rauchender Salpetersäure kocht, die Lösung langsam verdunstet und dann mit Ammoniak befeuchtet.

---

[1]) Annalen der Chemie und Pharmacie, Bd. CX, pag. 289.
[2]) Jahresberichte über die Fortschritte in der Chemie, 1859, pag. 458.

Nach den Untersuchungen von Rochleder[1]) erhält man durch Einwirkung von Chlor auf einen Drei von Kaffeïn und Wasser einen Körper, die Amalinsäure, welche man als Dimethylalloxantin betrachten kann:

$$C_8(CH_3)_2N_4O_7$$

Das Kaffeïn hat die Formel $C_8H_{10}N_4O_2$ und wird aus dem Kaffee oder Thee (am besten aus Paraguaythee) dargestellt.

Das Dimethylalloxantin bildet farblose Krystalle, welche wie das Alloxan auf der Haut rothe Flecken erzeugen und mit Alkalien und mit Baryt tief violet gefärbte Verbindungen geben. Mit Eisen(oxydul)-salzen und Ammoniak nimmt es eine indigoblaue Färbung an. Ammoniak verwandelt es in einen violet gefärbten Körper, dessen Lösungen murexidroth sind. Man kann dieses Derivat als Dimethylmurexid betrachten.

Anwendung des Murexids und der purpursauren Salze zum Färben von Gewebsfasern.

Die ersten wesentlichen Versuche, das Murexid zur Färbung der Gewebsfasern zu verwenden, datiren vom Jahre 1853; sie wurden auf Anrathen und unter der Leitung von Sacc durch Schlumberger angestellt. Sacc war durch die schöne purpurrothe Färbung, welche die Nägel und die Haut kurze Zeit nach dem Befeuchten mit einer Alloxanlösung zeigen, auf diesen Gegenstand aufmerksam gemacht worden. Indessen hatte Prout schon im Anfang dieses Jahrhunderts darauf hingewiesen, daß das purpursaure Zink, Quecksilber und Silber wegen ihres Glanzes und ihrer Unlöslichkeit als Malerfarbe Verwendung finden könnten. Im Jahre 1820 wendete Kopp in Hanau die Purpursäure von Prout auf mehreren Sorten von Zeugen an und stellte auf denselben mittelst eines heißen Plätteisens eine Purpurfarbe her, von der er aber nichts weiter bekannt machte. Auch Liebig machte Versuche, jedoch ebenfalls ohne großen Erfolg, das Murexid zum Färben auf Seide zu verwenden.

Das ursprüngliche Verfahren von Schlumberger und Sacc wurde nur auf Wolle angewendet und bestand darin, daß man die

---

[1]) Annalen der Chemie und Pharmacie, Bd. LXIX, pag. 120; Bd. LXXI, pag. 1 und Bd. LXXIII, pag. 56 und 183.

Faser mit einer 30° R. warmen, 1° B. starken Lösung von gleichen Theilen Zinnchlorid und Oralsäure eine Stunde lang mordancirte, dann auswusch und trocknete. Die so vorbereitete Wolle wurde in eine Lösung von Alloxan getaucht, welche 25 bis 60 Gramm in 1 Liter enthielt, und darauf während einiger Zeit der Luft in einer feuchten und 20° R. warmen Atmosphäre ausgesetzt[1]). Die amaranthrothe Farbe entwickelte man, indem man das Gewebe auf einer mit Dampf erhitzten Platte von Eisenblech ausbreitete und es auf der andern Seite mit einem gleichfalls auf 100° erhitzten Eisen bügelte.

Die trockne Hitze ist hierbei unumgänglich nothwendig und kann nicht durch Dampf ersetzt werden, weil man hierbei keine rothe Farbe erhält: es entfärbt sich sogar ein nach dem angegebenen Verfahren amaranthroth gefärbtes Gewebe, wenn man es in Dampf oder kochendes Wasser bringt. Diese letztere Wirkung scheint nach den Versuchen von Schlumberger durch den Einfluß der Zinnsäure des Mordants hervorgebracht zu werden, da nicht mordancirte Wolle, welche durch trockne Wärme umgewandeltes Alloxan enthält, nicht nur eine Behandlung mit heißem Wasser aushält, sondern sogar darin eine Farbe annimmt, welche der auf präparirter Wolle erhaltenen vollständig gleichkommt. Diese Methode wird nicht im Großen ausgeführt, weil das nöthige Erhitzen wenig praktisch ist, hauptsächlich aber auch deshalb nicht, weil es große Schwierigkeiten hat, gleichförmige Farben zu erhalten, da die rothe Farbe an manchen Stellen besser zum Vorschein kommt als an anderen.

Die Gebrüder Depouilly und Lauth haben dadurch, daß sie das Alloxan (farbegebender Stoff) durch Murexid (Farbstoff) ersetzten, große Erfolge erzielt. Das Patent der Gebrüder Depouilly datirt vom Juli 1855 und bezieht sich auf das Färben der Seide und auf die Herstellung eines schönen Purpurlackes, des Prout'schen Lackes oder des purpursauren Quecksilbers.

Eine Lösung von Murexid liefert mit essigsaurem Quecksilber einen purpurfarbenen Niederschlag von ausgezeichneter Schönheit und großem Reichthum. Aetzendes Quecksilbersublimat fällt purpursaures Ammonium nicht; doch ist eine Mischung dieser beiden Salze im

---

[1]) Dollfus hat beobachtet, daß, wenn man die mit Alloxan getränkten Gewebe der Einwirkung von concentrirten Ammoniakdämpfen aussetzt, das vorherige Lüften nicht nöthig und das Mordanciren selbst nicht erforderlich ist.

hohen Grade zum Färben von Seide geeignet, welche in diesem Bade schnell einen schön karmeisinrothen Farbton annimmt. Man bereitet sich wässrige Lösungen von Murexid und von Sublimat, von denen eine jede 5 Prozent Substanz enthält, vermischt die beiden Flüssigkeiten und säuert sie mit Salpetersäure an; in das erwärmte Gemisch taucht man die Seide so lange, bis sie die verlangte Farbe erhalten hat. Ein nachheriges Eintauchen in eine Lösung von 3 Prozent Sublimat ist für die Lebhaftigkeit der Farbe besonders günstig. Hierauf wäscht man die Seide in Wasser, das mit kohlensaurem Natrium alkalisch gemacht ist, und danach in reinem Wasser aus. Ersetzt man das Quecksilbersalz durch ein Zinksalz, so erhält man eine sehr schöne orangerothe Farbe von purpursaurem Zink.

Um Wolle zu färben, kann man dieselbe zuerst in eine Sublimatlösung und dann in eine Murexidlösung tauchen oder umgekehrt verfahren, also zuerst durch eine Murexidlösung und dann durch heißes, mit etwas essigsaurem Natrium versetztes Quecksilberchlorid nehmen. Man fügt bisweilen etwas salpetersaures Blei zu der Farbflotte, um das Haften der Farbe zu begünstigen.

Die Gebrüder Depouilly sind die Ersten gewesen, welche sich der Metallsalze bedienten, um das Murexid haltbar zu machen, welche Eigenschaft demselben vollständig fehlt.

Lauth hat sich mit Erfolg mit dem Färben und dem Bedrucken von Baumwolle mittelst dieses Farbstoffes beschäftigt. Sein Patent datirt vom Monat August 1856; die ersten Versuche wurden im November 1855 angestellt und auf den Rath von Persoz unternommen. Lauth druckt auf Baumwolle ein Bleisalz (eine Mischung von essigsaurem und salpetersaurem Blei), fixirt das Oxyd oder ein basisches Salz durch verdünnte Ammoniakflüssigkeit, wäscht das Zeug und färbt es in einer kalten Murexidlösung aus. Man erhält auf diese Weise purpursaures Blei. Nachdem man das Zeug vollkommen ausgewaschen hat, verwandelt man dieses Salz, welches nur eine mittelmäßige Farbe besitzt, in purpursaures Quecksilber; diese Umwandlung geschieht durch Behandeln mit einer Lösung von Quecksilberchlorid, die man mit essigsaurem Natrium und mit Essigsäure versetzt hat. Dieses Verfahren wurde zuerst von den Gebrüdern Koechlin und von Juber in Ritheim ausgeführt, welche gleichzeitig die Fabrikation von Murexid damit verbanden.

Die Methode von Lauth scheiterte in Folge der Schwierigkeit, mit welcher sich der Bleimordant regelmäßig niederschlägt; sie wurde durch ein praktischeres Verfahren ersetzt, das man den Chemikern der Fabrik Dollfus, Mieg und Comp. verdankt.

Bei dieser neuen Methode wird das Murexid in salpetersaurem Blei aufgelöst, die Farbe wird verdickt und aufgedruckt und das Gewebe einige Zeit in einer Oxydationskammer aufgehängt, wonach es in eine ammoniakhaltige Atmosphäre oder selbst in Ammoniakflüssigkeit gebracht wird; schließlich wird das purpursaure Blei wie bei dem Lauth'schen Verfahren durch eine Lösung von essigsaurem Quecksilber zersetzt. Man erzielt auf diese Weise größere Regelmäßigkeit und weniger schwierige Arbeit; in der That ist es immer vortheilhafter, das Klotzen durch einfaches Bedrucken zu ersetzen.

Die Murexidfarben sind trotz ihrer Schönheit nur kurze Zeit in Aufnahme gewesen. Der hauptsächlichste Grund, weshalb sie so schnell wieder bei Seite gelegt wurden, war die bald darauf gemachte Entdeckung des Anilinroths, das ächter ist und sich leichter verarbeiten läßt.

Die Murexidfarben sind am Sonnenlicht sehr haltbar, verlieren aber sehr leicht unter dem Einfluß von schwefliger Säure ihre Farbe, so daß z. B. in London, wo die Atmosphäre wegen des ausschließlichen Verbrauchs von Steinkohlen stets etwas schweflige Säure enthält, die äußeren Ränder der Stücke, welche die Kaufleute auf Lager hatten, vollständig entfärbt wurden.

Die beigefügte Probe giebt einen Begriff von dem Farbentou, welchen man mit diesem Farbstoff erzielen kann.

27. Zeugprobe: Murexid auf Baumwolle.

Man erkennt das Murexidroth auf den Geweben:

1) an seiner Färbung (rosa, amaranthroth, purpurroth);

2) durch folgende Reactionen:

a) Die Farbe wird durch verdünnte Mineralsäuren (Chlorwasserstoffsäure, Salpetersäure, Schwefelsäure) zerstört.

b) Es verschwindet unter dem Einfluß von kaustischen Alkalien, indem es vorher eine blauviolette Färbung annimmt. Seife zerstört es ebenfalls nach und nach.

c) Reduzirende Körper, wie schweflige Säure, Zinnchlorür, Ammoniumhydrosulfur und schwefelsaures Eisen zerstören seine Farbe.

Anhang. — Purpur der Alten.

Dr. Sacc[1] hat eine, größtentheils aus Bancroft's Färbebuch[2] entlehnte Abhandlung über die Geschichte des Purpurs bei

---

[1] Bulletins de la Société industrielle de Mulhouse, Bd. XXVI, pag. 305.
[2] Bancroft, Färbebuch, Bd. I, pag. 179.

den Alten und den Indern veröffentlicht, an welche sich die Uebersetzung einiger Kapitel des Plinius über denselben Gegenstand anschließt. Es ergiebt sich hieraus, daß der Purpur der alten Völker von einer dem Murexid identischen oder doch wenigstens demselben nahe verwandten Substanz herkam.

Der Gebrauch der Purpurfarbe, zu deren Herstellung einige Gattungen von einschaligen Schnecken das Material lieferten, verliert sich bis in das grauste Alterthum; sie scheint unter den schönen und reichen Farben die erste gewesen zu sein, welche man auf Baumwolle und Wolle dauerhaft zu befestigen verstand. Da dieser Farbstoff stets nur in geringen Quantitäten vorhanden, also sehr theuer war, so galt der Purpur als Symbol der priesterlichen und königlichen Würde; später kleideten sich die reichen Römer trotz des hohen Preises gern mit diesem Stoffe; bald jedoch legten sich die römischen Kaiser das Recht bei, allein Purpur zu tragen, und daher wurde er das Zeichen der zeitweiligen Macht. Durch diese Beschränkung verlor sich die Kunst der Färberei mehr und mehr und ging schließlich gänzlich verloren, als die Türken das morgenländische Reich eroberten.

Die Angaben, welche die Alten uns über das Thier, das ihnen den Purpur lieferte, hinterlassen haben, sind sehr unbestimmt. Plinius führt für dasselbe die Namen Conchylium, Murex, Purpura und Buccinum an; es ist jedoch sicher, daß alle Arten dieser Schalthiere eine Purpurfarbe geben, welche noch heutigen Tages in Ostindien zum Färben der Baumwolle, und in Island, in Schweden und an den Westküsten Frankreichs zum Zeichnen von Wäsche angewendet wird.

Die Farbe findet sich in Gestalt einer dunkelgelben Flüssigkeit in einer, hinter dem Kopfe des Thieres unterhalb der Schale liegenden Blase, die wenigstens bei der indischen Purpurschnecke nicht viel größer als eine Erbse ist. Der Farbstoff ist eine dicke und so klebrige Flüssigkeit, daß sie einer Gallerte gleicht, welche man mit einem Pinsel von etwas steifen Haaren wegnehmen kann.

Wahrscheinlich ist diese Flüssigkeit weiter nichts als der Urin der Molluske, welcher bei vielen Thieren stets Harnsäure oder ein Oxydationsderivat derselben enthält.

Die Exkremente der Walfische, der Urin einer Stachelschnecke, die in den großen Seen von Nord-Amerika lebt, färben die Wolle prachtvoll purpurroth, welche Färbung jedoch beim Waschen verschwindet; letztere Erscheinung tritt indessen nicht ein, wenn sich die ebenso schöne wie ächte Farbe unter dem Einfluß des Sonnenlichtes durch langsamen Uebergang aus der farblosen Flüssigkeit der Schnecken in den violetrothen Farbstoff auf den Geweben gebildet hat.

Zu Torus verfertigte man einen sehr schönen Purpur in drei verschiedenen Qualitäten, je nach dem man den Saft der Schnecken einmal, zweimal oder dreimal nach einander auf die Stoffe auftrug; er hatte die rothe Farbe des koagulirten Blutes, während der Konstantinopolitanische mehr amethystfarben war.

Die Tyrier brachten ihre Purpurfarbe dadurch hervor, daß sie die Wolle zuerst mit dem unzubereiteten grünlichen Saft von Pelagium (wahrscheinlich die Galle der Schnecke) imprägnirten und erst nachher mit dem Pigment von Buccinum färbten. Letztere Lösung wurde hergestellt, indem man die weiße Ader aus der Muschel herausnahm und drei Tage lang in Meerwasser einlegte, worauf eine hinreichende Menge dieser ausgezogenen und gesalzenen Substanz so lange gekocht wurde, bis sie konzentrirt genug war, um der Wolle die gewünschte Färbung ertheilen zu können, welche Färbung übrigens nur unter dem Einfluß der direkten Sonnenstrahlen ihre völlige Schönheit erlangte.

Im Jahre 1683 erlangte William Cole in Bristol dadurch einen großen Namen, daß er die Schneckenart entdeckte, mittelst welcher ein Färber in der Umgegend auf allen Stoffen eine ebenso schöne wie ächte Purpurfarbe erzeugt und sich hierdurch einen beträchtlichen Gewinn verschafft hatte.

Cole nahm die farbfähige Flüssigkeit und trug sie mit einem Pinsel auf. Die anfänglich gelbliche Flüssigkeit wurde im zerstreuten Lichte zuerst grün und dann roth, während sich unter dem Einfluß direkter Sonnenstrahlen die Purpurfarbe fast im Augenblick bildete.

Im Jahre 1709 wiederholte Bernard de Jussieu die Versuche von Cole mit einer Murex-Art des Mittelländischen Meeres; im Jahre 1710 kam Réaumur mit einer Buccinum-Art, die sich in ungeheuren Massen an den Küsten von Poitou befindet, zu demselben Resultat. Beide erhielten die Purpurfarbe, indem sie den ungefärbten Saft aus der Blase der Mollusken dem Sonnenlicht aussetzten. 1736 stellte Duhamel den Purpur aus der Purpurschnecke dar, welche an den Küsten der Provence lebt, und er fand, daß die Farbe nur unter dem Einfluß der Sonnenstrahlen, nicht bei künstlicher Erwärmung sich entwickelte; 1803 wiederholte und bestätigte Bancroft endlich alle die vorhergehenden Angaben mit dem Buccinum lapillus, das die Größe einer Gartenschnecke hat, und jedes einzelne Thier gab zwei Tropfen farbegebende Flüssigkeit; er bemerkte, daß die Farbe selbst im luftleeren Raum sich bildet, und daß sie sehr zu den oxydirenden

Körpern und dem Chlor widersteht, während sie durch Einwirkung von Quecksilbersublimat in Blau übergeht.

Gonfreville giebt an, daß man sich in Indien einen Vorrath von Schnecken längere Zeit in Meerwasser aufbewahrt und erst dann färbt, wenn man die hinreichende Menge gesammelt hat.

Um 1 Kilogramm Wolle zu färben, gebraucht man 4 bis 5000 dieser Schnecken, die auf 16 Thaler zu stehen kommen. Will man färben, so übergießt man die ausgenommenen Schläuche mit Seewasser, wodurch die thierische Substanz an dieses übergeht; die so entstandene Auflösung wird dadurch zum Färben geschickt gemacht, daß man sie durch Kochen in Bleikesseln von verschiedenen beigemengten Substanzen befreit und diese als Schaum und Gerinnsel abnimmt; hierauf prüft man die Flüssigkeit, indem man Wolle darin eintaucht und, wenn die Farbe fehlerhaft ist, das Kochen erneut.

Im Jahre 1836 sammelte de Saulcy auf der Rhede von Saint-Pierre auf Martinique auf den von den Wellen bedeckten Felsen zweischalige Purpurschnecken. Sobald sie in seiner Hand waren, schwitzten sie einen dicken, schmierigen und opalisirenden Saft aus; er steckte sie deshalb in die Taschen seiner Beinkleider, welche nach und nach eine prachtvoll purpurrothe, mit der des Murexids identische Farbe annahmen.

Diese schöne Farbe verschwand bald unter dem gleichzeitigen Einfluß des Salzwassers und einer erhöhten Temperatur, indem sie in Braun überging, welches durch kein Mittel fortgeschafft werden konnte.

Nach de Saulcy zogen die Alten den Purpur aus Purpura haemastoma, welche Plinius Buccinum nennt, und hauptsächlich aus Murex brandaris, die Plinius mit Purpura bezeichnet, und von der grosse Haufen von Schalen bei den Häusern der Färber gefunden wurden, welche man sowol in Athen wie in Pompeji entdeckt hat.

Lacaze-Duthiers[1]) untersuchte neuerdings die Purpura haemastoma, P. lapillus, Murex brandaris, M. trunculus, M. erinaceus. Die Purpursubstanz wird zuerst als farbloser Stoff von einem kleinen Theile des Mantels der Purpurschnecken und zwar von einer an der Oberfläche ausgebreiteten drüsigen Partie abgesondert. Dieser farblose Saft verwandelt sich erst nachher durch

---

[1]) Polyt. Centralblatt, 1862, pag. 154. — Dingler's polyt. Journal, Bd. CLVII. pag. 355. — Comptes rendus de l'Académie des sciences, Bd. L, pag. 463.

die Einwirkung des Sonnenlichtes und der Feuchtigkeit in ein schönes Violet, indem es erst Gelb, Grün, Blau, Violet und schließlich Roth wird. Allmälig verschwindet das Gelb ganz, Blau bleibt aber immer noch zurück, so daß der Purpur stets violet ist. Der Untersucher erwähnt hierbei auch des scharfen Knoblauchgeruches, welchen schon Plinius beobachtete.

Die Eigenschaft, am Lichte sich zu verändern, gestattet es, photographische Bilder mit Purpur auf Seide, Battist, u. s. w. herzustellen, wo das Gelb dem Weiß, das mehr oder weniger dunkle Violet dem Schwarz der gewöhnlichen Photographien entspricht.

Da der Purpur als eine durch die Einwirkung des Lichtes gebildete Farbe an der Sonne nicht verbleicht und auch unter dem blendenden Himmel Italiens und des Orients seine schöne Farbe beibehält, so ist es sehr erklärlich, daß derselbe im Alterthum so hoch geschätzt wurde.

Zweites Kapitel.
Farben des Anilins und analoger Verbindungen.

Ueber keinen Gegenstand der Färberei ist wol in letzter Zeit so viel gearbeitet und so viel veröffentlicht worden, als über die Anilinfarben, welche in der That wol alle übrigen Farbstoffe hinsichtlich der Schönheit ihres Farbtons weit übertreffen. Die meisten Berichte darüber finden sich in dem Moniteur scientifique und dem Répertoire de chimie appliquée, sowie im polytechnischen Centralblatt und Dingler's polytechnischem Journal; sehr zu empfehlen sind ferner die trefflichen Jahresberichte über die Fortschritte der technischen Chemie von Wagner, welcher Jahr für Jahr die Ergebnisse der Forschung zusammengestellt und so gewissermaßen eine Geschichte der wichtigsten Entdeckungen seit dem Jahre 1856 gegeben hat.

Das Anilin wurde im Jahre 1826 von Unverdorben[1]) unter den Produkten der trocknen Destillation des Indigos entdeckt und von ihm Krystallin genannt; später fand es Runge[2]) im Steinkohlentheer und nannte es Kyanol; Zinin[3]) bezeichnete es mit

---

[1]) Unverdorben, Poggendorff's Annalen d. Physik u. Chemie, Bd. VIII, pag. 397.
[2]) Runge, ebendas., Bd. XXXI, pag. 65 u. 513; Bd. XXXII, pag. 331. — Chemische Analyse des Steinkohlentheers von Dr. F. Runge. Berlin 1837.
[3]) Liebig's Annalen d. Chemie u. Pharmacie, Bd. XLIV, pag. 286.

Benzidam; alle diese Namen wurden aber durch den von Fritzsche[1]) vorgeschlagenen Namen Anilin (aus Indigofera Anil) verdrängt. Bis zum Jahre 1856 hatte dasselbe nur rein wissenschaftliches Interesse und die Aufmerksamkeit des industriellen Publikums noch nicht auf sich gezogen.

Runge (l. c.) hatte schon in seinen Arbeiten auf die bemerkenswerthe Eigenthümlichkeit des Kyanols hingewiesen, Farbstoffe zu geben; er hatte nämlich beobachtet, daß dieser Körper mit einer Lösung von unterchlorigsaurem Calcium (Chlorkalk) ein sehr schönes bläuliches Violet giebt, welches durch Säuren in Roth übergeht. Da er selbst bis zu einem gewissen Grade die praktische Wichtigkeit erkannte, welche seine Entdeckung haben könnte, so schlug er vor, den Steinkohlentheer fabrikmäßig zu destilliren und daraus die Substanzen, welche er angab, im Großen darzustellen.

Nach Fritzsche giebt eine wässrige Lösung von Chromsäure mit Anilin einen schwärzlich blauen Niederschlag. Im Jahre 1853 beschrieb Beißenhirtz[2]) die blaue Farbe, welche aus einer Mischung von Anilin mit doppeltchromsaurem Kalium, welches mit Schwefelsäure versetzt ist, entsteht. Aus den Untersuchungen von Stenhouse über das Furfurol wußte man, daß das Anilin oder das essigsaure Anilin mit jenem Körper unmittelbar eine prächtig karmoisinrothe Färbung giebt.

Verschiedene Chemiker, welche sich mit dem Gegenstande beschäftigten, haben gleichzeitig gefärbte Reaktionen angegeben. Im Jahre 1856 kündigte Natanson an, daß beim Erhitzen von Anilin und Aethylenchlorid (Oel der holländischen Chemiker) in zugeschmolzenen Glasröhren auf 200° das anfänglich farblose Produkt eine tief blutrothe Färbung annimmt.

Hofmann erhielt, nachdem das Anilinviolet schon bekannt war, einen in Alkohol mit prachtvoll karmoisinrother Farbe löslichen Körper durch die Einwirkung des Chlorkohlenstoffs (CCl_4) auf Anilin.

Ohne dem Verdienste der bemerkenswerthen Entdeckungen von Perkin, Verguin und ihrer Nachfolger in irgend einer Hinsicht nahe treten zu wollen, kann man sagen, daß der Boden für die späteren Ergebnisse bereits vorbereitet war, und zwar um so mehr, als Mansfield, Collas, Zinin und Béchamp Methoden angegeben hatten,

---

[1]) Fritzsche, Journ. f. prakt. Chemie, Bd. XX, pag. 453. — Ann. d. Chemie u. Pharm., Bd. XXXIX, pag. 86.
[2]) Annalen d. Chemie und Pharmacie, Bd. LXXXVII, pag. 376.

um Benzol und Nitrobenzol darzustellen und letzteres in Anilin überzuführen, und hierdurch die Praxis mit einer Quelle von Anilin bereichert hatten, welche weit ergiebiger war, als die vorher benutzte.

Wie alle bedeutenden Entdeckungen, so hat sich auch die Anilinindustrie nur langsam und allmälig entwickelt; keine Erfindung, welche für die menschliche Gesellschaft von bedeutender Tragweite ist oder auf irgend einem Gebiete große Umwälzungen hervorruft, steht mit einem Male in ihrer ganzen Vollkommenheit da.

Ungeheuer war der Erfolg, als Perlin im Jahre 1857 sein Violet zum Vorschein brachte, das sofort nach seinem Bekanntwerden zur Färbung von Geweben benutzt wurde. Dies war gewissermaßen das Signal für eine ganze Reihe glänzender Entdeckungen, welche die Industrie mit einer großen Menge von neuen brillanten Farben bereicherten. Hinsichtlich ihrer Schönheit und ihrer Ergiebigkeit lassen diese Farbstoffe alle andern, welche man bis dahin gekannt hatte, weit hinter sich.

Im September 1858 machte Hofmann den Anfang mit der Entdeckung des Anilinroth; bald nachher stellte es Verguin fabrikmäßig dar, dessen Methode aber fast unmittelbar durch Gerber-Keller, Hillmann, Medlock, Nicholson, Girard, de Laire u. A. verändert und vervollkommnet wurde.

Bald darauf entstanden aus dem Anilinroth das Anilinviolet, das Blau, Grün, Gelb durch eine Reihe von sehr glatten Reaktionen, zu welchen Hofmann den Gedanken angegeben hatte. Das Anilinschwarz, dessen Entdeckung man Lightfoot verdankt, vervollständigte schließlich die lange Reihe der für die Technik so überaus wichtigen Stoffe.

Nach diesem kurzen historischen Ueberblick gehen wir auf die Einzelheiten des Kapitels ein, und zwar werden wir uns beschäftigen:

1) mit dem Material, welches die Farben liefert, dem Anilin und den Stoffen, welche zu dessen Darstellung verwendet werden;

2) mit den gefärbten Derivaten, welche es zu bilden im Stande ist.

Anilin.

$$C_6H_7N = \left.\begin{array}{c} C_6H_5 \\ H \\ H \end{array}\right\} N; \quad C_6H_5 = 1 \text{ Atom Phenyl.}$$

$C_6 = 72$	77,41
$H_7 = 7$	7,54
$N = 14$	15,05
93.	100,00.

Das Anilin ist eine farblose, dünnflüssige, stark lichtbrechende Flüssigkeit von einem eigenthümlichen starken aromatischen Geruch und einem scharfen und brennenden Geschmack; es hat ein spezifisches Gewicht von 1,028 (bei 0° = 1,0361), wird bei —20° dick, aber erst in einer Kältemischung aus Aether und fester Kohlensäure fest und siedet bei 184,8°. Es löst etwas Wasser auf und ist nach Sisteler und Arndt[1]) in Wasser ziemlich löslich, in Alkohol, Aether, den flüchtigen und fetten Oelen löst es sich in jedem Verhältniß auf. Es coagulirt Eiweiß.

Chemische Eigenschaften. — Der chemischen Konstitution nach muß das Anilin als ein Ammoniak betrachtet werden, in welchem 1 Atom Wasserstoff durch 1 Atom des einwerthigen Phenyls ersetzt ist. Deshalb ist es auch durchaus nicht wunderbar, daß es die allgemeinen Eigenschaften dieses Alkalis besitzt. Es vereinigt sich das Anilin in der Kälte direkt mit den Wasserstoffsäuren und den Oxysäuren, ohne Austritt irgend eines Elementes, zu Salzen, welche mit den Ammoniumsalzen fast in jeder Hinsicht verglichen werden können. Sie krystallisiren fast alle und sind in Alkohol und Wasser löslich. Kaustische Alkalien und alkalische Erden scheiden aus diesen Salzen das Anilin wieder ab, während das Anilin aus den Lösungen der Eisen-, Zink- und Aluminiumsalze die Hydroxyde dieser Elemente niederschlägt; ferner fällt es die Lösungen von Quecksilberchlorid, Goldchlorid und Platinchlorid.

Man hat aus dem Anilin eine große Anzahl von Substitutionsprodukten dargestellt, indem man den disponiblen Wasserstoff des Typus Ammoniak durch Alkohol- oder Säureradikale ersetzte. Bei diesen Versuchen bleibt das Molekül des Anilins bald einfach, bald kondensiren sich zwei, drei oder mehr Moleküle zu einem einzigen.

An der Luft verändert sich das Anilin sehr schnell und nimmt eine rothe Färbung an, welche darauf in Braun übergeht, bis es schließlich verharzt; bei der jedesmaligen Destillation wird es indessen wieder farblos.

---
[1]) Chem. Centralbl., 1864, pag. 705.

Die Anilinsalze sind farb- und geruchlos, färben sich aber an der Luft bald roth. Ein mit Salzsäure befeuchtetes Fichtenholzstäbchen oder ein Hollundermarkkügelchen wird von den Lösungen des Anilins intensiv gelb gefärbt; die Färbung soll nach Runge noch sichtbar sein, wenn auch nicht mehr als $\frac{1}{500,000}$ Anilin vorhanden ist. Dieselbe Reaktion zeigen nach Hofmann auch das Naphthalidam, Cinnamin, Coniin und Chinolin.

Eine Mischung von chlorsaurem Kalium und Salzsäure verwandelt schließlich das Anilin in Chloranil ($C_6Cl_4O_2$), allein es bilden sich noch inzwischen gefärbte Verbindungen.

Wir wollen die Umstände, unter welchen sich das reine oder unreine Anilin, wie es gewöhnlich in den Handel kommt (eine Mischung von Anilin und Toluidin), in den Farbstoff verwandelt, und die einen der interessantesten Theile dieses Kapitels ausmachen, im Nachfolgenden genau durchgehen und nur kurz einige Reaktionen anführen, an denen der Chemiker das Anilin und seine Salze erkennt.

1) Wenn man eine kleine Quantität von Anilin oder einem Anilinsalze mit einigen Tropfen konzentrirter Schwefelsäure in einer kleinen Porzellanschale vermischt und einen Tropfen einer Lösung von chromsaurem Kalium hinzufügt, so entsteht nach Verlauf einiger Minuten eine schöne Farbe, die bald darauf durch Anziehung von Wasser verschwindet.

2) Eine wässrige Chlorkalklösung giebt mit Anilin eine blaue Färbung, die durch einen Zusatz von Säuren in Roth übergeht (Runge).

3) Ein einziger Tropfen einer Lösung von 1 Theil Anilin in 100 Theilen verdünnter Schwefelsäure (1 Theil Schwefelsäure, 7 Theile Wasser) wird auf ein Platinblech gebracht, welches mit der positiven Elektrode eines einzigen Bunsen'schen Elementes in Berührung gesetzt ist; sobald man den Tropfen mit der negativen Elektrode berührt, nimmt er eine intensiv blaue Färbung an, welche succeffiv durch Violet in Roth übergeht [1].

Zur Erkennung von Anilin neben Toluidin hat Rosenstiehl in Mühlhausen [2] auf Grund verschiedener Versuche, welche

---

[1] Letheby, Chemical News, February 1862, pag. 71. — Zeitschrift für analytische Chemie, 1862, pag. 375. — Dingler's polytechn. Journ., Bd. CLXV, pag. 816. — Polyt. Notizblatt, 1862, pag. 288. — Chem. Centralbl., 1865, pag. 877. — Jahrbuch für Pharmacie, Bd. XVIII, pag. 307.

[2] Zeitschrift für analytische Chemie, Bd. VI, pag. 357. — Polytechn. Centralblatt, 1868 (April) pag. 494.

theils von ihm selbst, theils von seinem Assistenten **Klemm** angestellt worden sind, folgendes als das beste Mittel angegeben:

Man löse die zu prüfende Base — nur auf die Base ist die Methode anwendbar — in Aether auf, füge zu der Flüssigkeit das gleiche Volumen Wasser und setze alsdann tropfenweise Chlorkalklösung hinzu. Jeder Tropfen bringt in der wässrigen Lösung eine braune Trübung hervor, die beim Umschütteln sich in dem Aether löst, so dass alsdann die blaue Farbe der wässrigen Schicht hervortritt. Man fährt mit dem Zusetzen von Chlorkalk so lange fort, bis die Intensität des Blau nicht mehr zunimmt. Für 1 Gramm Alkaloid sind beispielsweise die günstigsten Verhältnisse: 10 Kubikcentimeter Aether, 10 Kubikcentimeter Wasser und 5 Kubikcentimeter Chlorkalklösung von 1,085 spezifischem Gewicht (8° B.), wie sie im Handel vorkommt.

Ein auf diese Weise behandeltes Gemisch von 1 Gramm reinem krystallisirten Toluidin mit 1 Milligramm Anilin (also $\frac{1}{10}$ Prozent) liefert 20 Kubikcentimeter blau gefärbte wässrige Flüssigkeit. Die Intensität der Färbung durch eine Schicht von 22 Millimeter Dicke gesehen, entspricht der neunten Nüance der **Chevreul**'schen chromatischen Tonleiter des reinen Blau (Gamme chromatique de Chevreul, Bleu pur No. 9). Man kann nach diesem Verfahren die Menge des Anilins im Gemisch selbst annähernd quantitativ bestimmen, indem man so lange mit gemessenen Mengen Wasser verdünnt, bis die Intensität des Blau einen gewissen, als Basis der Vergleichung angenommenen Punkt erreicht hat.

Bildung und fabrikmässige Darstellung des Anilins.

Ein reines, von homologen Verbindungen freies Anilin erhält man durch trockne Destillation des Indigo (**Unverdorben**)[1]) oder, was noch besser ist, durch Destillation des Indigo und des Isatins mit Kalium- oder Natriumhydroxyd (**Hofmann**)[2]).

Die Anthranilsäure ($C_7H_7NO_2$), sowie mehrere isomere Verbindungen, wie beispielsweise die Amidobenzoësäure, die Salicylaminsäure, welche man durch Kochen von Indigo mit konzentrirter Kalilauge erhält, zerlegt sich bei der Destillation mit Aetzkali in Anilin und Kohlensäure:

---

[1]) **Poggendorff**'s Annalen für Chemie und Physik, Bd. VIII, pag. 397.
[2]) Annalen der Chemie und Pharmacie, Bd. LIII, pag. 9.

$C_6H_5NO_2 = C_6H_5N + CO_2$ [1])

Wie leicht einzusehen ist, sind diese Methoden zur Darstellung im Großen nicht geeignet.

Der Steinkohlentheer (goudron de houille, coaltar) ist in der That die einzige Quelle für die technische Gewinnung des Anilins und der verwandten Stoffe. Er wird beim Verccalen der Steinkohlen in den Verbrennungsöfen gewonnen und ist flüssig, dunkelbraun und in Wasser unlöslich. Der Steinkohlentheer, den man lange Zeit in den Gasanstalten als ein unangenehmes Nebenprodukt angesehen und höchstens zum Verbrennen unter den Retorten verwendete, enthält eine beträchtliche Menge von verschiedenen Produkten, welche trotz der umfangreichen Arbeiten über diesen Gegenstand [2]) noch nicht alle mit Sicherheit festgestellt sind.

Bei der Gewinnung der Materialien für das Anilin sind in letzter Zeit sehr bedeutende Fortschritte gemacht worden. Man beginnt jetzt in Saint-Etienne, Dank den Bemühungen von Pauwels und Knab, die Verccalung der Steinkohlen an Stelle der früheren Coalsöfen in großen Retorten vorzunehmen, welche es gestatten, ohne die Qualität des Coals zu verschlechtern, den Theer und die entweichenden Gase aufzufangen; letztere werden wieder zum Erhitzen des Ofens selbst verwendet. Obgleich diese Methode noch nicht allgemein angewendet wird, übt sie doch schon einen merklichen Einfluß auf den Preis der Destillationsprodukte der Steinkohlen aus.

In Frankreich verccalt man zu metallurgischen Prozessen jährlich ungefähr 3 Millionen Tonnen Steinkohlen. Wird die Methode von

---

[1]) Fritzsche, Journal für praktische Chemie, Bd. XX, pag. 453. — Ann. d. Chemie und Pharmacie, Bd. XXXIX, pag. 86. — Hofmann u. Muspratt, Annal. d. Chem. u. Pharm., Bd. LIII, pag. 11 und 221. — Chancel, Journ. f. prakt. Chemie, Bd. XLVII, pag. 148. — Cahours, Ann. d. Chem. u. Pharm., Bd. CIX, pag. 28.

[2]) Ueber Theer vergleiche man: Reichenbach, Schweigger's Journal der Physik u. Chemie, Bd. LIX, pag. 436; Bd. LXI, pag. 175, 273 und 464; Bd. LXII, pag. 46, 199 u. 273; Bd. LXV, pag. 295 und 461; Bd. LXVI, pag. 301 und 345; Bd. LXVII, pag. 1, 57 und 274; Bd. LXVIII, pag. 1, 228, 289, 295, 351 und 399. — Völckel, Annalen der Chemie u. Pharmacie, Bd. LXXX, pag. 306; Bd. LXXXII, pag. 49, Bd. LXXXVI, pag. 66 und 331. — Unverdorben, Poggendorff's Annalen, Bd. VIII, pag. 397. — Runge Bd. XXXI, pag. 65 und 513; Bd. XXXII, pag. 308. — Laurent, Annalen der Chemie und Pharmacie, Bd. III, pag. 9. — Hofmann, Bd. XLVII, pag. 37. — Anderson, Bd. LX, pag. 86. — Mansfield, Bd. LXIX, pag. 162.

Pauwels und Knab allgemein angewendet, so gewinnt man hieraus 125 bis 130 Millionen Kilogramm Theer, welche ungefähr 2 bis 3 Millionen Kilogramm leichte Kohlenwasserstoffe geben. Es ist also leicht ersichtlich, daß der Preis des Benzins und folglich auch der daraus fabrizirten Farbstoffe sinken wird. Gegenwärtig stellt sich der Preis des Benzins pro Kilogramm auf 70 bis 80 Centimes; im Jahre 1862 kostete das Kilogramm 3 bis 4 Francs; das Anilin, welches 12 bis 18 Francs kostete, kostet 3 Francs 25 Centimes; der Preis des krystallisirten salzsauren Rosanilins ist von 250 bis 300 Francs auf 25 bis 30 Francs gesunken; das Anilinblau, welches mit 500 Francs bezahlt wurde, kostet 100 Francs, die schlechteren Sorten 30 bis 40 Francs [1]).

Die bei der trocknen Destillation der Steinkohlen entstehenden Körper geben wir nach Hofmann in der folgenden Tabelle [2]). Mit Ausnahme von Gas, Wasser und kohlensaurem Ammonium bilden sie alle einen wesentlichen Bestandtheil des Steinkohlentheers. Man kann sie eintheilen in:

1) **Bei gewöhnlicher Temperatur gasförmige, flüssige oder feste Kohlenwasserstoffe:**

Name.	Formel.	Siedepunkt.
*Wasserstoff	H_2	
*Sumpfgas oder Methylwasserstoff	$C\,H_2, H$	
Hexylwasserstoff	$C_4\,H_{12}, H$	
Octylwasserstoff	$C_6\,H_{17}, H$	
Decylwasserstoff	$C_{10}\,H_{21}, H$	
*Aethylen oder ölbildendes Gas	$C_2\,H_4$	
*Propylen	$C_3\,H_6$	
Caproylen oder Hexylen	$C_4\,H_{10}$	55°
Oenanthylen oder Heptylen	$C_7\,H_{14}$	
*Paraffin	$C_n\,H_{2n}$ (?)	
Acetylen	$C_2\,H_2$	
*Benzin oder Benzol	$C_6\,H_6$	80°
*Parabenzin oder Parabenzol	$C_6\,H_6$	97,5°
*Toluen oder Toluol	$C_7\,H_8$	114°

[1]) Rapport du jury international (Exposition de 1867) par MM. Hofmann, Girard et de Laire, pag. 10.

[2]) Die wichtigsten Verbindungen oder Mengen, welche eine Anwendung erfahren, sind mit einem Sternchen bezeichnet.

Name.	Formel.	Siedepunkt.
*Xylol	$C_8 H_{10}$	126°
*Cumol	$C_9 H_{12}$	150°
*Cymol	$C_{10} H_{14}$	175°
*Naphtalin	$C_{10} H_8$	212°
*Paranaphtalin oder Anthracen . . .	$C_{14} H_{10}$ (?)	
*Chrysen	$C_{12} H_8$ (?)	
*Pyren	$C_{15} H_{12}$ (?)	
Cupion	(?)	

2) In stickstofffreie sauerstoff- oder schwefelhaltige Verbindungen.

*Wasser	$H_2 O$	100°
*Schwefelwasserstoff	$H_2 S$	
*Sulfocyanwasserstoffsäure	$\begin{matrix} CN \\ H \end{matrix} \Big\} S$	
*Kohlensäure	CO_2	
*Kohlenoxyd	CO	
*Schwefelkohlenstoff	CS_2	47°
*Schweflige Säure	SO_2	
Essigsäure	$\begin{matrix} C_2 H_3 O \\ H \end{matrix} \Big\} O$	120°
*Phenylsäure, Phenylalkohol, Phenol .	$\begin{matrix} C_6 H_5 \\ H \end{matrix} \Big\} O$	186°
*Kresylsäure, Kresylalkohol, Kresol . .	$\begin{matrix} C_7 H_7 \\ H \end{matrix} \Big\} O$	203°
Phlorylalkohol, Phlorol	$\begin{matrix} C_8 H_9 \\ H \end{matrix} \Big\} O$	220°
*Rosolsäure	$C_{19} H_{12} O_6$ (?)	
Brunolsäure	?	

3) In stickstoffhaltige, dem Ammoniak analoge Verbindungen (zusammengesetzte Ammoniake).

*Ammoniak	$N H_3$	— 33°
*Anilin	$N (C_6 H_5) H_2$	182°
Cespitin	$N (C_9 H_{15})$	96°
Pyridin	$N (C_5 H_5)$	115°

Name.	Formel.	Siedepunkt.
Pikolin (Odorin)	$N(C_6^{III} H_7)$	134°
Lutidin	$N(C_7^{III} H_9)$	154°
Collidin	$N(C_8^{III} H_{11})$	170°
Parvolin	$N(C_9^{III} H_{13})$	188°
Coridin	$N(C_{10}^{III} H_{15})$	211°
Rubidin	$N(C_{11}^{III} H_{17})$	230°
Viridin	$N(C_{11}^{III} H_{13})$	251°
Leukolin (Chinolin)	$N(C_9^{III} H_7)$	235°
Lepidin	$N(C_{10} H_9)$	260°
Kryptidin	$N(C_{11} H_{11})$	
Pyrrol	$N(C_4 H_5)$ (?)	133° (?)
4) Cyanwasserstoffsäure	N C H	26,4°

Wie bereits erwähnt, ist der Steinkohlentheer bis jetzt die einzige Quelle für die fabrikmäßige Darstellung von Anilin[1]).

Die quantitative Zusammensetzung des Theers schwankt einerseits mit der Beschaffenheit des Brennmaterials, andrerseits ist dieselbe bei demselben Material je nach der größeren oder geringeren Schnelligkeit, mit welcher die Destillation ausgeführt wird, verschieden; so z. B. enthalten die Theere von New-Castle und von französischer Steinkohle wenig Benzol und viel Naphtalin. Die Bogheadkohle und die Kohle von Weißenfels (Pyropissit) sind reich an Paraffin.

Im Allgemeinen giebt eine bei hoher Temperatur schnell ausgeführte Destillation mehr Gas und weniger Theer, welcher letztere arm an Oelen aber reich an Naphtalin ist, während eine langsame, bei

---

[1]) In Bezug auf die Details dieser Operation siehe: Rapport du jury international (Exposition universelle de 1867); Matières colorantes dérivées de la houille par M. M. A. W. Hofmann, Georges de Laire et Charles Girard, pag. 16. — Moniteur scientifique ok. Examen des matières colorantes dérivées du goudron par M. E. Kopp, pag. 2, 1. partie. — Moniteur des sciences médicales, Bd. II, pag. 153, 1860.

niedriger Temperatur ausgeführte Destillation einen reichen und nutzbaren Theer giebt.

Nach Crace-Calvert[1]) ist der Gehalt an verwendbaren Verbindungen verschiedener englischer Theersorten folgender:

	Benzine.	Phenylsäure.	Neutrale Kohlenwasserstoffe.	Paraffin.	Naphtalin.	Trockner Theer.
Boghead	12	3	30	41	0	14
Cannelkohle	9	14	40	0	15	22
Newcastle	2	5	12	0	58	23
Glasfordshire . . .	5	9	35	0	22	29

Wie aus der Tabelle ersichtlich, findet sich das Anilin im Theer schon vollständig fertig gebildet vor; es ist von andern organischen Alkaliverbindungen begleitet, von denen das wichtigste das Chinolin ist.

Die Abscheidung des Anilins ist eine sehr einfache Operation. Man benutzt dazu nicht den rohen Theer, sondern das bei der Destillation desselben übergehende, im Wasser untersinkende Oel, indem man dasselbe einer nochmaligen Destillation unterwirft; hierzu nimmt man die Portionen, welche zwischen 150 und 230° übergehen; sie enthalten ungefähr 1 Prozent ölförmige Alkalien. Nach Hofmann[2]) verfährt man am zweckmäßigsten folgendermaßen:

Das Oel wird in großen Gefäßen (Schwefelsäureballons) mit starker Salzsäure geschüttelt; die nach 24 stündigem ruhigen Stehen sich absondernde wässrige Schicht wird von dem aufschwimmenden Oel abgezogen und von neuem mit Steinkohlentheeröl geschüttelt, bis der größere Theil der Säure gesättigt ist. Alsdann filtrirt man die Flüssigkeit durch ein Tuch und graues Löschpapier, um die theerartigen Substanzen zurückzuhalten und destillirt dieselbe, nachdem man sie mit Kalkmilch gesättigt, in einer kupfernen Blase so lange, als die Flüssigkeit noch den unangenehmen Geruch besitzt, welcher schon im Anfang bemerkbar ist.

Das milchige Destillat wird mit Salzsäure übersättigt, in einem Oelbade abgedampft und in einem hohen, engen Gefäße mit kaustischem Natron vermischt. Die Alkalien, welche in einer Kochsalzlösung sehr

---

[1]) Bulletins de la société industrielle de Mulhouse, Avril 1865. — P. Schützenberger, l'histoire des couleurs d'Aniline, Comptes rendus de l'Académie des sciences 16. August 1859, pag. 263.

[2]) Hofmann, Annalen der Chemie und Pharmacie, Bd. XLVII, pag. 30.

wenig löslich sind, steigen an die Oberfläche und sammeln sich dort in Gestalt einer ölartigen Schicht, die man mit einem Heber abnimmt und einer nochmaligen Destillation unterwirft, indem man nur diejenigen Theile auffängt, welche unter 200° übergehen und hauptsächlich aus Anilin bestehen. Man kann auch das in den leichten Oelen enthaltene Anilin durch sehr schnelles Umrühren mit 1 bis 2 Prozent Schwefelsäure abscheiden. Fügt man zu diesem unreinen Anilin, welches übrigens für technische Zwecke völlig verwendbar ist, eine alkoholische Lösung von Oxalsäure, so erhält man einen weißen Krystallbrei von oxalsaurem Anilin, das nach dem Auswaschen mit Alkohol und dem Umpressen noch einmal umkrystallisirt wird. Das auf diese Weise erhaltene reine oxalsaure Anilin wird der Destillation mit Kalk unterworfen.

Das Anilin kann übrigens direkt aus Steinkohlentheer nicht in solcher Menge dargestellt werden, wie sie von der Industrie verlangt wird; zum Glück sind aber im Theer noch flüssige Kohlenwasserstoffe vorhanden, wie das Benzol, Toluol u. s. w., welche sich durch einfache und glatte Reaktionen in die entsprechenden Ammoniakverbindungen verwandeln können. Das Benzol liefert Anilin, das Toluol Toluidin, das Xylol Xylidin u. s. w.

Diesen Zweck erreicht man dadurch, daß man dieselben durch rauchende Salpetersäure in die Nitroverbindungen verwandelt und letztere durch geeignete Reduktionsmittel, die fähig sind, Wasserstoff im status nascens zu liefern, reduzirt.

Wenn wir uns unter $C_n H_{n}$, $(n = 6.7.8)$ die Radikale dieser Kohlenwasserstoffe vorstellen, so können die eben angedeuteten Reaktionen durch folgende allgemeine Gleichungen veranschaulicht werden.

$$C_n H_{2n-1} H + \left.{NO_2 \atop H}\right\} O = C_n H_{2n-1}(NO_2) + \left.{H \atop H}\right\} O$$

$$C_n H_{2n-1}(NO_2) + H_6 = (C_n H_{2n-1}) H_2 N + 2 H_2 O$$

So liefert uns also das Benzol: $\left.{C_6 H_5 \atop H}\right\}$ $(n = 6)$

$$C_6 H_5 H + \left.{NO_2 \atop H}\right\} O = \underbrace{C_6 H_5(NO_2)}_{\text{Nitrobenzol}} + H_2 O$$

$$C_6 H_5(NO_2) + H_6 = \underbrace{(C_6 H_5) H_2 N}_{\text{Anilin}} + 2 H_2 O$$

Zinin in St. Petersburg¹) verdankt man die wichtige Entdeckung der Einwirkung reduzirender Stoffe auf die Nitroverbindungen gewisser Kohlenwasserstoffe. Dieser Chemiker bediente sich des Schwefelammoniums in alkoholischer Lösung. Es entwickelt sich Ammoniak unter Abscheidung von Schwefel, während der freiwerdende Wasserstoff auf das Nitrobenzin einwirkt.

Hofmann und Geuther²) kommen zu demselben Resultat, indem sie auf eine alkoholische Lösung von Nitrobenzol Zink und Salzsäure oder Schwefelsäure einwirken lassen.

Béchamp³) hat zur Reduktion des Nitrobenzols eine Methode angegeben, welche in praktischer Hinsicht die besten Resultate giebt und gegenwärtig auch ausschließlich angewendet wird, um die großen Massen von Anilin darzustellen, welche bei der Farbenfabrikation verbraucht werden. Man verwendet hierzu ein Gemisch von Eisenfeilspänen und konzentrirter Essigsäure.

Eine Mischung von Nitrobenzol, Eisenfeilspänen und Essigsäure in passenden Verhältnissen wird etwas angewärmt; die hierbei eintretende Reaktion ist so stark, daß eine Erhitzung der Masse bis zum Kochen erfolgt, während welcher das Nitrobenzol verschwindet und sich in Anilin verwandelt.

Bei der Fabrikation des Anilins im Großen verfährt man folgendermaßen⁴).

Ursprünglich vermischte man die Essigsäure mit dem Nitrobenzol in einem eisernen Gefäß und fügte allmälig Eisenfeilspäne hinzu, wobei man sorgfältig darauf achtete, daß keine zu starke Temperaturerhöhung eintrat.

Man nimmt am besten gleiche Theile dieser drei Körper. Nach Beendigung der Reaktion verwandelt sich die Mischung in eine breiartige oder feste Masse, welche aus essigsaurem Eisen und essigsaurem Anilin besteht; diese destillirt man entweder für sich allein oder mit Kalk gemischt in eisernen Cylindern, welche den bei der Leuchtgasfabrikation verwendeten sehr ähnlich, jedoch nur halb so groß als diese

---

¹) Bulletin scientifique de St. Petersbourg, No. 18. — Erdmann, Journ. für prakt. Chemie, Bd. XXVII, pag. 141. — Liebig, Ann. d. Chemie u. Pharm. Bd. XLIV, pag. 286.

²) Annal. der Chemie und Pharmacie, Bd. LV, pag. 201 und Bd. CXII, pag. 217.

³) Annales de chimie et de physique, [3], Tr. XLII, pag. 186. — Annalen der Chemie und Pharmacie, Bd. XCII, pag. 402.

⁴) Reports by the juries by Hofmann, 1862, pag. 123.

sind; nach und nach steigert man die Temperatur bis zur Rothglühhitze. — Das Destillat ist in seiner Zusammensetzung verschieden; im Allgemeinen besteht es aus Aceton, Anilin, Toluidin und anderen höher siedenden Verbindungen und aus unverändertem Nitrobenzol. Hat man zu viel Eisen und Essigsäure hinzugesetzt, so geht nach den Beobachtungen von Scheurer-Kestner die Reaktion zu weit, indem sich unter Austritt von Ammoniak wieder Benzol bildet, und man erhält nebenbei eine beträchtliche Menge von Azobenzid (Noble und Hofmann).

Das Rohprodukt wird der fraktionirten Destillation unterworfen; das Aceton geht zuerst über (bei 56°), und der zwischen 175 und 230° überdestillirende Theil enthält das Anilin; es ist eine braune Flüssigkeit, etwas schwerer als Wasser und enthält beträchtliche Mengen Toluidin, welches von dem Toluol, das in dem angewendeten Benzol enthalten war, herrührt. Der Siedepunkt des Toluidins liegt dem des Anilins sehr nahe (198°). Uebrigens ist, wie wir im weitern Verlaufe sehen werden, die Anwesenheit dieses Körpers für die Bildung der Farben nicht nur nicht schädlich, sondern im Gegentheil unumgänglich nothwendig.

Die Rückstände, welche bei mehr als 200° übergehen, in Frankreich queues d'aniline genannt, sind von Hofmann[1]) genauer untersucht worden, wozu er das Material von Collin und Koblenz erhalten hatte. Er hat darin neue ammoniakartige Verbindungen entdeckt. Bei der Destillation dieser Anilinrückstände steigt die Temperatur gradweise, ohne stationär zu werden, von 182° bis zur Rothglühhitze. Die ersten Fraktionen enthalten noch eine beträchtliche Menge Anilin und Toluidin, wahrscheinlich sind darin auch enthalten:

Azobenzid . . . . $C_{12} H_{10} N_2$

Diphänin . . . . $C_6 H_4 N_2 (C_{12} H_{12} N_4)$

Phenylendiamin . . . . . $\begin{matrix}(C_7 H_4)\\ H_7\\ H_2\end{matrix}\Big\} N_2$

Toluylendiamin . . . . . . $\begin{matrix}(C_8 H_4)\\ H_7\\ H_2\end{matrix}\Big\} N_2$

---

[1]) Comptes rendus de l'Académie des sciences, Bd. LV, pag. 781 u. 901. — Chemisches Centralblatt, 1863, pag. 164.

Fabrikmäßige Darstellung des Anilins.

$$\text{Cumplendiamin} \quad \begin{matrix} (C_9H_{10}) \\ H_4 \\ H_2 \end{matrix} \Big\} N_2$$

$$\text{Xylidin} \quad \begin{matrix} (C_8H_9) \\ H \\ H \end{matrix} \Big\} N$$

$$\text{Cumidin} \quad \begin{matrix} (C_9H_{11}) \\ H \\ H \end{matrix} \Big\} N$$

In den letzten Theilen findet sich eine dem Anilin polymere Verbindung, das **Paranilin** $C_{18}H_{15}N_3$, und das mit dem **Diphenylamin** isomere **Fenylamin** (**Martylamin**) $C_{12}H_{11}N$, dessen Entstehung unbekannt ist.

Um die Reduktion des Nitrobenzols mit größerer Sicherheit leiten zu können, ziehen es einige Fabrikanten vor, nur kleinere Quantitäten von Nitrobenzol auf einmal in Angriff zu nehmen und die Anzahl der Gefäße zu vermehren, welche in diesem Falle von Steingut sind.

Zur Reduktion des Nitrobenzols hat man ferner vorgeschlagen: die Einwirkung einer Lösung von **essigsaurem Eisen** (**Béchamp**)[1]) eine Auflösung von **arseniger Säure in Natronlauge** (**Woehler**)[2]), eine Mischung von **Traubenzucker und koncentrirter Natronlauge** (**Volh**)[3]). Durch Kochen einer Mischung von 1 Theil Nitrobenzol, 5 Theilen Wasser und 2 bis 2½ Theilen fein zertheiltem **Zink** (**Zinkstaub**), wie es bei der Verschmelzung der Zinkerze gewonnen wird, erhält man ebenfalls Anilin (**Kremer**)[4]). **Wagner**[5]) benutzt zur Amidirung des Nitrobenzols das Kuperoxydul-Ammoniak. In neuerer Zeit hat **Kekulé**[6]) gefunden,

---

[1]) Annalen der Chemie u. Pharmacie, Bd. XCII, pag. 402. — Annales de chimie et de physique (3), Bd. XLII, pag. 186.

[2]) Journal f. prakt. Chemie, Bd. LXXI, pag. 254. — Annalen der Chemie u. Pharmacie, Bd. CII, pag. 127.

[3]) Dingler's polyt. Journal, Bd. CLXVII, pag. 437. — Polyt. Centralbl. 1863, pag. 624.

[4]) Dingler's polyt. Journal, Bd. CLXIX, pag. 377. — Journ. f. prakt. Chemie, Bd. XC, pag. 254.

[5]) Dingler's polyt. Journ., Bd. CLXVIII, pag. 158. — Polyt. Centralbl. 1862, pag. 830. — Wagner's Jahresberichte, Bd. IX, pag. 605.

[6]) Dingler's polyt. Journal, Bd. CLXXXIII, pag. 254.

daß Nitrobenzol, mit einer salzsauren Lösung von Zinnchlorür versetzt, unter starker Erhitzung zu Anilin reduzirt wird.

Roussin schlägt vor, das Nitrobenzol mit einer Mischung von Zinn und Salzsäure zu reduziren. Diese Methode ist zur Darstellung von Naphtylamin ganz vortheilhaft, zur Darstellung von Anilin jedoch zu verwerfen, da diese beiden Körper zu energisch auf das Nitrobenzol einwirken.

Die Darstellung des Anilins aus dem Nitrobenzol geschieht übrigens auf eine weit praktischere Weise, welche gleichzeitig reichere Ausbeute und ein zur Darstellung von Farben geeigneteres Fabrikat liefert.

Die Operation erfolgt in einem gußeisernen vertikal stehenden Cylinder, an dessen oberem Theile sich eine Arbeitsöffnung zum Eintragen der festen Substanzen und eine seitliche Röhre zum Abzug für die Destillationsprodukte befinden. Durch die Achse des Cylinders geht eine hohle Welle, welche an dem unteren Theile mit Löchern und flügelförmigen Ansätzen versehen ist, der aus dem Cylinder hervorragende Theil dieser Welle ist durch Zahnräder und Getriebe mit einem Motor verbunden und dient gleichzeitig zum Einleiten von Wasserdampf und als Rührwerk.

Man beschickt diesen Cylinder mit:

Nitrobenzol . . . . 100 Theile
Eisenfeilspäne . . . . . 150 — 200 Theile
Essigsäure . . . . 5 — 10 ,,

Beim Beginn der Operation giebt man in das Gefäß die ganze Menge Eisen und Essigsäure und ungefähr doppelt soviel Nitrobenzol, als man Essigsäure angewendet hatte. Es tritt bald darauf eine sehr stürmische Reaktion ein, ohne daß man nöthig hat, zu erwärmen. Sobald diese nachgelassen, läßt man Nitrobenzol in einem kontinuirlichen dünnen Strahl nachfließen und erwärmt mittelst Dampf, indem man das Rührwerk in Gang setzt.

Der Dampf liefert Wasser und die zur Reaktion erforderliche Hitze. Nachdem man sämmtliches Nitrobenzol hinzugesetzt, kann man auf zweierlei Weise verfahren. Nach der englischen Methode erhitzt man noch weiter mit Dampf, um das Anilin überzudestilliren; nach einer anderen Methode entleert man die Cylinder, bringt den Inhalt derselben in eiserne Retorten und vollendet die Operation auf die oben beschriebene Weise.

Fabrikmäßige Darstellung des Anilins.

In neuerer Zeit hat man den früher angewendeten Apparat etwas modifizirt. Man bedient sich jetzt einer großen tubulirten eisernen Retorte von mindestens einem Meter Durchmesser und zwei Meter Höhe, welche einerseits mit einem Kondensators und andrerseits mit einem Kühler in Verbindung gesetzt ist; durch zweckmäßig angebrachte Hähne kann man den einen oder den andern mit der Retorte in Verbindung bringen. Der obere Theil ist ferner noch zum Einbringen der Rohmaterialien mit einem Mannloch und mit einer S förmig gebogenen Röhre versehen; am unteren Theil des Apparates befindet sich eine Oeffnung zum Ausleeren desselben, welche selbstverständlich während der Operation verschlossen gehalten wird. Die Rührvorrichtung ist wie bei dem alten Apparat.

Beim Beginn der Operation setzt man die Retorte mit dem Kondensator in Verbindung, in welchem die sich im Anfang entwickelnden Dämpfe verdichtet werden und in den Apparat zurückfließen können. Von Zeit zu Zeit läßt man eine kleine Quantität der in demselben verdichteten Flüssigkeit durch einen kleinen Hahn ab und untersucht, ob sich dieselbe vollständig in Chlorwasserstoffsäure löst. Sobald dieser Punkt eingetreten, schließt man den Hahn des Kondensators, stellt die Verbindung mit dem Kühler her und destillirt mittelst eines Stromes von überhitztem Wasserdampf das Anilin ab, welches sich mit dem kondensirten Wasser in den Vorlagen ansammelt. Um den im Wasser aufgelösten Theil des Anilins nicht zu verlieren, benutzt man dasselbe zur Erzeugung des Dampfes.

Bei der Anwendung dieses Apparates ist erstlich die Ausbeute an Anilin bedeutend größer, und zweitens ist, da die Dämpfe vollständig kondensirt werden, die Fabrikation nicht mehr so gesundheitsschädlich wie früher, wo die Anilindämpfe die ganze Umgegend belästigten; ferner kann man auch größere Mengen auf einmal in Angriff nehmen und erspart hierbei bedeutend an Arbeitskosten.

Dieses Verfahren ist wesentlich von dem älteren verschieden und zwar hinsichtlich der geringen Menge von Essigsäure, welche hierbei verwendet wird. Man kann annehmen, daß unter diesen Umständen die Essigsäure gewissermaßen kontinuirlich wirkt, wie bei der Schwefelsäurefabrikation die Salpetersäure in den Bleikammern, und daß man mit derselben Menge Essigsäure der Theorie nach Anilin in unbeschränkter Menge darstellen kann. Das Eisen und die Essigsäure liefern nämlich Wasserstoff im status nascens, welcher das Nitrobenzol reduzirt; das essigsaure Eisenoxydul reagirt, indem es auf Kosten des Wassers Wasserstoff in Freiheit setzt und sich in essigsaures Eisenoxyd verwandelt. Das bei diesen Reaktionen sich bildende Anilin fällt seinerseits das Eisenoxyd, und die in Freiheit gesetzte oder mit dem Anilin selbst verbundene Essigsäure beginnt den Kreislauf von neuem. Das Eisen oxydirt sich auf Kosten des Moleküls Untersalpetersäure und des Wassers, wobei letzteres den Wasserstoff abgiebt. Nach (Gebrüder Depouilly¹) erhält man in der Praxis sowol der Schönheit als auch der Quantität nach die besten Resultate, sowol für Violet als auch für Roth, wenn man eine Mischung von 70 Prozent Toluidin und 30 Prozent Anilin verwendet, d. h. zwei Aequivalente des einen und ein Aequivalent des anderen.

Diese Verhältnisse sind vollständig mit der Formel im Einklang, welche Hofmann für das Rosanilin aufgestellt hat. Man muß sich deshalb auch in der Praxis bemühen, ein möglichst derartig zusammengesetztes Anilin darzustellen. Die fraktionirte Destillation des im Handel vorkommenden Anilins zur Erreichung dieses Zweckes ist eine überaus schwierige Operation; ebenso gefährlich ist aber auch die Destillation des Nitrobenzols.

Besser ist es, die Kohlenwasserstoffe, welche zur Fabrikation des Anilins verwendet werden, zu trennen, wie wir dies weiter unten anführen werden. Ist diese Scheidung einmal ausgeführt, so gelingt es leicht, sich reines Anilin und reines Toluidin zu verschaffen, und jeder Fabrikant wird also im Stande sein, diese beiden Präparate in den für den speziellen Zweck geeigneten Verhältnissen zu mischen.

Coupier hat diesen Gedanken in seiner Fabrik zu Poissy in Ausführung gebracht; der Erfolg wird bald zeigen, ob dies Verfahren vortheilhaft ist oder nicht.

Untersuchung des im Handel vorkommenden Anilins.

Man kann wol sagen, daß im Handel ebensoviel verschiedene Aniline vorkommen, als es Anilin-Fabriken giebt. Hinsichtlich ihres Siedepunktes schwanken die Fabrikate zwischen 182° und 195°, 180° und 195° oder 200° und 210°, und ebenso zeigen sie in ihren chemischen Charakteren, je nach dem Benzol oder Nitrobenzol, aus welchem sie dargestellt sind, bedeutende Verschiedenheiten²).

---

[1] Depouilly, Bulletins de la Société industrielle de Mulhouse, Bd. XXXV, pag. 217. — Dingler's polyt. Journal, Bd. CLXXIX, pag. 213.

[2] Château, Bulletins de la société industr. de Mulhouse, 1864, pag. 97. — Bulletins de la société chimique, 1864, Bd. I, pag. 209. — Wagner's Jahresberichte d. chem. Technologie, Bd. X (1864), pag. 527.

Natürlicherweise wird der Fabrikant von Anilinfarben unter den zahlreichen Sorten von Anilin sich diejenige wählen, welche ihm sowol hinsichtlich der Ausbeute als auch der Schönheit der Farbentöne die besten Resultate liefert; ferner wird diese Wahl aber auch von der Natur der Farbe, welche er darstellen will, abhängig sein. Er kann alsdann die physikalischen Merkmale (spezifisches Gewicht und Siedepunkt) des für ihn passenden Produkts bestimmen, und die Untersuchung eines Anilins würde sich alsdann einfach darauf reduziren, diese Merkmale zu bestimmen, vorausgesetzt, daß sie stets in gleichem Verhältniß zur chemischen Zusammensetzung und zur Ergiebigkeit an Farben stehen, was die besondere Erfahrung eines jeden Fabrikanten entscheiden muß, und was auch aus einer Arbeit von Château hervorzugehen scheint. Auf alle Fälle muß es aber möglich sein, durch Versuche mit kleinen Proben, welche man bei gleicher Temperatur und mit gleichen Mengen aufstellt, die Ausbeute an Farben bei verschiedenen Anilinen vergleichen zu können.

So hatte Purer vorgeschlagen, um den Werth eines Anilins vergleichsweise zu bestimmen, eine kleine Menge desselben in Anilinroth zu verwandeln, indem man eine Mischung von 5 Gramm Anilin und 5 Gramm sprupdicker Arsensäure von 75° B. einige Stunden lang im Oelbade auf 150° erhitzt. Wenn die Masse eine rothbraune Farbe mit grünem Reflex angenommen hat und nach dem Erkalten fest, hart und spröde wird sie so lang man sie mit kochendem Wasser aus und verdünnt die Flüssigkeit bis zu 1 Liter.

Nimmt man von jeder Lösung 50 Kubikcentimeter und verdünnt letztere bis zu ½ Liter, so kann man, wenn darin 5 Gramm Wolle bis zur Erschöpfung der Flotte ausgefärbt worden, aus der Färbung, welche die Gespinnstfaser angenommen hat, einen Schluß auf die Farbenergiebigkeit machen. Man kann auch das Anilinviolet darstellen und dies auf gleiche Weise untersuchen.

Die Erfahrung hat indessen gezeigt, daß derartige, mit wenigen Grammen angestellte Versuche mit den Resultaten, welche im Großen erzielt werden, nicht vollständig im Einklang stehen. Vielleicht würde man eine größere Genauigkeit erzielen, wenn man den Versuch mit 1 bis 2 Kilogramm Anilin ausführte. Es dürfte hierbei nicht einmal nothwendig sein, das ganze so dargestellte rohe Anilinroth oder Anilinviolet, sondern nur eine bestimmte Gewichtsmenge desselben auszulaugen.

Diese Frage erfordert also noch neuere Untersuchungen. Eine Methode, welche leicht ausführbar ist und genaue Resultate ergiebt, würde für die Anilinindustrie von bedeutendem Nutzen sein.

Benzol und Nitrobenzol.

Benzol (Benzin). Das reine Benzol ist ein Kohlenwasserstoff von der Formel $C_6H_6 = \begin{array}{c} C_6H_5 \\ H \end{array}$ (Phenylwasserstoff).

Es ist bei gewöhnlicher Temperatur eine farblose stark lichtbrechende Flüssigkeit, welche einen eigenthümlichen, an bittere Mandeln erinnernden Geruch besitzt, während das rohe Benzol, wie es im Handel vorkommt, wegen des ziemlich beträchtlichen Gehalts an anderen homologen Kohlenwasserstoffen sehr unangenehm riecht. Bei 0° krystallisirt es in Blättchen, welche bei 5,6° schmelzen, und siedet bei 80° (der Siedepunkt des rohen Benzols liegt höher); das spezifische Gewicht ist bei 0° = 0,8991, bei 14,5° = 0,85. Es löst sich nicht in Wasser, leicht jedoch in Holzgeist, Alkohol und Aether und löst selbst Schwefel, Phosphor, Jod, Fette, Wachs, Kautschuk, Guttapercha, Harze und im Allgemeinen kohlenstoffreiche organische Verbindungen.

Das Benzol wurde im Jahre 1825 von Faraday[1]) in der Flüssigkeit entdeckt, welche sich bei einem Druck von 30 Atmosphären aus dem Oelgase absetzt, das sich beim Durchleiten von fettem Oel durch schwach glühende eiserne Röhren bildet; der bei der Destillation dieser Flüssigkeit bei 85° übergehende Theil wird auf —10° bis —20° erkaltet, wobei das Benzol auskrystallisirt. Im Jahre 1845 wies es A. W. Hofmann[2]) in den Produkten der trocknen Destillation der Steinkohlen nach, allein erst im Jahre 1847 benutzte Mansfield[3]) diese Entdeckung zur Fabrikation von Benzol aus dem Steinkohlentheer.

Die Darstellung von Benzol im Grossen geschieht auf folgende Weise.

Der Steinkohlentheer wird durch Destillation in leichtes Steinkohlentheeröl, schweres Steinkohlentheeröl und Pech zerlegt; zweckmässig entfernt man hierbei im Anfang das Ammoniakwasser, welches sich darin vorfindet, durch mehrstündiges Erhitzen auf 80° bis 100°.

Ist der Steinkohlentheer hinreichend trocken, so nimmt die Destillation ihren regelmässigen Verlauf, und man kann, ohne ein Ueberkochen desselben befürchten zu müssen, den Apparat bis auf ⅔ seiner Höhe anfüllen. Durch die Erfahrung ist festgestellt, dass die Destillation über freiem Feuer bei gewöhnlichem Druck und ohne Einleiten von Dampf das praktischste und vortheilhafteste Verfahren ist.

---

[1]) Philosophical Transactions, 1825, pag. 440. — Schweigger's Journ. für Chemie u. Physik, Bd. XLVII, pag. 340 u. 441.
[2]) Annalen der Chemie u. Pharmacie, Bd. LV, pag. 200.
[3]) Patent Nr. 11968 vom 11. November 1847 (England).

Die zuerst übergehenden Theile, welche ein geringeres spezifisches Gewicht als Wasser haben und aus diesem Grund **leichtes Steinkohlentheeröl** genannt werden, enthalten:

1) **Flüssige neutrale Kohlenwasserstoffe.**

Benzol, Toluol, Cumol, sowie eine geringe Menge eines festen Kohlenwasserstoffes, das Naphtalin.

Bei dieser Reihe homologer Kohlenwasserstoffe herrscht das Gesetz, daß die spezifischen Gewichte kleiner werden, während das Aequivalent und der Siedepunkt derselben steigen, welches Gesetz auch bei den entsprechenden Nitroderivaten, Amidbasen und Phenolen gilt.

	Spezifisches Gewicht	Siedepunkt
Benzol	0,885	80°
Toluol	0,870	104°
Nitrobenzol	1,2	213°
Nitrotoluol	1,16	220°
Anilin	1,028	182°
Toluidin	1,101	198°

2) **Phenole, Phenylalkohol, Carbolsäure, Kresylalkohol.**

3) **Sehr geringe Menge von Alkaloïden, Anilin, Pikolin, Chinolin.**

Um die zur Anilinfarbenfabrikation verwendbaren Bestandtheile aus diesen Oelen abscheiden zu können, muß man zuerst die Phenylsäure daraus entfernen, was durchaus keine Schwierigkeit macht, indem man die Oele mit einer kleinen Menge kaustischer Natronlauge von 40° B. unter Umrühren vermischt (letztere kann indessen auch konzentrirter sein). Die wässrige Schicht, in welcher die Natriumverbindungen des Phenylalkohols und des Kresylalkohols in Lösung enthalten sind, wird abgehoben und dieselbe Operation noch zweimal wiederholt, worauf man zur Entfernung der überschüssigen Natronlauge das Oel mit Wasser auswäscht. Auf diese Weise werden die fremden Substanzen vollständig fortgeschafft. Bisweilen entfernt man auch die oben genannten Alkaloïde vor dieser Operation, indem man die Flüssigkeit mit einer kleinen Menge Schwefelsäure behandelt. Diese vorläufige Reinigung muß ausgeführt werden, bevor man zu neuen Rektifikationen schreitet, weil sich das Naphtalin bei einer nochmaligen Destillation abscheidet, wenn man mit neutralen Oelen arbeitet.

Um das Benzol und das Toluol von den andern homologen flüssigen Kohlenwasserstoffen zu trennen, begnügt man sich meistens, das Oel einer fraktionirten Destillation zu unterwerfen, indem man den zwischen 80° und 120° übergehenden Theil für sich auffängt; dieser Antheil wird alsdann unter dem Namen Benzol (Benzin) in den Handel gebracht und dient (als Rohbenzol) zur Fabrikation von Anilin [1]). Bisweilen erfolgt die Rektifikation auch mit Hülfe eines Dampfstromes, welcher die flüchtigsten Theile mit fortführt. Die zwischen 80° und 85° (sowie die etwas unter 80° und etwas über 85°) übergehende Flüssigkeit besteht zum größten Theil aus reinem Benzol.

Die schweren Steinkohlentheeröle können durch Erhitzen bis auf eine hohe Temperatur unter Abscheidung von Kohle in Leuchtgas und in leichtes Theeröl übergeführt werden. Man läßt sie zu diesem Zweck in dünnen Strahlen auf die inneren Wände eines bis zum Rothglühen erhitzten Cylinders fließen. Auf diese Weise erzielt man ein größeres Quantum von Benzin aus dem Steinkohlentheer und befreit sich vortheilhaft von einem lästigen Produkt, welches keinen bedeutenden Werth hat [2]).

Der Werth des Benzins als Ausgangspunkt für das Anilin und die daraus dargestellten Farben hängt zum größten Theil von der zu seiner Reinigung angewendeten Methode ab. Der Siedepunkt des käuflichen Benzins schwankt, wie sich schon aus dem oben Angeführten ergiebt, zwischen 80° und 120°.

Château[3]) unterscheidet drei Sorten Benzin, deren Siedepunkte verschieden sind.

1) Sehr leichtes Benzin siedet bei 80° bis 100°
2) Leichtes „ „ „ 100° „ 120°
3) Schweres „ „ „ 120° „ 140°

Sie bestehen aus Parabenzol (Siedepunkt 97,4°), Benzol (Sbp. 80°), Toluol (Sbp. 103,7°), Xylol (Sbp. 126,2°), Cumol (Sbp. 148,4°) und wahrscheinlich noch aus anderen Kohlenwasserstoffen. Nach den Mittheilungen von Depouilly wird das Benzol (Rohbenzol) im Allgemeinen mit Angabe eines auf die Verhältnisse des Siedepunktes bezüglichen Prozentgehaltes (sogenannten Destillationstiters) verkauft,

---

[1]) Depouilly, Bulletins de la Société industr. de Mulhouse, Bd. XXXV, pag. 217. — Dingler's polyt. Journal, Bd. CLXXIX, pag. 213.
[2]) Bulletins de la Société chimique, März 1864, pag. 212.
[3]) Bulletins de la Société industrielle de Mulhouse, Bd. XXXII, pag. 92.

und zwar als Benzol von 60 Prozent oder als solches von 90 Prozent; also würden beispielsweise bei einem 90prozentigen Benzin 90 Prozent Kohlenwasserstoffe unter 100° überdestilliren. Während der letzten Jahre wurde vorwiegend 90prozentiges Benzol verwendet; man hat indessen seit einiger Zeit die Beobachtung gemacht, daß ein aus 60prozentigem Benzol dargestelltes Anilin einen reichlicheren Ertrag an Farbstoff gewährt. Diese letzteren Benzole bestehen fast ausschließlich aus Benzol und Toluol.

Wir haben bereits früher erwähnt, daß nach der Ansicht sachkundiger Chemiker ein sicheres und wohlfeileres Verfahren zur Trennung der Oele aus dem Theer das Ziel der Untersuchungen sein muß, und daß man durch Auffindung eines solchen in der Anilinfarbenindustrie einen bedeutenden Fortschritt machen würde.

Mansfield[1]) hat die ersten darauf gerichteten Versuche gemacht. Das Verfahren, welches er anwendet, um ein fast völlig reines Benzol mit einem Siedepunkt von 80° oder 81° zu erhalten, ist sehr einfach und erinnert an die Dephlegmateren (Mehrenköpfe), welche in der Branntweinbrennerei im Gebrauch waren.

Der Apparat besteht aus einer flachen Blase, welche theilweise

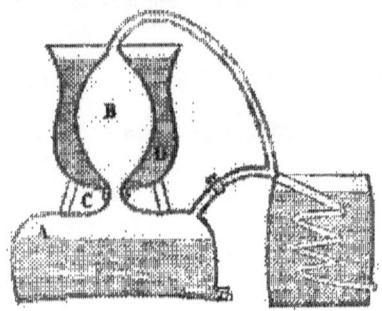

mit leichtem gereinigten Steinkohlentheeröl angefüllt ist; die Dämpfe treten durch den Hals derselben in ein eiförmiges Gefäß und gelangen von dort in den Kühlapparat, der aus einem Schlangenrohr besteht. Das obere eiförmige Gefäß oder der Helm ist mit einem offenen Gefäße umgeben, welches mit kaltem Wasser angefüllt ist; letzteres

---

[1]) Mansfield, Annalen der Chemie u. Pharmacie, Bd. LXIX, pag. 162. — Moniteur scientifique, Bd. VII, pag. 440, 1865.

wird während der Dauer der Operation nicht erneuert, das Schlangenrohr hingegen beständig abgekühlt.

Wenn das in der Blase befindliche Oel zu sieden anfängt, so condensiren sich die Dämpfe, wenn sie gegen die kalte Oberfläche des oberen Gefäßes treffen, und die Tropfen fallen beständig in die Blase zurück. Jedes Dampfbläschen, das gegen die Wandungen des Helmes trifft, wird condensirt und giebt seine Wärme an das in dem äußeren Gefäß befindliche Wasser ab, so daß die Temperatur desselben schnell steigt und bald den Siedepunkt des Benzols erreicht. Letzteres wird alsdann überdestilliren, während das Toluol noch fast vollständig condensirt wird. Die Destillation des Benzols hat ihren ungestörten Fortgang, bis alles übergegangen ist und die Temperatur des Refrigerators steigt bis auf 100°. Dem Anscheine nach müßte das Kochen des Wassers dadurch, daß es den Apparat erwärmt, das Uebergehen der Dämpfe erleichtern; dies ist aber nicht der Fall, im Gegentheil werden durch das Sieden des Wassers die Dämpfe beträchtlich abgekühlt, und je stärker jenes siedet, um so besser werden die Dämpfe condensirt. In diesem Augenblick muß die Destillation aufhören. Es bleibt in der Retorte keine Flüssigkeit, welche einen höheren Siedepunkt als das Wasser hat, und wenn die Dämpfe gegen den mit Wasser umgebenen Helm treffen, so können sie nur dazu dienen, das Wasser zu erhitzen, und fallen wieder in die Blase zurück.

Dadurch, daß man die Rektifikation in einem gleichen Apparate wiederholt, dessen Refrigerator indessen mit Wasser von 80° angefüllt ist, welches beständig bei dieser Temperatur erhalten wird, kann man das Benzol in fast völlig reinem Zustande abscheiden. Das Destillat wird hierauf bis auf einige Grade unter den Gefrierpunkt abgekühlt, wobei das Benzol erstarrt, das nun durch Abpressen von den andern flüssigen Kohlenwasserstoffen befreit wird; mitunter wird das wieder geschmolzene Benzol noch einigemal zum Erstarren gebracht, bis es den Siedepunkt von 80° hat.

Th. Coupier hat einen sehr sinnreichen Apparat zur fabrikmäßigen Darstellung von Toluol und Benzol angegeben, der auf den Prinzipien beruht, nach welchen bei der Rektifikation des Alkohols verfahren wird.

Man hat das Benzol auch als Leuchtmaterial empfohlen (Mansfield). Für sich allein verbrennt es mit stark leuchtender rußender Flamme, und Luft sowie schwach leuchtende, brennbare Gase, welche man durch Benzol leitet und aus einem Brenner ausströmen läßt, brennen nach dem Anzünden wie Leuchtgas. Auch eine Mischung von Alkohol und Benzol besitzt eine sehr intensive Leuchtkraft.

Wegen seines großen Lösungsvermögens für mannichfache Substanzen hat es in der Technik zur Extraktion verschiedener organischer Produkte (Farbstoffe), zur Entfernung von Fettflecken aus Stoffen u. s. w. Verwendung gefunden. Hauptsächlich wird es indessen zur Fabrikation von Nitrobenzol und Anilin gebraucht.

Nitrobenzol, künstliches Bittermandelöl, Mirbanöl [1]).

Das Nitrobenzol, zuerst von Mitscherlich im Jahre 1834 dargestellt, ist im reinen Zustande eine helle, gelbliche, süß schmeckende, nach Bittermandelöl riechende Flüssigkeit, welche bei $+3°$ in Nadeln krystallisirt und bei 215° siedet; das spezifische Gewicht ist bei $0° = 1{,}202$. Seines angenehmen Geruches wegen benutzt man es in der Parfümerie, zu Seifen u. s. w., wozu es von Collas zuerst unter dem Namen Mirbanöl angewendet wurde. In Wasser ist es fast unlöslich, löslich jedoch in Weingeist, Aether, fetten Oelen und erwärmter Salpetersäure und Schwefelsäure. Durch Kochen mit rauchender Salpetersäure wird es in Binitrobenzol übergeführt.

Die Darstellung des Nitrobenzols im Kleinen ist eine sehr einfache Operation. Man trägt in schwach erwärmte rauchende Salpetersäure Benzol in kleinen Portionen ein, so lange es sich noch auflöst, läßt erkalten und fügt Wasser hinzu. Das sich abscheidende Nitrobenzol wäscht man hierauf zuerst mit reinem Wasser und dann mit einer schwachen Sodalösung aus. Die Fabrikation des Nitrobenzols im Großen ist gefährlich, und zwar weil beim Verarbeiten größerer Quantitäten sehr leicht Entzündungen und Explosionen eintreten können, wenn man nicht die nöthige Vorsicht dabei beobachtet.

Als Vorsichtsmaßregeln, welche dergleichen Unfälle vollständig verhindern und zur Herstellung eines guten Fabrikats nothwendig sind, nennen wir vor allem die Reinheit des Benzols, völliges Auswaschen und sorgfältig ausgeführte fraktionirte Destillation. Die in dem ungereinigten Benzol enthaltene Phenylsäure bildet bei der Behandlung mit Salpetersäure sehr gefährliche Nitroverbindungen;

---

[1]) Ueber die Fabrikation des Nitrobenzols siehe die ausführlichen Abhandlungen: Depouilly, Bulletins de la société industrielle, Bd. XXXV, pag. 222. — Dingler's polyt. Journal, Bd. CLXXIX, pag. 213. — Kopp, Moniteur scientifique, Bd. VI, pag. 329. — Château, Bulletins de la Société Industrielle de Mulhouse, Bd. XXXIII, pag. 75 u. 100. — Hofmann's Bericht über die Londoner Industrieausstellung von 1862, pag. 123. — Wagner's Jahresberichte der chemischen Technologie, Bd. X, pag. 527.

das Naphtalin liefert Nitronaphtaline, welche die Güte des Nitrobenzols beeinträchtigen und auch später bei der Umwandlung des Nitrobenzols in Anilin Verbindungen geben, welche an der Luft verharzen. Die Kohlenwasserstoffe endlich, welche ein höheres Aequivalent haben als das Toluol, werden durch zu starke Säuregemische theilweise oxydirt, und der in Nitroverbindungen verwandelte Theil giebt bei der Reduction Verbindungen, welche bei mehr als 200° überdestilliren und sich bis jetzt zur Fabrikation von Farben als entschieden nachtheilig erwiesen haben. Bei der Reihe der homologen Kohlenwasserstoffe ist die Einwirkung der Salpetersäure in dem Maße, wie das Aequivalent größer wird, energischer, überhaupt viel oxydirender und übt eine zerstörende Kraft aus, indem sich hierbei nur schwierig Nitrokörper bilden.

Ist das Benzol rein, so ist man der Destillation der Nitrobenzole überhoben, was eine kostspielige und gefährliche Operation ist und nothwendigerweise zu Verlusten Veranlassung giebt. Gegenwärtig wird das zur Fabrikation von Anilinfarben bestimmte Nitrobenzol nicht mehr destillirt.

Eine Vorsichtsmaßregel, welche man niemals verabsäumen darf, besteht darin, daß man keine bedeutenden Quantitäten von Salpetersäure und nicht nitrirten Kohlenwasserstoffen zusammenbringt, sondern daß man erst dann eine neue Quantität Benzol zu der Säure hinzusetzt, wenn der vorhergehende Theil schon fast vollständig in Nitrobenzol übergeführt ist.

Wenn man das Benzol nach und nach in einen Ueberschuß von von abgekühlter Salpetersäure einträgt, so nimmt die Säure an Stärke mehr und mehr ab und wirkt schließlich gar nicht mehr ein; außerdem kann sich beim Beginn der Operation eine beträchtliche Menge von festem Binitrobenzol bilden, wenn die ersten Theile des Benzols mit einer großen Menge Salpetersäure zusammentreffen.

Mansfield, der das Nitrobenzol zuerst fabrikmäßig darstellte, bediente sich einer langen schlangenförmig gebogenen Röhre von Glas oder Steingut, welche von kaltem Wasser umgeben war. Diese Röhre war an dem obern Theile gabelförmig gespalten und an jedem dieser beiden Theile mit einem Trichter und einem Hahn versehen. Man ließ nun ganz langsam und in den passenden Verhältnissen in den einen Arm das Benzol und in den andern die Salpetersäure einfließen (ungefähr gleiche Aequivalente der beiden Körper mit einem kleinen Ueberschuß von Salpetersäure oder auf 3 Theile Salpetersäure 2 Theile Benzol). An dem Vereinigungspunkte vermischten sich die beiden Flüssigkeiten, und die Reaction erfolgte unter Freiwerden von Wärme, welche von dem Kühlwasser, noch bevor das gebildete Nitrobenzol in das am unteren Theile aufgestellte Reservoir abfloß, aufgenommen wurde. Hierbei ist es von Wichtigkeit, daß die Säure und der Kohlenwasserstoff sich bei dem Hindurchfließen durch das Rohr vollständig absorbiren und sich nicht in größeren Massen in freiem Zustande anhäufen, weil alsdann eine zu lebhafte Reaktion eintreten würde, welche heftige Explosionen veranlassen könnte. Bei rauchender Salpetersäure ist dieser Uebelstand weniger zu befürchten als bei gewöhnlicher Salpetersäure oder einer Mischung von Salpetersäure und Schwefelsäure (2 Theile NHO_3 auf 1 Theil SH_2O_4), welche sich nicht mit dem Benzol vermischen und deren Einwirkung nicht unmittelbar stattfindet.

Statt des Mansfield'schen Schlangenrohrs wird häufig eine einfache schräg gelegte Röhre von Steingut benutzt, welche von einem mit kaltem Wasser angefüllten Gefäß umgeben und am oberen Ende mit einem einzigen Trichter versehen ist. Die Apparate zur Fabrikation mit rauchender Salpetersäure sind theuer und leicht zerbrechlich, auch ist diese Säure selbst schwierig zu handhaben. Aus diesem Grunde ziehen viele Fabrikanten eine Mischung von gewöhnlicher Salpetersäure und Schwefelsäure von 66° B. vor. Die Menge der angewendeten Schwefelsäure muß hinreichen, um die Salpetersäure in Säuren mit einem, höchstens zwei Aequivalenten Wasser zu verwandeln; die Salpetersäure muß mindestens 40° B. zeigen, eher noch stärker sein.

Man fügt das Benzol täglich nach und nach in kleinen Quantitäten hinzu und rührt, da die beiden Flüssigkeiten zwei übereinander lagernde Schichten bilden, häufig um. Bei einer derartigen Darstellungsweise sind zur völligen Umwandlung zwei bis drei Wochen erforderlich. Um schneller zum Ziele zu gelangen, hat man seitdem das Verfahren modifizirt, indem man in geschlossenen Gefäßen arbeitet, welche den zur Anilinfabrikation verwendeten sehr ähnlich sind. Der obere Theil des Gefäßes kommunizirt einerseits durch eine Röhre mit einem Kamin, um die salpetrigsauren Dämpfe abzuleiten, und steht andererseits durch ein S-förmig gekrümmtes Rohr mit einem Reservoir in Verbindung, welches das Säuregemisch enthält. Das Benzol wird mit einem Male in den Kessel gebracht, während die Säuren allmälig hineintropfen; damit sich letztere nicht am Boden des Apparates ansammeln können, wird das Gemisch mit einer Rührvorrichtung unaufhörlich umgerührt. Die Reaktion verläuft sehr rasch, und zwar ist die Menge der verbrauchten Salpetersäure fast genau die der Theorie nach erforderliche. Ein durch Wasser abgekühltes Schlangenrohr kondensirt das Benzol, welches durch die bei der Operation frei werdende Wärme etwa verflüchtigt werden sollte. Das Ende des Prozesses erkennt man daran, daß die Flüssigkeiten entfärbt sind und sich in zwei Schichten übereinander gelagert haben. Man verdünnt die überschüssige Säure, um die völlige Abscheidung des Nitrobenzols zu bewerkstelligen; gut ist es hierbei, nur soviel Wasser zuzusetzen, daß die Säure noch die nöthige Stärke besitzt, um zu andern Zwecken verwendet werden zu können. So kann die saure Flüssigkeit beispielsweise mit vielem Vortheil zur Darstellung von Schwefelsäure in den Bleikammern gebraucht werden. Die mehr oder minder salpetersäurehaltige Schwefelsäure muß auf 50° bis 55° B. verdünnt werden. Das Nitrobenzol und die verdünnte Säure lagern sich alsdann in zwei Schichten über einander und lassen sich nun durch Dekantiren trennen. Zweckmäßiger ist es, den unteren Theil des Apparates mit einem Schlangenrohr zu umgeben, durch welches man einen Strom von Dampf, warmem oder kaltem Wasser hindurchleiten kann, um je nach der Jahreszeit den Theil des Gefäßes, in welchem die Reaktion vor sich geht, erwärmen oder abkühlen zu können. Hierdurch ist man in den Stand gesetzt, die Einwirkung zu verzögern oder zu beschleunigen. Nach Beendigung der Operation zieht man die Säure durch einen am untern Theile des Gefäßes befindlichen Hahn ab.

Das Nitrobenzol wird zuerst im Apparate selbst mit Wasser, darauf mit verdünnter Sodalösung und schließlich noch einmal mit Wasser ausgewaschen; zur Vermeidung von Verlusten muß man das Auswaschen sorgfältig überwachen. Schlecht gereinigtes Nitrobenzol liefert ein unreines Anilin, indem ein Theil der salpetrigsauren Dämpfe auf einen Theil des gebildeten Anilins einwirkt und damit theerartige Verbindungen giebt. Zur Vermeidung von dergleichen Vorkommnissen hat Depouilly vorgeschlagen, die dem Nitrobenzol anhaftende freie Säure durch etwas Ammoniak zu neutralisiren, wobei sich salpetrigsaures, schwefelsaures und salpetersaures Ammonium bildet, und auf 110° zu erhitzen. Das salpetrigsaure Ammonium zerlegt sich in Wasser und Stickstoff, während das Nitrat und das Sulfat ungelöst zurückbleiben und durch Filtriren getrennt werden können.

100 Theile Benzol liefern nach dem neueren vervollkommneten Verfahren 135 bis 140 Theile, oder ungefähr 5 bis 10 Prozent weniger, als der Theorie nach bei einer Mischung von 1 Theil Benzol und 2 Theilen Toluol sich bilden müßte.

Vielleicht würde man sowol hinsichtlich der Reinheit als auch hinsichtlich der Ausbeute ein besseres Präparat erhalten, wenn man das Benzol und das Toluol getrennt in die Nitroverbindungen verwandelte, da die beiden Substanzen nicht gleichmäßig empfindlich gegen die Einwirkung der Salpetersäure und der Schwefelsäure sind. Das Toluol wird von Salpetersäure bedeutend lebhafter angegriffen als das Benzol.

Für die Richtigkeit des Gesagten spricht die Thatsache, daß sich in der Säure, nachdem sie zur Darstellung von käuflichem Nitrobenzol gedient hat, die der Nitrobenzoesäure isomere Nitrobracnylsäure $C_7H_5(NO_2)O_2$ findet, offenbar ein durch Oxidation gebildetes Derivat des Nitrotoluols $C_7H_7(NO_2)$, und nicht des Nitrobenzols $C_6H_5(NO_2)$. Die Einwirkung der Salpetersäure auf das Toluol erfolgt schon bei gewöhnlicher Temperatur, was bei dem Benzol nicht der Fall ist.

Im Handel unterscheidet man drei Arten von Nitrobenzol:

1) Leichtes Nitrobenzol, zwischen 205° bis 210° überdestillirend, wobei ein schwarzer Rückstand zurückbleibt, welcher 3 bis 5 Prozent des Ganzen ausmacht; spezifisches Gewicht = 1,20 (24° B.)

Es wird aus sehr leichten Benzinen dargestellt, welche bei 80° bis 85° sieden. Der Geruch desselben ist angenehm nach bittern Mandeln. Es ist dasjenige Nitrobenzol, welches unter dem Namen Mirbanöl in der Parfümerie verwendet wird. Da das reine Nitrobenzol bei 213° überdestillirt, so ist leicht ersichtlich, daß dieses Präparat keineswegs am meisten Anilin liefert.

2) Schwereres Nitrobenzol von 23° B., welches bei 210° bis 220° überdestillirt (3 bis 4 Prozent vor 210°, 78 bis 80 Prozent zwischen 210° und 220°, 16 Prozent schwarzer flüssiger Rückstand). Aus diesem Nitrobenzol werden die guten Anilinsorten, wie sie im Handel vorkommen, dargestellt.

3) Sehr schweres Nitrobenzol mit dem Siedepunkt 222° bis 230°. (10 Prozent vor 222°, 70 Prozent zwischen 222° und 230°; 15 Prozent von 230° bis 235° und 5 Prozent Rückstand.) Spezifisches Gewicht 1,167 (21° B.). Die Fabrikanten geben dieser Sorte bei der Fabrikation von Anilinblau den Vorzug.

Um ein im Handel vorkommendes Nitrobenzol vor der Umwandlung in Anilin zu untersuchen, muß man das spezifische Gewicht desselben bestimmen, welches um so größer ist, je mehr Nitrobenzol es enthält; das Volumgewicht dieses Körpers ist bei 15° = 1,209, während das des Nitrotoluols = 1,140 ist. Dieser Versuch ist jedoch dann nicht mehr entscheidend, wenn die Flüssigkeit unveränderte Kohlenwasserstoffe oder Binitroverbindungen enthält; alsdann muß man zur fraktionirten Destillation schreiten.

Das Nitrobenzol siedet bei 213°, das Nitrotoluol bei 225°. Diejenigen Theile, welche unter 213° übergehen, werden gesondert aufgefangen und verworfen. Ein gutes Nitrobenzol, das sich zur Darstellung von Anilinroth und -Violet eignet, muß zwischen 215° und 230°, der mittlere Theil zwischen 220° und 227° überdestilliren. Während der Destillation dürfen sich höchstens Spuren von salpetrigsauren Dämpfen zeigen.

Aus dem bisher Gesagten ergiebt sich, daß das Anilin, wie es im Handel vorkommt, eine Mischung von verschiedenen Stoffen ist. Man hat lange geglaubt, daß nur aus dem reinen Anilin sich die Farben darstellen ließen. Dies ist indessen nach den Untersuchungen von Hofmann, welche wir weiter unten genauer besprechen werden, nicht der Fall. Aus diesen Versuchen hat sich ergeben, daß zur Darstellung von Anilinroth mit seinen Derivaten, und wahrscheinlich auch von Violet, noch eine zweite Amidbase, das Toluidin, erforderlich ist, und daß diese Farbstoffe demnach gleichzeitig der Phenyl- und Toluylreihe angehören. Wir wollen deshalb die hauptsächlichsten Eigenschaften des Toluidins kurz angeben.

Toluidin.

$$C_7 H_9 N = \left. \begin{matrix} C_7 H_7 \\ H_2 \end{matrix} \right\} N$$

Das Toluidin wurde im Jahre 1845 von Hofmann und Muspratt[1]) durch Reduktion von Nitrotoluol mit Schwefelammonium dargestellt. Es ist fest, krystallisirt aus einer heiß gesättigten Lösung in schwachem Alkohol in großen breiten Blättern, die bei 40° schmelzen und bei 198° sieden, und besitzt einen weinartigen, dem Anilin ähnlichen Geruch und brennenden Geschmack. Es ist leicht löslich in Holzgeist, Alkohol, Aether, Aceton, den fetten und den flüchtigen Oelen, wenig löslich in Wasser. Mit Säuren bildet es leicht krystallisirende Salze, welche sich an der Luft rosenroth färben und im Allgemeinen in Wasser löslich sind. Ein Fichtenholzstäbchen wird durch eine saure Lösung intensiv gelb gefärbt, Chlorkalk giebt

---

[1]) Annalen der Chemie und Pharmacie, Bd. LIV, pag. 1.

nur eine schwach röthliche Färbung. Durch Salpetersäure wird es dunkelroth gefärbt, während Anilin indigoblau wird; mit Chromsäure giebt es einen röthlich braunen Niederschlag.

Man erhält das Toluidin auch durch Reduktion des Nitrotoluols auf dieselbe Weise wie das Anilin aus dem Nitrobenzol. Chautard[1]) stellt dasselbe dar durch Destillation von Kaliumhydroxyd mit dem durch Behandlung von Terpentinöl mit Salpetersäure erhaltenen Harz.

Nach Brimmeyr[2]) erhitzt man die zwischen 195° und 200° übergehenden Theile des Anilinöls mit dem halben Gewichte Oxalsäure und 4 Theilen Wasser zum Kochen, läßt, wenn die Flüssigkeit klar ist und das Anilinöl sich gelöst hat, unter Umrühren bis auf 80° abkühlen und gießt die Flüssigkeit von den ausgeschiedenen Toluidinkrystallen ab. Der Krystallbrei wird abgepreßt und durch Kochen mit ammoniakhaltigem Wasser, welchem man Alkohol zugefügt hat, zersetzt.

Beim Erkalten scheidet sich das ganze Toluidin in großen Krystallblättern aus.

Toluol.

$$C_7 H_8 = \left. \begin{array}{c} C_7 H_7 \\ H \end{array} \right|$$

Das Toluol wurde von Pelletier und Walter[3]) im Jahre 1838 in den Destillationsprodukten des Harzes von Pinus maritima aufgefunden. Deville[4]) fand es unter den Produkten der trocknen Destillation des Tolubalsams, Völtel[5]) bei der Destillation des Holzes und Mansfield[6]) in dem leichten Steinkohlentheeröl.

Durch Destillation der Toluylsäure mit Kali spaltet sich diese in Toluol und Kohlensäure (Noad)[7])

$$C_8 H_8 O_2 = C_7 H_8 + CO_2.$$

---

[1]) Annalen der Chemie und Pharmacie, Bd. LXXXVIII, pag. 340. — Journ. für prakt. Chemie, Bd. LX, pag. 240.

[2]) Illustrirte Gewerbezeitung, 1864, pag. 244. — Dingler's polyt. Journ. Bd. CLXXVI, pag. 461.

[3]) Poggendorf's Annalen der Chemie u. Physik, Bd. XLIV, pag. 91. — Annales de Chimie et de Physique, Bd. LXVII, pag. 278.

[4]) Annalen der Chemie und Pharmacie, Bd. XXVII, pag. 636. — Annales de Chimie et de Physique [3], Bd. III, pag. 168.

[5]) Annalen der Chemie und Physik, Bd. LXXXVI, pag. 334.

[6]) Ebend. Bd. LXIX, pag. 179.

[7]) Annalen der Chemie u. Pharmacie, Bd. LXIII, pag. 305.

Das Toluol ist eine farblose, dünnflüssige, stark lichtbrechende Flüssigkeit, welche in Wasser unlöslich, wenig in Alkohol, leicht löslich jedoch in Aether ist und einen angenehmen benzolähnlichen Geruch besitzt. Es wird bei — 15° nicht fest, siedet bei 104° und hat bei 23° ein spezifisches Gewicht = 0,87.

Rauchende Salpetersäure verwandelt es in Nitrotoluol $C_7H_7(NO_2)$, eine schwach gelblich gefärbte Flüssigkeit, welche einen entschiedenen Geruch nach Bittermandelöl und süßen Geschmack besitzt; es hat bei 16° ein spezifisches Gewicht = 1,18 und siedet bei 225°. — Leitet man die Dämpfe von siedendem Nitrotoluol über glühenden Kalk, so erhält man Anilin [1]).

Das Toluol sowol wie das Nitrotoluol kommen im Handel ziemlich rein vor.

Farbstoffe des Anilins.

Es ist sehr schwierig, alle gefärbten Derivate des Anilins methodisch anzuordnen, zumal manche von ihnen in wissenschaftlicher Hinsicht noch nicht mit Genauigkeit bestimmt sind.

Die bedeutenden Arbeiten des Professors A. W. Hofmann zu Berlin, des geniaßten Chemikers der Neuzeit, haben wichtige Aufschlüsse über dieses lange Zeit dunkel gebliebene Gebiet verbreitet. Man hatte sich bei der Bereitung der Farben stets des im Handel vorkommenden Anilins bedient, ohne sich jedoch erst vorher von der Menge der verschiedenen Körper überzeugt zu haben, welche in demselben enthalten sind, wie dies von Hofmann geschehen ist. Es geht aus den Arbeiten dieses Chemikers hervor, daß man mit dem Namen Anilinfarben solche Verbindungen bezeichnet, welche oft durch gleichzeitige Mitwirkung anderer Amidbasen entstanden sind.

Ein und dasselbe Reagens kann je nach der Länge der Einwirkung, der Temperatur oder der Konzentration mehrere gefärbte Verbindungen liefern. Alsdann ist jedoch die eine von ihnen das Hauptprodukt, während die übrigen nur Uebergangskörper oder sekundäre Produkte sind und Verunreinigungen, welche dem Fabrikanten lästig fallen.

Wir können bei dem vorliegenden Gegenstande nicht ausführlich genug sein, da manche Produkte, welche man heute als werthlos und

---

[1]) Hofmann u. Muspratt, Annalen der Chemie u. Pharm., Bd. LIII, pag. 227.

unwichtig bei Seite schiebt, morgen bereits vielleicht eine Quelle von neuen Hilfsmitteln für die Technik sind.

Die Farbstoffe, welche sich vom Anilin herleiten, sind folgende:
1) Anilinviolet, Indisin oder Anileïn, Roseïn (Maureïnsalze).
2) Anilinroth aus dem Rosanilin (Rosanilinsalze).
3) Rosanilinblau und Rosanilinviolet, durch Substitution verschiedener Radikale (Methyl, Aethyl, Amyl, Phenyl, Tolnyl u. s. w.) an Stelle eines Theiles Wasserstoff im Rosanilin.
4) Das Rosanilingrün und Anilingrün.
5) Das Anilinbraun.
6) Das Anilinschwarz.
7) Einige rothe, blaue und violette Farbstoffe von unbestimmter Zusammensetzung, welche sich unter gewissen Umständen auf Kosten des Anilins oder des Anilinroths bilden und bisweilen als sekundäre Produkte bei denjenigen Reaktionen auftreten, welche Anilinroth oder Anilinviolet geben.

Anilinviolet.

Violet d'Aniline, Jodisin, Phenomein, Anileïn, Harmalin, Mauve, Roseïn, Violin (Maudelnsalze).

Das Anilinviolet ist die erste gefärbte Verbindung, welche zur Anwendung gekommen ist. Schon Runge bemerkte, daß bei der Behandlung des Anilins mit Chlorkalk oder Chromsäure oder entfärbenden Chlorverbindungen eine violette oder lasurblaue Farbe entsteht; aber erst nach einer Reihe von Jahren benutzte Perkin diese Entdeckung, welche man früher höchstens als ein sehr empfindliches Reagens auf Anilin benutzt hatte.

Am 26. August 1856 nahm Perkin ein Patent (provisional protection) auf ein Verfahren zur Herstellung der violetten Farbe. Eine Unzahl von andern Vorschriften wurde nach und nach vorgeschlagen und selbst praktisch versucht; sie beruhen alle, wie auch das Verfahren von Perkin, auf der Einwirkung oxydirender Körper auf die wässrigen Lösungen eines Anilinsalzes, welches man durch Sättigen des käuflichen Anilins mit einer Säure erhält.

Die einzigen Notizen über diesen Körper rühren von Ed. Willm[1],

---

[1] Chem. Centralblatt, 1861, pag. 69. — Bulletins de la Société Industrielle de Mulhouse, Bd. XXX, pag. 360.

Scheurer-Kestner[1]), Persoz, Salvétat und de Luynes[2]) und schließlich von Perlin[3]) her.

Bis jetzt ist es noch nicht analytisch ausgemacht, ob alle violetten Farbstoffe, die durch Oxydation der Anilinsalze mit den verschiedenen oxydirenden Körpern entstehen, identisch sind; da sie aber in ihren Reaktionen große Analogie zeigen, kann man, wol ohne einen Fehlschluß zu thun, vorläufig annehmen, daß dem so sei, zumal da nach den Untersuchungen von Scheurer das mit chromsaurem Kalium dargestellte Violet dieselbe Zusammensetzung wie das aus Chlorkalk hat.

Depouilly hat indessen die Beobachtung gemacht, daß das Violet aus Chlorkalk nicht ebenso ächt ist, wie das aus dem chromsauren Kalium, und daß auch die Färbung desselben etwas röthlicher ist.

Das verkäufliche Anilinviolet kommt gewöhnlich als ein dunkel braunviolet gefärbter Teig in den Handel; aus England erhält man es indessen jetzt schon in Krystallen. In kaltem Wasser ist es schwer, in heißem oder angesäuertem Wasser leichter löslich, ferner in großer Menge in Alkohol, Holzgeist, Aceton, Glycerin, Anilin, Essigsäure, Weinsäure, Salzsäure und Schwefelsäure.

Das Anilinviolet wird aus seinen Lösungen durch Wasser und künstliche; kohlensaure, schwefelsaure, salpetersaure u. s. w. Alkalien und selbst durch Metallsalze mehr oder minder vollständig gefällt.

Dampft man Lösungen von Anilinviolet in Alkohol oder einem andern Lösungsmittel ein, so bleibt ein wie Murexit grüner und metallisch glänzender Rückstand. Konzentrirt man eine essigsaure Lösung und läßt sie in einer Schale ruhig stehen, so bedeckt sich dieselbe mit einer krystallinischen Schicht, und am Boden scheiden sich kleine prismatische Krystalle aus, welche sich häufig sternförmig gruppiren und eine Länge von 0,15 bis 0,20 Millimeter haben; nach dem Auswaschen mit ammoniakhaltigem Wasser und Trocknen zeigen sie eine noch grünere und glänzendere Färbung als die amorphe Masse.

Wirkt man den Farbstoff auf ein stark erhitztes Platinblech, so

---

[1]) Répertoire de chimie appliquée, Bd. V, pag. 419. — Bulletins de la société industrielle, Bd. XXX, pag. 356.

[2]) London Journal of arts, 1861, Juno, pag. 318. — Polyt. Centralblatt, 1861, pag. 1022. — Dingler's polyt. Journal, Bd. CLIX, pag. 227. — Zeitschrift für Chemie u. Pharmacie, 1861, pag. 67.

[3]) Annalen der Chemie u. Pharmacie, Bd. CXXXI, pag. 201. — Dingler's polyt. Journ., Bd. CLXXVII, pag. 405.

bildet er röthliche Dämpfe und scheint sich zu verflüchtigen; indessen gelingt es nicht, selbst nicht im luftleeren Raume, denselben zu sublimiren. Durch ziemlich konzentrirte Schwefelsäure oder Chlorwasserstoffsäure wird das Anilinviolet zuerst blau, welche Färbung bei größerem Zusatz von Säure in Grün übergeht; beim Verdünnen mit Wasser bildet sich zuerst wieder Blau, dann Violet. Durch Kochen mit verdünnter Salpetersäure erhält man eine gelbe Flüssigkeit unter Abscheidung eines rothen pulverförmigen Niederschlages, der in Wasser wenig löslich ist und sich beim Abdampfen der Flüssigkeit vermehrt. Chlorwasser entfärbt die alkoholische Lösung, durch Schwefelsäure stellt sich die violette Farbe wieder her.

Einwirkung von Reduktionsmitteln.

Wenn man schwefligsaure Salze oder schweflige Säure für sich allein anwendet, so üben dieselben keine Wirkung aus, wol aber entfärbt eine Mischung von Zink und schwefliger Säure das Anilinviolet, wie die Indigblauschwefelsäure. Durch Chlor entsteht wieder dieselbe Farbe, jedoch mit einem etwas röthlicheren Farbenton.

Nach den Angaben von Persoz, de Luynes und Salvétat kann man bei dem Anilinviolet alle die Reaktionen ausführen, welche bei dem Indigo mit der größten Leichtigkeit erfolgen. Fügt man nach Scheurer-Kestner zu einer Auflösung von Anilinviolet in Salzsäure Zinn, so wird die blaue Flüssigkeit rein gelb. Setzt man zu dieser Flüssigkeit Chlornatrium, so erhält man einen Niederschlag, welcher dem chromsauren Blei sehr ähnlich ist und Zinn und einen eigenthümlichen gelben Farbstoff enthält, welcher von dem weiter unten angeführten Chrysanilin Hofmann's verschieden ist. Durch Auswaschen mit Alkohol wird er von dem Zinnoxyd getrennt. Behandelt man die gelbe Substanz in wässriger Lösung mit Salpetersäure, so verwandelt sich dieselbe in einen rothen Körper, welche durch Alkalien und Kochsalz gefällt wird. Eine gleiche Umwandlung findet statt, wenn man die Salpetersäure durch chlorsaures Kalium oder Chlorkalk ersetzt. Mäßigt man hingegen die Einwirkung der Salpetersäure auf den gelben Körper, indem man nur in einem Wasserbade erhitzt und in dem Augenblick, wo die Lösung blau geworden ist, viel Wasser hinzusetzt, so bildet sich wieder Anilinviolet oder wenigstens ein Körper, welcher ihm sehr ähnlich ist.

Erhitzt man die gelbe Substanz mit Anilin in einer Glasröhre, so beginnt in dem Augenblick, wo das Anilin völlig wasserfrei ist, die

Bildung des Anilinviolet von der Oberfläche aus mit allen Eigenthümlichkeiten. Dieser Versuch ist sehr merkwürdig und kann auf zweierlei Weise erklärt werden: Entweder wirkt das Anilin gewissermaßen nur physikalisch, indem es eine Steigerung der Temperatur bis zu dem Punkt, wo durch den Sauerstoff der Luft die Bildung des Violet wieder vor sich gehen kann, zuläßt, oder es tritt selbst durch eines seiner konstituirenden Elemente in Reaktion, z. B. durch das Phenol.

Die gelbe Verbindung hält sich an der Luft nicht lange; sie nimmt zuerst eine orangerothe, dann eine braune Farbe an. Nach Verlauf einiger Monate hat es sich in ein braunes, in Alkohol und Essigsäure mit rother Farbe lösliches Pulver verwandelt und kann dann durch Kochen mit Anilin nicht mehr in Violet übergeführt werden. Die essigsaure Lösung des gelben Körpers färbt Seide und Wolle orangegelb, nimmt indessen schließlich eine weinrothe Färbung an.

Behandelt man die ursprüngliche gelbe Lösung, welche man durch Behandlung der salzsauren Lösung des Violets mit Zinn erhalten hat, mit Schwefelwasserstoff, so erhält man einen braunen Niederschlag von Schwefelzinn, während die Flüssigkeit farblos wird; es scheint also, als ob eine neue tiefer gehende Reduktion stattgefunden habe. Läßt man diese Lösung einige Monate lang an der Luft stehen, so wird sie roth und setzt nach und nach faserige Krystalle von ponceaurother Farbe ab, welche in Alkohol und in Essigsäure löslich sind.

Zusammensetzung des Anilinviolet.

Nach Scheurer-Kestner ist das Anilinviolet eine Verbindung von der Formel:

$$C_{10}H_{11}N_3$$

Dieser Körper würde sich demnach von dem Rosanilin ($C_{20}H_{19}N_3$) nur durch einen Mindergehalt von 5 Atomen Wasserstoff unterscheiden. Scheurer-Kestner hält diese Frage indessen noch nicht für vollständig entschieden.

In einer neueren Arbeit ist Perkin[1]) zu andern Resultaten gelangt. Der violette Farbstoff, welchen man durch Einwirkung von schwefelsaurem Anilin auf doppeltchromsaures Kalium enthält (s. das

---

[1]) Annalen der Chemie u. Pharm., Bd. CXXXI, pag. 201. — Polyt. Centralbl., 1864, pag. 490 und 1308. — Chem. Centralbl., 1864, pag. 1806. — Chemical News, 1863, Bd. VIII, pag. 244.

weiter unten angegebene Verfahren Perkin's), ist das schwefelsaure Salz einer neuen Base, welche er Mauvein nennt.

Man erhält das Mauvein, wenn man zu einer siedenden Lösung von krystallisirtem käuflichen Anilinviolet eine Lösung von kaustischer Natronlauge hinzusetzt. Die purpurfarbene Nüance der Flüssigkeit geht sofort in Blauviolet über, und bei dem Erkalten derselben scheidet sich ein krystallinischer Körper aus, welcher zuerst mit Alkohol und darauf mit Wasser ausgewaschen wird. Nach dem Trocknen bildet er ein schwarzes glänzendes Pulver, welches völlig das Aussehen von gepulvertem Eisenglanz hat. Dieser Körper ist die von Perkin Mauvein genannte Base; ihre Zusammensetzung entspricht der Formel:

$$C_{27} H_{24} N_4$$

	Berechnet		Gefunden		
			I	II	III
C_{27} =	324 =	80,19	79,9	80,0	—
H_{24} =	24 =	5,94	5,98	5,72	—
N_4 =	56 =	13,87	—	—	13,5
	404 =	100,00			

Das Mauvein löst sich in Alkohol mit violetter Farbe auf, die beim Zusatz einer Säure unmittelbar in Purpur übergeht. In Aether und Benzol ist sie unlöslich oder fast unlöslich; sie ist sehr beständig und zersetzt sogar Ammoniaksalze mit Leichtigkeit. Bei starkem Erhitzen zersetzt sie sich; es destillirt ein basisches Oel über, welches nicht Anilin zu sein scheint.

Perkin hat folgende Salze des Mauveins dargestellt und untersucht.

Chlorwasserstoffsaures Mauvein.
$$C_{27} H_{24} N_4, HCl$$

Diese Verbindung scheidet sich beim Versetzen der violetten alkoholischen Auflösung der Base mit Salzsäure in kleinen Prismen aus, wenn man die Lösung kocht. Die Krystalle vereinigen sich oft in Büscheln und besitzen einen schönen grünen Metallglanz. Das Salz ist fast unlöslich in Aether, wenig löslich in Wasser und ziemlich löslich in Alkohol. Es gelang Perkin nicht, ein Salz darzustellen, das mehr als ein Atom Säure enthält.

Mauveinplatinchlorid.
$$C_{27} H_{24} N_4, HPtCl_3$$

Vermischt man eine laue alkoholische Lösung des vorigen Salzes mit einem Ueberschuß einer alkoholischen Lösung von Platinchlorid, so scheidet sich das Salz als ein pulverförmiger, krystallinischer Niederschlag aus. Beim Anwenden von etwas erwärmten Lösungen erhält man oft ziemlich große Krystalle. Dieses Doppelsalz besitzt den grünen Metallglanz des chlorwasserstoffsauren Salzes, ist aber nach dem Trocknen mehr goldfarben.

In Alkohol ist es wenig löslich.

Mauveïngoldchlorid.
$$C_1, H_{11}, N_4, \ H\,Au\,Cl_4$$

Dieses Doppelsalz erhält man auf dieselbe Weise, wie das eben beschriebene Mauveïnplatinchlorid. Es ist ein krystallinischer Niederschlag, welcher im feuchten Zustande weit weniger schön und glänzend aussieht als das Platinsalz und beim Umkrystallisiren einen Theil seines Goldgehalts zu verlieren scheint.

Jodwasserstoffsaures Mauveïn.
$$C_1, H_{14}, N_4, \ HJ$$

Zu seiner Herstellung bedarf man farbloser Jodwasserstoffsäure, da freies Jod nach und nach das Mauveïn angreift. Es krystallisirt in Prismen mit grünlichem Metallglanz und ist weniger löslich als das chlorwasserstoffsaure und das bromwasserstoffsaure Salz.

Bromwasserstoffsaures Mauveïn.
$$C_1, H_{14}, N_4, \ H\,Br$$

Es gleicht dem chlorwasserstoffsauren Mauveïn, ist indessen weniger löslich als dieses.

Essigsaures Mauveïn.
$$(C_1, H_{14}, N_4)\,H \left\} \begin{matrix} C, H, O \\ O \end{matrix} \right.$$

Dieses Salz erhält man am leichtesten durch Auflösen von Mauveïn in einer kochenden Mischung von Alkohol und Essigsäure; es krystallisirt beim Erkalten in schönen Krystallen, welche im hohen Grade den grünlichen Metallreflex besitzen, welcher der Mehrzahl der Mauveïnsalze eigenthümlich ist. Das Salz war vor der Analyse bei 100° getrocknet.

Kohlensaures Mauveïn.

Eine Lösung von Mauveïn hat, wie die Alkalihydroxyde, eine große Verwandtschaft zur Kohlensäure und absorbirt dieselbe sehr schnell. Das kohlensaure Mauveïn erhält man, wenn man einen Strom von Kohlensäure durch siedenden Alkohol, in welchem Mauveïn suspendirt ist, hindurchleitet. Beim Erkalten scheidet es sich in grünen metallisch glänzenden Prismen aus. Das Salz zersetzt sich jedoch beim Trocknen oder beim Kochen seiner Lösungen.

Aus den Analysen scheint hervorzugehen, daß die auf die angegebene Weise erhaltenen Krystalle aus einer Mischung von doppelt kohlensaurem $(C_1, H_{1s}, N_s)H_s \begin{Bmatrix} CO \\ \end{Bmatrix} O_s$ mit neutralem kohlensauren Mauveïn $(C_1, H_{1s}, N_s)_s H_s \begin{Bmatrix} CO \\ \end{Bmatrix} O_s$ bestehen.

Die Mauveïnsalze sind fast alle stark hygroskopisch.

Erhitzt man Mauveïn mit Anilin, so bildet sich ein blauer Farbstoff, welcher wahrscheinlich ein Phenylderivat des Mauveïns ist. Auch beim Erhitzen eines Mauveïnsalzes, ohne jedweden weiteren Zusatz, entsteht gleichfalls ein violetter oder blauer Farbstoff.

Die Mauveïnsalze oder das käufliche Indisin werden gewöhnlich durch Einwirkung von mäßig starken Oxydationsmitteln auf unreine Anilinsalze (Mischung von Anilin und Toluidin) in wässrigen Lösungen erhalten. Nach der von Perkin aufgestellten und in Folge der Untersuchung einer hinreichenden Anzahl von Salzen wol mit Sicherheit anzunehmenden Formel besitzt die Annahme wenig Wahrscheinlichkeit, daß das Anilin allein bei der Erzeugung des Mauveïns in Wirksamkeit tritt.

Nimmt man an, daß vier Atome Anilin $4C_6H_7N = C_{24}H_{28}N_4$ in Wirksamkeit treten, so würde man nicht die genügende Menge Kohlenstoff haben. Wir können uns deshalb den Vorgang bei der Reaktion in folgender Weise denken:

$$3\underbrace{C_7H_9N}_{\text{Toluidin}} + \underbrace{C_6H_7N}_{\text{Anilin}} + O_9 = \underbrace{C_{27}H_{24}N_4}_{\text{Mauveïn}} + 5H_2O$$

Diese Erklärungsweise bedarf allerdings noch der experimentellen Bestätigung, allein sie erlangt, wenn man die Synthese des Rosanilins betrachtet, große Wahrscheinlichkeit:

$$2\underbrace{C_7H_9N}_{\text{Toluidin}} + \underbrace{C_6H_7N}_{\text{Anilin}} = \underbrace{C_{20}H_{19}N_3}_{\text{Rosanilin}} + H_4$$

Nach einer Beobachtung von **Schützenberger** kann man ein sehr schönes Violet erhalten, wenn man eine Lösung von schwefelsaurem Anilin, das durch Destillation von Indigo mit Kaliumhydroxyd dargestellt ist, durch Kaliumbichromat oxydirt.

Die zur Darstellung des Violet vorgeschlagenen Oxydationsmittel sind sehr mannichfaltig. **Perlin** gebraucht saures chromsaures Kalium. Dieses Salz giebt die besten Resultate, sowohl hinsichtlich der Ausbeute als auch der Färbung, welche bläulich ist, nicht röthlich, wie bei den andern Fabrikationsmethoden. Man kann indessen auch Anilinviolet mit Chlor, den unterchlorigsauren Salzen, Mangansuperoxyd, Bleisuperoxyd, übermangansaures Kalium u. s. w. herstellen.

Perlin'sches Verfahren [1]).

Perlin vermischt eine kalte wässrige Lösung von 1 Aequivalent schwefelsaurem Anilin oder einem Gemenge von schwefelsaurem Anilin und den homologen Basen mit der Auflösung von 1 Aequivalent saurem chromsauren Kalium, so daß das Kalium des doppeltchromsauren Kalium genau mit der Schwefelsäure des schwefelsauren Anilins einfach schwefelsaures Kalium bilden kann. Das Gemisch läßt man stehen bis sich nach 10 bis 12 Stunden ein ziemlich bedeutender schwarzer Niederschlag abgeschieden hat, welcher mit kaltem Wasser ausgewaschen wird, um das schwefelsaure Kalium auszulaugen; er besteht aus einer Mischung von Mauvein und einer braunen theerartigen Substanz. Die Trennung dieser beiden Körper im Kleinen ist eine leichte Operation, da das Violet in kochendem Wasser löslich, die braune Substanz hingegen unlöslich ist; letztere löst sich mit großer Leichtigkeit in den leichten Steinkohlentheerölen, während das Violet von diesen Lösungsmitteln gar nicht aufgenommen wird. Man kann auch den rohen Niederschlag trocknen und mit Benzol bei 100° digeriren, wobei die braune Substanz, welche in ziemlich großer Menge darin enthalten ist, aufgelöst wird, oder das Violet mit kochendem Wasser ausziehen.

Schlumberger [2]) hat einige Mittheilungen über die Darstellungs-

---

[1]) Dingler's polyt. Journal, Bd. CLV, pag. 60. — Zeitschrift f. Chemie und Pharmacie von Erlenmeyer, 1860, pag. 197. — Patent Nr. 1984 vom 26. August 1856.

[2]) Dingler's polyt. Journ., Bd. CLXIV, pag. 206. — Polyt. Centralblatt 1862, pag. 257. — Chemisches Centralblatt, 1862, pag. 357.

weise gegeben, die in der bedeutenden Fabrik von Müller und Comp. in Basel befolgt wird.

In einer Kufe, die ungefähr 300 bis 400 Liter faßt, löst man 4 Kilogramm Anilin in 2,120 Kilogramm Schwefelsäure von 66° B. und 60 Liter Wasser und erhitzt das Gemisch durch einen Dampfstrom, bis das schwefelsaure Anilin vollständig aufgelöst ist. Nach dem völligen Erkalten läßt man eine kalte Lösung von 6,360 Kilogramm doppelt chromsaurem Kalium in 40 Liter Wasser in einem dünnen Strahle hineinfließen, rührt die Masse, welche sich so stark trübt, daß sie schwarz wird, während zweier Tage zeitweilig um und füllt darauf den Bottig mit warmem Wasser an. Nachdem man den Niederschlag mehrmals durch Dekantiren ausgewaschen, läßt man ihn auf Filtern abtropfen und wäscht ihn darauf mit schwefelsäurehaltigem Wasser (von 2° B.) und schließlich mit reinem kalten Wasser aus, bis das Filtrat nur noch eine schwach gelbliche Färbung zeigt. Hierauf gelangt das auf den Filtern befindliche Produkt in die Extraktionsgefäße, in denen man es zwei Stunden lang unter beständigem Umrühren kochen läßt; man läßt alsdann absetzen, dekantirt die violette Flüssigkeit und wiederholt das Auslaugen durch neue Quantitäten siedendes Wasser. Die Lösungen werden konzentrirt und durch kaustische Natronlauge (1 Liter Aetznatron per Kufe) ausgefällt. Der Niederschlag wird mit Essigsäure (⅒ seines Gewichtes) angerührt, in kochendem Wasser wieder aufgelöst und durch Natronlauge wieder gefällt. Durch Verarbeitung von größeren Mengen Material auf einmal kann diese Operation beträchtlich abgekürzt werden. So kann man 12 Kilogramm Anilin je nach der Qualität desselben in 7 bis 8 Theilen Schwefelsäure lösen und durch 17 Kilogramm doppelt chromsaures Kalium oxydiren und für jede Mischung die erforderliche Menge Wasser (100 Liter) hinzusetzen. Man wäscht das erhaltene Produkt durch viermaliges Dekantiren aus, filtrirt und extrahirt es in großen, 1200 Liter fassenden Gefäßen durch achtmaliges, jedesmal drei Stunden dauerndes Kochen. Die violetten Lösungen werden dekantirt und durch Natronlauge gefällt.

Die Erfahrung hat nun gezeigt, daß die reinsten Nüancen und die beste Ausbeute erhalten werden, wenn man die Einwirkung des doppeltchromsauren Kalium auf das Anilinsalz so viel als möglich mäßigt. Nach Schlumberger's eigener Erfahrung ist die Ausbeute in den Sommermonaten beträchtlich geringer, da es nicht möglich ist, die Mischung von Anilin und dem Oxydationsmittel gehörig abzukühlen.

Ein bei der Fabrikation von Violet wesentlicher Punkt ist die Auswahl des Anilins. Dasjenige Anilin, welches für Roth ein günstiges Resultat liefert, giebt keine gute Ausbeute in Violet; es muß reiner sein und einen weniger hohen Siedepunkt haben. Zur Darstellung des Violet ist das Anilin am geeignetsten, welches ein spezifisches Gewicht von 1,007 hat, während das zu Anilinroth geeignetste 1,012 bis 1,018 wiegt. Von der Reinheit des Anilins hängt offenbar die Ausbeute an Farbstoff ab.

Der Ertrag an konzentrirtem Violet en pâte kann bis auf 95 Prozent steigen, im Durchschnitt beträgt er jedoch nicht über 70 Prozent und kann selbst bis auf 50 Prozent herabsinken; 1000 Gramm Anilin liefern ungefähr 700 Gramm Violet in Teigform, welches ungefähr 7 Prozent vollständig lösliches trocknes Produkt enthält.

Anstatt die durch die Einwirkung des sauren chromsauren Kaliums entstehende Masse mit Wasser zu behandeln, kann man sie auch trocknen und in einem Apparate, welcher nach dem von Payen angegebenen im Großen konstruirt ist, mit Alkohol auszuziehen. Der Alkohol, welcher den Farbstoff aufgelöst hat, wird abdestillirt, das Extrakt in kochendem Wasser aufgelöst und die Lösung durch Natronlauge gefällt.

Bisweilen ersetzt man das schwefelsaure Anilin durch das chlorwasserstoffsaure Salz. Der Farbenteig kann auch durch ein nochmaliges Auflösen in Wasser und durch eine zweite Fällung gereinigt werden. Zu den mehr oder minder modifizirten Methoden von Perkin müssen wir wegen ihrer praktischen Wichtigkeit auch die rechnen, bei der das Oxydationsmittel Chlor oder unterchlorige Säure ist; da dieses Verfahren indessen aufgegeben wurde, so können wir uns hinsichtlich desselben kürzer fassen.

Das mittelst Chlor oder unterchloriger Säure dargestellte Violet besitzt eine mehr röthliche Farbe und ist weit weniger lichtbeständig. Die Anwendung dieser Agentien wurde von Bolley in Zürich[1]) Beale und Kirkham in England[2]), Depouilly und Lauth[3])

---

[1]) Bolley, Schweizer. polytechn. Zeitschrift, 1858, Bd. III, pag. 124. — Dingler's polyt. Journal, Bd. CL, pag. 123.

[2]) Beale u. Kirkham, London Journal of Arts, December 1859, pag. 357. — Patent vom 13. Mai 1859, Nr. 1205. — Dingler's polyt. Journ., Bd. CLV, pag. 59. — Polyt. Centralbl. 1860, pag. 205. — Chem. Centralblatt, 1860, pag. 158.

[3]) Lauth u. Depouilly, Patent vom 27. Juni, 1860. — Dingler's polyt. Journ., Bd. CLIX, pag. 451.

in Frankreich, vorgeschlagen. Wenn man nach und nach eine Lösung von Chlorkalk zu einer wässrigen Lösung eines Anilinsalzes hinzufügt, so nimmt die Flüssigkeit anfänglich eine violette Färbung an, später scheidet sich ein dunkel violetter Niederschlag aus, welcher durch Auflösen in konzentrirter Schwefelsäure, Fällen durch alkalihaltiges Wasser und Auswaschen gereinigt werden kann.

Ist die Chlorkalklösung verdünnt oder läßt man Chlorgas durch eine essigsaure Lösung von Anilin streichen, so kann man violette Lösungen erhalten, welche unmittelbar zum Färben von Wolle und Seide verwendbar sind. Ist das Anilinsalz stark sauer oder operirt man mit heißen Lösungen, so geht die violette Farbe in Roth über.

Kay[1]) löst 50 Gewichtstheile Anilin in 40 Gewichtstheilen Schwefelsäure von 1,85 spezifischem Gewicht (66° B.) auf und setzt hierzu 1400 Theile Wasser. Zu der so erhaltenen Auflösung von saurem schwefelsauren Anilin fügt er 200 Gewichtstheile pulverisirtes Mangansuperoxyd und erhitzt unter fleißigem Umrühren auf 100°, bis kein Niederschlag mehr entsteht. Die Flüssigkeit, welche den Farbstoff enthält, wird von dem Niederschlage abfiltrirt; letzterer wird mit Schwefelsäure behandelt, um den darin noch enthaltenen Farbstoff aufzulösen, und die Farbenlösung durch Ammoniak gefällt. Der Niederschlag wird abfiltrirt, gewaschen und nach dem Trocknen mit Alkohol digerirt, wodurch der Farbstoff aufgelöst wird, während das Manganhydroxyd zurückbleibt. Kay giebt dem Produkte den Namen Harmalin.

Williams[2]) vermischt eine Lösung von 100 Theilen schwefelsaurem Anilin mit einer Auflösung von 112 Theilen übermangansaurem Kalium; bei mäßiger Erwärmung bildet sich ein Niederschlag, welcher den violetten Farbstoff enthält. Man wäscht ihn aus, trocknet ihn und digerirt die Masse mit Benzol, um die harzartigen Substanzen zu entfernen. Nach dem Trocknen löst man den Farbstoff in Alkohol und erhält ihn durch Verdunstung des Alkohols rein. Bei Einwirkung von übermangansaurem Kalium auf ein Anilinsalz bildet sich noch ein zweiter violetter Farbstoff, welcher die Seide carmoisin- oder scharlachroth färbt.

---

[1]) Kay, Patent Nr. 1155, Mai 1859. — London Journal of Arts, Januar 1860, pag. 29. — Dingler's polyt. Journ., Bd. CLV, pag. 207. — Polytechn. Centralbl., 1860, pag. 284. — Chemisches Centralbl., 1860, pag. 160.

[2]) Williams Patent No. 1000, 30. Mai 1859. — Report. of Patent Invent. January 1860, pag. 70. — Dingler's polyt. Journal, Bd. CLV, pag. 209.

Price'sches Verfahren[1]).

Man löst 1 Aequivalent Anilin (93) in 2 Aequivalenten Schwefelsäure (98), von 1,85 spezifischem Gewicht, setzt eine geeignete Menge Wasser (auf 1 Theil Anilin 20 Theile Wasser) hinzu, läßt kochen und fügt hierzu 1 Aequivalent feuchtes Bleisuperoxyd, welches man durch Einwirken von Chlorkalk auf essigsaures Blei erhalten hat. Vortheilhaft ist es, die Operation in einem Destillirapparat vorzunehmen, um die Anilindämpfe zu kondensiren, welche sich dabei verflüchtigen. Man filtrirt heiß ab, fügt einen kleinen Ueberschuß von kaustischer Natronlauge hinzu und bestillirt, bis der größere Theil des Anilins verjagt ist. Hierauf filtrirt man abermals, wäscht mit kaltem Wasser aus und behandelt mit kochendem Wasser, welches schwach mit Weinsäure angesäuert ist. Die filtrirte Flüssigkeit enthält den reinen Farbstoff, welchen man durch kaustische Natronlauge fällen kann.

Durch Verdoppeln der Menge des Anilins (2 Aequivalente Anilin, 2 Aeq. Schwefelsäure, 20 Theile Wasser und 1 Aeq. Bleibioryd) erhält Price einen rötheren Farbstoff, das Purpurin, durch Vermehrung der Menge des Bleisuperoryds (1 Aequivalent Anilin, 1 Aequivalent Schwefelsäure 20 Theile Wasser, 2 Aequiv. Bleisuperoxyd) hingegen entsteht ein rothes Produkt, das Roseln.

Nach Smith[2]) bildet sich durch die oxydirenden Eigenschaften des rothen Blutlaugensalzes auf die Lösungen des schwefelsauren oder chlorwasserstoffsauren Anilins ein Niederschlag, welcher einen purpurfarbenen Farbstoff, Berliner Blau und eine braune Substanz enthält. Man reinigt den Farbstoff wie bei dem Perkin'schen Verfahren.

Stark in Norwich[3]) stellt Anilinfarben durch Einwirkung einer Lösung von rothem Blutlaugensalz auf eine chlorwasserstoffsaure Lösung von Anilin in der Hitze dar. Der graublaue gut ausgewaschene Niederschlag wird durch eine kochende Lösung von Weinsäure ausgelaugt und die Flüssigkeit durch Ammoniak gefällt. Kopp hat schon über die Einwirkung von rothem Blutlaugensalz auf die Anilinsalze

---

[1]) Price, Patent Nr. 1238, 25. Mai 1859. — Dingler's polyt. Journ. Bd. CLV, pag. 306. — Polytechn. Centralblatt, 1860, pag. 463. — Chemisches Centralbl., 1860, pag. 283.

[2]) Smith, Patent Nr. 1945, 11. August 1860. — London Journal of Arts, April 1861, pag. 224. — Polytechn. Centralbl., 1861, pag. 752.

[3]) Report of Patent Invent., December 1861, pag. 475. — Polytechn. Centralbl. 1862, pag. 199.

Mittheilungen gemacht und dieselben zur Herstellung von Anilindruckfarben auf Kattun zu benutzen versucht [1]).

Dale und Caro [2]) erhitzen eine Mischung von 6 Gramm Kupferchlorid in 180 Gramm Wasser und 3 Gramm schwefelsaures Anilin; der sich ausscheidende Niederschlag wird mit kaltem Wasser ausgewaschen, in kochendem Wasser aufgelöst und durch kaustische Natronlauge ausgefällt.

Die violette Lösung (Violet liquor), welche in Deutschland in den Handel kam, ist nach Krich nichts anderes als eine Lösung von Indisin in Holzgeist. Das Violet von Alex. Franc und Comp., welches unter dem Namen Indisin verkauft wurde, ist in einer Lösung von Weinsäure theils aufgelöstes, theils suspendirtes Anilin.

Werthbestimmung des Violet [3]).

Das Violet in Teigform, wie es gewöhnlich in den Handel kommt, muss hinsichtlich seiner färbenden Kraft untersucht werden. (England liefert jetzt den Farbstoff bereits krystallisirt).

Untersuchung durch Probedruck.

3 Gramm Violet (genau abgewogen) werden in 50 Kubikcentimeter Essigsäure aufgelöst; zu dieser Lösung setzt man 100 Gramm Gummiwasser (von 500 Gramm auf 1 Liter) und 100 Gramm Albuminwasser (von 500 Gramm auf 1 Liter). Man druckt mit der Walze Streifen auf Musselin, trocknet, dämpft und wäscht aus und vergleicht es mit einer Probe, welche mit einem mustergiltigen Anilinviolet dargestellt ist. — Der Versuch kann auch durch Färben ausgeführt werden. Hierzu löst man 2 Gramm Violet in 10 Kubikcentimeter Alkohol und verdünnt mit Wasser auf 1 Liter. Von dieser Lösung nimmt man 50 Kubikcentimeter und verdünnt dieselbe bis auf ½ Liter; man erhitzt bis zum Kochen und färbt hierin 5 Gramm Zephyrwolle bis zur Erschöpfung der Farbflotte. Das Resultat wird mit einer mustergiltigen Probe verglichen.

Die beigefügten Proben sind mit dem nach dem Perkin'schen Verfahren erhaltenen Violet dargestellt.

---

[1]) Répertoire de chimie appliquée, Bd. IV, pag. 274.
[2]) Dale und Caro Patent Nr. 1307, 26. Mai 1860. — Chemical News, Februar 1861, pag. 79. — Dingler's polyt. Journ., Bd. CLIX, pag. 453. — Polyt. Centralbl. 1861, pag. 610.
[3]) Schnitzer, Dingler's polyt. Journ., Bd. CLXV, pag. 56. — Polyt. Centralbl. 1862, pag. 1828.

28. **Zeugprobe:** Anilinviolet mit Ultramarin auf Baumwolle.
29. **Zeugprobe:** Seide mit Anilinviolet gefärbt.

Man erkennt das Anilinviolet auf den Geweben an folgenden Reaktionen:

1) Unter dem Einfluß starker Mineralsäuren (Chlorwasserstoffsäure, Schwefelsäure) verwandelt sich die Farbe in Blau.
2) Kalte kaustische Alkalien verändern sie nicht.
3) Eine Lösung von schwefliger Säure, in welche man ein Zinkblech eintaucht, entfärbt das Violet sofort.
4) Hinsichtlich des Farbentons kann es nicht mit irgend einem anderen Violet verwechselt werden, wenn letzteres nicht Rosanilinviolet oder französischer Purpur ist.

Anilingrau.

Durch Behandlung einer schwefelsauren Lösung von Maurein mit Aldehyd [1]) (10 Kilogramm Violet en pâte, 11 Kilogramm Schwefelsäure von 65° B., 6 Kilogramm Aldehyd), erhält man einen sehr schönen grauen Farbstoff, dessen allgemeiner Anwendung der zu hohe Preis (100 Francs per Kilogramm) leider noch hindernd im Wege steht. Ueber die Konstitution und die Zusammensetzung desselben ist man bis jetzt noch völlig im Dunkeln. Castelhaz hat sich folgende Darstellungsweise patentiren lassen. Man löst 10 Kilogramm Maurein (en pâte) in 11 Kilogramm Schwefelsäure von 66° B. Nachdem man zu der Mischung 6 Kilogramm Aldehyd hinzugesetzt hat, läßt man das Gemisch 4 bis 5 Stunden stehen und bringt alsdann die Masse in Wasser. Der graue Farbstoff löst sich auf und kann durch ein Salz wieder niedergeschlagen werden, durch ein zwei- bis dreimaliges Auflösen und Ausfällen erhält man den Farbstoff rein.

Carves und Thierault in Saint-Étienne fabriziren ebenfalls einen grauen Farbstoff, welchen sie Murein nennen, nach folgendem (für Frankreich patentirten) Verfahren [2]): 1 Theil Amilin (oder Homologe desselben) wird mit 2 bis 3 Theilen käuflicher Salzsäure vermischt; in einem andern Gefäß übergießt man ¼ bis ½ Theil saures chromsaures Kalium und gleich viel Eisenvitriol mit so viel Wasser, welches ¼ Gewichtstheil Schwefelsäure enthält, daß eine Lösung ent-

---

[1]) Depoully, deutsche Industrie-Zeitung, 1867, pag. 148.
[2]) Dingler's polyt. Journal, Bd. CLXXXVI, pag. 159. — Deutsche Industrie-Zeitung, 1867, pag. 107.

steht, und gießt letztere unter Umrühren in das erste Gefäß. Nach 2 bis 3 Stunden hat sich ein weicher klebriger Teig ausgeschieden, welcher mit kaltem Wasser ausgewaschen wird.

Dieses Murein kann in kochendem Wasser gelöst zum Färben von Wolle und Seide verwendet werden und giebt ein ziemlich glänzendes Modegrau, welches den Seifen und Säuren widersteht; über seine Verwendbarkeit zum Druck ist noch nichts bekannt.

80. Zeugprobe: Lösliches Kattungrau mit Casein befestigt.

Methylanilinviolet. Pariser Violet [1]).

Die violetten Farbstoffe des Methylanilins sind im Jahre 1861 von Ch. Lauth entdeckt worden. Er beobachtete, daß bei der Behandlung des Methylanilins mit verschiedenen Oxydationsmitteln dasselbe sich in violette Substanzen verwandelt, welche in Wasser löslich sind und beim Färben Nüancen von großer Schönheit geben. Die Farbtöne waren nicht so ächt als die des Perkin'schen Violet und fanden keinen Eingang in die Industrie; gegenwärtig hat sich die Sache geändert, und man verfertigt das Methylanilinviolet in großem Maßstabe. Poirrier und Bardy sind die Schöpfer dieses neuen Industriezweiges.

Die Darstellung des Methylanilins geschieht in der Technik, indem man 100 Theile salzsaures Anilin (ohne Beimischung von Toluidin) mit 50 bis 80 Theilen Methylalkohol in einem starken eisernen Gefäß unter bedeutendem Druck (oft bis zu 140 Atmosphären) 3 bis 4 Stunden lang auf 250° erhitzt. Das bei dieser Reaktion entstehende Produkt wird durch ein Alkali neutralisirt und verschiedene Male rektifizirt, um es von den polymeren Verbindungen zu trennen, welche sich bei dieser hohen Temperatur bilden. Man erhält so ein Alkaloid welches zwischen 198° und 205° siedet und wesentlich aus einer Mischung von Methylanilin und Dimethylanilin besteht.

Die Umwandlung des Methylanilins in Violet nach dem Verfahren von Poirrier und Bardy geschieht durch Erhitzen einer Mischung von 100 Theilen Methylanilin, 80 Theilen chlorsaurem Kalium und 20 Theilen Jod in einem starken emaillirten Gefäß auf einem Wasserbade. Die Reaktion geht nur sehr langsam von statten und ist erst nach einigen Tagen vollendet. Die Masse hat sich alsdann

---

[1]) Dingler's polytechn. Journal, Bd. CLXXXIV, pag. 519. — Zeitschrift für Chemie, 1867, pag. 474. — Journal für praktische Chemie, Bd. CII, pag. 317. — The Laboratory, 1866 Mai; 1867 No. 8, pag. 138.

in ein Produkt von schön bronzegrüner Farbe verwandelt, welches in Wasser vollkommen unlöslich ist, allein mit Leichtigkeit löslich gemacht werden kann. Poirrier und Bardy haben nämlich nachgewiesen, daß das Pariser Violet nur dem Vorhandensein von Jod seine Unlöslichkeit verdankt; die Verbindungen desselben mit den Säuren, Chlorwasserstoffsäure, Schwefelsäure, Salpetersäure, Essigsäure u. s. w. sind in Wasser sehr leicht löslich. Es ist also ausreichend, das Violet von allem Jod, welches es enthält, zu befreien und es durch eine geeignete Säure in ein Salz zu verwandeln, um es löslich zu machen. Zu diesem Zweck behandelt man die Jodverbindung mit einem Alkali, beispielsweise Kalilange, wodurch sich Jodkalium bildet, während die Base des Farbstoffs sich ausscheidet; man wäscht dieselbe gut mit Wasser aus, löst sie in einer Säure auf, löst das erhaltene Produkt in Wasser, filtrirt und fällt die kochende Lösung mit Kochsalz. Man erhält hierdurch eine schön grünlich goldglänzende Masse, welche in dieser Form in den Handel kommt.

Ch. Lauth hat kürzlich verschiedene andere Mittel zur Darstellung von Methylanilinviolet angegeben. Sein Verfahren besteht darin, gewisse Salze des Methylanilins durch Hitze zu zersetzen; namentlich ist das chlorwasserstoffsaure Salz zu dieser Zersetzung sehr geeignet. Eine aus 10 Theilen Methylanilin, 3 Theilen Chlorwasserstoffsäure und 200 Theilen Sand bestehende Mischung verwandelt sich bei mehrstündigem Erhitzen auf 100° bis 120° in eine bronzefarbene Masse, aus welcher sich das Methylanilinviolet durch Wasser ausscheiden läßt.

Auch mit verschiedenen anderen oxydirenden Agentien, wie salpetersaures Kupfer, Kupferchlorid, essigsaures Quecksilber u. s. w., erhält man ebenso gute Resultate.

Ueber die Zusammensetzung und die chemische Konstitution dieses neuen Farbstoffs ist noch nichts bekannt. Man weiß nicht, ob es derselbe Körper ist, wie das Methylrosanilin, die Base des Hofmann'schen Violet. Hofmann ist der Ansicht, daß diese beiden Farbstoffe nicht identisch, sondern nur isomer sind. Eine genauere Untersuchung im Laboratorium, welche in kurzer Zeit zu erwarten steht, wird erst genauere Aufschlüsse über diesen Punkt geben.

Anilinroth. — Fuchsin. — Azaleïn. — Roseïn- oder Rosalinsalze. — Magenta.

Am 8. April 1859 erhielt die Firma Renard und Franc in Lyon ein Patent auf die Darstellung und die Anwendung des Fuchsins, eines **neuen** rothen Farbstoffes aus dem Anilin. Dieses Patent war der Ausgangspunkt für eine der wichtigsten Bewegungen in industrieller Hinsicht, und gleichzeitig entstanden auch lebhafte Zwistigkeiten, indem die Anilinfarbstoffe Gegenstand mannichfacher Patentprozesse wurden. Jetzt, nachdem sich die Gemüther beruhigt haben, ist man im Stande, Jedem den ihm gebührenden Antheil an dem Ruhme dieser Entdeckungen zuzuerkennen.

Die Entdeckung des **Anilinroth** gebührt unstreitig einem der bedeutendsten Chemiker unserer Zeit, dem Professor A. W. Hofmann (früher in London, jetzt in Berlin).

In einer Abhandlung, welche am 20. September 1858 der Akademie der Wissenschaften in Paris[1]) von ihm vorgelegt wurde, heißt es: „Erhitzt man eine Mischung von 1 Volumen Vierfach-Chlorkohlenstoff (CCl_4) und 3 Volumen Anilin, beide Körper im wasserfreien Zustande, in einer zugeschmolzenen Röhre ungefähr 30 Stunden lang auf 170° bis 180°, so verwandelt sich die Flüssigkeit in eine weiche und schmierige oder harte und spröde schwärzliche Masse, je nach der Länge der Zeit oder der Temperaturerhöhung. Beim Auslaugen **mit** Wasser geht ein Theil in Lösung, ein anderer bleibt in Gestalt eines mehr oder weniger festen Harzes zurück. Die wässrige Lösung giebt mit Kali einen klartigen, eine beträchtliche Menge unveränderten Anilin enthaltenden Niederschlag. Läßt man diesen Niederschlag mit verdünnter Kalilauge in einer Retorte kochen, so destillirt das Anilin über, und es bleibt ein zähes Oel zurück, welches nach und nach krystallisirt und fest wird. Durch Auswaschen mit kaltem Alkohol und ein- bis zweimaliges Umkrystallisiren aus siedendem Alkohol wird dieser Körper vollkommen rein und weiß, während eine prachtvoll carmoisinrothe Farbe in Lösung bleibt. Der in Wasser unlösliche Theil der schwarzen Substanz löst sich in Chlorwasserstoffsäure sehr leicht auf; aus dieser Lösung fällen Alkalien ein schmutzig rothes amorphes Pulver, welches sich in Alkohol mit tief carmoisinrother Farbe löst. Der größte Theil dieser Substanz ist derselbe Farbstoff, welcher den krystallinischen Körper begleitet."

Die Untersuchungen von Hofmann blieben bis zum Jahre 1862 auf diesem Punkte stehen, während sich die Industrie bemühte, **neue**

---

[1]) Récherches pour servir à l'histoire des bases organiques, Comptes rendus de l'Académie des sciences, Bd. LXVII, pag. 492. — Chemisches Centralblatt, 1858, pag. 863.

und vortheilhaftere Methoden zur Darstellung der ungeheuren Quantitäten Fuchsin aufzufinden, welche zur technischen Verwendung in den Handel kamen. Da Hofmann auf diese Weise über eine beträchtliche Menge von Material zu verfügen hatte, so nahm er die theoretische Untersuchung wieder auf, und mit der ihm eigenen seltenen Geschicklichkeit gelang es ihm schnell, Licht in dieses Dunkel zu bringen und über die Konstitution und die Art und Weise der Bildung des Anilinroth und seiner Derivate gewichtige und vollgültige Aufschlüsse zu geben, ein Problem, welches bis dahin trotz vielfacher Untersuchungen dunkel geblieben war[1]). Die organische Chemie verdankt diesem genialen Forscher, wie in vielen andern Punkten, auch hier einen bedeutenden Fortschritt.

Wir müssen indessen hierbei anführen, daß schon vor Hofmann verschiedene Chemiker die Eigenthümlichkeit des Anilins erkannt hatten, bei der Behandlung mit mannichfachen Reagentien rothe Farben zu bilden.

Gerhardt giebt an, daß man eine rothe Farbe erhalte: bei der Darstellung von Sulfanilsäure, wenn man zu stark erhitzt; durch Einwirkung der Salpetersäure auf Sulfanilsäure; durch Destillation des

---

[1]) Guignet, Zeitschr. für Chemie und Pharmacie, 1860, Heft 6 und 7. — Dingler's polyt. Journal, Bd. CLVI, pag. 149. — Polyt. Centralbl., 1860, pag. 983. — Béchamp, Comptes rendus de l'Académie des sciences, Bd. L, pag. 870.; Bd. LI, pag. 356. — Journal f. praktische Chemie, Bd. LXXXI, pag. 442—448. — Répertoire de chimie appliquée, Bd. II, pag. 167. — Ann. de chimie et de physique [3], Bd. LIX, pag. 396. — Dingler's polyt. Journ. Bd. CLVI, pag. 309. — Polytechn. Centralbl., 1860, pag. 1135. — Chemisches Centralblatt, 1860, pag. 621. — Persoz, de Luynes und Salvétat, Comptes rendus de l'Acad. des sciences, Bd. LI, pag. 538. — Répertoire de chim. appl., Bd. II, pag. 270; Bd. III, pag. 6. — Journal f. prakt. Chemie, Bd. LXXXI, pag. 449. — Dingler's polyt. Journal, Bd. CLIX, pag. 221. — Polytechn. Centralblatt, 1860, pag. 1690. — Schneider, Répertoire de chimie appl., Bd. II, pag. 294 et 402. — Comptes rendus, Bd. LI, pag. 1087. — Dingler's polyt. Journal, Bd. CLIX, pag. 227. — Polyt. Centralbl., 1861, pag. 393. — Kopp, Examen des matières colorantes dérivées de goudron de houille (4°) Saverne, 1. partie, pag. 49 und 83. — Comptes rendus, Bd. LII, pag. 363. — Journal für prakt. Chemie, Bd. LXXXII, pag. 461. — Zeitschrift für Chemie und Pharmacie, 1861, pag. 194. — Polyt. Centralbl., 1861, pag. 829. — Chem. Centralbl., 1861, pag. 453. — Bolley (und Schulz), Schweizer. polyt. Zeitschrift, 1861, pag. 55. — Dingler's polyt. Journal, Bd. CLX, pag. 57. — Polyt. Centralbl., 1861, pag. 976. — Chemisch. Centralbl., 1859, pag. 369. — Jacquelain, Comptes rendus de l'Académie des sciences, Bd. LIV, pag. 612. — Rapport de M. E. Barry, Boutmy et Labouret au tribunal de la Seine. Paris, in 4°.

oxalsaures Anilins; durch Einwirkung oxydirender Körper (Salpetersäure, schwefelsaures Eisenoxyd).

Nach Natanson[1]) nimmt bei der Behandlung des Anilins mit Aethylenchlorid (Chloralyl, Oel der holländischen Chemiker) in zugeschmolzenen Röhren bei einer Temperatur von 200° die anfänglich farblose Lösung eine prachtvoll blutrothe Farbe an. Dieser Versuch steht dem von Hofmann angestellten sehr nahe, und wenn Letzterer seine weiteren Arbeiten in dieser Hinsicht ausgeführt hätte, so würde er nur einen sehr kleinen und unbedeutenden Antheil an der Entdeckung haben. Hofmann's bewunderungswürdige theoretische Untersuchungen, welche sich durch ungemeine Klarheit und Scharfsinnigkeit auszeichnen, haben ihm jedoch unstreitig den ersten Platz unter allen Chemikern erworben, die sich mit dieser Frage beschäftigt haben.

Nach dieser kurzen Abschweifung wenden wir uns zur Praxis zurück. Verguin, ein Chemiker in Lyon, hat das Verdienst, den neuen Farbstoff in die Industrie eingeführt zu haben; er stellte das Fuchsin dar, indem er wasserfreie Chloride auf trocknes Anilin bei 180° einwirken ließ. Das Interesse der Fabrikanten wurde durch diese neue Entdeckung rege gemacht, und in Folge der Leichtigkeit, mit welcher die Synthese des Anilinroth unter dem Einfluß der verschiedensten Reagentien vor sich geht, wurde bald eine Menge von anderen Prozessen aufgefunden; die einen basirten auf der Anwendung des salpetersauren Quecksilbers (Gerber-Keller, Schlumberger, Perlin), die andern auf der der Salpetersäure (Lauth und Gebrüder Depouilly), der Arsensäure (Hillmann, Medlok in England, Girard und de Laire in Frankreich) u. s. w.

Nach den Untersuchungen von Hofmann[2]) sind die nach den verschiedenen Methoden dargestellten Sorten von Anilinroth in der Zusammensetzung nicht verschieden, sondern alle sind Salze ein und desselben organischen Alkalis. Diese Base ist im freien Zustande farblos und hat von Hofmann den Namen Rosanilin erhalten. Das Salz ist mit den wasserfreien Chloriden ein chlorwasserstoffsaures, mit Salpetersäure und salpetersauren Verbindungen ein salpetersaures u. s. w.

---

[1]) Annalen der Chemie u. Pharm., Bd. XCVIII, pag. 297. — Répertoire de chimie appliquée, Bd. III, pag. 5.

[2]) Comptes rendus, Bd. LIV, pag. 428. — Annales de chimie et de physique, Bd. LXV, pag. 207. — Zeitschrift für Chemie und Pharmacie, 1862, pag. 322. — Dingler's polyt. Journal, Bd. CLXV, pag. 60. — Journal für prakt. Chemie, Bd. LXXXVII, pag. 226. — Chemisches Centralbl., 1862, pag. 570. — Polytechn. Centralbl., 1862, pag. 683.

Darstellung des Anilinroth oder der Rosanilinsalze.

1) **Hofmann'sches Verfahren**[1]).

Der oben angeführte Versuch von Hofmann war ausgeführt worden, um zu versuchen, ob sich vielleicht das Carbotriphenyltriamin:

$$(C_2H_5)_3 \overset{IV}{\underset{H_2}{C}} \bigg\} N_3$$

darstellen ließe. Neben diesem Hauptprodukt und dem rothen Farbstoff, welcher hierbei nur in kleinen Quantitäten als Nebenprodukt auftritt, werden bei dieser Reaktion mehrere andere, meist amorphe Basen gebildet, welche die Reindarstellung des Anilinroth so erschweren, daß Hofmann die weitere Untersuchung aufgeben mußte. Monnet und Dury haben diesen Versuch in vortheilhafter Weise modifizirt, so daß er für die Praxis eine bessere Ausbeute ergab.

1 Kilogramm einer Mischung von 4 Theilen trocknem Anilin und 1 Theil Vierfach-Chlorkohlenstoff wird in einen inwendig stark mit Blei plattirten kupfernen oder eisernen Kessel gebracht, welcher mit einem sich bei einem Druck von sechs Atmosphären öffnenden Sicherheitsventil versehen ist. Man erhitzt in einem Oelbade bis 116° oder 118°, wobei die Reaktion eintritt; in diesem Augenblick ist die Spannung im Kessel am größten, aber nach Verlauf einiger Minuten hört der Druck im Apparate ganz auf, so daß man sogar das Sicherheitsventil vollständig entlasten kann, ohne daß Dämpfe entweichen. Um die Umwandlung zu vollenden, erhöht man die Temperatur des Bades einige Minuten auf 170° bis 180°.

Die syrupartige, zähe Masse wird noch heiß ausgegossen; sie wird beim Erkalten fest, beim gelinden Erwärmen aber wieder weich und ist in dünnen Schichten im durchgehenden Lichte roth, in Masse dagegen schwarz. Man behandelt dieselbe mit 5 bis 6 Theilen heißem Wasser, welches hauptsächlich das chlorwasserstoffsaure Anilin auflöst. Der Rückstand ist in einer größeren Menge siedendem Wasser fast vollständig löslich; die Flüssigkeit besitzt eine prachtvoll karmoisinrothe Farbe und kann direkt zum Färben von Wolle und Seide verwendet

---

[1]) Comptes rendus de l'Académie des sciences, Bd. XLVII, pag. 492. — Répertoire de chimie appliquée, Bd. III, pag. 11, 13, 416; Bd. IV, pag. 452; Bd. V, pag. 261. — Kopp, Examen des matières colorantes derivées de goudron de houille, I. part, pag. 61.

werden. Man kann nach dem Konzentriren den Farbstoff durch neutrales weinsaures Kalium fällen und nach dem Trocknen durch Benzin von dem gleichzeitig vorhandenen Carbotriphenylamin befreien.

Lauth vermindert die Schwierigkeit dieser Methode noch dadurch, daß er an Stelle des geschlossenen Kessels einen einfachen Ballon, welcher mit einem aufsteigenden Kühler verbunden ist, anwendet, so daß die kondensirten Dämpfe des Vierfach-Chlorkohlenstoffs beständig in das Gefäß zurückfallen. Bei 130° entsteht eine schwache Reaktion, und die ganze Destillation des Chlorkohlenstoffs hört auf; alsdann verfährt man weiter nach der oben angegebenen Methode.

2) Verfahren von Berguin, Renard und Franc[1]).

Diese Methode beruht auf der Anwendung wasserfreier Metallchloride und hauptsächlich des Zinntetrachlorids; im Allgemeinen steht es dem vorigen Verfahren sehr nahe.

Die Operation ist einfach und leicht. Man erhitzt eine Mischung von 10 Theilen trocknem Anilin mit 6 bis 7 Theilen wasserfreiem Zinnchlorid (sogenanntem Spiritus fumans Libavii) bis zum Kochen. Eine ziemlich beträchtliche Abweichung in diesen Verhältnissen kann wol auf die Ausbeute einen Einfluß ausüben, man erhält jedoch immer eine rothe Farbe.

Die Mischung wird anfänglich gelb, dann hellroth und nimmt schließlich eine dunkelrothe Farbe an, welche im auffallenden Lichte schwarz erscheint. Noch warm und flüssig gießt man die Masse in kochendes Wasser, läßt die unlöslichen Stoffe ruhig absetzen und filtrirt. Der Rückstand wird durch mehrmaliges Auskochen völlig erschöpft, so daß schließlich fast nur Zinnbioxyd zurückbleibt. Man fällt den Farbstoff aus seinen Lösungen durch Hinzufügen von Chlornatrium, weinsaures Kalium oder Natrium u. s. w., da derselbe in Salzlösungen unlöslich ist.

Quecksilberchlorid, Eisenchlorid, Kupferchlorür, Zinntetrachloridhydrat, Titanchlorid, Jod- und Bromzinn, Quecksilberbibromid, Zinntetrafluorid, Quecksilberbromür, Uranchlorid, Jodoform und chlorsaure

---

[1]) Dingler's polyt. Journal, Bd. CLIV, pag. 397; Bd. CLIX, pag. 223. — Polytechn. Centralbl., 1860, pag. 205; 1861, pag. 666. — Chemisches Centralbl., 1860, pag. 128. — In England erhielt Broman (Dingler's polyt. Journal, Bd. CLV, pag. 61; Polyt. Centralbl., 1860, pag. 205; Chem. Centralbl., 1860, pag. 143) ein Patent zur Darstellung von Anilinroth durch Erhitzen von Anilin mit wasserfreiem Zinnchlorid.

Salze bewirken ebenfalls die Bildung von Anilinroth. Alle diese Substanzen sind in dem Patent von Renard und Franc angegeben.

Zu dieser Reihe der Haloidverbindungen hat Delvaux[1]) noch weit später eine andere hinzugefügt, es ist das chlorwasserstoffsaure Anilin. Man erhält eine große Menge von chlorwasserstoffsaurem Rosanilin, wenn man eine Mischung von 72 Theilen Anilin, 100 Theilen trocknem Sand und 100 Theilen trocknem salzsauren Anilin 15 Stunden lang auf 110° bis 120° oder 5 bis 6 Stunden auf 150° oder 2 bis 3 Stunden auf 180° erhitzt. Die Masse wird sofort mit kochendem Wasser ausgelaugt, welches den gebildeten rothen Farbstoff in großer Menge auflöst. Durch Alkohol oder ein Alkali kann aus dem unlöslichen Rückstand noch Farbstoff ausgezogen werden.

3) Gerber-Keller'sches Verfahren[2]).

Wie in der Perkin'schen Methode, wird auch bei diesem Verfahren zur Herstellung des Anilinroth eine Auflösung eines Sauerstoffsalzes benutzt, hauptsächlich verwendet man das salpetersaure Quecksilber; dies ist die einzige Verbindung, welche unter der großen Anzahl der in diesem Patent angegebenen Substanzen wirklich in der Praxis Verwendung gefunden hat. Man erhitzt 10 Theile Anilin 8 bis 9 Stunden lang auf 100° und fügt nach und nach 7 Theile trocknes salpetersaures Quecksilber(oxyd) hinzu; letzteres wird reduzirt, es scheidet sich metallisches Quecksilber ab, welches sich am Boden des Gefäßes ansammelt. Die Masse wird schön rothviolet und gesteht beim Erkalten zu einem dicken karminrothen Brei; man extrahirt den Farbstoff mit siedendem Wasser, verdünntem Alkohol oder auch mit Essigsäure. Schlumberger[3]) erhitzt eine Mischung von 10 Theilen wasserfreiem Anilin und 6 Theilen salpetersaurem Quecksilber(oxydul). Die rothe Masse wird mit kochendem Wasser ausgelaugt und der Farbstoff aus

---

[1]) Comptes rendus, Bd. LVI, pag. 445. — Journal für prakt. Chemie, Bd. LXXXVIII, pag. 498. — Zeitschrift für Chemie und Pharmacie, 1863, pag. 216. — Dingler's polyt. Journal, Bd. CLXVIII, pag. 142. — Polyt. Centralbl., 1863, pag. 830.

[2]) Répertoire de chimie appliquée, Bd. II, pag. 52, 300 u. 303. — Wagner, Jahresberichte der chemischen Technologie, Bd. VI, pag. 479. — Patent vom 29. Oktober 1859. — Reports by the Juries, 1862, pag. 126 u. 127.

[3]) Dingler's polyt. Journal, Bd. CLVII, pag. 292. — Polyt. Centralbl., 1860, pag. 1486. — Polyt. Notizblatt, 1860, pag. 34. — Chem. Centralblatt, 1860, pag. 798. — Répertoire de chimie appliquée, Bd. II, pag. 113 u. 334.

dieser Flüssigkeit durch Kochsalz niedergeschlagen. Wie leicht ersichtlich, ist dieses Verfahren nur eine Nachahmung des Gerber'schen. Die Krystalle kommen unter dem Namen Diamantfuchsin in den Handel und sind, da sie giftfrei, von den Konditoren zum Färben von Essenzen, Zuckerwaaren u. s. w. sehr geschätzt.

4) Verfahren nach Depouilly und Lauth[1]).

Es ist schwierig, die energische Einwirkung der Salpetersäure auf das Anilin zu mäßigen; indessen ist es den genannten Fabrikanten gelungen, nur mittelst Salpetersäure Fuchsin darzustellen; dieselben erhielten im Juni 1860 ein Patent auf die Darstellung von Anilinroth durch Erhitzen von salpetersaurem Anilin. Die Bildung des Farbstoffes erfolgt leicht, wenn man dieses Salz mit Anilin auf 200° erhitzt.

Kopp[2]) reinigt die mit Salpetersäure oder salpetersauren Salzen erhaltenen rothen Farbstoffe, welche früher Azaleïn genannt wurden, indem er die freie Säure durch etwas kohlensaures Natrium sättigt, hierauf die Masse, um sie zu zertheilen, mit ungefähr 40 Theilen Quarzsand vermischt und dieselbe durch eine kochende Lösung eines neutralen Alkalisalzes (Kochsalz oder Salmiak) auszieht. Beim Erkalten der siedend heiß filtrirten Flüssigkeit scheidet sich der gelöste Farbstoff in Gestalt eines manchmal mikrokrystallinischen Pulvers aus, welches man nach dem Auswaschen mit eiskaltem Wasser in schwachem Alkohol auflöst, um eine violette Substanz, welche sich hierbei gleichzeitig bildet, zu entfernen. Beim Verdampfen dieser Lösung erhält man einen prachtvollen, sehr glänzenden grünen Farbstoff, welcher in siedendem Wasser, Alkohol, Holzgeist, Säuren und Alkalien vollkommen löslich ist.

Schneider[3]) reinigt das nach dem Gerber'schen Verfahren dargestellte Azaleïn, indem er das Rohprodukt 5 oder 6 Mal zur Entfernung der Anilin- und Quecksilbersalze mit kaltem Wasser auswäscht und den getrockneten Rückstand, um die braunen theerartigen Substanzen zu entfernen, mit Schwefelkohlenstoff oder Benzol behandelt. Hierauf löst man die Masse mit der zehnfachen Menge Weingeist von

---

[1]) Dingler's polyt. Journal, Bd. CLIX, pag. 451. — In England ist dieses Verfahren auf den Namen von Hughes patentirt worden.
[2]) Répertoire de chimie appliquée, Bd. III, pag. 122. — Kopp und Bill, Jahresberichte über die Fortschritte der Chemie, 1860, pag. 731.
[3]) Répertoire de chimie appliquée, 1860, pag. 294.

36° auf und fügt zu dieſer Flüſſigkeit ein gleiches Quantum Waſſer, filtrirt nach dem Abſetzen die klare Löſung ab und verdampft das Filtrat in einem Waſſerbade bis auf den fünften Theil des Volumens. Der Farbſtoff ſcheidet ſich in Geſtalt einer Kryſtallhaut ab.

Die letzteren Operationen führt man in der Induſtrie nicht aus, ſondern nur dann, wenn man ſich ein vollkommen reines Azalein zu chemiſchen Unterſuchungen darſtellen will.

---

5) Darſtellung des Anilinroth mit Arſenſäure (allgemein angewendetes Verfahren).

Die Einführung der Arſenſäure in die Anilinfarbeninduſtrie war für dieſe epochemachend; es war ein ſehr bedeutender Fortſchritt, indem die Ausbeute an Anilinroth bei dieſem Verfahren beträchtlich größer als bei ſämmtlichen früher angewendeten Methoden iſt. Eine Folge davon war, daß der Preis deſſelben ſehr ſchnell herunterging. Patente auf dieſes Verfahren erhielten die Fabrikanten Hillmann[1]), Medlok[2]) und Nicholſon[3]) in England und Girard und de Laire[4]) in Frankreich.

Die Methode der Fabrikation von Anilinroth mit Arſenſäure wird gegenwärtig faſt allein angewendet. Wir wollen uns nicht damit aufhalten, alle die einzelnen kleineren, oft nur unwichtigen Veränderungen, welche bei dieſem Verfahren in Vorſchlag gebracht wurden, anzuführen, ſondern uns gleich zu derjenigen Fabrikationsmethode wenden, die heut zu Tage wirklich ausgeführt wird.

Die Arſenſäure wird nach der von Kopp[5]) angegebenen Weiſe dargeſtellt, indem man 400 Kilogramm arſenige Säure mit 300 Kilogramm Salpeterſäure von 1,35 ſpezifiſchem Gewicht oxydirt. Das nach dieſem Verfahren dargeſtellte Präparat enthält allerdings noch Spuren von arſeniger Säure und Salpeterſäure, indeſſen üben dieſe

---

[1]) 10. Dezember 1859.
[2]) 15. Januar 1860. — Dingler's polyt. Journal, Bd. CLVIII. — Polyt. Centralbl., 1860, pag. 1632. — Repertory of patent-inventions, Oct. 1860, pag. 293.
[3]) 26. Januar 1860.
[4]) 26. Mai 1860. — Dingler's polytechn. Journal, Bd. CLIX, pag. 299, 452. — Polyt. Centralblatt, 1861, pag. 493. — Chemiſch. Centralblatt, 1861, pag. 272. — Bulletins de la société d'encouragement, Décembre 1860, pag. 729. — Répertoire de chimie appliquée, Pt. II, pag. 305.
[5]) Journal für prakt. Chemie, Bd. LXVIII, pag. 270. — Dingler's polyt. Journal, Bd. CXLI, pag. 60. — Polyt. Centralbl., 1856, pag. 66.

Beimischungen auf die Fabrikation des Fuchsins keinen schädlichen Einfluß aus. Die im Handel vorkommende Arsensäure, von welcher sehr beträchtliche Quantitäten verbraucht werden, ist eine fast syrupartige Flüssigkeit, deren spezifisches Gewicht fast dem der Schwefelsäure gleich ist; sie enthält ungefähr 75 bis 76 Prozent feste Säure. In neuerer Zeit stellt man auf sehr vortheilhafte Weise die Arsensäure dar, indem man einen Strom von Chlorgas durch Wasser, in welchem arsenige Säure suspendirt ist, hindurchleitet [1]).

Man vermischt 20 Theile syrupartiger Arsensäure mit 12 Theilen käuflichem Anilinöl (oder 12 Theile trockne Arsensäure, 12 Theile Wasser und 10 Theile Anilin), indem man die Masse sorgfältig umrührt, und erhält so einen röthlichen krystallinischen Brei von arsensaurem Anilin, welchen man in große eiserne Gefäße bringt, die man vorsichtig in einem Luftbade erhitzt; hierbei wird die Masse wieder flüssig, und es destillirt fast nur Wasser über. Bei einer Temperatur von 120° verwandelt sich das Anilin in den rothen Farbstoff. Schließlich steigert man die Hitze auf 160°, welche man jedoch nicht überschreiten darf. Nach 4 bis 5 Stunden ist die Operation beendet.

Zweckmäßiger ist es, wie dies auch in der Fabrik von Müller und Comp. in Basel ausgeführt wird, die Operation in gußeisernen Kesseln mit abnehmbarem Helm, welche in große Oelbäder eingehängt sind, vorzunehmen. Mit dem Helm ist ein Kühlapparat in Verbindung gesetzt, mittelst dessen man also im Stande ist, das überdestillirende Anilin zu kondensiren. In dem Kessel sowol wie in dem Oelbad befinden sich Thermometer, so daß man stets die erforderliche Temperatur innehalten kann.

Die in dem Kessel enthaltene Masse schäumt, bläht sich auf und nimmt allmälig eine immer dunklere rothbraune Farbe an. Von Zeit zu Zeit rührt man mit einem hölzernen Stabe um und untersucht den Zustand der Schmelze, indem man einen hölzernen oder eisernen Stab eintaucht, an welchem die Masse haftet, und die Probe erkalten läßt. Gegen das Ende der Operation muß sie rein bronzefarben, nie schwarz erscheinen, fest sein und eine reine und glänzende Bruchfläche haben. Nach Verlauf von 3—5 Stunden hat man eine gleichförmige Masse, welche unter 100° noch flüssig bleibt, beim Erkalten jedoch hart und fest wird. Man gießt die Schmelze alsdann auf eiserne Platten aus und pulvert sie nach dem Erstarren.

Das so erhaltene Präparat ist das früher im Handel vorkom-

---

[1]) Rapport du jury international (Exposition de 1867), pag. 21.

mende rohe Fuchsin. Durch Behandeln mit kochendem Waſſer erhält man eine Löſung, welche zur Entfernung der anhaftenden theerartigen Subſtanzen durch Sand filtrirt wird; ſie beſitzt eine ſehr ſchöne Farbe und iſt ungemein ergiebig. Durch Hinzufügen eines leichten Ueberſchuſſes von kauſtiſcher oder kohlenſaurer Natronlauge wird der Farbſtoff gefällt, während die Arſenſäure, von welcher ein geringer Theil ſich in arſenige Säure verwandelt hat, als arſenſaures reſp. arſenigſaures Natrium in Löſung bleibt. Der Niederſchlag wird mit kaltem Waſſer ausgewaſchen und in Eſſigſäure aufgelöſt; man erhält ſo eine konzentrirte Löſung von ſehr großer färbender Kraft.

Lange Zeit benutzte man in den Färbereien und Druckereien zur Darſtellung der Farbflotte ein auf dieſe Weiſe dargeſtelltes Präparat. Gegenwärtig iſt die rohe Fuchſinſchmelze durch das gereinigte und kryſtalliſirte Anilinroth verdrängt, welches in ſehr großer Schönheit in den Handel kommt. Man erſetzt jetzt das Auslaugen mit kochendem Waſſer durch eine Behandlung mit Chlorwaſſerſtoffſäure oder Schwefelſäure und verwandelt auf dieſe Weiſe die ſchwer löslichen neutralen in leicht lösliche ſaure Salze, ſo daß hierdurch das langwierige Auslaugen vermieden wird.

Die rohe, mit einem Hammer klein geſchlagene Fuchſinmaſſe wird in großen Bottigen mit der doppelten Menge konzentrirter oder auch bisweilen mit einer gewiſſen Menge Waſſer verdünnter Chlorwaſſerſtoffſäure übergoſſen und mittelſt eines Dampfſtromes bis zum Kochen erhitzt. Nach zwei bis drei Stunden filtrirt man die Flüſſigkeit, um die unlöslichen harzartigen Subſtanzen von dem löslichen Biarſeniat und Bichlorür des Roſanilins zu trennen. Das Filtrat wird mit kohlenſaurem Natrium geſättigt, wodurch ein Niederſchlag von ſalzſaurem Roſanilin und eine Löſung von arſenſaurem Natrium entſteht. Das noch vorhandene arſenſaure Roſanilin verwandelt ſich ſchnell durch doppelte Zerſetzung mit dem Chlornatrium in ſchwer lösliches ſalzſaures Roſanilin. Die Abſcheidung des Farbſtoffes wird durch die Anweſenheit neutraler Salze ſehr begünſtigt. Durch das ſich entwickelnde Kohlenſäuregas wird der Niederſchlag an die Oberfläche geriſſen und ſammelt ſich dort in Geſtalt einer dicken Schicht an, welche man mit einem Schöpflöffel abſchöpft und ſofort in eiſerne Gefäße mit kochendem Waſſer bringt, die durch Dampf erhitzt werden und in denen ſich der Farbſtoff zum größten Theile auflöſt. Die von den anhängenden Verunreinigungen abfiltrirte Löſung kommt in die Kryſtalliſirbottige, in welchen ſie ſich beim Erkalten in ſchönen grünen metalliſch glänzenden Kryſtallen abſetzt. Durch mehrmaliges Umkrystallisiren, wodurch eine geringe Quantität einer braunen Substanz entfernt wird, gelingt es, den Farbstoff völlig rein zu erhalten. Dem Anschein nach wird die Reinigung noch bedeutend erleichtert, wenn man zur Lösung Wasser verwendet, welches eine kleine Quantität Salmiak enthält.

Durch Versetzen des chlorwasserstoffsauren Rosanilins mit kaustischen Alkalien erhält man die freie Base dieser Salze, das Rosanilin, deren fabrikmäßige Darstellung weiter unten beschrieben werden soll; durch Auflösen derselben in Schwefelsäure, Essigsäure u. s. w. kann man die entsprechenden Salze darstellen.

Bei der Darstellung des essigsauren Rosanilins — des am meisten angewendeten Präparates — ist es erforderlich, daß das Rosanilin möglichst rein und krystallisirt und von dem zu seiner Darstellung verwendeten Alkali frei ist. Es wird getrocknet, gepulvert und mit krystallisirter, namentlich von schwefliger und Schwefelsäure freier Essigsäure behandelt; auch darf man kein kalkhaltiges Wasser anwenden. Zu 100 Kilogramm Rosanilin fügt man nach und nach unter beständigem Umrühren 20 Kilogramm Essigsäure und erhitzt einige Zeit lang, um die Vereinigung zu erleichtern, auf 60° bis 70°. Hierauf gießt man sofort kochendes Wasser auf die halbflüssige Masse und läßt noch einige Minuten lang kochen. Die Lösung kommt in die Krystallisirbottige, welche an einem kühlen Ort aufgestellt sind. Nach einigen Tagen haben sich prächtige Krystalle abgeschieden.

Zu 120 Kilogramm essigsaurem Rosanilin sind 240 bis 250 Kilogramm kochendes Wasser erforderlich; man erhält ungefähr ein der angewendeten Menge Rosanilin gleiches Gewicht Fuchsin.

Beim Vermischen des Rosanilins mit der Säure, sowie beim Kochen der Lösung darf man das Erhitzen nicht zu lange fortsetzen, weil sonst ein Theil Essigsäure entweichen und auf diese Weise basische Salze entstehen würden, welche schwierig zu krystallisiren sind.

Aus dem unreinen schwefelsauren oder arsensauren Rosanilin kann man ebenfalls das reine essigsaure Salz darstellen, wenn man die Lösungen mit Bleizucker fällt. Gleichzeitig mit dem schwefelsauren und arsensauren Blei fällt aber noch ein Bleilack nieder, so daß die Ausbeute hierdurch verringert wird.

In den verschiedenen Stadien der Operation erhält man häufig mehr oder minder fuchsinhaltige Mutterlaugen; sind diese reichhaltig, so fällt man den Farbstoff durch Hinzufügen einer hinreichenden Menge Kochsalz, nachdem man sie nöthigenfalls vorher neutralisirt hat. Der Niederschlag kann für die Weiterverarbeitung benutzt werden. Im anderen Falle können sie zur Herstellung von Carminlacken verwendet werden, zu welchem Zwecke man eine frische Tanninlösung hinzusetzt, nachdem man vorher genau neutralisirt hat. Diese Fällung kann man auch bei Gegenwart von Thonerde oder Zinnoxyd vornehmen und auf diese Weise Lacke darstellen, die zwar weniger reich, aber mit vielem Vortheil zu verwenden sind. Löst man beispielsweise Alaun in einer schwachen Lösung von Anilinroth auf und zersetzt hierauf den Alaun durch kohlensaures Natrium, ohne jedoch die Flüssigkeit alkalisch zu machen, so entsteht beim Zusatz von Tannin ein Niederschlag von gallertartigem Aluminiumhydroxyd oder basischem Aluminiumsalz mit gerbsaurem Rosanilin.

Die Beseitigung der Arsensäure aus der Fuchsinschmelze kann auch durch Kalk geschehen. Zu diesem Zwecke bringt man das rohe Fuchsin in einen mit Wasser angefüllten Bottig und fügt Schlämmkreide oder Kalkbrei hinzu, welcher die Arsensäure aufnimmt und sich mit dem Harze zu Boden setzt. Die Lösung des Farbstoffes wird zur Entfernung der noch etwa vorhandenen Unreinigkeiten abfiltrirt und auf die Krystallisirbottige gebracht.

Nach Levinstein[1]) soll man die Lösung des Rohfuchsins filtriren und in die Krystallisirgefäße bringen. Nach 2 bis 3 Tagen hat sich das Fuchsin in Krystallen ausgeschieden, die Mutterlauge wird danach in Gruben geleitet, die mit Sandstein ausgelegt und innen getheert sind. Dieselbe enthält Arsensäure mit arseniger Säure gemengt in Lösung; sie wird mit einer Mischung aus gleichen Theilen Kalk und Schlämmkreide versetzt, wobei sich arsensaures und arsenigsaures Calcium bilden, die sich schnell zu Boden setzen. Die überstehende klare Flüssigkeit wird mit einem Heber in tiefer gelegene Gruben abgezogen und entweder zum Certsefärben von Wolle benutzt oder nicht weiter verwerthet.

Die alkalische Flüssigkeit, welche von dem Ausfällen der salzsauren Lösung des rohen Fuchsins herrührt und Kochsalz und arsenigsaures oder arsensaures Natrium resp. arsensaures Calcium enthält, wurde anfänglich auf Kosten der Gesundheit der Anwohner in die Flüsse geschüttet. Nach Verordnung des preußischen Handelsministeriums dürfen die arsenikhaltigen Laugen oder Residua weder den Gewässern durch Gräben oder Kanäle zugeführt, noch in Senkgruben gebracht

---

[1]) Dingler's polyt. Journal, Bd. CLXXVI, pag. 155. — Deutsche Industrie-Zeitung, 1865, pag. 131. — Polyt. Centralbl., 1865, pag. 749. — Chemisches Centralbl., 1865, pag. 810.

werden, sondern müssen mit Kalk eingedampft und nur an solche Orte, welche von der Behörde als geeignet anerkannt sind, abgeladen werden. Meistentheils werden derartige Rückstände, wenigstens von Berlin aus, in Fässern in die Nordsee von den Schiffen aus über Bord geworfen.

Habebank hat folgende Reinigungsmethode für das rohe Fuchsin angegeben [1]): Die Schmelze wird gepulvert und mit einer der angewendeten Menge Arsensäure äquivalenten Menge Kochsalz (auf 1 Theil Arsensäure 5 Theile Kochsalz) vermischt und mit 5 Theilen Wasser zum Kochen erhitzt. Hierbei erhält man durch doppelte Zersetzung eine Lösung von arsensaurem Natrium und chlorwasserstoffsaurem Rosanilin. Letzteres scheidet sich beim Erkalten fast vollständig aus. Der übrige Theil der Operation verläuft wie oben angegeben.

Die Mutterlauge liefert zur Trockne eingedampft einen Rückstand, aus welchem man nach dem Glühen mit salpetersaurem Natrium arsensaures Natrium erhält, welches noch vortheilhaft in der Praxis (beim Kattundruck, Kuhlothsalz und der Glasfabrikation) verwendet werden kann.

In neuerer Zeit hat man Versuche angestellt, die in den Mutterlaugen enthaltene Arsensäure wiederzugewinnen. Man verdampft zu diesem Zweck die Laugen mit einer dem vorhandenen Natrium äquivalenten Menge Salzsäure oder Schwefelsäure und erhält durch mehrmaliges Abdampfen und Umkrystallisiren die entsprechenden Natriumsalze und eine Lösung von Arsensäure. Doch ist dieses Verfahren noch nicht allgemein eingeführt.

Das im Handel zu einem sehr mäßigen Preise (2½ — 5 Thaler pro Pfund) vorkommende krystallisirte Fuchsin besteht entweder aus essigsaurem oder schwefelsaurem oder chlorwasserstoffsaurem Rosanilin.

Der Ertrag an krystallisirtem Anilinroth beträgt bei den verschiedenen Fabrikationsmethoden nach einer Untersuchung von Depouilly:

1) Hofmann'sches Verfahren . . . . 2 Prozent
2) Verguin'sches Verfahren (SnCl₄) . . 4 — 5 „
3) Gerber-Keller'sches Verfahren . . 15 — 16 „
4) Depouilly und Lauth'sches Verfahren 11 — 12 „
5) mit Arsensäure . . . . 20 — 22 „

Gegenwärtig, wo die Darstellungsweisen bedeutend vervollkommnet sind (die Arbeit von Depouilly wurde im Jahre 1862 ausgeführt),

---

[1]) Dingler's polyt. Journal, Bd. CLXXI, pag. 73. — Polyt. Centralbl., 1864, pag. 403. — Jacobsen's Repertorium, Bd. II, 1. Halbjahr, pag. 14.

erhält man bei dem Verfahren mit Arsensäure bis zu 33 Prozent krystallisirtes Anilinroth vom Gewichte des angewendeten Anilins. Coupier giebt an, daß es ihm gelungen sei, durch Beachtung der von Hofmann gemachten Erfahrungen, nach welchen das Toluidin bei der Synthese des Rosanilins eine wichtige Rolle spielt (s. weiter unten den Abschnitt: Theorie der Fuchsinfabrikation), einen Maximalertrag von 35 bis 38 Prozent krystallisirtem Fuchsin von außerordentlicher Schönheit zu erzielen. Der rohe Farbstoff enthält weniger harzartige Substanzen und ist sehr leicht zu reinigen. Hierzu ist es erforderlich, reines Anilin und Toluidin gesondert darzustellen und diese beiden Basen in dem geeigneten, durch die Erfahrung festgesetzten Mengenverhältniß zu vermischen [1]).

Verschiedene Darstellungsmethoden.

Außer den bisher angeführten Substanzen giebt es noch sehr viele, welche im Stande sind, Anilinroth zu bilden; wir führen folgende an:

Schwefelsaures Zinnoxyd und Zinnoxydul, schwefelsaures Quecksilberoxyd und Quecksilberoxydul, salpetersaures Silber, salpetersaures Eisen, salpetersaures Uran, chlorsaures Quecksilber, bromsaures Quecksilber, jodsaures Quecksilber[2]), **Jodsäure (Lauth), Antimonsäure (Smith), Jod (Smith)**[3]).

Wenn man Anilin zu einer Lösung von syrupdicker Jodsäure, welche mit dem vier- oder fünffachen Volumen Wasser verdünnt ist, hinzubringt, so nimmt die Mischung eine sehr dunkle und sehr reine violette Färbung an; beim Erhitzen wird die Farbe nach und nach röthlicher und schließlich rein roth. Ist die Jodsäure sehr verdünnt, so nimmt die Flüssigkeit in der Kälte nach Verlauf einiger Stunden eine schöne rothe Farbe an, und die Wände des Gefäßes bedecken sich mit einem dunkelgrünen harzartigen Produkt. Dieses Anilinroth zeigt die charakteristische Eigenschaft, daß es durch Säuren seine Farbe nicht verändert und durch Alkalien in Gelb übergeht [4]).

---

[1]) Moniteur scientifique du Dr. Quesneville, Bd. VII, pag. 415, 1865.
[2]) Wagner's Jahresberichte der chemischen Technologie. Bd. VI, pag. 477. — Kopp und Will, Jahresberichte über die Fortschritte der Chemie, 1860, pag. 720.
[3]) Polyt. Centralbl. 1860, pag. 1421. — Polyt. Notizbl. 1860, pag. 342.
[4]) Dingler's polyt. Journal, Bd. CLXII. pag. 57. — Polyt. Notizblatt. 1861, pag. 362. — Polyt. Centralblatt. 1862, pag. 152.

John Dale und H. Caro erhielten im Mai 1860[1]) ein Patent auf die Herstellung von Fuchsin mit salpetersaurem Blei und Anilin oder chlorwasserstoffsaurem Anilin. Man leitet in Anilin trocknes Salzsäuregas bis zur Sättigung, erhitzt alsdann ein bis zwei Stunden lang auf 180° und setzt trocknes gepulvertes salpetersaures Blei unter Umrühren hinzu. Die Lösung des Farbstoffs wird durch ein salpetersaures Salz gefällt.

R. Smith[2]) ersetzt die Arsensäure durch Antimonsäure. Letztere stellt man sich durch Einwirkung von 29 Theilen rauchender Salpetersäure von 1,44 spezifischem Gewicht auf 6 Theile fein gepulvertes Antimon dar. Man beschickt konische Gefäße von Gußeisen, welche in Paraffinbäder eingehängt und mit einem Bleihelm versehen sind, mit 50 Theilen salzsaurem Anilin (durch Vermischen von 8 Volumen Anilin mit 9 Volumen Salzsäure von 1,16 spezifischem Gewicht und Verdampfen der Lösung im Sandbade dargestellt) und 65 Theilen Antimonsäure und erhitzt auf 230° bis 240° C. Die Schmelze wird fein gemahlen, mit 45 Theilen kohlensaurem Natrium und langsam mit 60 Theilen Wasser vermischt und auf 80° erhitzt. Der Niederschlag wird aufgelöst und zum Krystallisiren gebracht. Die Ausbeute soll 36 Prozent betragen. Durch Erhitzen von Wismuthsäure, Zinnsäure, Eisenoxyd, Quecksilberoxyd und Kupferoxyd mit trocknem schwefelsauren oder chlorwasserstoffsauren Anilin erhält man ebenfalls Fuchsin.

Mène[3]) erhält Anilinroth durch Einleiten von salpetriger Säure in trocknes Anilin oder in eine Auflösung von Anilin in Alkohol. In der Kälte erhält man eine braungelbe Färbung; fügt man hierauf eine Säure (Salpetersäure, Schwefelsäure oder Oxalsäure) hinzu, so bildet sich ein leicht löslicher Farbstoff von einer prachtvoll rothen Farbe, welche durch eine große Menge Wasser in Gelb übergeht. Der so erhaltene rothe Körper krystallisirt sehr schön.

Nach Jol[4]) erhält man Anilinroth durch Erhitzen von Anilin

---

[1]) Patent Nr. 1307, 26. Mai 1860.

[2]) Patent Nr. 1945, 11. August 1860. — London Journal of Arts, April 1861, pag. 224. — Reports by the Juries v. Hofmann, pag. 127. — Polyt. Centralblatt, 1864, pag. 754. — Dingler's polytechn. Journal, Bd. CLXXI, pag. 366.

[3]) Comptes rendus de l'Académie des sciences, Bd. LII, pag. 811. — Dingler's polyt. Journal, Bd. CLIX, pag. 465. — Polyt. Centralbl., 1861, pag. 829. — Polyt. Notizblatt, 1861, pag. 192. — Chemisches Centralblatt, 1861, pag. 512.

[4]) Répertoire de chimie appliquée, 1862, Bd. IV, pag. 181. — Dingler's polytechn. Journal, Bd. CLXV, pag. 397. — Polyt. Notizbl., 1862, pag. 336.

mit Indigo auf 180°. Das Indigblau geht hierbei unter Verlust von Sauerstoff in Indigweiß über, das in Anilin etwas löslich ist; indem letzteres sich wieder oxydirt, reduzirt es das Anilinroth, so daß dieses sich in Anilinviolet verwandelt.

Crosley[1]) behandelt das Bisulfophenylcarbamid, welches man durch Einwirkung von Schwefelkohlenstoff auf Anilin erhält, vorsichtig mit Salpetersäure und erhält so eine prachtvoll purpurfarbige Lösung, welche Wolle, Seide und Baumwolle direkt färbt. Nebenbei bildet sich ein braunes Harz, welches, in Benzol gelöst und ebenfalls mit Salpetersäure behandelt, eine citronengelb färbende Substanz liefert.

Williams in Glasgow[2]) fügt zu 2 Aequivalenten eines Anilinsalzes, am besten essigsaures Anilin, welches freies Anilin enthalten kann, 1 Aequivalent phosphorsaures oder essigsaures Quecksilber und erhitzt in einer mit einem Rührapparat versehenen Destillirblase anfänglich mittelst Dampf auf 116°, indem er das übergehende Wasser dem Volumen nach durch Anilin ersetzt; hierauf steigert er die Temperatur auf 160° und nach zwei bis drei Stunden auf 182°. Diese Temperatur erhält er so lange, als die Farbe des Gemisches noch intensiver wird; die zurückgebliebene Masse wird mit Wasser destillirt, um das freie Anilin wiederzugewinnen, und der Farbstoff aus der wässrigen Lösung durch Kochsalz gefällt.

Willon[3]) erhitzt eine Mischung von Anilin und Toluidin mit ungefähr 5 Prozent Salpetersäure, Arsensäure oder Jodsäure u. s. w. auf 120° und fügt von Zeit zu Zeit Manganbioxyd oder ein anderes Superoxyd hinzu.

Blotten[4]) behandelt Anilin mit Königswasser bei einer Temperatur von 100°.

Watson erhitzt Anilin mit dem halben Gewicht Königswasser auf 80°. Man erhält eine Mischung von rothen, violetten, blauen und braunen Farben. Das Anilinroth wird mit Wasser ausgezogen. Der Rückstand wird mit Alkohol behandelt, um das Blau aufzulösen, welches durch Benzin wieder gefällt wird.

---

[1]) Répertoire de chimie appliquée, 1863, pag. 8. — Polyt. Centralblatt, 1863, pag. 490.

[2]) Répertoire de chimie appliquée, Bd. V, pag. 8. — Chemisch-technisches Repertorium von Dr. Jacobsen, 1862, pag. 13.

[3]) London Journal of Arts, Novbr. 1863, pag. 268. — Dingler's polyt. Journal, Bd. CLXX, pag. 442. — Deutsche Industriezeitung, 1864, pag. 158. — Chemisches Centralbl., 1864, pag. 1085.

[4]) Polytechn. Centralblatt, 1863, pag. 703.

Alle diese Methoden sind nur von untergeordnetem Interesse; die Mehrzahl von ihnen datirt noch aus dem Anfange der Anilintechnik, die anderen können mit einigen Modifikationen vielleicht noch eine bedeutende Zukunft haben. Ihre Erwähnung geschah meistentheils nur der Vollständigkeit halber, theilweise aber auch aus dem Grunde, um zu zeigen, wie mannichfaltig die Wege zur Darstellung von Anilinroth sind.

Behandelt man eine Mischung von Anilin und roher Holzessigsäure oder Holztheer mit einer Säure, beispielsweise mit Salzsäure, so erhält man einen sehr schönen rothen Farbstoff, welcher hinsichtlich seiner Charaktere dem Fuchsin sehr nahe steht (H. Koechlin)[1].

In einer Arbeit über das Furfurol und seine Derivate[2] hatte Stenhouse als ein sehr empfindliches Reagens auf diesen Körper die schöne rothe Färbung angegeben, welche dasselbe mit dem Anilin giebt. Persoz[3] hat diesen Gegenstand noch weiter verfolgt. Man fügt zu einer kalten Lösung von essigsaurem Anilin eine wässrige Lösung von rohem Furfurol ($C_5H_4O_2$), wie man es durch Destillation von Kleie, Mehl, Stärke oder Gummi mit verdünnter Schwefelsäure oder Chlorzink als erstes Destillat erhält; die Flüssigkeit wird sofort roth, und bei jedem weiteren Zusatze entsteht an der Oberfläche eine weiße Trübung, welche beim Umrühren wieder verschwindet. Ueberläßt man die Flüssigkeit sich selbst, so entfärbt sie sich nach kurzer Zeit und der Farbstoff scheidet sich an den Wandungen des Gefäßes als eine dunkle pechige Masse ab, die einen grünen, dem der Kanthariden ähnlichen Reflex besitzt. Fast das ganze Anilin hat sich in den Farbstoff verwandelt.

Er ist fast unlöslich in Wasser, löslich jedoch in Alkohol, Holzgeist und Essigsäure. Durch Ammoniak wird er gelöst und entfärbt, erhält jedoch durch Essigsäure seine ursprüngliche Farbe wieder. Der Farbstoff löst sich auch in konzentrirter Schwefelsäure und wird aus dieser Lösung von Wasser in rothen Flocken wieder niedergeschlagen. Mit Mordants verbindet sich der rothe Körper nicht, doch läßt er sich auf Wolle und Seide fixiren; die Nüancen sind ebenso schön wie mit Fuchsin, jedoch sehr unbeständig und verbleichen selbst bei Lichtabschluß schon nach wenigen Stunden. Dieser Körper unter-

---

[1] Répertoire de chimie appliquée, Bd. I, pag. 404.
[2] Annalen der Chemie u. Pharmacie, Bd. XXXV, pag. 301; Bd. LXXIV, pag. 278.
[3] Répertoire de chimie appliquée, Bd. II, pag. 220.

scheidet sich also von den Farbstoffen, mit denen wir uns bisher beschäftigt haben, in höchst nachtheiliger Weise und ist deshalb auch für die Technik bis jetzt durchaus nicht verwendbar.

Nach Untersuchungen von Deloaur[1]) erhält man durch Einwirkung von verdünnter Chromsäure auf Anilin neben einem Violet, welches wahrscheinlich das Perkin'sche ist, einen rothen Farbstoff, welcher wegen des Unterschiedes der Reaktionen vom Rosanilin verschieden zu sein scheint. Zu dem Ende löst man in 18 bis 20 Theilen Wasser 1 Theil Chromsäure auf, fügt 2 Theile Anilin hinzu und läßt 2 bis 3 Tage in der Kälte digeriren. Der entstandene dunkelbraune Niederschlag wir durch Filtriren getrennt, ausgewaschen und noch feucht oder lufttrocken mit kochendem Wasser behandelt; man erhält so eine Lösung, welche Seide und Wolle roth mit einem schwachen Stich ins Veilchenblaue färbt. Der in Wasser unlösliche Rückstand enthält Anilinviolet. Bei der Eigenschaft dieses Farbstoffes, in Ammoniak und kohlensaurem Natrium ohne Entfärbung löslich zu sein, liegt die Vermuthung sehr nahe, daß er von dem Rosanilin und seinen Salzen (s. o.) verschieden ist. Von käuflichem Benzin wird er aufgelöst, auch ist er mit grüner Farbe in konzentrirter Chlorwasserstoffsäure löslich; durch Zusatz von Wasser erscheint die rothe Farbe wieder; auch in verdünnter Salzsäure ist der Farbstoff löslich, und zwar behält die Lösung die rothe Farbe.

Roquencourt und Dorot haben sich im Oktober 1858 ebenfalls ein Patent auf die Herstellung von Farbstoffen durch Einwirkung von Chromsäure auf Anilin ertheilen lassen. — Nach Duprey nimmt man

Anilin . . . . . 116 Gramm
Chromsäure . . 32 "

Man löst die Säure in 100 Gramm Wasser auf und gießt diese Lösung vorsichtig und unter beständigem Umrühren zu dem Anilin, so daß keine beträchtliche Temperaturerhöhung stattfinden kann. Man erhält hierdurch eine teigförmige bläulich schwarze Masse, welche bei 2 bis 3 stündigem Erhitzen ein Produkt liefert, aus welchem man das Anilinroth durch Kochen mit Wasser ausziehen kann. Die Lösung wird durch Kochsalz gefällt und der Niederschlag ausgewaschen.

---

[1]) Polytechn. Centralbl., 1865, pag. 1168. — Polytechn. Notizbl., 1865, pag. 240. — Deutsche Industriezeitung, 1865, pag. 248. — Chemisch. Centralbl., 1865, pag. 813. 1866, pag. 189. — Comptes rendus de l'Académie des sciences, Bd. LX, pag. 1100. — Dingler's polytechn. Journal, Bd. CLXXVII, pag. 57.

Zusammensetzung des Anilinroth. — Theorie der Fuchsin-fabrikation.

Die zahlreichen Arbeiten, welche in Folge der ungemein schnellen Aufnahme der Anilinfarbstoffe meistens mit großer Sorgfalt angestellt wurden und den Zweck hatten, über Natur und Zusammensetzung der rothen Anilinfarben endgiltigen Aufschluß zu verschaffen, haben leider größtentheils zu keinem günstigen Resultat geführt.

Wir wollen von diesen Untersuchungen nur die von Béchamp[1]), Persoz, de Luynes und Salvétat[2]), Bolley[3]), Jacquemin und Kopp[4]) anführen. Die Theorien, welche die Einen aufstellten, wurden von den Anderen verworfen; Diese gaben an, daß der rothe Farbstoff stets identisch sei, auf welche Weise man denselben auch dargestellt habe; Jene, auf gute Beweise gestützt, bestritten diese Ansicht. Hofmann giebt in Bezug auf diesen Umstand an, daß alle jene Untersuchungen nicht mit vollständig reinem und mit verhältnißmäßig kleinen Mengen Anilinroth ausgeführt wurden, dessen Reindarstellung eine sehr schwierige Operation ist. Er selbst schreibt den Erfolg, welchen er bei seinen Untersuchungen hatte, wesentlich dem Umstande zu, daß er über eine sehr große Menge von reinem Farbstoff disponiren konnte, welchen er den Bemühungen seines Freundes Nicholson (Firma Simpson, Maule und Nicholson) verdankte.

Im Nachfolgenden wollen wir einen kurzen Abriß aus den Arbeiten dieses berühmten Chemikers geben[5]).

Die Base des Anilinroth und seine hauptsächlichen Verbindungen scheinen zuerst im völlig reinen Zustande von Edw. Chambres-Nicholson in England dargestellt worden zu sein. Er bezeichnet die

---

[1]) Comptes rendus, Bd. L, pag. 870; Bd. LI, pag. 356. — Chemisches Centralblatt, 1860, pag. 621. — Journ. f. prakt. Chemie, Bd. LXXXI, pag. 442 bis 448. — Dingler's polyt. Journal, Bd. CLVI, pag. 309. — Polytechn. Centralblatt, 1860, pag. 1135.

[2]) Dingler's polyt. Journal, Bd. CLIX, pag. 221. — Polytechn. Centralblatt, pag. 1690. — Journal für prakt. Chemie, Bd. LXXXI, pag. 449.

[3]) Dingler's polyt. Journal, Bd. CLX, pag. 57. — Polytechn. Centralblatt, 1861, pag. 876. — Chem. Centralbl., 1861, pag. 369.

[4]) Zeitschrift für Chemie u. Pharmacie, 1861, pag. 194. — Journal für prakt. Chemie, Bd. LXXXII, pag. 461. — Polytechn. Centralbl., 1861, pag. 829. — Chemisches Centralbl., 1861, pag. 543.

[5]) Sur les matières colorantes dérivées de l'aniline, Comptes rendus, Bd. LIV, pag. 429. Dingler's polytechn. Journal, Bd. CLIII, pag. 60.

reine Base des Farbstoffes mit dem Namen Roseïn, welche Bezeichnung vollständig passend ist, da diese Substanz, welche so schön roth gefärbte Lösungen liefert, im festen Zustande völlig weiß ist. Da dieser Körper indessen der Prototypus für eine ganze Reihe ähnlicher Verbindungen zu sein scheint, welche man durch Anwendung gleicher Methoden auf die dem Anilin homologen und wahrscheinlich analogen Verbindungen erhalten kann, so schlug Hofmann den Namen Rosanilin als Bezeichnung für die neue Base vor, um durch den Namen selbst an den Ursprung der Substanz zu erinnern.

Rosanilin.

Zur Darstellung der reinen Base ging Hofmann bei seiner Untersuchung von dem essigsauren Rosanilin aus, das gewöhnlich in der Färberei verwendet wird und von Nicholson schon im Jahre 1862 im völlig reinen Zustande im Großen dargestellt wurde.

Versetzt man eine siedende Lösung von essigsaurem Rosanilin mit einem großen Ueberschuß von Ammoniak, so erhält man einen krystallinischen Niederschlag von röthlicher Farbe, welcher die Base in ziemlicher Reinheit darstellt.

Aus der farblosen Flüssigkeit, welche durch Filtriren von dem Niederschlage getrennt wurde, scheiden sich beim Erkalten vollkommen weiße Krystallnadeln und Täfelchen ab. Dies ist die vollkommen reine Base. Leider ist die Löslichkeit dieses Körpers in Ammoniak oder selbst in kochendem Wasser so gering, daß man nur eine sehr kleine Menge der Verbindung im absolut farblosen Zustande erhält.

Das Rosanilin ist in Alkohol etwas leichter löslich als in Wasser, die Lösung besitzt eine tief dunkelrothe Farbe; in Aether ist es dagegen vollständig unlöslich. Der Luft ausgesetzt, färbt sich die Base schnell rosa und schließlich tief roth. Während dieser Farbenumwandlung ist keine Gewichtsveränderung bemerkbar. Bei 100° verliert das Rosanilin eine geringe Quantität anhaftendes Wasser; beim weiteren Erhitzen bis auf 130° tritt aber keine Verminderung des Gewichtes mehr ein. Bei noch höherer Temperatur zersetzt sich das Rosanilin, indem eine wesentlich aus Anilin bestehende ölartige Flüssigkeit überdestillirt und eine kohlige Masse zurückbleibt.

Die Analyse des Rosanilins ergab die Formel

$$C_{20}H_{21}N_3O = C_{20}H_{19}N_3, H_2O$$

welche Formel noch durch die Untersuchung von zahlreichen und wohl charakterisirten Salzen und Derivaten ihre Bestätigung fand.

Bei der fabrikmäßigen Darstellung des Rosanilins löst man das salzsaure Rosanilin in kochendem Wasser und zersetzt dasselbe durch einen Ueberschuß einer kochenden Alkalilösung. Die angewendete Menge Wasser muß derartig sein, daß das ganze Rosanilin in Lösung bleibt. Man setzt noch einige Stunden lang das Kochen fort und filtrirt alsdann, wobei sich das Rosanilin beim Erkalten in fast farblosen Krystallen abscheidet. Da aber wegen der Schwerlöslichkeit des Rosanilins beträchtliche Mengen Wasser erforderlich sind, so nimmt man die Zersetzung in geschlossenen Gefäßen, welche durch Dampf erhitzt werden, bei einem Druck von 2 bis 3 Atmosphären vor. Die Operation dauert 4 bis 5 Stunden. Ist das angewendete Rosanilinsalz sehr rein, so läßt man das Gefäß erkalten, zieht vermittelst einer Oeffnung am unteren Theile des Apparates den Krystallbrei heraus und bringt ihn auf Filter. Ist das Salz sehr unrein, so wird vermittelst einer bis auf den untern Theil des Gefäßes reichenden Röhre, welche an dem andern Ende mit einem Filtrirapparat in Verbindung steht, die Flüssigkeit durch Dampfdruck auf die Filter geschafft, durch welche sie vollständig klar in die Krystallisirbottige abläuft [1]).

Das Rosanilin ist eine sehr starke Base, welche mehrere Reihen von Salzen bildet, die sich alle durch ihr hohes Krystallisationsvermögen auszeichnen. Die Verhältnisse, in welchen sich diese Substanz mit den Säuren verbindet, nöthigen zu der Annahme, daß dieselbe ein dreisäuriges Triamin ist. Wie mehrere andere Triamine, scheint es drei Reihen von Salzen zu bilden, nämlich:

$C_{20} H_{19} N_3$, HCl (normale Salze),
$C_{20} H_{19} N_3$, 2HCl (saure Salze),
$C_{20} H_{19} N_3$, 3HCl (dreifach saure Salze).

Es lassen sich indessen augenblicklich nur die Salze der ersten und dritten Reihe darstellen. Vorzugsweise scheint jedoch das Rosanilin einsäurig zu sein.

Die Salze mit einem Molekül Säure sind ausnehmend beständige Verbindungen; sie zeigen im reflektirten Lichte einen lebhaften grünen metallischen Glanz, welcher dem der Kantharidenflügel sehr ähnlich ist. Im durchfallenden Lichte sind die Krystalle roth, bei größerer Dicke undurchsichtig. Ihre Lösungen in Wasser und Alkohol besitzen die prachtvolle rothe Farbe, durch welche sie eine so große Berühmtheit erlangt haben. Die Salze mit drei Molekülen Säure hingegen sind

---

[1]) Rapport du Jury International, 1867, pag. 25.

sowol im festen Zustande wie in Lösung von gelbbrauner Farbe. Sie sind in Wasser und Alkohol weit löslicher als die Salze mit einem Molekül Säure, können aber ebenfalls krystallisirt erhalten werden.

Hofmann hat folgende Salze einer genaueren Untersuchung unterworfen:

Monochlorwasserstoffsaures Rosanilin, $C_{20}H_{19}N_3$, HCl.

Man erhält es durch Einwirkung von Chlorwasserstoffsäure oder Salmiak auf Rosanilin. Es ist in Wasser schwer löslich, leichter löslich in Alkohol und unlöslich in Aether. Aus einer kochenden wässrigen Lösung setzt es sich in gut ausgebildeten rhombischen, häufig sternförmig gruppirten Täfelchen ab. Bei 130° wird es vollständig wasserfrei; es ist sehr hygroskopisch.

Trichlorwasserstoffsaures Rosanilin, $C_{20}H_{19}N_3$, 3HCl.

Das monochlorwasserstoffsaure Rosanilin löst sich leichter in salzsäurehaltigem als in reinem Wasser auf; vermischt man eine solche gelind erwärmte Lösung mit sehr konzentrirter rauchender Salzsäure, so erstarrt sie beim Erkalten zu einer krystallinischen Masse, welche aus sehr schönen netzförmig vereinigten Krystallnadeln von röthlich brauner Farbe besteht. Diese Krystalle entsprechen nach dem Auswaschen mit Salzsäure und Trocknen im luftleeren Raume über Kalk der Formel $C_{20}H_{19}N_3$, 3HCl. Durch Wasser werden sie in Salzsäure und in das monochlorwasserstoffsaure Salz zerlegt. Bei 100° verliert das Salz ebenfalls nach und nach seine Säure und wird zuerst indigblau, dann grün.

Schwefelsaures Rosanilin

$$(C_{20}H_{19}N_3)_2H_2SO_4 = (C_{20}H_{19}N_3)_2H_4 \left\{ \begin{array}{c} SO_2 \\ O_2 \end{array} \right.$$

entsteht durch direkte Vereinigung der Säure mit dem Rosanilin. Es scheidet sich beim Erkalten in undeutlichen grünen metallisch glänzenden Krystallen ab, welche in Wasser schwer, in Alkohol leichter löslich, dagegen in Aether vollständig unlöslich sind.

Oxalsaures Rosanilin

$$(C_{20}H_{19}N_3)_2H_2C_2O_4, H_2O = (C_{20}H_{19}N_3)_2H_4 \left\{ \begin{array}{c} C_2O_2 \\ O_2 \end{array} \right., H_2O$$

Das bei 100° getrocknete Salz entspricht dieser Formel; es wird direkt dargestellt. Seine Eigenschaften sind dieselben, wie die des schwefelsauren Salzes.

Essigsaures Rosanilin

$$(C_{20}H_{19}N_3)H, C_2H_4O_2 = (C_{20}H_{19}N_3)H \left\{ \begin{array}{c} C_2H_3O \\ O \end{array} \right.$$

Dieses Salz ist das schönste der ganzen Reihe und in Alkohol und Wasser am leichtesten löslich. Nicholson hat prachtvolle Krystalle von ½ Zoll Dicke dargestellt.

Ameisensaures Rosanilin

$$(C_{20}H_{19}N_3)H, CHO_2 = (C_{20}H_{19}N_3)H \begin{Bmatrix} CHO; \\ O \end{Bmatrix}$$

ist dem essigsauren Rosanilin sehr ähnlich.

Bromwasserstoffsaures Rosanilin $(C_{20}H_{19}N_3)HBr$. Es gleicht vollständig dem monochlorwasserstoffsauren Salz, ist jedoch in Wasser weniger löslich.

Rosanilinplatinchlorid (mono- und trichlorwasserstoffsaures Rosanilin) $C_{20}H_{19}N_3$, HCl, $PtCl_2$ und $C_{20}H_{19}N_3$, $3(HCl, PtCl_2)$

Diese beiden Salze krystallisiren nicht und sind schwierig rein darzustellen.

Chromsaures Rosanilin, ziegelrother Niederschlag, welchen man erhält, wenn man saures chromsaures Kalium zu einer Lösung von essigsaurem Rosanilin hinzusetzt.

Pikrinsaures Rosanilin krystallisirt in schönen rothen Nadeln, die in Wasser wenig löslich sind.

Salpetersaures Rosanilin erhält man sehr leicht, indem man Rosanilin in siedender verdünnter Salpetersäure auflöst. Beim Erkalten krystallisirt es in kleinen Krystallen, die dem äußern Aussehen nach den andern Rosanilinsalzen vollkommen gleichen.

Kopp[1]) hat das gerbsaure Rosanilin beschrieben; es gehört zu den am wenigsten löslichen Salzen des Rosanilins. In Alkohol, Holzgeist und Essigsäure ist es löslich. Im trocknen Zustande behält es die carminrothe Farbe des feuchten Niederschlages ohne den kantharidenartigen Glanz anzunehmen. Es entsteht durch Einwirkung einer Tanninlösung oder eines frisch bereiteten Gallapfelauszuges auf eine wässrige Lösung eines neutralen oder schwach sauren Rosanilinsalzes. Sind die Lösungen frisch und verdünnt und fügt man keinen Ueberschuß von Gerbsäure hinzu, so wird der Niederschlag flockig und prachtvoll carminroth. Bei überschüssiger Gerbsäure bleibt die Flüssigkeit roth gefärbt, was auf die Bildung eines sauren gerbsauren Salzes hinzudeuten scheint.

---

[1]) Schweizer, polytechn. Zeitschrift, 1862, pag. 171. — Dingler's polyt. Journal, Bd. CLXV, pag. 382. — Polyt. Centralbl., 1862, pag. 1307. — Polyt. Notizblatt, 1862, pag. 889. — Gewerbeblatt für das Großherzogthum Hessen, 1863, pag. 31.

Das gerbsaure Rosanilin ist von großer technischer Wichtigkeit, da man dasselbe häufig auf Geweben niederschlägt, indem man diese mit Gerbstoff beizt oder bedruckt und sie hernach in einem Bade von Anilinroth färbt. Ferner kann man es auch noch wegen seiner Unlöslichkeit zum Ausfällen des in den verdünnten Mutterlaugen enthaltenen Rosanilins verwenden und erhält auf diese Weise prachtvolle Carminlacke. Eine eigenthümliche Reaction giebt das gerbsaure Rosanilin mit dem rohen Holzgeist unter dem Einfluß einer sehr geringen Menge von Mineralsäuren (Salzsäure, Schwefelsäure). Verreibt man dasselbe nämlich mit dem 3- bis 4fachen Gewicht Holzgeist, so erhält man eine dicke Flüssigkeit von intensivem Carminroth; fügt man hierzu $\frac{1}{8}$ bis $\frac{1}{4}$ vom Volumen des Holzgeistes Salzsäure oder besser noch Alkohol, der in der Kälte mit Chlorwasserstoffsäuregas gesättigt ist, so geht die Farbe allmälig in ein Violet über, welches immer bläulicher und endlich sogar rein blau wird. Man kann die Umwandlung in einem gegebenen Augenblick aufhalten, wenn man den Holzgeist vorher ansäuert und denselben nach und nach zu dem Lack hinzusetzt und darauf so lange umrührt, bis die Masse wieder trocken geworden ist. Man erhält so mehr oder minder röthlich oder bläulich gefärbte Violets. Diese ganz eigenthümlichen Farbstoffe sind in Wasser fast unlöslich. Reibt man die trockne Farbe mit Alkohol zusammen und bringt hierauf eine schwache Lösung von kohlensaurem Natrium hinzu, so erhält man sie in Teigform.

Hofmann[1]) hat nachgewiesen, daß reines, bei 182° siedendes Anilin, welches man entweder durch Destillation des Indigo mit Kalilauge oder aus reinem, durch Zerlegung der Benzoesäure mit Kalk dargestellten Benzol erhalten hat, nicht fähig ist, mit den gewöhnlich angewendeten Reagentien (Quecksilberchlorid, Zinntetrachlorid, salpetersaures Quecksilber, Arsensäure) rothe Farbstoffe zu liefern. Dasselbe ist der Fall bei einem sehr reinen, ebenfalls bei 182° siedenden Anilin, das aus reinem Benzol aus Steinkohlentheer dargestellt wurde.

Das zu Anilinroth geeignete Anilin enthält stets Toluidin; andrerseits ist jedoch das reine Toluidin ebenfalls nicht im Stande, Farbstoffe zu erzeugen; vermischt man aber diese beiden Körper, so erhält man sofort Rosanilin. Wahrscheinlich hat man auch in Folge

---

[1]) Hofmann, Polytechn. Centralbl. 1863, pag. 1174. — Chemisch. Centralblatt, 1864, pag. 159. — Dingler's polyt. Journal, Bd. CLXIX, pag. 374. — Comptes rendus de l'Académie des sciences, Bd. LVI, pag. 1033 u. 1062. — Zeitschrift für Chemie u. Pharm., 1863, pag. 393 u. 396.

dieses Umstandes früher keine Farbstoffe aus dem Anilin erhalten können; denn das Anilin, welches man hauptsächlich aus dem Indigo darstellte, ist frei von Toluidin (Field).[1]

Hofmann erhitzte auf der Naturforscherversammlung zu Gießen (1864) reines und toluidinhaltiges Anilin mit oxydirenden Stoffen und erhielt aus beiden Substanzen gefärbte Lösungen, von welchen jedoch nur die letztere Wolle und Seide dauernd färbte.

Die eben angeführten Versuche beweisen also zur Genüge, daß bei der Bildung des Fuchsins das Anilin wie das Toluidin gleichmäßigen Antheil haben, welche Thatsache dem Anilinfarbenfabrikanten Nicolson schon lange vor Hofmann's Versuchen bekannt war. Die Synthese des Rosanilins kann man alsdann durch folgende Gleichung ausdrücken:

$$2(C_7H_9N) + C_6H_7N + O_3 = 3H_2O + C_{20}H_{19}N_3$$
$$\underbrace{}_{\text{Toluidin}} \quad \underbrace{}_{\text{Anilin}} \qquad \underbrace{\phantom{C_{20}H_{19}N_3}}_{\text{Rosanilin}}$$

Diese Erklärungsweise ist mit den theoretischen und praktischen Erfahrungen in völliger Uebereinstimmung und auch noch durch keinen Versuch widerlegt. Hofmann ist der Ansicht, daß, so lange es nicht gelingt, die Gruppe $C_{20}H_{14}$, welche im Rosanilin enthalten ist, zu zerlegen, man keine völlig richtige Theorie aufstellen kann[2]; es sind also noch neue Untersuchungen erforderlich, um diesen Gegenstand endgiltig zu entscheiden. Der oben angegebenen Formel zufolge lagern sich also immer zwei Moleküle Toluidin und ein Molekül Anilin aneinander, indem jedes derselben zwei Atome Wasserstoff durch Oxydation oder auf andere Weise verliert, um ein Molekül Rosanilin zu bilden[3].

Bei diesen theoretischen Auseinandersetzungen darf man nicht außer Acht lassen, daß das Rosanilin nicht das einzige Produkt ist, welches sich bei der Reaktion bildet, da der Ertrag im günstigsten Falle nur 38 Prozent der angewendeten Stoffe ausmacht. Es bilden sich nämlich gleichzeitig noch sekundäre Produkte, die noch genauer untersucht werden müssen; erst nachdem dies geschehen, wird man eine sichere Gleichung aufstellen können[4]. Es ist auch möglich, daß das

---

[1] Dingler's polyt. Journal, Bd. CLXXVII, pag. 410.
[2] Comptes rendus, Bd. LIX, pag. 798.
[3] Bolley hat nachgewiesen, daß ein Theil der Arsensäure zu arsenige Säure im Verhältniß von ungefähr 100:30 reduzirt wird. Schweizer. polyt. Zeitschrift 1863, Bd. VIII, pag. 38.
[4] Nach Bolley (loc. cit.) entwickelt sich bei der Fabrikation des Fuchsins Ammoniak und der in Chlorwasserstoffsäure unlösliche Rückstand des rohen Fuchsins

reine Anilin durch Kondensation Farben erzeugen kann, wenn man nur erst die Bedingungen, welche ein Gelingen der Versuche ermöglichen, aufgefunden hat.

Zur Fabrikation des Anilinroth zieht man diejenigen Aniline vor, deren Siedepunkt zwischen 185° und 210° schwankt. Man versucht Mischungen von verschiedenen Bezugsquellen und sehr verschiedenen Siedepunkten, indem man die Quantitäten verändert, bis man ein Präparat erhalten hat, das die beste Ausbeute liefert[1]).

Hugo Schiff[2]) nimmt an, daß das Toluidin bei der Bildung des Rosanilin keine Rolle spielt, und daß das Anilin durch Abgabe von Wasserstoff und von Ammoniak in Anilinroth übergeht.

$$C_{60}H_{70}N_{10} = C_{60}H_{57}N_{9} + NH_{3} + 10H$$
10 Aequiv. Anilin   3 Aequiv. Rosanilin

Ferner behauptet er: „Wenn Anilin mit einem Metallsalz zusammengebracht wird, so bildet sich in vielen Fällen eine Metallanilverbindung (Verbindungen, welche durch direkte Vereinigung des Anilins mit mehreren Metallsalzen entstehen); erst bei der Zersetzung der Metallanilderivate durch höhere Temperatur entsteht neben anderen Verbindungen das Anilinroth. Bei der Darstellung von Anilinroth aus Metallanilsalzen erleidet das Metall jedesmal eine Reduktion. Die Säure findet sich theils als Rosanilinsalz, theils als Anilinsalz, theils als Ammoniumsalz vor, und es tritt außerdem noch freies Anilin auf; letzteres, sofern und in soweit es sich nicht an sekundären Reaktionen betheiligt."

Die Umsetzung erfolgt nach folgender Gleichung:

$$5SnCl_{4} + 20(C_{6}H_{7}N) = 3(C_{60}H_{57}N_{9}) + 6(C_{6}H_{7}N, HCl)$$
$$+ NH_{4}Cl + 5(SnCl_{2}) + 4C_{6}H_{7}N$$

Hofmann findet diese Anschauungsweise durchaus ungenügend, weil dieselbe von ganz falschen Prämissen ausgeht.

besteht hauptsächlich aus einer in Alkohol und konzentrirter Schwefelsäure löslichen violetten Substanz, welche auf Seide nur schmutzige Farben giebt. — Kopp giebt an, daß er noch einen blutrothen Farbstoff aufgefunden habe, welcher in Wasser und Säuren weniger löslich ist als das Rosanilin. — Schließlich hat Hofmann noch eine gelbe Substanz, das Chrysanilin (s. u.) daraus abgeschieden.

[1]) Kopp, Bulletins de la Société chimique, nouvelle série, Bd. I, pag. 207, 1864.

[2]) Dingler's polyt. Journal, Bd. CLXVIII, pag. 446. — Untersuchungen über metallhaltige Anilinderivate und über die Bildung des Anilinroth von Hugo Schiff. Berlin 1864. pag. 111 und pag. 80 ff.

Das Ammoniak, dessen Auftreten bei der Fuchsinbereitung Polley ebenfalls nachgewiesen hat, gehört einer anderen Phase der Reaktion an und rührt von der gleichzeitigen Bildung von Anilinblau her, was aus der Thatsache hervorgeht, daß Hofmann durch Einwirkung von Chlorquecksilber auf toluidinhaltiges Anilin bei niedriger Temperatur ziemlich beträchtliche Mengen von Anilinroth erhalten hat, während nur ganz geringe Spuren von Ammoniak nachgewiesen werden konnten.

Gegenüber der von Hofmann aufgestellten Ansicht hat Coupier[1]) eine Reihe von Versuchen veröffentlicht, die mit jener nicht in Einklang stehen. Er giebt an, daß er mit einem 95 Prozent reinen Toluidin eine Ausbeute von 45 bis 50 Prozent an reinem krystallisirten Anilinroth erhalten habe, und daß man diese Zahlen nicht als das Maximum betrachten dürfe. Durch Hinzufügen von Anilin zu dem Toluidin vermindert sich die Ausbeute fortwährend und im Verhältniß zu der hinzugesetzten Menge Anilin, so daß man, wenn man reines Anilin mit 5 Prozent reinem Toluidin vermischt, der Ertrag an Anilinroth nur noch 4 Prozent ausmacht. In Folge dieser Resultate nimmt Coupier an, daß das Toluidin allein von wesentlichem Einfluß auf die Bildung von Anilinroth ist.

Reines Toluidin mit arseniger Säure in Berührung gebracht, kann nicht dieselbe Temperatur wie das Anilin unter denselben Bedingungen aushalten, ohne Veränderungen zu erleiden.

Bei der Mehrzahl der Darstellungsmethoden für das Anilinroth bilden sich als sekundäre Produkte blaue und violette Farbstoffe, die von Béchamp, Schneider und Jacquelain angegeben worden sind. Ueber die chemische Beschaffenheit dieser Substanzen ist man noch fast völlig im Dunkeln und hat sie noch nicht mit Vortheil zu verwenden gewußt. Wahrscheinlich entstehen sie durch die Einwirkung des Anilins auf das gebildete Anilinroth.

Unter dem Namen Dahlia (Dahlia impérial) kommt ein violetter Farbstoff in den Handel, welcher in heißem Wasser löslich ist und sich durch den Reichthum, den Glanz und die unvergleichliche Reinheit seiner Farbe auszeichnet. Seine Darstellungsweise ist unbekannt, er scheint ein bei der Anilinrothdarstellung auftretendes sekundäres Produkt zu sein und sich nur in kleinen Quantitäten zu bilden.

Nicholson ist es gelungen, aus den rohen harzartigen Rückständen des Fuchsins einen prächtigen, Seide und Wolle gelb färbenden

---

[1]) Coupier, Moniteur scientifique, Bd. VII, pag. 762. August 1865.

Stoff auszuziehen, welcher von Hofmann näher untersucht worden ist und den Namen Chrysanilin (s. u.) empfangen hat.

Diese unbestimmten und zum Theil ungenauen Angaben sind durch neuere Arbeiten[1]), von welchen wir im Nachstehenden einen kurzen Auszug geben wollen, präzisirt worden.

Die Rückstände, welche bei der Auflösung der rohen, durch Erhitzen von Anilin mit Arsensäure erhaltenen Schmelze in schwach angesäuertem Wasser zurückbleiben, sind fest und pulverförmig. Sie bestehen aus einer geringen Menge salzsaurem, arsensaurem und arsenigsaurem Rosanilin, arseniger Säure, gelben und violetten Farbstoffen und humusartigen Produkten.

Wenn man eine hinreichende Menge Material von mehreren Fuchsinschmelzen hat, so zieht man zuerst das Rosanilin durch schwach angesäuertes Wasser aus, filtrirt und fällt die Lösung mit Kochsalz. Zur Abscheidung der gleichzeitig gebildeten Farbstoffe, welche man mit dem Namen Violanilin, Mauvanilin und Chrysotoluidin bezeichnet, behandelt man die so gut als möglich ausgelaugten Rückstände mit überschüssiger verdünnter kochender Natronlauge, um sie vollständig von den arsensauren Salzen zu befreien; die Lösung wird abfiltrirt und die unlösliche Masse mit kochendem Wasser ausgewaschen und getrocknet[2]). Um die basischen Farbstoffe von den humusartigen Stoffen zu befreien, löst man die trockne Masse in Anilin auf und erhitzt bis auf 100°. Die gelösten Farbstoffe werden durch Filtriren von den humusartigen Substanzen getrennt und das Filtrat mit einer Säure (Salzsäure oder Essigsäure) gesättigt, wodurch das Violanilin gefällt wird; das Mauvanilin und das Chrysotoluidin bleiben in Lösung. Man filtrirt das erstere ab, verdünnt die Flüssigkeit mit Wasser und schlägt das Mauvanilin durch Kochsalz nieder. Die abfiltrirte Lösung wird mit einem Alkali übersättigt und das Anilin in einer Retorte mit Hilfe eines Dampfstromes abdestillirt, das Chrysotoluidin findet sich alsdann am Boden der Retorte.

Das Mauvanilin ist in Wasser unlöslich, löst sich jedoch in Alkohol, Aether, Benzin. Die Salze sind löslich in Wasser, welches dadurch eine prachtvolle röthlich violette Farbe annimmt, beim Färben erhält man dieselbe Nuance. Bei der Einwirkung von Anilin erhält man Phenyl-, mit den Jodverbindungen der Alkoholradikale Aethyl-

---

[1]) Rapport du jury international, (Exposition de 1867) pag. 29.
[2]) Girard et de Laire, brevet d'invention, No. 75101, 21. Febr. 1867.

und Methylderivate, welche denen analog sind, die man unter gleichen Bedingungen aus dem Rosanilin erhält.

Das Violanilin hat ähnliche Eigenschaften; es ist unlöslich in Aether und Benzin. Die Salze desselben, welche in Alkohol gelöst werden müssen, färben dunkelblau mit veilchenblauem Reflex; sie sind ohne Interesse. Die Chrysotoluidinsalze färben gelb. Erst seit der Mitte des Jahres 1867 hat man angefangen diese Farbstoffe zu benutzen.

Die Zusammensetzung des Mauvanilins ist:
$$C_{19} H_{17} N_3, H_2 O$$

Man kennt also folgende homologe Reihe:

$$\begin{aligned}
\text{Violanilin} &\ldots\ldots C_{18} H_{15} N_3 \\
\text{Mauvanilin} &\ldots\ldots C_{19} H_{17} N_3 \\
\text{Rosanilin} &\ldots\ldots C_{20} H_{19} N_3 \\
\text{Chrysotoluidin} &\ldots\ldots C_{21} H_{21} N_3
\end{aligned}$$

Das Mauvanilin entsteht durch Vereinigung von 2 Molekülen Anilin und 1 Molekül Toluidin unter Austritt von 6 Wasserstoff:

$$2\underbrace{(C_6 H_7 N)}_{\text{Anilin}} + \underbrace{C_7 H_9 N}_{\text{Toluidin}} - 6H = \underbrace{C_{19} H_{17} N_3}_{\text{Mauvanilin}} = \left.\begin{array}{c} C_6 H_4, \ H \\ C_6 H_4, \ H \\ C_7 H_6, \ H \end{array}\right\} N_3$$

Das Violanilin aus 3 Molekülen Anilin unter Austritt von 6 Wasserstoff:

$$3\underbrace{(C_6 H_5, H_2 N)}_{\text{Anilin}} - 6H = \underbrace{C_{18} H_{15} N_3}_{\text{Violanilin}} = \left.\begin{array}{c} C_6 H_4, \ H \\ C_6 H_4, \ H \\ C_6 H_4, \ H \end{array}\right\} N_3$$

Das Chrysotoluidin aus 3 Molekülen Toluidin unter Austritt von 6 Wasserstoff:

$$3\underbrace{(C_7 H_7, H_2 N)}_{\text{Toluidin}} - 6H = \underbrace{C_{21} H_{21} N_3}_{\text{Chrysotoluidin}} = \left.\begin{array}{c} C_7 H_6, \ H \\ C_7 H_6, \ H \\ C_7 H_6, \ H \end{array}\right\} N_3 \ [1])$$

Reaktionen der Rosanilinsalzlösungen.

Bei der Einwirkung von kaustischen und kohlensauren Alkalien auf Anilinrothlösungen tritt sowol in der Kälte wie in der Hitze eine Entfärbung ein, ohne dass jedoch die Farbe zerstört wird; es ist dies eine einfache Folge davon, dass die im reinen Zustande farblose Basis

---

[1]) Annalen der Chemie und Pharm., Bd. CXLII, pag. 306. — Zeitschrift für Chemie, 1867, pag. 19 und 236.

(das Rosanilin), wie wir dies an der betreffenden Stelle ausführlich beschrieben haben, abgeschieden wird. Beim Zusatz einer Säure wird die Farbe sofort wiederhergestellt, weil sich alsdann gefärbte Anilinsalze bilden.

Platin- und Goldchlorid geben dunkel purpurrothe Niederschläge, ebenso das Rhodankalium.

Zinnchlorür entfärbt die Lösungen in der Kälte, in der Hitze werden sie weinhefenroth gefärbt. Fügt man in diesem Augenblick essigsaures Natrium hinzu, so entsteht ein rothgefärbter Niederschlag (Lack). Nach dem Zusatz von übermangansaurem Kalium färben die Flüssigkeiten nur noch gelb.

Unterschwefligsaures Natrium verändert die rothe Farbe in Rothviolet.

Chlor färbt die Lösung anfänglich blau und entfärbt sie schließlich.

Chlorkalk entfärbt und zerstört den Farbstoff, namentlich in der Hitze; auch schweflige Säure bewirkt eine Entfärbung, indessen kann, wenn man ein Oxydationsmittel hiernach mit Vorsicht anwendet, die Farbe wiederhergestellt werden.

Das Fuchsin ist in Ammoniak löslich; in Schwefelsäure löst es sich mit gelber Farbe auf.

31. Zeugprobe: Fuchsin auf Baumwolle.
32. Zeugprobe: Seide mit Fuchsin gefärbt.

Coupier[1]) hat sich neuerdings mit der Darstellung von Farbstoffen aus reinem oder wenigstens anilinfreiem Toluidin und Xylidin beschäftigt. Nachdem er das Toluol, Xylol und Benzol durch fraktionirte Destillation geschieden, unterwirft er die drei Kohlenwasserstoffe der Einwirkung von Salpetersäure, um sie wieder in die Nitroverbindungen überzuführen, und reduzirt das Nitrotoluol und das Nitroxylol, wodurch er Toluidin und Xylidin erhält.

Nach der Patentspezifikation[2]) verfährt man zur Darstellung der Farbe folgendermaßen:

1) Man stellt sich zuerst ein arsensaures Toluidin dar, indem man dasselbe mit überschüssiger Arsensäure zusammenbringt und Chlorwasserstoffsäure hinzusetzt; hierauf erhitzt man und verfährt wie bei dem gewöhnlichen Anilin.

2) Man erhitzt eine Mischung von 95 Theilen Nitrotoluol,

---

[1]) Illustrirte Gewerbezeitung, 1867, pag. 412. — Polytechn. Centralblatt, 1867, pag. 679. — Dingler's polyt. Journal, Bd. CLXXXI, pag. 385.
[2]) Patent vom 5. April 1866. Zusatz vom 30. Juli 1866.

67 Theilen Toluidin, 65 Theilen Chlorwasserstoffsäure und 7 bis 8 Theilen Eisenchlorid 3 bis 4 Stunden lang auf 180°.

3) Man erhitzt eine Mischung von 105 Theilen Nitroxylol, 75 Theilen Xylidin, 65 Theilen Chlorwasserstoffsäure, 7 bis 8 Theilen Eisenchlorid 3 bis 4 Stunden lang zwischen 190° und 210°.

Die Abscheidung und Reinigung des rothen Farbstoffs geschieht wie beim Rosanilin. Bei dem ersteren Verfahren ist die Anwesenheit von Chlorwasserstoffsäure nothwendig.

Chrysanilin [1].

Die Darstellung des Chrysanilins ist sehr einfach. Der harzartige Rückstand, welcher beim Auslaugen des Fuchsins zurückbleibt, wird einige Zeit einem Dampfstrom ausgesetzt, welcher die Auflösung einer gewissen Menge dieses Körpers bewirkt; durch Hinzufügen von Salpetersäure wird er als schwerlösliches salpetersaures Salz niedergeschlagen. Zur Darstellung der Base löst man letzteres in Wasser auf und fällt die Lösung mit Ammoniak; man erhält alsdann ein gelbes amorphes, in Alkohol und Aether lösliches, in Wasser dagegen unlösliches Pulver, dessen Zusammensetzung der Formel:

$$C_{20}H_{17}N_3$$

entspricht. — Das Chrysanilin unterscheidet sich von dem Rosanilin also nur durch einen Mindergehalt von 2 Atomen Wasserstoff. Dr. Vogel versuchte durch Erhitzen einer wässrigen Lösung eines Rosanilinsalzes mit einem schwachen Oxydationsmittel (frisch gefälltem Quecksilberoxyd) in zugeschmolzenen Glasröhren das Rosanilin in Chrysanilin überzuführen, allein es gelang ihm dies ebensowenig, als wenn er die freie Basis auf dieselbe Weise behandelte.

Das Chrysanilin bildet mit Chlor-, Jod- und Bromwasserstoffsäure sowie mit Salpetersäure schön krystallisirte Salze; das zweifach salpetersaure Salz verliert jedoch beim Umkrystallisiren aus Wasser den Ueberschuss von Salpetersäure. Die Salze krystallisiren aus Alkohol in schönen rubinrothen Nadeln. Das Chrysanilin sowol wie seine Salze färben Wolle und Seide schön goldgelb.

---

[1] Hofmann, Chemisches Centralblatt, 1863, pag. 348. — Dingler's polytechn. Journal, Bd. CLXVIII, pag. 133. — Journal f. Chemie und Pharmacie, 1863, pag. 33. — Comptes rendus de l'Academie des sciences, Bd. LV, pag. 617.

Anilingelb.

Schiff[1]) giebt zur Darstellung von Anilingelb folgende Vorschrift: Man zerreibt zinnsaure oder antimonsaure Alkalien mit einem halben Theile Anilin und fügt Salzsäure oder nach Schifferl besser konzentrirte Essigsäure bis zur sauren Reaktion hinzu. Die hierdurch entstehende rothe Flüssigkeit wird eingedampft und mit einer Mischung von Alkohol und Aether extrahirt: die Lösung hinterläßt beim Verdunsten die Salzsäureverbindung als kantharidengrüne glänzende Masse. Löst man dieselbe in angesäuertem Wasser auf und setzt Kalilauge hinzu, so scheidet sich ein gelber flockiger Körper aus, welcher Wolle und Seide sehr intensiv und dauerhaft färbt. Dieses Verfahren ist sehr geeignet, den Farbstoff erst auf der Faser zu erzeugen.

Zinalin.

Leitet man nach Vogel[2]) Salpetrigsäuregas in eine alkoholische Lösung von Rosanilin oder Fuchsin, so färbt sich die Lösung prachtvoll violet, dann blau und grün und geht schließlich in Gelb über. Dampft man die Lösung zur Trockne ein, so erhält man eine rothe Masse, welche beim Zerreiben ein prachtvoll zinnoberrothes Pulver giebt. Die Analyse einer Probe, welche aus ganz reinem Rosanilin dargestellt war, führte zu der Formel:

$$C_{20}H_{19}N_3O_4$$

Die Umwandlung des Rosanilins in Zinalin kann man durch folgende Gleichung darstellen:

$$C_{20}H_{19}N_3 + 2N_2O_4 = C_{20}H_{19}N_3O_4 + 5N$$

Das Auftreten von Stickstoff bei der Darstellung wurde beobachtet.

Leitet man überhaupt durch eine wässrige oder alkoholische Lösung von Anilinfarben salpetrige Säure, so entsteht ohne Ausnahme eine braune Farbe, welche beim Verdünnen mit Wasser in Gelb übergeht.

Das Zinalin schmilzt unter 100° und verpufft bei höherer Temperatur unter Zurücklassung einer leicht verbrennlichen Kohle. In

---

[1]) Annalen der Chem. u. Pharm., Bd. CXXVII, pag. 345. — Dingler's polytechn. Journal, Bd. CLIX, pag. 157. — Polytechn. Centralblatt, 1863, pag. 1664. — Untersuchungen über metallhaltige Anilinderivate, pag. 112.

[2]) Polytechn. Centralblatt, 1865, pag. 1073. — Journal f. prakt. Chemie, Bd. XCIV, pag. 453. — Dingler's polytechn. Journal, Bd. CLXX, pag. 820. — Die Anilinfarben, von Dr. Max Vogel, Leipzig 1866, pag. 102.

kaltem Wasser ist es unlöslich; kocht man es längere Zeit mit Wasser, so löst sich ein kleiner Theil mit gelber Farbe auf, während das ungelöste zu einer blättrigen, schellackähnlichen Masse zusammenschmilzt. In warmen Lösungen von essigsauren Alkalien, Borax und gewöhnlichem phosphorsauren Natrium ist das Zinalin ziemlich löslich. Alkohol, Aether, Chloroform, Schwefelkohlenstoff, Alkalien, sowie Säuren lösen den Farbstoff ebenfalls auf, aus letzteren Lösungen wird er jedoch durch Wasser in gelben Flocken wieder abgeschieden.

Seide und Wolle werden schön gelb mit röthlichem Ton gefärbt; indessen kann man auch eine der Pikrinsäure ähnliche Farbe darstellen. In Ammoniakflüssigkeit werden die mit diesem Farbstoff gefärbten Stoffe prachtvoll purpurroth; diese Färbung verschwindet jedoch in dem Maße, wie das Ammoniak verdunstet.

Guignon, Lothringer und Mène haben sich ein Patent auf die Darstellung eines gelben Farbstoffs durch Einwirkung von salpetriger Säure auf Anilin ertheilen lassen. Man leitet nach ihrer Vorschrift einfach das Gas in der Kälte durch Anilin, wodurch dieses eine gelbbraune Farbe annimmt [1]).

Unter gewissen Umständen erhält man durch Einwirkung von Salpetersäure auf Anilin einen gelben Farbstoff, welcher zuerst von Simpson, Maule und Nicholson unter dem Namen Anilingelb in den Handel gebracht wurde; nach Martius und Grieß ist letzteres das oxalsaure Salz der unter dem Namen Diamidodiphenylimid $C_{12}H_{11}N_3$ bekannten Base, welche dem Diazoamidobenzol isomer ist; das oben erwähnte Anilingelb von Schiff wäre Diazotiphenylamid.

Derivate des Rosanilins.

Verhalten des Rosanilins beim Erhitzen. — Unterwirft man Rosanilin der trocknen Destillation, so zerlegt sich dasselbe, indem Ammoniak entweicht und eine beträchtliche Menge (40 bis 50 Prozent) einer ölartigen Flüssigkeit, welche hauptsächlich aus Anilin besteht, überdestillirt, während eine aufgeblähte Kohle in der Retorte zurückbleibt. Aehnlich verhalten sich die Rosanilinsalze [2]).

---

[1]) Patent vom 5. Mai 1861; 30. August 1861. — Comptes rendus de l'Académie des sciences. Bd. LII, pag. 311.

[2]) Hofmann, Beiträge zur Kenntniß der Kohlentheerfarbstoffe. — Polyt. Centralbl., 1865, pag. 525. — Journal für prakt. Chemie, Bd. XCIII, pag. 208. — Comptes rendus, Bd. LVIII, pag. 1131.

Einwirkung oxydirender Agentien. — Energische Oxydationsmittel zerstören das Rosanilin und berauben dasselbe seiner färbenden Kraft.

Ueber die Einwirkung von Oxydationsmitteln auf das Rosanilin sind bis jetzt keine Arbeiten veröffentlicht worden, welche einiges Licht über diesen Punkt verbreiten könnten. Hofmann giebt an, daß er durch Kochen des Rosanilins mit sauerstoffreichen Körpern ein braunes amorphes Pulver erhalten habe.

Einwirkung reduzirender Agentien. — Rosanilin ist gegen Reduktionsmittel sehr empfindlich. Hofmann hat über diesen Punkt zuerst Bestimmtes mitgetheilt.

Eine Lösung von Rosanilin in Salzsäure wird durch metallisches Zink sehr bald entfärbt; die Flüssigkeit enthält alsdann neben Chlorzink die chlorwasserstoffsaure Verbindung eines neuen, sowol im freien Zustande wie in den Verbindungen farblosen Triamins; ebenso werden die Rosanilinsalze durch Wasserstoff im status nascens, Schwefelwasserstoff und Schwefelammonium heftig angegriffen, indem sich dieselbe Verbindung bildet, welche von Hofmann sehr passend Leukanilin benannt worden ist.

Die Reindarstellung dieses neuen Körpers ist eine schwierige und mühsame Operation; Hofmann schlägt vor, die Base mittelst Schwefelammonium darzustellen. Digerirt man zu dem Zwecke ein Rosanilinsalz mehrere Stunden lang mit Schwefelammonium, so erhält man eine geschmolzene Masse, welche beim Erkalten zu einer spröden und kaum krystallinischen Masse erstarrt. Die gelbe gummiartige Substanz, welche fast gänzlich aus Leukanilin besteht, wird mit Wasser von dem anhängenden Schwefelammonium befreit und in verdünnter Chlorwasserstoffsäure aufgelöst. Beim Zusatz von konzentrirter Salzsäure erhält man einen gelben krystallinischen Niederschlag. Durch mehrfach wiederholtes Auflösen in verdünnter Salzsäure und Ausfällen erhält man das chlorwasserstoffsaure Salz rein und weiß. Es ist sehr leicht löslich in Alkohol und Wasser, unlöslich dagegen in Aether und konzentrirter Salzsäure.

Ammoniak fällt aus der salzsauren Lösung des Chlorürs die Base als ein weißes Pulver. Das beste Lösungsmittel für dieselbe ist eine Auflösung des Leukanilinchlorürs, aus welcher sie sich beim Erkalten in durcheinander gewachsenen Nadeln abscheidet. In kaltem Wasser ist sie unlöslich, etwas löslich in kochendem Wasser und in Aether, leichter löslich in Alkohol. Beim Erhitzen wird sie roth und schmilzt zu einer dunkelrothen Flüssigkeit, welche beim Erkalten wieder erstarrt.

Ihre Zusammensetzung entspricht der Formel:
$$C_{20} H_{21} N_3$$

Das Rosanilin steht also zum Leukanilin in demselben Verhältniß wie das Indigblau zum Indigweiß; sie sind von einander nur durch die Menge Wasserstoff, welche in ihrem Molekül enthalten ist, verschieden. Durch Oxydationsmittel kann das Leukanilin wieder in das Rosanilin verwandelt werden.

Fein zertheiltes Zink oder Zinkstaub, wie man denselben bei der hüttenmännischen Gewinnung des Zinks erhält, sind so gute Reduktionsmittel für die Rosanilinsalze, daß sie als Enlevage oder Reservage für Anilinroth benutzt werden können (Durand). Entfernt man jedoch das Leukanilin nicht vollständig von dem Zeuge, so ereignet es sich mitunter, daß letzteres an der Luft sich wieder färbt. Dangueville und Gautin zerstören den Farbstoff durch Oxydation. Sie benutzen zu diesem Zweck übermangansaures Kalium, welches sie mit Pfeifenthon, Kaolin oder Kieselgallerte verdickt aufdrucken. Die Reaktion findet sofort statt und giebt zur Bildung von farblosen Körpern und Manganoxyd Veranlassung, welche durch einmaliges Passiren durch verdünnte Säure entfernt werden können.[1]

Auch Cyankalium kann zur Reduktion des Anilinroth benutzt werden. Erhitzt man die farblose Lösung des Leukanilinchlorürs mit Bariumsuperoxyd, Eisenchlorid und hauptsächlich chromsaurem Kalium, so nimmt die Flüssigkeit schnell die schöne carmoisinrothe Farbe der Rosanilinsalze an.

Durch Einwirkung der phosphorigen Säure auf Rosanilin erhält Lauth eine gelbe Basis, welche an der Luft sehr schnell roth wird. Bis jetzt ist noch nichts über diese Verbindung bekannt geworden. Fayolle[2] hat ein Patent zur Herstellung eines gelben, aus dem Fuchsin hervorkommenden Farbstoffs erhalten. Er erhält diesen, indem er ein Rosanilinsalz der Einwirkung einer Mischung von Eisen- oder Zinkfeilspänen und Salzsäure unterwirft. Zu diesem Zwecke benutzt man die Fuchsinrückstände und namentlich unreines Fuchsin. Die Masse wird mit kochendem Wasser ausgelaugt und die Flüssigkeit durch Kochsalz gefällt. Nach der Herstellungsweise muß dieser Körper ein

---

[1] Dingler's polyt. Journ., Bd. CLXXXIII, pag. 414. — Deutsche Industrie-Zeitg., 1867, pag. 75. — Bulletins de la Société chimique, 1866, Bd. VI, pag. 504.

[2] Nr. 65070, 15. November 1864.

unreines Leukanilin oder vielmehr das Chlorür desselben sein, mit mehr oder weniger rothen oder gelben Substanzen vermischt.

Ob die blauen und grünen Farbstoffe, welche Lauth und Useba durch Einwirkung des Aldehyds auf Rosanilin erhalten, zu den Reduktionsderivaten des Rosanilins oder zu einer andern Reihe gehören, ist eine bisher noch unerledigte Frage. Nach neueren Untersuchungen von Hugo Schiff[1]) wirken die Aldehyde in der Weise auf das Rosanilin, daß Wasser austritt und der typische Wasserstoff durch die zweiatomigen Rückstände der Aldehyde ersetzt wird. Der gewöhnliche Aldehyd C_2H_4O hinterläßt als Rückstand C_2H_4 (Aldehyden), eine dem Aethylen isomere Verbindung. Man kann die Rosanilinsalze und namentlich das essigsaure Rosanilin direkt benutzen.

Schiff behandelte das letztere Salz mit Oenanthol so lange, als noch Absorption stattfand. Die Masse ist in Alkohol mit schön blauer Farbe löslich, Kalilauge fällt aus der Lösung rothe krystallinische Flocken der sechssäurigen Base Triönanthyliden-Dirosanilin ($C_{61}H_{76}N_6$)

$$2(C_{20}H_{14}) \atop 3(C_7H_{12}) \Big\} N_6$$

welches sich nach der Gleichung bildet:

$$2N_6 \Big\{ {C_{60}H_{48} \atop H_{18}} + 3C_7H_{14}O = 3H_2O + {2(C_{20}H_{14}) \atop 3(C_7H_{12})} \Big\} N_6$$

Bittermandelöl (Benzaldehyd C_7H_6O) wirkt bei 90° — 100° nur langsam auf Rosanilin ein; bei 120° erhält man ein kupferfarbenes Produkt, welches in seinen Eigenschaften der vorigen Verbindung entspricht.

Trotz dieser Untersuchungen ist die Zusammensetzung der aus dem Rosanilin durch den Aethylaldehyd entstehenden Farben bis jetzt noch nicht mit Genauigkeit ermittelt. Lanth[2]) löste Anilinroth in Schwefelsäure auf und setzte eine kleine Menge reinen Aldehyd hinzu[3]). Nach mehrstündiger Einwirkung neutralisirte er die Flüssigkeit mit Natronlauge und erhielt einen blauen Niederschlag von großer Reinheit. Hat die Reaktion kürzere Zeit gedauert, so ist der Niederschlag violet.

Diese Eigenschaft theilt der Aldehyd mit anderen Wasserstoff-

---

[1]) Göttinger Zeitschr. f. Chemie v. Hübner, Beilstein u. Fittig, Bd. VIII, Heft 18, pag. 549. — Comptes rendus, Bd. LXI, pag. 45.
[2]) Dingler's polyt. Journal, Bd. CLII, pag. 55.
[3]) 20 Gramm Anilinroth, 280 Gramm Schwefelsäure, mit ihrem gleichen Volumen Wasser verdünnt, und 100 Centigramm rohen Aldehyd.

Verbindungen der Säureradikale, wie z. B. Valerylwasserstoff (Valeraldehyd), und mit vielen natürlichen Oelen (Rautenöl, Anisöl). Die Verwandlung geschieht bereits in der Kälte.

Dieser blaue Farbstoff ist löslich in Wasser, Alkohol, Aether, Essigsäure, Glycerin und scheidet sich aus diesen Lösungen in Gestalt von bronzefarbenen, stark glänzenden Blättchen ab. Von Säuren wird er mit gelber Farbe gelöst und aus diesen Lösungen durch Alkalien wieder gefällt; in salzhaltigem Wasser ist er unlöslich und zerlegt sich bei 200°. Seide, Wolle und Baumwolle werden wie von den andern Anilinfarben gefärbt; die Nüancen sind sehr rein, aber an der Luft nicht ächt.

Willm, welcher diesen blauen Farbstoff untersucht hat, fand darin:

$$\begin{array}{ll}\text{Kohlenstoff} & 75{,}88 \\ \text{Wasserstoff} & 6{,}44 \\ \text{Stickstoff} & 7{,}31 \\ \text{Sauerstoff} & 16{,}37.\end{array}$$

Blaue und violette Farbstoffe: Substituirte Rosaniline.

Das Rosanilin kann ebenso gut Substitutionsprodukte bilden, wie das Anilin und das Ammoniak, denen es hinsichtlich seiner Konstitution sehr nahe steht; es entstehen hierdurch Farben, die wegen ihres Reichthums, ihrer Schönheit und ihrer technischen Verwendung von gleicher Wichtigkeit sind. — Wenn wir uns das Rosanilin als ein Triamin vorstellen, welches die Radikale Phenylen und Toluylen enthält

$$\left.\begin{array}{c} C_6H_4 \\ 2(C_7H_6) \\ H_3 \end{array}\right\} N_2$$

so sehen wir, daß 3 Atome Wasserstoff noch disponibel sind, welche dem Typus Ammoniak angehören und durch verschiedene Radikale, wie Alkohol- und Säureradikale ersetzt werden können.

Rosanilin-Blau und -Violet.

Die interessanteste Reaktion ist diejenige, welche zur Bildung von blauen und violetten Farbstoffen aus dem Rosanilin Veranlassung giebt. Die Entdeckung dieser wichtigen Farben verdankt man den

Bemühungen von Girard und de Laire[1]). Sie entstehen durch Einwirkung des Anilins auf irgend ein Rosanilinsalz, wenn man diese beiden Körper bis nahe zum Siedepunkt des Anilins erhitzt; es ist nicht einmal erforderlich, daß das Rosanilin schon im Voraus fertig gebildet ist, sondern man kann ganz einfach überschüssiges Anilin mit Körpern erhitzen, welche im Stande sind, dasselbe theilweise in Rosanilin überzuführen. Persoz, de Luynes und Salvétat bereiten das sogenannte Bleu de Paris durch ein 30stündiges Erhitzen von 16 Theilen Anilin und 9 Theilen Zinnchlorid auf 160°. Man sieht leicht ein, daß diese Darstellungsweise nur eine Modifikation des Girard'schen Verfahrens ist, was die genannten Chemiker selbst zugegeben haben. Es bildet sich nämlich zuerst Fuchsin, welches sich dann durch die Einwirkung des Anilins in Anilinblau verwandelt.

Die Entstehung von Rosanilinblau und Rosanilinviolett durch das Anilin ist das Resultat einer Substitution des Radikals Phenyl an Stelle des einen Theiles des Wasserstoffs in dem Rosanilin. Girard und de Laire beobachteten bereits, daß bei der Einwirkung von Anilin auf Rosanilinsalze, oder umgekehrt von Rosanilin auf Anilinsalze, eine bedeutende Ammoniakentwicklung stattfindet.

Hofmann[2]) hat nachgewiesen, daß der blaue Farbstoff, welcher als Endprodukt bei der Reaktion auftritt, eine neue Basis, nämlich das Triphenylrosanilin oder eines seiner Salze ist; die Bildung erfolgt nach der Gleichung:

$$\underbrace{C_{20}H_{21}N_3O}_{\text{Rosanilin}} + 3\underbrace{(C_6H_5, H_2N)}_{\text{Anilin}} = \underbrace{C_{20}H_{18}(C_6H_5)_3N_3O}_{\text{Triphenylrosanilin}} + 3NH_3$$

Béchamp[3]) hat zuerst auf die Existenz einer Basis in diesem Anilinblau aufmerksam gemacht. Das dabei als intermediäres Produkt auftretende Violet betrachten die Einen als eine einfache Mischung von Roth und Blau, Andere als eine selbständige Verbindung. Die letztere Ansicht ist nach Hofmann die richtige.

Erhitzt man 4 bis 5 Stunden lang eine Mischung von Anilin und (essigsaurem oder salzsaurem) Rosanilin in passenden Verhältnissen auf 165° bis 180°, so erhält man eine violette Masse. Laugt man

---

[1]) Patent vom 2. Januar 1861. — Dingler's polyt. Journal, Bd. CLXIII, pag. 297.

[2]) Ann. der Chemie u. Pharmacie, 1863, pag. 437. — Dingler's polyt. Journal, Bd. CLXX, pag. 437. — Comptes rendus, Bd. LVII, pag. 25. — Polytechn. Centralbl., 1863, pag. 1035.

[3]) Comptes rendus, Bd. LII, pag. 333.

diese mit verdünnter siedender Chlorwasserstoffsäure aus, (1 Theil
käufliche Chlorwasserstoffsäure und 10 bis 15 Theile Wasser), so erhält
man ein in Alkohol und Essigsäure lösliches Violet; es ist ersichtlich,
daß man durch die Behandlung mit Salzsäure nicht blos den Ueberschuß von Anilin, sondern auch das unveränderte Rosanilin auszuziehen
muß.

Aus diesem Violet kann man auf zwei verschiedene Weisen Anilinblau darstellen: 1) durch verlängerte Einwirkung des Anilins bei einer
Temperatur von 170°, 2) durch Kochen mit mäßig verdünnter Salzsäure (1 Theil Salzsäure und 5 Theile Wasser).

Das Violet ist also ein Produkt, bei welchem die Substitution
des Phenyls noch nicht so weit vorgeschritten ist als beim Anilinblau.

Die Einwirkung des Anilins auf das Rosanilin kann durch folgende Gleichung ausgedrückt werden:

$$C_{20}H_{21}N_3O + C_6H_7N = C_{20}H_{19}(C_6H_7)N_3O + NH_3$$
Rosanilin   Anilin   Monophenylrosanilin Ammoniak
(Rothviolet)

$$C_{20}H_{19}(C_6H_7)N_3O + C_6H_7N = C_{20}H_{18}(C_6H_7)_2N_3O + NH_3$$
Monophenylrosanilin   Anilin   Diphenylrosanilin   Ammoniak
(Rothviolet)   (Blauviolet)

$$C_{20}H_{18}(C_6H_7)_2N_3O + C_6H_7N = C_{20}H_{17}(C_6H_7)_3N_3O + NH_3$$
Diphenylrosanilin   Anilin   Triphenylrosanilin   Ammoniak
(Blauviolet)   (Blauviolet)

Konzentrirte kochende Chlorwasserstoffsäure spaltet das Diphenylrosanilin in Rosanilin und Triphenylrosanilin.

$$3(C_{20}H_{18}(C_6H_7)_2N_3O) = 2[C_{20}H_{18}(C_6H_7)_3N_3O] + C_{20}H_{21}N_3O$$

Das Triphenylrosanilin ist farblos wie das Rosanilin, seine Salze
sind gefärbt.

Das chlorwasserstoffsaure Triphenylrosanilin

$$C_{20}H_{18}(C_6H_7)_3N_3, HCl$$

ist ein kaum krystallinisches Pulver von bläulich brauner Farbe, welches
in Wasser und Aether unlöslich ist und von Alkohol nur wenig mit
blauer Farbe gelöst wird. Beim Abdampfen der alkoholischen Lösung
bleibt das Salz als eine dünne kupferfarbene oder goldglänzende Haut
zurück.

Zur Darstellung der Base behandelt man das chlorwasserstoffsaure
Salz mit alkoholischer Ammoniaklösung, wodurch man eine gelbliche
Flüssigkeit erhält, welche neben Chlorammonium die freie Basis

enthält; letztere läßt sich durch Wasser aus der Lösung ausscheiden. Das Triphenolrosanilin ist ein leichter weißer oder gräulicher Niederschlag, welcher beim Auswaschen und Trocknen selbst im luftleeren Raume allmälig eine blaue Färbung annimmt, beim Erhitzen auf 100° tiefbraun wird und diese Farbe auch beim Erkalten behält. Bei ebenderselben Temperatur schmilzt es leicht, ohne sich an Gewicht zu verändern.

Es war bis jetzt nicht möglich, die Base krystallisirt zu erhalten; sie löst sich in Alkohol und Aether und wird aus diesen Lösungen im amorphen Zustande selbst beim freiwilligen Verdunsten wieder abgeschieden.

Aus den Resultaten der Analysen der freien Base sowol wie ihrer Salze stellte Hofmann die Formel auf:

$$C_{20}H_{14}(C_6H_5)_3N_3, H_2O$$

Die verschiedenen Salze sind dem chlorwasserstoffsauren so ähnlich, daß es unmöglich ist, sie ohne Analyse von einander zu unterscheiden.

Schiff[1]) nimmt an, daß bei der Bildung des Anilinblau sich zuerst

$$N_3 \begin{cases} C_6H_5 \\ H \\ H \end{cases} = 2NH_3 + N \begin{cases} C_6H_5 \\ C_6H_5 \\ C_6H_5 \end{cases}$$

$$\underbrace{}_{\text{3 Aequiv. Anilin}} \qquad \underbrace{}_{\text{Triphenylamin}}$$

umsetzen, und daß letzteres sich mit einem Aequivalent Rosanilin zur Base des Anilinblau vereinigt. Letztere wäre hiernach als ein Tetramin von der Formel $N_4 \begin{cases} C_{20}H_{13} \\ (C_6H_5)_3 \end{cases}$ zu betrachten.

Zur Bestätigung seiner Ansicht suchte er die beiden Gruppen zu trennen und erhitzte Anilinblau in einer luftleeren zugeschmolzenen Glasröhre, bis sich eine bewegliche Flüssigkeit bildete; es hatte sich hierbei eine so bedeutende Menge eines brennbaren Gases gebildet, daß beim Oeffnen der Röhre durch den Gasdruck eine Explosion erfolgte. Das Anilinblau hatte sich in eine braunschwarze asphaltähnliche Masse verwandelt, die sich in Alkohol mit rother Farbe löste und sich ganz wie Anilinroth verhielt.

Hofmann hat durch neuere Versuche einen glänzenden Beweis von der Richtigkeit seiner Angaben geliefert[2]).

---

[1]) Schiff, Untersuchungen über Anilinderivate, pag. 115.
[2]) Comptes rendus, Bd. LVIII, pag. 1131; Bd. LIX, pag. 798. — Polyt. Centralbl., 1863, pag. 325. — Journal f. prakt. Chemie, Bd. XCIII, pag. 208. — Annalen der Chemie und Pharmacie, Bd. CXXXII, pag. 160. — Chemisch. Centralbl., 1864, pag. 1002; 1865, pag. 65.

Unterwirft man Anilinblau der trocknen Destillation, so erhält man eine braune dickflüssige Masse, welche zwischen 270° und 350° siedet. Der zwischen 280° und 320° übergehende Theil wird durch Zusatz von Salzsäure fest; das auf diese Weise erhaltene Chlorid wird durch Auswaschen mit Alkohol und Umkrystallisiren aus Aether gereinigt und liefert beim Zersetzen mit Ammoniak Oeltropfen, welche bald zu einer harten, weißen krystallinischen Masse erstarren. Dieser Körper schmilzt bei 45° und besitzt einen eigenthümlichen blumenähnlichen Geruch und einen aromatischen, brennenden Geschmack. Die neue Base wird in ihrer Zusammensetzung durch die Formel $C_{12}H_{11}N$ ausgedrückt und kann als **Diphenylamin** betrachtet werden:

$$\left.\begin{array}{l}C_6H_5\\C_6H_5\\H\end{array}\right\}N$$

Das Diphenylamin ist leicht nachzuweisen; übergießt man dasselbe nämlich mit Salpetersäure, so färbt es sich sofort prachtvoll blau. Am besten findet diese Reaktion statt, wenn man die Base mit konzentrirter Salzsäure übergießt und einige Tropfen Salpetersäure zusetzt. Dieselbe Farbe erhält man auch durch andere Oxydationsmittel, z. B. Platinchlorid. Mit Brom giebt das Rosanilin einen gelben krystallinischen, in kochendem Alkohol löslichen Niederschlag von der Formel:

$$\left.\begin{array}{l}C_6H_3Br_2\\C_6H_3Br_2\\H\end{array}\right\}N$$

Mit Benzoylchlorid liefert es einen in schönen weißen Nadeln krystallisirenden Körper von der Formel:

$$\left.\begin{array}{l}C_6H_5\\C_6H_5\\C_7H_5O\end{array}\right\}N$$

Das **Diphenylbenzoylamin** liefert bei der Behandlung mit Salpetersäure ein gelbes Produkt von folgender Zusammensetzung:

$$\left.\begin{array}{l}C_6H_5\\C_6H_4(NO_2)\\C_7H_5O\end{array}\right\}N$$

Mit Salpetersäure erhält man die Verbindung **Dinitrobiphenylbenzoylamin**:

$$\left.\begin{array}{l}C_6H_4(NO_2)\\C_6H_4(NO_2)\\C_7H_5O\end{array}\right\}N$$

welche sich in alkoholischer Natronlösung mit prachtvoll karmesinrother Färbung auflöst. Fügt man zu der siedenden Flüssigkeit Wasser hinzu, so erhält man einen Niederschlag von Dinitrodiphenylamin:

$$\left.\begin{array}{c}C_6H_4(NO_2)\\C_6H_4(NO_2)\\H\end{array}\right\}N$$

Im Jahre 1866 hat man ein Verfahren angegeben [1]), nach welchem es gelingt, das Diphenylamin, so wie das Ditoluylamin sehr leicht im Großen darzustellen. Zu diesem Zweck erhitzt man in einem geschlossenen Gefäß bei einem Druck von 6 bis 7 Atmosphären ein Gemenge von 2 Theilen käuflichem Anilinöl und 1 Theil chlorwasserstoffsaurem Anilin bis auf ungefähr 250°.

Die Reaktion verläuft hierbei nach folgender Gleichung:

$$\left.\begin{array}{c}C_6H_4\\H\\H\end{array}\right\}N + \left.\begin{array}{c}C_6H_4\\H\\H\\H\end{array}\right\}N = \left.\begin{array}{c}C_6H_4\\C_6H_4\\H\end{array}\right\}N + \left.\begin{array}{c}H\\H\\H\\H\end{array}\right|\begin{array}{c}N\\Cl\end{array}$$

Anilin   Chlorwasserstoff-   Diphenyl-
         Anilin   amin

Aus dem Diphenylamin kann man nach Girard [2]) einen schönen blauen Farbstoff erhalten. Erhitzt man nämlich 3 Theile anderthalb Chlorkohlenstoff (C_2Cl_4) mit 2 Theilen käuflichem Diphenylamin in einem Destillirapparate 5 bis 6 Stunden lang auf 170° bis 180°, so erhält man eine bronzefarbene Schmelze; diese wird gepulvert und mit Benzol oder Aether unter geringer Erwärmung bis zur völligen Erschöpfung behandelt; der größte und beste Theil des blauen Farbstoffs bleibt ungelöst zurück. Man löst ihn in kochendem Alkohol und fällt mit Salzsäure. Girard nimmt auf 1 Theil Alkohol 2 Theile Säure. Nach zweimaligem Auflösen und Fällen ist der blaue Körper fast chemisch rein.

Wird eine alkoholische Lösung des chlorwasserstoffsauren Triphenylrosaniline (Rosanilinblau) mit reduzirenden Substanzen, wie Salzsäure und Zink, behandelt, so entfärbt sie sich. Die klare Flüssigkeit giebt mit Wasser einen Niederschlag, welchen man durch Auflösen in Aether

---

[1]) De Laire und Girard, Patent vom 21. März 1866. — Rapport du Jury International (Exposition de 1867); Matières colorantes dérivées de la houille, par MM. A. W. Hofmann, Georges de Laire et Charles Girard, pag. 18.

[2]) Dingler's polyt. Journal, Bd. CLXXXV, pag. 48. — Mechanic's Magazine, 1867, June, pag. 357.

und Verdunsten desselben rein erhält. Dieselbe Verbindung erhält man auch mit Schwefelammonium als eine weiße, spröde, harzartige Masse.

Ihre Zusammensetzung ist den Analysen zufolge:

$$C_{30}H_{25}N_3 = \frac{C_{20}\ H_{13}}{(C_6\ H_5)_2} \Big\{ N_3$$

Da die Bildung dieses Körpers aus dem Triphenylrosanilin auf ganz analoge Weise vor sich geht, wie die des Leukanilins aus dem Rosanilin und er ferner sich von dem Anilinblau ebenfalls wie jenes durch einen Mehrgehalt von 2 Atomen Wasserstoff unterscheidet, so gab Hofmann dieser Verbindung den Namen Triphenylleukanilin; durch Oxydationsmittel wird dasselbe leicht wieder in Anilinblau verwandelt.

Girard und de Laire'sches Verfahren[1]). — Violet impérial. — Bleu de Lyon. — Man erhitzt 2 Theile trocknes chlorwasserstoffsaures Rosanilin und 2 bis 4 Theile käufliches Anilinöl 4 bis 6 Stunden lang in eisernen Retorten auf eine Temperatur von 150° bis 160°. Die so erhaltene violetgefärbte Schmelze wird mehrmals mit verdünnter Salzsäure (1 Theil Salzsäure, 10 Theile Wasser) ausgekocht, bis der Farbstoff rein blau erscheint und dann mit kochendem Wasser ausgewaschen. Um einen violetten Farbstoff zu erhalten, nimmt man 1 Theil chlorwasserstoffsaures Rosanilin und 3 Theile Anilin, kocht die violette Masse mit ganz schwacher Salzsäure und wäscht danach gut aus. Der Rückstand — das Violet impérial — ist in Alkohol, Holzgeist und Essigsäure löslich, in Wasser nicht.

Mennel stellt einen violetten Farbstoff dar, indem er eine Mischung von Fuchsin und Anilin bis 70° erwärmt. Die Masse wird mit Schwefelsäure von 66° bis auf 130° erhitzt, dann mit Wasser verdünnt und mit Natronlauge behandelt.

Nach Nicholson[2]) erhält man ein Violet, wenn man ein Rosanilinsalz ohne jeglichen Zusatz von Anilin einer Temperatur von 200° bis 215° aussetzt. Unter Entweichen von Ammoniakgas nimmt die Masse eine sehr reine violette Farbe an. Der Farbstoff ist in Alkohol und Essigsäure löslich.

Nach einer anderen Vorschrift[3]) erhitzt man eine Mischung von

---

[1]) Repertory of Patent Invention, Nov. 1861, pag. 384. — Dingler's polytechn. Journal, Bd. CLXII, pag. 297. — Moniteur scientifique, Bd. VII, pag. 4.

[2]) Chemical News, 1863, Bd. VIII, pag. 239.

[3]) Moniteur scientifique, Bd. VII, pag. 5.

20 Pfund Rosanilin, 60 Pfund Anilin und 4 Pinten krystallisirter Eisessigsäure anderthalb Stunden lang auf 150° bis 188°. Sobald die Mischung blau geworden ist, setzt man 4 Pinten krystallisirter Eisessigsäure und 20 Pinten Methylalkohol hinzu. Die Essigsäure und das Rosanilin werden hierbei genau in dem zur Bildung von essigsaurem Rosanilin erforderlichen Verhältniß angewendet.

Das auf die eine oder die andere Weise gewonnene Rohprodukt kann je nach der Qualität des Blau auf verschiedene Weise verarbeitet werden. Bei der geringsten Sorte begnügt man sich damit, den Farbstoff von dem überschüssigen Anilin zu befreien, indem man letzteres entweder durch einen Dampfstrom abbläst oder es durch fortgesetztes Auswaschen mit verdünnten Säuren fortschafft.

Bei den besseren Sorten versetzt man die rohe Masse mit Alkohol und gießt dieselbe in salzsäurehaltiges Wasser; das salzsaure Anilin, so wie das überschüssige, nicht vollständig phenylirte Rosanilin bleibt in Lösung, während der blaue Farbstoff gefällt wird. Man sammelt denselben auf einem Filtrum und wäscht ihn mehrmals mit kochendem angesäuerten Wasser aus, um die braunen und gelben Farbstoffe und die etwa noch zurückgebliebenen Anilin- und Rosanilinsalze zu entfernen. Das Blau wird hierbei in seiner Vertheilung erhalten.

Das Lichtblau ist ein vollkommen reines Triphenylrosanilinsalz. Zu seiner Darstellung nimmt man ein nach der angezeigten Methode gut gereinigtes Blau, wäscht es mehrmals mit warmem Alkohol aus und löst den zu einem feinen Pulver zerriebenen Rückstand in siedendem Alkohol auf. Die Lösung wird filtrirt und zu dem klaren Filtrat Ammoniak oder besser noch alkoholische Natronlösung hinzugesetzt, wodurch die Base, das Triphenylrosanilin, niedergeschlagen wird. Letzteres wird abfiltrirt, ein bis zwei Mal mit kochendem Wasser ausgelaugt und darauf mit der erforderlichen Menge derjenigen Säure, deren Salz man darstellen will, behandelt.

Statt dieses einfachen Verfahrens hat man auch ein komplizirteres vorgeschlagen: Man löst in emaillirten Retorten mit doppeltem Boden das gereinigte Blau in einer Mischung von Alkohol und Chlorwasserstoffsäure auf und erhitzt bis zum Kochen; nachdem ein Theil des Alkohols abdestillirt ist, läßt man erkalten. Da das reine chlorwasserstoffsaure Triphenylrosanilin weniger löslich ist als dieselben Salze der anderen gleichzeitig anwesenden Substanzen, so löst es sich zuletzt auf und scheidet sich zuerst wieder ab; der blaue Farbstoff wird von der Flüssigkeit getrennt und die Operation mehrmals wiederholt. Man erhält hierdurch ein sehr reines Blau.

Man hat jetzt angefangen, aus Sparsamkeitsrücksichten den Alkohol theilweise oder auch ganz durch Anilin zu ersetzen.

Die bei der Reinigung resultirenden Mutterlaugen enthalten salzsaures Anilin und violette, rothe, braune und gelbe Farbstoffe und außerdem noch Benzoesäure, wenn man letztere Säure zur Darstellung des Salzes verwendet hat. Man destillirt dieselben in einer Retorte mit Kalk. Zuerst destillirt der Alkohol über, hierauf kommt das Anilin, welches sich mit den Wasserdämpfen verflüchtigt; in der Retorte bleibt ein Rückstand von benzoesaurem Calcium und den Farbstoffen.

Nicholson[1]) reinigt das Blau, indem er es nach dem Trocknen in konzentrirter Schwefelsäure auflöst. Nach anderthalbstündigem Erhitzen auf 150° setzt er eine größere Menge Wasser hinzu, wodurch der Farbstoff aus der Lösung in modifizirter Form abgeschieden und selbst in kaltem Wasser löslich wird. Auf 100 Kilogramm schwefelsaures Triphenylrosanilin gebraucht man 400 Kilogramm Schwefelsäure von 66° B. Vortheilhaft ist es, wenn man mit nicht zu großen Mengen auf einmal operirt, um eine zu große Temperaturerhöhung bei dem Vermischen zu vermeiden. Nachdem der Farbstoff vollständig aufgelöst ist, fügt man zu der Lösung nach und nach unter beständigem Umrühren ungefähr die acht- bis zehnfache Menge Wasser vom Gewicht der angewendeten Säure hinzu. Das Blau wird hierdurch in sehr fein vertheiltem Zustande gefällt. Man filtrirt es ab und wäscht es so lange mit Wasser aus, bis die Masse nicht mehr sauer ist, was man daran erkennt, daß das Waschwasser anfängt, sich blau zu färben. (Der modifizirte Farbstoff ist in angesäuertem Wasser unlöslich.) Der Niederschlag wird alsdann getrocknet, in ein emaillirtes eisernes Gefäß gebracht, mit einem geringen Ueberschuß von Ammoniak versetzt und erhitzt, wobei sich der Farbstoff als eine metallisch glänzende Masse an der Oberfläche ausscheidet; nach dem Trocknen wird er gepulvert und kommt in Pulverform in den Handel.

Die bei dem Auflösen des Triphenylrosanilins im Wasser sich bildende Verbindung ist der Indigblauschwefelsäure sehr ähnlich und ist wie jene im Stande, Salze zu bilden. Nach den neuesten Untersuchungen hat die Triphenylrosanilinschwefelsäure und ihre Salze folgende Zusammensetzung:

---

[1]) Patent Nr. 1857 v. 24. Juni 1862. — Hofmann, Reports by the Juries, 1862, pag. 132.

Künstliche organische Farbstoffe.

Säure . . . . . . $C_{20} H_{14} (C_6 H_5)_3 N_3 (H_2 SO_4), H_2 SO_4$

Natriumsalz . . $C_{20} H_{14} (C_6 H_5)_3 N_3 (H_2 SO_4), Na_2 SO_4.$

Bariumsalz . . . $C_{20} H_{14} (C_6 H_5)_3 N_3 (H_2 SO_4), \overset{..}{Ba} SO_4.$

Im festen Zustande zeigt das Anilinblau einen kupferähnlichen metallischen Glanz, fast ohne einen Stich ins Grün oder Gelb. In Wasser ist es fast gar nicht oder doch nur sehr wenig löslich, dagegen löst es sich in Holzgeist, Alkohol und konzentrirter Essigsäure. Das trockne Anilinviolet sieht fast ebenso aus wie das Anilinblau und ist wie jenes in Wasser sehr wenig löslich; dagegen löst es sich in den genannten Lösungsmitteln, sowie in siedendem, mit Essigsäure angesäuertem Wasser. Durch geeignete Behandlung mit konzentrirter Schwefelsäure, wodurch es in eine Art Sulfoverbindung übergeführt würde, könnte man es vielleicht ebenfalls in Wasser löslicher machen.

Im Handel kommt eine ziemlich grosse Anzahl von blauen Farbstoffen vor. Man kann dieselben nach Gerber-Keller in folgender Weise eintheilen:

1) In Alkohol lösliches Lichtblau. Man erhält es durch verlängerte Einwirkung des Anilins auf ein Rosanilinsalz, namentlich eines derjenigen mit organischen Säuren; unter diesen ist das benzoesaure Rosanilin vorzuziehen.

2) In Wasser lösliches Lichtblau, welches man aus dem ersteren durch Einwirkung von Schwefelsäure erhalten hat.

Anmerkung: Das Lichtblau behält seine Färbung auch bei künstlichem Lichte und enthält keine Spur von Violet.

3) In Alkohol lösliches Druckblau (Bleu d'impression).
4) In Wasser lösliches Druckblau, mittelst Schwefelsäure erhalten.
5) Blau Nr. 2, in Alkohol löslich.
6) Blau Nr. 2, in Wasser löslich.
7) Blau Nr. 3, Rückstände von der Reinigung des Lichtblau.
33. Zeugprobe: Bleu de Lyon auf Baumwolle.
34. Zeugprobe: Bleu de Lyon auf Seide.
35. Zeugprobe: Fuchsinviolet auf Baumwolle.
36. Zeugprobe: Fuchsinviolet auf Seide.

Perkin[1] stellt Anilinviolet mit Hülfe von Brom dar. Zu dem Ende wird Rosanilin mit der Verbindung gemischt, die man durch

---

[1] London Journal of Arts, 1865, pag. 94. — Deutsche Industrie-Zeitung, 1865, pag. 147 und 385. — Polytechnisches Centralblatt, 1865, pag. 1454. — Chemisches Centralblatt, 1865, pag. 991.

Einwirkung von Brom oder Bromwasser auf Terpentinöl erhält, und das Gemisch mit Zusatz von Alkohol oder Holzgeist 8 Stunden lang in einem verschlossenen Gefäß auf 140° bis 150° erhitzt.

Um ein bläuliches Violet zu erzeugen, werden 1 Theil Bromterpentinöl, 1 Theil Rosanilin und 5 Theile Alkohol oder Holzgeist vermischt, in ein gut emaillirtes schmiedeeisernes Gefäß gebracht, welches mit einem Deckel versehen ist, der mit Schrauben fest angedrückt werden kann. Nach 8stündigem Erhitzen auf 140° bis 170° läßt man erkalten und verdünnt mit Alkohol oder Holzgeist; die Lösung ist zum Färben und Drucken verwendbar. — Eine röthlichere Farbe erhält man, wenn man 3 Theile Rosanilin, 2 Theile Bromterpentinöl und 15 Theile Alkohol nimmt.

Um das Bromterpentinöl zu bereiten, füllt man eine Flasche von 2½ Liter zur Hälfte mit Wasser, bringt etwa anderthalb Zoll hoch Brom hinein, gießt eine dünne ½ Zoll starke Schicht von Terpentinöl darüber und rührt vorsichtig um. Ist das Oel absorbirt, so gießt man abermals etwas Terpentinöl hinein und so fort, bis alles Brom mit dem Terpentinöl verbunden ist, was man daran erkennt, daß dasselbe das Wasser nicht mehr färbt. Man gießt das Wasser ab und wäscht das zurückbleibende Produkt zuerst mit Kalilange, dann mit Wasser aus. Es ist alsdann sofort verwendbar.

Perkin erhält noch ein Violet, indem er gleiche Theile von Mauvein (der Base des Violet mit chromsaurem Kalium) und Jodäthyl in einem starken Gefäß 4 bis 5 Stunden lang auf 100° erhitzt, das überschüssige Jodäthyl abdestillirt, den pulverisirten Rückstand in 16 Theilen Alkohol auflöst und die Lösung filtrirt.

Toluidinblau [1].

Da das Toluidin ein Homologes des Anilins ist, so liegt die Vermuthung sehr nahe, daß, wenn man Toluidin auf Rosanilin unter denselben Bedingungen einwirken läßt, wie das Anilin auf das Rosanilin, man eine dem Triphenylrosanilin analoge Base, das Tritoluylrosanilin erhält, und in der That hat Hofmann die Existenz dieses Körpers nachgewiesen. Zu diesem Zweck erhitzt man ein Rosanilinsalz — z. B. das essigsaure — mit seinem doppelten Gewichte Toluidin auf 130° bis 150°. Unter starkem Entweichen von Ammoniak

---

[1] Annalen der Chemie und Pharmacie, 1864, pag. 705. — Journal für praktische Chemie, Bd. XCIII, pag. 215. — Chemisches Centralbl., 1865, pag. 65. — Chemical News, Bd. X, pag. 366. — Comptes rendus de l'Académie des sciences, Bd. LIX, pag. 793.

erhält man nach 5 bis 6 Stunden eine braune, metallisch glänzende Masse, welche sich in Alkohol mit prachtvoll indigblauer Farbe auflöst. Diese Masse ist das essigsaure Tritoluylrosanilin. Durch Behandlung mit alkoholischer Ammoniaklösung und Zusatz von Wasser erhält man die Base von der Zusammensetzung $C_{20} H_{18} (C_7 H_7)_3 N_3$, aus der sich die verschiedenen Salze darstellen lassen. Das chlorwasserstoffsaure Tritoluylrosanilin krystallisirt in kleinen blauen, in Wasser unlöslichen Krystallen.

Die Bildung des Tritoluylrosanilins ist der des Anilinblau vollständig analog:

$$C_{20} H_{21} N_3 + 3(C_7 H_7 N) = \underbrace{\begin{matrix} C_{20} H_{18} \\ (C_7 H_7)_3 \end{matrix}}_{\text{Tritoluylrosanilin}} \Big| N_3 + 3 N H_3$$

Der trocknen Destillation unterworfen, liefert das essigsaure Salz anfangs Wasser und Essigsäure, hierauf Ammoniakdämpfe und ölige Produkte, welche hauptsächlich aus Anilin und Toluidin bestehen; bei steigender Temperatur endlich erstarren die übergehenden Theile zu krystallinischen Massen, die bei 87° schmelzen und bei 334,5° sieden und aus Toluylphenylamin bestehen. Die rationelle Formel dieses Körpers ist:

$$\begin{matrix} C_6 H_5 \\ C_7 H_7 \\ H \end{matrix} \Big\} N$$

Es entspricht dem aus dem Triphenylrosanilin erhaltenen Diphenylamin. Unterwirft man diesen Körper der Einwirkung von Benzoylchlorür und Salpetersäure, so entstehen Verbindungen, welche den aus dem Diphenylamin entstandenen homolog sind. Erhitzt man mit Quecksilbersublimat, so erhält man eine dunkle Masse, welche sich in Alkohol mit prachtvoll violetter Farbe auflöst.

Dieser neue Farbstoff nähert sich den Substitutionsderivaten des Rosanilins und enthält die Base:

$$C_{20} H_{16} (C_6 H_5)_2 (C_7 H_7) N_3$$

Methyläthyl-Derivate des Rosanilins[1]).

Bereits vor Hofmann hatte Kopp[2]) Aethyl- und Methyl-Derivate des Rosanilins aus dem nach dem Lauth'schen Verfahren

---

[1]) Dingler's polytechn. Journal, Bd. CLXX, pag. 363 und Bd. CLXXII, pag. 306. — Journal f. Chem. u. Pharm., 1863, pag. 473. — Comptes rendus, Bd. LVI, pag. 25.

[2]) Comptes rendus, Bd. LII, pag. 363. — Chemisches Centralblatt, 1861, pag. 34.

(durch Erhitzen von salpetersaurem Anilin) dargestellten Anilinroth erhalten. Er bezeichnet diesen Farbstoff als ein Mononitrotrianilin:

$$\left.\begin{array}{c}(C_6H_5)_2\\ H_2\\ H_2(NO_2)\end{array}\right\}N_3$$

Die drei Aequivalente disponibler Wasserstoff können durch Alkoholradikale vertreten werden, und zwar geht in dem Maße, wie der Wasserstoff durch die Alkoholradikale ersetzt wird, die rothe Farbe in Violet und Blau über.

Es blieb wiederum Hofmann vorbehalten, die Theorie dieser Verbindungen festzustellen und sie für die Praxis nutzbar zu machen. Seine Untersuchung erstreckte sich auf die Einwirkung des Methyls, Aethyls und Amyls. Jodmethyl und Jodäthyl reagiren schon bei 100°, Jodamyl hingegen erfordert eine Temperatur von 160 bis 180°. Die so erhaltenen Jodüre sind violet und enthalten Triäthyl- oder Trimethylrosanilin

$$C_{40}H_{16}(C_2H_5)_3N_3 \text{ oder } C_{20}H_{16}(CH_3)_3N_3$$

dessen Salze ein sehr reines und reiches Violet sind.

Erhitzt man das Triäthylrosanilin mit Jodäthyl, löst in Alkohol auf und versetzt mit Wasser, so erhält man eine weiche, harzartige Masse, die beim Erkalten fest und krystallinisch wird und einen Metallglanz besitzt, welcher zugleich an den der Rosanilinsalze und den der Phenolderivate erinnert. Aus der Analyse der durch Umkrystallisiren gereinigten Substanz ergab sich folgende Formel:

$$C_5H_{16}(C_2H_5)_3N_3, C_2H_5J$$

Es ist also ein Jodäthyl-Triäthylrosanilin.

Das Hofmann'sche Violet [1]) wird im Großen auf folgende Weise dargestellt:

Man vermischt 1 Theil Rosanilin, 2 Theile Jodäthyl [2]) und ungefähr 2 Theile starken Holzgeist oder Alkohol und erhitzt 3 bis 4 Stunden lang auf 100° in einem verschlossenen Gefäße, welches im Stande ist, einen starken Druck auszuhalten. Man kann das Erhitzen auch in offenen Gefäßen ausführen, nur müssen diese mit einem aufsteigenden Kühler verbunden werden, so daß also das Verdampfende stets wieder in den Apparat zurückfließt.

Nach dem Erkalten öffnet man die Gefäße und kann die syrup-

---

[1]) Patent für England vom 22. Mai 1863.
[2]) Dingler's polytechn. Journal, Bd. CLXXXIV, pag. 167.

dicke Flüssigkeit, in Alkohol gelöst, sofort zum Färben verwenden; oder man kocht sie zuerst, wenn man das Jod wiedergewinnen will, mit kaustischer Natronlauge, wäscht das Triäthylrosanilin mit Wasser aus, bis es von allen Salzen befreit ist, und löst dasselbe in chlorwasserstoffsäurehaltigem Alkohol oder in verdünnter Essigsäure.

Das Jodäthyl wird folgendermaßen dargestellt:

Man bringt in ein eisernes emaillirtes Gefäß, welches mit einem doppelten Boden versehen und mit einem Kühler, dessen Schlangenrohr aus Kupfer besteht, verbunden ist:

Alkohol . . . . 60 Kilogramm
Jod . . . . 100 "
Rothen Phosphor . . . 10 "

Das Jod und der Alkohol werden gleichzeitig eingetragen und der Phosphor nach und nach in kleinen Partien zugesetzt. Man läßt das Gemisch 48 Stunden stehen und destillirt es alsdann ab. Sollte bei dem Hinzufügen des rothen Phosphors die Reaktion zu stürmisch werden, so kühlt man den unteren Theil des Gefäßes durch kaltes Wasser ab.

Die Ausbeute ist fast genau die theoretisch berechnete.

Wanklyn giebt an, man solle möglichst wasserfreien Alkohol oder Holzgeist mit einer entsprechenden Menge Jodkalium in einen Destillirapparat bringen und einen Strom von wasserfreiem Salzsäuregas hindurchleiten. Aus dem Destillat scheidet sich beim Verdünnen mit Wasser eine ölige Schicht von Jodäthyl oder Jodmethyl ab, die durch nochmalige Destillation gereinigt wird.

Die neuesten Angaben über die Fabrikation des Hofmann'schen Violet finden wir in dem Bericht der Jury der internationalen Ausstellung zu Paris (1867) von Hofmann, de Laire und Girard. Der Apparat, dessen man sich bedient, wenn man bei gewöhnlichem Druck arbeitet, besteht aus einem kupfernen Gefäße, welches zur Erhitzung durch Dampf mit doppeltem Boden und einerseits mit einem Kühler, andererseits mit einem Kondensator versehen ist; durch passend angebrachte Hähne ist man im Stande, die Verbindung zwischen dem Gefäß und dem Kühler oder dem Kondensator herzustellen.

Für Rothviolet nimmt man ungefähr 1 bis 2 Molekule Jodäthyl auf 1 Mol. Rosanilin:

Rosanilin . . . . 10 Kilogramm
Alkohol . . . . 100 Liter
Jodmethyl oder Jodäthyl . . . . . . 10 Kilogramm
Kalium- oder Natriumhydroxyd . . . . 10 "

Man erhitzt ungefähr 2 Stunden lang, indem man das Gefäß mit dem Kondensator in Verbindung setzt.

Beim Blauviolet sind die Verhältnisse (2 bis 4 Mol. Jodmethyl auf 1 Mol. Rosanilin):

Rosanilin . . . . 10 Kilogramm,
Jodmethyl . . . . 20 „
Kalium- oder Natriumhydroxyd . 10 „
Alkohol . . . . 100 Liter.

Um den erhaltenen Farbstoff zu reinigen, schließt man den ersten Hahn, öffnet den Hahn des Kühlers und destillirt den überschüssigen Alkohol und Jodmethyl ab, hierauf wäscht man den Rückstand mehrmals mit Wasser aus, um das Alkali und das gebildete Jodkalium zu entfernen, und behandelt denselben mit der Säure, deren Salz man darstellen will. Die Salze des Methyl- und Aethylrosanilins, von denen das jodwasserstoffsaure Trimethylrosanilin

$$C_{20}H_{19}(CH_3)_3N_3, HJ$$

und das jodwasserstoffsaure Triäthylrosanilin

$$C_{20}H_{19}(C_2H_5)_3N_3, HJ$$

am leichtesten krystallisiren, sind fast alle löslich in Alkohol, Holzgeist, Essigsäure und Mineralsäuren. Eine sehr große Anzahl, hauptsächlich das chlorwasserstoffsaure und essigsaure Salz sind in reinem Wasser löslich. Durch Kochsalz, schwefelsaures Natrium oder neutrale Salze wird der Farbstoff aus den wässrigen Lösungen gefällt. Das jodwasserstoffsaure Methyl- und Aethylrosanilin sind in kaltem und heißem Wasser fast ganz unlöslich.

Die auf diese Weise erhaltenen Farbstoffe gehören unstreitig zu den schönsten Anilinviolets und zeichnen sich vor allen durch die Reinheit und Schönheit ihrer Nüancen aus. Der getrocknete Farbstoff hat einen bronzefarbenen Glanz und kommt unter dem Namen Hofmann's Violet oder Primula in den Handel.

37. Zeugprobe: Hofmann's Violet auf Baumwolle.
38. Zeugprobe: Hofmann's Violet auf Seide.

Auch Lauth [1]) hatte bereits vor Hofmann Methylderivate des Rosanilins dargestellt, indem er Methylanilin mit Verbindungen behandelte, welche fähig sind, Anilinroth hervorzubringen. Erhitzt man Methylanilin mit Arsensäure, so erhält man einen violetten Farbstoff von großem Reichthum, welcher in Wasser löslich ist, jedoch aus diesen

---

[1]) Répertoire de chimie appliquée, Bd. III. pag. 345.

Lösungen durch Alkalisalze niedergeschlagen wird. Er ist ferner löslich in Alkohol und Essigsäure und giebt blauviolette Lösungen von einer Reinheit, welche nichts zu wünschen übrig läßt. Durch starke Säuren wird die Farbe in Gelb verwandelt, Alkalien stellen jedoch die ursprüngliche Nüance wieder her.

Man kann auch 5 Theile Rosanilin, 8 Theile Alkohol und 8 Theile Jodäthyl 8 bis 10 Stunden lang auf 100° erhitzen. Der Alkohol kann durch Holzgeist, das Jodäthyl durch Jodmethyl ersetzt werden. Nach dem Erkalten gießt man die dicke Masse in Wasser und neutralisirt mit kohlensaurem Natrium, um das jodwasserstoffsaure Rosanilin zu zersetzen und so das Jod wiederzugewinnen. Hierauf wäscht man das unlösliche Produkt aus, bis die Waschwasser rein sind. Will man ein bläulicheres Violet erhalten, so behandelt man abermals mit Jodäthyl; es ist indessen in diesem Falle vortheilhafter, kontinuirlich zu arbeiten, indem man abwechselnd Jodäthyl und die zur Zersetzung des gebildeten jodwasserstoffsauren Salzes erforderliche Menge Natronlauge in den Apparat giebt, bis man die gewünschte Nüance erhalten hat.

Man erhält auf diese Weise Violets von sehr großer Schönheit, die zum Gebrauche in Alkohol gelöst werden, welcher mit Essigsäure oder Chlorwasserstoffsäure angesäuert ist.

Hugo Levinstein[1]) hat als eine Modifikation des Hofmannschen Verfahrens vorgeschlagen, 9 Theile salpetersauren Aethyläther, 32 Theile Rosanilin und 50 Theile 90prozentigen Alkohol unter Druck auf 100° zu erhitzen. Diese Abänderung scheint nicht sehr vortheilhaft zu sein.

Saures chromsaures Kalium giebt nach Lauth in chlorwasserstoffsaurem Methylanilin einen dunkelblauen Niederschlag, welcher nach dem Auswaschen in kochendem Wasser aufgelöst und mit Kochsalz ausgesalzen wird; man erhält auf diese Weise ein sehr schönes und ergiebiges Violet. — Chlorkalk und chlorwasserstoffsaures Methylanilin liefern einen blauen Farbstoff, welcher durch Säuren grün, durch Alkalien aber wieder blau wird. — Durch Einwirkung von Benzoylchlorür oder Acetylchlorür auf Rosanilin erhält man neue Basen, das Tribenzoylrosanilin:

$$C_{20}H_{16}(C_7H_5O)_3N_3$$

und das Triacetylrosanilin:

$$C_{20}H_{16}(C_2H_3O)_3N_3$$

welche farblos sind, jedoch beim Zusatz von Säuren eine rothe Farbe

---

[1]) Patent Nr. 64, 355.

annehmen, die weit mehr ins Orangefarbene übergeht als die der Rosanilinsalze.

Das Tribenzoylrosanilin krystallisirt leicht aus einer alkoholischen Lösung (Schützenberger).

Anilinblau nach Schäffer und Gros-Renaud.

G. Schäffer und Ch. Gros-Renaud[1]) haben eine sehr schöne prachtvoll blaue Farbe, das sogenannte Bleu de Mulhouse dargestellt, indem sie ein Gemisch von Anilinroth mit einer alkalischen Schellacklösung andauernd im Sieden erhielten. Die beiden Chemiker haben über die Darstellungsweise nichts Genaueres veröffentlicht.

Kopp[2]) empfiehlt folgende Verhältnisse:

Man vermischt 1 Liter Wasser, 50 Gramm weißen Schellack (Gummilack) und 18 Gramm krystallisirte Soda, fügt zu der Flüssigkeit 50 Gramm einer Lösung aus 125 Theilen Anilinroth in 50 Theilen Wasser und 500 Gramm Alkohol und läßt eine Stunde lang kochen.

Das sogenannte Violet de Mulhouse erhält man bei Verwendung von 1 Liter Wasser, 100 Gramm Schellack, 30 Gramm Soda und 100 Gramm Azaleinlösung.

Vogel[3]) giebt an, daß man einen violetten Farbstoff erhält, wenn man eine kochend bereitete Lösung von 10 Gramm weißem Schellack, 4 Gramm krystallisirter Soda und 220 Gramm Wasser mit 1 Gramm krystallisirtem Fuchsin versetzt und 10 bis 12 Stunden lang ohne Erwärmen stehen läßt, und daß sich diese Farbe selbst beim Kochen kaum sichtlich verändere.

Anilinviolet nach Smith und Sieberg[4]).

1 Theil Rosanilinsalz wird mit 2 Theilen Alkohol oder mit Holzgeist versetztem Alkohol und 2 Theilen einer Jod- oder Bromverbindung des Acetons gelöst und 4 bis 5 Stunden lang in einem verschlossenen Gefäß auf 100° bis 120° erhitzt. Die Farbe wird um so blauer, je länger das Erwärmen fortgesetzt wird.

---

[1]) Dingler's polyt. Journal, Bd. CLX, pag. 453. — Polyt. Centralblatt, 1861, pag. 1166. — Bulletins de la Société Industrielle de Mulhouse, Bd. XXXI, pag. 38. — Polytechn. Notizblatt, 1861, pag. 288. — Schweizer. polytechn. Zeitschrift, 1861, pag. 123.
[2]) Kopp, Examen des matières colorantes. Saverne 1861, pag. 93.
[3]) Vogel: Die Anilinfarben, pag. 68.
[4]) Deutsche Industriezeitung, 1865, pag. 488.

Anilinbraun.

(G. de Laire[1]) stellt ein reines Anilinbraun auf folgende Weise dar: Man vermischt 1 Theil Rosanilinviolet oder -Blau mit 4 Theilen wasserfreiem chlorwasserstoffsauren Anilin und erhöht dann die Temperatur schnell bis auf 240°. Nach Verlauf einer gewissen Zeit geht die Farbe plötzlich in Braun über. Die Operation dauert 1 bis 2 Stunden; man erkennt das Ende derselben, wenn sich gelbe Dämpfe an den kälteren Theilen des Apparates kondensiren, und hört alsdann mit dem Erhitzen auf.

Der so erhaltene braune Farbstoff ist in Wasser, Alkohol, Aether, Benzin und Essigsäure löslich und kann sofort zum Färben benutzt werden. Um ihn zu reinigen, kann man ihn aus seinen wässrigen Lösungen mit Kochsalz aussalzen.

Derselbe Farbstoff läßt sich auch aus arsensaurem Anilin und chlorwasserstoffsaurem Anilin darstellen. Ein ganz ähnliches Braun entsteht ferner durch Erhitzen von Anilingrün mit dem doppelten Gewicht Anilin.

Jacobsen[2]) giebt folgendes Verfahren zur Darstellung von einem sehr schönen Anilinbraun an: Bringt man 1 Theil Pikrinsäure und 2 Theile Anilin zusammen, so erwärmt sich die Mischung und die Pikrinsäure löst sich zu einer dickflüssigen orangegelben Flüssigkeit auf. Erhitzt man diese im Glycerinbade auf 112° bis 120°, so bräunt sie sich mehr und mehr und es entweichen Wasserdämpfe. Bei erhöhter Temperatur entweicht Ammoniak, welche Entwicklung oft so stürmisch wird, daß die Masse übersteigt. Um dies zu verhüten, erhitzt man, so lange noch Ammoniakgeruch bemerkbar ist, auf 140° und bis eine Probe, in Wasser gebracht, dieses schwach gelblich färbt und sich beim Erkalten leicht pulverifiren läßt. Die fertige Schmelze gießt man fein gemahlen in stark salzsäurehaltiges Wasser und kocht sie darin mehrere Male aus, um das überschüssige Anilin so wie einen rothen Farbstoff fortzuschaffen. Der ausgelaugte Rückstand wird abfiltrirt und ausgewaschen. Er bildet ein schwarzes amorphes Pulver, welches je nach der Temperatur der Darstellung ganz oder theilweise in Alkohol löslich ist; bei mäßiger Hitze dargestellt, läßt er sich leicht

---

[1]) London Journal of Arts, 1863, pag. 348. — Dingler's polyt. Journal, Bd. CLXX, pag. 73.

[2]) Dingler's polytechn. Journal, Bd. CLXXVIII, pag. 312. — Polytechn. Centralblatt, 1865, pag. 1659. — Chemisches Centralbl., 1865, pag. 1067. — Polytechn. Notizblatt, 1865, pag. 331.

vollständig auf, der stärker erhitzte nicht oder nur theilweise. Der gereinigte Farbstoff löst sich mit kirschbrauner Farbe in Alkohol und besser noch, wenn dieser durch Schwefelsäure angesäuert oder mit Glycerin versetzt ist. Seide wird hierin direkt tief korinthfarben, Wolle schwarzbraun mit einem Stich ins Veilchenblaue gefärbt. Durch Auflösen in Schwefelsäure, Verdünnen mit Wasser und Aussalzen mit Kochsalz wird der Farbstoff in Alkohol leicht löslich. — Der gleichzeitig sich bildende rothe Farbstoff ist pikrinsaures Rosanilin. —

Fügt man zu einer wässrigen Lösung von chromsaurem Ammonium eine der angewendeten Menge Chromsäure aequivalente Menge von käuflichem Anilin, so wirken diese beiden Stoffe selbst beim Kochen nicht auf einander ein. Setzt man dann aber Ameisensäure hinzu, so färbt sich die Mischung tief dunkelbraun, und es scheidet sich nach längerem Kochen, welches man unter Ersetzen des verdampfenden Wassers so lange fortsetzt, bis alle Chromsäure reduzirt ist, eine braune Masse ab; man behandelt dieselbe mit verdünnter Salzsäure und wäscht mit Wasser aus. Sie löst sich vollständig in Alkohol mit kirschrother Farbe auf und färbt Seide und Wolle genau so, wie die obige aus Pikrinsäure und Anilin erhaltene Farbe.

Leuinstein[1]) vermischt in der Kälte gleiche Theile von Rosanilin mit Ameisensäure und erhitzt, wobei das Gemisch erst scharlachroth, dann orangeroth und schließlich gelborange wird. Wird die Operation beim Scharlachroth unterbrochen und die Masse nach dem Abkühlen mit Anilin oder dessen Homologen gemischt und das Ganze auf 180° bis 200° erhitzt, so erhält man einen schönen braunen Farbstoff.

Wise[2]) hat sich ein dem Vorstehenden ähnliches Verfahren für England patentiren lassen. Er erhitzt eine Mischung aus 1 Gewichtstheil Rosanilin, 1 Gewichtstheil Ameisensäure und ½ Theil essigsaurem Natrium, bis dieselbe eine scharlachrothe Farbe annimmt, und erhitzt alsdann das Produkt mit 3 Theilen Anilinöl auf 200°.

Köchlin[3]) sucht das Leukanilin zur Erzeugung von Braun zu verwenden. Das Leukanilin wird dargestellt durch Kochen einer wässrigen Fuchsinlösung mit Zinkpulver. Die Masse wird filtrirt und mit Alkohol behandelt, welcher das Leukanilin löst; durch Verdunsten des Lösungsmittels erhält man die Base in ziemlich reinem Zustande.

---

[1]) Deutsche Industriezeitung, 1865, pag. 337.
[2]) Dingler's polytechn. Journal, Bd. CLXXXI, pag. 305. — Polytechn. Centralbl., 1866, pag. 1358.
[3]) Polytechn. Centralbl., 1866, pag. 79. — Deutsche Industriezeitung, 1865, pag. 474. — Dingler's polyt. Journal, Bd. CLXXXVIII, pag. 397.

In der Farbe für Anilinschwarz mittelst Schwefelkupfer (s. b.) ersetzt Köchlin das Anilin durch weinsaures Leukanilin. Behandelt man die Zeuge nach dem Drucken ebenso, wie es bei Anilinschwarz geschieht, so erhält man Dunkelbraun (puce), welches der Luft, den Säuren, Alkalien und Seifen ziemlich gut widersteht. Will man die Farbe durch Dämpfen fixiren, so ist die Verwendung von Schwefelkupfer nicht unbedingt erforderlich. Auf Wolle ersetzt das Fuchsinbraun mit Vortheil das Orseillebraun. So läßt sich eine Farbe darstellen aus:

 0,25 Liter Fuchsinlösung (50 Gramm per Liter Alkohol)
 0,75 „ Gummiwasser
 50 Gramm Oralsäure
 25 „ Chlorsaures Kalium.

Durch Behandeln einer Fuchsinlösung mit chlorsaurem Kalium erhält man eine dunkelbraune Farbe, welche in Wasser unlöslich, in Alkohol und Schwefelsäure löslich ist und durch Wasser daraus gefällt wird; sie kann mittelst Albumin auf Baumwolle fixirt werden.

39. Zeugprobe: Anilinbraun.

Rosanilingrün [1]).

Außer der Darstellungsweise ist über diesen schönen, aus dem Rosanilin entstehenden Farbstoff nichts bekannt, wenigstens sind wir über seine Zusammensetzung vollständig im Dunkeln [2]).

Nach der französischen Patentbeschreibung verfährt man folgendermaßen:

150 Gramm krystallisirtes schwefelsaures Rosanilin werden in 450 Gramm einer erkalteten Mischung von 3 Theilen Schwefelsäure und 1 Theile Wasser aufgelöst und hierauf 225 Gramm Aldehyd (aus saurem chromsaurem Kalium, absolutem Alkohol und Schwefelsäure dargestellt, s. u.) unter Umrühren hinzugesetzt.

Man erhitzt in einem Sandbade und überläßt die Flüssigkeit 10—12 Stunden sich selbst. Von Zeit zu Zeit wird ein Tropfen mit einem Glasstabe herausgenommen und in angesäuertes Wasser gebracht.

---

[1]) Beckers, Das Gesammte der Färberei mit Anilin und Anilinfarben, pag. 191.

[2]) Journal f. prakt. Chemie, Bd. XCII, 1864, pag. 337. — Dingler's polyt. Journal, Bd. CLXXIII, pag. 78 und 458. — Schweiz. polyt. Zeitschrift, 1864, pag. 77. — Polytechn. Centralbl., 1864, pag. 1533. — Polytechn. Notizblatt, 1864, pag. 271 und 392. — Chemisches Centralbl., 1864, pag. 1095.

Wenn man hierbei eine schöne blaugrünliche Lösung erhält, unterbricht man die Operation. Die Flüssigkeit wird nach und nach in 30 Liter kochendes Wasser eingetragen und sofort 450 Gramm unterschwefligsaures Natrium, in möglichst wenig kochendem Wasser aufgelöst, hinzugefügt; hierauf läßt man noch einige Minuten kochen. Sämmtliches Grün bleibt in Lösung und kann durch Hinzusetzen von Alkalisalzen und hauptsächlich essigsaurem Natrium in Teigform ausgefällt werden. Im Großen vollführt man die Operation in Gefäßen von Steingut, emaillirtem Eisen oder Blei.

Das Anilingrün in Teigform, wie es im Handel vorkommt, ist das gerbsaure Salz der grünen Basis, welches sich unter den eben angeführten Umständen bildet. Die durch Ammoniak gefällte Base ist in Wasser sehr wenig löslich und besitzt eine graugrüne Farbe, welche dem Chromhydroxyd sehr ähnlich ist. In Säuren löst sie sich mit grüner Farbe.

Diese Lösungen sind sehr unbeständig und können selbst bei gewöhnlicher Temperatur und im luftleeren Raume nicht konzentrirt werden, ohne sich fortwährend zu verändern und ihre Farbe zu verlieren. Das Grün ist löslich in Wasser und Alkohol, in Aether und Benzin hingegen unlöslich.

40. **Zeugprobe: Rosanilingrün.**

Lucius[1] versetzt eine Lösung von 1 Theil schwefelsaurem Rosanilin in 2 Theilen Schwefelsäure und 2 bis 4 Theilen Wasser mit 4 Theilen Aldehyd und erhitzt die Mischung auf 50°. Auf dieser Temperatur wird sie nahezu erhalten, bis eine Probe sich in Alkohol mit grünlich blauer Farbe löst. Sobald dieser Punkt eingetreten ist, gießt man die Mischung in 300 bis 500 Theile gesättigtes Schwefelwasserstoffwasser, erwärmt bis auf 100° und setzt 10 bis 20 Theile einer gesättigten wässrigen Lösung von schwefliger Säure hinzu. Nach dem Filtriren giebt man 10 bis 20 Theile Kochsalz und eine Lösung von Aetznatron und kohlensaurem Natrium hinzu und befreit die Flüssigkeit von dem entstandenen Niederschlag, welcher sorgfältig ausgewaschen und getrocknet wird. Will man den Farbstoff verwenden, so zerreibt man ihn mit 30 Theilen Wasser und setzt alsdann 2 Theile Schwefelsäure und 50—70 Theile Alkohol hinzu.

Hirzel[2] löst Fuchsin in Aldehyd, fügt nach einander Salpeter-

---

[1] Dingler's polyt. Journal, Bd. CLXXIV, pag. 59. — Polyt. Centralblatt, 1864, pag. 1596 und 1659. — Chemisches Centralbl., 1864, pag. 1095. — Polyt. Notizblatt, 1864, pag. 367.

[2] Deutsche Industrie-Zeitung, 1864, Nr. 31, pag. 307.

säure, Salzsäure und Schwefelsäure und hierauf Schwefelammonium hinzu und erhitzt, bis die blaue Farbe in eine grasgrüne übergegangen ist, worauf er die Masse in ihr 4 bis 5faches Gewicht kochendes Wasser gießt. Nach längerem Kochen wird filtrirt.

Schlumberger[1]) stellt aus dem Toluidinroth von Coupler einen grünen Farbstoff dar, indem er die Vorschriften zur Darstellung von Rosanilingrün genau befolgt.

Da es bei der Darstellung des Anilingrün hauptsächlich auf die Qualität des Aldehyds ankommt, so dürfte es nöthig sein, die Darstellungsweise desselben kurz anzugeben.

In eine tubulirte Retorte, welche mit einem möglichst langen Kühlrohr verbunden ist, bringt man 300 Theile doppeltchromsaures Kalium in erbsengroßen Stückchen und 150 Theile Wasser, hierauf vermischt man 360 Theile Schwefelsäure mit 150 Theilen Wasser und fügt nach dem Abkühlen 320 Theile Alkohol von 90 Prozent Tralles hinzu. Diese Mischung läßt man auf einen bis auf den Boden der Retorte reichenden Trichter langsam auf das Bichromat fließen; sobald die von selbst eintretende Reaktion nachgelassen hat, erwärmt man die Retorte sehr gelinde, am zweckmäßigsten in einem Wasserbade. Das so dargestellte Aldehyd wird zweimal rektifizirt[2]).

Aethylrosanilingrün[3]).

J. Keiser in Lyon hat aus Aethylrosanilin einen grünen, in Frankreich patentirten Farbstoff dargestellt, welcher als ein pikrinsaures Salz dieser Basis anzusehen ist. Dieses Grün ist das Resultat einer Verbindung der Trinitrophenylsäure mit dem Triäthylrosanilin, Trimethylrosanilin, Triamylrosanilin oder Triphenylrosanilin.

Das die Basis des von Girard und de Laire erfundenen Lyoner Blau bildende Triphenylrosanilin verbindet sich mit Pikrinsäure weniger leicht und vollständig als das Triäthylrosanilin, welches die Basis des Hofmann'schen Violet ist. Das Triäthylrosanilin muß von Rosanilin frei sein; zu diesem Zweck löst man 1 Theil Hofmann's Blau in 3 Theilen Alkohol von 90 Volumprozenten und setzt hierzu ½ bis 1 Theil Jodäthyl. Nach halbstündigem Erhitzen in einem ver-

---

[1]) Dingler's polyt. Journal, Bd. CLXXIV, pag. 825. — Deutsche Industriezeitung, 1864, Nr. 15.

[2]) P. Altralsse, Dingler's polytechn. Journal, 1867, Bd. CLXXXVI, pag. 324. — Polytechn. Centralblatt, 1867, pag. 1146.

schlossenen oder mit einem Payen'schen Kondensator versehenen Gefäß fügt man 1 bis 2 Theile Kalium- oder Natriumhydroxyd zu der Flüssigkeit, und erhitzt nochmals drei bis vier Stunden lang. Nach Verlauf dieser Zeit wird das Produkt, um es von Jodkalium zu befreien, mit kochendem Wasser ausgewaschen. Die zurückbleibende, schwärzlich gefärbte teigige Masse besteht aus Triäthylrosanilin, dessen Salze werthlose, bläulich graue Farben geben, mit Ausnahme des pikrinsauren Salzes, welches Wolle und Seide schön gelbgrün färbt.

Zur Darstellung des Salzes erhitzt man die Base mit 500 bis 600 Theilen Wasser, worin sie sich völlig löst, filtrirt sie siedend heiß und versetzt vorsichtig und unter beständigem Umrühren mit einer concentrirten heißen wässrigen Lösung von Pikrinsäure, bis die Flüssigkeit eine deutlich gelbgrüne Farbe angenommen hat. Man hört alsdann mit dem Zufügen von Pikrinsäure auf und läßt die Lösung 24 Stunden stehen. Nach Verlauf dieser Zeit wird das pikrinsaure Triäthylrosanilin von der überstehenden Flüssigkeit durch Filtriren getrennt und getrocknet. Zum Färben löst man dasselbe in Alkohol, gießt die Lösung in das Färbebad und verfährt wie gewöhnlich.

Bisweilen bleibt eine gewisse Menge des Triäthylrosanilins in dem kochenden Wasser ungelöst zurück; dieser Antheil muß dann nochmals mit Jodäthyl behandelt werden, da er wahrscheinlich Monoäthylrosanilin oder Diäthylrosanilin ist. Bei der Bereitung muß man ferner darauf sehen, daß das Triäthylrosanilin völlig alkalifrei ist, weil sich sonst ein pikrinsaures Alkali bildet. Andererseits tritt hierbei aber auch noch der Uebelstand ein, daß bei einem zu lange fortgesetzten Answaschen sich etwas von der Base auflöst, so daß hierdurch ein Verlust herbeigeführt wird.

Wanklyn und Paraf geben folgende Vorschrift zur Darstellung eines grünen Farbstoffs[1]): Ein Gemisch von gleichen Theilen Rosanilin, Holzgeist und Jodäthyl, oder Jodpropyl wird in einem geschlossenen Gefäß oder unter Druck drei bis vier Stunden lang auf 110° bis 115° erhitzt; nach dem Erkalten wird das Produkt in seinem vier- bis fünffachen Gewicht Wasser, dem 1 Prozent kohlensaures Natrium zugesetzt ist, gelocht, dann dekantirt und filtrirt. Das Filtrat ist grün gefärbt und enthält eine kleine Menge des neuen Farbstoffs gelöst; der Rückstand ist Hofmann's Violet. Er wird wiederholt mit warmem Wasser ausgewaschen, das Kali- oder Natronlauge enthält; nach dem

---

[1]) Patent Nr. 72880, August 1866. — Polytechnisches Centralblatt, 1867, pag. 472.

Trocknen wird er mit gleichen Theilen Holzgeist und Jodäthyl oder Jodpropyl drei bis vier Stunden lang in einem geschlossenen Kessel auf 110° bis 115° erhitzt und mit heissem, 1 Procent Soda haltigem Wasser ausgewaschen. Hierbei erhält man eine grössere Menge Farbstoff in Lösung. Der zurückbleibende Theil wird dann noch mehrmals so behandelt. Alle Lösungen werden vereinigt und können konzentrirt und wie alle andere Farben zum Färben und Drucken verwendet werden. Ob das neue Grün krystallisirt erhalten werden kann, ist nicht angegeben. Es soll an Glanz und Schönheit das mit Aldehyd dargestellte Anilingrün übertreffen, aber sich am Sonnenlichte verändern; auch ist der Farbstoff, da viel Jod verbraucht wird, sehr theuer.

Es wird ferner noch empfohlen, dem Gemisch nach halbstündigem Erhitzen eine angemessene Menge Kali oder Natron zuzusetzen und dann drei bis vier Stunden zu erhitzen; die Reaktion wird beschleunigt, und man erhält eine bessere Ausbeute. Der Farbstoff ist besser en pâte zu verwenden, da er in dieser Form schönere Nuancen giebt, als getrocknet.

Anilingrün (Emeraldin).

In der schon angeführten Abhandlung von Willm über das Anilinviolet erwähnt der Verfasser eine sehr interessante Beobachtung. Wenn man eine Lösung von chlorwasserstoffsaurem Anilin mit einer kleinen Menge chlorsaurem Kalium behandelt, so entsteht durch Oxydation des Anilins ein grüner Niederschlag, während die überstehende Flüssigkeit eine braune Farbe annimmt. Taucht man in diese von dem Niederschlag getrennte Mutterlauge Wollenzeug ein und setzt dasselbe bei einer Temperatur von 40° bis 50° der Einwirkung der atmosphärischen Luft aus, so nimmt es eine dunkelgrüne Färbung an. Behandelt man Anilin mit Chlor oder chloriger Säure, so färbt sich dasselbe intensiv blau, und die der Luft ausgesetzten Theile der Flüssigkeit werden grün.

Im Juni 1860 erhielten C. Calvert, C. Lowe und S. Clift ein Patent für England [1], einen unauflöslichen grünen Farbstoff auf den Gewebsfasern zu erzeugen. Sie gaben ihm den Namen Emeraldin. Zur Darstellung desselben imprägnirt man die Zeugfaser

---

[1] Patent vom 11. Juni 1860, Nr. 1426. — Dingler's polyt. Journal, Bd. CLIX, pag. 419. — Polytechn. Centralbl., 1861, pag. 668. — E. Kopp, Examen des matières colorantes. Savorno 1861, pag. 64 u. 77. — Repertory of Patent Invention, November 1861, pag. 334.

mit einem Oxydationsmittel und zwar am besten mit einer Lösung von 8 Loth chlorsaurem Kalium in 4½ Liter Wasser; die Waare wird getrocknet und sodann ein saures Anilinsalz darauf gesetzt oder gedruckt. Am besten nimmt man eine Lösung von weinsaurem oder chlorwasserstoffsaurem Anilin. Nach dem Klotzen oder Drucken wird das Gewebe 12 Stunden lang in einem warmen und feuchten Raume der Luft ausgesetzt, nach welcher Zeit die Farbe vollständig entwickelt ist.

Man kann auch das Gewebe sofort mit folgender Mischung klotzen oder bedrucken:

Auflösung von weinsaurem oder chlorwasserstoffsaurem
    Anilin, welche 1 Pfund Anilin enthält . . . . . . 3 Pfund
Stärkekleister. . . . . 60 "
Chlorsaures Kalium . . . . 1 "

Das chlorsaure Kalium wird in dem kochenden Stärkekleister aufgelöst und das Anilinsalz nach dem Erkalten hinzugefügt.

Durch Kochen des Gewebes mit Seife oder Aetznatron (auf 10 Pfund Wasser 2 Loth Aetznatron oder 8 Loth Marseiller Seife) kann man die grüne Farbe in Blau verwandeln.

Wenn man ein mit einem Anilinsalz imprägnirtes Gewebe durch saures chromsaures Kalium durchnimmt, so wird dasselbe grün und die Farbe geht im Seifenbade in Violet über. Die grüne und die blaue Substanz sind nur ein und derselbe Körper, welcher im neutralen Zustande blau ist und durch Einwirkung von Säuren in Grün übergeht. Man kann sich diesen Farbstoff leicht verschaffen, wenn man 10 Theile Anilin mit 15 Theilen Salpetersäure und 100—120 Theilen Wasser versetzt, mit Gummi oder Dextrin verdickt und zu der Mischung 10 Theile Zucker und 4 bis 8 Theile zerriebenes chlorsaures Kalium hinzufügt [1]).

Nach Kopp's Vorschrift vermischt man:

10 Theile Anilin, 50 Theile Wasser, 50 Theile Salzsäure, 4 Theile Zucker und 1½ bis 3 Theile chlorsaures Kalium;

oder:

10 Theile Anilin, 12 Theile Salpetersäure, 50 Theile Wasser, 4 Theile Zucker und 2 bis 4 Theile chlorsaures Natrium.

Man läßt die Reaktion langsam bei gewöhnlicher Temperatur vor sich gehen und wäscht den gebildeten Niederschlag mit Wasser aus. Das Azurin oder Emeraldin ist in Wasser, Alkohol, Säuren und

---

[1]) Deutsche Musterzeitung, 1861, Nr. 6.

Alkalien unlöslich; es ist ferner beständig und am Licht haltbar; durch reduzirende Körper wird es nicht verändert, und in konzentrirter Schwefelsäure löst es sich mit blauer Farbe auf.

Kopp erhält das Emeraldin auch durch Einwirkung von Eisenchlorid auf salpetersaures Anilin. Fritzsche[1]) fügt zu einer wässrigen Lösung eines Anilinsalzes ein gleiches Volumen Alkohol und darauf sofort eine Lösung von chlorsaurem Kalium in Chlorwasserstoffsäure; es bildet sich ein beträchtlicher indigoblauer Niederschlag, der beim Auswaschen mit Alkohol schließlich eine grüne Farbe annimmt. Hofmann läßt chlorige Säure auf chlorwasserstoffsaures Anilin einwirken. Lauth erhält dieselbe Verbindung durch Zusatz von Bariumsuperoxyd zu einer chlorwasserstoffsauren Lösung von Anilin. Nach einiger Zeit entsteht ein ziemlich beträchtlicher blauer Niederschlag, den man nur mit kochendem Wasser auszuwaschen braucht. Die Zusammensetzung dieses Körpers ist noch nicht bekannt. Nach Fritzsche enthält er Chlor, wenigstens wenn er mit einem gechlorten Körper dargestellt ist, und würde der Formel $C_2 H_{10} N_2 Cl_2 O$ entsprechen.

Anilinschwarz[2]).

Das Anilinschwarz wird direkt auf der Gewebsfaser durch Oxydation eines Anilinsalzes dargestellt, und zwar sind die Bedingungen, unter welchen die Oxydation erfolgt, fast dieselben, wie bei der Bildung des Emeraldins oder Azurins.

Die Entdeckung dieser neuen Farbe erregte sogleich bei ihrem Bekanntwerden die lebhafteste Aufmerksamkeit der Kattunfabrikanten.

John Lightfoot in Accrington war der Erste, welchem ein Patent für das Bedrucken der Baumwolle mit Anilinschwarz für Frankreich ertheilt wurde[3]). Die Ausbeute dieses Patentes wurde der Firma J. J. Müller und Comp. in Basel übertragen. Die hauptsächlichsten Materialien für die Darstellung des Anilinschwarz zum

---

[1]) Journal für praktische Chemie, Bd. XXVIII, pag. 202. — Hofmann, Annalen der Chemie und Pharmacie, Bd. XLIII, pag. 66.
[2]) Bederss, Das Färben und Drucken mit Anilinfarbstoffen, 4. Lieferung. — Deutsche Industriezeitung, 1864, pag. 347. — Dingler's polytechn. Journal, Bd. CLXXIII, pag. 481; Bd. CLXXVI, pag. 393 u. 467; Bd. CLXXVIII, pag. 63. — Polyt. Centralblatt, 1863, pag. 831; 1865, pag. 1002. — Annal. de génie civ., 1865, pag. 237. — Bulletins de la société industr. de Mulhouse, Bd. XXXV, pag. 176—237. — Répertoire de chimie appliquée, Bd. V, pag. 119. — Moniteur scientifique, Bd. V, pag. 530; Bd. VI, pag. 68, 433 und 568; Bd. IV, pag. 769. — Bulletins de la société chimique [2] 1864, Bd. II, pag. 416.
[3]) Januar 1863.

Aetzen und Bedrucken der Gewebe sind das chlorwasserstoffsaure Anilin, chlorsaures Kalium, Kupferchlorid, schwefelsaures Kupfer und eine organische Säure oder noch besser Salmiak. Man druckt also, wie erwähnt, nicht mit dem fertig gebildeten Schwarz, sondern es entwickelt sich die Farbe erst nach und nach auf dem Gewebe selbst durch den dreifachen oxydirenden Einfluß des chlorsauren Kaliums, des Kupferchlorids und des Sauerstoffs der Luft. Das Merkwürdigste bei diesem Prozesse ist, daß ein einziges dieser Agentien nicht ausreicht, um Anilinschwarz zu erzeugen, sondern daß alle drei hierzu erforderlich sind.

Man macht zuerst einen Kleister von 120 Gramm Stärke per Liter, löst hierin in der Wärme das chlorsaure Kalium und das Kupfersalz auf und fügt schließlich nach dem Erkalten das chlorwasserstoffsaure Anilin und Essigsäure oder Weinsäure hinzu.

Einige Vorschriften für Anilinschwarz, welche sich auf das ursprüngliche Lightfoot'sche Verfahren beziehen, sind folgende:

I.

Wasser . . . . 2250 Kubikcent.
Weißes Stärkemehl . . . . . . 275 Gramm.
Man kocht hieraus einen Kleister und löst in diesem in der Hitze
Schwefelsaures Kupfer . . . . . 56 Gramm
Chlorsaures Kalium . . . . . . 56 „
Man rührt bis zum völligen Erkalten um und fügt hinzu
Krystallisirtes salzsaures Anilin . . . 175 Gramm.

Mit dieser Mischung druckt man, trocknet die Gewebe bei gelinder Wärme, hängt sie 36 bis 48 Stunden lang in einen feuchten, auf 30° erwärmten Raum (Oxydationskammer, chambre d'oxydation, ageing-room) nimmt sie hierauf durch ein 6prozentiges Bad von saurem chromsauren Kalium und wäscht sie in fließendem Wasser aus.

II.

Stärkekleister . . . . 1 Liter
Chlorsaures Kalium . . . . 25 Gramm
Anilin . . . . 50 „
Chlorwasserstoffsäure . . . . 50 „
Kupferchlorid von 1,44 spezifischem Gewicht 50 „
Salmiak . . . . 25 „
Essigsäure . . . . 12 „

Man druckt, trocknet und hängt zwei Tage lang in der Oxydationskammer auf und wäscht schließlich mit schwach alkalisch gemachtem Wasser aus.

III.

Wasser	6 Liter
Weißes Stärkemehl	850 Gramm.

Man kocht zu einem Kleister und rührt hierin

Schwefelsaures Kupfer	180 Gramm
Chlorsaures Kalium	180 „
Chlorwasserstoffsaures Anilin	450 „

Das Lightfoot'sche Verfahren liefert ein dunkles, sehr reiches und sehr schönes Schwarz; es wurde sofort von den meisten Kattundruckereien in Anwendung gebracht, jedoch bereits fast vollständig wieder aufgegeben, da es große Uebelstände mit sich führt.

Die große Menge von Kupfersalzen, welche in der sauern Farbe enthalten sind, greift die stählernen Rakel, die Stahltheile der Walzen und die Fasern des Gewebes stark an; auch hält sich die Farbe bei gewöhnlicher Temperatur nicht sehr lange. Der Einwirkung auf die Stahltheile kann man allerdings dadurch vorbeugen, daß man nach dem Vorschlage von Camillus Köchlin — welche Modifikation übrigens schon in dem Patent von Lightfoot angegeben ist — das schwefelsaure Kupfer nicht mehr direkt der Farbe beimischt, sondern das Gewebe gleichmäßig mit einer Auflösung dieses Salzes imprägnirt und hierauf ein Gemisch von einem Anilinsalze und chlorsaurem Kalium aufdruckt; dieses Grundiren ist jedoch kostspielig und beschränkt auch die Anzahl der Farben, die man einem derartigen Schwarz beigesellen kann, abgesehen von den Uebelständen, welche jede vorhergängige Behandlung des Gewebes mit sich führt. Außerdem aber gelangt beim Ausspülen der Zeuge nach der Oxydation eine große Menge von Kupfersalzen in die Flüsse, was für die Gesundheit der Anwohner entschieden schädlich ist.

Die erste wichtige Vervollkommnung in der Fabrikation dieses Farbstoffes verdankt man Corbillot.

Die Kupfersalze werden durch Ferridcyanammonium ersetzt. Das neue Rezept lautet so:

Man macht sich zuerst einen Kleister aus

A
Weißem Stärkemehl	10 Kilogr.
Wasser	24 Liter
Gummilösung (aus 1,200 Kilogr. Gummi per Liter)	4 „
Traganthgummischleim (aus 65 Gramm Traganthgummi per Liter)	6 „

Hierauf nimmt man

I {
Von dem Verdickungsmittel A . . . . 17 Liter
löst darin
Chlorsaures Kalium . . . . 0,900 Kilogr.
und nach dem Erkalten
Ferridcyanammonium . . . . 2,600 Kilogr.

Ferner macht man sich folgende Mischung:

II {
Warmes Verdickungsmittel . . . . . 17 Liter
Trocknes chlorwasserstoffsaures Anilin . . 2,400 Kilogr.
Weinsäure . . . . 0,500 "

Zu dem Schwarz, welches als Druckfarbe verwendet wird, nimmt man gleiche Theile von den Mischungen I und II. An einem kühlen Orte können dieselben, jedes für sich, unbeschadet ihrer Güte 14 Tage lang aufbewahrt werden; ist jedoch die Mischung bereits erfolgt, so kann dieselbe kaum länger als einen Tag aufgehoben werden. Nach dem Druck hängt man die Stücke zur Entwicklung der schwarzen Farbe 24 bis 36 Stunden lang, je nach den Dessins, an einem feuchten und warmen Ort auf. Die Temperatur und der Feuchtigkeitsgehalt müssen so regulirt sein, daß an einem August'schen Psychrometer das trockne Thermometer 40° und das befeuchtete 35° zeigt.

Nachdem die Zeuge aus der Oxydationskammer herausgenommen sind, braucht man sie nur noch, wie gewöhnlich, zu reinigen. Bisweilen zieht man sie noch durch ein 30° warmes Bad von saurem chromsauren Kalium (1 Gramm per Liter) und hierauf durch eine 50° warme Seifenlösung von 1 Gramm per Liter. Man bewegt die Stücke, trocknet dieselben und chlort sie an der Trommel mit 1 Theil unterchlorigsaurem Calcium auf 40 bis 50 Theile Wasser.

Hughes in Manchester empfiehlt:

Stärke . . . . 1700 Gramm
Ferridcyanammonium . . . . . 120 "
Chlorsaures Kalium . . . . . 47 "
Chlorwasserstoffsaures Anilin . . 120 "

Nach dem Bedrucken werden die Zeuge zwei bis drei Tage gedämpft und dann in schwach alkalischem Wasser ausgewaschen.

Durch die Anwendung des Ferridcyanammoniums als Oxydationsmittel wurde zwar einerseits der große Vortheil erzielt, daß die Fasern sowol weniger geschwächt, als auch die Rakeln und die Walzen nicht angegriffen wurden, andrerseits jedoch ist die Farbe kostspieliger, und man erhält nur schwierig ein schönes dunkles Blauschwarz. Die Oxydation in der Hänge dauert lange, und man erhält oft Ungleichheiten in der Nüance, indem die der Luft am meisten ausgesetzten Stellen sich dunkel färben, während die Farbe in den inneren Falten heller bleibt; auch ist die zur Oxydation erforderliche Temperatur zu hoch; oft entwickelt sich auch an gewissen Stellen des Zeuges der Farbstoff gar nicht, für welche Erscheinung eine genügende Erklärung nicht gefunden werden kann. Häufig beobachtet man auch Fehler beim Appretiren und Waschen. Die Nüance ist weniger intensiv als die mittelst der Kupfersalze erhaltene und geht unter dem Einfluß von Chlor in Roth, durch Seife in Grün über.

Camillus Köchlin hat indessen auch aus dem mittelst Ferrocyanverbindungen erhaltenen Anilinschwarz ebenso gute Resultate erhalten als mit dem aus Kupfersalzen dargestellten. Man braucht die angegebene Vorschrift nur darin abzuändern, daß man die Quantität des Verdickungsmittels vermindert, die Farbe konzentrirt und das Ferrocyanammonium durch Ferrocyankalium und Weinsäure ersetzt; der übrige Theil des Rezepts bleibt unverändert (Anilinsalz, Salmiak, chlorsaures Kalium). Die Temperatur des Oxydationsraumes muß 50° bis 60° betragen.

Lauth hatte den glücklichen Gedanken, von dem Lightfoot'schen Verfahren, welches die schönste schwarze Farbe giebt, nur in soweit abzuweichen, als es die oben angegebenen Uebelstände erheischen. Der Kunstgriff, welchen er anwendete, bestand darin, daß er das lösliche schwefelsaure Kupfer durch das unlösliche Schwefelkupfer ersetzte. Die Mischung von chlorsaurem Kalium, Anilinsalz und Schwefelkupfer hält sich sehr lange. Wegen der Unlöslichkeit des Schwefelkupfers kann dasselbe während des Druckens die Model und die Walzen nicht angreifen, dagegen oxydirt es sich auf dem Gewebe sehr schnell unter dem Einfluß der Chlorsäure und des Sauerstoffs der Luft, und man hat alsdann dieselben Bedingungen wie bei dem ursprünglichen Verfahren.

Das Schwefelkupfer wird ganz einfach auf folgende Weise dargestellt: Man löst in der Kälte 2 Theile Schwefelblumen in 11 Theilen kaustischer Natronlauge von 38° B. auf; wenn man häufig umrührt, ist die Auflösung in 24 Stunden geschehen. Die erhaltene Flüssigkeit gießt man in eine auf 80° erwärmte Lösung von 10 Theilen schwefelsaurem Kupfer in 250 Theilen Wasser, wäscht den erhaltenen Niederschlag durch Dekantiren aus und läßt ihn so weit abtropfen, bis 1 Liter der feuchten Masse 1 Kilogramm schwefelsaurem Kupfer entspricht.

Die Vortheile, welche die Anwendung von Schwefelkupfer mit sich bringt, beschränken sich nicht blos auf das Anilinschwarz. Es kann die andern Kupferverbindungen (schwefelsaures, salpetersaures Kupfer) bei allen den Farben, wo sie Verwendung finden (Catechu u. s. w.) in den Fällen ersetzen, wo Verbindungen vorhanden sind, welche die Oxydation desselben begünstigen, wie z. B. chlorsaures Kalium und eine Säure. In Bezug auf diesen Punkt sagt Vogel[1]), daß er nach seinen Versuchen das Schwefelkupfer zum Oxydiren des Catechens ungeeignet findet, indem die Farbe wol bedeutend dunkler, jedoch an Feuer und Lebhaftigkeit einbüße, und daß die auf diese Weise mit Catechu gefärbten Zeuge ein stumpfes Aussehen hätten.

Das Verfahren von Lauth giebt sehr gute Resultate, namentlich bei schwarzen Mustern auf weißem Grunde, und wird von den Fabrikanten allgemein als das praktischste angesehen. Die Mengen des Anilinsalzes, des chlorsauren Kaliums, des Salmiaks und des Schwefelkupfers sind so gewählt, daß das Anilinsalz den zehnten Theil vom Volumen der Farbe ausmacht (dieses Salz kann direkt in der Farbe selbst gebildet werden), das chlorsaure Kalium beträgt ungefähr die Hälfte vom Gewicht des Anilins, der Salmiak ist gleich dem Gewicht des Anilins, und das Schwefelkupfer (en pâte) macht ungefähr 4 bis 5 Prozent des Gesammtvolumens aus.

Eins der gebräuchlichsten Rezepte ist folgendes:

Man koche eine Mischung von:

Stärke	500 Gramm
Schwefelkupfer	125 »
Wasser	250 »

Ferner koche man:

Traganthgummischleim	0,5 Liter
Geröstete Stärke	650 Gramm
Wasser	925 »
Chlorsaures Kalium	150 »
Salmiak	50 »
Chlorwasserstoffsaures Anilin	400 »

Nach dem Erkalten vermischt man die beiden Präparate.

Die Oxydation und die Entwicklung des Schwarz nach dem Drucken geschieht sehr leicht und erfolgt bei der gewöhnlichen Temperatur der Oxydationskammern in den Fabriken (bei 20° bis 30°).

---

[1]) Die Anilinfarbstoffe, pag. 95, Anmerkung.

Das so erhaltene Anilinschwarz ist sehr ächt und giebt niemals eine ungleiche Farbe; auch besitzt es den Vortheil, daß es sich mit einer großen Anzahl von Farben gleichzeitig andrucken läßt.

Camillus Koechlin sagt in seiner interessanten Arbeit über das Anilinschwarz, daß man bei dem einfarbigen Schwarz, welches durch Eintauchen dargestellt wird, das Schwefelkupfer durch Chlorkupfer ersetzen kann. Man imprägnirt z. B. Baumwolle oder Seide mit folgender Lösung:

Wasser	20 bis 30 Theile
Chlorsaures Kalium	1 "
Chlorammonium	1 "
Kupferchlorid	1 "
Anilin	2 "
Salzsäure	2 "

Man hängt die Stoffe in Oxydationskammern bei niedriger Temperatur auf und wäscht sie 24 Stunden darauf.

Hierbei ist es durchaus nicht gleichgiltig, welches Anilinsalz man anwendet; man hat nur die Auswahl zwischen dem salzsauren und salpetersauren Salze. Alle andere Salze, wie das schwefelsaure, arsensaure, oxalsaure, weinsaure Anilin erzeugen nur dann ein Anilinschwarz, wenn sie in der Farbe selbst die Elemente vorfinden, mit denen sie sich durch doppelte Zersetzung in die salzsaure oder salpetersaure Verbindung umsetzen können.

Die Anwesenheit von Salmiak ermöglicht diese Umwandlung, und da sie nur allmälig in der Hänge vor sich geht, so vermeidet man hierbei die Uebelstände, welche während des Trocknens der Farbe durch das salpetersaure oder salzsaure Anilin eintreten, namentlich die Schwächung des Gewebes.

Das essigsaure und das citronensaure Anilin geben kein Schwarz. Die Bildung des letzteren hört auf, sobald die Farbe von einem essigsauren Salz durchdrungen wird, welches über das Anilinsalz gedruckt oder auch ihm nur zu sehr genähert ist. Jede andere zu basische Farbe und das Anilin selbst geben ein gleiches negatives Resultat. Je saurer hingegen die Anilinsalze sind, um so schneller, vollständiger und kräftiger bildet sich das Anilinschwarz; allein es tritt alsdann der schwere Uebelstand ein, daß die Kalein und die Gewebe zu stark angegriffen werden.

Man muß deshalb bei der Fabrikation den Mittelweg zwischen den beiden Extremen einzuschlagen suchen, nämlich der zu stark sauren Beschaffenheit der Farbe, welche zwar die Bildung des Farbstoffs begünstigt, aber die stählernen Theile der Maschine angreift, und den zu stark alkalischen Mitteln, welche das Hervortreten der Farbe verhindern. Hieraus ist es erklärlich, weshalb man bei der folgenden Vorschrift von Sace nur eine ächte Olivenfarbe erhält:

Wasser	300 Theile
Mehl	36 "
Chlorsaures Kalium	15 "
Essigsaures Kupfer	15 "
Salpetersäure	10 "
Anilin	20 "

Ein neueres Anilinschwarz kommt unter dem Namen Noir d'Aniline-Lucas, Anilinschwarz „Lukas", engl. Peterson's Anilin-Black, in den Handel. Die werthvollste Eigenschaft dieses Farbstoffs ist die, daß er bereits als Farbe besteht und zu seiner Entwicklung nur noch ganz schwach oxydirt zu werden braucht; es ist eine schwarze flüssige Masse und besteht aus essigsaurem Kupfer und salzsaurem Anilin, das einer eigenthümlichen Behandlung unterworfen ist, ohne Salmiak. Zum Drucken vermischt man 1 Theil Anilinschwarz mit 6 bis 8 Theilen Stärkekleister; das Schwarz oxydirt sich von selbst an der Luft, die Oxydation kann jedoch dadurch beschleunigt werden, daß man die Stoffe in einem feuchten Raume bei einer Temperatur von ungefähr 40° aufhängt. Die Farbe ist vollkommen haltbar.

Die besten Verdickungsmittel für Anilinschwarz sind diejenigen, welche den schönsten Druck mit einer relativ nur geringen Gewichtsmenge Verdickung liefern und folglich auch dadurch, daß sie selbst weniger Farbe für sich in Anspruch nehmen, am wenigsten die Farbe vom Gewebe zurückhalten. So hat man z. B. die Beobachtung gemacht, daß unter gleichen Bedingungen bei Gummi die Farbe saurer sein muß als bei gerösteter Stärke und Leiokome, und für diese saurer als bei Anwendung von Stärke oder Traganthschleim.

Camillus Koechlin erwähnt hierbei mehrerer eigenthümlicher Umstände, welche bei dem Fixiren des Anilinschwarz auftreten können, abgesehen von der Schwächung der Faser und dem Abnutzen der Rakeln, welche wir schon oben angeführt haben und bei dem Lauth'schen Verfahren zum größten Theile vermieden werden.

Man beobachtet nämlich bisweilen an den Rändern der Dessins ein Verschwimmen der Farbe, welches dieselben gleichsam wie mit einem Halbschatten umgiebt. Dies soll von einem eigenthümlichen Fließen der Farbe herrühren, ganz verschieden von demjenigen, das durch eine zu große Leichtflüssigkeit der Farbe hervorgerufen wird; es wird durch eine Verflüchtigung der Hauptbestandtheile des Schwarz bewirkt. So lange die Reaktion noch nicht beendet, so lange noch unzersetzte Bestandtheile, d. h. so lange noch freies, noch nicht oxydirtes Anilin vorhanden, muß der Gehalt an Feuchtigkeit und Wärme in den Oxydationskammern mit großer Umsicht überwacht, und darf deren Einwirkung niemals über das Ende der Reaktion hinaus verlängert werden; es muß eine genügende Ventilation vorhanden sein, um die Anhäufung von Dämpfen zu vermeiden, welche sich in Form von Höfen niederschlagen könnten.

Jenes Fliehen ist um so empfindlicher, je leichter das Gewebe ist. Wenn irgend ein zufälliges Hemmniß das Auswaschen verzögert, und wenn man die Bildung des Schwarz aufhalten will, so genügt es, die Stücke in eine ammoniakhaltige Atmosphäre zu bringen.

Das aufgedruckte Anilin kann auch über die Ränder des Musters hinaus eine schädliche Wirkung ausüben und jede aufgedruckte Farbe, wie beispielsweise Catechu, gänzlich verderben, wo sich die Bedingungen zur Sättigung und zur Oxydation dieses Alkaloids vorfinden.

Eine andere Art von Unfällen findet statt, wenn man Anilinschwarz neben oder in der Nähe von Mordants druckt. Diese werden dann theilweise gesättigt, vor der Bildung des Sesquioxyds niedergeschlagen und in Folge dessen in solcher Weise herabgedrückt, daß sie in einem Färbebad nur noch einen halb so starken Ton annehmen. Auf der andern Seite widersetzt sich die während des Fixirens frei werdende Essigsäure der Entwicklung des Schwarz, welches nur noch wie ein mehr oder minder starkes Grau erscheint.

Endlich können die Anilindämpfe, welche sich von einem derartigen Schwarz verbreiten, auf den benachbarten weißen Stellen eine röthliche oder rothe Farbe hervorrufen, gleichsam als ob die Stücke aus einem Fuchsinbade hervorgingen; hauptsächlich tritt dieser Fall bei den Stücken ein, welche noch ein wenig Säure enthalten, und zwar begünstigt am meisten die Holzessigsäure diesen Umstand; er tritt aber nicht ein, wenn das Gewebe alkalisch oder neutral ist. Dieses Roth scheint mit jenem identisch zu sein, welches Horace Koechlin durch Einwirkung von Holzessigsäure auf Anilin erhalten hat. Glücklicherweise ist diese Farbe, welche die Reinheit des Grundes beeinträchtigt, sehr flüchtig, so daß sie fast gänzlich bei den Operationen des Reinigens verschwindet.

Eigenthümlich ist es, daß das Anilinschwarz mit dem zwei- oder dreifachen Volumen Verdickungsmittel verdünnt, nichts mehr liefert, während Dampf-, Applikations- oder gefärbtes Schwarz noch bei einer Verdünnung von einem Sechzigstel der Stammfarbe ein Grau geben. Diese Eigenthümlichkeit hört auf, wenn man Sorge trägt, das Verdickungsmittel auf den Säuregrad der Stammfarbe zu bringen. Man gelangt alsdann zu einer unendlichen Reihe von Abstufungen. Wenn man jedoch zu einem Schwarz, das in dieser Weise mit einem sauren Verdickungsmittel geschnitten ist, ein scheinbar unschädliches Alkalisalz hinzusetzt, so vernichtet man wiederum die ganze Färbekraft der Mischung.

Das Anilinschwarz und das Anilingrau besitzen nach der Hänge noch nicht die entschiedene Farbe, welche sie kennzeichnet; sie sind grünlich grau gefärbt. Das Anilinschwarz ist dunkelgrünlichschwarz und behält dieses Ansehen, so lange es mit den sauren Salzen vermischt ist. Erst beim Waschen und in dem Maße, als die Säure entfernt wird, tritt die Farbe in ihrer völligen Reinheit und Intensität hervor; diesen Zweck kann man auch dadurch fördern, daß man mit einem alkalischen Bad beginnt. Das Anilinschwarz ist im sauren Zustande grünlich, wenn es neutral oder alkalisch ist, bläulich gefärbt. Das chromsaure Kalium giebt ihm einen violetten Schimmer; geht die Einwirkung desselben dem Waschen vorher, so kann es die Intensität durch Beendigung der Oxydation und durch Koagulation des Verdickungsmittels verstärken.

Im Jahre 1865 hat Alfred Paraf[1]) vom Hause R. Dale und Comp. in Manchester sich ein neues Verfahren zur Darstellung von Anilinschwarz durch Oxydation des Anilins mittelst chlorsauren Kaliums und Kieselfluorwasserstoffsäure patentiren lassen. Er löst in einer wäßrigen Lösung von Kieselfluorwasserstoffsäure von 8° B. chlorwasserstoffsaures Anilin und druckt die gehörig verdickte Lösung auf die mit chlorsaurem Kalium präparirten Gewebe. Durch die beim Fixiren (32° bis 35° C.) erfolgende Oxydation soll die Bildung des Anilinschwarz erfolgen.

Hierbei geht folgender Prozeß vor sich: Die Kieselfluorwasserstoffsäure bildet mit dem Kalium des chlorsauren Salzes in Wasser schwer lösliches Kieselfluorkalium. Die frei gewordene Chlorsäure wirkt auf das chlorwasserstoffsaure Anilin ein und zersetzt sich theilweise in ein Gemisch von Chlor und andere intermediäre Verbindungen

---

[1]) Dingler's polytechn. Journal, Bd. CLXXVIII, pag. 389. — Polytechn. Centralblatt, 1866, pag. 207. — Chemisches Centralblatt, 1866, pag. 44. — Deutsche Industriezeitung, 1866, pag. 486.

von Chlor und Sauerstoff. Diese Zersetzungsproducte wirken in Verbindung mit einem nicht zersetzten Theil der Chlorsäure auf das Anilin und erzeugen das Anilinschwarz. Ist keine Chlorwasserstoffsäure vorhanden, so findet keine Bildung von Anilinschwarz statt.

Die neue Farbe wird an der Luft nicht grünlich und soll sich sehr gut in allen Krapp-, Garancin- und Alizarinfarben verwenden lassen; indessen hat sich die Erfahrung noch nicht für den Werth dieser Methode ausgesprochen, welche sich von den andern dadurch unterscheidet, daß bei ihr nur ein Oxydationsmittel — die Chlorsäure — angewendet wird.

Perloz jun.[1]) hat in neuester Zeit folgende Methode angegeben, um Seide oder Wolle mit Anilinschwarz zu färben. Die Wolle oder Seide wird zuerst eine Stunde lang bei Siedhitze in einem Bade, welches per Liter Wasser 5 Gramm saures chromsaures Kalium, 3 Gramm schwefelsaures Kupfer und 2 Gramm Schwefelsäure enthält, gebeizt. Nach diesem ersten Bade wird die Wolle sorgfältig gewaschen und dann durch eine Lösung von oxalsaurem Anilin genommen, welche 1° bis 2° B. stark ist. Hierin färben sich die Garne sofort schwarz; ist die gewünschte Nüance erreicht, so bringt man sie in ein mit Schwefelsäure angesäuertes Bad von Weinstein und wäscht sie darauf. Enthalten die Stoffe oder Garne vegetabilische Pflanzenstoffe, so wendet man statt des ersten Bades ein solches von chromsaurem Blei an und verfährt, wie angegeben. Zur Erzeugung des chromsauren Bleis nimmt man dieselben durch ein Bad von essigsaurem oder salpetersaurem Blei, dann durch eine Lösung von schwefelsaurem Natrium, wäscht gut aus und passirt dann durch ein kaltes Bad, welches per Liter Wasser 5 bis 20 Gramm saures chromsaures Kalium enthält.

Auch von Paraf[2]) wurde vor Kurzem ein neues Anilinschwarz angegeben. Er wendet bei seinem in Frankreich patentirten Verfahren das braune Chromsuperoxyd Cr_2O_4 (= CrO, CrO_3) zur Oxydation des Anilins an; dasselbe giebt bei Gegenwart gewisser Säuren, Alkalien oder heißer Luft Chromsäure ab, welche nun ihre oxydirenden Eigenschaften äußert. Er stellt zwei Mischungen dar, welche zusammen das Schwarz bilden.

---

[1]) Dingler's polytechn. Journal, Bd. CLXXXVII, pag. 523. — Deutsche Industriezeitung, 1868, Nr. 6.
[2]) Moniteur de la teinture, Dezember 1867, pag. 275. — Dingler's polyt. Journal, Bd. CLXXXVIII, pag. 184.

Mischung I: 340 Gramm chlorwasserstoffsaures Anilin werden in einem Kleister gelöst, welcher dargestellt wird aus:
                    135 „ Wasser
                     45 „ Stärke.

Mischung II: 500 Gramm Chromsuperoxyd (naß)
                    200 „ Chlorsaures Kalium; letzteres wird vorher in warmem Stärkekleister gelöst.

Die eigentliche Druckfarbe besteht aus:
                1 Theil Mischung I,
                1 „ „ II,
welche beide kalt zusammengerührt werden.

Nach dem Aufdrucken dieser Mischung oxydirt man in den gewöhnlichen Oxydationskammern, bis die Farbe ein Dunkelgrün oder fast ein Schwarz bildet, worauf man sie vollkommen dadurch hervorruft, daß man durch die Lösung eines Chromsalzes passirt.

Um dasselbe Verfahren zum Färben anzuwenden, verfährt man folgendermaßen: Man präparirt die Stoffe in einem Bade, das ein Chromsalz gelöst enthält, z. B. Cr_2Cl_6, und geht dann, ohne vorher zu spülen, in eine Auflösung von Natron oder irgend einem kaustischen Alkali ein. Hiernach nimmt man dieselben Zeuge, auf denen durch die Einwirkung des Alkalis aus dem Chromchlorid Chromoxyd niedergeschlagen ist, durch eine Auflösung von neutralem (gelbem) chromsauren Kalium, worauf man wäscht. In dem letzten Bade hat sich auf der Faser aus dem Chromoxyd Chromsuperoxyd gebildet; man braucht also jetzt nur noch Anilinsalz und Chlorsäure hinzuzubringen, um das Schwarz hervorzurufen. Zu diesem Zweck färbt man den behandelten Stoff in der Auflösung eines Anilinsalzes aus, welchem man 2½ Prozent chlorsaures Kalium zusetzt. Nach dem Durchnehmen durch die Flüssigkeit windet man ab und läßt oxydiren, worauf man die Stoffe ebenso behandelt, als wenn das Schwarz auf der gedruckten Waare hervorzurufen wäre.

Coupier[1]) hat folgende Vorschrift gegeben: Man erhitzt ein Gemisch von

---

[1]) Patent vom 17. September 1867. — Schweizerische polytechnische Zeitschrift, 1868, Bd. XIII, pag. 83.

175 Theilen Nitrobenzol
175   „   Anilin
200   „   käuflicher Salzsäure
 16   „   Eisenfeilspänen
  2   „   fein zertheiltem Kupfer

in einem emaillirten eisernen Destillationsgefäß 6 bis 8 Stunden lang auf 160° bis 200°. Die Operation ist beendet, wenn eine Probe nach dem Erkalten sich in zähe Fäden ausziehen läßt; der neue Farbstoff ist in Säuren, Alkohol und Holzgeist löslich. Beim Gebrauch zum Färben wird er in Schwefelsäure gelöst und so in das Bad gebracht. Will man ein reines Schwarz haben, so nimmt man das gefärbte Zeug oder Garn durch ein Bad, welches ein Alkali oder unterschwefligsaures Natrium enthält; unterläßt man dieses, so erhält man ein Schwarz von bläulicher oder violetter Nüance.

Volley bemerkt hierzu, daß nach den von ihm angestellten Versuchen stets nur ein Schwarzviolet oder ein Schwarz mit einem unangenehmen violetten Stich resultirte. Der Verlauf der Reaction zeigt, daß ein Roth, dann ein Violet dem Schwarz voraus erzeugt werden.

Theorie der Bildung des Anilinschwarz.

Da über die Zusammensetzung des Anilinschwarz noch nichts Sicheres bekannt ist, so würde es ein verfehltes Unternehmen sein, eine Theorie über die Bildung desselben aufzustellen. Man kann nur sagen, daß es durch Oxydation des Anilins entsteht. Hierzu sind — mit Ausnahme des Paraf'schen Verfahrens und von dem letzten Persoz'schen Verfahren gänzlich abgesehen — zwei Oxydationsmittel erforderlich, entweder das chlorsaure Kalium und das Kupfersalz oder das Ferridcyanür und chlorsaures Kalium.

Kopp ist der Ansicht, daß das Anilinschwarz wahrscheinlich aus dem dunklen Anilingrün (Emeraldin) und dem dunklen Anilinviolet besteht; hiernach müßte also Roth, Gelb und Blau bei seiner Bildung erforderlich sein. Diese Idee stützt sich auf die Thatsache, daß sich in der Zusammensetzung der Druckfarbe die Elemente befinden, mittelst deren man das Emeraldin und das Anilinviolet darstellt. Koechlin bekämpft diese Hypothese, indem er dabei mit Recht behauptet,

1) daß die Lösungsmittel des Anilinroth, -violet, -blau und -grün auf den schwarzen Farbstoff keine Einwirkung ausüben;

2) daß der Dampf das Anilinschwarz grün färbt, dagegen auf die elementaren Farben nicht einwirkt;

3) daß diese Farbe keine Verwandtschaft zur Wolle zeigt, und daß man dieselbe auf dieser Faser noch nicht hat darstellen können, auf welche Weise man dieselbe auch vorher behandelt hatte;

4) erhält man aus dem Anilin im Vergleich mit der Ausbeute an den anderen Farbstoffen verhältnißmäßig eine sehr beträchtliche Menge von Anilinschwarz.

Dieser Farbstoff hat alle Charactere der Alkaloide eingebüßt; obgleich er ebenso unlöslich ist als der Kohlenstoff, kann er doch mit diesem Körper wegen der Leichtigkeit, mit welcher er reduzirt werden kann, nicht verwechselt werden. Es ist weder eine harzartige Masse noch ein Farbstoff, welcher bei seiner intensivsten Färbung schwarz erscheint und Kupfer als wesentlichen Bestandtheil enthält. Das Kupfer, welches man beim Einäschern entdeckt, ist nur noch gewissermaßen mechanisch beigemengt, es ist ein Rückstand von dem Kupfersalze, welches zu seiner Oxydation verwendet ist, und ohne Einfluß auf die Farbe selbst, da man es durch Behandlung mit einer Säure entfernen kann, ohne die Intensität zu beeinträchtigen und die Eigenschaften des Anilinschwarz zu verändern. Es hat vielmehr Aehnlichkeit mit dem Theer oder der Masse, welche sich bei der Darstellung des Anilinviolet mittelst unterchloriger Säure oder chromsaurem Kalium bildet.

Einige neuere Untersuchungen von Lauth[1]) und Rosenstiehl[2]) sind mit der eben ausgesprochenen Ansicht in Widerspruch. Diese beiden Chemiker sind der Ansicht, daß Kupfer zu der Bildung von Anilinschwarz erforderlich sei, allein daß schon die kleinste Menge hinreichend wäre. Druckt man nämlich mit einer Mischung von chlorsaurem Ammonium und einem Anilinsalz mit einer hölzernen Druckform auf Baumwolle, so wird dieselbe in der Oxydationskammer nicht schwarz gefärbt; sobald man indessen einige Augenblicke ein Kupferblech auflegt, so sieht man den Druck mit grauer Farbe zum Vorschein kommen.

Diese Ansicht wird noch durch die Thatsache unterstützt, daß das von Paraf angegebene Schwarz nur dann gute Resultate giebt, wenn man es mit einer kupfernen oder bronzenen Walze aufdruckt. Wendel

---

[1]) Bulletins de la société Industrielle de Mulhouse, Januar 1866. — Chemisches Centralblatt, 1866, pag. 735.

[2]) Dingler's polytechn. Journal, Bd. CLXXX, pag. 65. — Chemisches Centralblatt, 1866, pag. 313. — Moniteur scientifique, 1866, pag. 361. — Bulletins de la société chimique de Paris, 1866, Bd. V, pag. 235.

man die Vorsichtsmaßregeln an, daß man die Anwesenheit von Kupfer
vermeidet, so erhält man nur ein sehr fahles Blau; fügt man jedoch
Kupfer (0,001 bis 1,5 Gramm) hinzu, so erhält man je nach der Menge
des Kupfers Dunkelgrau oder Schwarz.

Die toluidinhaltigen Aniline, wie solche zur Darstellung des
Fuchsins Verwendung finden, geben die intensivste schwarze Farbe.
Auch aus dem Naphtylamin erhält man einen schwarzen Farbstoff.

Camillus Koechlin giebt an, daß bei einer Mischung von
chlorsaurem Kalium, Salmiak, einem Kupfer- und einem Anilinsalze
folgende Vorgänge stattfinden:

Das Kupfersalz verwandelt sich mit dem Chlorammonium durch
doppelte Zersetzung in Kupferchlorid, letzteres wirkt auf das Anilinsalz oxydirend ein und verwandelt sich dabei in Kupferchlorür;
dieses bleibt in der Salmiaklösung aufgelöst, oxydirt sich auf Kosten
des chlorsauren Kaliums und verwandelt sich wiederum in Kupferchlorid, welches sofort auf eine neue Menge des Anilinsalzes einwirkt,
bis dieses völlig verschwunden ist. Die Oxydation des Kupferchlorürs
kann auch auf Kosten des Sauerstoffs der atmosphärischen Luft, allein
ungleich langsamer, erfolgen. Es ist indessen auch möglich, daß das
chlorsaure Kalium in einer sauren oder salmiakhaltigen Flüssigkeit das
Anilin direkt oxydirt.

Auf diese Weise kann man sich die sehr energischen Oxydationen,
die durch verhältnißmäßig kleine Mengen eines Kupfersalzes hervorgebracht werden, leicht erklären, da dasselbe vermöge des Sauerstoffs
des chlorsauren Kaliums und der atmosphärischen Luft und bei Gegenwart des für das Kupferchlorür als Lösungsmittel fungirenden Salmiak
unausgesetzt seine Wirkung ausüben kann.

Ohne diese dauernde Thätigkeit wäre man gezwungen, die Menge
des Metalls über die für die Praxis gezogene Grenze zu vermehren
und seine Zuflucht zum Dampf zu nehmen.

Die Vorschrift, die Oxydation mit Salmiak und einem Kupfersalz
vorzunehmen, hat zuerst bei den Catechufarben Anwendung gefunden
und kommt täglich mehr in Aufnahme. Wir bemerken indessen,
daß, während das Roth aus Fernambuk- oder Campecheholz das
Dämpfen ohne vorheriges Lüften aushält, man beim Schwarz diese
Operation nicht unterlassen darf.

Eigenschaften und Anwendung des Anilinschwarz.

Das Anilinschwarz besitzt eine sehr tiefe sammetartige schwarze
Farbe; es ist völlig unlöslich in Wasser, Alkohol, Aether, Benzin,

kochender Seifenlauge, Alkalien und Säuren. Letztere verändern die Farbe in Grün, durch alkalische oder oxydirende Waschwasser wird indessen die ursprüngliche Farbe wiederhergestellt. Saures chromsaures Kalium erhöht die Intensität seiner Nüancen, eine konzentrirte Lösung dieses Salzes verändert sie etwas ins Röthliche. Es findet hauptsächlich in der Kattundruckerei Anwendung, da es sich mit den meisten Krapp- und Dampffarben aufdrucken läßt.

Chlor und unterchlorige Säure zerstören den Farbstoff oder verändern denselben wenigstens.

Taucht man einen mit Anilinschwarz gefärbten Stoff in eine Lösung von Chlorkalk von 8° B., so tritt in der Kälte eine Reaktion nur langsam ein, indem sich anfänglich eine schwach röthliche Färbung zeigt, die allmälig granatroth wird und schließlich in ein blasses Zwiebelroth übergeht. Diese Färbung verändert sich nicht weiter, sondern besitzt eine größere Beständigkeit als das Gewebe selbst. Hält man die Entfärbung bei dem Punkte auf, wo sie in Granatroth übergegangen ist, indem man das Gewebe aus der Lösung herausnimmt, so nimmt die veränderte Farbe nach und nach an der Luft ihre frühere Farbe wieder an, und nach Verlauf einer kürzeren oder längeren Zeit ist das Schwarz mit seiner früheren Intensität wieder zum Vorschein gekommen. Durch Eintauchen in Essigsäure kann man diesen Erfolg beschleunigen; das Passiren durch kochende Seifenlauge hat eine ähnliche Wirkung. Ist die Farbe ins Zwiebelrothe übergegangen, so kommt sie nicht wieder. — Diese interessanten Beobachtungen sind von Camillus Koechlin gemacht worden.

In Berührung mit schwefligsauren oder unterschwefligsauren Salzen, Sulfureten, einigen reduzirenden Metallsalzen und selbst reduzirenden Metallen in Staubform verliert das Anilinschwarz augenblicklich seine Farbe. Durch fortgesetzte Einwirkung des Lichtes oder durch anhaltendes Dämpfen geht die schwarze Farbe ins Grünliche über.

Das Vorbeizen des Anilinschwarz geschieht mit basischen Verbindungen, Alkalien, reduzirenden Metallsalzen, reduzirenden pulverförmigen Metallen (Zinkstaub) und im Allgemeinen mit allen den Agentien, welche das einmal gebildete Schwarz verändern.

Das Anilinschwarz kann, vorausgesetzt, daß man den verschiedenen Reaktionen, gegen welche es empfindlich ist, Rechnung trägt, als Bestandtheil in gemischten Farben (Catechu, Gelb, Mordants) Verwendung finden und zur Herstellung einer großen Anzahl von verschiedenen Nüancen gebraucht werden.

Bei den Catechufarben können zwei Fälle eintreten: Denn sie

neutral oder mit Essigsäure angesäuert sind oder ein essigsaures Salz enthalten, so entwickelt sich nur allein die Catechufarbe. Versetzt man Catechu mit einem Acetat, so macht man es selbst dazu geeignet, als Reserve für das Anilinschwarz zu dienen. Hat hingegen das Catechu den erforderlichen Grad von Säure, so erhält man in Mischung mit der Komposition für Anilinschwarz Oliven- oder röthliche Farben, je nach dem mehr oder weniger Säure oder mehr oder weniger Anilin vorhanden ist.

Trotz der Schwierigkeiten, welche sich in der Praxis der neuen schwarzen Farbe entgegenstellen, kann man das Anilinschwarz doch augenblicklich zu den Farben rechnen, welche sowol wegen ihrer Aechtheit und Schönheit als auch wegen der großen Anwendbarkeit die meiste Wichtigkeit für den Kattundrucker haben. Es ist in den konzentrirtesten Bädern, in Säuren, Alkalien, Oxydationsmitteln unveränderlich und nimmt die Eigenschaften aller Farben an.

Bis jetzt kennt man noch kein passendes Lösungsmittel, um das Anilinschwarz von den Geweben zu entfernen. Wenngleich diese Eigenschaft desselben nach einer Richtung ein großer Vortheil ist, so ist es doch ein ebenso großer Uebelstand, wenn es sich darum handelt, die mißlungenen Zeuge oder diejenigen Stücke zu reinigen, welche als Unterläufer beim Walzendruck gedient haben.

Man hat mit Anilinschwarz auch auf Seide gedruckt, indem man angeblich die Faser durch Eintauchen in eine Auflösung von Cellulose in ammoniakalischer Kupferoxydlösung vegetabilisirt hatte.

41. **Zeugprobe:** Anilinschwarz auf Baumwolle.

Untersuchung. — Der eigenthümliche Farbenton des Anilinschwarz, seine Widerstandsfähigkeit gegen die oben angegebenen Lösungsmittel, so wie die Veränderung ins Granatroth durch unterchlorigsaure Salze ermöglichen es, dieses Schwarz von allen andern analogen, auf Baumwolle aufgedruckten Farben mit der größten Leichtigkeit zu unterscheiden.

Farbstoffe nach Holiday, Schad und Ferber.

Holiday[1]) stellt Farben mit einem Salze von Anilin, Toluidin oder Homologen mit Nitrobenzol oder Nitrotoluol dar. Man erhält:

Roth aus 20 Theilen käuflicher Salzsäure, 20 Theilen Anilin (von hohem Siedepunkt) und 10 Theilen Nitrobenzol. Man erhitzt

---

[1]) Deutsche Industriezeitung, 1867, pag. 96.

3 bis 4 Stunden lang auf 227°, bis sich eine harte Masse bildet; bei niederem Siedepunkt des Anilins erhält man Blau.

Violet: aus 70 Theilen salzsaurem Anilin und 55 Theilen Nitrobenzol. Man erhitzt auf 227°, kocht mit dem 40fachen Volumen Wasser, filtrirt und fällt mit einem Alkali; der Niederschlag wird in Holzgeist gelöst, letzterer abdestillirt, der Rückstand mit käuflicher Salzsäure behandelt, die mit ihrem gleichen Volumen Wasser verdünnt ist, dann abgedampft und aufgelöst.

Blau: Man erhitzt 200 Theile Nitrobenzol und 200 Theile salzsaures Anilin (von niedrigem Siedepunkt) 2 bis 4 Stunden lang auf 227°; die Schmelze wird gepulvert, mit kochendem salzsäurehaltigem Wasser ausgewaschen, dann in Methylalkohol gelöst, die Lösung filtrirt und der Alkohol abdestillirt.

Schad in Cassel[1]) stellt einen blauen und violetten Farbstoff auf folgende Weise dar: Man erhitzt einige Stunden lang 16 Theile Rosanilin, 48 Theile Anilin und 1 Theil schwefelsaures Chinolin oder schwefelsaures Chinin auf 180° bis 185°. Die halbflüssige Masse wird in Chlorwasserstoffsäure gegossen, das niedergefallene Blau mit Wasser ausgekocht und in Alkohol gelöst.

Ferber und Sohn in Lyon erhitzen (nach einem französischen Patent) 20 Theile Anilin, 20 Theile Chinolein und 30 Theile Jod so lange, bis die Masse, welche zuerst braun ist, schön grün wird. Zur Reinigung des Farbstoffes wird er mit Benzin gewaschen oder in verdünntem Alkohol gelöst, wobei die Unreinigkeiten ungelöst zurückbleiben. Die Farbe en pâte ist schön kupferfarbig und die Lösung blauviolet, Seide wird indigoähnlich gefärbt; das Bad muß mit Wasser ohne Säure angestellt werden. Anstatt Jod kann man Brom und Chlor anwenden; man kann dem Farbstoff das Jod dadurch entziehen, daß man ihn mit Alkalien fällt, wodurch er farblos wie Rosanilin wird. Durch Essigsäure oder Chlorwasserstoffsäure wird die Farbe regenerirt.

Farbstoffe aus anderen anilinähnlichen Alkaloiden.

Williams[2]) hat ein allgemeines Verfahren veröffentlicht, um rothe, violette und blaue Farbstoffe mit Hilfe der flüchtigen Amid-

---

[1]) Deutsche Industriezeitung, 1866, pag. 96.
[2]) Repertory of Patent Invention, January 1860, pag. 70. — Dingler's polyt. Journ., Bd. CLV, pag. 208. — Jahresberichte über die Fortschritte in der Chemie von Will, 1860, pag. 361. — Journal für praktische Chemie, Bd. LXVI, pag. 334; Bd. LXIX, pag. 355; Bd. LXXVI, pag. 355.

basen der Anilinreihe (Anilin, Toluidin, Xylidin u. s. w.) und der Chinolinreihe (Chinolin, Lepidin, Cryptidin u. s. w.) darzustellen; es besteht darin, diese Produkte der Einwirkung von Jodamyl oder anderer Amylverbindungen bei erhöhter Temperatur zu unterwerfen.

Die aus dem Steinkohlentheer oder durch Destillation des Cinchonins mit Natronkalk erhaltenen rohen Basen werden der fraktionirten Destillation unterworfen, und der Theil, welcher unter 177° übergeht, gesondert von dem aufgefangen, der bei höherer Temperatur destillirt. Letzterer enthält die Basen mit höherem Siedepunkt. Man erhitzt den höher siedenden Theil mit Jodamyl oder Schwefelamyl in einer Retorte mit aufsteigendem Kühler, so daß also die sich verdichtenden Dämpfe gezwungen sind, wieder zurückzufließen, setzt alsdann Wasser und überschüssiges Ammoniak hinzu und läßt so lange kochen, bis die ölartige Flüssigkeit eine dunkelblaue, violette oder purpurrothe Farbe angenommen hat und die Farbe an Intensität nicht mehr zunimmt.

Der bei der fraktionirten Destillation zuerst (unter 177°) übergehende Theil wird ebenfalls mit einer Amylverbindung vermischt, und diese Mischung in einem verschlossenen Gefäße auf 120° erhitzt. Alsdann setzt man Wasser und ein Oxydationsmittel, wie beispielsweise Quecksilberoxyd hinzu. Bei längerem Erhitzen bis zum Kochen nimmt die Flüssigkeit eine blaue, violette und purpurrothe Farbe an.

Die auf diese Weise dargestellten Farbstoffe färben die Gewebsfasern und hauptsächlich Seide und Wolle sehr schön. Zu diesem Behufe löst man dieselben in Alkohol auf und setzt zu dieser Auflösung eine hinreichende Menge Wasser, bis man ein Bad von der gewünschten Farbe erhalten hat. Das Ausfärben geschieht in der kochenden Lösung. In gewissen Fällen mordancirt man die Faser, um den Farbenton zu modifiziren und denselben haltbarer zu machen. Zum Bedrucken löst man die Farbe in mehr oder weniger verdünntem Alkohol auf und verdickt mit Albumin.

Die Williams'sche Methode hat nur zur Darstellung des sogenannten Chinolinblau Verwendung gefunden; der Erfolg hat jedoch nicht der Erwartung entsprochen, und wegen ihrer geringen Haltbarkeit hat man die Farbe vollständig aufgegeben.

Darstellung des Chinolinblau.[1]

Das Cinchonin — der Rückstand von der Darstellung des Chinins aus der Chinarinde — wird in einer Retorte mit 3 bis 4 Theilen Kalium- und Natriumhydroxyd und etwas Wasser (½ bis 1 Theil) destillirt. Die Ausbeute beträgt ungefähr 65 Prozent Chinolin, welches Lepidin, Cryptidin, Pyrrol und eine gewisse Menge anderer Alkalien, so wie Ammoniakwasser enthält. Das Destillat wird nach Uebersättigung mit Säure zur Entfernung des Pyrrols mehrere Tage gekocht und das wieder getrocknete Destillat der fraktionirten Destillation unterworfen. Der über 190° übergehende Theil wird benutzt.

Man läßt eine Mischung von 1 Theil Cinchonin mit 1½ Theil Jodamyl 10 Minuten lang kochen. Die Mischung färbt sich dunkelrothbraun und gesteht beim Erkalten zu einer krystallinischen Masse. Letztere wird mit ihrem 6fachen Gewicht kochendem Wasser behandelt und die Lösung filtrirt. Das Filtrat wird in einem Kessel von emaillirtem Eisenblech eine Stunde lang im schwachen Kochen erhalten und von Zeit zu Zeit Ammoniakflüssigkeit, die mit ihrem gleichen Volumen Wasser verdünnt ist, hinzugefügt, so daß die Flüssigkeit stets ein gleiches Niveau behält. Beim Erkalten fällt der ganze Farbstoff in Gestalt einer harzartigen Masse zu Boden, welche in Alkohol mit prachtvoll purpurblauer Farbe löslich ist.

Um ein reineres Blau zu erhalten, ersetzt man das Ammoniak durch eine Lösung von Kaliumhydroxyd in 5 Theilen Wasser. Die Kalilauge wird während des Kochens nach und nach hinzugefügt, bis das verbrauchte Kali ¾ des Jods aus dem Jodamyl dem Aequivalent nach entspricht. Nach 15 Minuten langem Kochen filtrirt man, um eine harzartige Masse abzuscheiden; die Lösung besitzt alsdann eine sehr reine blaue Farbe; versetzt man dieselbe dann noch mit dem letzten Viertel des Kali, so fällt der ganze rothe Farbstoff, welcher mit dem Blau noch vermischt war, als schwarze Masse nieder. Dieser letzte Niederschlag giebt mit Alkohol prachtvolle röthlichpurpurfarbene Auflösungen, während ein dunkel gefärbter Rückstand bleibt, der sich bisweilen in Benzol mit prachtvoll smaragdgrüner Farbe löst.

Aus 100 Theilen Chinolin erhält man auf diese Weise 23 Theile flüssiges Blau, welches 4 Prozent trocknes Blau enthält. Man sieht,

---

[1] Chemical News, Bd. II, pag. 219. — Polytechnisches Centralblatt, 1860, pag. 783; 1861, pag. 129 und 1013. — Dingler's polyt. Journ., Bd. CLIX, pag. 224. — Polytechn. Notizblatt, 1861, pag. 225. — Chemisches Centralblatt, 1861, pag. 636.

daß bei diesem Verfahren das Jod nicht gänzlich verloren geht, sondern daß es größtentheils als Kaliumsalz zurückbleibt.

Der blaue Farbstoff kam in prächtigen prismatischen Krystallen, die einen starken grünlichen Metallglanz und goldgelben Reflex zeigten, unter dem Namen Cyanin in den Handel. Die Krystalle sind in Wasser und Aether wenig löslich, lösen sich jedoch mit ziemlicher Leichtigkeit in Alkohol auf; die Lösung ist prachtvoll blau und zeigt auf der Oberfläche Kupferglanz. Durch Säuren wird die Farbe zerstört, Ammoniak und die fixen Alkalien scheinen nicht einzuwirken; nach einiger Zeit entsteht jedoch ein dunkelblauer Niederschlag, während die Flüssigkeit farblos wird.

Hofmann[1]) hat diese Krystalle einer Untersuchung unterworfen und gefunden, daß dieselben eine Jodverbindung von der Formel $C_{29} H_{35} N_2 J$ sind. Die freie Base kann aus der alkoholischen Lösung des Jodürs durch Silberoxyd abgeschieden und das Jod durch Brom oder Chlor ersetzt werden, wenn man die Lösung mit Chlor oder Bromsilber behandelt. Das Jodür enthält eine geringe Menge einer homologen Verbindung von der Formel $C_{30} H_{37} N_2 J$, welche erst durch drei- bis viermaliges Umkrystallisiren davon getrennt werden kann.

Das erste Jodür entsteht aus dem Lepidin $C_{10} H_9 N$, das zweite rührt von einer kleinen Spur von Chinolin $C_9 H_7 N$ in den zur Darstellung verwendeten Alkalien her.

Die Entstehung des neuen Jodürs umfaßt zwei Phasen:

1) Es bildet sich anfänglich ein Jodür des Amyllepidyl-ammoniums

$$C_{10} H_9 N + C_5 H_{11} J = C_{15} H_{20} NJ$$

2) Unter dem Einfluß von Kalilauge kondensiren sich zwei Moleküle dieses Körpers zu einem einzigen

$$2 C_{15} H_{20} NJ + KHO = C_{30} H_{39} N_2 J + KJ + H_2 O$$

Jodür des Amyllepidyl-
ammoniums   Cyanin

Die grünen Krystalle verbinden sich mit Jodwasserstoffsäure und geben ein saures (jodwasserstoffsaures) Salz von der Formel:

---

[1]) Annalen der Chemie und Pharmacie, Bd. XLVII, pag. 76. — Zeitschr. f. Chemie, 1863, pag. 36. — Dingler's polyt. Journ., Bd. CLXVIII, pag. 135. — Chemisch. Centralbl., 1863, pag. 353. — Polytechn. Centralbl., 1863, pag. 477.

$C_{20} H_3, N, J, HJ$, welches in sehr schönen gelben Nadeln krystallisirt. Das grüne Jodür löst sich in Chlorwasserstoff- und Bromwasserstoffsäure zu farblosen Lösungen auf, welche krystallisirte Salze geben, die außer dem Job noch Chlor und Brom enthalten.

Bei erhöhter Temperatur zerlegt sich das Jodür des Amyllepidylammoniums in Lepidin, Jodamyl und Amylen.

$$C_{20} H_3, N, J = 2 C_{10} H, N + C_5 H_{11} J + C_5 H_{10}$$

Bei der Darstellung der Jodide von Amyllepidylammonium erhält man nach der Einwirkung von Jodamyl auf Lepidin und nach der Abkühlung eine Krystallmasse, aus der diese Jodide durch kochendes Wasser ausgezogen werden können. Es bleibt jedoch ein Theil ungelöst zurück, welcher mit kaustischen Alkalien ein Oel liefert, das sich in Salzsäure löst. Nach dem Eindampfen und Abkühlen erhält man Krystalle eines salzsauren Salzes einer neuen Base, die durch Alkalien in Freiheit gesetzt werden kann und Lepamin genannt ist. Sie stellt ein farbloses wohlriechendes Oel dar, das bei ungefähr 275° siedet; ihre empirische Formel ist $C_{20} H_{22} N_2$, als rationellen Ausdruck kann man $\begin{matrix} C_{10} H_{11} N \\ C_{10} H_{11} N \end{matrix} \Big|$ annehmen, wonach sie also ein mit Lepidin verbundenes Diamylamin ist. Die Verbindung dieser Base mit Salzsäure schmilzt unter 100° und hat die Formel $C_{20} H_{22} N_2, 2 HCl$. Versetzt man eine wässrige Lösung dieses Körpers mit Platinchlorid, so fällt eine pechartige Masse nieder, die Lösung wird grün und setzt ein olivengrünes Pulver ab. Nach dem Filtriren erhält man jedoch eine gelbe Lösung, die aber beim Verdunsten im luftleeren Raum abermals die grüne Substanz absetzt. Wendet man das salzsaure Lepamin konzentrirt an und versetzt es mit einem beträchtlichen Ueberschuß von Platinchlorid, so bildet sich sogleich ein gelber Niederschlag. Die Analyse des Platinsalzes gab die Formel $C_{20} H_{22} N_2, 2 HCl, PtCl_2$. Es ist in Alkohol löslich.

Die Base erhält man durch Einwirkung von Silberoxyd auf eine alkoholische Lösung des grünen Jodürs; sie ist dunkelblau, in Wasser und Alkohol löslich, in Aether jedoch unlöslich.

Die Firma Müller und Comp. in Basel hatte einen Preis von 10000 Francs ausgesetzt für die Herstellung eines haltbaren und weniger flüchtigen Cyanins; angeblich soll die Frage gelöst sein, indessen ist die Anwendung dieser schönen Farbe vollständig aufgegeben, und die beträchtlichen Mengen von Cinchonin, welche sich in den

Chininfabriken anhäufen, haben also nach dieser Richtung hin ihre Wichtigkeit verloren, während sie im entgegengesetzten Fall schnell verbraucht werden würden.

Anwendung der Anilinfarbstoffe zur Färberei und zum Zeugdruck.

Wir wollen uns hier nur mit denjenigen Farbstoffen beschäftigen, welche dem Fabrikanten schon als vollständig fertige Farben geliefert werden; von den anderen, welche direkt auf der Faser gebildet werden, wie das Emeraldingrün und das Anilinschwarz, ist schon oben die Rede gewesen.

Die Anilinfarbstoffe, welche sich in der Praxis Geltung verschafft haben und allgemein zur Aufnahme gekommen sind, sind folgende: 1) das Anilinviolet oder Roséin, 2) das Anilinroth, Fuchsin, Rosanilinsalze, 3) das Rosanilinblau, Bleu de Lyon, Bleu d'impression, Bleu de lumière, Bleu soluble; 4) das Rosanilinviolet (Phenylrosanilin), 5) das Hofmann'sche Violet, 6) die Dahliafarben 7) das Anilingrün.

Die andern Präparate, welche längere oder kürzere Zeit in Gebrauch waren, werden auf ähnliche Weise wie die eben angegebenen Farben behandelt. Die blau und violet gefärbten Substitutionsderivate des Rosanilins verhalten sich, abgesehen von ihrer Farbe, bei den zum Färben und Drucken angewendeten Operationen ebenso. Wir finden bei ihnen denselben Farbenreichthum, dieselbe Unlöslichkeit in Wasser, und bei der Fixirung dieser Farbstoffe sind dieselben Manipulationen anzuwenden.

Alle diese Farben kommen jetzt in großer Reinheit und sehr häufig krystallisirt in den Handel. Der Fabrikant hat sich gegenwärtig also nicht mehr, wie dies im Anfange geschehen mußte, viel zu bemühen, Lösungen zu erhalten, welche von theerartigen Substanzen oder anderen Unreinigkeiten möglichst frei sind. Es genügt, das Präparat in einem passenden Lösungsmittel aufzulösen und dieses Bad mit der Faser unter den zum Anhaften der Farbe günstigsten Bedingungen in Berührung zu bringen.

Bei den thierischen Fasern, wie Wolle oder Seide, ist das Befestigen dieser Farben außerordentlich einfach. Einer der bemerkenswerthesten Charaktere aller aus dem Anilin stammenden Farbstoffe ist nämlich die große Verwandtschaft derselben zu den stickstoffhaltigen organischen Proteïnstoffen und hauptsächlich zu Wolle, Seide, Kleber, Casein und Albumin.

Das Ausfärben erfolgt also in diesem Falle ohne Mitwirkung irgend eines Mordants, theils bei gewöhnlicher Temperatur, wie bei der Seide, bald bei 50° oder 60° oder selbst beim Kochen. In gewissen Fällen ist das Vereinigungsstreben so mächtig, daß man eine zu schleunige Anziehung des Farbstoffs eher hemmen als befördern muß. Ganz anders sind jedoch diese Verhältnisse bei den vegetabilischen Fasern; hier zeigt sich ganz und gar keine Verwandtschaft, gar kein Vereinigungsstreben zwischen dem Farbstoff und der Cellulose; deshalb sind bei diesen Fasern Mordants erforderlich.

Da die meisten der in Rede stehenden Farben wenig oder gar nicht in Wasser löslich sind, so ist es unumgänglich nothwendig, zu speziellen Lösungsmitteln zu greifen, um die Farbflotten anzusetzen oder die Druckfarben herzustellen; die am häufigsten angewendeten sind Alkohol, Holzgeist, Methylalkohol, Essigsäure. Die dargestellte Lösung wird mit mehr oder weniger Wasser verdünnt; ist der Farbstoff in Wasser sehr unlöslich, so wird allerdings ein Theil desselben in sehr feiner Vertheilung gefällt, ist aber nichts desto weniger zum Färben geeignet; übrigens ist die färbende Kraft dieser Körper so groß, daß man nur relativ sehr kleine Mengen für das Farbebad oder die Druckfarbe bedarf. Diese Eigenschaft hebt in gewisser Beziehung die Uebelstände wieder auf, welche von der geringern Löslichkeit herrühren.

Das Rosanilin und alle seine Derivate sind unächte Farbstoffe und hauptsächlich auf Baumwolle wenig haltbar; auch fängt man an etwas von der Vorliebe zurückzukommen, welche ihre Anwendung so sehr verallgemeinert hatte. Das Indisin ist ächter und hält sich besser am Lichte.

Das Färben der Seide mit Anilinviolet.

Die Farbflotte wird angesetzt, indem man in schwach angesäuertes kaltes Wasser eine alkoholische Lösung von Violet en pâte (Violet liquor) eingießt, die mit dem 8fachen Volumen warmem, mit Weinsteinsäure angesäuertem Wasser verdünnt ist. In diese Lösung wird die Seide so lange eingetaucht, bis sie den gewünschten Farbenton hat. Um eine etwas blauere Nüance hervorzubringen, fügt man Indigblauschwefelsäure oder Bleu de Lyon hinzu.

Anilinviolet auf Wolle.

Die Farbflotte besteht aus einer verdünnten wässrigen Lösung von Mauveinsalz ohne Zusatz einer Säure. Das Färben geschieht bei einer Temperatur von 50° bis 60°.

Um die Herstellung dieser Lösungen zu erleichtern, hat Glavel vorgeschlagen, ein in heißem Wasser lösliches Violet anzuwenden, das man sich durch mäßige Einwirkung von rauchender Schwefelsäure auf gewöhnliches Violet darstellt. Die Flüssigkeit wird durch Wasser gefällt; der Niederschlag ist jedoch, wenn man durch Auswaschen alle Säure entfernt hat, in heißem Wasser löslich. Die Lösung kann zu denselben Zwecken wie die erste Verwendung finden.[1]

Zum Bedrucken von Seide und Wolle löst man das Violet en pâte in 8 Theilen Essigsäure von 8° B. auf. Die Flüssigkeit wird mit Gummi verdickt und der Farbstoff durch Dämpfen befestigt.

Anilinroth auf Seide.

Die Farbflotte besteht aus einer kalten und verdünnten wässrigen Lösung von Fuchsin (essigsaures oder chlorwasserstoffsaures Rosanilin); man hantirt hierin die Seide so lange, bis sie den gewünschten Farbenton zeigt. Bisweilen löst man auch das Rosanilin in Schwefelsäure auf, bevor man es zu dem Bade giebt. Will man gleichmäßige Farben von einer bestimmten Intensität haben, so muß die Lösung verdünnt sein. Je nach der zu erzielenden Abstufung wird Fuchsin zugegeben; man muß jedoch hierbei vermeiden, zuviel mit einem Male hinzuzufügen, da sonst die Farbe an Schönheit verliert.

Anilinroth auf Wolle.

Das Färben geschieht wie beim Anilinviolet.

Zum Bedrucken der Seide und Wolle bedient man sich alkoholischer Lösungen von Anilinroth (35 Gramm Fuchsin auf 1 Kilogramm Alkohol), welche mit Gummiwasser verdickt sind. Nach dem Drucken dämpft man.

Das Bleu de Lyon, das Violet impérial, das Hofmann'sche Violet werden bei der Wollen- und Seidenfärberei wie die vorhergehenden angewendet; wegen ihrer Unlöslichkeit ist es jedoch besser, sie

---

[1] Chemical News, 1864, 13. February, pag. 82.

stets in Alkohol oder Essigsäure aufzulösen und die Flüssigkeiten nur mit einer solchen Quantität Wasser zu versetzen, daß der Farbstoff nicht gänzlich gefällt wird.

Das in Schwefelsäure lösliche Blau, von dem bereits die Rede gewesen, besitzt diesen Uebelstand nicht und hat eine reinere Farbe, ist jedoch weniger haltbar.

Zum Bedrucken verdickt man die alkoholische Lösung (3 Gramm auf 100 Gramm Alkohol) mit Gummiwasser.

Beispielsweise nimmt man also:

50 Gramm einer alkoholischen Lösung von Bleu de Lyon
250 " Gummiwasser von 500 Gramm per Liter.

Nach dem Bedrucken wird gedämpft.

Anilingrün.

Dieser Farbstoff hat bis jetzt hauptsächlich nur auf Wolle und Seide Anwendung gefunden. Da das im Handel vorkommende Präparat eine unlösliche Verbindung ist, so muß man es in Wasser, das mit Schwefelsäure angesäuert ist, auflösen. Durch dieses Bad nimmt man die Wolle und Seide; bei der ersteren muß jedoch die Temperatur der Lösung höher sein. Die auf Seide erzeugten Farben sind namentlich bei künstlicher Beleuchtung sehr schön; weniger gut fällt die mit Anilingrün gefärbte Wolle aus.

Die Anwendung dieser Farbe ist schwieriger als die der anderen Farbstoffe und erfordert eine gewisse praktische Fertigkeit.

Das Färben und Bedrucken der Baumwolle und der vegetabilischen Fasern mit Anilinfarbstoffen.

Beim Färben und Bedrucken der vegetabilischen Fasern verbindet sich nicht mehr die Faser selbst mit den Farbstoffen, wie dies bei den thierischen Fasern der Fall ist; sie ist gewissermaßen nur das Gefäß, wenn man sich dieses Ausdrucks bedienen darf, für den gefärbten Lack, welchen man auf der Oberfläche oder in den Poren der Fasern darstellt. Die Verwandtschaft des koagulirten Albumins mit den Farbstoffen ist fast dieselbe wie die der Wolle. Auf diesem Verhalten beruht das beste Verfahren zum Bedrucken der Baumwolle mit den neuen Farbstoffen.

Zu diesem Behufe ist es ausreichend, eine wässrige, alkoholische oder essigsaure Lösung des Farbstoffes mit Albumin und Gummi zu verdicken, mit der so dargestellten Farbe zu drucken, darauf zu trocknen und zu dämpfen, um gleichzeitig die Koagulation und das Färben des Albumins zu bewirken.

Ein einigermaßen dunkel gefärbtes Rosa erhält man, wenn man 3 Gramm Fuchsin in 1 Liter Wasser auflöst, das mit 200 Gramm Gummi und 300 Gramm Albumin verdickt ist.

Zu Violet nimmt man ungefähr 3 Gramm Rosolan en pâte auf 10 Kubikcentimeter Alkohol, 100 Gramm Gummiwasser und 150 Gramm Albuminwasser, zu letzteren beiden 500 Gramm Albumin oder Gummi per Liter.

Die verschiedenen Casein- und Glutenpräparate, von denen in dem Abschnitt über die plastischen Verdickungsmittel die Rede gewesen, können aus Sparsamkeitsrücksichten mit einigem Vortheil das Albumin ersetzen; aber hinsichtlich der Schönheit und Leichtigkeit beim Drucken stehen alle diese Substanzen dem Albumin bedeutend nach.

Bisweilen wird das Albumin als Mordant zum Färben der Baumwolle angewendet. Die Faser wird mit einer Albuminlösung getränkt und alsdann heißen Dämpfen ausgesetzt, durch welche das Albumin koagulirt wird. Die so vorbereiteten Gewebe werden kann auf dieselbe Weise wie Wolle in der Farbflotte gefärbt.

Tanninverfahren.

Das Tannin (Gerbsäure) bildet mit dem Mauvein, dem Rosanilin und allen seinen gefärbten Derivaten unlösliche und gefärbte Verbindungen. Auf dieser Eigenschaft desselben beruht eine sehr häufig angewendete Methode, die Anilinfarben zu fixiren.

R. Gratrix in Salford bei Manchester und P. Javal in Thann (Haut-Rhin)[1] versetzen eine Lösung von Anilinroth, Anilinblau u. s. w. mit einem frisch bereiteten starken Galläpfelaufguß. Der Niederschlag wird auf einem Filtrum gesammelt, gut ausgewaschen, je nach Erforderniß völlig oder nur oberflächlich getrocknet, hierauf in Essigsäure, Alkohol oder einer Mischung von beiden, Holzgeist u. s. w. aufgelöst und mit Senegalgummi oder Stärkekleister verdickt. Die so hergestellte Farbe kann dann auf Gewebe, welche mit Zinnoxyd präparirt sind, aufgedruckt werden; nach dem Drucken wird das Zeug

---

[1] Repertory of Patent Invent., Mai 1861. — Dingler's polyt. Journ., Bd. CLXI, pag. 389. — Schweizerische polytechn. Zeitschrift, 1861, pag. 126. — Polytechn. Centralblatt, 1861, pag. 1077.

gedämpft, um das Lösungsmittel zu verjagen und die Farbstoffe unlöslich zu machen.

Einfacher kann man denselben Zweck dadurch erreichen, daß man für dieselbe Farbe das Tannin, den Farbstoff, die Essigsäure und das Verdickungsmittel vermischt, alsdann mit dieser Mischung druckt und nachher dämpft.

Z. B. Anilinviolet mit Tannin.

500 Gramm Violet en pâte
500 „ Essigsäure
500 „ Tannin
4 Kilogramm kochendes Wasser
4,5 „ Gummilösung.

Statt auf unpräparirten Zeugen zu drucken, giebt man häufig dem Gewebe eine Beize von zinnsaurem Natrium oder Thonerde oder imprägnirt es mit einer Lösung von Kleber, Casein (Lactarin, Käse aus gewöhnlicher Buttermilch), Gelatine oder gewissen Salzen, welche durch Gerbsäure gefällt werden (essigsaures Blei, ätzendes Quecksilbersublimat, weinsaures Antimonkalium).

Nach Lloyd und Dale[1]) druckt man mit einer Farbe, welche aus Gummiwasser, Tannin und dem Farbstoff besteht; 4½ Liter Gummiwasser, 250 Gramm Tannin und die zur Herstellung des gewünschten Farbentons erforderliche Menge Farbe. Die Waare wird alsdann mit Dampf von sehr niedriger Spannung (¾ bis 1 Pfund per Quadratzoll) gedämpft und dann in eine 45° bis 85° warme Lösung von Brechweinstein von 13 Gramm per Liter gebracht, hierauf gewaschen und getrocknet.

Ein anderes Verfahren besteht darin, daß man die mit zinnsaurem Natrium präparirten Gewebe mit einer Lösung von Tannin mit Gummi verdickt, bedruckt; hierauf wird die Waare gedämpft, indem man anfänglich Dampf von niedrigem Drucke und zuletzt von ½ Atmosphäre Spannung anwendet. Man läßt sie alsdann ein Firirungsbad (Gelatine ꝛc.) passiren und färbt sie schließlich in einer schwach mit Essigsäure angesäuerten, auf ungefähr 60° erwärmten Lösung aus. Um die unbedruckten Stellen des Zeuges zu reinigen, wird dasselbe mit schwach angesäuertem Wasser gelegt. Auch kann man zu diesem Zweck ein Seifen- oder Kleienbad anwenden oder durch Chlor entfärben.

---

[1]) London Journal of Arts, November 1861, pag. 284. — Polytechn. Centralblatt, 1862, pag. 199.

Nach einem anderen Rezept druckt man eine Lösung von Tannin auf (130 Gramm auf 1 Liter Gummilösung zu einer dunklen Nüance und 20 bis 27 Gramm zu einer helleren Farbe). Nach dem Drucken wird die Waare eine Stunde lang mit Dampf von der erwähnten Spannung behandelt, dann durch eine Lösung von Brechweinstein genommen, ausgewaschen und gefärbt. Der weiße Grund wird durch Passiren durch eine schwache Chlorkalklösung und eine Seifenauflösung wiederhergestellt. Wenn man zu den gewöhnlichen Mordants für Krapp Tannin und Zinnsalz hinzusetzt, so erhält man nach dem Färben in Krapp Farben, welche in der Anilinflotte Farbe anzunehmen im Stande sind, wodurch sie einen größeren Glanz erhalten.

Wischine[1]) hat vorgeschlagen, die Anilinfarben mit arsensaurem Aluminium zu fixiren. Zu diesem Behufe druckt man eine verdickte Mischung von arsensaurem Natrium, Thonerde und Anilinroth oder Violet auf, dämpft und seift. Nach dem Seifen wird die Farbe schöner. Dieses Verfahren liefert die haltbarsten Resultate.

Man kann das Anilinviolet, das Anilinroth und seine Derivate auch durch Natriumaluminat fixiren. Hierzu läßt man den Kattun 10 bis 12 Stunden lang in einer Auflösung von Natronlauge von 4° bis 5° B. maceriren und bringt ihn danach, ohne zu waschen, in eine Lösung von Natriumaluminat, worin er ebenso lange bleibt. Die Thonerde wird durch eine heiße Lösung von Salmiak fixirt. Das Färben erfolgt in der auf 50° erwärmten Farbflotte.

Das mit essigsaurem Aluminium auf Baumwolle aufgedruckte und gedämpfte Bleu soluble wird vollständig befestigt.

Wir führen noch einige Mordants an, mit denen die Anilinderivate fixirt werden können.

Das ölsaure Blei[2]). — Man befestigt auf dem Baumwollenstoff, entweder durch Druck oder auf andere Art, Bleihydroxyd oder ein basisches Salz und färbt in einer Seifenlösung, in welcher Violet aufgelöst ist. Die auf diese Weise dargestellte Farbe ist sehr schön; indeß ist dies Verfahren nicht in Aufnahme gekommen.

Die mit Thonerde mordancirte oder nicht mordancirte und mit Tanninlösung behandelte geölte Baumwolle nimmt ebenfalls Anilinfarbstoffe an.

---

[1]) Brooks, London Journal of Arts, November 1861, pag. 284.
[2]) Perkin und Gray, Dingler's polyt. Journal, Bd. CLVI, pag. 151. — Polyt. Centralblatt, 1860, pag. 465. — Chemisches Centralbl., 1860, pag. 445.

Druckt man Sulfoleïnsäure mit einem Anilinfarbstoff und essigsaurem Aluminium, so wird der Farbstoff ebenfalls fixirt. Bulard[1]) hat die Beobachtung gemacht, daß einige Gummiarten die Eigenthümlichkeit besitzen, den damit verdickten Fuchsinfarben einen violetten Ton zu geben, wenn man die Mischung längere Zeit aufbewahrt; wahrscheinlich ist diese Erscheinung derjenigen analog, welche sich bei Einwirkung einer alkoholischen Lösung von Schellack auf das Anilinroth zeigt. Sie rührt von einer allmäligen Veränderung des Rosanilins her.

Lacke. — Aus den gefärbten Anilinderivaten bereitet man gegenwärtig Lacke von außerordentlicher Schönheit und prachtvollem Glanz. Zu diesem Zweck neutralisirt man eine Lösung von schwefelsaurem Aluminium mit kohlensaurem Natrium, so daß sich eine sehr basische Verbindung bildet, ohne daß jedoch eine Fällung eintritt; hierzu fügt man die Lösung des Farbstoffes und fällt mittelst Tannin. Diese Lacke sind also innige Mischungen von gerbsaurem Aluminium und einer gerbsauren Verbindung der Base des Farbstoffes.

Indem Depouilly bei der Darstellung dieser Lacke die durch Zersetzung der Phtalsäure gebildete Benzoësäure zusetzte, erhielt er bedeutend schönere Präparate, sowol hinsichtlich der Feinheit als auch des Glanzes und des Deckungsvermögens. Er benutzt hierbei die Eigenschaft derselben, unlösliche basische Salze mit der Thonerde und dem Eisen zu bilden, wodurch sie zu einem guten Fällungsmittel für die löslichen Farbstoffe wird.

Aecht Blau und Grün durch Druck.[2])

Die nachfolgenden beiden Rezepte haben sich als sehr gut bewährt.

    10 Theile Anilin
    12 „ Salpetersäure
    50 „ Wasser
  2—4 „ chlorsaures Natrium
    4 „ Zucker

mit der hinreichenden Menge Gummi verdickt.

---

[1]) Répertoire de chimie appliquée, Bd. V, pag. 169.
[2]) Bogel, Die Anilinfarben, pag. 189.

Oder:

    10 Theile Anilin
    50 " Salzsäure
    50 " Wasser
    4 " Zucker
    1½—3 " chlorsaures Natrium

mit der passenden Menge Gummi verdickt.

Um die Farbe zu firiren, braucht man nur zu trocknen. In schwach angesäuertem Wasser bleiben die Dessins grün, während die Farbe in einer alkalischen Flüssigkeit violetblau wird. Die Farbe ist vollständig ächt.

Aecht Pariser Violet.

Das nachfolgende Farbenrezept, nach welchem man ganz vorzügliche Resultate erhält, ist erst in der neuesten Zeit angegeben worden. Man erhitze:

    34 Theile essigsaures Aluminium von 9° B. (aus Alaun und
                 Bleizucker dargestellt)
    35 " Traganthschleim
    7 " Weizenstärke

bis zum Kochen und setze nach dem Abkühlen

    11 Theile Glycerin-Arsenik

hinzu. Andererseits löse man

    1 Theil Pariser Violet nach Poirier und Chappal in
    12 Theilen kochendem Wasser

auf und vermische beide Lösungen.

Das Glycerin-Arsenik wird dargestellt, indem man 110 Theile Glycerin auf 68 Theile abdampft und 32 Theile arsenige Säure hinzusetzt.

Untersuchung der Anilinfarben.

Alle Anilinfarben werden hinsichtlich ihrer färbenden Kraft und der Reinheit ihrer Nüance durch Färbe- und Druckversuche auf Baumwolle, Wolle und Seide geprüft; durch Vergleichung mit einem musterziltigen Präparat kann man leicht einen ziemlich sicheren Schluß auf die Güte des Farbstoffs machen.

Untersuchung des Fuchsins.

3 Gramm Fuchsin
1 Liter kochendes Wasser
200 Gramm gepulvertes Gummi.

Man läßt erkalten und fügt darauf 300 Gramm trocknes Albumin hinzu. Man seiht die Farbe durch, druckt mittelst der Walze auf Jakonnet und dämpft.

Untersuchung des Anilinviolet.

3 Gramm Violet
10 Kubikcentim. Alkohol
10 " Wasser
100 Gramm Gummiwasser (500 Gr. per Liter)
150 " Albuminwasser.

Zu einer halb so dunklen Nüance nimmt man:
50 Gramm der vorhergehenden Flüssigkeit
50 " Gummiwasser
50 " Albuminwasser.

Man seiht durch und druckt damit auf Kattun oder noch besser Musselin, dämpft und wäscht aus.

Untersuchung des Bleu de Lyon.

Man nimmt:
3 Gramm Blau
100 " Alkohol, im Wasserbade gelöst,
50 " dieser Lösung
250 " Gummiwasser.

Man seiht durch, dämpft nach dem Drucken und wäscht aus.

Untersuchung des Fuchsinviolet.

Man nimmt:
3 Gramm Fuchsinviolet
100 " Alkohol, im Wasserbade gelöst,
50 " dieser Lösung
250 " Gummiwasser.

Man schlägt die Farbe durch ein Sieb druckt mittelst der Walze auf Wolle, dämpft und wäscht aus.

Ueber das Vorkommen von Anilinfarbstoffen im Thierorganismus.

Nach Ziegler[1]) sollen sich einige dem Anilin ähnliche Farben — Violet und Roth — auch in der Natur finden. Im Mittelmeer und im Atlantischen Ozean kommt eine zur Gruppe der Rückenkiemer, Notobranchiata, gehörende Gasteropodenspezies der Familie Aplysiacea, Aplysia depilans L. (Seehase) vor, die aus einem blasenartigen Organ ein flüssiges Anilinroth und Violet von hohem Konzentrationsgrade absondert. Dieser Anilinfarbstoff ist für das Thier eine zweifache Vertheidigungswaffe, indem es erstlich durch das Ausspritzen desselben das Wasser trübt und sich dadurch vor Feinden zu verbergen im Stande ist, zweitens, weil diese Farbe die giftigen Eigenschaften des Anilins besitzt und einen dem Molluske eigenthümlichen widrigen Geruch entwickelt.

Ziegler gelang es, den Farbstoff nach Zusatz von einigen Tropfen Schwefelsäure zu isoliren. Er sammelte den mit der Säure erhaltenen Niederschlag auf einem Filter, behandelte denselben mit Alkohol, filtrirte und fällte ihn nochmals mit Chlornatrium. Der Niederschlag ist Anilinviolet; durch Schwefelsäure wird er in einen blauen Farbstoff verwandelt, welcher durch Zusatz von Wasser wieder violet wird. Die von dem mit Chlornatrium erhaltenen Niederschlag abfiltrirte Flüssigkeit enthält eine rothe Farbe, welche sich durch Tannin abscheiden läßt. Gleich dem Fuchsin wird dieses Roth durch Ammoniak entfärbt, erscheint aber nach dem Zusatz von Essigsäure wieder. Diese Reaktionen, welche auch der käufliche Anilinfarbstoff zeigt, berechtigen zu der Annahme, daß hier wirkliche Anilinfarbstoffe vorhanden sind.

Unterscheidungsmerkmale der einzelnen Anilinfarbstoffe.

Pohl[2]) hat zur Unterscheidung der einzelnen Anilinfarben eine Tabelle aufgestellt, in welcher er die Reaktionen derselben mit rauchender Salzsäure und mit einer mit ihrem dreifachen Volumen Wasser verdünnten Chlorwasserstoffsäure und die Erscheinungen angiebt, welche nach dem Verdünnen mit Wasser eintreten.

---

[1]) Polytechn. Centralblatt, März 1869, pag. 427.
[2]) Dingler's polytechn. Journal, Bd. CLXXIII, pag. 211. — Polytechn. Centralblatt, 1864, pag. 1379.

Unterscheidungsmerkmale der einzelnen Anilinfarbstoffe.

Name der festen Farbe.	Wirkung der koncentrirten Salzsäure				Wirkung der mit den 3 fachen Volumen verdünnten Salzsäure		
	sogleich	nach 5 Min.	nach 15 Min.	Hierauf mit Wasser verdünnt.	sogleich	nach 15 Min.	Hierauf mit Wasser verdünnt.
Anilinviolet.	Blau; die Flüssigkeit färbt sich blau.	Blau; die Flüssigkeit blau.	Blau; die Flüssigkeit blau.	Die Waare wird violet, jedoch etwas röther als ursprünglich.	Violet.	Violet, mehr ins Rothe als ursprünglich.	Violet.
Dahlia.	Schmutzig braunroth, ins Dunkelviolette, Flüssigkeit braunroth.	Schmutzig braunroth ins Graue, Flüssigkeit ebenso.	Grangrün, Flüssigkeit graugrün.	Blau, nach einiger Zeit sich ins Violet, Flüssigkeit blau.	Blau.	Taubengrau, der Flüssigkeit schmutzig rothbraun.	Violet; Flüssigkeit blau.
Parme d'Aniline.	do.	do.	do.	do.	do.	do.	do.
Fuchsin und Solein.	Violet.	Dunkelbraun, Flüssigkeit gelbbraun.	Dunkelbraun, Flüssigkeit gelbbraun.		Violet.		
Cerafilin von Würz I. Theil II.	Unverändert	Blasser, Flüssigkeit Johannisbeerroth.	Farbe fast ganz abgezogen; Flüssigkeit Johannisbeerroth.	Die Farbe sieht wieder etwas an.	Unverändert	(Etwas blasser, Flüssigkeit sieht Johannisbeerroth.	Unverändert

Künstliche organische Farbstoffe.

Name der festen Farbe.	Wirkung der konzentrirten Salzsäure			Wirkung der mit dem 3fachen Volumen verdünnten Salzsäure		Hierauf mit Wasser verdünnt.
	sogleich	nach 5 Min.	nach 15 Min.	Hierauf mit Wasser verdünnt.	sogleich	nach 15 Min.
Anilinblau.	Blau.	Schmutzig blaugrün, Flüssigkeit schwach violet.	Dunkel schmutzig blaugrau; Flüssigkeit blaß violet.		Blau.	
Bleu de Lyon und Bleu de lumière.	Blau.	Rein blau; Flüssigkeit farblos.		Blau mit einem Stich ins Violette.		Unverändert.
Azurin von Württ. (I. Theil II.)	Unverändert	Blau mit einem Stich ins Grünliche; Flüssigkeit blaß blau.	Farblos; Flüssigkeit hellgelb.	Zeigt die ursprüngliche Farbe.		do.
Anilingrün.	do.	Blaßgelb, ins Zeithagrüne; Flüssigkeit gelb.		ursprüngliche Farbe.		do.
Anilinbraun.	Fast unverändert, Flüssigkeit braun.	Etwas lichter, Flüssigkeit dunkelbraun.	Überaus lichter, Flüssigkeit fast braun.	do. etwas lichter.		do.

Name der Anilin-Farbe.	Wirkung der concentrirten Salzsäure			Hierauf mit Wasser verdünnt.	Wirkung der mit dem 3fachen Volumen verdünnten Salzsäure		Hierauf mit Wasser verdünnt.
	sogleich	nach 5 Min.	nach 15 Min.		sogleich	nach 15 Min.	
Anilin-schwarz.	Unverändert	Unverändert, Flüssigkeit gelblich.	Tief kohlgrün, ins Schwarz; Flüssigkeit leicht olivenbraun.	Tief kohlgrün ins Schwarz.		Unverändert.	

Ende des ersten Bandes.

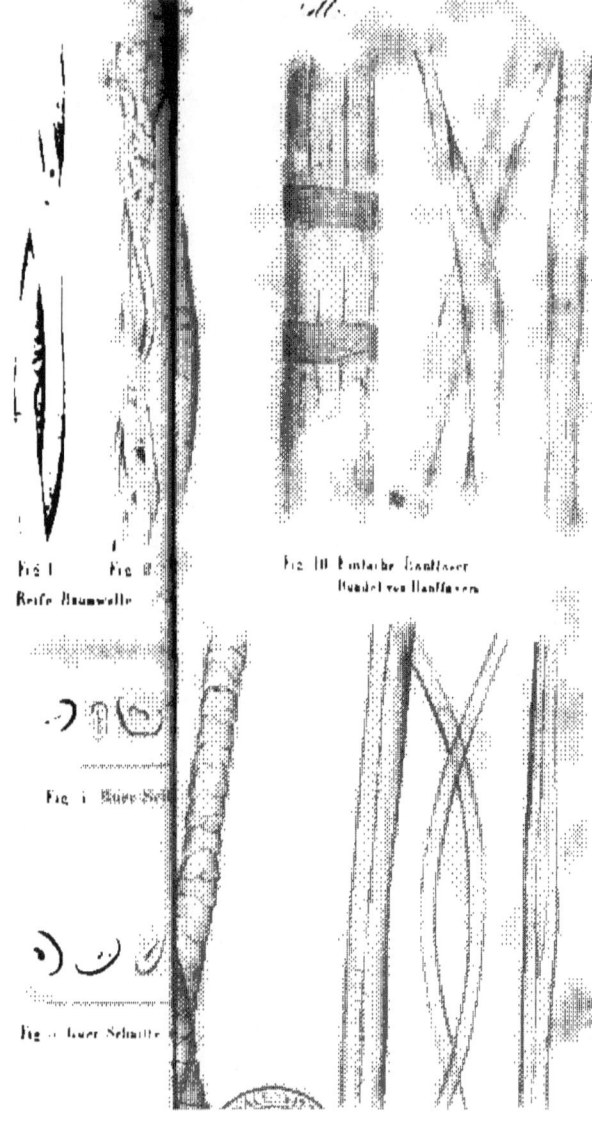

1. Dunkles Ultramarinblau. S. 123.
2. Helles Ultramarinblau. S. 123.

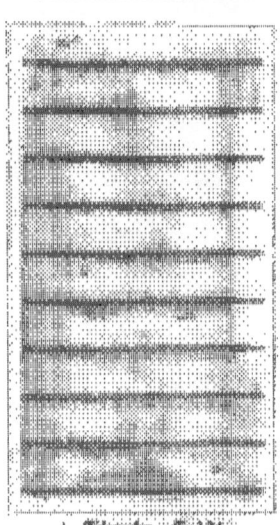
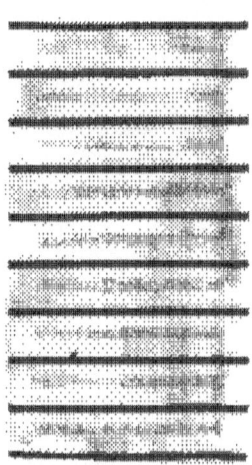

3. Schweinfurter. S. 124.
4. Guignet'sches Grün. S. 125.

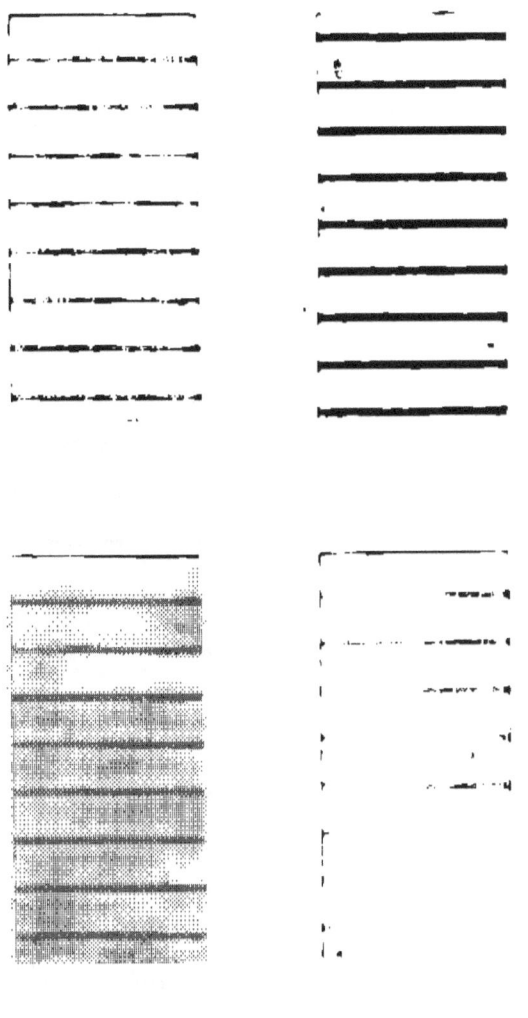

Schützenberger, Farbstoffe. Tafel 2.

5. Schweinfurter Grün, S. 125. 6. Rußgrau. S. 127.

7. Zinnoberroth. S. 127. 8. Carminroth. S. 128.

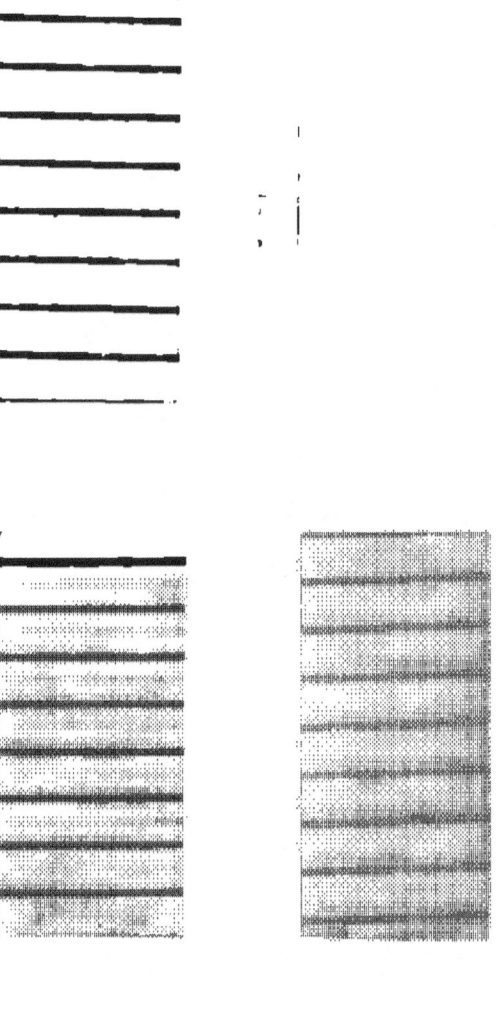

Schützenberger, Farbstoffe. Tafel 3.

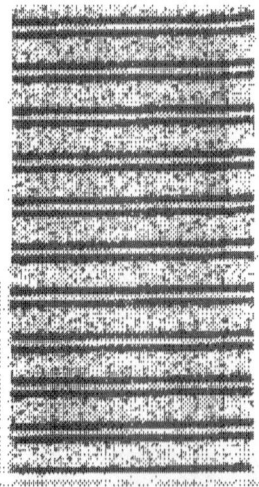

9. Argentin mit Casein fixirt. S. 130.

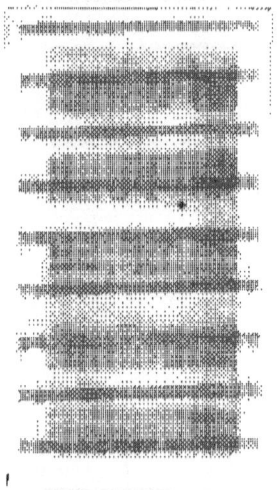

10. Schwefel-Arsenik. S. 234.

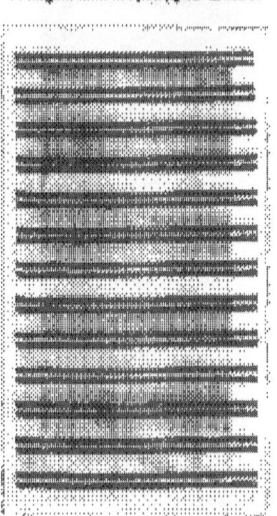

11. Schwefel-Cadmium. S. 235.

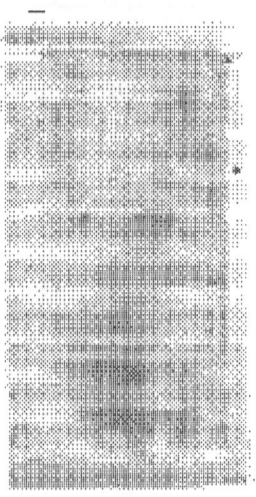

12. Antimonorange. S. 236.

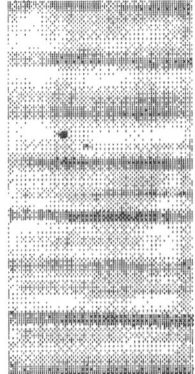

Schützenberger, Farbstoffe. Tafel 4.

13. Roßgelb. S. 242.

14. Dunkles Nankinggelb. S. 242.

15. Helles Nankinggelb. S. 242.

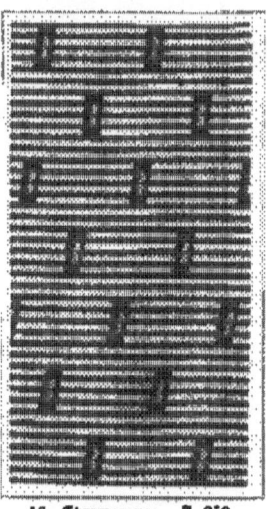

16. Chromorange. S. 259.

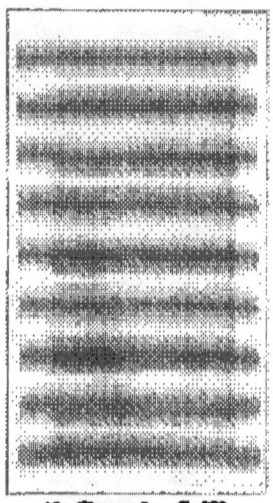

17. Chromgelb. S. 259.   18. Chromgrün. S. 270.

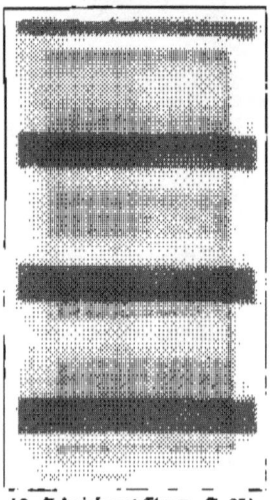
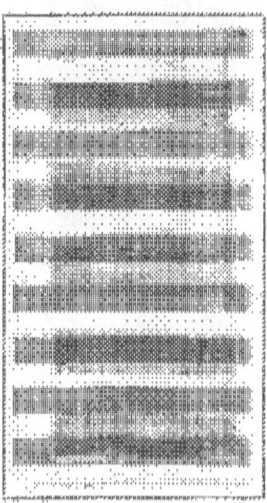

19. Arsenigsaures Chrom. S. 271.   20. Arsenigsaures Kupfer. S. 284.

Schützenberger, Farbstoffe. Tafel 6.

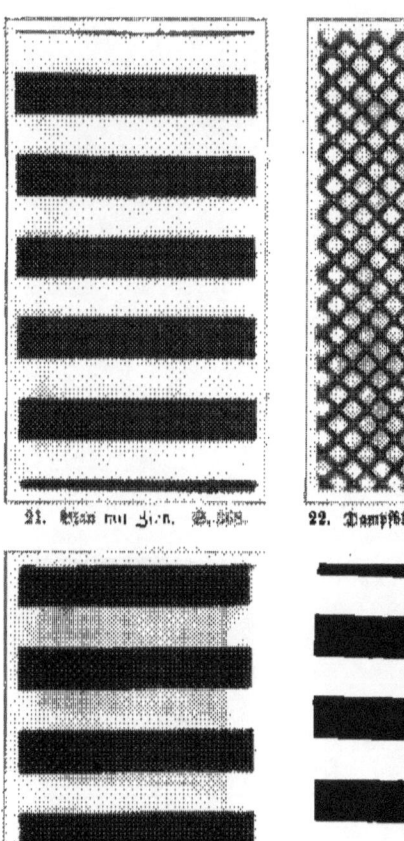

21. Blau mit Zinn. S. 368.   22. Dampfblau ohne Zinn. S. 368.

23. Gewöhnliches Dampfgrün. S. 368.   24. Halbdunkles Dampfgrün. S. 368.

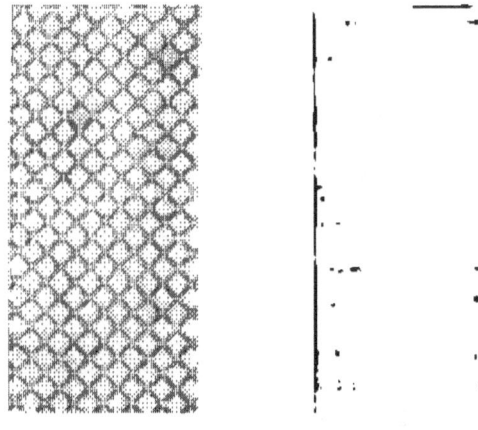

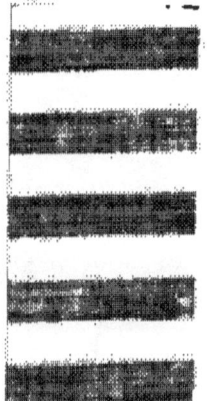
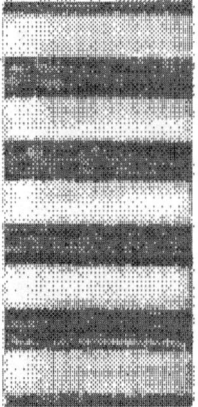

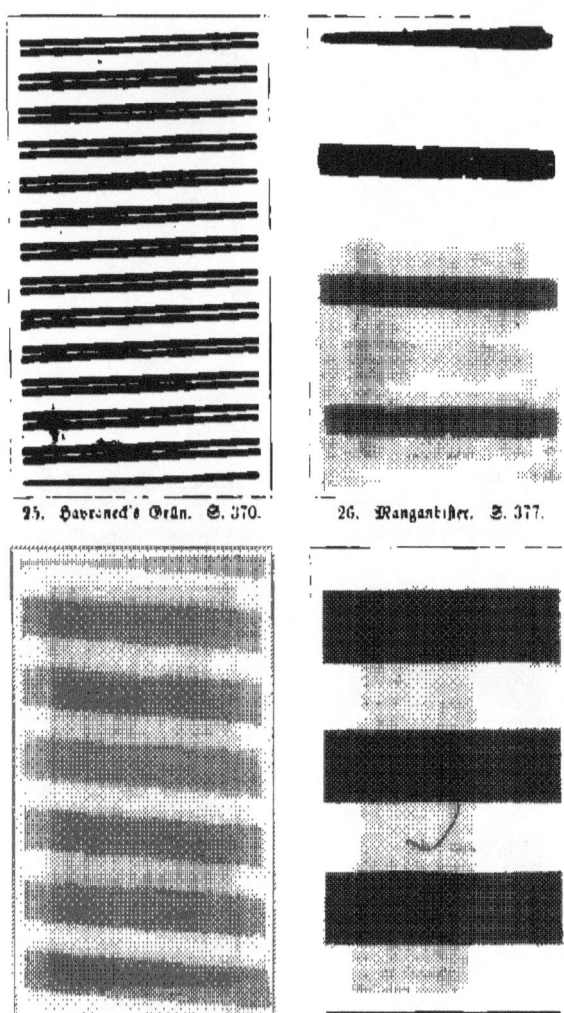

Schützenberger, Farbstoffe. Tafel 7.

25. Havraneck's Grün. S. 370.   26. Manganbister. S. 377.

27. Murexid auf Baumwolle. S. 395.   28. Anilinviolett mit Ultramarin auf Baumwolle. S. 444.

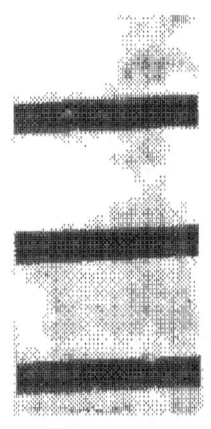
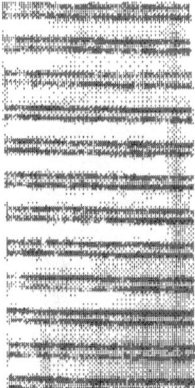

Schützenberger, Farbstoffe. Tafel 8.

29. Anilinviolett auf Seide.
S. 444.

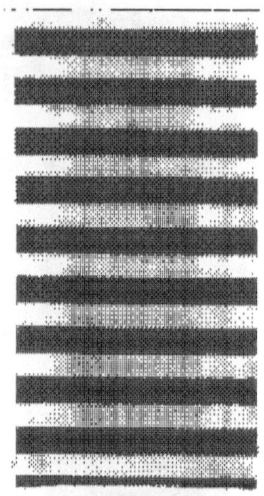

30. Lösliches Anilingrau
mit Casein fixirt. S. 445.

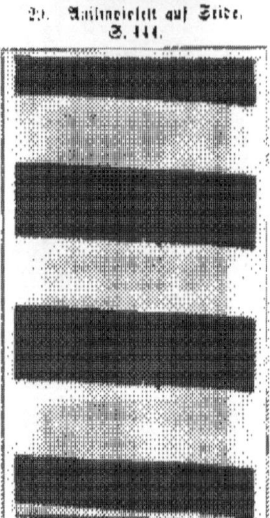

31. Fuchsin auf Baumwolle. S. 476.

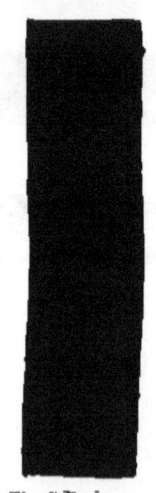

32. Fuchsin auf Seide. S. 476.

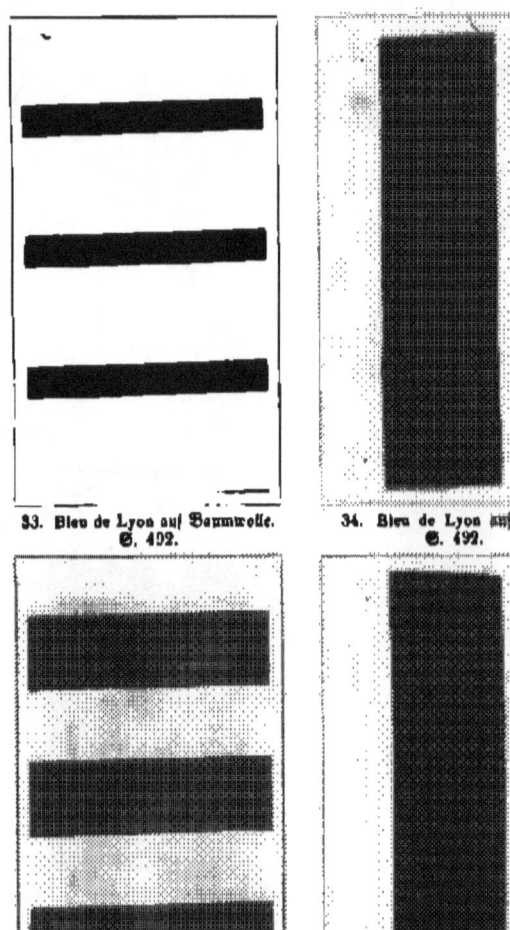

33. Bleu de Lyon auf Baumwolle. S. 492.

34. Bleu de Lyon auf Seide. S. 492.

35. Fuchsinviolett auf Baumwolle. S. 492.

36. Fuchsinviolett auf Seide. S. 492.

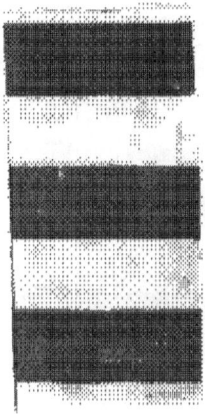

37. Hofmann's Violett auf Baumwolle.
S. 497.

38. Hofmann's Violett auf Seide.
S. 497.

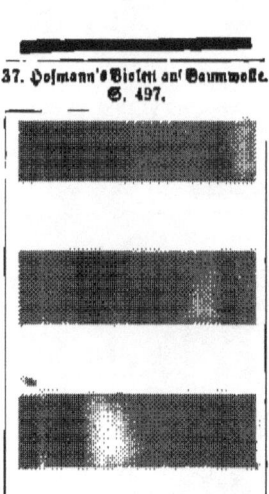

39. Anilinbraun. S. 509.

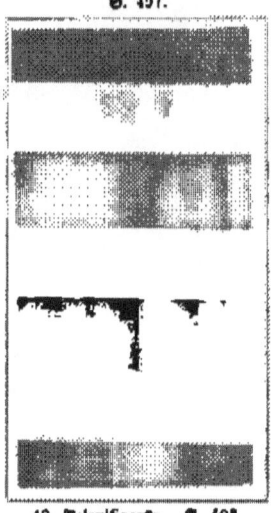

40. Rosanilingrün. S. 503.

www.ingramcontent.com/pod-product-compliance
Lightning Source LLC
Chambersburg PA
CBHW031937290426
44108CB00011B/595